Der Himmel und das Bodenpersonal

Druck: Kräling-Druck, 5788 Winterberg
Printed in Germany
ISBN 3-9803156-0-6

Der Himmel und das Bodenpersonal

*„Die Person der Kirche
ist heilig, –
aber nicht das Personal!“*

Jaques Maritain.

Dem Andenken
von Papst Johannes XXIII.
– dem Gütigen –
der in seinem Leben so viel
Humor bewiesen hat.

Vorwort:

Vermutlich wird es immer Leute geben, die wenig Sinn für Humor haben, — oder die meinen, es schade dem Ansehen der Kirche, wenn man über ihre Diener lacht. Aber Humor hat sehr viel mit Liebe und Güte zu tun. Dem Nächsten mit Lachen die Wahrheit sagen, ist allemal besser, als ihn mit der Wahrheit erschlagen.

Unser HERR jedenfalls hat Seinen Humor wie Seine Güte häufig bewiesen. Oder können Sie sich etwa vorstellen, das JESUS die Kinder nicht mit einem Lächeln empfangen hätte, als ER sprach: „Laßt die Kleinen zu MIR kommen!" ?

Oder lesen Sie einmal nach, wie JESUS den stets hilfsbereiten Philippus ausrechnen läßt, wieviel Brot man wohl brauchte, wenn ...: „Das sagte ER, um ihn auf die Probe zu stellen, denn ER wußte, was ER tun wollte." — Sieht man da nicht förmlich das Lachen in Seinen Augenwinkeln?

Oder, wenn der Petrus in seiner Begeisterung ruft: „Laß mich zu DIR auf das Wasser kommen!" — Da sagt JESUS nur: „Komm!", — aber ich höre IHN im Dunkel leise lachen, weiß ER doch, was gleich passieren wird!

Für den Kirchenbau braucht man harte Quadern, schon wegen der Beständigkeit, und manches ehrwürdige Gemäuer steht sogar unter Denkmalschutz. Aber die „Kirche vor Ort", — ebenso wie die Weltkirche, — besteht aus lebendigen Menschen, die weder beständig noch besonders zuverlässig sind, vielmehr voller Menschlichkeiten, — vom Oberhirten bis zum letzten Schäfchen. Und manch einer, der vorgibt, „an der Kirche zu leiden", geht seinerseits wieder anderen auf die Nerven. Da gibt es genug zum Schmunzeln und Lachen, wenn man nur erst den Blick dafür hat. Vielleicht wird auch mancher „Hohe Herr" auf diese heitere Weise sich eher belehren lassen? Außerdem vermittelt das Lachen über die Torheiten anderer das angenehme Gefühl: bei mir / bei uns / in unserer Gemeinde kann das natürlich nicht passieren! Sollten Sie sich aber doch mal persönlich angesprochen fühlen, — seien Sie unbesorgt! — von Ihrer Sorte gibt es viel zu viele, als daß Sie gemeint sein könnten!

Was hier mit einem gewissen Augenzwinkern erzählt wird, will ja auch gar nicht richten und verurteilen, — allenfalls gut zureden, gemäß dem Sprichwort:

„Gott hat uns zwei Augen gegeben,
damit wir auch mal ein Auge zudrücken können!"

Und das Menschliche in der Kirche kann doch wohl der am besten beschreiben, der diese Kirche liebt, so wie sie ist, — mit allen ihren Menschlichkeiten. Fanatiker und Besserwisser haben keinen Sinn für Humor, — dafür nehmen sie sich selbst viel zu ernst. Wie kann aber einer die FROHE BOTSCHAFT verkünden, der nicht lachen kann, — auch über sich selbst?

Einer meiner „mehr ehrwürdigen" Mitbrüder hat gemeint, solche Witze seien doch nur eine Flucht vor der düsteren Wirklichkeit, — mit „sowas" könne man den Menschen doch ihre Nöte und Sorgen nicht nehmen! Das ist ein ernsthafter Vorwurf, den ich ebenso ernsthaft beantworten möchte.

Wissen Sie, — ich habe einmal in Russland, in einer sehr dunklen Nacht und in großer Verzweiflung, in den Lauf meines Karabiners geblickt, den Finger am Abzug. — Nun, — ich habe damals nicht abgedrückt und den verlorenen Glauben wiedergefunden. Seitdem ist alles andere nicht mehr so wichtig. Durch diese Erfahrung habe ich gelernt, die Welt ein wenig mehr mit den Augen Gottes zu sehen, — mit Humor, der ohne den Hintergrund des Glaubens nicht denkbar ist. Vielleicht kann ich nun dazu beitragen, daß auch andere sich diese „Welt-Anschauung" zu eigen machen und so sich ein bißchen weniger verlassen vorkommen.

Gesammelt habe ich schon als Kind, — da brachte ich immer wieder glänzende Bachkiesel nach Hause, die ich für Edelsteine hielt. Irgendwann begann ich, Witze zu sammeln. Die meisten fand ich auf den zweiten Blick langweilig und warf sie weg. Trotzdem wurden es immer mehr, — in einem halben Jahrhundert kommt einiges zusammen.

Den ersten Anstoß, die Witze in einer Sammlung zu drucken, gab der Siedlinghäuser Kolpingsbruder und Drucker Alfons Kräling, — doch die Seelsorge ließ damals keine Zeit zum Ordnen. Erst seinem Sohn Eberhard Kräling konnte ich 1985 das erste Bändchen zum Druck übergeben: „Die Kinder und der Liebe Gott". Es folgten noch vier weitere Bändchen aus dem kirchlichen Leben, die dann ganz unvermutet zu öffentlichen Ehren kamen.

Diese erscheinen nun — auf vielfachen Wunsch — im Kräling-Verlag als Original-Nachdruck der ersten Ausgabe in einem Band unter dem Titel: „Der Himmel und das Bodenpersonal". Die bunten Vorsatzblätter bleiben dabei erhalten.

Die zahlreichen Anfrager(-innen) werden sich freuen! Im übrigen schreibt das Leben selbst die besten Witze, — alle anderen schreiben nur ab. Witze sind kein Privateigentum, sie sind vielmehr zum Weitererzählen da und verändern sich dauernd. Sie können diese also unbesorgt weitererzählen, — oder noch besser: Machen Sie mit diesem Band jemandem eine Freude, indem Sie ihn verschenken: zu einem Namenstag oder Geburtstag, besonders an alte Leute zur stillen Erheiterung, — oder als Einschlaf-Lektüre für die „Schlaflosen", — mit dem Wunsch „Gute Besserung!" an Kranke (oder an kirchliche „Amtsträger" mit dem Motto: Suppe ohne Salz, / Braten ohne Schmalz, / Pastöre ohne Humor — / Bewahr' uns Gott davor!).

Das letzte der fünf Bändchen ist gleichsam eine Reise durch das ganze christliche Leben, — und Sterben. Freilich ist für uns das Sterben nicht „Endstation", — darin unterscheiden sich die Christen von den Heiden. Diesen bleibt angesichts des Todes das Lachen im Halse stecken. Gläubige Christen sehen dagegen über Trauer und Grab hinaus den geliebten Menschen unter den Lebenden. Darum lassen sie getrost die drei Schaufeln Erde auf den Sarg poltern.

Und sie schreiben ebenso getrost sogar die Untugenden des Verstorbenen auf das Grabkreuz: es tut ihm ja nicht mehr weh. Und man vertraut der Barmherzigkeit des Vaters, der sogar den verlorenen Sohn aufgenommen hat.

Ist das Leichtsinn oder „vermessenes Vertrauen“? Kann es nicht auch eine unzerstörbare kindliche Zuversicht sein, daß „Gott uns nicht rausschmeißt“ (wie es ein zwölfjähriges Mädchen ausdrückte)?

Wer an Gott glaubt, weiß auch um die wahrhaft höllische Wirklichkeit einer Ewigen Verwerfung. Und der Teufel ist keineswegs ein Hirngespinst. Aber die Kinder Gottes können über ihn lachen. Er soll sich ja eines Tages bei Gott beschwert haben: „Du nimmst alle diese Menschen mit ihren unzähligen Sünden in den Himmel auf, — warum dann nicht auch mich?!“ — Und Gott antwortete ihm: „Du hast mich auch nie um Verzeihung gebeten!“

Daß wir um Verzeihung bitten können, ist der tiefere Grund dieser unzerstörbaren Hoffnung der Gläubigen: Am Ende dürfen sie lachen, — wie jene drei Seligen aus dem Jüngsten Gericht am Dom zu Bamberg, — warum sollen wir es nicht schon heute tun? „Der Teufel hat Angst vor fröhlichen Menschen!“ (Don Bosco). Und wenn Ihnen der Spott und das höhnische Gelächter dieser Welt mal besonders auf die Nerven gehen, — denken Sie daran:

„Wer zuletzt lacht, lacht am besten!“

Das wünscht Ihnen herzlich

Ihr **Heinrich Korte**

„Er verlangt eine Gegendarstellung!“

Buch 1: *Der Himmel und das Bodenpersonal*

In einer Zeit, in der so manche „Theologen“ sich aus dem (Fernseh-) Fenster lehnen und unter Tränen bekennen, wie sehr sie unter den „Machtstrukturen“ der bösen Kirche leiden, können Sie hier die erstaunliche Entdeckung machen, daß „die“ Kirche aus lauter Menschen besteht (mit allen Menschlichkeiten!) über die man auch lachen kann — aber überzeugen Sie sich selbst.

Buch 2: *Die Kinder und der liebe Gott*

Während die Theologen sich streiten, ob „dieser JESUS überhaupt je gelebt hat“, — oder IHN definieren als „die Manifestation unserer eschatologischen Seinsbasis“, — sind die Kinder ganz unbefangen. Sie sehen, was „den Weisen und Klugen verborgen ist“, und beten vertrauensvoll: Lieber Gott!

— „Die Leute nebenan streiten sich immer so laut: Sieh doch zu, daß sich nur solche heiraten, die nett zu einander sind!“
— „Die Kirche ist ja ganz in Ordnung, aber die Musik! Kannst Du nicht ein paar neue Lieder machen?“
— „Du bist einer von den liebsten Menschen, die ich habe!“
— „Bitte, mach meine Schwester etwas hübscher, damit sie bald einen Mann kriegt!“

Buch 3: *Ein Haus voll Glorie schauet*

Die „Kirche vor Ort“ ist nicht so herrlich und imponierend wie die gewaltigen Fassaden der Dome. Die Kirche vor Ort ist eine ewige Baustelle, — vor allem, weil sie aus lebenden Bausteinen, aus Menschen, besteht. Vom Auf- und Um-bau der Kirche und Gemeinde, von Sitzungen und Räten gibt es häufig genug Anlaß zu einem heiteren Lächeln, — bis hin zur fernen Missions-Station und Schwester Consolatas Gottvertrauen. Die hatte nämlich kein Benzin mehr ... — aber das sollten Sie selbst lesen!

Buch 4: *Die Hirten und die Herde*

Von den „Theologen“ meinte schon Wilhelm Busch:

> „Da drinnen hocken sie, Zahlen im Kopf, Bazillen im Herzen.
> Alles pulverisieren sie: Gott, Geist und Goethe!“

Die Gemeinden und ihre Seelsorger haben andere Sorgen! Natürlich gibt es viele Reibungsflächen zwischen „Hirten und Herde“. Aber da blitzt auch mancher Funke von Humor auf. Manchmal müssen sogar die Heiligen im Himmel lächeln, — wenn etwa Frau Möller im Pfarrgemeinderat von einer „wunderbaren Gebetserhörung“ berichtet:

> „Bei der Wallfahrt habe ich um ein Enkelkind gebetet, —
> und die Muttergottes hat mich erhört“ — „Wirklich?“ —
> „Ja, — nur hat sie sich vertan: Nicht unsere verheiratete Grete hat das Kind gekriegt, sondern unsere ledige Trude!“

Es gibt natürlich auch „heiligmäßige Christen“, — die meisten sind aber eher „mäßig heilig“, — und geben deshalb häufiger Anlaß zu einem Schmunzeln!

Buch 5: *Wer zuletzt lacht, lacht am besten*

„Die Bibel ist das meistgekaufte Buch der Welt!“ liest Petrus aus der irdischen Zeitung dem Herrn vor.
— „Das ist natürlich interessant,“ sagt der, „aber welches ist das meist gelesene?“ Ähnliches läßt sich auch vom Leben der Christen sagen. Dieses Buch führt kreuz und quer durchs Christenleben, — bis hin zum GLÜCKLICHEN Ende: Wer zuletzt lacht, darf auch über all die Menschlichkeiten lachen, die bis dahin passieren!
— Über die Bemerkung eines wortkargen Münsterländers zum Thema Ehe: „Unser Mia, — fünf Jahre verheiratet: Nicks! — Unser Änne, — einmal auf Schützenfest: Dä!“
— Über den Verstorbenen, der plötzlich sagte: „Lies, gif dem Vikarjes erst mal'n Schnaps!“
— Über die Bundestagsdebatte zu Adenauers Beerdigung: Vorschlag CDU: „Er soll in Jerusalem begraben werden!“ — Protest der SPD: „Auf keinen Fall! Da ist schon mal einer nach drei Tagen auferstanden!“ — Erstaunte Frage der CDU: „Wer war das denn?“

Kurzum: Es gibt genug zu lachen im Christenleben, vom Anfang bis zum glücklichen Ende für den, der an die Verheißung des Herrn glaubt: IHR WERDET LACHEN!

Buch 1

Inhaltsverzeichnis

Eine kleine Soziologie der Kirche

Außenseiter stellen sich die Kirche gern wie eine Pyramide vor: Ganz oben steht der Papst und wohnt in Rom (falls er nicht gerade auf Missionsreise ist). Der Papst hat alles zu sagen, die Gläubigen haben nichts zu sagen. — Ganz unten, in der Pfarrei gilt das natürlich auch: Der PFARRER hat alles zu sagen, —der Vikar hat nichts zu sagen. Das ist die einzige Möglichkeit, daß eine Pfarrei so marschiert, wie der Pastor es will.

Die Vikare bilden den niederen Klerus. Diesen gibt es in jedem Format, in jedem Umfang und in jeder Farbe: Große und Kleine, Dicke und Dünne, Schwarze, Blonde und manchmal auch Rote. Es gibt Schöne und weniger Schöne. Angesichts eines schönen Vikars stellen sich die Mädchen immer die Frage: „Warum ist ein so schöner junger Mann bloß Priester geworden!" — Natürlich sind sie nicht etwa verliebt, — o nein! der Gedanke kommt ihnen nur sozusagen aus bevölkerungspolitischen Erwägungen.

Die PASTÖRE unterscheiden sich von den Vikaren vor allem durch ihr größeres Volumen und entsprechende Würde. Auch die Pastöre gibt es in mancherlei Ausführungen: Den Großzügigen und den Skrupulanten, — den Diktator und den Fanatiker, der sogleich „antiklerikale Gefühle" hervorruft. — Ich vergaß noch den guten Papa, der die Kinder gern hat, und von dem die Gemeindemitglieder sagen: Der wäre ein guter Familienvater geworden!

Der BISCHOF und die DOMHERREN. In der Hierarchie der Diözese steht der Bischof an der Spitze. Auch hier herrscht eine Art „absolute Monarchie, — gemildert durch den Ungehorsam und die Bosheit der Untertanen." (So hat ein Jesuit einmal die militärische Organisation seines Ordens beschrieben). — Aus der Sicht eines Militaristen könnte man den Pastor auch den Kompaniechef seiner Pfarrei nennen, den Vikar seinen Leutnant, — dann müßte der Bischof den Rang eines Obersten haben, sein Adjutant, der Generalvikar den Rang eines Majors (nicht etwa eines Generals!). Die Gläubigen bilden natürlich die Truppe, deren einzige Aufgabe es ist, ihren Vorgesetzten zu folgen. Der Küster und Glöckner teilen sich in die unteren Grade des Feldwebels und Unteroffiziers. So hat alles seine Ordnung! —

In der Hierarchie der Diözese sind noch die „Kanoniker" zu erwähnen, die in Titulardomherren und Ehrendomherren zerfallen. Sie haben nur ein einziges Privileg: Im Chor der Bischofskirche falsch zu singen. Darum verordnen die musikalischeren Bischöfe ihnen einen Sänger, der wenigstens die Noten kennt und beim Chorgebet mit seiner Stimme die Domherren übertönen kann, — für den Fall, daß sie wirklich mal alle da sein sollten. Glücklicherweise sind aber diese Herren sehr häufig abwesend, was die Aufgabe des Sängers sehr erleichtert.

Der PAPST IN ROM. — Weil Rom der Mittelpunkt der Welt ist, gehört die Wallfahrt nach Rom seit Jahrhunderten zu den frommen Werken, — besonders gefördert durch die römischen Gaststätten, Hotelbesitzer, Hospize und Ordenshäuser, sowie durch die Reisebüros in aller Welt.

Damit man den Papst bei großen Versammlungen auch sehen kann, hat der Erfindergeist der Römer die „Sedia gestatoria" geschaffen. Diese wurde von Papst Johannes XXIII. abgeschafft, weil er trotz sofort bewilligter Gehaltszulage den Trägern sein Gewicht nicht länger zumuten wollte. Inzwischen gibt es aber einen mehr als ausreichenden Ersatz: die „Camera gestatoria", zu deutsch: „das Fernsehen"!

Nach italienischen Beobachtungen steht fest, daß in der Folge der Päpste immer ein großer Magerer oder ein kleiner Dicker gewählt wird, — offenbar gibt es zwei Menschentypen, die im Wechsel den Gläubigen gefallen. — Bei den letzten Päpsten steht demnach fest: Papst Paul VI. war ein großer Magerer, — Johannes XXIII. ein kleiner Dicker, — Pius XII. ein großer Magerer, — Pius XI. ein kleiner Dicker, — Benedikt der XV. nicht groß, aber dürr, — Pius X. ein kleiner Dicker, — Leo XIII. mittlere Größe, aber dünn usw. — — Die letzten beiden Päpste sind zu schnell auf einander gefolgt, da konnte sich dieses Gesetz nicht auswirken. Immerhin kann man sagen, daß auch Johannes Paul II. nicht allzu groß und nicht allzu dünn ist.

Dann gibt es noch die „Progressisten", die alles verändern wollen, und die „Integristen", die nichts verändern und katholischer sein wollen als der Papst. Die Integristen übergehen keinesfalls die Bischöfe, vielmehr schreiben sie ihnen häufig, — sehr häufig! — und machen ihnen Vorwürfe, sie seien zu schwächlich, zu nachgiebig gegen alle, die nicht so denken wie sie. Sie verdächtigen sogar die Bischöfe, den Marxismus in der Kirche zu dulden. Sie sind zwar für den Papst, — aber nicht für alle Päpste. Sie sind für Pius XII. — aber gegen Johannes XXIII.

Die Progressisten dagegen berufen sich gar nicht mehr auf die Bischöfe. Jeder von ihnen hält sich für einen Bischof und für besser geeignet als diese, zu entscheiden, was für die Kirche im Augenblick wichtig ist.

Sie fragen nicht nach Weisungen und führen immer neue liturgische Neuerungen ein in ihrer kleinen Kirche, in der sie zugleich Bischof und Papst sind, — unbekümmert um die Verwirrungen und Schwierigkeiten, die sie dadurch ihrer Umgebung bereiten. Für viele von ihnen ist einfach alles, was alt ist, von vornherein verdächtig und daher abzulehnen. Es muß Neues her, jeden Tag Neues!

Die Progressisten tragen als besonderes Kennzeichen den Schlips, um dadurch ihre Zugehörigkeit zu den Laien zu zeigen. (Vielleicht fühlen sie sich darum so leicht auf den Schlips getreten?). Jene, die mehr links-orientiert sind, tragen nur noch den Rollkragenpullover aus Jersey-Wolle.

Die meisten progressistischen Priester haben ein gutes Gewissen. Da sie kaum jemals Beichte hören, erfahren sie auch nicht, was sie mit ihren immer neuen Theorien in den Herzen der

Gläubigen angerichtet haben.

Man sollte sie nicht allzu ernst nehmen, aber auch nicht ausschließen. Die Kirche wäre keine menschliche Gemeinschaft, wenn sie nicht eine Rechte und eine Linke hätte. All die verschiedenen Richtungen könnte man sogar als notwendig bezeichnen: die Beschleuniger wie die Bremser, — solange sie sich als eine Gemeinschaft fühlen, nützen sie dem Ganzen sehr. Das größte Hindernis der Gemeinschaft ist die *„Unfehlbarkeit“,* — nicht etwa die des Papstes in wichtigen Glaubensentscheidungen, — sondern die „Unfehlbarkeit“ der Theologen: Jeder schreibt sie sich selbst zu, damit er die anderen „exkommunizieren“ kann!

Bei den Päpsten der letzten 30 Jahre gab es keine großen „Kathedralentscheidungen“, vielmehr zahlreiche Änderungen auf Gebieten, die keinesfalls der Unfehlbarkeit unterliegen. Das aber macht weit mehr Ärger! — So hat die Gewerkschaft der Normandiefischer laut gegen die Änderung des Freitagsgebotes protestiert: sie nehme den Fischern das Brot! Papst Johannes XXIII. ist schuld, daß man keinen Fisch mehr am Freitag ißt! — Vielleicht kann man zu seiner Entschuldigung sagen, daß er aus einer Bauernfamilie stammt, wo man freiwillig keinen Fisch ißt. — Schlimm sind nur die dran, die bisher immer beichten konnten: „Ich habe am Freitag Fleisch gegessen!“ — Was sollen sie nun beichten? — Vielleicht mal Sünden gegen die Gerechtigkeit und Liebe? — aber ich wage es nicht zu hoffen.

Da glaube ich eher, daß sie sich noch mehr „schlechter Gedanken“ anklagen. Die sind ja sozusagen das tägliche Brot unserer Konsumgesellschaft, — nicht nur in den Filmen, in denen man die Diva vorwiegend im Bett oder im Bad sieht, — vor allem in Zeitschriften und Reklamen: heute kann man kein Waschmittel, keinen Rasierapparat, kein Auto kaufen, ohne daß die Reklame dabei mit verkauft: das Lächeln, die Frisur, den Busen oder die Beine einer jungen Frau, bevorzugt blond und „sexy“. (Ein Ölscheich war kürzlich sehr enttäuscht, als er beim Kauf eines Mercedes das auf der Reklame abgebildete weibliche „Zubehör“ nicht mitkaufen konnte.)

Fleisch verkauft sich offenbar besser als Fisch, — und bringt auch mehr ein. Fleisch wird auch sonst in Unmengen gegessen. Zu Großmutters Zeiten aß man in der Woche kaum Fleisch, — da „stach die Pferde nicht der Hafer“ (falls Sie sich mit dem Sprichwort auskennen). Damals waren auch die jungen Hühner zum Eierlegen da, — nicht für den Kochtopf.

Mit oder ohne Fisch, — die Kirche bleibt Kirche! Seit dem 3. Jahrhundert drehte der Priester den Gläubigen den Rücken zu, wenn er betete, — jetzt hat ihm die Kirche eine Kehrtwendung befohlen. Anfangs haben die Gläubigen das sonderbar empfunden (die Priester nicht minder!), obwohl es doch eigentlich natürlich war. Jetzt finden sie durchaus natürlich, was ihnen damals sonderbar vorkam. So ändern sich die Zeiten. Schon wächst die Zahl der grünen Vegetarier und Fleischgegner, — vielleicht sollte sich die Kirche nunmehr den Wahlspruch der Metzger zu eigen machen und demnächst ein neues Gebot einführen: „Dienstag — Schwiens-Tag!“, — damit die Bauern nicht auf ihren Schinken sitzen bleiben.

Papst-Geschichte(n)

Beeindruckt von feierlichen Zeremonien, meinen viele Christen, Päpste hätten keinen Sinn für Humor. Doch die Geschichte weiß von vielen Beispielen, die das Gegenteil beweisen.

So hat Papst Sixtus V. (1585-1595) auf den Vorwurf, die Kirche habe viel zu wenig Frauen als Heilige erklärt, geantwortet: „Ich bin bereit, jede Frau heilig zu sprechen, — sofern ihr Mann sich niemals über sie beklagt hat!"

Den Papst Benedikt XIV. fragte ein Besucher, ob die Kirche nicht besser, — entsprechend den Quatembertagen, — die Fastenzeit in vier Zeiten von je 10 Tagen auf die vier Jahreszeiten verteilen sollte: Vier Wochen Fasten sei doch ziemlich anstrengend. — Benedikt erwiderte mit einem Lächeln: „Gewiß könnte die Kirche das tun, — ich fürchte freilich, daß die Menschen dann viermal im Jahr Karneval feierten, — fasten würden sie trotzdem nicht!"

Pius IX. (1846—1878) ließ sich auf dessen Bitten von einem nicht gerade begabten Maler malen und bezahlte ihn auch großzügig. Als der Papst am Ende das Bild besah, fragte er: „Darf ich noch etwas darauf schreiben?" — „Oh gewiß sehr gern, Euer Eminenz!" rief der Maler erfreut und reichte dem Papst einen Pinsel. Der malte unten in die Ecke: „Joh. 6,20. — Pius IX." Glücklich eilte der Maler mit seinem Bild nach Hause, schlug gleich in der Bibel nach und fand die Stelle: „Fürchtet euch nicht! Ich bin es!" Pius IX. — (Später hat man Papst

Johannes XXIII. dies zugeschrieben, — der bekanntlich weder sein Abbild noch das Original für besonders schön hielt.)

Beim Begräbnis Leo XIII., 1903, war auch Kardinal Sarto, der ihm als Pius X. nachfolgte, anwesend. Er sah, wie am Schluß der Handlung ein „Sampietrino" (einer der in der Peterskirche angestellten Arbeiter), um den Sarg ordnungsmäßig in die Nische hineinzuschieben, mit dem Fuße kräftig nachhalf. Da beugte sich Sarto zu dem Zeremonienmeister neben ihm und flüsterte ihm zu: „Siehst du, Carletto, — so enden die Päpste! — mit einem Fußtritt!" Nach seiner Wahl und Krönung zum Papst kam er noch einmal darauf zurück und sagte lachend zum Zeremonienmeister: „Carletto, — laßt uns täglich an den Fußtritt denken!"

Pius X. (1903—1914): stammte aus einer kleinen Bauernfamilie und hat das nie vergessen. Eingedenk seiner eigenen Kindheit hat er sich vor allem für die frühzeitige Kommunion der Kinder eingesetzt. Bei einem Besuch der Mutter zeigte er ihr seinen prächtigen Bischofsring. Doch die hielt ihm darauf ihren einfachen Ehering entgegen und sagte: „Der Ring da mag ja schön sein, — aber du hättest ihn nicht, wenn ich nicht diesen hier gehabt hätte." — Als er beim Einzug in den Petersdom mit dröhnendem Beifall empfangen wurde, machte er Zeichen, damit aufzuhören. Alle wurden still und warteten auf ein Dankwort des neuen Papstes, statt dessen hörten die verblüfften Römer, wie er laut und deutlich sagte: „Es gehört sich nicht, daß man im Haus des Herrn den Diener mit solchem Beifall empfängt!"

Als Pius XI. (1922—1939) im Sterben lag, schlug sein Arzt, Prof. Milani, vor, noch einen Kollegen beizuziehen. „Vielen Dank! — aber das ist nicht nötig!" — erwiderte der Papst trotz seiner großen Schwäche: „Um einen Kranken sterben zu lassen, genügt auch einer!"

Er war es auch, der bei der letzten großen Romwallfahrt der Sturmschar (der katholischen Jugend Deutschlands) Ostern 1934 (kurz vor dem endgültigen Verbot) zu den Jungmännern sprach: „Haltet Christus die Treue und ehrt Maria als eure besondere Patronin und betet oft den „lustigen Rosenkranz"! — Er meinte natürlich den „freudenreichen Rosenkranz", mußte aber selber lachen, als man ihm erklärte, warum die Jungmänner so merkwürdig die Gesichter verzogen.

Sein Nachfolger, Pius XII. (1939—1958), der als Nuntius Pacelli lange Zeit in Deutschland gewesen war, mußte sein Amt in schwerer Zeit antreten. Man hat ihn selten lachen sehen. Gleichwohl besaß er Humor. Als er bei der Einweihung des amerikanischen Kollegs in Rom von Reportern bedrängt wurde und gerade die rettende Haustür erreichte, rief ein Reporter: „Hellooo, Mister Papst!" — Verblüfft ob der Anrede, wandte er sich um und — Klick! — der Reporter hatte seine Aufnahme und rief: „Grazie, Signore!" da winkte er dem cleveren Amerikaner lachend zu.

Nach dem Kriege nahmen bei einem großen Empfang auch erstmals wieder Deutsche daran teil. Der Kardinalstaatssekretär versuchte eine deutsche Ansprache und hatte damit seine Schwierigkeiten. In einem Rückblick auf die Nachkriegsjahre wollte er sagen: „. . . wenn ich von diesen die letzten betrachte, so sehe ich ein Zweifaches..." im Ringen mit dem ungewohnten Deutsch wurde daraus: „wenn ich von diesen die Hintern betrachte, so sehe ich ein Zweifaches . . ." — Die deutschen Gäste verzogen keine Miene, aber Papst Pius XII. lächelte offenbar höchst amüsiert über den Versprecher.

Als er in den letzten Lebensjahren häufig krank und von den Ärzten schon mehrfach aufgegeben war, pflegte er von sich zu sagen: „Ich habe eine sehr schlechte eiserne Gesundheit!"

Über die drei letzten Päpste mit dem Namen Pius kursiert in Vatikankreisen übrigens eine hübsche Kurzbiographie: Pius X. war ein Heiliger und wußte es nicht.
Pius XI. war kein Heiliger und wußte es.
Pius XII. — da gibt es zwei Versionen: Vor dem Konzil: Er war ein Heiliger und wußte es. Nach dem Konzil: Er war kein Heiliger und wußte es nicht.

Der jetzige Papst Johannes Paul II. ließ 1979/80 in Castelgandolfo, der Sommerresidenz der Päpste, ein Schwimmbecken bauen. Das hielten einige für unverantwortliche Geldverschwendung. Auch der französische Premierminister Raymond Barre sprach den Papst darauf an und meinte, das sei doch „eine ganz schön teure Angelegenheit“!. — Der Papst erwiderte mit einem Lächeln schlagfertig: „Na, — es ist jedenfalls erheblich billiger als eine neue Papstwahl!“

„Schön'n Gruß! — Un oppse nich Papst wern wolln?“

Über die Papstwahl macht sich ein — namentlich nicht bekannter — Kumpel aus dem „Kohlenpott“ Gedanken: „Wie wäre das wohl, wenn . . .“ — (Am besten, Sie lesen es laut, dann verstehen Sie es bestimmt).

„Otto!“ — sächtä Hännes für mich, „kannze dich forstelln, dattich die ganze Nacht kein Auge zugetan happ?
„Jau“, sarich, „hasse sicher gestern bei Ötte inne Laube zufiele Wachölderkes fakasematuckelt!“
„Nee!“ — sächtä Hännes für mich, „dat is anners! — Waisse, — seit forgen Herps binnich ja stellfatretenden Vorsitzenden fon unsan Abaita-Fa-ain. Un da hatten we gezz Monazfasammlunk mit aim Relionsvortrach von unsam Präses. Un waisse watter gesacht hat? Auch als mündiger Laie könnze Papst wern. Wär gaanich gesacht, dazze imma'n Bischoff oder'n Pastor neem müssten.“

„Kuck, Otto, und da musstich eem die ganze Nacht über nachdenken, —

wie dat woll wär: wenn ain Morn bei mich so ain fonne Schweizergaade fore Tür steet, — waisse so ain fon die mitti zugebundenen Buxen unti Blechhelme, — „Und“, — sachta, — „schön Gruß aus Rom, un oppse nich Papst wern wolln?“ — — Otto, — ährlich! — watt würzene dadrauf sagen?“ „Datt fragich dich!“, — sarich, „wo du de ganze Nacht drüber spintisiert hass!“

„Waisse“, sächtä Hännes für mich, „Papst sein is ja wat Feinet, — un auch for sonne Reden halten wärich nich bange. Aba dat Fiese dabei sinti alten Bräuche!“
„Willze als Papst eem in Keller geen unne Flasche Bier raufholn, — bumms! steht da ain un sacht, alz Heiliger Vater könnze datt nich machen. Willze dich inne fatikanischen Gärten ma sonne richtige kurrante Laube baun, haisstet: Dattis gegen die Gebräuche! Unzo musse dich alz Papst imma am Riem reißen un kannz nie machen, wosse grade Schnuppen nach hass!“

„Waisse, Otto, un deshalb würdich dem fonne Schweizergaade saren: wär ja gut gemeint, aba ich ging doch lieba als Laie inne Schreber-Gärtn wie alz Papst inne fatikanischen.“

Anläßlich einer Papstwahl beschäftigen sich auch Tünnes und Schäl mit dem Thema: „No ess der Papst gesturve!“ — sagt der Tünnes. — Und Schäl darauf: „Schad öm dä Mann!“ — Tünnes: „Jetzt müsse se en Rom ene neue Papst wähle.“ — Schäl: „Och, dat ess doch jarkeen richtige Wahl!“ — Tünnes: „Warom datt dann nit?“ — Schäl: „Och! — die nemme ja doch widder ne Katholik!“

Zuguterletzt noch ein jüdischer Witz zur Papstwahl, über den ich schon gemeinsam mit Israelis gelacht habe (falls jemand meint, der sei „antisemitisch“!)

Seit unvordenklichen Zeiten ist es Brauch, daß bei einer Papstwahl auch der Ober-Rabbiner von Jerusalem als Zeichen der Brüderlichkeit dem neuen Papst gratuliert. So ist es auch diesmal. Unter den vielen Glückwünschen ist auch ein verschlossener, geheimnisvoller Brief, den der Ober-Rabbiner persönlich dem Papst übergibt. Gleichzeitig macht er ihn darauf aufmerksam, daß es alter Brauch sei, diesen Brief jedes mal ungeöffnet zurückzugeben, — sozusagen als Geste des Vertrauens.

Vielleicht ist in dem Brief ein altes, wertvolles Dokument? — ein Bibelfragment? — auf eine entsprechende Frage des neuen Papstes hebt der Ober-Rabbiner nur die Schultern und sagt bedauernd: „Ich weiß leider auch nix, das war immer so, und der Brief ist schon uralt!"

Dem neuen Papst läßt die Neugier keine Ruhe, — gegen Abend nimmt er den Ober-Rabbiner beiseite und fragt vertraulich: „Was meinen Sie, — sollen wir ihn nicht gemeinsam öffnen?" — „Da bin ich einverstanden" — sagt der Ober-Rabbiner erfreut, „ehrlich gesagt, ich bin selber gespannt darauf!" — Sie gehen also in ein Nebenzimmer und öffnen gemeinsam den geheimnisvollen Brief. Darin finden sie ein uraltes Pergament mit schon stark verblichener Schrift in Aramäisch, — der Ober-Rabbiner kann es lesen: Es ist — die Rechnung des Wirtes vom Letzten Abendmahl!

Johannes, „der Gütige"

Angelo Roncalli aus Sotto il Monte, — Papst Johannes XXIII. (1958—1963). Über ihn gibt es zahllose echte und angedichtete Anekdoten, die alle seine Güte, seine Schlagfertigkeit und seinen Humor bezeugen. Der tiefere Grund für diesen Humor war nicht nur angeborener Mutterwitz, sondern vor allem sein unbedingtes Gottvertrauen.

Als päpstlicher Nuntius in Paris kam er mit einem Atomwissenschaftler ins Gespräch. Der meinte, man müßte dieser modernen Wissenschaft wegen ihrer großen Bedeutung auch einen Platz in der Ausbildung der jungen Geistlichen einräumen. „Das ist eine gute Idee", — erwiderte Roncalli lächelnd, „wenn man aber die angehenden Atomwissenschaftler dazu bewegen könnte, nebenbei auch einige Semester Theologie zu studieren, so wäre das noch besser!"

Auf einem diplomatischen Empfang war er in einem lebhaften Gespräch mit dem Oberrabbiner von Paris. Als zu Tisch gebeten wurde, ließ er es an der Durchgangstür gar nicht erst zu dem üblichen Höflichkeitswettbewerb: „Nein, bitte nach Ihnen!" kommen, sondern schob den Rabbiner einfach vor sich her und sagte dazu lachend: „Das Alte Testament kommt zuerst!"

Bei anderer Gelegenheit begegnete Roncalli dem Gesandten der UDSSR. Da dieser ebenso beleibt war wie er selbst, sprach Roncalli ihn an: „Herr Botschafter, — wir sind zwar nicht aus derselben Pfarrei, aber ich stelle mit Vergnügen fest, daß wir vom selben Arrondissement sind!" (Das französische Wort kann sowohl „Landkreis" wie auch „Umfang" heißen.)

Als Patriarch von Venedig hatte Angelo Reoncalli einmal einen kurzen Besuch des polnischen Kardinals Wyszynski, — der Zug hatte nur eine Stunde Aufenthalt. Roncalli wollte dem sorgengeprüften Kardinal eine Freude machen und lud ihn zu einer Fahrt auf dem Canale Grande ein. Die Zeit verging im Fluge, bis der Kardinal auf die Uhr sah und erbleichend rief: „Mein Gott! jetzt ist mein Zug weg!" — Aber Roncalli beruhigte ihn lachend: „Sehen Sie den Mann, der da mit uns im Boot sitzt? — Das ist der Stationsvorsteher von Mestre. Ich habe ihn entführt, — solange der bei uns sitzt, kann der Zug nicht abfahren!"

Vor dem Einzug ins Conclave hörte Roncalli bei einem Spaziergang eine Frau zu einer anderen sagen: „Mein Gott! — ist *der* dick!" — Da dreht sich der Kardinal um und sagte: „Oh wissen Sie! — so ein Conclave ist ja auch keine Schönheitskonkurrenz!"

Nach seiner völlig unerwarteten Wahl paßte keine von den fünf bereitgehaltenen weißen Soutanen richtig. Als alle an dem viel zu knappen Gewand herumzerrten, sprudelte der neue Papst Johannes hervor: „Alle wollen mich, — nur die Schneider nicht!"

Nach seiner Krönung wurde Papst Johannes XXIII. von Fotografen aus aller Herren Länder bedrängt. Er konnte sich die Bilder gut vorstellen und wandte sich an den amerikanischen „Fernsehbischof" Kardinal Fulton Sheen: „Sehen Sie! Seit 77 Jahren weiß nun der Liebe Gott, daß ich Papst werden soll, — finden Sie nicht auch, daß er mich ein wenig mehr „fotogen" hätte machen können?"

Als ihm die neue Vatikan-Briefmarkenserie mit seinem Bild als „besonders gut gelungen" vorgestellt wurde, meinte Johannes zweifelnd: „Na, also, — eine hübsche Serie . . .? Daß ich nicht schön bin, weiß ich ja, aber für so häßlich hätte ich mich nun auch wieder nicht gehalten!"

Gott weiß, daß ich da bin, und das genügt mir.

Johannes XXIII.

Mit seinem Temperament und seinen überraschenden Einfällen machte der neue Papst dem „Hofzeremoniell" erhebliche Sorgen. Schon beim ersten Rundgang durch seine künftigen Gemächer stieß er auf die überraschten Möbelträger und beruhigte sie mit den Worten: „Kinder, ich störe euch doch nicht?" — Einer der Träger, durch eine große Kiste verdeckt, konnte ihn nicht sehen und rief ärgerlich: „Statt dumm zu quatschen, solltest du lieber mit anpacken!" — Als dann plötzlich der Papst vor ihm stand, wurde er blaß vor Schrecken und konnte nur noch stammeln: „Verzeihung! Heiliger Vater!" — „Macht nichts!" beruhigte ihn der neue Papst lachend, „wir sind doch hier ganz unter uns! — Außerdem sind wir beide doch von der gleichen Partei!" — Der arme Mann verstand überhaupt nichts mehr, bis Johannes ihm erklärte: „Ja, wir gehören zur PdG, zur Partita degli Grossi, zur Partei der Dicken!" Da lachten alle herzlich, und der Bann war gebrochen. Ein Staatssekretär, der den Papst gesucht hatte, berichtete ganz entsetzt, er habe gesehen, wie der Papst mit den Arbeitern einen Schnaps getrunken habe. Trotz befohlenes Schweigen machte die Geschichte alsbald die Runde.

Johannes XXIII. liebte es, — im Gegensatz zu Pius XII. — überhaupt nicht, allein zu essen. Als einmal ein Gast ausblieb, lud er kurzerhand einen von der wachhabenden Schweizergarde ein, mit ihm zu essen. Der schwitzte vor Aufregung und Verlegenheit. Als Johannes ihn lächelnd fragte: „Warum so aufgeregt, mein Sohn?" — wischte er sich mit dem Handrücken über die Stirn und sagte: „Eure Heiligkeit! — Essen Sie mal mit einem Papst!" — Beide lachten, und es wurde ein recht vergnügliches Mittagessen ohne jedes Zeremoniell.

Die Sedia gestatoria (Tragsessel) war durchaus nicht sein Geschmack. Beim ersten Mal ließ es sich nicht vermeiden, daß er in den Petersdom getragen wurde. Unmittelbar danach erkundigte er sich nach dem Lohn der Träger. Man fragte peinlich berührt, warum er sich nach solchen Bagatellen erkundige. Aber Johannes meinte, — nicht ohne Anspielung auf die ätherische Gestalt seines Vorgängers: „Das Papsttum hat an Gewicht zugenommen, — die Träger bekommen eine Zulage für das päpstliche Übergewicht!"

Vergleiche mit seinem Vorgänger pflegte er humorvoll zu parieren: „Früher hatten wir einen gotischen Papst", sagte er dann wohl, — „und heute haben wir eben einen barocken!" — Und wenn man seine Beliebtheit mit der Unnahbarkeit Pius XII. verglich, wehrte er ab: „Ich habe lediglich einen besseren Magen und eine bessere Leber!"

Zu seinem darob verwunderten Sekretär meinte der Papst eines Tages: „Ich werde jetzt wohl auch noch Deutsch lernen müssen, — das ist nämlich die einzige Sprache, die die Kanarienvögel verstehen, die mir Pius XII. hinterlassen hat."

Ein neu ernannter Bischof klagte beim Papst, er könne nachts nicht schlafen, so sehr drücke ihn die Last der Verantwortung in seinem neuen Amt. „Oh!" meinte Johannes tröstend, „das war bei mir auch so in den ersten Wochen meines Pontifikats. Aber eines Tages ist mir mein Schutzengel erschienen und hat mir ins Ohr geflüstert: „Angelo, nimm dich nicht so wichtig!" — seitdem kann ich wieder schlafen!"

Für den Empfang der Gattin des amerikanischen Präsidenten wollte Johannes wenigstens die Anrede auf englisch sagen und murmelte vor sich hin: „Madam, — ach nein: Missis Kennedy!" — Als sie dann aber eintrat, vergaß er alle Vorbereitungen, ging ihr freudestrahlend entgegen und rief: „Jackie!"

Bei einem seiner überraschenden Besuche kam Johannes XXIII. auch in das römische Krankenhaus „zum Heiligen Geist", das von Nonnen geleitet wurde. Große Aufregung. Die Oberin wird verständigt und kommt verstört und außer Atem herbei, verneigt sich tief und stellt sich vor: „Heiliger Vater! — ich bin die Oberin vom Heiligen Geist!" „Da haben Sie es aber gut!" antwortete Johannes lachend, — „Ich bin bloß der Stellvertreter Christi!"

Das Konzil

Als Johannes XXIII. am 25. Januar 1959 das Konzil ansagte, gab es großes Kopfschütteln bei den Bischöfen und Theologen in der ganzen Welt. Der Staatssekretär teilte dem Papst das Ergebnis der Umfrage mit: „Sie sehen, Heiliger Vater: Es ist völlig unmöglich, daß das Konzil 1963 beginnt!" — „Nun gut", — erwiderte Johannes unbeeindruckt, „dann werden wir es also 1962

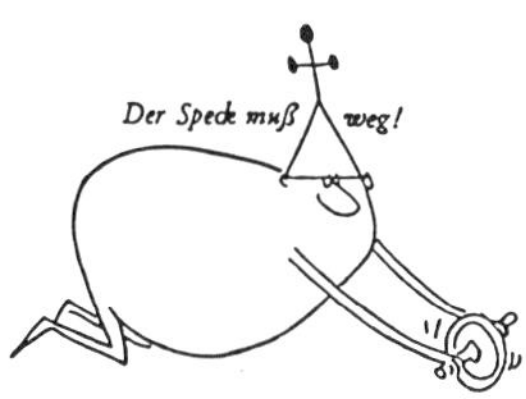

eröffnen! — Und das „Unmögliche" geschah dann auch wirklich!

Bei den technischen Vorbereitungen beklagte sich ein sehr „moderner" deutscher Gottesmann über die mangelhafte Ausstattung: „Es fehlen Fernschreiber, Telefonanschlüsse und vieles Andere!" — Der Papst hörte davon und ließ den noch jungen Priester zur Audienz bitten. Er gab ihm alle nötigen Vollmachten, die technischen Mängel zu beheben und meinte dann mit seinem gütigen Humor: „Mein Sohn, Sie sollen sogar gesagt haben, man könne nicht *alles* dem Heiligen Geist überlassen!"

Die ersten Sitzungen des Konzils verliefen außerordentlich stürmisch, so daß

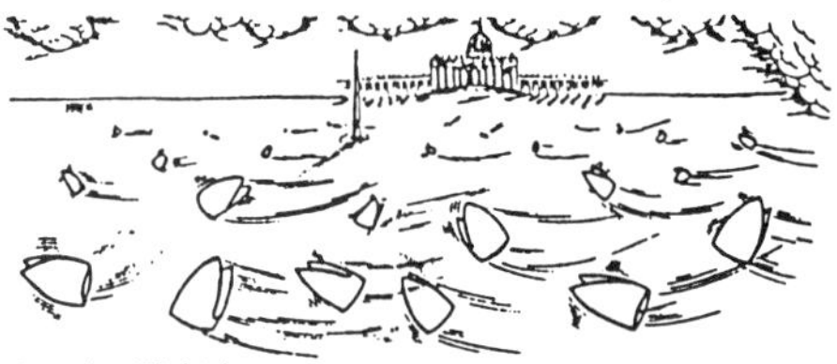

Petersplatz, Windstärke 10

viele glaubten, das Konzil würde platzen, bevor es richtig angefangen habe. Ein Bischof fragte den Papst mit leisem Vorwurf, warum er denn nicht persönlich die erste Sitzung geleitet habe. Johannes erwiderte. „Hätten Sie sich dann alle so frei gefühlt? Hätten Sie zum Beispiel gewagt, Beifall zu klatschen, als der Präsident dem Kardinal Ottaviani während seiner Kritik das Wort entzogen hat? Und wenn, — hätten mich dann nicht alle angeschaut, um zu sehen, was für ein Gesicht ich dazu mache?"

Johannes lehnte es stets ab, schlichtend einzugreifen und sagte wiederholt: „Es ist nur zu natürlich, daß jeder Konzilsvater seine Gedanken vorbringen will. Das ist die heilige Freiheit, die von der Kirche geachtet wird!"

Der verstorbene Erzbischof Lorenz Jäger erzählte bei seiner Rückkehr, was ihn am meisten beeindruckt habe, sei die unerschütterliche Ruhe und Zuversicht des Papstes gewesen. Inmitten der brodelnden Konzilsaula, die widerhallte von heftigen Streitreden, ja von gegenseitigen Beschimpfungen, — habe er ruhig und freundlich lächelnd gesessen und immer wieder geäußert: „Laßt sie nur streiten! Der Heilige Geist wird schon etwas Gutes daraus werden lassen!"

Als immer mehr besorgte Stimmen laut wurden und gefragt wurde, wie es denn überhaupt weitergehen solle, belehrte Johannes die aufgeregten Herren: „Wir haben alle noch kein Konzil mitgemacht. Laßt die Dinge ruhig an uns herantreten, wie sie sich zutragen. Letzten Endes müssen wir doch alle erst einmal lernen. Was das Konzil angeht, so sind wir alle Anfänger!"

Von dem allzu engen Kardinal Ottaviani, der ständig befürchtete, die reine Lehre könne verfälscht werden, meinte Johannes XXIII. mit heiterer Nachsicht: „Ja, der Kardinal Ottaviani, der hat noch seinen Kinderglauben!" Bei der Debatte um die Liturgiereform wurde denn auch die Ottaviani-Partei

völlig überstimmt. Entgegenkommend fragte der die Sitzung leitende Präsident ihn nach der Abstimmung, ob Seine Eminenz noch einen Wunsch zu dieser Frage äußern wolle. „Ja", — knurrte Ottaviani verbissen: „Ich möchte we-

Sensation aus Rom: 55 Bischöfe ordneten sich einem Laien unter

nigstens noch kirchlich begraben werden!"

Beim Durchlesen eines Entwurfs, in dem die Vorschläge für die biblische Forschung besonders heftig kritisiert wurden, nahm der Papst ein Lineal und bemerkte zu seinem Sekretär: „Sehen Sie mal, — in diesem Entwurf gibt es mindestens dreißig Zentimeter Verurteilungen!"

Schon sehr krank, empfing Johannes XXIII. die Krankensalbung. Als alle um sein Bett Versammelten weinten, klopfte er fast ärgerlich an das Bettgestell und rief aus: "Mut! Mut! — Es ist ja noch nicht das Requiem! — Jetzt ist nicht der Augenblick zum Weinen! — es ist ein Augenblick der Freude und des Ruhmes!"

Johannes XXIII., dem man schon bald den Beinamen „Der Gütige" gab, starb bescheiden und voll Gottvertrauen, wie er gelebt hatte. Am Himmelfahrtstag, dem 22. Mai 1963 sagte er in seiner letzten Ansprache: „Ein frohes Himmelfahrtsfest! — Eilen wir dem Herrn nach, der zum Himmel aufsteigt!" — Er meinte es wörtlich!

Das Konzil — und die Folgen

Die anfängliche Befürchtung, daß „bei dem ganzen Konzil doch nicht viel herauskomme", wurde gründlich widerlegt. Angesichts der umfangreichen Dokumente meinte ein Konzilsvater zu seinem Mitbruder: „Sehen Sie bloß diesen Stapel! — die zehn Gebote können nur von Gott sein! Zehn Sätze ohne jede Klausel! — haben Sie das schon mal hier erlebt?"

Wenn bei einer Abstimmung ein Konzilsvater einen Einwand hatte, unterbrach er mit der Formel: „Juxta modum!" (Mit Vorbehalt!). Als nun ein besonders höflicher Bischof bei seiner Rede in der Konzilsaula sich auch an die Damen unter den Laiengästen mit der Anrede wandte: „Pulcherrimae Auditrices!" (Schönste Zuhörerinnen!), rief sofort ein älterer Kardinal dazwischen: „Juxta modum!"

Bei der langen Diskussion um die Probleme der Geburtenregelung war ein älterer Kardinal eingenickt, — er wurde durch die heftige Debatte über die „Pille" aufgeschreckt, hörte einen Augenblick verständnislos zu und fragte dann seinen Nachbarn: „Entschuldigen Sie, — *wann* müssen denn die armen Babies diese Pille nehmen, — vor oder nach dem Essen?"

Die Wellen des Konzils zogen weite Kreise, — bis in die letzte Landgemeinde hinein. Damals verstieg sich in seinem Eifer ein Pastor im Sauerland bei der Sonntagspredigt sogar zu der Be-

hauptung: „Vor dem Konzil stand die Kirche am Rande des Abgrundes! — Seitdem hat sie einen großen Schritt vorwärts getan!"

Die in der Zeit nach dem Konzil erfundenen „Anfragen an Radio Vatikan" spiegeln manche neuen Probleme und Fragen. Da fragt etwa ein Afrikaner bei „Radio Vatikan" an: „Ist es eine Sünde, wenn ich mir Gott als einen Farbigen vorstelle?" — Antwort: „Im Prinzip nein. Aber bereuen sollten Sie es schon!"

„Kann ein Bischof der Entwicklungsländer Papst werden? Bisher war es immer ein Italiener, — aber was wird morgen sein?" — Antwort: Schauen Sie auf den Kalender: Dienstag!"

„Trifft es zu, daß Katholiken immer müde aussehen?" — Antwort: „Im Prinzip ja. Bei uns geht es schließlich seit dem Konzil ununterbrochen bergauf."

Herr Meier, ein starker Pfeifenraucher, las seiner Frau aus der Zeitung vor: „Hier steht, daß die Kirche jetzt die Verbrennung nach dem Tode erlaubt. — Wenn ich vor dir sterbe, mußt du mir versprechen, daß du mich auch einäschern läßt!" — „O nein!" — sagt sie darauf energisch, — „damit noch mehr Asche in der Wohnung herumfliegt, — das kommt gar nicht in Frage!"

Über die vielgeschmähte und selten gelesene Enzyklika des Nachfolgers von Johannes XXIII., Papst Paul VI., der

das Konzil zu Ende führte, wurde viel geredet und gewitzelt. Damals bekannte ein guter Christ in seiner Osterbeichte: „Ich habe über die Enzyklika geschimpft und kritisiert!" — Der Beichtvater bedachte sich nicht lange und sagte freundlich: „Zur Buße lesen Sie die Enzyklika zweimal durch!"

Eine Mutter von acht Kindern begegnet ihrer Freundin in Rom, die mit einem kurzen Seitenblick sagt: „Ach du lieber Gott! Du bist ja wieder in Hoffnung! — Habt ihr denn schon einen Namen für das Bambini?" — „Ja natürlich," antwortet die Mutter: „Wenns ein Junge wird, soll er Paul heißen, — ist's ein Mädchen, dann heißt es Enzyklika." — „Und wenn es Zwillinge sind?" — „Dann nennen wir sie Knaus und Ogino!"

Bei den langen und heftigen Diskussionen um den Coelibat und über die Frau in der Kirche, wurde vorgeschlagen und beschlossen, mehr als bisher auch verheiratete Diakone in der Seelsorge einzusetzen. Der „niedere Klerus" soll damals gemurrt haben: „Den Bischöfen geben sie alle Verfügungsgewalt, — den Laien alles Recht, — den Diakonen das ganze Vergnügen, — und uns Priestern die ganze Arbeit!"

Als ein Journalist dem afrikanischen Kardinal die Frage stellte, ob seine Kirche nicht angesichts des wachsenden Priestermangels doch für den verheirateten Priester in der Gemeinde stimmen werde, antwortete dieser: „Hierauf kenne ich nur eine Antwort, — nämlich ein ganz klares und entschiedenes und unmißverständliches — Vielleicht!"

Ein deutscher und ein französischer Bischof gingen in einer Pause durch die Straßen Roms. Als ihnen eine hübsche Römerin begegnet, sagt der deutsche Bischof bewundernd: „Schöööön!" — Sein Mitbruder im Amt versteht aber „jeune", (das französisch sehr ähnlich klingt) und sagt seufzend: „Oui, — jeune et abstinence!“ („Fasten und Enthaltsamkeit!“)

Auch zwei Kardinäle unterhalten sich in einer Pause über das Thema „Coelibat“. Sie sind beide schon alt und natürlich konservativ. „Nun gut“, — meint schließlich der eine, „wir wollen uns der Zukunft nicht verschließen. Ich wäre eventuell einverstanden, daß Priester heiraten dürfen, — aber nur unter zwei Bedingungen: 1. Das Mindestalter für die Heirat muß auf 80 Jahre festgesetzt werden. — 2. Es muß die schriftliche Erlaubnis der Eltern vorliegen.“

Die Pfarrer zweier Nachbardörfer treffen sich während des Konzils. Natürlich kommt auch das aktuelle Thema zur Sprache. „Ob man wohl die Coelibatsbestimmungen ändern wird?“ fragt der eine. „Wohl kaum“ — meint der andere, „und wenn schon, — dann werden sie sich mit den Ausführungsbestimmungen so lange aufhalten, daß wir es nicht mehr erleben werden, — höchstens unsere Kinder!“

Bei der Unterhaltung zweier Kapläne über das Konzil äußert der eine recht skeptisch: „Was soll schon bei der ganzen Diskussion um den Coelibat herauskommen?“ — Der andere stimmt ihm zu: „Ach ja! — höchstens ein paar Erleichterungen!“

Bei der Suche nach einer Haushälterin erhielt ein Vikar auf eine Annonce hin 30 Angebote, — sein Mitbruder aber kein einziges. „Wie hast du denn deine Anzeige aufgesetzt?“ — fragt der Erfolgreiche. — „Nun, ich habe geschrieben: 'Junger Priester sucht Haushälterin!'“ — „Genauso habe ich meine Anzeige auch aufgesetzt“, — sagt darauf der andere, — „ich habe allerdings hinzugefügt: „Nicht über Dreißig!“ und: „Bei günstigem Ausgang des Konzils spätere Heirat nicht ausgeschlossen!“

Natürlich wird der Coelibat, die Ehelosigkeit der Priester, bleiben. Ein immerhin „fortschrittlich“ denkender Pastor war sehr verwundert, als er unfreiwillig Zeuge eines Gesprächs zweier Handwerker wurde, die seine Heizung reparierten. Auch die unterhielten sich über den Coelibat. „Das will ich dir sagen“, — meinte der eine, „die sollten auf dem Konzil doch den Coelibat aufheben und die Priester heiraten lassen!“ — „Ja, da hast du ganz recht!“ — erwiderte der andere, „ich bin auch dafür, daß sie heiraten!“ — und fügte mit einem schmerzlichen Seufzer hinzu: „Warum sollen die es besser haben als wir!“ — Der Pastor war seitdem eindeutig *für* den Coelibat.

Alle Wege führen nach Rom

Rom als Mittelpunkt der Kirche ist Wallfahrtsziel für viele, und natürlich auch Anlaß für zahlreiche Witze und Glossen. Es gibt dort zum Beispiel eine besondere Rarität: einen Heiligen mit vier Füßen, — nämlich den „Heiligen Stuhl“.

Bei einem Besuch in Rom stehen auch zwei Juden auf dem Petersplatz. 'Blau' ist sehr beeindruckt von dem Trubel: „Da, sieh dir des an! — Is des e Geschäft! — is des e Riesengeschäft!“ — „Ja, ja“ — meint sein Freund 'Grün' darauf nachdenklich, „und wenn mans bedenkt: mit so einem kleinen Esel ham's angefangen!“

Nach Rom pilgert auch Patrick, ein treuer irischer Katholik. Zehn Jahre hat er dafür gespart. Bei der Zwischenlandung in London läßt er sich die Haare schneiden. Der geschwätzige Friseur fragt ihn nach seinem Reiseziel und meint abfällig: „Was für eine Idee! — — Sie sollten lieber in London bleiben und sich mit dem Geld amüsieren!" Patrick läßt sich natürlich nicht beirren und fliegt nach Rom. Beim Rückflug läßt er sich auf dem Flughafen in London rasieren. Der Friseur erkennt ihn gleich wieder und fragt: „Nun, — haben Sie den Papst wirklich gesehen?" — „Ja, er hielt direkt neben mir, und ich habe Seinen Segen empfangen!" erwidert mit Nachdruck der Ire, dem der spöttische Ton des Figaro auf die Nerven geht. — „Ach, — und hat er auch mit Ihnen gesprochen?" — „Natürlich!" — „Und was hat er gesagt?" — „Er hat mich gefragt: Nun sag doch mal, Patrick, — wer hat dir denn bloß diesen miserablen Haarschnitt verpaßt?!" — Der Rest der Rasur verlief in Schweigen.

Ganz andere Erfahrungen machte ein handfester Pastor aus dem Sauerland, der mit seinen Frauen eine Pilgerfahrt nach Rom unternahm. Seine Mitbrüder warnten ihn eindringlich vor den Dieben, die es dort vor allem auf Handtaschen und Armbanduhren abgesehen hätten. Unterwegs gibt er die Warnung an die weiblichen Teilnehmer der Fahrt weiter, — er selbst ist eigentlich unbesorgt und gedenkt sich gegen etwaige Angriffe schon zu wehren.

Als er am ersten Abend in Rom nach der Tageshitze noch einen kleinen Spaziergang zum nahe gelegenen Kolosseum macht, wird er unversehens von einem Fremden angerempelt. Sofort fällt ihm die Warnung seiner Mitbrüder ein, er sieht nach: Seine Armbanduhr ist verschwunden! — — „Halt! — Du Lump! — Du Spitzbube! — Bleib stehen!" brüllt er in heiligem Zorn hinter dem Manne her, der eilig davonstrebt und schließlich zu laufen beginnt.

Der Pastor ist sportlich ganz gut in Form, — der Zorn tut ein Übriges: In einem olympiareifen Spurt gelingt es ihm, den flüchtigen Dieb einzuholen. Er schnappt ihn am Arm, schüttelt ihn gehörig durch und donnert: „Du verflixter Spitzbube! — Sofort gibst du die Uhr heraus!" Der Italiener versteht zwar kein Deutsch, wohl aber die eindeutigen Gesten und die drohend erhobenen germanischen Fäuste, — er gibt schreckensbleich die Uhr her und macht sich eilig davon. — Voll Hochgefühl, daß er seine Uhr und die Ehre des Sauerlandes gerettet hat, kehrt der Pastor in sein Quartier zurück. Der Schreck fuhr ihm aber erst richtig in die Knochen, als er auf dem Tisch seine vergessene Armbanduhr entdeckte!

Eine Gruppe deutscher Pilger aus Köln wird durch den Vatikan geführt. Als sich ein hoher Würdenträger nähert, sagt der Führer mit taktvoll gesenkter Stimme: „Das ist der Kardinal Merry de Val, — er spricht fünfzig lebende Sprachen!" — „Äwwer Kölsch kann er nit!" bemerkte darauf ein Kölner ziemlich vorlaut. Da bleibt der Kardinal stehen, dreht sich nach dem Sprecher um, sieht ihn durchdringend an und spricht: „Do fiesen Möpp!" — und wandelt würdevoll von dannen.

Die Italiener reden gern in „Superlativen“, sie übertreiben gern. Mario sitzt in Rom mit seinen Freunden bei einem Espresso. Man will herausfinden, wer von ihnen berühmten Leuten begegnet ist, von denen es ja in Rom wimmelt. Einer hatte einmal die Ehre, mit General de Gaulle selbst zu sprechen, als er noch ein einfacher Leutnant war, — ein anderer hatte Brigitte Bardot den Weg gezeigt, als sie sich in Rom verlaufen hatte, — — „Und du, Mario?“ fragen die Freunde gespannt. Mario wartet einen bedeutungsvollen Augenblick und erklärt dann: „Ich bin ein persönlicher Freund des Papstes!“ — „Das glaubst du doch selber nicht!“ — rufen die anderen. — „Wenn ich es euch doch sage! — Ich war neulich noch bei ihm, — er hat mir den ganzen Vatikan gezeigt. Wir traten auch ans Fenster seines Zimmers, — unten auf dem Petersplatz stand eine große Menschenmenge und winkte mir zu ...“ — „Die meinten doch den Papst, du Aufschneider!“ — unterbrechen ihn die andern lachend. — Aber Mario verzieht keine Miene und fährt fort: „Als ich nachher über den Petersplatz ging, sprach mich eine Frau an: „Ah, Mario! — du sahst aber gut aus da oben, — du bist wirklich ein sehr schöner Mann! — Aber sag mal: wer war eigentlich dieser Mann in Weiß an deiner Seite?!“

Die folgende Geschichte erzählte man jüngst von einem sehr bekannten bayrischen Politiker, — das gibt ihr eine aktuelle Würze. Sie wurde freilich auch schon um 1880 erzählt: Da machte ein von der Regierung abberufener Gesandter seinen Abschiedsbesuch bei Papst Pius IX. († 1878). Der Papst versicherte ihn, wie üblich, seines besonderen Wohlwollens und fragte, ob er einen besonderen Wunsch habe. Der Gesandte sagte, — gar nicht bescheiden —: „Mein einziger Wunsch wäre der, daß ich von Ihnen, Heiliger Vater, heilig gesprochen würde!“ — Pius IX. erwiderte bedauernd: „aber dann müßten Sie doch zuerst einmal gestorben sein!“ — dann fügte er lachend hinzu: „Aber Sie könnten sich ja scheintot stellen, — dann würde ich Sie scheinheilig sprechen!“

Es sind manchmal schon merkwürdige Anliegen, die dem Papst vorgetragen werden. Pius XII. soll einmal einen bedeutenden amerikanischen Geschäftsmann empfangen haben und ging mit ihm in den Vatikanischen Gärten auf und ab. Sein Sekretär, der in einigem Abstand folgte, konnte nicht alle Einzelheiten des Gesprächs verstehen. Aber er hörte den Amerikaner ziemlich laut sagen: „. . . Fünfzigtausend Dollar . . .!“ — der Papst schüttelte dazu, milde lächelnd, den Kopf. Das Gespräch ging weiter. Da hörte der Sekretär wieder: „. . . hunderttausend Dollar . . .!“ — wieder schüttelte der Papst den Kopf. Dann, — er traute seinen Ohren nicht, — hörte der Sekretär den Amerikaner sagen: „. . . eine Million Dollar . . .!“ —doch deutlich erkennbar lehnte der Papst auch dieses Mal ab.

Als der Geschäftsmann sich schließlich verabschiedet hatte, trat der Sekretär heran und konnte sich nicht enthalten, vorwurfsvoll zu fragen: „Heiliger Vater, ich habe da zufällig mit angehört, — . . . soviel Geld! — Überlegen Sie doch, wieviel Gutes wir damit hätten tun können . . .!“ — „Das ist wahr“, —erwiderte der Papst mit einem bedauernden Seufzer, „aber weißt du auch, was der Mann von mir verlangt hat? —Er wollte, daß künftig jeder Priester am Ende der Messe statt „Ite missa est!“

singen soll: „Trink Coca Cola!“

Für eine solchermaßen versuchte Schleichwerbung gibt es noch eine hübsche Variante: Da wird Henry Ford vom Papst in Privataudienz empfangen und fragt den Heiligen Vater, ob er auch eine Bitte äußern dürfe. — „Gewiß, mein Sohn!“ — sagt der Papst huldvoll, „um was handelt es sich denn?“ — „Heiliger Vater!„ sagt Henry Ford respektvoll, „ich bitte sehr darum, anzuordnen, daß in den Heiligen Messen künftig an nicht zu unauffälliger Stelle der Name *Ford* ausgesprochen wird.“

„Aber mein Sohn!“ — erwiderte der Papst schockiert, —“ das ist ganz und gar unmöglich! — das können Wir nie und nimmer tun!“ — „Nun gut!“ sagte Ford ergeben, „aber darf ich dann wenigstens Eure Heiligkeit bitten, dafür zu sorgen, daß auch der Name der Konkurrenz aus der Liturgie gestrichen wird?“ — „Aber was für eine Konkurrenz denn?“ fragte der Papst sehr erstaunt. „Die italienische, Heiliger Vater! — In jeder Heiligen Messe wird sie doch genannt! Es ist einfach unfair, wenn im 'Pater noster' jedesmal gebetet wird: „*FIAT* voluntas tua!“ (= lat.: Dein Wille geschehe!)

Menschlichkeiten gab es schon immer in der Kirche, und der römische Verwaltungsapparat, die „Kurie“ gibt genug Anlaß zu Sticheleien. Schon vor einigen Jahrhunderten, als der Maler Raffael seine berühmten Stanzen malte, kritisierten zwei Kardinäle ein Gemälde von ihm: „Die beiden Apostel Petrus und Paulus sind doch geradezu stümperhaft gemalt, — sieh dir doch nur die Gesichter an, die sind ja knallrot, — das ist doch völlig unnatürlich!“ — Raffael nahm die Kritik höchst ehrerbietig an und bemerkte dazu: „Sie haben vollkommen Recht: die Gesichter sind knallrot, — aber darf ich Eure Eminenzen daran erinnern, daß ich die beiden Apostel gemalt habe, wie sie vom Himmel herabschauen. Und da sind sie so rot geworden, weil sie mit ansehen müssen, was auf Erden alles in der Kirche geschieht!“

Da wird auch von einem Monsignore Benigni aus der päpstlichen Kurie erzählt, er sei in den Himmel gekommen. Der Heilige Geist fragt ihn dort nach seinem Namen. „Monsignore Benigni“, antwortet er würdevoll, aber doch etwas verwundert über den kühlen Empfang. — „Benigni, — kenne ich nicht!“ — antwortet der Heilige Geist. „Aber ich war doch 20 Jahre in der römischen Kurie!“ — „Römische Kurie? — dort bin ich noch nie gewesen!“

In „Vatikanischen Kreisen“ erzählt man sich auch von drei Fragen, die angeblich nicht einmal Gott Vater beantworten kann: „Wieviel Frauenkongregationen es gibt, — was ein Jesuit wirklich denkt, — und wieviel Geld die Kirche wirklich hat“.

Ein oft zitierter Weisheitsspruch aus dem Volksmund meint, der beste Beweis für die Göttlichkeit der Kirche sei die Tatsache, daß in zweitausend Jahren die (Päpste — Kardinäle — Bischöfe — Prälaten — Pastöre — Christen) sie noch immer nicht kaputt gekriegt haben! (In weiser Vorsicht lasse ich die „Schuldigen“ beliebig austauschbar erscheinen, je nachdem, wen man gerade beleidigen, — oder nicht beleidigen will). Es ist immerhin bemerkenswert, daß ausgerechnet der wegen seiner amourösen Geschichten bekannt-berüchtigte Giovanni Bocaccio dies mit einer kleinen Geschichte ganz anderer Art bestätigt:

Da lebte in Paris einst der Tuchhändler Jeannot. Sein einziger Freund war ein Jude mit Namen Abraham, der ein ähnliches Geschäft besaß und gleich ihm ein anständiger Mensch war. Lange bemühte sich Jeannot vergeblich, seinen Freund für den Christlichen Glauben zu gewinnen.

Umso erstaunter war er, als Abraham ihm eines Tages mitteilte: „Nun wohl, Jeannot, du wünschest, daß ich ein Christ werde, und ich bin geneigt, deinen Wunsch zu erfüllen. Aber zuerst will ich einmal nach Rom reisen und mich überzeugen, ob der Lebenswandel der hohen Hirten auch ihrem Amte entspricht. Wenn ich dann erkenne, daß euer Glaube wirklich besser ist als meiner, dann werde ich mich taufen lassen!" Da wurde Jeannot sehr traurig, denn er kannte Rom und dachte: Wenn Abraham dorthin kommt und das ruchlose Treiben sieht, wird er niemals ein Christ werden. Er versuchte mit allen Mitteln, dem Freund die Reise auszureden, — vergebens! — Der wollte unbedingt nach Rom!

In der Heiligen Stadt muß Abraham nun sehen, wie hemmungslos alle der Wollust leben und — einer wie der andere — dem Fressen, Saufen und Schlemmen ergeben sind. Mit Kirchengütern und Menschenleben wurde Schacher getrieben, nichts war ihnen heilig. All dies mißfiel dem ehrbaren Juden aufs höchste. Nach seiner Rückkehr fragte sein Freund Jeannot in Paris ihn mit Bangen, was er denn nun von Rom, den Kardinälen und Höflingen halte.

„Ich fand sie alle ruchlos!" — antwortete Abraham, — „Verdammt seien sie alle! Bei keinem einzigen fand ich Frömmigkeit und Gottesfurcht und Nächstenliebe, — vielmehr jede Art von Lastern. Rom erschien mir wie eine Werkstatt des Teufels, in der die Seelenhirten alles tun, um die Kirche zu zerstören und vom Erdboden verschwinden zu lassen! — — — Ja, — und dann „— sagte Abraham, tief aufatmend, —" dann habe ich mich entschlossen, Christ zu werden!"

„Waaaas?!" — rief Jeannot fassungslos, — „du willst ein Christ werden?! — nach allem, was du dort gesehen und erlebt hast?!"

„Ja, mein Freund! — — Ich habe mir überlegt: Eine Religion, die *das alles* aushält, — *muß* doch die wahre sein! — Morgen lasse ich mich taufen!"

„Kardinal-Fehler"

Kardinäle sind auch Menschen. Nur fallen ihre Schwächen und Fehler mehr ins Auge, — sind es doch „Kardinal-Fehler".

Der Kardinal NN. war just in dem Augenblick, als die Krise überstanden schien, plötzlich verstorben. Sein Sekretär entwarf sogleich ein Telegramm nach Rom: „Kardinal NN. verschieden!" — Ein Prälat sah den Text durch, fand ihn aber doch allzu kurz und der Würde des Verstorbenen nicht angemessen. Er korrigierte den Text: „Kardinal NN. fromm verschieden!". Dies war wiederum dem Generalvikar zu knapp. So erhielt das Telegramm an den Vatikan schließlich die Fassung: „Seine Eminenz, Kardinal NN. ganz unerwartet fromm verschieden!"

Trotz aller kirchlichen Kritik an „schamloser Kleidung" müssen kirchliche Würdenträger bei offiziellen Anlässen bei Diplomaten und dem römischen Adel schon mal sozusagen beide Augen zudrücken. Bei einem solchen Staatsbankett hatte ein Kardinal das Pech, neben einer äußerst dekolletierten Dame am Tisch zu sitzen. Beim Nachtisch sah er endlich die Gelegenheit, ihr eins auszuwischen: Als die Dame eben zu einem Apfel greifen will, sagt der Kardinal warnend: „Vorsicht, meine Gnädigste! Denken Sie an das Paradies!“ — „Oh, keine Sorge, Eminenz!“ erwiderte die Dame amüsiert, — „ich hatte nicht vor, Ihnen den Apfel anzubieten, sondern ich wollte ihn selber essen!“ — „Eben das meine ich ja“ gab der Kardinal zurück, „als nämlich Eva von dem Apfel gegessen hatte, da gingen ihr die Augen auf, und sie erkannte, daß sie nackt war!“

In Rom trafen sich zum Konzil die Kardinäle aller Länder, — manche kamen mit Taxi, andere auch in noblen Karossen. Einer von Ihnen wollte nach der Konzilssitzung in seinen blitzenden Mercedes einsteigen, — da hatte jemand mit weißer Kreide und in sauberem Latein an die schwarze Luxuslimousine

geschrieben: „Accepit MERCEDEM suam!“ (= Er hat seinen Lohn (oder: seinen Mercedes) erhalten!)

Ein sehr moderner, doch gottesfürchtiger amerikanischer Kardinal flog von Rom in die Staaten zurück. „Einen Whisky?“ — fragt die Stewardesse nach dem Start. — „Wie hoch fliegen wir?“ fragt der Kardinal. — „3.000 Meter.“ — „Gut, vielen Dank! — Sie können mir zwei servieren, pur auf Eis!“ — Nach einiger Zeit winkt er wieder die Stewardesse heran und fragt: „Wie hoch fliegen wir jetzt?“ — „7.000 Meter!“ — „Ah, gut, — bringen sie mir noch einen!“ — Nach kurzer Zeit kommt die Stewardesse wieder vorbei und fragt: „Noch einen, Eminenz?“ — „Wie hoch fliegen wir?“ — „12.000 Meter“. — „Nein, danke!“ — seufzt da der Kardinal, — „dann lieber nicht, — zu nah beim Chef!“

Der französische Kardinal Tisserant wurde bei einer Visitation von einem Mädchen gleich um fünf Autogramme gebeten. Er fühlte sich geschmeichelt ob der starken Nachfrage und erfüllte ihr lächend die Bitte. „Warum denn gleich fünf?“ fragte er danach. — „Ach wissen Sie, für fünf Kardinäle kriege ich einen Jonny Halliday (Schlagersänger)!“ — sagte das Mädchen und verschwand beglückt mit ihrem Schatz, während der Kardinal gar nicht mehr so glücklich aussah.

Kardinal Cento, Nuntius in Brüssel, bedankte sich bei einem Besuch nach einem Empfang in Namur mit den Worten: „Ich wünsche euch, daß ihr alle in Namur glücklich seid!“ Er sprach aber das französische „... que vous êtes heureux en Namur“ so schlecht aus, daß die erstaunten Leute verstanden: „... que vous êtes heureux en amour!“ — „... daß ihr glücklich seid in der Liebe!“

Bei einer weiten Überlandfahrt saß der amerikanische Kardinal ... (den Namen können wir nicht preisgeben) mit seinem Sekretär schwitzend in der schwarzen Limousine. Es war ein brütend-heißer Tag. Als sie an einem einsamen See vorüberkommen, seufzt der Kardinal: „Jetzt müßte man hier ein kühles Bad nehmen können!“ — „Warum eigentlich nicht, Exzellenz?“ fragt der Sekretär, der gerade dasselbe denkt, und stoppt sogleich den Wagen. — „Aber wir haben keine Badehose mit!“ — bedauert der Kardinal. Doch da er ein moderner Kardinal und weit und breit kein Mensch zu sehen ist, spürt er angesichts des klaren Wassers keinerlei Hemmungen. Rasch entkleidet, stürzen sich die beiden Geistlichen begeistert in die kühlenden Fluten.

Wie es das Pech will, — plötzlich braust ein vollbesetzter Bus heran, hält ausgerechnet an dem einsamen See, und aus allen Türen quillt eine Schar älterer Damen, — offenbar ein Frauenverein auf einem Ausflug, — die sich zu einem ausgedehnten Picknick am Seeufer niederlassen. Noch sind sie mit ihren Eß-Vorräten beschäftigt, — nicht auszudenken, wenn sich einige am Ufer die Beine vertreten und näher kommen würden. Kaum fünfzig Meter von den nächsten entfernt, strebt der Kardinal in Panik dem Ufer und dann dem rettenden Wagen zu, wobei er versucht, seine Blöße mit den Händen zu verdecken. Da ruft hinter ihm der Sekretär verzweifelt, — wenn auch mit vorsichtig gedämpfter Stimme: „Das Gesicht, Eminenz! — Sie müssen ihr Gesicht bedecken! — da unten erkennt sie doch niemand!"

Die Theologen

„Sind Sie Theologe?" — fragte Papst Johannes XXIII. einen anglikanischen Geistlichen. — „Nein, Heiliger Vater!" — antwortete der also Angesprochene verwirrt. — „Nun gut! — Deo gratias! — Ich auch nicht, — wenn man es auch sagt! — Sie wissen ja selbst, wieviel Unglück die Berufstheologen der Kirche

Normalchrist (rechts) unterhält sich mit einem Mitglied der Synode

durch ihre Haarspaltereien, ihren Ehrgeiz und ihren Eigensinn zugefügt haben!"

Johannes wußte, wovon er redete, — von einer bestimmten Sorte von Theologen, von denen auch der Volksmund so treffend sagt:
„Wenn ein halbes Dutzend Theologen sich streiten, — dann haben wenigstens sechs Unrecht!"

Der Dichter Gottfried Keller hat bei einer Geburtstagsehrung für den Theologen Alexander Schweizer 1878 sehr kurz und präzise formuliert: „Es gibt, soviel ich sehe, zwei Arten von Theologen, — solche, die *über* dem Lieben Gott stehen, — und solche, die *unter* Ihm stehen. Alexander Schweizer hat sein Leben lang zu den letzteren gehört. Er lebe hoch !"

Wissenschaftliche Akribie ist eben doch nicht alles, wie auch die folgende, — gewiß von einem Theologen erfundene — Definition beweist:

„Philosophie ist: — wenn einer in einem dunklen Zimmer mit verbundenen Augen eine schwarze Katze sucht.

Methaphysik ist: — wenn einer in einem dunklen Zimmer mit verbundenen Augen eine schwarze Katze sucht, die gar nicht da ist.

Theologie ist: — wenn einer in einem dunklen Zimmer mit verbundenen Augen eine schwarze Katze sucht, die gar nicht da ist, — und plötzlich ruft: „Ich hab sie!"

Wohin Logik und Scharfsinn führen können, zeigt ein Beispiel, das man gern den Dominikanern in die Schuhe schiebt: Da studiert ein Dominikaner Naturwissenschaften und macht Experimente: Er setzt einen Floh auf ein Blatt Papier und befiehlt ihm: „Spring!" — Der Floh springt. — Dann schneidet er dem Floh die Beine ab und sagt: „Spring!“ — doch der Floh springt nicht. — Der Dominikaner, wie alle Dominikaner streng logisch denkend, — zieht daraus die wissenschaftliche Schlußfolgerung: „Wenn man einem Floh die Beine abschneidet, dann schlägt ihn Gott mit Taubheit!“

Die „Kasuistik“ (Gesetzt der Fall, daß . . .) ist bei Theologen, besonders aber bei den Jesuiten ein beliebter Sport. Ein solcher legte einmal einem Nicht-Theologen die folgende knifflige Frage vor: „Ihre Mutter und ihre Frau befinden sich beide in einem brennenden Haus. Sie können aus bestimmten Gründen nur eine von beiden retten. Wie entscheiden Sie sich?“ — Diesmal war er an den Verkehrten geraten. Der gewiß nicht im logischen Denken geschulte Mann erwiderte: „Da gibt es für mich nur eine Entscheidung: Ich nehme den Theologen, der mich so etwas fragt, beim Kragen und werfe ihn in die Flammen. Dann mögen seine Tränen und sein Angstschweiß das Feuer löschen! Ich bin ihn jedenfalls los und behalte die Mutter *und* die Frau! — Was aus ihm wird, soll mir gleich sein, — es ist ja eine legale Ketzerverbrennung!“ Der Mann hatte offenbar überhaupt keinen Sinn für theologische Feinheiten!

Mit den Kindern haben die Theologen große Probleme: Das mögliche Schicksal der ungetauft sterbenden Kinder beschäftigt sie schon seit 300 Jahren, und sie sind immer noch nicht damit fertig! — Zwei Theologieprofessoren unterhalten sich über das soeben erschienene dreibändige Werk zu dieser Frage: „Das Los der ungetauft sterbenden Kinder mit besonderer Berücksichtigung der Lehre der griechischen, syrischen und armenischen Kirchenväter“ von Prof. Dr. theol., Dr. phil., Dr. jur. Can. Paphnutius Fixlein:

„Wer wird *das* schon lesen?!“ — meint der eine dazu, — „höchstens drei oder vier Spezialisten!“

„Schmälere nicht die Verdienste von Collega Fixlein!“ — tadelt darauf der andere, — „immerhin weiß jetzt Gott, wie er sich in diesen schwierigen Fällen zu verhalten hat!“

Da könnte man ja beinahe der Behauptung Glauben schenken, der Heilige Petrus habe dem Herrn berichtet: „In Rom haben sie schon wieder eine neue Enzyklika herausgegeben!“ — worauf der Herr geantwortet habe: „Besorg sie mir schnellstens, damit ich weiß, wie ich mich zu verhalten habe!“

Gott sei Dank! (oder leider! — je nachdem) hat Gott weder Logik noch Theologie studiert und richtet sich darum auch nicht unbedingt nach den Theologen. Und Jesus selbst hat sogar die für einen Theologen geradezu beleidigende Äußerung getan: „Ich preise Dich Vater im Himmel, weil Du dies den Klugen und Weisen verborgen, den Kindern aber offenbart hast!“

Er hätte auch wohl jene Antwort geben können, die Ihm vor etlichen Jahren ein Kopenhagener Kirchenblatt in den Mund gelegt hat: Da sieht man auf einer wunderschönen Karikatur, wie die Theologen mit ernster Miene auf „Gott-Suche“ gehen. Jesus aber, den sie nicht finden können, steht derweil hinter dem Berg, unterhält sich mit Kindern und heißt sie still sein, damit man Ihn nicht entdeckt. Dazu konnte man den Text lesen:

„. . . und Jesus fragte sie: Was sagen die Leute, wer ich bin? — Und sie antworten: „Du bist die Manifestation unserer eschatologischen Seinsbasis, — die Verkündigung, die sich im Konflikt manifestiert wie auch in Genese und Ablauf des Harmonisationsprozesses!" — Und Jesus sprach: „Waaaas bin ich?!"

In neuester Zeit hat sich sogar eine „Gott-ist-tot-Theologie" etabliert. Die Theologen streiten sich noch darum, wer der Mörder sei, — die schlechten Päpste? — oder die mittelmäßigen Christen? — oder die Atheisten? — — Aber nein! sie fanden kürzlich die Antwort bei Heinrich Heine, der vor mehr als hundert Jahren bereits dazu schrieb: „Die dem Lieben Gott ein Ende machen, — das sind die Theologen!"

So wissen wir's denn. — „Gott ist tot!" — so hat damals schon Friedrich Nietzsche klipp und klar erklärt, — nach seinem Hinscheiden von dieser Erde hat er sicher Gelegenheit gehabt, es IHM persönlich zu sagen. Gott lebt immer noch, — hat Er — o schrecklicher Gedanke! — die ganze „Gott-ist-tot-Theologie" vielleicht gar nicht gelesen?

Solche Fragen „ungebildeter Leute" sind genau so peinlich, wie die Frage seines achtjährigen Sohnes an den Vater und Genossen Pjotr Iwanowitsch: „Papa, — weiß der Liebe Gott eigentlich, daß es ihn nicht gibt?" — Und das nach achtjähriger, konsequent atheistischer Erziehung!

Man wird also Verständnis haben, wenn der berühmte Oxford-Gelehrte Dr. Jouett an Lady Margot Asquith schrieb: „Mein liebes Kind! — Sie müssen an Gott glauben, — trotz allem, was die Theologen dazu sagen!"

Vielleicht wollte der französische Staatsmann Montesquieu sogar den Lieben Gott in Schutz nehmen vor den Theologen, da er einmal sagte: „Als Gott den Menschen das Gehirn gegeben hat, hatte er nicht im Sinn, dafür die Verantwortung zu übernehmen!"

Den deutschen Theologen sagt man ja nach, daß sie von jeher ganz besonders gründlich und konsequent nachdenken und dabei zu erstaunlichen Ergebnissen gelangen. Der deutsche Philosoph Keyserling mußte es wissen, als er sie so beschrieb:

„Da kommt ein Deutscher in den Himmel und steht plötzlich vor zwei Türen. Auf der einen liest er: „Eingang zum Paradies", — auf der anderen steht: „Vorträge über das Paradies", — — und an diese klopft er an!"

Wissenschaft und Gelehrsamkeit kann auch zu Ergebnissen führen, die bei Licht betrachtet, kaum das Papier wert sind, auf dem sie gedruckt stehen. Über einen „Großen Wissenschaftler" — sagt Rudolf Presber ironisch:

„Warum der Mann so hoch geschätzt und aller Weisen Zier ist? — — Er hat aus dem Sanskrit übersetzt, daß zweimal zwei gleich vier ist!"

Immerhin findet man, — auch wenn sie grundsätzlich sich für „unfehlbar" halten, — auch bei Theologen Anzeichen von Glauben und Einsicht. Und wenn der Theologe Hans Küng ein ganzes Buch mit dem Titel schreibt: „Un-

fehlbar?" — so muß er offenbar doch ernste Zweifel an seiner eigenen Unfehlbarkeit haben, — oder sollte das ein — in Theologenkreisen äußerst seltener — Anflug von Humor sein?

Beim Konzil sahen manche Theologen ihre Stunde gekommen, zur Vermehrung der Sitzungsprotokolle beizutragen. Ein afrikanischer Bischof meinte beim Durchsehen der Papierflut nachdenklich: „Die zehn Gebote sind sicher deshalb so kurz und verständlich, weil sie ohne Mitwirkung einer theologischen Kommission entstanden sind!"

Und ein italienischer Bischof meinte: „Hätte es zu Moses Zeiten schon Kommissionen gegeben, dann wären die Kinder Israels heute noch nicht durchs Rote Meer gezogen!"

Während des Konzils soll auch eine Anfrage an Radio Vatikan gekommen sein: „Können Weihnachten und Ostern auf einen Tag fallen?" — Die Antwort wurde mit der Begründung verweigert: „Ihre Frage würde eine neue Sitzungsperiode der Liturgiekommission auslösen!"

Eine andere Anfrage: „Halten Sie die kirchliche Druckerlaubnis für theologische Bücher für überholt?" — Antwort: „Im Prinzip nein, — damit wenigstens einer die vielen Bücher der Theologen liest!"

Zeitweilig verlief die Theologische „Entwicklung" in den Konzilsjahren ja ziemlich stürmisch. Da streiten sich 1968 zwei Theologiestudenten über eine Glaubensfrage: „Das glaubt doch kein ernst zu nehmender Theologe mehr!" ruft der eine. — „Hältst du den holländischen Professor X. etwa nicht für einen ernst zu nehmenden Theologen?" — fragt der andere. — „Ganz sicher nicht!" —„Nun, in seinem Buch „XY" lehrt er doch so!" — „Und wann ist das erschienen?" — „Erst vor zwei Jahren!" — „Längst überholt!" sagt der erste mit wegwerfender Handbewegung, „lies mal das Buch von Professor Y., das vor vier Wochen herausgekommen ist! — *Das* ist der neueste Stand der Wissenschaft!" — „Und für wie lange?" fragt der andere sehr skeptisch.

Ein besonders vorsichtiger Kaplan soll damals sogar jeden Sonntag vor seiner Predigt gesagt haben: „Meiner heutigen Predigt liegt zugrunde der Stand der theologischen Forschung von der letzten Woche!"

Theologie, — wenn sie erst mal gedruckt und verkauft wird, — kann auch Einiges einbringen. Der bekannte französische Kirchen-Historiker Daniel-Rops, Mitglied der Academie Francaise, hatte mit seinem Buch „Jesus in seiner Zeit" einen großen Erfolg. Eines Tages traf ihn der nicht minder kirchliche und erfolgreiche Schriftsteller

Francois Mauriac bei einer Coctailparty. Er näherte sich Madame Daniel-Rops, streichelte ihre kostbare Nerzstola und bemerkte dazu: „Oh teurer Jesus!“

Im übrigen hatte ein alter Pfarrer wohl so unrecht nicht, der einem Seminaristen sagte: „Laß dir einen guten Rat geben! Bemüh dich nicht um Ämter und Ehren in der Kirche. Ich bin sicher, daß die einfachen Priester wie ich ohne Schwierigkeiten in den Himmel kommen. Ich glaube aber, daß die Kanoniker, die Domherren, die Bischöfe und Kardinäle, und vor allem die Theologen noch einige Zeit vor dem Eingang werden warten müssen, um erst einmal gründlich überprüft zu werden. Auch werden zahlreiche Zeugenaussagen und Protokolle zur Vervollständigung ihrer Akten erforderlich sein. Und wenn erst alles das durchforscht werden muß, was sie in ihrem Leben geschrieben haben, — dann mag es wohl lange dauern, bis die in den Himmel kommen!“

Damit sich auch theologisch nicht geschulte Christen erfolgreich an Diskussionen beteiligen können, wurde übrigens der FOKIKOKA entwickelt, — der „FO-rmulierungshelfer für KI-rchliche KO-mmunikations-KA-näle“, ein Leitfaden, mit dessen Hilfe Sie sich mühelos in der modernen Theologensprache zurechtfinden und ausdrücken können. FOKIKOKA besteht aus 30 augewählten Schlüsselwörtern, die — beliebig zusammengesetzt — jedem Schriftsatz und jeder Rede eine enorme Ausdruckskraft verleihen. Sie sind beim Formulieren nicht mehr zu schlagen und können garantiert in jeder theologischen Diskussion mitreden!

Hier ist das Grundschema Nr. 1:

0: nachkonziliare	0: Kommunikations-	0: -problematik
1: experimentelle	1: Informations-	1: -analyse
2: klerikale	2: Struktur-	2: -politik
3: progressive	3: Programm-	3: -strategie
4: aufgabengerechte	4: Personal-	4: -manipulation
5: optimale	5: Gremien-	5: -stagnation
6: pluralistische	6: Sach-	6: -koordinierung
7: interdependente	7: Zielgruppen-	7: -planung
8: omnipotente	8: Rationalisierungs-	8: -zwänge
9: gruppenspezifische	9: Entwicklungs-	9: -orientierung-

Die Handhabung ist denkbar einfach: denken Sie sich eine beliebige dreistellige Zahl und suchen Sie die entsprechenden Wörter in jeder Spalte auf. Die Nummer 910 zum Beispiel ergibt „gruppenspezifische Informationsproblematik“, ein Ausdruck, der jedem Diskussionsbeitrag eine entscheidende, von Fachwissen geprägte Autorität verleiht. Keiner wird im entferntesten wissen, wovon Sie reden (auch Sie nicht!), aber entscheidend ist, daß niemand wagen wird, das auch zuzugeben!

Gleich noch ein überzeugendes Beispiel: 002 - 637 - 960 - 479 - 121 — das heißt im Klartext: „Nachkonziliare Kommunikationspolitik erfordert gleichermaßen pluralistische Programmplanung, gruppenspezifische Sachproblematik, aufgabengerechte Zielgruppenorientierung sowie experimentelle Strukturanalysen!“ —

Niemand wird nach einem solchen Satz Ihre wissenschaftliche Autorität zu bezweifeln wagen! Sie können garantiert in einer Fernsehfachrunde auftreten und alle Bio-, Theo-, Polito-, Psycho- und andere -logen glatt aus dem Felde schlagen. Dafür hier gleich noch ein weiterer „Formulierungshelfer“ nach gleicher Methode:

0: konzentrierte	0: Führungs-	0: -struktur
1: integrierte	1: Organisations-	1: -flexibilität
2: permanente	2: Identifikations-	2: -ebene
3: systematisierte	3: Kirchen-	3: -tendenz
4: progressive	4: Koalitions-	4: -programmierung
5: funktionelle	5: Modell-	5: -konzeption
6: orientierte	6: Übergangs-	6: -phase
7: synchrone	7: Wachstums-	7: -potenz
8: qualifizierte	8: Aktions-	8: -problematik
9: caritative	9: Interpretations-	9: -kontingenz

Mit diesem Heft in der Hand können Sie sich während der Reden der übrigen Gesprächsteilnehmer die Zeit mit Lesen von Witzen verkürzen, aber auch jederzeit mit bedeutender Miene eine Dreier- oder Sechsergruppe einstreuen, — es paßt immer!

Übrigens können Sie leicht weitere solche Programme selbst aufstellen, — es macht sogar Spaß! — Das Ganze ist auch nur ein Spaß, — sozusagen höherer Blödsinn! — Vielleicht hilft es Ihnen, das angeblich „wissenschaftliche“ Gerede nicht nur von „Theo —“, sondern jeder Art von „...-logen“ nicht allzu ernst zu nehmen.

Genug der Bosheiten über die Theologen, die wir nicht ohne die Feststellung abschließen wollen, daß es natürlich auch zahlreiche sehr ernsthafte, nüchterne und fromme Denker und Lehrer der Theologie gibt. Doch über die kann man keine Witze erzählen, denn es gibt nichts über sie zu lachen, — deshalb hört man so wenig von ihnen, und sie kommen notwendigerweise (oder Gott sei Dank!) hier nicht vor.

Ein Lächeln haben wir noch für die liebenswerten, — heute leider ausgestorbenen, — Originale von Theologen, deren kleine Schwächen sie uns menschlich nur näher brachten. Der heute schon legendäre Paderborner Professor, der „olle Bartmann“, war wegen seiner urwüchsigen Sprüche und deftigen Vergleiche bei den Studenten beliebt. Von ihm sind ungezählte Sprüche und Redensarten überliefert. Er sprach beispielsweise über die Anfänge der Kirche und sagte: „Ein werdendes Kind hat eine werdende Form, — du kannst einem Embryo doch noch keine Buchse anziehen!“ — oder über die Erbsünde: „Theologus, — schade, daß die Erbsünde gekommen ist! Die hat die Freude am Menschenleib verdorben, — es ist Mostert draufgefallen!“

Da werden auch noch immer die (angedichteten) „Sünden“ von „Johannes“ erzählt, der ein ungeheuer fleißiger Professor und ein Faß von Wissen war, sich aber das Gemüt eines Kindes bewahrt hatte. Er soll etwa gebeichtet haben: „Ich habe dreimal die Glocken vom Abdinghof (heute evangelische Kirche!) mit Wohlgefallen angehört! —Ich habe in der Fastenzeit fünfmal das Alleluja gebetet! — Ich habe in der Nacht vom Donnerstag auf Freitag von Fleisch geträumt! — Ich habe einmal im Winter die Sonntagsvesper aus dem Sommerteil des Breviers gebetet! — —“ Und als im Sommer einmal die Professoren einen Ausflug zum Haxtergrund unternahmen und ob des reichlichen Biergenusses auf dem Heimweg unbedingt einige Bäume aufsuchen mußten, soll Johannes nachher gebeichtet haben: „. . . aber ich habe nur so getan als ob!“

Nach dem Krieg hatte der Konviktsdirektor es tatsächlich fertiggebracht, Johannes zu einem Kinobesuch zu überreden, — es war natürlich ein kirchlich besonders empfohlener Film. Gefragt, wie es ihm denn gefallen habe, antwortete Johannes: „Och, chanz chut, — nur, wissense, — die Sssitze, — die Sssitze sssind doch ssehr unbequem!“ (Er war mit der Technik der Klappsitze nicht vertraut und hatte die ganze Zeit auf der hohen Kante gesessen!). —

„Genug! Genug!“ — höre ich schon die heutigen Theologen rufen, die hier ihren Stand lächerlich gemacht sehen. Zugegeben, sie sind überaus arbeitsam und ungeheuer ernsthaft. — Trotzdem bin ich überzeugt, daß der fromme „Johannes“ es leichter hatte, in den Himmel zu kommen. Unser Herr, der sicher auch über seine „Sünden“ gelächelt hat, hat ihn längst aufgenommen!

Die Bischöfe

Boshafte Zungen behaupten, der altchristliche Abschluß des Vaterunsers: „Denn Dein ist das Reich und die Macht und die Herrlichkeit . . .!“ sei nur deshalb lange Zeit aus dem Gottesdienst verbannt worden, weil die (Fürst-) Bischöfe das als Kritik der Geistlichen an ihrer damals recht weltlichen Lebensweise verstanden hätten. Vielleicht waren sie sogar überzeugt, sie müßten solchermaßen auf Erden die Herrlichkeit Gottes repräsentieren? Man fand es ja nicht einmal ungewöhnlich, wenn über den Empfang des Königs im Dom zu X. berichtet wurde: „. . . vor dem Altar verneigten sich Ihrohöchstdieselbe Eminenz, Bischof . . . und der Allerhöchste gnädige Herr und König und gaben Gott die Ehre . . .“. Inzwischen sind die „Hohen“, „Hochwohlgeborenen“, die „Höchsten“ und „Allerhöchsten“ ja abgeschafft worden, — und der allmächtige Gott hat nichts dagegen, wenn man ihn schlicht und einfach *Gott* nennt. Ein paar „Eminenzen“ und „Exzellenzen“ sind freilich noch geblieben, — geblieben ist natürlich auch die Tatsache, daß jeder, der hoch steht, von vielen gesehen wird und sich manche Kritik gefallen lassen muß.

Den allseits beliebten und weithin durch das neue Tätigkeitswort „Fringsen“ bekannt gewordenen Kölner Erzbischof Frings konnte Kritik nicht aus der Fassung bringen. (Er hatte das „Kohlenklauen“ aus Not von den Militärzügen öffentlich gebilligt). Als der schwer beschädigte Dom für das erste Fest aufgeräumt wurde, legte er selbst mit Hand an, und die halbe Dompfarre half, den Schutt und Schmutz zu beseitigen. Am Festtag zog der Kardinal dann zum ersten Mal wieder in den Dom ein, segnete nach rechts und links die Menge und rief dabei immer wieder gerührt: „Ich danken üch ooch für et Schrubbe!“ (= Putzen). Als Ende der Sechziger Jahre von „revolutionär“ gesinnten Jung-Kaplänen in einer Versammlung lautstark und energisch die Abschaffung „reaktionärer Anreden“ wie „Heiligkeit, Eminenz und Exzellenz“ gefordert wurde, — die schlichte Berufsbezeichnung „Erzbischof“ tue es auch!, — — da meldete sich der anwesende Kardinal zu Wort und sagte unter dem schallenden Gelächter aller

Anwesenden: „Sie haben mir ja mit der Anrede „Herr Erzbischof“ eine ganz neue Würde verliehen! Wenn ich durch Köln gehe, dann sagen die Leute immer bloß: „Do kütt dr Frings!“

Übrigens wurde auch sein Nachfolger, der ebenso bescheidene wie standfeste Kardinal Höffner, genau so herzlich begrüßt, als er in Köln spanische Gastarbeiter bei einer Familienfeier besuchte. Ein kleiner Junge, — schon mit Rheinwasser getauft, aber bei dem seltenen Wort „Kardinal“ noch nicht so sprachsicher, — rief beim Eintritt des Erzbischofs freudig in unverfälschtem Kölsch: „Mama! — Luur ens, do kütt dr Kriminal!“

Die Bischöfe aus dem Wirtschaftswunderland fielen übrigens beim Konzil in Rom doch ein wenig auf mit ihren

Nobel-Karossen. Unter den Konzilsgästen kursierte damals das Wort: „Die deutschen Bischöfe kommen nicht „per pedes apostolorum“ (zu Fuß, wie die Apostel), sondern „per Mercedes episcoporum“!“

Bischöfe treten für gewöhnliche Christen hauptsächlich bei Firmungsreisen in Erscheinung. Vorher gibt es den Firmunterricht, — der manchmal recht lückenhaft bleibt, — was das Gedächtnis der Firmbewerber betrifft. Da meint etwa einer auf die Frage nach der Firmung: „Da bekommen alle einen Klaps!“ — Ein anderer beantwortet die Frage, wer denn die Firmung spenden könne: „Jeder Bischof, der zum Gebrauch der Vernunft gelangt ist!" — Nicht ganz geklärt werden konnte, ob der Aufsatz eines Firmbewerbers eine böswillige Kritik oder nur einen Schreibfehler enthielt. Er hatte geschrieben: „Die Bischöfe sind die recht mäßigen Nachfolger der Apostel!"

Bei Firmung und Bischofsvisitation möchte man natürlich aus naheliegenden Gründen den Hohen Besucher bei guter Laune erhalten. Deshalb erkundigen sich kluge Haushälterinnen vorsorglich und in aller Heimlichkeit: „Was ißt „er" denn besonders gern?" — In diesem Fall war es gebratene Leber. — Nun funktioniert, — dank der segensreichen Erfindung des Telefons, — das Nachrichtenwesen unter Haushälterinnen bekanntlich vorzüglich: Am ersten Tag der Firmungsreise bekommt der Bischof also gebratene Leber und ist sehr zufrieden!

Beim letzten Mittagsmahl, — als zum vierzehnten mal gebratene Leber aufgetischt wurde, seufzte der Bischof und bemerkte ziemlich mißmutig: „Früher hat mir immer der arme Prometheus leid getan, der an einen Felsen geschmiedet war, wo ein Adler täglich von seiner Leber fraß, — — heute bedaure ich eher den Adler!"

Die Haushälterin, die es, — wie alle ihre Kolleginnen, — doch so gut gemeint hatte, trug es mit Fassung. Ja sie tröstete noch den Hohen Herrn und flüsterte ihm zu: „Nehmen Se man nich so viel, Exzellenz! — es gibt nachher noch was hinten drauf!"

Der verstorbene Paderborner Erzbischof Jäger legte auf Disziplin großen Wert und war wegen seiner oft bissigen Kritik an den Fehlern seiner „Assistenz" gefürchtet. Einmal habe ich ihn trotzdem lachen sehen, — ausgerechnet bei einer Priesterweihe, die wegen des zerstörten Domes am 8. August 1948 noch in der Georgskirche stattfinden mußte.

Im Seminar war mit dem Abendessen den darob verzweifelten Schwestern irgend etwas schief gegangen, — was ausgerechnet in der Nacht vor der Priesterweihe fast alle Seminaristen „auf dem Laufenden" hielt. So sahen die zu weihenden Priester am nächsten Morgen alle sehr bleich und mitgenommen aus, — richtig hinfällig, wie sie da bei der Allerheiligenlitanei am Boden lagen. Da sprang plötzlich einer von ihnen ganz unprogrammgemäß auf und verschwand mit unziemlicher Eile in der Sakristeitür. Der Bischof sah es mit Stirnrunzeln, — — hatte da einer noch verspätet Bedenken bekommen? — Nein, — er kehrte bleich und gefaßt auf seinen Platz zurück.

Die Zeremonie nahm ihren Fortgang. Aber wieder und wieder schied einer aus, rannte förmlich davon, und kehrte blaß und mitgenommen zurück. Der Erzbischof wurde zunehmend nervös. Schließlich fehlte auch schon die halbe „Assistenz": Stab- und Mitraträger hatten die bischöflichen Insignien kurzerhand dem Erstbesten in die Hand gedrückt und waren verschwunden. Vor dem Bischof kniete nur noch der Bugiarius mit dem Buch, aus dem dieser die Gebete ablas, — und ich mit dem zugehörigen Leuchter. Plötzlich drückte der Mit-Assistent mir das Buch in die Hand und rannte davon.

„Was ist denn da eigentlich los?!" — knurrte der Erzbischof ziemlich laut und ärgerlich. Und ich, als einziger noch unangefochtener Diakon, der darüber Auskunft geben konnte: „Die haben alle die Lauferei! — äh, Durchfall, Exzellenz!" — Und trotz der feierlichen Handlung konnte sich der Bischof ein verständnisvolles Lachen nicht verkneifen. Die weiteren Zeremonien liefen dann mit mehr oder weniger Unterbrechungen sehr zügig ab. Sogar die Predigt war auffallend kurz. — Vielleicht hat diese Erfahrung dazu beigetragen, daß der Erzbischof von da an für alle neuen Kirchen den Einbau einer Toilette verlangte.

Im schönen Bayern ist es einmal passiert, daß beim Bischofsamt am Fest Christi Himmelfahrt der Zeremoniar vergaß, nach dem Evangelium (wie damals üblich) die Osterkerze auszulöschen. Der Bischof wirft ihm einen mahnenden Blick zu und sagt leise: „Extinguas!“ (Auslöschen!). Der Zeremoniar reagiert nicht, darauf der Bischof noch einmal, vernehmlicher: „Extinguas!“ — Nun muß man freilich wissen, daß er das Wort mit Originalbayrischem Akzent aussprach, das klang dann: „Ekschtinkwas!“. Als der Zeremoniar wieder verständnislos blickt, fordert der Bischof zum dritten mal ziemlich laut: „Ekschtinkwas!!“ — da hebt der Zeremoniar schnuppernd die Nase, hebt bedauernd die Schultern und sagt ebenso laut und bestimmt: „Exzellenz, — i riach nix!“

In der unmittelbaren Nachkriegszeit hatte sich auch der Bischof inmitten der Trümmer der allgemeinen Umgangssprache ziemlich angeglichen. Beim Ausbessern der Bombenschäden im Dom waren die Schreiner am Chorgestühl beschäftigt, als der Bischof sich wieder einmal vom Fortgang der Arbeiten überzeugen wollte. Vielleicht wurde er dadurch abgelenkt, — jedenfalls haut sich einer der Schreiner mit dem Hammer auf den Daumen und flucht laut: „Himmeldonnerwetter!“ — Da sagt der Bischof mit mildem Tadel: „Mein Sohn! mußt du denn hier so fluchen? — Schließlich ist dies ein Gotteshaus! — Kannst du nicht wie ein ordentlicher Christenmensch einfach „Scheiße!“ sagen?“

In einer Zeit, die die „antiautoritäre Erziehung“ entdeckte, hatten auch die Bischöfe ihre Schwierigkeiten vor allem mit dem jüngeren Klerus, der zwar immer noch Gehorsam gelobte, aber sich keineswegs immer daran hielt. In Frankreich erschien damals ein Buch mit dem Titel „Das Problem des Gehorsams, — von einer Gruppe von Spezialisten“. Der jüngere Klerus stürzte sich begierig darauf. In der Liste der Autoren fanden sich: vier Kardinäle, zwei Bischöfe und ein alter Provinzialoberer, — lauter „Spezialisten im Befehlen“. Der Rest der Auflage war bald darauf in Antiquariaten billig zu haben.

Den deutschen Bischöfen sagt man eine bemerkenswerte Ausdauer bei Konferenzen nach, — mutige Entscheidungen freilich weniger.

Ein Zeitgenosse fragte bei Radio Vatikan: „Ist der Mut der Deutschen Bischöfe mit dem Kometen Kohoutek vergleichbar?“ — Antwort: „Im Prinzip ja: den Kometen sieht man auch nicht oft!“

Ganz boshafte Leute erzählen, der Bischof von Fulda sei eines Tages gestorben und an der Himmelstür von Petrus gefragt worden: „Wer bist du denn?“ — Aber ich bin doch der Bischof von Fulda!“ — „Fulda? — noch nie gehört!“ brummt Petrus. „Wo liegt das überhaupt?“ — „In Deutschland, dort tagt doch immer die deutsche Bischofskonferenz!“ — „Was es nicht alles gibt!“ sagt Petrus verwundert, — „da muß ich gleich mal den Heiligen Geist anrufen!“ Er tuts und fragt: „Da ist ein Mann, der behauptet, er sei der Bischof von Fulda. Gibt es das?“ — „Fulda?“ — tönt es aus dem Hörer zurück,

„ — da bin ich noch nie gewesen!“

(Die Bischöfe werden es trostreich finden, daß man sich akkurat dasselbe vom Vatikan erzählt, — auch ließen sich noch eine Menge anderer Namen von Instutionen, Organisationen und Vereinen einsetzten, die von ihren boshaften Mitgliedern als „geist - los“ verleumdet werden, — immer „cum grano salis“, versteht sich! — Das Letztere will ich lieber nicht übersetzen!)

Es mag ja auch Bischöfe geben, die Empfänge und andere gesellschaftliche Ereignisse genießen, — für die meisten von ihnen sind sie eine wahre Plage. Einer geriet bei solchem Anlaß in die Nachbarschaft einer geschwätzigen Dame, die ihm mit ihren Fragen auf die Nerven ging. „Exzellenz, können Sie mir vielleicht sagen, wie lange Bischöfe durchschnittlich leben?“ fragt sie gerade. — „Das will ich Ihnen gern sagen,“ erwiderte der Bischof ärgerlich: „Lange Bischöfe leben durchschnittlich genau so wie kurze!“ — sprachs und ließ die Dame stehen.

Ein bedauerliches Mißverständnis passierte einem Teilnehmer bei einem Bischofsempfang, der seinem Nachbarn zuraunte: „Dort drüben, der junge Mann, — das ein Neffe des Bischofs!“ — „Was Sie nicht sagen, — sollte man das für möglich halten?!“ — verwunderte sich der Andere, meinte dann aber. „Nun ja, man sollte ihn darum doch nicht schief ansehen — was kann denn das arme Kind dafür?!“

Beim Staatsbankett hatte ein Bischof das Pech, unmittelbar neben einer sehr tief dekolletierten Dame zu sitzen. Diese hatte das freilich auch nicht vorausgesehen und fühlte sich neben dem Bischof ziemlich unbehaglich. Schließlich wandte der Bischof, dem ihre Verlegenheit nicht entgangen war, zu ihr hin und beruhigte sie halblaut: „Sie brauchen sich nicht zu genieren, Madame! — Bevor ich Bischof wurde, war ich Missionar bei den Wilden!“

Den von Altersbeschwerden schon arg geplagten anglikanischen Bischof von Dublin hörte seine Tischnachbarin bei einem Festessen traurig vor sich hinmurmeln: „Jetzt ist es so weit! — das habe ich immer schon kommen sehen: totale Gefühllosigkeit im rechten Oberschenkel! — das ist der Anfang der Paralyse! — Man wird mich hinaustragen müssen!“ — „Monseigneur,“ — unterbrach da die Dame sein Selbstgespräch, — „Sie werden sicher sehr erleichtert sein, wenn ich Ihnen sage, — — es ist *mein Bein*, das Sie da zwicken!“

Ein Hörer von Radio Vatikan wollte wissen, ob es zutrifft, daß die Bischöfe und andere Leute in kirchlichen Ämtern immer ein schweres Kreuz zu tragen haben. Er erhielt die Antwort: „Im Prinzip ja, — am schwersten jedoch wird, — mit steigendem Dienst- und Lebensalter, — die „Kreuz-Abnahme!““

Um diese zu erleichtern, wurde auf dem Konzil auch beschlossen, daß die Bischöfe mit 70 ihr Amt zur Verfügung stellen sollten. Das berichtete auch der 72jährige Bischof NN bei seiner Rückkehr und fügte vorsorglich hinzu: “Mich betrifft das natürlich nicht, — ich fühle mich noch im Vollbesitz meiner Kräfte und bin unentbehrlich!“

Ein anderer Bischof, — selbst schon patriarchalischen Alters, — ließ einen hochbetagten Pfarrer zu sich kommen. Er wollte ihm schonend beibringen, daß es Zeit sei, endlich in den Ruhestand zu gehen. Die Unterhaltung kam rasch auf den Kernpunkt: „Lieber Mitbruder im Priesterant“ — sagte der Bischof mit Wärme, „Sie sind nun nicht mehr der

Jüngste, und die Bürde des Alters drückt Sie doch sehr, — wie denken Sie über Ihre wohlverdiente Ruhe? — — Wie alt sind Sie eigentlich?" — „Drei Jahre jünger als Euer Exzellenz!" antwortete der Pfarrer. — Er behielt sein Amt samt Würde und Bürde.

Man munkelte auch mal über einen deutschen Erzbischof, der schon auf die 80 zuging: Endlich sei sein Nachfolger bekannt. Er heiße Karlchen Keller und sei auf der Quinta. Letztes Jahr war seine Versetzung gefährdet. Da habe die ganze Diözese Novenen eingelegt, — damit es nicht noch länger dauert!

Nun, es hat alles seine zwei Seiten, — auch das Bischofsamt. Manchmal hat man den Eindruck, als beneide nicht der Pfarrer den Bischof und die Prälaten, — sondern umgekehrt! — Das mag auch wohl „ganz oben" der Fall sein. Denn da gibt es eine Neufassung der Legende von „Quo vadis?":

Diesmal ist es Papst Johannes Paul II., der von einer seiner großen Missionsreisen nach Rom zurückkommt. Vor dem Flughafen Fiumincino kommt ihm plötzlich der Herr entgegen. Erschüttert fragt der Papst: „Quo vadis Domine?" (Wohin gehst du, Herr?). Und Christus antwortet ihm: „Ich habe es satt in Rom, — ich gehe und suche mir eine Stelle als Landpfarrer!"

Ein nachdenkliches Gedicht von Bertram Otto möge dieses Kapitel beschließen:

Gestützt auf seinen Schäferhund
steht er am Bahngeleise
und schaut zum Rom-Express hinauf
und träumt von Welt und Reise.

Und möchte einer jener sein,
die dort im Polster schlafen, —
statt immer nur am Wiesenrain
ein Herr von hundert Schafen.

Jedoch im gleichen Augenblick
erwacht im Zug ein Schläfer
und sieht ihn stehn und schaut zurück
und seufzt: „Ach, wär' ich Schäfer!"

Ob es vielleicht ein Bischof war?
vielleicht ein Mächtiger auf Erden?
man weiß es nicht. — Nur eins ist klar:
Die hatten beide offenbar
genug von Hammelherden!

Die Prälaten

Es sind nicht alle Narren,
so nicht im Rate sitzen,
und nicht alle Doctores,
so rote Barette tragen! (Alter Spruch)

„Domherr", — „wirklicher" oder „Geheimer Rat", — „Päpstlicher Hausprälat" und andere geistliche Titel werden von manchen Klerikern immer noch für erstrebenswert gehalten, — in gänzlicher Unkenntnis von der Bürde, die mit einer solchen Würde stets verbunden ist.

Die Bürde besteht vor allem darin, daß seit jeher solche Würdenträger (schon wegen ihrer meist breiten Angriffsfläche) die Zielscheibe frivoler Spottlust und neidischer Nicht-Würdenträger gewesen sind. Das ist freilich auch kein Wunder, weil die Titel und Würden in der Kirche überaus zahlreich sind, — von Ew. Eminenz, — Ew. Exzellenz, — Ew. Hochehrwürden, — Hochwürdigster Herr, — Ew. Hochwohlgeboren, — Hochwürden, — Ehrwürden, — bis hinunter zu den „Nichtwürden", — — da durchzublicken fällt sogar Eingeweihten schwer!

In Rom gibt es neben den sieben anderen wenigsten noch ein achtes Sakrament: Die Ernennung zum Päpstlichen Hausprälaten. Dafür soll es auch die drei erforderlichen Voraussetzungen geben:

1. Äußeres Zeichen: Plenitudo ventris (Leibesfülle),
2. Innere Gnade: Senilitas mentis (Vergreisung des Verstandes),
3. Das Wort Christi: „Dormite jam et requiescite!" (Matth. 26,45) (Schlafet nun und ruhet!)

Manche von den boshaften Erklärungen und Beschreibungen, die Sie hier finden, stammen übrigens aus den Reihen der Prälaten selbst oder werden von ihnen zumindest hinter vorgehaltener Hand weiter erzählt:

Ein Theologie-Professor gab folgende Definition eines Domherrn: „Ein Domkapitular, — das ist einer, der endlich „kapituliert", — weil er zu „domm" ist!" — Von demselben: „Ein Domherr ist der Versuch Gottes, die menschliche Haut aufs äußerste zu spannen!"

Auch sagt man, ein dicker Domherr könne niemals Selbstmord begehen: erstens aus moralischen Gründen. — zweitens aus praktischen: hängt er sich auf, reißt der Strick. — Will er sich ertränken, schwimmt das Fett oben auf. — Schießt er sich in den Kopf, trifft er ins Leere!"

Den Domherren wird auch ein altböhmischer Spruch zugeschrieben: „Was soll ein feierliches Etikett auf einer Flasche, wenn nichts drin ist außer Luft!"

Die alte Erfahrung, daß „Mancher vergißt, wo er hergekommen, wenn er die Leiter nach oben erklommen" ist wohl der Grund zu der Frage: „Was haben Priester und Spargel gemeinsam?" — „Wenn sie oben violett werden, dann werden sie ungenießbar!" — Ähnlich fragt ein anderer: „Was hat ein Geistlicher Rat mit einem Hintern gemeinsam?" — „Beide haben Sitz und Stimme, dürfen aber nur von ersterem Gebrauch machen!"

In einem Generalvikariat stand über einem Kleiderhaken im Vorraum des Sitzungs-Saales geschrieben: „Nur für Bischöfe!" — Eines Tages hing darunter ein Zettel: „Man kann auch Mäntel dranhängen!"

Nur von Neid kann die Frage eines „niederen Klerikers" diktiert sein: „Welcher Unterschied besteht zwischen einem Generalvikariat und dem Nil?" — „Am Nil sitzen die Posten auf hohen Kamelen!" (Den Rest darf man höchstens denken!).

Immerhin sagte auch ein alter Pfarrer in weiser Selbsterkenntnis: „Jeder Geistliche hat doch seinen Vogel! — Die meisten sehen das auch mehr oder weniger ein. Nur die Herren im Ordinariat meinen immer, es sei der Heilige Geist!"

In einem fernen Bistum prüft eine Bischöfliche Kommission zur Zeit ein Wunder, das sich dort ereignet haben soll. Ein Ordinariats-Assessor hat sich aus unerklärlichen Gründen gegen eine Beförderung und damit verbundene höhere Besoldung gewehrt.

Ein Bischof (natürlich aus einer ebenso fernen Diözese) wurde einmal gefragt, welche Aufgabe die Geistlichen Räte in seiner Diözese hätten. Er antwortete: „Wenn ich vor einem schwierigen Problem stehe, dann denke ich lange und gründlich nach, bis ich weiß, was ich tun werde. Dann rufe ich meine Geistlichen Räte zusammen und sage: Nun ratet mal, was ich beschlossen habe!"

Ein südamerikanischer Bischof kam auch nach Deutschland, um dort Priester für seine Diözese zu erbitten. Als er bei einem Erzbischof vorstellig wird, sagt dieser: „Wir haben sowieso schon zu wenig Priester, — und wissen Sie, was wir in unseren Nachwuchs heute investieren müssen? — Also unter 4.000,— DM könnte ich da keinen abgeben, — wenn überhaupt. So leid es mir tut . . . !" — „Das ist natürlich unerschwinglich für unsere arme Diözese", — sagt der Bischof traurig, — „aber haben sie denn nichts Billigeres?" — „Tja", — überlegt der Erzbischof, — „da wären immerhin noch die Herren vom Domkapitel." — „Aber sind die denn nicht noch viel teurer?" — „Aber woher denn! — von denen können Sie gern ein paar haben, — das Stück für 40 Pfennig!" — „Aber wieso gerade 40 Pfennig?" fragt der amerikanische Bischof verwundert. — „Flaschenpfand!" sagt der Erzbischof.

Bei einem Zirkusgastspiel in der Bischofsstadt waren zwei Löwen ausgebrochen. Als man sie nach einiger Zeit wieder eingefangen hatte, war der eine so mager, daß die Knochen beinahe durch sein Fell stachen, — der andere dagegen war wohlgenährt. „Wie ist es Dir denn ergangen?" fragt dieser seinen mageren Mitgefangenen. „Ach, sehr schlecht!" seufzte der: „ich war im Walde, da gabs kaum was zu fressen, höchstens mal einen mageren Hasen, — und immer die Angst vor dem Förster! — und wo bist du gewesen?" — „Ich habe mich im Dom in einem Beichtstuhl versteckt, da kommt sowieso nie jemand hin. Und stell dir vor: jeden Tag einen dicken Domherrn als Frühstück, — und man hat bis jetzt noch keinen vermißt! — Wenn sie mich nicht beim Kirchenputz entdeckt hätten, säße ich heute noch da!"

Zwei Jugendfreunde in Amerika hatten, — jeder auf seine Art, Karriere gemacht: Der eine als Admiral bei der Marine, — der andere als Bischof. Zufällig begegnen sich die Beiden nach vielen Jahren auf einem Bahnsteig. Der Bischof, dessen ansehnlichen Bauch das Zingulum über der violetten Soutane nur mühsam zusammenhielt, hatte den Freund in der prächtigen Uniform als Erster erkannt. Er ließ sich nichts anmerken, ging wie ein ratsuchender Reisender auf ihn zu und fragte boshaft: „Ach, Herr Schaffner, könnten Sie mir bitte sagen, ob der Zug hier nach Washington fährt?"

Der Admiral stutzte, erkannte seinen alten Freund, verzog aber keine Miene, sondern antwortete: „Oh gewiß, Madame, — er fährt in fünf Minuten ab!" — dabei musterte er auffällig den dicken Bauch des Bischofs und fuhr fort: „Glauben Sie, gnädige Frau, daß es in Ihrem Zustand klug ist, noch auf Reisen zu gehen?" — — Erst als die Beiden in unbändiges Gelächter ausbrachen und sich gegenseitig auf die Schultern schlugen, merkten die einigermaßen verblüfften Zuschauer, was hier gespielt wurde.

Beim feierlichen Domhochamt war es früher üblich, daß alle an der Liturgie Beteiligten „inzensiert" (beweihräuchert) wurden. Es dauerte natürlich immer eine ganze Weile, bis das ganze Domkapitel, streng in der Reihenfolge der „Dignitäten", inzensiert worden war. Bischof van de Velde in Aachen wollte diese lange Zeremonie abkürzen und ordnete an, die Domkapitulare nicht mehr einzeln, sondern „in cumulo", — alle auf einmal, — zu inzensieren.

Einer der Domherren, ein ziemlich umfangreicher noch dazu, sah in dieser Änderung eine Einbuße seiner Würde. Die wollte er nicht hinnehmen und wandte daher dem Weihrauchfaß ostentativ den Rücken zu. Alle außer ihm lachten verhalten, als darauf im Chor sehr vernehmlich die Stimme des anwesenden Bischofs zu hören war: „Jeräucherter Schinken!"

Bei einer Firmung in der Domgemeinde waren natürlich auch die Prälaten und Domherren anwesend. Der Bischof hält eine Katechese mit den Firmlingen und will wissen, wer alles oben auf dem Chor zu sehen ist. Der Weihbischof, der Generalvikar, die Prälaten usw., — die Kinder konnten aber nur den Weihbischof benennen. Der Bischof wollte ihnen helfen und sagte: „Ihr seht, daß die Herren da oben auch lange violette Gewänder haben und eine Schärpe mit Quasten daran, — es sind aber keine Bischöfe, sondern? — — es fängt mit „P" an, — na?" — Da zeigte endlich ein Junge auf und rief freudestrahlend: „Das sind die Pharisäer, Herr Erzbischof!" — — Die Gesichter oben im Chor waren sehenswert!

Im Chor des Domes sitzen die Domherren beim Chorgebet, das zu ihren täglichen Pflichten gehört, — als ein schreckliches Gewitter losbricht. Die Blitze zucken immer greller, der Donner klingt immer bedrohlicher. Schließlich schlägt ein Blitz mit lautem Knall oben in einen Dachreiter ein. Da unterbricht der Älteste das Chorgebet und ruft mit lauter Stimme: „Meine Herren! — laßt uns aufhören und jetzt lieber beten!"

Auf dem Sterbebett muß schließlich ein jeder von allen Würden Abschied nehmen. Der alte Prälat Schnüttgen, — jener kunstsinnige Domherr, dem die Stadt Köln das Schnüttgen-Museum verdankt, — konnte seinen Kunstverstand auch im Sterben nicht verleugnen. Als man ihm ein Kreuz zum Kusse reichte, tasteten seine erfahrenen Finger den Corpus ab. „Spätes neunzehntes Jahrhundert, — schlechte Industriearbeit!" — flüsterte er enttäuscht.

Im Nachlaß eines Domherrn fand man den ersten Teil einer Selbstbiographie des Verstorbenen, die dieser dann aber nicht vollendet hatte. Der Titel hieß: „Vom Proleten zum Prälaten, — mein Kampf und meine Karriere". Die letzte Eintragung lautete: „Endlich Prälat!" — — danach gab es offenbar nichts mehr zu berichten.

Das Hochwürdigste Generalvikariat

Früher einmal war die Anschrift bei allen Eingaben unerläßlich und streng vorgeschrieben: „An das Hochwürdigste Generalvikariat". Heute genügt: „Postfach . . .", — so ändern sich die Zeiten. Und es wird natürlich trotz aller Verleumdungen dort ernsthaft und fleißig gearbeitet. — Zu fleißig! — so wird mancher geplagte Pfarrer seufzen, wenn sich die Flut der Verfügungen, Nachrichten und Rundschreiben ins Pfarr-

haus ergießt. Erreicht die Papierflut die „Hochwassermarke", dann hilft nur noch ein Papierverbrenner, — normalerweise genügt der Papierkorb. Denn keine Automation und kein Computer wird die Büroarbeit je so vereinfachen wie dieser so überaus nützliche und preiswerte Gegenstand, — dem Erfinder sei Dank!

Außer religiösen Wandsprüchen findet man bei manchem Pfarrer auch den Spruch eines chinesischen Weisen:

„Neben der edlen Kunst,
Dinge zu tun,
gibt es auch die edle Kunst,
Dinge liegen zu lassen!"

Dies läßt dann freilich im Generalvikariat die Berge der „unerledigten Vorgänge" ungeahnt wachsen und bringt die Angestellten dort zur Verzweiflung. So kann man nur hoffen, daß diese stetige Wechselwirkung schließlich doch einmal zu einem Zustand „labilen Gleichgewichts" führen wird. Immerhin hat das „Parkinsonsche Gesetz" inzwischen auch die Generalvikariate erreicht. Der Paderborner Weihbischof Wilhelm Tuschen sprach seine Erfahrungen als Generalvikar in dem Satz aus: „Sie glauben ja gar nicht, was einer alles produziert, wenn man ihm nur ein Zimmer und eine Sekretärin mit Schreibmaschine gibt!"

„Trifft es zu, daß alle Kirchenangestellten überbeschäftigt sind?" — fragte jemand. Antwort: „Im Prinzip ja. Doch bedenken Sie auch: Wer geistig zu arbeiten behauptet, hat immer ein hervorragendes Alibi: („Was tun Sie überhaupt?" — „Ich denke!")

Jene Zeiten allerdings sind, — (wenn auch noch nicht allzu lange!) — endgültig vorbei, in denen „nichtswürdige" Kleriker nur mit Zittern und Zagen sich „gehorsamst" an das „Hochwürdigste Generalvikariat" gewandt haben mit der Bitte um „gnädigste Verfügung", — wobei vor allem der „Devotionsstrich" zu beachten war. — Den kennen Sie nicht? — Nun, man hatte unter die letzte Zeile sowie am unteren Blattrand jeweils einen waagrechten Strich zu ziehen und beide Striche von rechts oben nach links unten zu verbinden. Dieser Strich sollte symbolisch eine „tiefe Verbeugung" (devotio) andeuten, die der Briefschreiber vor dem „Hochwürdigsten Generalvikariat" machte.

Ein Pfarrvikar im Sauerland wurde in jenen „hochwürdigsten" Zeiten einmal streng gerügt, weil er in seiner Eingabe „... viermal ...!" den Devotionsstrich unterlassen hatte. Dieser freilich war nicht auf den Kopf gefallen: Er schickte umgehend vier völlig leere Bögen mit besagten Devotionsstrichen nach Paderborn, — und hat nichts mehr davon gehört.

In jenen fernen Zeiten sollen auch einmal eine Schnecke und eine Ziege einen Wettlauf verabredet haben: Wer von beiden zuerst im Vorzimmer des Generalvikars ankommt, hat gewonnen! — Die Ziege rennt siegesgewiß los, — doch in der Tür des Vorzimmers wird sie schon von der Schnecke erwartet. „Wie ist denn das nur möglich?" — staunte die Ziege, die leider nicht sehr intelligent war, — „wo du doch so langsam wie eine Schnecke bist!" — „Na weißt du", — erwiderte die Schnecke, — „du bist zwar schnell mit den Beinen aber langsam im Denken! Sonst müßtest du doch längst gemerkt haben, daß man hier mit Kriechen schneller vorwärts kommt als mit Meckern!"

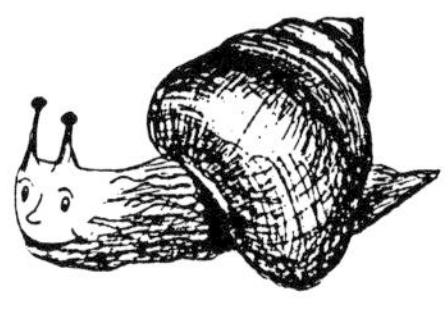

Seit jenen „fernen Zeiten" ist natürlich alles anders geworden, vor allem, seit in den Generalvikariaten auch ganz gewöhnliche Männer und Frauen sitzen, die vielleicht in der Theologie nicht so bewandert sind, aber dafür umso mehr von der Verwaltung verstehen.

Seitdem geht vieles menschlicher zu: Ein Hauch von Parfüm schwebt durch die alten Gänge und Flure, aus mancher Tür riecht es anregend nach frisch aufgebrühtem Kaffee, und liebenswürdige Vorzimmerdamen mildern die archaische Strenge der Würdenträger. Vielleicht erzählen diese dann auch den Herren Prälaten ab und zu einen neuen oder alten Witz, — wenn sie erst einmal darüber lachen, können sie sich nicht mehr beleidigt fühlen. Und — wie gesagt, — die Zeiten sind doch längst vorbei . . .?

Sicher, es kommt schon mal vor, daß sich ein Missionsbischof beklagt: „Mit der Liebe fängt alles an, — und mit der Verwaltung hört es auf!"

Derselbe wußte auch um den Unterschied zwischen der Mission und einem Generalvikariat: „Die Mission macht die Wilden fromm!" — Und das Generalvikariat?" (Das sollten wir lieber nicht beantworten!).

Fehler passieren in jeder Verwaltung, — das liegt schon an der Tücke der (Schreib-)Maschine. Da wird in dem kleinen Sauerlanddörfchen Wiemeringhausen im Archiv ein Schreiben der Bischöflichen Behörde aufbewahrt, in dem ein Zuschuß von 2.000,— DM für den Bau eines Holzschuppens zugesagt wird. Das wäre nicht weiter bemerkenswert, wenn da nicht ein Tippfehler-Teufel sich eingemischt hätte, den weder die Sekretärin noch der Herr Prälat erkannt hatten. denn unmittelbar über der deutlichen und schwungvollen Prälaten-Unterschrift steht klar und deutlich: „. . . genehmigen wir hiermit einen Zuschiß von 2.000,— DM".
(Der Zuschuß wurde trotzdem dankbar angenommen!)

Im Gegensatz zu den „alten Zeiten" finden sich im Posteingang des Bischofs und seiner Verwaltung heute des öfteren auch wenig ehrerbietige, ja zornige Briefe, die dann auch nicht mehr mit „gehorsamst" unterschrieben werden.

In Belgien, wo der Sprachenstreit zwischen Flamen und Wallonen jedes Jahr neu aufflammt, hatte der Bischof von Ostende während der Saison auch französische Predigten erlaubt. Das forderte den Zorn der Flamen heraus. Das Telegramm eines besonders sprachbewußten Pfarrers an den Bischof war denn auch, — gelinde gesagt, — alles andere als höflich. Der Postbeamte in De Panne mußte ablehnen: „Bedaure, mein Herr", — sagte er, „aber ich darf kein Telegramm mit solchen Beleidigungen befördern!" — Da er die enttäuschte Miene des Pfarrers sah und außerdem natürlich auch ein Flame war, fügte er nach einigem Nachdenken aber hinzu: „Sie können doch Latein? — also gut, übersetzen sie das Ganze in Latein, — das geht dann in Ordnung!"

Die klerikale Volksweisheit rät aber auch heute eher zur Vorsicht beim Briefeschreiben:

„Denk, was du willst, — doch schreibs nicht auf!
und laß den Dingen ihren Lauf!
das Reden ist oft ungesund, —
ein kluger Mann hält stets den Mund,
bewahrt sich so in höchsten Gnaden,
und nichts kann der Karriere schaden.

Drum lebe still als guter Christ,
bis du in-amovibel *) bist!"

*) = Pfarrer, der nicht versetzt werden kann.

Die Zukunftsaussichten der Verwaltung sind eigentlich recht gut, seitdem immer mehr die Computer das Sagen und Entscheiden haben. Sie verhalten sich im Grunde recht menschlich und nehmen nichts übel. Unflätige Bemerkungen und zornige Zuschriften ignorieren sie, da sie hierfür blind und taub sind.

Schlimm könnte sich allenfalls eine technische Störung auswirken. Dann wäre es denkbar, daß abends ein Generalvikariatsrat völlig erschöpft nach Hause kommt und sagt: „Ein schrecklicher Tag heute! Der Computer war kaputt! Wir mußten den ganzen Tag selber denken und entscheiden!"

Das „K"-Jahr

Mit dem technischen Fortschritt und steigenden Ansprüchen steigt auch die Zahl der Kollekten, Sammlungen und Sonderkollekten. Kürzlich wurden in einem Gemeindeverband alle Pfarrer, Kapläne und Küster zu einem dreitägigen Pflichtseminar eingeladen. Es stand unter dem Thema: „Wie verteidigen wir den Anspruch der Gemeinden auf den Sonntagsgroschen angesichts der sich häufenden Sonderkollekten?" — Ein erfahrener Seelsorger hielt dort ein bemerkenswertes Referat:

„Das K-Jahr oder Kollektenjahr"
Den Beginn des K-Jahres bildet die Adveniat-Zeit, die in vier Adveniat-Sonntage eingeteilt wird. Am ersten Adveniat-Sonntag danken die Bischöfe für die tätige Teilnahme an der Adveniat-Zeit des vergangenen Jahres und erbitten eine ebensolche im laufenden.

Kennzeichnend für den zweiten Adveniat-Sonntag ist die Mitteilung an die Gläubigen, es lägen mehr Anträge auf Hilfe vor, als Geld auf dem Konto steht. Das liturgische Erkennungszeichen für den dritten Adveniat-Sonntag ist die Austeilung der Opfertüten und für den vierten Adveniatsonntag die Ankündigung der Kollekte, die am kommenden Hochfest Adveniat gehalten wird.

Welch hohen Rang dieser Feiertag hat, zeigt sich daran, daß die Pfarrer das Ergebnis dieses Festes nach der zweiten Vesper sogleich telefonisch dem Dechant durchsagen müssen.

Am Sonntag nach dem Adveniat-Fest fallen der Familienbund der Katholiken und der Weltmissionssonntag der Kinder zusammen. Liturgische Fachleute nennen dies eine Konkurrenz. — Bald danach erscheinen die drei Könige an der Krippe. Es wird darum das Fest der Erscheinung oder Sternsingerfest genannt und ist überwiegend für Afrika bestimmt, weil einer der Könige schwarz war. Weil dieser mit den weißen Königen zusammen reisen durfte, ist dies ein kirchliches Fest mit Abendmesse gegen die Rassentrennung.

Danach kommt im K-Jahr eine festlose Zeit, die aber nicht schrecklich ist, weil nun die Bedürfnisse des Diözesan- und Lokal-Kalenders mit Sonderkollekten für die Hohe Domkirche, für die Heizung, für die Caritas, die Glocken oder die neue Orgel zum Zuge kommen.

In der Woche nach dem Rosenmontag beginnt eine neue Zeit im K-Jahr. Die Leute bekommen am Mittwoch ein Kreuz aus Asche auf die Stirn, damit sie daran denken, daß in vielen Entwicklungsländern die Menschen vor lauter Armut noch eine reine Umwelt haben und dort die Luft überhaupt nicht mit Staub angereichert ist. Da wir schon lange keine Heiden und Entwicklungsmenschen mehr sind, müssen wir uns darauf besinnen, daß wir als Christen unsere Umwelt nicht so beschmutzen dürfen. Die thematische Kollekte ist für die Kirchenreinigung.

Im kirchlichen Sprachgebrauch heißt die Zeit, die am Aschermittwoch beginnt, die Misereor-Zeit. Sie findet ihren Höhepunkt am Misereor-Sonntag, der früher einmal fünfter Fastensonntag hieß. In dieser Zeit müssen alle Priester unermüdlich und mit pastoraler Klugheit dafür sorgen, daß die Misereor-Kollekte höher ausfällt als im Vorjahr.

Das Alleluja, das in der Misereor-Zeit entfällt, wird jedoch nicht nach der Misereor-Kollekte angestimmt, sondern erst im Rahmen der drei Spendentage (lateinisch: Triduum sacrum) für das Heilige Land, das Heilige Grab und alle Heiligen Stätten im Heiligen Land.

Für die Kinder ist keine Misereor-Zeit. Denn nach dem bekannten Baumstarkschen Gesetz von der „Erhaltung des Alten in liturgisch hochwertigen Zeiten" bereitet die Kirche in der österlichen Bußzeit die Kinder auf die viel ältere Diaspora-Kollekte vor.

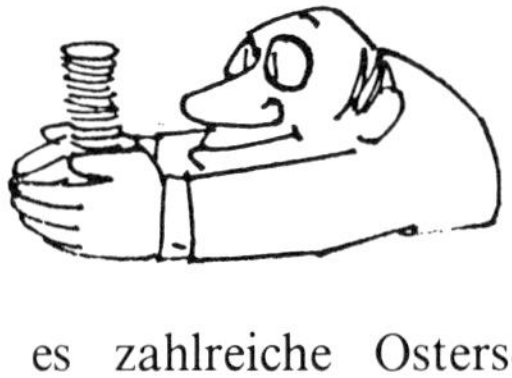

Weil es zahlreiche Ostersonntage gibt, sorgen Zweckformulare mit Motiv-Kollekten für die notwendige Abwechslung. So begehen wir in dieser Zeit den Sonntag der (fehlenden) geistlichen Berufe und der katholischen Schulen, des Mangels an Kommunikationsmitteln und des Straßenverkehrs. Von da an ist es nicht mehr weit zum Krankentag, an dem wir zum Heiligen Geist beten, daß er heile, was verwundet ist. Die Müttergenesung findet auch in dieser Zeit statt, jedoch außerhalb der Kirche an den Türen und auf dem Kirchplatz, weshalb sie außerliturgisch und volksfromm ist.

Wenn dann der Mai mit Kuckuck und Heuschnupfen gekommen ist, erleben manche Dekanate einen besonderen Festtag: Ein Besuch aus der Bischofsstadt begleitet den Opfergang der Firmlinge für die Diaspora.

In der grünen Zeit, die früher nach Pfingsten war, blühen im K-Jahr weitere schöne Feste auf. Daß bald der Diaspora-Sonntag kommt, merken die Briefträger und die Pfarrer an den eintreffenden Paketen, die aber leichter sind als für die Hochfeste Adveniat, Misereor und Missio, weil die Diaspora arm ist.

Der Tag des Peterspfennigs hat immer noch seinen alten Namen, der aber in der neuen Liturgie auch abgeschafft und — falls nicht „Una voce" protestiert — ersetzt werden soll durch Peters-Mark und Peters-Dollar.

Die Siedlungsaufgaben, die Behinderten, die Jugendfürsorge, die Gastarbeiter und Exerzitien fallen meist in die Ferien- und Urlaubszeit und darum nicht so auf.

Nach der Kollekte der vom Urlaub übrig gebliebenen Münzen, dem Fest der Devisenreste, folgt dann wieder ein liturgischer Höhepunkt: Den Monat Oktober, der früher ein Rosenkranzmonat war, prägt im K-Jahr die Weltmission. Das Hochfest Missio hat zwar keine Oktav, aber eine mehrwöchige Vorbereitungszeit. Die Votivmesse von der Missionskollekte darf aber nur am Fest selbst oder an außerordentlichen Sonntagen verwendet werden. —Weil die Caritas in vielen Diözesankalendern öfter im Jahr vorkommt und durch diese Verdopplung an Attraktivität verlieren könnte, braucht sie beim zweiten Mal meistens nur zu fünfzig Prozent abgeführt zu werden.

Der Weltspartag, der Tag des Baumes und der EWG-Milchtag sind keine kirchlichen Festtage, nicht einmal gebotene Gedenktage.

Nun sind wir bald am Ende des K-Jahres. Weil es früher dunkel wird und die Christen mehr lesen als fernsehen sollen, ist am Sonntag des Buches eine Sammlung für die Pfarrbücherei. — Da die Gnade die Natur voraussetzt und es jetzt schon kalt wird, ist es auch sehr sinnvoll, daß in dieser Zeit für den Wohnungsbau gesammelt wird.

Daneben gibt es noch viele andere Fest- und Votiv-Tage im Kollektenjahr der deutschen Bistümer. Denn, — wie hat das Konzil so trefflich gesagt? — „Im Kreislauf des Jahres entfaltet die Kirche das ganze Mysterium Christi von der Menschwerdung und Geburt bis zur Himmelfahrt, zum Pfingsttag und zur Erwartung der seligen Hoffnung und Ankunft des Herrn". (zitiert nach „Christlicher Sonntag")

Wir bleiben jedenfalls katholisch!

Noch während des Konzils gingen unzählige Gerüchte über Neuerungen und Änderungen in der Kirche um. Darüber wurde natürlich auch nach dem Sonntagshochamt beim Frühschoppen in einem Dorf des Münsterlandes heftig diskutiert. „Deutsche Sprache in der Messe!" — „Kehrtwendung des Priesters zum Volk" — — — das ging lebhaft hin und her. Schließlich hatte ein älterer Bauer genug davon. Er stand auf, hieb die Faust auf den Eichentisch und rief mit Stentorstimme: „Loat deese Heeren in Rom mens küren und bes-chläuten, wat se wellt, — iäck bliäwe chedenfalls katholisch!"

Das Tempo der Veränderungen war damals manchem Christen, aber auch manchem Geistlichen einfach zu schnell. Ein mehr konservativer Pastor machte seinem bedrängten Herzen Luft, indem er seine „Sünden" gegen die Neuerungen aufschrieb:

Nachkonziliare Beichte eines vorkonziliaren Pfarrers.

— Ich habe meinen bisherigen Glauben zu wenig bereut und immer noch an die alten Dogmen geglaubt!
— Ich habe den „Engel des Herrn" und den Rosenkranz gebetet!
— Ich habe die Heilige Messe noch als Opfer gefeiert, — immer!
— Ich habe sie mit innerem Wohlgefallen in lateinischer Sprache und an einem Seitenaltar gelesen, — öfter!
— Ich habe es versäumt, „konstruktiven Ungehorsam" zu üben, — oft!
— Ich habe in der Öffentlichkeit Priesterkleidung getragen und dadurch die getauften Laien in der charismatischen Würde ihres allgemeinen Priestertums gekränkt, — öfter!
— Ich habe andere zum Glauben alten Stils verführt, — manchmal!
— Ich habe mich über die katholische

Presse geärgert, — immer!

— Ich habe eine rein katholische Trauung vorgenommen und dadurch der Oekumene geschadet, — einmal!

— Ich habe meinem Kaplan einmal widersprochen, verschiedenen Laien sogar öfter!

— Ich habe nicht jeder sinnlichen Regung nachgegeben und dadurch das Ausreifen meiner Persönlichkeit verzögert und das Lustquantum der Welt vermindert, — öfter!

— Ich habe meine Zeit durch Lesen der Schriften des Heiligen Thomas nutzlos vergeudet, — öfter!

— Ich habe am alten Wahrheitsbegriff festgehalten und mich geweigert, dialektisch zu denken, — meistens!

— Ich habe mich triumphalistisch an der Heiligkeit der Kirche erfreut, — mehrmals!

— Ich habe beim Schriftenstand in meiner Kirche immer noch keinen Automaten für die Pille angebracht!

— Ich habe mich geweigert, der Schützenkönigin anläßlich ihrer feierlichen Krönung den Friedenskuß zu geben und ihr die Kommunion unter beiden Gestalten zu reichen!

— Ich habe mich geweigert, in der Öffentlichkeit in Zivil zu gehen und dadurch gegen das „Aggiornamento" verstoßen!

— Ich habe immer noch nicht den Tabernakel auf dem Hochaltar entfernt und durch einen Briefkasten in der Ecke ersetzt!

— Ich habe regelmäßig vor dem Altar noch eine Kniebeuge gemacht!

— Ich habe mich geweigert, den Barockaltar rauszuschmeißen und durch einen Billardtisch zu ersetzen!

— Anstelle eines bequemen Fernsehsessels habe ich einen harten Hocker als Priestersitz aufgestellt!

— Ich habe immer noch unmündige Kinder zur Erstbeichte geführt, ferner auch an Samstagen und vor dem Herz-Jesu-Freitag Beichte gehört!

— Ferner habe ich es unterlassen, meine Pfarrkinder über die Vorteile der persönlichen Gewissensentscheidung und die Überflüssigkeit der Beichte zu unterrichten!

Dieses lange „Sündenregister" mag wohl manchem älteren Pfarrer aus der Seele gesprochen sein, — vielleicht liest er es aber heute auch mit einem nachsichtigen Schmunzeln! Inzwischen gibt es allerdings ganz extreme „Lefebvre-Gruppen", die als echte Pharisäer nur sich selbst für irrtumslos halten und alle anderen am liebsten als Ketzer verdammen möchten. Diese haben freilich überhaupt keinen Humor!

Normalen Katholiken kommt es eher komisch vor, wenn noch kürzlich in Bayern ein „Pilgerbüro" in einer Zeitschrift annoncierte: „An den Pilgerfahrten kann nur teilnehmen, wer das alte Vaterunser und das Ave Maria mit den „Weibern" betet und sittlich gekleidet ist: Rock eine Handbreit unter dem Knie, mindestens am Wallfahrtsort ein Kopftuch, kein weitausgeschnittenes oder aufgeschlitztes Kleid, — und vor allem keine lange Hose bei Frauen! — Zu den Fahrten wollen Sie sich bitte per Zahlkarte anmelden!" xxxxxxxxx (Die Anschrift sei schamhaft verschwiegen!)

Moderne Kirche

Das Schifflein Petri schwankte in den hochgehenden Wogen innerkirchlicher Diskussionen in den letzten Jahrzehnten manchmal ganz beachtlich, — vielleicht hat der eine oder andere ängstliche Christ schon mal ausgerufen: „Herr rette uns! wir gehen unter!" — Heute gewinnt man rückschauend eher den

Eindruck, daß von einem Untergang doch wohl keine Rede sein konnte, — da erscheint das Wort des Herrn verständlich: „Was seid ihr so furchtsam, ihr Kleingläubigen!" — ER hatte ja schon immer den besseren Überblick! — Damals freilich — — —

Die Amerikaner machten damals viel von sich reden. Schließlich sind sie ja von Haus aus „fortschrittlich" und hatten schon immer die Nase im Wind der modernen Zeit! Da wurde also von Rom ein päpstlicher Legat entsandt, um einmal an Ort und Stelle zu prüfen, was an den vielen Gerüchten richtig war. Der Legat war schon vor der Zudringlichkeit der amerikanischen Reporter gewarnt worden. Aber als gewiegter Diplomat glaubte er mit denen schon fertig zu werden.

Und richtig! — kaum angekommen, wird er schon am Pier von Brooklyn von den Reportern bestürmt, die allerlei neugierige und aufdringliche Fragen stellen, und den Kirchenmann, dem man eine Karriere bis zum höchsten Amt in der Kirche nachmunkelt, von allen Seiten abblitzen. Der aber war auf der Hut und dachte, sich keine Blöße zu geben.

Da kam auch schon eine von diesen impertinenten und zudringlichen Fragen: „Eminenz, werden Sie in New York auch einen Nachtklub besuchen?" — Der Legat gab dem dreisten Frager lachend die Frage zurück: „Gibt es denn in New York Nachtlokale?"

Allerdings wurde sein seelisches Gleichgewicht und seine Selbstsicherheit doch ein bißchen gestört, als ihm an Land der Sekretär schon die erste Abendzeitung überreichte: Neben seinem Bild fand er die Balken-Überschrift: Erste Frage des Kardinals bei seiner Ankunft: „Gibt es Nachtlokale in New York?"

Kardinal Spellman, Erzbischof von New York, habe dann, — so wurde erzählt, — seinen hohen Besucher ans Meer geführt. Nah dem Strande raste gerade eine rassige Blondine auf Wasserskiern vorbei: „Hello!" — winkte sie im Vorbeisausen, und: „Hello!" winkte der Bischof zurück. „Kennen Sie etwa die Dame?" fragte der hohe Gast doch etwas verwirrt. „Aber natürlich," — erwiderte der Erzbischof, — „das ist die Oberin vom Ursulinenkloster nebenan!"

Immerhin erschien nicht nur dem römischen Prälaten der „american way of life" ein bißchen sehr fortschrittlich. Der französische Kardinal Mercier wurde nach seiner Rückkehr aus den Vereinigten Staaten gefragt, was ihn dort am meisten beeindruckt habe. Er erklärte dem Journalisten kurz und bissig:" Die Art und Weise, wie dort die Eltern ihren Kindern gehorchen!"

Es kriselte damals auch im alten Europa: In einem Kloster fand sich eines Montags, — nicht lange nach dem Konzil, — ein Zettel am Anschlagbrett: „Bruder Johannes möchte hiermit seinen Mitbrüdern anzeigen, daß er von den Gewissensentscheidungen des Konzils für seine Person hat Folgerungen ziehen müssen, — weshalb er sich auf diesem Wege von der Gemeinschaft verabschiedet, um in den weltlichen Stand zurückzutreten."

Am Dienstag hängt ein zweiter Zettel daneben, mit dem einer der jüngeren Novizen das Gleiche ankündigt, am Mittwoch ein dritter, am Donnerstag ein vierter, und auch am Freitag setzt sich die Bekanntmachungswelle fort. Am Samstag findet sich unter den Zetteln noch ein Anschlag. „Der Letzte wird gebeten, das Licht auszumachen.

Pater Superior."

Von den Niederländern behauptete man damals boshaft: „Die Reform der Franziskanerprovinz in den Niederlanden vollzieht sich nach der Devise: „Alle Brüder werden Menschen!"

In Holland nahmen auch die „Neuerungen" zeitweise beängstigende Formen an. Ein kritischer Beobachter äußerte sich damals über den Unterschied zwischen der „holländischen" und der „römischen" Kirche: „In der römischen Kirche wandelt sich nichts, — außer Brot und Wein! — In der holländischen Kirche wandelt sich alles, — außer Brot und Wein!"

Die Zahl der „Kirchenlehrer" hat sich damals unglaublich vermehrt. Früher kannte ich sie einmal mit Namen, — wenn ich mich recht erinnere, waren es 22, — heute brauchte man schon eine Kartei, besser noch einen Computer! Auch hier lagen die Holländer klar in Führung. Man sagte von ihnen:

„Ein Holländer: ein Theologe! — *Zwei* Holländer: eine Kirche! — *Drei* Holländer: ein Schisma (eine Kirchenspaltung).

Was das Konzil im Großen, das sind die Bischofs- und Diözesansynoden im Kleinen. Auf die Frage, ob es berechtigt sei, wenn die deutschen Bischöfe ihre Synode ein Jahrhundert-Ereignis nennen, — soll Radio Vatikan geantwortet haben: „Im Prinzip ja, — sie bekennen sich damit zu der voraussichtlichen Dauer der Veranstaltung!" Es gab da eine Synoden-Umfrage mit vielen, vielen Seiten und ungezählten Fragen, ein Alptraum der Pfarrer, von denen sich einer ungenannt so dazu äußerte:

Die Statistik hat erwiesen,
daß Kapläne freundlich sind
und ein Teil der Ehekrisen
schon vorm Aufgebot beginnt.

Sie errechnet, wieviel Meter
Rosenkranz der Mensch erträgt,
und daß sich ein Pater später
als ne Nonne schlafen legt.

Die Statistik erfaßt jeden,
zählt die Küster in der Stadt,
sagt, daß von Weihrauchschwaden
jeder zweite Kopfweh hat.

Ob man mit solch Zahlen-Mystik
sich nicht etwas übernimmt?
Denn, nach neuester Statistik,
weiß man, daß sie selten stimmt!

(unbekannt)

Zwei Synodale
auf dem Weg
zur 297. Vollversammlung

Auch die Kirchentage kamen wieder auf. In Berlin litten die Teilnehmer alle unter der großen Hitze, — im Waldstadion saß alles mit aufgekrempelten Hemdsärmeln, — nur ein Kleriker fiel auf, der in seiner schwarzen Jacke eisern vor sich hinschwitzte. Ein Nachbar wies auf sein offenes Hemd und meinte bedauernd: „Keine Marscherleichterung?" — Der Mann schüttelte nur den Kopf. „Ah, — ich verstehe, — Würdenträger!" — da öffnete der Angesprochene doch den Mund und knurrte ärgerlich: „Nein, — Hosenträger!"

Erwähnt werden muß hier aber auch noch die Paderborner Diözesan-Synode, die schon 1948 stattfand und eine Entscheidung traf, die weit in die Konzilszukunft reichte, — und das kam so:

Man tagte in Werl, da die Bischofsstadt noch zerstört war. Es waren heiße Tage und ebenso heiße Diskussionen. An diesem Nachmittag stritt man sich heftig um die Priesterkleidung. Vorn saßen die würdigen Prälaten und schwitzten in der brütenden Hitze und ihren dicken Gewändern. Der Streit entzündete sich gerade an der Frage, ob man den jungen Vikaren auch etwas anderes als den damals noch obligaten „Römer" gestatten könne, — eine merkwürdige Frage in einer Zeit, in der die Meisten noch umgefärbte Uniformen trugen!

Mitten im erregten Disput kam einer der Vikare mal wieder zu spät. Hinten gab es keinen Platz mehr, so mußte er unter den mißbilligenden Blicken der Prälaten vorn in der dritten Reihe Platz nehmen. Um das kostbare Stück zu schonen, schlug er beim Hinsetzen seine lange Soutane hoch, — da erhob sich in den Reihen hinter ihm ein Kichern und schließlich hemmungsloses Gelächter. Der Erzbischof und die würdigen Herren vorn schauten grimmig, aber verständnislos, — notgedrungen mußte eine kleine Pause eingelegt werden, damit sich die Gemüter wieder beruhigten. Dabei winkte der Erzbischof einen der jüngeren Kleriker zu sich, um den Grund der allgemeinen Heiterkeit zu erfahren. So erfuhr er dann, daß der völlig ahnungslose Vikar wegen der großen Hitze unter seinem langen Gewand lediglich eine Badehose getragen habe, — wie übrigens andere auch! Dies bot beim Hinsetzen dann einen so merkwürdigen und erheiternden Anblick. Diesmal mußte auch der Erzbischof lachen. Und nach der Pause wurde der Streit überraschend schnell abgeschlossen durch sein wahrhaft salomonisches Urteil: „Ob mit oder ohne „Römer", — die Hauptsache ist, man erkennt noch den Kleriker!" und dabei blickte er lachend auf den Vikar, dem gerade sein Nachbar zuflüsterte: „Also demnächst: Badehose mit Collar!"

Moderne Liturgie

Im Gefolge des Konzils gab es auch in der Liturgie zahlreiche Änderungen und Neuerungen. Ein älterer Pfarrer konnte und konnte sich nicht an die deutsche Messe gewöhnen. Als der Bischof, bei dem man sich dieserhalb schon beschwert hatte, bei der Firmung ihn fragte, wie weit er denn die neuen Vorschriften in der Liturgie bereits verwirklicht habe, da erklärte der Pfarrer würdevoll, „Exzellenz, ich tue das Äußerste! Seit vier Wochen bete ich schon das Schlußevangelium in Deutsch!" (Für Nicht-Eingeweihte: Das „Johannes-Evangelium" am Schluß der Messe war längst vor dem Konzil fortgefallen!)

Bei den Übersetzungen ins Deutsche gab es denn auch mancherlei Merkwürdigkeiten: Am Fest des Heiligen Ignatius hieß es etwa im alten „Schott": „Du hast die streitende Kirche durch den Heiligen Ignatius mit einer *neuen Wehrmacht* ausgerüstet . . ." — Das hörte sich nach dem Krieg denn doch zu militaristisch an. Ein bekannter Theologe erhielt den Auftrag für eine friedlichere Formulierung, er übersetzte für das deutsche Brevier: „. . . Du hast deine Kirche . . . mit einem neuen *Stoßtrupp* ausgerüstet . . .„, — da fehlte nur noch

„aufgerüstet", um die Friedenskämpfer zu alarmieren!

Bei der ersten Ausgabe des deutschen Lektionars hatte man für einen „modernen Text" Theologen, Schriftsteller und Journalisten zu Rate gezogen. Einige trinkfeste Berater, die unter „selig" einen ganz anderen und sehr irdischen Zustand verstanden, sollen schuld daran sein, daß aus den 8 Seligkeiten die 8 „Wohligkeiten" wurden. („Wohl denen . . ." statt: „Selig . . .")

Die geplagten Pfarrer an der Basis hatten ihre liebe Not, all die verschiedenen Texte und Vorschläge und Bücher anzuschaffen. Die liturgische Literatur erreichte nie erhoffte Umsätze! Die Priester waren am Altar, am Ambo und am Lesepult ständig mit dem Aufschlagen und Weglegen von Büchern beschäftigt. Spötter sprachen bald von einer „missa bibliothecata", — was leicht zu übersetzen ist.

Wen wundert es also, wenn manchmal der Platz auf oder unter dem Lesepult nicht ausreichte! Ein solchermaßen ständig behinderter Pastor wollte gerade das Meßbuch zur Hand nehmen, als ihm das Fürbittenbuch ins Rutschen kam und zu Boden fiel. Als er sich bückte, um es aufzuheben, bekam der restliche Bücherstapel das Übergewicht, und das ganze Lesepult samt Mikrofon und Büchern krachte mit großem Getöse auf den Marmorboden. Das Mikrofon funktionierte jedenfalls noch ausgezeichnet, denn die andächtige Gemeinde vernahm aus allen Lautsprechern laut und deutlich zwei Worte, die keineswegs zur Liturgie gehören konnten: „Scheiß-Konzil!"

Inzwischen ist das Christenvolk ja an dauernde Änderungen und Überraschungen gewöhnt. Als neulich beim feierlichen Pontifikalamt der Dompropst über eine Teppichkante stolperte und der Länge nach vor dem Bischof niederfiel, wunderte sich niemand. Und ein Dombesucher meinte halblaut zu seinem Nachbarn: „Schon wieder so eine liturgische Neuerung!"

Wer die aufgeregten Zeiten mit durchlebt, — und häufig auch mit durchlitten — hat, der fragt sich heute doch verwundert: Wie hat die Kirche das alles nur überstehen können? — Nun, was sind schließlich ein paar Jahrzehnte, gemessen an einer zweitausendjährigen Geschichte? Vor mehr als hundert Jahren sprach in einer „Freidenker"-Versammlung in Frankfurt am Main der Redner über den baldigen Untergang der Kirche, die „in unserer modernen Zeit zusehends zerbröckelt!" — Da meldete sich ein Zuhörer und rief: „Mein Herr, das bröckelt mir nun doch schon viel zu lange! Was Sie da sagen, habe ich in meiner Jugend auch schon gehört, — das bröckelt nun schon viel zu lange!"

Und was sind hundert Jahre, gemessen an der Ewigkeit? Dort sehe ich „Johannes, den Gütigen" humorvoll lächeln und sagen: Wozu die ganze Aufregung? Nehmt euch doch nicht so wichtig! — Der Heilige Geist ist noch immer mit euch fertig geworden!"

Da muß doch ein Nest sein! —
oder: die „Pastorenfabrik"

Dank der Einführung des Coelibats kommen die Priester aus den unterschiedlichsten Familien und Kreisen: aus proletarischen und bürgerlichen, aus ungebildeten und gebildeten, aus akademischen und nicht-akademischen, — sogar aus „konfessionsverschiedenen Ehen"! Jahrhundertelange Erfahrung scheint zu beweisen, daß dies eine weise Entscheidung der Kirche war, — denn bekanntlich führt Inzucht nach mehreren Generationen zu fortschreitender Verblödung.

Da andererseits ein gewisser theologischer Standard von „Laien-Eltern“ nicht garantiert werden kann, wurden die Soutane und das Priesterseminar eingeführt, — im Volksmund auch „Pastorenfabrik“ genannt. In Bischofsstädten ist daher das massierte Auftreten von „Schwarzen“ unvermeidlich.

Bei einem Einkaufsbummel begegnet den beiden Kölner Originalen ein Priester, den sie nicht weiter beachten. Kurz darauf kommt ihnen wieder einer entgegen, dann gleich zwei, — an der nächsten Straßenecke ein halbes Dutzend. Da bleibt Tünnes erstaunt stehen und sagt: „Du, Schääl, sühste dat? — Da muß irgendwo ein Nest sein!“

Irgendwo sollte mal ein neues Priesterseminar gebaut werden, recht großzügig und ganz modern. Die eingereichten Pläne kamen aber mit dem lateinischen Vermerk zurück: „Suntne Angeli?“ (Sollen da etwa Engel drin wohnen?). Der Architekt hatte in der Eile die Toiletten vergessen.

Das erinnert mich an die Studenten

von Leuven (Löwen) in Flandern, die auch sonst durch zahlreiche Streiche bekannt geworden sind und mit ihren Landsleuten die besondere Vorliebe für den Bierkonsum teilen. Da bekanntlich im Bier viel Wasser enthalten ist, und die Studenten bei der Heimkehr vom abendlichen Umtrunk stets am gleichen Mauerwinkel der alt-ehrwürdigen Universität Halt machten, ließ eines Tages der Dekan dort ein Schild anbringen: „Verboden te wateren!“ — Schon am nächsten Morgen hing daneben ein zweites Schild: „So hoog kunnen wij niet!“

Der in Brügge wegen seiner zahllosen Streiche berühmte „Kanonikus“ Vanhaeke hat es schon im „kleinen Seminar“ arg getrieben, — zur Strafe mußte er eines Tages vor der Tür des Rektors knien. Unglücklicherweise kam gerade sein Vater, der wegen seines Sohnes zu einer Aussprache bestellt war: „Was machst du denn da?“ fragte er in strengem Ton. „Pst! sei still, Papa!“ antwortete der schnell, „Knie nieder: Das Heilige Sakrament wird gleich vorbeikommen!“ Der Vater kniete sich also neben seinen Sohn. Der sagte nach einigen Augenblicken: „Bleib knien, — ich will eben mal sehen, ob das Heilige Sakrament schon kommt!“ — und verdrückte sich um die Ecke. Der Rektor hatte das Reden gehört, öffnete die Tür, — und sah dort auf den Knien den Vater seines nichtsnutzigen Zöglings!

Entgegen der Meinung mancher frommer Seelen sind Seminaristen durchaus irdische Wesen. Damit sie beim Essen sich mäßigen, wird im Speisesaal vorgelesen, — früher sogar erbauliche lateinische Traktate, — davon blieb das Schlußwort des Lektors: „Tu autem Domine, miserere nobis!“ (Du aber, Herr, erbarme dich unser!), worauf die Studenten antworteten: „Deo gratias!“ (Gott sei Dank), — was sich häufig auch auf die langweilige Lesung bezog und entsprechend betont wurde. Später wurden auch Romane von heiligmäßigen oder berühmten Leuten in Abschnitten verlesen. In einem Roman über den irischen Freiheitskampf beendete die Klingel einen Mordanschlag. Worauf der Lektor gehorsam schloß:

„. . . da stürzte sich der Verräter auf ihn und schrie, — Tu autem Domine, miserere nobis!" Das Gelächter war groß.

Ein andermal erforderte die genußvolle Vorlesung eines Liebesgesprächs aus einem Roman über Jakob Kneipp, bei der immer wieder gelacht wurde, mehrfache Unterbrechungen durch die Schelle des Herrn Direktors. Jetzt hatte er schon zum dritten mal das unziemliche Lachen gerügt. Nach neu eingetretener Ruhe fuhr der Vorleser fort: „. . . Er schaute besorgt nach Westen und sprach: „Ich glaube es gibt ein Gewitter!" — diesmal ging auch die Klingel im allgemeinen Gelächter unter.

Die Ernährung im Seminar kann so schlecht nicht sein, wie manche Seminaristen behaupten. In der letzten Statistik der deutschen Diözesen wurde ausdrücklich hervorgehoben: Die Priesteramtskandidaten in der Bundesrepublik haben im vergangenen Jahr leicht zugenommen."

In Frankreich sind Kartoffeln als Speise nicht sehr beliebt. Das ist deswegen erwähnenswert, weil ein römischer Prälat vor französischen Seminaristen in einer Ansprache sagte: „Meine Herren, seien Sie nicht zu irdisch gesinnt! („Trop hommes de terre = zu sehr Menschen der Erde), — — vielmehr: das *wollte* er sagen. In seiner stark italienischen Aussprache aber hörte sich das an wie „trop pommes de terre" und bedeutete: „Seien Sie nicht zu sehr Kartoffeln!" — Er war sehr verwundert über das plötzliche Gelächter.

Vom Frühjahr bis zum Sommer gab es im Seminar tagein-tagaus Salat. Vitamine sind gut, — doch in solcher Häufigkeit nicht beliebt. Die Seminaristen schickten wegen des täglichen Salates eine Abordnung zum Regens, — erfolglos. Abends in den „Punkta" gab der schon in Ehren ergraute Regens die Begründung hierfür: „Glauben Sie nicht, meine Herren, daß sie vor allen Versuchungen gefeit sind! Darum sollten Sie viel Salat essen! Schon Napoleon hat als Mittel gegen fleischliche Gelüste seinen jungen Offizieren das Essen von grünem Salat vorgeschrieben! Essen Sie also Salat, — viel grünen Salat!"

Nachts gegen zwölf wird oben im vierten Stock des Seminars eine Tür aufgerissen, ein Seminarist stürzt heraus, lehnt sich über das Geländer des Treppenhauses und schreit in die Tiefe: „Küchenschwester!! — Salaat!! — Salaaat!!!"

An diesem Mittag gab es keinen Salat!

In der alten Hausregel des berühmten Seminars Saint-Sulpice in Paris steht noch die Vorschrift: „Ein guter Seminarist küßt jeden Abend vor dem Schlafengehen seine Tonsur!" (Für die, die es nicht wissen: „Tonsur", — das ist eine runde, ausrasierte Stelle am Hinterkopf. — Für die, die jetzt überhaupt nichts mehr begreifen: Man trug damals Perücken!)

Natürlich gibt es auch mancherlei Routine, die die Aufmerksamkeit nicht gerade fördert. Und wenn im Seminar zu Brügge der Präfekt mit eintöniger Stimme zur abendlichen Gewissenserforschung einfach einen alten Sündenkatalog aus einem Gebetbuch mit der Zusatzfrage: „Habe ich . . .?" vorlas, wirkte das eher einschläfernd. Richtig aufmerksam wurden die Seminaristen erst, als sie beim fünften Gebot mit großer Verwunderung hörten, wie der Präfekt vorlas: „. . . Habe ich Selbstmord begangen? — wenn ja, — wie oft?"

Dauerndes Zuhören-Müssen kann auch zu „Hör-Verlusten" führen, wie bei der folgenden Vermeldung in einem

Seminar:

Der Regens zum Subregens: „Also, morgen um 9 Uhr findet eine Sonnenfinsternis statt. Etwas, was man nicht alle Tage sehen kann. Lassen Sie die Seminaristen mit Soutane antreten. Bei diesem seltenen Ereignis werde ich selbst die Erklärungen geben. Wenn es regnet, werden wir das nicht gut sehen können. Die Seminaristen begeben sich dann in den Speisesaal.

Der Subregens zum Präfekten: „Auf Anweisung des Regens findet morgen um 9 Uhr eine Sonnenfinsternis statt. Wenn es regnet, werden wir das in Soutane auf dem Hof nicht gut sehen können. In diesem Falle führen wir das Verschwinden der Sonne im Speisesaal durch. Also etwas, was man nicht alle Tage sehen kann.

Der Präfekt zum Senior: „Auf Anweisung des Regens wird morgen um 9 Uhr in Soutane das Verschwinden der Sonne im Speisesaal durchgeführt. Der Regens gibt die Anweisung, ob es regnen soll. Also etwas, was man nicht alle Tage zu sehen bekommt."

Der Senior gibt an die Seminaristen bekannt: „Wenn es morgen im Speisesaal regnet, also etwas, was man nicht alle Tage sieht, verschwindet um 9 Uhr unser Regens in Soutane."

Ein Seminarist zu einem anderen: „Morgen um 9 Uhr soll der Regens verschwinden. Schade, daß man das nicht alle Tage zu sehen bekommt!"

Bevor man andere belehren kann,

muß man lernen, — eine Tätigkeit, die manchmal in eintönigen Vorlesungen mehr das Sitzfleisch als den Kopf beansprucht. In alten Kollegbänken findet man dann solche Stoß-Seufzer eingeritzt wie diese:

„Heiliger Sankt Benedikt,
ich bin schon wieder eingenickt!"
oder: „Verbietet Posaunenchöre! — Die Bürgerinitiative Jericho."
oder: „Die Guten sterben immer zuerst, — man muß sich fast schämen, daß man noch lebt!"
oder: „Gott ist tot! — Nietzsche!"
darunter: „Nietzsche ist tot! — Gott!"
oder: „Der ... erklärt den Römerbrief,
manchmal richtig, manchmal schief!
Die Römer sind schlimm drangewesen:
sie mußten den Brief ohne ... lesen!"

Es ist aber keineswegs immer langweilig in den Vorlesungen. Als ein Professor nach Widerlegung einer Irrlehre voll Überzeugung pathetisch ausruft: „Der Gott, den ich anbete, ist ein einziger Gott! — Ein einziger in drei Personen . . .!" — da hört man im Hintergrund eine halblaute Stimme: „Na sowas! — Meiner auch! — Das muß derselbe sein!"

Der Alt-Testamentler verspricht zu Semesterbeginn: „Das Alte Testament ist voller Spannungen, — Sie brauchen also keine andere Lektüre mitzubringen!" Die hebräisch-griechische Bibelausgabe von Kittel als Grundlage der Vorlesung erregt aber ein allgemeines Scharren der Studenten. Der Professor sagt ungerührt: „Lassen Sie den Staub liegen, das ist gesünder! — außerdem: Wenn Sie eine deutsche Übersetzung zugrunde legen wollen, — da stehen mehr Fehler und Irrtümer drin, als je ein Prophet erfinden könnte!"

Professor . . ., ein sehr fleißiger, aber etwas weltfremder Wissenschaftler, kam nach dem Kriege einmal zu spät in die Vorlesung und entschuldigte sich: „Meine Herren, — ich wurde vom Herrn Direktor abgehalten! — Unwillig über das laute Gelächter der Studenten fuhr er fort: „Aber meine Herren! — ich weiß nicht, was es da zu lachen gibt! Ich wurde *wirklich* abgehalten! — vom Herrn Direktor persönlich!" — das daraufhin noch lautere Gelächter veranlaßte ihn kopfschüttelnd zu bemerken: „Wie die kleinen Kinder!" — Er löste damit einen Orkan von Beifalltrampeln und Lachen aus, — ohne das Geringste zu begreifen.

Dem weitbekannten Dogmatikprofessor Michael Schmaus in Münster bestellte bei einer Nikolausfeier im Seminar der Heilige Mann einen Gruß vom Himmel: „Gott Vater läßt dir sagen, daß du über die Dreifaltigkeit ganz wunderbare Dinge gesagt hast. Einige davon seien Ihm selbst nicht bekannt gewesen!"

Der alte Professor ..., der sich einmal im Jahr seine Lockenhaare bis auf die Stoppeln schneiden ließ, sagte in seiner Predigtlehre: „Wenn Sie vom Himmel sprechen, dann muß Ihr Gesicht leuchten und widerstrahlen von einem inneren Licht, — — wenn Sie dagegen von der Hölle sprechen, dann reicht Ihr gewöhnliches Gesicht vollauf!" — Er meinte auch, daß man „beim Schein des Fegefeuers gut predigen könne".

Von den Paderborner Professoren ist der „olle Bartmann" (so nannte er sich mit Vorliebe selbst) durch seine deftigen Aussprüche und Ratschläge unvergessen geblieben. Hier sind einige Kostproben davon, die weder einer akademischen Bildung noch besonderer Erklärung bedürfen, denn Professor Bartmann liebte als echter Sauerländer eine klare und unmißverständliche Sprache:

Aus der Glaubenslehre:

„Theologus! — es gibt einen Glauben ohne Sakramente, aber kein Sakrament ohne Glauben. Der Glaube ist das Wichtigere!" — „Der Satz: „Außerhalb der Kirche wird keine Gnade gewährt!", — dieser Satz ist von der Kirche verworfen. Die Griechen haben auch Heilige!"

„Bei der Dogmatik gibt es keine Frömmelei. Da gibt es nur: De fide! — oder: Anathema! — Raus mit Dir!"

„Eine Religion, die nicht tröstlich ist, hat ihren Beruf verfehlt!"

„Dogmatik (Glaubenslehre) ist gut. Das Wichtigste aus der Dogmatik ist aber die Liebe. Morallehre ist gut, — das Wichtigste aus der Moral ist aber die Liebe! — Liebe und Nicht-Liebe ist die einzige Grenze zwischen Mensch und Teufel!" — „Fiat justitia — pereat mundus! — (Recht muß werden, und wenn die Welt untergeht) — das ist keine Religion!" — Frömmigkeit, die nicht liebenswürdig ist, ist keine Frömmigkeit!" — „Wenn wir alle so ein versöhnliches Christentum hätten wie der Franz von Sales, dann hätten wir nicht so viele Feinde! — Worin besteht wohl die größere Vollkommenheit, — im Dienste der Liebe? — oder im Dienste der Exaktheit? — Theologus, laß das zählen! — Gott ist kein Münzkrämer!"

„Worte sind billig, — besser sind Taten: Ein Leid ertragen ist besser als zehn Predigten darüber zu halten! — und es ist viel schwerer!"

Über die Frauen:

„Kannst se alle lieben, Theologus, — aber keine mehr als die andere! — Wenn es soweit ist, dann laß dich versetzen!" — „Schon Hieronymus schrieb ad Eustachium: „Die Frauen machen den Priestern gestickte Kissen und gießen wohlriechendes Wasser hinein . . ." — eben waren die Christenverfolgungen vorbei, da machten se schon sowas! — — Und dann legt „er" sich mittags drauf und träumt von ihr, — und „sie" träumt von ihrem Propheten!"

„Theologus! — wenn du gegen das vegetative Leben angehen willst, das ist genau dasselbe, als wenn du dagegen anwillst, daß der Mond aufgeht!" — „Du kannst dich ruhig kasteien, — hat kein Mensch was gegen. Aber du sollst die Begriffe nicht verhudeln mit'nem frommen Augenaufschlag!" — „Es ist ebenso schlimm, die Natur zu verachten wie die Gnade!" — „Theologus! holl di in de Mitte! Und bleib nüchtern!"

„An Äußerlichkeiten mangelt es uns nicht. Es mangelt uns an Innerlichkeit!" — „Es trennen uns nur 60 Generationen von unseren heidnischen Vätern. Der 60. Urgroßvater lief noch mit einer Keule hier rum!"

„Manchmal ist das Evangelium wirksamer als die Brühe, die man drübergießt! — Aus dem lebendigen Evangelium macht der mir Sägemehl!" — „Das Evangelium ist eine Frohbotschaft! — und was ist daraus geworden? eine Droh-Botschaft! Und Sie werden es mal genau so machen, — und warum? — weils so am leichtesten geht!" — „Thomas hat das alles so klar gesagt! Aber die anderen gießen erst soviel Wasser in den Wein, — dann wird der Trank dünne, und das Buch dicke!"

Ratschläge fürs Priesterleben:

„Ich will dir noch was sagen, Theologus, — bevor ich dich in das heilige Land der Praxis entlasse: Ungelöste Probleme sind kein Grund, die Brocken hinzuschmeißen!" — „Als ich in den Dom ging zu meiner Priesterweihe, da hatte ich vorher keine „Fision" gehabt. (= himmlische Erleuchtung, Vision). Ich war schlapp. Aber ich ging hin und ließ mich weihen. Das ist doch nicht die Sache eines Augenblicks, ob ich mich weihen lasse oder nicht. Das hatte ich mir lange genug überlegen können. — Also, Theologus! — es freut mich, daß ichs gemacht habe! — Hat gut gegangen! — auch ohne „Fision"!"

„Theologus! — fang beim Pastor nicht gleich an zu reformieren! — Stell dich dumm! — dann kommste weiter! Laß immer fünf gerade sein, wenn es nicht für die Ewige Seligkeit wichtig ist! — Blas nicht so in de Backen! — Drück dich vorsichtig aus!" — „Laß das Absolvieren (Beichtgespräch) in der Stube! — Wenn du so alt bist wie ich, dann darfst du es tun, — aber dann tust du es nicht mehr!

„Wenn Se mal ein bißchen was geworden sind, dann sind Se der Onkel von der ganzen Umgegend!" — „Jeden anständigen Menschen ärgert es, wenn einer auf der Kanzel sich spreizt mit Worten! Die Dummen verstehens nich, — und die anderen ärgern sich drüber!"

Zur Bewährung und Erprobung sollen Theologiestudenten wenigstens ein Semester an einer freien Universität verbringen. Viele gehen ins „blauweiße Ausland" nach München. Bei der schwierigen Zimmersuche sind dort Preußen von vornherein im Nachteil.

Deshalb braucht man sich über dieses Zeitungsinserat nicht zu wundern: „Student, dessen Urgroßvater anno 66 mit den Bayern gegen Preußen kämpfte, sucht für das Wintersemester ein Zimmer in München."

Im „Freisemester" lernt man sozusagen das Leben kennen, — für manche Studenten gelten dann die „unregelmäßigen Verbalformen" des Wortes „theologizein", — die von boshaften Studenten hierfür eigens erfunden wurden: (Mit ein bißchen Grips kommt man schnell hinter die „griechische" Grammatik!). — Zuerst die „regelmäßigen" Formen:
THEOLOGizo — KAPLANeso — epePFARRtän — beBISCHOFsmai — eKARDINALesa — PAPSTos. — „Unregelmäßig" geht es: THEOLOGizo — KIPPteso — ERHEWEIBtän — hexKINDramai — OPAPA.

Es kommt dann wohl manchmal vor, daß der heimgekehrte Student zu seinem Seminarregens kommt und ihm mitteilt: „Ständige Glaubenszweifel hindern mich daran, weiterhin den Priesterberuf anzustreben." — Der Regens zeigt dann volles Verständnis: „Ja, da ist wohl nichts zu machen. Ich habe Sie ja selbst gestern mit einem beachtlichen blonden Glaubenszweifel auf der Promenadenbank sitzen sehen!"

Die normale Laufbahn führt natürlich zur Priesterweihe, — falls keine Hindernisse auftreten. Aus diesem Grunde werden die Kandidaten vor der Weihe einzeln aufgerufen. Einmal wurde ein ausländischer Mönch mitgeweiht und mit seinem Ordensnamen aufgerufen: „Frater Gabriel a virgine perdolente cum dispensatione apostolica" (Bruder Gabriel von der Schmerzhaften Jungfrau mit apostolischer Dispens). Ein älterer Prälat, der das völlig falsch verstanden hatte, murmelte darauf verstört vor sich hin: „Auch das noch! — jetzt weihen sie schon uneheliche Kinder!"

Später bei der Gratulation im Kreis der Verwandten versucht ein Neupriester seine Mutter aufzuziehen: „So, Mutter, von heute an darfst du mich als geweihten Priester nicht mehr verhauen, sonst wirst du exkommuniziert!" — Doch die kontert schlagfertig: „Da verlaß dich nur nicht drauf, mein Junge! — ich weiß noch eine Stelle, wo du nicht geweiht bist!"

Zur Behebung des Priestermangels dient der „Tag der Geistlichen Berufe„. Doch ist es für einen jungen Mann heute gar nicht leicht, sich für die Theologie zu entscheiden, — wenn etwa die eigenen Verwandten sagen: „Wie kommt der dazu, der war doch sonst immer ganz vernünftig!" — oder sogar der Vater meint, sein Sohn mache ihn „gesellschaftlich unmöglich". Mancher „moderne und kritische" junge Mann würde es sowieso vorziehen, *über* den Priesterberuf zu diskutieren, anstatt sich selbst dafür zu entscheiden.

Es soll sogar mal ein „moderner" Pfarrer zum Vater eines jungen Mannes, der ihn dieserhalb um Rat fragte, gesagt haben: „Muß denn Ihr Sohn ausgerechnet Pfarrer werden? — So intelligent ist er doch wirklich nicht, und Sie können ja nicht mal das Studium bezahlen!" — „Aber er ist doch so fromm!" — wagte der Vater schüchtern einzuwenden. „Fromm! — Fromm!, — das mag ja sein," war die Antwort, „aber damit wird man nicht Pfarrer, sondern höchstens ein Heiliger!"

Die beste Werbung für künftige

Theologiestudenten sind ja wohl immer noch gute Priester. Der Meinung war auch ein junger Vikar, der in einer Frankfurter Kirche predigte und dabei unter der Kanzel eine Frau sah, die immerzu vor sich hinweinte. Das ging ihm sehr zu Herzen. Er beeilte sich, nach der Messe die Frau zu erreichen und fragte sie, ob seine Predigt sie so sehr ergriffen habe. Da antwortete die Frau: „Naa, Herr Vikar, — dodriwwer hab ich net geflennt! Awwer ich hab e Sohn, un der studiert aach Theologie. Un wie Se uff der Kanzel gestenne hawwe, da hab ich gedacht: Wann dees mei Schorsch emol net besser mecht wie de Herr Vikar, — — nacher is jo des ganze scheene Geld enaus geschmisse!"

Sollen sie heiraten? —
oder: Der Zölibat

Der Name kommt von einem ziemlich abfällig gemeinten lateinischen Wort: „Caelebs" — „der allein Lebende" und läßt sich im Deutschen ziemlich zutreffend mit „Öhm" oder „Junggeselle" wiedergeben. Ein solcher ist in der Volksmeinung keineswegs jung, sondern alt, verschroben, sonderlich, ein Eigenbrötler, der allein in einer unordentlichen Wohnung lebt. — Warum um Himmelswillen hat man die Ehelosigkeit der Priester eigentlich mit diesem Advokaten-Latein „Coelibatus" umschrieben?! Vermutlich war es der gleiche Advokat, der den Eheleuten die Bezeichnung „Conjugi", — und der Ehe den Namen „jugum" verpaßt hat! „Jugum" bedeutet nämlich das Joch, unter das zwei Ochsen gespannt werden. Der solchermaßen eingespannte Ochse heißt „conjugus" und die beigespannte Kuh „conjuga", — — ein kühner Vergleich! — ich werde mich hüten, ihn weiter auszumalen!

Männer (wie Frauen!) sind selten zufrieden mit ihrem Schicksal, — haben sie das *eine* erreicht, wollen sie das andere. In der Schweiz gibt es ein Sprichwort, um allgemeine Zufriedenheit auszudrücken:
„An diesem Tag ist alle Welt zufrieden: die, die nicht verheiratet sind, und die, die es nicht mehr sein möchten!" — — — sogar die!!

Da auch Priester Männer sind, wundert es nicht, wenn sie in einer Zeit, die alles in Frage stellt, auf einmal daran denken, sich zu verheiraten. Verwunderlich ist eher die Tatsache, daß es eine Anzahl von Gläubigen (und noch mehr Ungläubige!) gibt, — vor allem Frauen, — die diese Frage mit mehr Leidenschaft diskutieren als die Priester selbst. Noch sonderbarer ist, daß sich keine dieser Frauen für ihre doch gleichermaßen „frustrierten" Geschlechtsgenossinnen, die Nonnen, einsetzt, die nach ihrer Ansicht doch auch die „Selbstverwirklichung durch Heirat" entbehren müssen!

Dabei ist das nicht einmal eine Frage des Glaubens, sondern nur der kirchlichen Gesetzgebung, — und das erst seit dem vierten Jahrhundert, — während die Ostkirche bis heute verheiratete Priester kennt. Und was sind 15 Jahrhunderte für eine Kirche, die das Versprechen Ewigen Lebens hat?

Die Priester der Ostkirche sind keineswegs alle verheiratet. Die es sind, taten es vielleicht nur aus Nächstenliebe, — nicht um mit jemandem reden zu können, sondern um einer Frau Gelegenheit zum Reden zu geben. — Selbst wenn es erlaubt wäre, würden nicht alle Priester heiraten. Man kann niemanden verpflichten, „sich den Strick um den Hals zu legen“, — wie der Volksmund sagt. Das ist eine der wenigen Freiheiten, die uns geblieben sind.

Ist ein Priester weniger Mann, wenn er nicht heiratet? — Da erklären in einer Fernsehdiskussion Geschäftsmänner und -Frauen, sie hätten keine Zeit für eine Familie oder gar für Kinder, — warum wollen sie da ausgerechnet uns Priester um jeden Preis verheiraten? Der geistreiche Spötter Chesterton beruft sich auf amerikanische Statistiken und behauptet: „Ein verheirateter Mann verliert fünfzig Prozent seiner Wirksamkeit!“ — und er fügt hinzu: „Die Amerikaner sind doch große Optimisten!“ — Von den verheirateten Frauen, die Kinder und Kochtöpfe wie Sklavenketten bejammern, wollen wir erst gar nicht reden!

Natürlich hat auch ein Priester, je nach Alter und Umständen, seine Probleme, seine Kämpfe — und auch seine Niederlagen. Wer wollte das leugnen? Aber er weiß, daß auch die Verheirateten ihre eigenen Probleme haben, die keineswegs kleiner sind. Er weiß auch, daß das Beispiel des Zölibates, — so sehr man ihn schmäht, — keineswegs nutzlos ist. Die Freude über seine Berufung und über das gewonnene seelische Gleichgewicht erfüllt sein ganzs Leben. — Ob manchem Priester ein Familien- und Eheleben ebenso gut gelungen wäre, wie sein Priesterleben?

Wenn ich die Aktivitäten vieler Priester sehe, frage ich mich, woher sie die Zeit nehmen wollen, sich mit einer Frau und mehreren Kindern zu beschäftigen? — es sei denn, sie würden nicht einmal halb so viel tun wie jetzt. Ich denke auch an ein Ehepaar, das sich mit bewunderswertem Idealismus für verlassene und gestörte Kinder einsetzte, — aber ihre eigenen Kinder hatten eines Tages für sie das bittere Wort: „Die verlassenen Kinder, — das sind wir!“

Schließlich: Es gibt so manche Familie, in der die Frau das Sagen hat, — das kann sogar von Vorteil sein! Aber bei einem verheirateten Priester würde auf diese Weise die ganze Gemeinde unter weibliches Kommando kommen. (Das hat es sogar schon bei Priestermüttern gegeben!)

Eine Heirat würde keine Probleme lösen, aber neue schaffen. Warum sollte in einer sich so sehr verändernden Welt plötzlich eine so alte und bewährte Ordnung aufgegeben werden? Außerdem können ja verheiratete Männer durchaus Diakone und sogar Priester werden, — nicht nur in der Ostkirche. Manche Bischöfe denken jetzt schon sorgenvoll an eine Zukunft mit wieder mehr Priesterberufen: Wohin dann mit all den hauptamtlichen Gemeindereferenten mit ihren Familien?

Man verweist häufig auf das Beispiel der Protestanten. Aber das protestantische Pfarrer-Amt ist nicht dasselbe wie das katholische Priestertum, es entspricht aus katholischer Sicht der Stellung eines Gemeindereferenten. Auch unterscheidet sich die Zahl der Ehescheidungen in protestantischen Pfarrhäusern nicht von der der Gemeindemitglieder. Und eine Umfrage in den USA hat ergeben, daß von drei Pfarrersfrauen nur eine mit ihrem Schicksal zufrieden war.

Sollen sie heiraten? — In einer Versammlung der Frauengemeinschaft wurde darüber heftig mit dem Pfarrer diskutiert, — die meisten waren entschieden dafür. Sie hätten sogar den Pfarrer noch überzeugt, wenn das möglich gewesen wäre. Der also arg Bedrängte fühlte sich aber sehr erleichtert, als er beim Hinausgehen eine Frau zu einer anderen sagen hörte: „. . . warum sollen die es auch besser haben als wir!" — Da war sein inneres Gleichgewicht wieder hergestellt!

Und als kurz vor seinem Urlaub eine der Frauen ziemlich spitz bemerkte: „Mein Mann hätte auch Theologie studieren sollen, dann könnte er jetzt auch in Urlaub fahren!" — da konnte es sich der Pastor nicht verkneifen und antwortete mit schadenfrohem Grinsen: „Da haben Sie zweifellos recht, — aber Sie wären dann nicht mit ihm verheiratet!"

Kinder machen sich auch schon mal Gedanken darüber, wo die Pastöre herkommen. Da entwickelt sich auf der Pfarrhaustreppe das folgende Gespräch zwischen der Haushälterin und der fünfjährigen Linda: „Du, — Tante Pastor, hast du ei'ntlich keine Kinder?" — „Nein." — „Bist du gaanich ge-heiratet?" — „Nein." — Eine ganze Weile herrscht verblüfftes Schweigen. Dann fragt Linda: „Ja, — und woher kommen dann die kleinen Pastöre?"

In einer schon sehr „aufgeklärten" Mädchenklasse fragt die Lehrerin, was der Zölibat bedeutet. „. . . daß die Priester nicht heiraten dürfen!" — antwortet eine der Zehnjährigen. — „Gut, und warum dürfen sie nicht heiraten?" — fragt die Lehrerin weiter. Da antwortet eine andere: „. . . damit se sich nich so stark vermehren!"

„Moderne Menschen" sind dank Bildzeitung selbstverständlich „gebildete" Menschen und über alles informiert. Das dachte auch Frau Neureich, als sie zum Einzug in die neue Villa für Freunde und Nachbarn ein Abendessen gab. Da in der Nähe auch der katholische Pfarrer wohnte, lud sie ihn dazu persönlich ein: „. . . und bringen Sie auch Ihre Frau mit!" — „Aber gnädige Frau!" — sagte darauf der Pfarrer überrascht, — „wir haben doch den Zölibat!" — „Aber ich bitte Sie, das macht doch nichts!" meinte da Frau Neureich huldvoll, „bringen sie den Kleinen ruhig auch mit!"

Auf Priesterkonferenzen ist der Zölibat kein Thema, weil ihn keiner in Frage stellt. Immerhin wurde in einer Dekanatskonferenz im „gemütlichen Teil" einmal die Frage aufgeworfen, was denn die Frauen wohl so geheimnisvoll, schön und verlockend mache. Einer meinte, es seien die Augen, — ein anderer: das Haar, — ein dritter: der graziöse Gang, — schließlich sagte einer kühn: „Es ist der Busen!" — Da sprach der Dechant: „Es ist schon spät, wir wollen lieber gehen!"

Die „Zölibatessen" —
oder: der gute Geist des Pfarrhauses

Die „Zölibatessen" sind, wie schon der Name erkennen läßt, eine ganz besonders spezialisierte Form von Haushälterin, — mit solchen in anderen Stel-

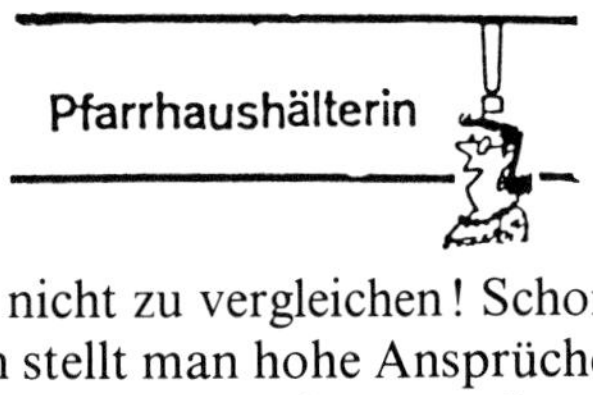

lungen nicht zu vergleichen! Schon bei solchen stellt man hohe Ansprüche wie jener „Besitzer", der im Templiner Anzeiger vor mehr als 60 Jahren eine suchte, „die keine erblichen oder angewöhnten Hundemanieren hat, wie täglich bellen und beißen, — solche Xanthippen sind ausgeschlossen!"

Da klingt es doch schon ganz anders, wenn eine „Zölibatesse" inseriert: „Suche Tätigkeit in religiöser Umgebung". (Hoffentlich ist ihr dann der Pastor auch religiös genug!).

Vor vielen Jahren aber hat eine solche ihr Bewerbungs-Schreiben unmittelbar an einen Kaplan gerichtet, der aus dem Kohlenpott in die Soester Börde versetzt worden war und dort einen Haushalt gründen mußte, — dafür war Dora bestimmt die Richtige! Sie schrieb resolut und wie ihr der Schnabel gewachsen war:

„Eerwürden Här Kaplahn!

Wie meine Freundin Trutha aus die Kibitzheide mich schreibt, werden Sie verschickt und müssen auch eine eigene Haushöllung anfangen. Was Trutha mich da vorschlägt, chefällt mich chut, — nämlich bei Ihnen Haushälterin werden.

Das würde mich gerade getz chut passen, da meine Swiegerin ein Biest is, die mich das Leben sauer macht. Auch die Blagen sind gaanich nett zu mier, wie sich das chegen einer Tante chehört! Sie sagen, ich häte bloß keinen mit gekriegt un davon wär ich so eklich! Neulich sagte mich doch so einen von den Rotzjungen, ich hätte chenug rumgelaufen un Lehmüllers Jossep so männigen Halben traktiert, — un er hätte doch nich angebissen, — — da is aber nix von wahr!

Ich bin chesetzten Alters, — eben inne Fünfzig. Das päßt aber chantz chut, weil Sie ja noch jung un unerfahren sind. Ich habe noch keine Bekanntschaft un will auch von die Mannsleute nicks wissen.

In ale Arbeiten bin ich perfäk. Ich kann chut kochen, — am besten Ärpsensuppe mit Swieneklöskes. Möppkesbrot (Wurstbrei mit Hirse) will ich auch gaanich machen. Trutha hat mich gesagt, daß sie daß nich mögen.

Nun weiß ich nich, wo Sie hinkommen. Wenn Sie einen Gaaten kriegen, — da bin ich perfäk inn! Aalen tu ich selber. Dafor brauchen wir dann keine Hilfe. Melken kann ich auch gut. Wie wäre es, wenn wir uns eine Hitte (Ziege) halten täten? Dann haben wir die Kafemilch umsüss!

Wen sonnen jungen Här eine Hushöllung anfangen mus, so iss dass nich einfach. Ich hab aber chutes Porzelein von meine Sehlige Oma. Dann habe ich auch eine Leinenaussteuer, die ich mich für alle Fälle ancheschafft habe. Aber es is nicks daraus cheworden, ich bin Junkfrau cheblieben. Ich habe alles zu 24, — Leinen un Laken un alles!

Hüner wolen wir aber auch halten. So selbst-chelegte Eier sind immer frisch un nich so teuer. Ich tue ganz sparsam wirtschaften! Sollen wir uns nich auch ein Sweinken halten! Da kan ich chut mit umgehn!

Nun bitte ich ihnen, tun Sie ihre Backtebeeren mens dreist mit Mich zusammen schmeissen. Es sol Ihnen nich geräuen. Ich kann ales, ins Grobe und ins Faine! — Ich erwarte Ihnen stündlich zur Besichtigung.

Wenn Sie mich nur sehen, dann sinnt Sie chanz weck!

Es grüßt Ihnen eererbietig

Dora Haneklaus."

Vor hundert Jahren erschien der Beruf einer Haushälterin im Pfarrhaus noch sehr begehrenswert. Als damals ein Katechet den vierzehnjährigen Mädchen erklärt hatte, daß nur Männer Priester werden können, — Mädchen aber wohl eine Nonne werden könnten, fragte er noch einmal nach: „Kann also ein Mädchen Priester werden?" — „Nein" — war die bedauernde Antwort eines Mädchen. „Was kann ein Mädchen aber doch werden?" fragte der Katechet weiter. Da hob eine den Finger und sagte voll Freude: „Haushälterin bei einem Priester!"

Heute hört man häufig die Klage, man wüßte keine Haushälterin mehr zu finden. Vielleicht stellt auch der jüngere Klerus zu hohe Ansprüche? — Auf dem Einwohneramt wunderte man sich jedenfalls sehr über den Meldezettel des neuen Kaplans. Unter „zum Haushalt gehörende Personen" las man mit Erstaunen: „Haushälterin, — kommt erst nach Renovierung!" — — Oder war da die Dienstwohnung gemeint?

Die Haushälterinnen jedenfalls sorgen energisch und tüchtig für das leibliche Wohl. Wenn da auf Konferenzen ein jüngerer Kleriker auftaucht mit so einem „Aszeten-Gesicht", — daß man ihm „das Vaterunser durch die Backen blasen kann", wie der Volksmund treffend sagt, — dann kann man sicher sein: Hier fehlt eine Haushälterin!

Manche kochen so ausgezeichnet und reichlich, daß dem Pastor bald kein Anzug und keine Soutane mehr paßt. Dennoch bleibt von den guten Speisen immer noch so viel übrig, daß die Haushälterin von den Resten runder und runder wird. Eines Tages wird ihr das selbst zu bunt. „So geht das nicht

weiter, Herr Pastor!" — sagt sie energisch, — „entweder kommt ein Schwein in den Stall, — oder ein Kaplan ins Haus!"

Kein Geringerer als Wilhelm Busch hat schon ihr Loblied in den höchsten Tönen besungen, als er schrieb:

Es wird mit Recht ein guter Braten
gerechnet zu den guten Taten.
Und daß man ihn gehörig mache,
ist weibliche Charaktersache.

Ein braves Mädchen braucht dazu
mal erstens: reine Seelenruh,
daß bei Verwendung der Gewürze
sie sich nicht hastig überstürze.

Dann zweitens: braucht sie Sinnigkeit,
ja, so zu sagen: Innigkeit,
damit sie alles appetitlich,
bald so, bald so und recht gemütlich
begießen, drehn und wenden könne,
daß an der Sache nichts verbrenne.

In Summa braucht sie Herzensgüte,
ein sanftes Sorgen im Gemüte,
fast etwas Liebe insofern,
für all die hübschen, edlen Herrn,
die diesen Braten essen sollen
und immer gern was Gutes wollen.

Ich weiß, daß hier ein jeder spricht:
„Ein böses Mädchen kann das nicht!"

Drum hab ich mir auch stets gedacht, —
zu Haus und anderwärts:
Wer einen guten Braten macht,
hat auch ein gutes Herz!

Die Haushälterin ist immer nur auf das Wohl des Pfarrers bedacht. Im ersten Jahr sagt sie von seinen Hühnern: „Seine Hühner legen gut!“ — im zweiten Jahr: „Unsere Hühner legen gut!“ — — und im dritten Jahr: „Meine Hühner legen gut!“

Als sie den Pastor im Krankenhaus besucht und vom Doktor erfährt, daß sein Magen nicht in Ordnung sei, — weist sie jeden Vorwurf gegen ihre Kochkunst zurück und sagt: „Das wundert mich gar nicht, Herr Doktor, — Sie sollten bloß mal die Unordnung auf seinem Schreibtisch sehen!“

Und wenn am Karsamstag Abend noch einer im Pfarrhaus klingelt und beichten will, dann muß sie einfach mal ein Machtwort sprechen: „Einmal muß Schluß sein! — wir hören heute keine Beichte mehr!“

Die totale „Machtübernahme“ im Pfarrhaus scheint eine Werbeagentur für möglich zu halten, die ihre Wurfsendung an „Frau kath. Pfarramt“ adressierte. Ein derart „untertäniger“ Pfarrer soll angeblich seiner gefürchteten Haushälterin einen abgerichteten

Papagei geschenkt haben, um sie bei guter Laune zu erhalten. (Belissima = Du Schönste). Und eine solche Herrschernatur, die jahrelang ein strenges Regiment über Pfarrer und Gemeinde führte, soll nach dem Tod des Pfarrers im Lokalblatt inseriert haben: „Suche jungen Kaplan zur Weiterführung meiner Gemeinde!“.

Da wäre denn die Behauptung eines älteren Pfarrers verständlich: „Die Haushälterinnen kommen alle in den Himmel!“ — Auf die erstaunten Fragen seiner Mitbrüder knurrte er mißmutig! „Mit denen kann's kein Deubel aushalten!“

Die Kölnische Zeitung berichtete seinerzeit über eine Besprechung der Einweihungsfeierlichkeiten für die neue Serverinsbrücke. Dabei wurde auch eine Belastungsprobe erwogen. Der Kölner Kardinal machte dabei das Angebot: „Ich lasse alle Haushälterinnen meines Bistums auf der Brücke sich aufstellen: Hält sie stand, — dann ist das Werk gut! — Bricht sie zusammen, — dann ist es ein gutes Werk!“

Weil dies alles aber „pure Erfindung boshafter Pastöre ist und so nicht wahr sein kann!!!“ (Stellungnahme der Haushälterinnen-Gewerkschaft mit Androhung eines Widerrufs in der nächsten Auflage), — darum sei hier ausdrücklich noch einmal festgestellt: „In Wirklichkeit sind sie alle sehr pflichtbewußt und glaubensstark, diese energischen und immer hilfsbereiten Schutzengel der Pastöre! (Außerdem liest meine Haushälterin immer die Witze, bevor sie gedruckt werden!).

Die Frömmigkeit der Haushälterinnen ist unbestritten. Notfalls springt eine sogar ein, wenn mal der Vorbeter fehlt, — freilich muß man dann auch mit ihrem weiblichen Einfallsreichtum rechnen. Da mußte in der Fastenzeit der Pfarrer einmal unbedingt zu einer Konferenz und bat seine Haushälterin, doch die Kreuzwegandacht um 6 Uhr abends zu übernehmen. Als er zurückkommt, es war schon nach sieben, sieht er in der Kirche immer noch Licht. „Nanu“, denkt er „sollte denn die Kreuzwegandacht noch nicht zu Ende sein?“ Er geht hinüber, und als er in die Kirche kommt,

hört er gerade seine Haushälterin vorbeten:
„. . . 26. Station: Simon von Cyrene heiratet die Veronika!“

Warum sie „Zölibatessen“ heißen? — nun es klingt doch moderner und zeitgemäßer, — so wie Stewardessen, Hostessen und Politessen. Auch ist es gut für die Image-Werbung: „Ein Beruf für moderne Frauen: Werden Sie Zölibatesse!“

Bei der Renovierung des Pfarrhauses gab es jeden Tag neugierige Zuschauer. Ein besonders ekliger Zeitgenosse entrüstete sich bei der Gelegenheit: „Was ist das für eine Verschwendung: zwei Badezimmer! — Eines hätte doch wohl genügt!“ — Er hätte besser den Mund gehalten, denn die hinzugekommene Haushälterin erklärte ihm schlagfertig: „Das ist doch Vorschrift! — Wissen Sie denn nicht einmal, daß die Bischöfe das ausdrücklich vorgeschrieben haben? — Das zweite Bad ist das „Zöli-Bad“!“ — Das war eine echte „Zölibatesse“!

Alles in allem haben sich die Haushälterinnen mit ihrer oft langjährigen Tätigkeit bei manchmal nicht gerade liebenswürdigen Pastören den Himmel redlich verdient. Eigentlich müßten sie geborene Mitglieder im Pfarrgemeinderat sein! Und seien wir ehrlich, — ohne sie wären wir Pfarrer . . ., aber das hat ein unbekannter Pastor in seinem Pfarrblatt einmal viel netter und überzeugender gesagt:

Die Pfarrhaushälterin ist ja
ein Mensch besondrer Sorte:
mal zählt sie Geld für Afrika,
mal bäckt sie Linzer Torte.

Und wär sie nicht, vergäß' bestimmt
der Pfarrer viel' Termine.
Mal ist sie heiter, mal verstimmt, —
heißt Anna, Vren', Hermine.

„O mächtge Jungfrau, bitt für uns!“,
so betet die Gemeinde.
Es läuten bei ihr Hinz und Kunz,
des Pfarrers Freund' und Feinde.

Sie lächelt, rechnet, wäscht und kocht,
und ohne sie, im Grunde,
wär'n, weil sie vieles nicht vermocht,
die Pfarrer arme Hunde!

„Emanzipation“ in der Kirche

Ganz allgemein ist ja seit dem Konzil der Einfluß der Frauen in der Kirche bedeutend gestiegen. Sie heben das Niveau und mäßigen den Umgangston in Kirchenvorständen und Pfarrgemeinderäten, sie wirken bei der Gestaltung des Gottesdienstes und als Kommunionhelferinnen mit, — doch ist das einigen von ihnen noch nicht genug. Seit die Männer draußen verzweifelt um ihre Gleichberechtigung kämpfen, gibt es auch in der Kirche Frauen, die nach höchsten Ämtern streben: Im Geiste sah sie schon mancher als modebewußte weibliche Bischöfe oder strickende Kardinäle. Allerdings soll Radio Vatikan die Anfrage, ob man nicht in priesterarmen Missionsgebieten eine Frau mit Gemeindeämtern betrauen könne, beantwortet haben: „Im Prinzip ja. —

Doch was ist das: eine Frau?"

Als es auf einer Versammlung derart „emanzipierter" katholischer Frauen immer lebhafter zuging und lautstark die Übertragung geistlicher Funktionen auf das weibliche Geschlecht gefordert wurde, rief eine Rednerin: „Warum sollen wir nicht auch eines Tages am Altare stehen?!" — Da sprach der alte Pater Kalauer unter den Zuhörern zu seinem Nachbarn: „Jetzt wird es ernst! — Als letzte Rettung werden wir wohl die Tonsur wieder einführen müssen! Welche Frau will uns schon mit rasiertem Hinterkopf Konkurrenz machen?!" — Pater Kalauer war ein erfahrener Priester und kannte die Frauen.

Emanzipation

Anschlag am Sprechzimmer eines weiblichen Diakons: „Plauderstunden von 9 bis 11.30 Uhr und von 14 bis 16 Uhr, außer dienstags (Friseur)."

Derartige Bemühungen sind aber keineswegs so neu und „modern", wie manche Frauen meinen. Als Benedikt XIV. (1740-1758) noch Kardinal war, fragte ihn eine Ordensschwester bei einer längeren Aussprache, ob denn nicht in gewissen dringlichen Fällen auch Ordensschwestern innerhalb des Klosters die Beichte abnehmen dürften, da sie doch ein musterhaftes und gottwohlgefälliges Leben führten. — Eigentlich mehr im Spaß antwortete der Kardinal: „Sollte ich einmal Papst werden, werde ich Ihren Wunsch überprüfen und, wenn möglich, erfüllen!"

Kaum war er zum Papst gekrönt, als auch schon die Ordensschwester um Audienz bat und ihn an sein Versprechen erinnerte. — „Nun gut", — sagte der neue Papst nach einigem Nachdenken, — mein Versprechen muß ich halten, und Euer Wunsch soll erhört werden. Aber zunächst muß ich prüfen, ob Ihr auch die nötige Eignung besitzt. Nehmen wir gleich meinen ganz besonderen, persönlichen Fall! — Hört mich an: Ich wurde nicht getauft und ließ mich trotzdem zum Priester weihen, zum Bischof konsekrieren und nun auch noch zum Papst wählen! — Erschreckt nicht! — sagt mir, was ich tun soll! — Überlegt Euch diese Gewissensfrage und nennt mir in den nächsten Tagen eine Lösung!"

Es war noch keine Stunde vergangen, da kamen schon nach einander zwei Kardinäle lachend zum Papst: Sie wußten beide schon alles!

„Moderne" Priester

„Durch viele Jahrhunderte, durch den Zölibat, durch Seminar und hohen Klerus wurde die Persönlichkeit des Priesters unterdrückt, — jetzt hat das 2. Vatikanische Konzil endlich die Entfaltung seiner Persönlichkeit ermöglicht!" (Zitat aus einer Zeitschrift)
Bisher gab es nur Priester mit Komplexen: den autoritären Pfarrer, den naiven Vikar und den pingeligen Domherrn. Das ist glücklicherweise nun ganz anders geworden. Jetzt gibt es den „modernen Priester"! Ihn zu beschreiben ist wohl nur in satirischer Form möglich, — obgleich es ihn so auch in Wirklichkeit gab — (und gibt?).

„Moderne" Priester haben damit angefangen, „das Gewissen zu verunsichern", die Wahrheiten zu „hinterfragen", — angeblich, um die Gläubigen aufzuschrecken. Diese haben sich ihrerseits dann in „Theologen" verwandelt, ohne jemals Theologie studiert zu haben.

Der „moderne" Priester ist „ein Suchender", — wie er von sich selbst sagt. Wenn man mit ihm spricht, weiß man freilich nicht recht, was er sucht, — aber das ist nicht wichtig. Haben Sie keine Angst, daß er Ihnen seine Ideen aufdrängt. — er hat zu wenig davon!

Wollen zwei Verlobte kirchlich heiraten, sagt er ihnen zuerst einmal, daß er sich über diesen Schritt wundert, und fragt sie, ob sie denn auch wirklich und wahrhaftig dazu entschlossen seien. Wenn nicht, — dann könnten sie sich doch auch mit einer Zivilehe begnügen und „Suchende" sein, — wie er selbst.

Genau so macht er es mit der Kindtaufe. Und der Mutter, die mit ihm über die erste Kommunion ihres Kindes spricht, sagt er: „Wenn Sie *wirklich* wünschen, daß ihr Kind seine erste Kommunion hält, dann bereiten Sie es selbst vor!" — Die Mutter begreift nicht, warum der Geistliche sich nicht für das interessiert, was sein Beruf ist. Sie fragt sich, — unehrerbietigerweise! —: „Ich möchte mal wissen, womit sich der beschäftigt, wenn die Gläubigen seine Arbeit tun sollen?!"

Darf ich Ihnen unseren Kaplan vorstellen?

Auf der Kanzel predigt er häufig über soziale und wirtschaftliche Probleme. Er sagt: „Glücklicherweise war Christus der erste Sozialreformer, und Marx muß man für seinen Propheten ansehen!" — Wenn sich Gläubige über Politik auf der Kanzel beschweren, dann haben solche „nichts von der Evolution der Kirche begriffen".

Er verspottet den Klerikalismus vergangener Zeiten und lehnt ihn ab. Im übrigen aber sind seine Gläubigen gut dressiert und gehorchen seinem Finger oder Blick, wenn er in der Messe mit kräftiger Stimme kommandiert: „Setzen!" oder: „Aufstehen!"

Den Volksgesang hat er abgeschafft, statt dessen kleine „liturgische" Liedchen und „modernen Song" eingeführt, den alle Welt begreifen kann (leider!). Gemeindemitglieder mit einer gewissen musikalischen Bildung finden das weder schön noch erbauend, aber ihre Meinung ist nicht gefragt.

Er schätzt auch die Beichte nicht mehr und verschwendet keine Zeit dafür. Er hat wichtigere Sachen zu tun, als Bekenntnisse seiner Pfarrkinder anzuhören. Sollte einer seine Beichte anfangen mit: „In Demut und Reue bekenne ich . . ." — dann stoppt er sofort und fährt ihn an: „Sagen Sie gefälligst Ihre Sünden!" — Nennt einer einen Fehler mit Namen, sagt er laut und unwillig: „Das ist doch keine Sünde!"

Er hat es bald erreicht, daß nur noch wenige seiner Pfarrkinder an die Notwendigkeit der Beichte glauben, vielmehr mit ihm der Meinung sind, ihre Sünden seien doch völlig unwichtig, — angesichts einer Welt voller Krieg, Unrecht, Gewalt, Pornographie, Heuchelei und sozialer Ungerechtigkeiten.

Der „moderne Priester", — ob alt oder jung, — gehorcht dem zeitgemäßen Mythos der Jugendlichkeit und ist immer darauf aus, sich anzupassen. Der Titel „Priester" (von griechisch: PRES-

BYTEROS = der Ältere) war einmal Kennzeichen für einen älteren, erfahrenen Mann, der guten Rat erteilen konnte, — aber das ist heute eine fast vergessene Bezeichnung.

Eine besondere Form des „modernen“ Priesters ist der „moderne“ Religionslehrer:

Er kämpft für den Frieden und die 20-Stundenwoche. Seine Schüler nennen ihn „Hans“ oder „Otto“, — er hat es so verlangt. Auch duzen sie ihn, ebenfalls auf seine Anweisung hin. Die Zeit der Diktaturen ist endgültig vorbei, — sagt er, — und Autorität ist immer etwas Verdächtiges. Jedwede Institution, auch die Kirche, muß man als eine „fremde Struktur“ ansehen, gegründet auf ein „System der Unterdrückung der Individuen“.

Seine Schüler sind anfangs ein wenig verwirrt, aber es ist am besten, sich an den Stil von „Hans“ oder „Otto“ zu gewöhnen. Viele hätten ja lieber einen Lehrer, der mit ihnen vertraut ist, ihre Probleme kennt und versteht, — ohne eine Kameraderie zur Schau zu tragen, die unecht wirkt. Sie glauben einen Älteren zu finden, der Rat weiß, — aber sie haben nur einen Erwachsenen vor sich, der versucht, sich ihnen gleichzumachen. Die Klasse ist zu einer Republik von Kumpanen geworden.

Jedoch die meisten Schüler, — eher faul von Natur und den Geist angefüllt mit allen möglichen Dingen, — beklagen sich durchaus nicht darüber. Die Stunden mit „Hans“ oder „Otto“ bedeuten willkommene Entspannung.

Da Sexualität die große Mode ist, hat man in der Klasse viel darüber gesprochen. Die Schüler von „Otto“ oder „Hans“ sind durchaus auf dem Laufenden über Kondome, sie wissen sehr gut Bescheid über die entsprechenden Vor- oder Nachteile des Pessars oder der „Pille“, — ein Glück für sie übrigens, denn eine der Aufgaben der letzten Religionsarbeit lautete: „Die verschiedenen Empfängnisverhütungsmittel“.

Von Gott oder Christus war im Lauf des Jahres nie die Rede, — aber in der Oberstufe unterrichtet man ja nicht mehr über den Katechismus. Man muß über „Fragen des Lebens“ sprechen.

„Wenn man sowas hört, kann einem doch der Humor vergehen!“ — „Meinen Sie? — Immerhin sollte man bedenken, daß zwischen 25 und 70 noch eine Menge Zeit und Gelegenheit zur Änderung vorhanden ist, und daß die meisten „Revolutionäre“ sich, — wenn auch oft spät, — am Ende doch noch zu brauchbaren Seelsorgern fortentwickeln. Es ist sogar möglich, daß sie später selber über den Unsinn lachen, den sie mal verzapft haben, — damals, als ihnen noch alles (Un-)Mögliche möglich erschien.

Kann sein, daß dann nach soviel Diskussionen und Aktionen einer seinen Mitbruder über ein Buch gebeugt findet und zu hören bekommt: „Ich habe keine Zeit! — ich lese gerade ein spannendes Buch, — hochinteressant, sage ich dir! — sowas habe ich noch nie gelesen! — und ich muß unbedingt wissen, wie die Geschichte ausgeht!“ — „Wie heißt

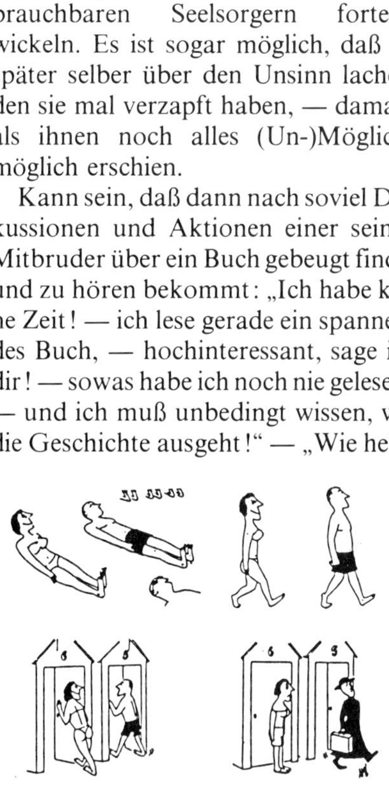

denn der Roman?" — „Der Titel? — äh, — ja, hier vorn steht es: Das Neue Testament!"

„Ich bin nämlich der neue Kaplan . . ."

Die Vikare / Kapläne, —
auch „Hirtenhunde" genannt.

Vikare oder Kapläne sind meistens jung. Und ein junger Priester kann nur modern sein. Seine Erziehung war sehr mannigfaltig. Er hatte schon viele Aufgaben in der Pfarrei und anderswo, — aber das hat ihn nicht gehindert, gewisse Kurse über Psychologie und Psychoanalyse, Soziologie und Gruppentherapie, — und sogar über Theologie zu besuchen.

Seine Kleidung ist immer untadelig. Seine Lehrer haben ihm beigebracht, sich anzuziehen. Die „Evolution" in der Kirche hat ihn bald veranlaßt, den „Priesteranzug" auszuziehen, dann auch das dunkle Hemd, das ihn vielleicht noch als das kenntlich machen könnte, was er ist. (Als übrigens 1970 an der Universität St. Louis, USA, die Jesuiten in Zivil auftraten, erschienen die übrigen Studenten mit einer Plakette am Rockaufschlag: „Bin *kein* Jesuit!")

Der Bischof trägt natürlich noch den roten Kragen, — aber sonst scheint er von der „Evolution" überrollt worden zu sein und läßt jeden tragen, was er will: zartes Blau oder Bonbon-Rosa (mit passender Krawatte dazu). Die „lässige" Mode macht auch unter jungen Seminaristen Schule, die mit Rollkragenpullover und Blue-Jeans auftreten. Auch ist jedes Seminar anders und hat seine eigene „Original-Erziehung", denn wir wollen doch keine Einheits-Menschen! Sonderbar ist freilich, daß jede größere Versammlung solcher „Originale" einen durchaus einheitlichen „Blue-Jeans-Rollkragenpullover-Look" trägt. Ehemalige Landser fühlen sich da unangenehm an vergangene und keineswegs fröhliche „Uniformzeiten" erinnert.

Im Grunde sind die jungen Kleriker ja durchaus guten Willens. Mancher von ihnen hatte sich im Seminar auch eine Gemeinschaft der Stille für das Studium und eine gewinnende Atmosphäre erhofft, die ihm geholfen hätte, Gott zu begegnen. Er hätte auch lieber Lehrer gehabt, die weniger oft draußen und mehr drinnen im Seminar gewesen wären.

Aber die Zeit geht rasch, — auf einmal steht er schon in einer Pfarrei. Der (moderne) Pfarrer nennt ihn nicht mehr seinen Vikar, sondern seinen Assistenten, — man wird sehen, was er leistet.

Aller Anfang ist schwer. Und es hat noch keinen Kleriker gegeben, der seine erste Vikarstelle nicht mit einigem Herzklopfen angetreten hätte. Erst recht, wenn der Vorgänger ihn noch vorher über seinen neuen „Chef" aufklärt: „Also, der Pastor macht auch ab und zu einen Witz. Er verträgt es nicht, wenn du laut lachst. Wenn du aber nur lächelst, dann denkt er, du machst dich über ihn lustig. Lachst du überhaupt nicht, so nimmt er es übel. Richte dich also danach, — und du wirst gut mit ihm auskommen!"

Der etwas schüchterne neue Vikar spricht reichlich leise, — vielleicht hat man ihm beigebracht, leises Sprechen zwinge zu besserem Zuhören? — oder

der Laut-Sprecher würde den Rest besorgen? — Jedenfalls gibt ihm der Pfarrer schon am zweiten Sonntag den Rat: „Wenn Sie von der Kanzel herabsteigen, dann müssen Sie auf den Zehenspitzen gehen." — „Ach, — und warum denn?" — „Damit Sie die Leute nicht aufwecken!"

Ein anderer Pastor, mehr der väterliche Typ, hat Mitleid mit dem Anfänger, der vor seiner ersten Predigt entsetzlich aufgeregt ist. Da er nicht selber die Messe hält, solle er bis zur Predigt einen guten Schluck Meßwein trinken, — das beruhigt! Der aufgeregte Vikar trinkt einen tüchtigen Schluck — und fühlt sich schon viel wohler, also trinkt er noch einige Male, — stürmt dann außerordentlich beflügelt die Kanzel hinauf und hält eine donnernde Predigt.

„Wie war ich denn?" fragt er nach der Messe den Pastor. — „Für den Anfang ganz gut", — sagt der, — „und von Hemmungen kann gar nicht die Rede sein. Nur ein paar Kleinigkeiten müssen Sie noch beachten: Das Alleluja wird nicht gepfiffen, sondern gesungen. — Kain hat seine Bruder Abel erschlagen und nicht, — wie Sie es ausdrückten, — in den Hintern getreten. — Der „Englische Gruß" (Engel des Herrn) beginnt nicht mit den Worten „God save the Queen ...". — Und am Schluß sagt man „Amen" und nicht „Prost!""

Einen anderen Vikar, der sich ganz besonders für soziale Fragen interessiert, berichtigt der Pastor nach der ersten Predigt mit vorsichtiger Kritik: „Also, das war schon recht ordentlich, nur sollten Sie vielleicht doch in Zukunft dreierlei beachten: Erstens ist die Anrede: „Meine Brüder", — und nicht: „Genossen". Zweitens hat sich das Leiden Christi nicht in Nicaragua, sondern in Palestina zugetragen. — Und schließlich ist Christus am Kreuz gestorben. Es ist nicht ganz korrekt, zu sagen, er sei vom Großkapital erschossen worden."

Wenn drei Pastöre zusammen kommen, spielen sie entweder Skat oder machen abfällige Bemerkungen über ihre Vikare, — so sagt man in Vikarskreisen. Dort entstanden auch die lateinischen Erklärungen über den Pfarrer oder PAROCHUS als Wortabkürzungen: „Parum Agens, Relinquens Opera Capellano, Honorem Vero Sibi" (Er tut wenig, überläßt die Arbeit dem Kaplan, beansprucht die Ehre für sich). — Die Pastöre ihrerseits rächten sich mit einer ebensolchen Erklärung des Wortes VICARIUS: „Vir Ignarus Curae, Amans Res Inutiles, Universa Sciens" (Ein Mann, der keine Ahnung von der Seelsorge hat, der unnütze Dinge liebt und alles weiß). — Dies wiederum beflügelte die Vikare zu einer weiteren Erklärung des Wortes PASTOR: Pecuniam Amans, Sua Tenens, Omnia Rapiens" (Einer, der das Geld liebt, der auf seinen Rechten besteht, der alles an sich rafft).

Das Problem, es jedem recht zu machen

Es kommt auch schon mal vor, daß ein Kaplan versetzt wird, weil er zu fromm ist. — „Warum habt ihr den eigentlich fortgeekelt?“ — fragt ein Mann, der noch nicht lange in der Gemeinde wohnt. — „Er hat uns unaufhörlich gedroht, wir kämen in die Hölle!“ erwiderte der Angesprochene. — „Aber der neue Vikar predigt doch eigentlich genau dasselbe? — „Na, ja, — aber er sagt es nicht in der gleichen Weise! Dem Früheren sah man es deutlich an, daß er sich darüber freute, uns in der Hölle braten zu sehen!“

In der Diözese des Kardinals Spelman gab es einen Kaplan, der eine Leidenschaft für das Wetten hatte. Obwohl er sonst keinen Anlaß zum Tadel bot, schickte ihn jeder Pfarrer nach kurzer Zeit wieder weg. Der derzeitige beschwerte sich beim Bischof: „So geht das nicht weiter! Der Kerl bringt mich noch um den Verstand mit seiner Wettleidenschaft, und die Gemeinde geht dabei bankrott!“

Der Kardinal bestellte den Kaplan zu sich, um ihm gehörig den Kopf zu waschen. Kaum hatte er sich wegen seines Rheumas stöhnend im Sessel niedergelassen, sagte der junge Kleriker schon vorwitzig: „Eminenz, — das kommt von Ihren Hühneraugen, — da wette ich 10 Flaschen Whisky!“ „Das ist kom-

pletter Unsinn!“ — donnerte der Kardinal erbost. Aber dann fiel ihm ein, er könne vielleicht den Kaplan mit einem Reinfall von seiner Wettleidenschaft heilen. Er nahm die Wette also an, zog Schuhe und Strümpfe aus und stellte triumphierend fest: „So, mein Lieber, *die* Wette habe aber *ich* gewonnen. Der Kaplan mußte den Betrag herausrücken und wurde mit väterlichen Ermahnungen entlassen.

„Ich hoffe, das wird ihm eine Lehre sein und ihn von der Wettleidenschaft heilen!“ — sagte der Bischof am nächsten Tag zu dem Pfarrer und erzählte ihm von der verlorenen Wette des Kaplans. — „Um Himmelswillen!“ — stöhnte da der Pfarrer, — und mit mir hat der Halunke vorher eine Wette über fünfzig Flaschen Whisky abgeschlossen, er werde binnen einer halben Stunde erreichen, daß Sie vor ihm Schuhe und Strümpfe ausziehen!“

Es gibt auch noch fromme und gottesfürchtige Kapläne, wie jenen, dem bei einem abendlichen Hausbesuch das vierjährige Töchterchen gute Nacht sagen wollte: Alle Familienmitglieder hatten schon einen schmatzenden Kuß empfangen. Als die Kleine dann auf den Kaplan zukommt, wird der rot und stammelt verlegen: „Jetzt nicht, mein Kind, — später einmal, wenn du groß bist . . .!“

In Köln kennt man ein beliebtes, wohlschmeckendes Gebäck, — eine Art Windbeutel, die auf gut Kölsch „Nonne-Fööz“ genannt werden. Ein frommer Kaplan, der sich auch ein paar von den Dingern kaufen wollte, war in arger Verlegenheit, wie er die „Nonnen-Fürze“ auf weniger anstößige Art bezeichnen sollte. Schließlich betrat er den Laden und sagte: „Ich hätte gern — 4 Stück von den — äh — geistlichen Blähungen!“

Beim „Conveniat“ erzählt man sich auch manchen deftigen und boshaften Witz, — vor allem, wenn man damit jemandem eins auswischen kann. Diesmal meldet sich der Kaplan und erzählt von seiner letzten Beichte: „Also, ich war da bei diesem Kapuziner beichten und habe auch bekannt, daß ich einmal ein Mädchen umarmt habe." — „Nun hört euch mal den Casanova an!" — ruft sein Pastor lachend dazwischen. Doch der Kaplan winkt ab, — „hört erst mal weiter! — Also, der Kapuziner war sehr streng. Er gab mir als Buße auf, ich sollte meine Arme im Weihwasserbecken baden. — Gut, ich gehe also hin und erfülle meine Buße. Auf einmal höre ich drüben beim anderen Weihwasserbecken ein sonderbares Geräusch, — ich drehe mich um, — und was sehe ich? — Da steht doch mein eigener Pastor und — gurgelt!" — Alles lachte, — nur bei dem Pastor sah es ein bißchen gequält aus.

Gar nicht lachen mochte aber ein junger, etwas zimperlicher Vikar in einer Pastorenrunde. Das „Niveau" war nicht gerade vornehm und sank zusehends tiefer. Der Vikar fand das unmöglich und sagte ein wenig spitz: „Meine Herren, — darf ich Ihnen einmal eine Scherz-Frage stellen?" — Er durfte und fing an: „Also, — welcher Vogel singt denn immer einen halben Ton zu hoch?" — Große Ratlosigkeit! — Einer knurrt: „So'n Quatsch, soll das vielleicht ein Witz sein?" — Doch der Vikar, stolz darauf, das „Niveau" zu heben, gab überlegen lächelnd die Lösung bekannt: „Das ist der Kreuzschnabel, — denn er hat ein Kreuz vor dem Schnabel!"

Die Runde schwieg verblüfft, einige machten verlegen: „Haha!" — Aber da meldete sich ein älterer Pastor und sagte mit seinem dröhnenden Baß: „Ich hab da auch 'ne Scherzfrage, junger Mann: Welcher Fisch brummt denn immer einen halben Ton zu tief?" — Die Übrigen grinsten, wußten aber die Antwort ebenso wenig wie der Vikar. „Dann will ich's euch verraten: Es ist der Barsch!" — Nach einer verblüfften Stille kam der erste Musik-Kundige dahinter, daß ein „b" die Note um einen halben Ton erniedrigt, — und schallendes Gelächter verriet: das „Niveau" war gerettet!

Da von namhaften Theologen immer wieder gefordert wird: „Wir haben von der Ostkirche noch Vieles zu lernen!" — lassen sich jetzt immer mehr Vikare einen Vollbart wachsen. Vielleicht wollen sie sich damit aber auch — mangels anderer Abzeichen — eine gewisse geistliche Würde verleihen, die besonders auf junge Damen einen guten Eindruck macht. Diese machen sich dann Gedanken darüber, ob der Vikar seinen Bart nachts über oder unter der Bettdecke trägt. Ein Nachteil ist die mit dem Bart verbundene etwas undeutliche Aussprache, die leicht zu Mißverständnissen führen kann.

Moderne Vikare haben es immer eilig und sind durchweg motorisiert. Das bringt sie manchmal in Konflikt mit der weltlichen Obrigkeit. Der Ordnungshüter hatte den allzu schnellen Vikar schon wieder mal gebührenpflichtig verwarnt, — „dabei solls diesmal noch bleiben!" sagt er bekümmert, „aber nehmen Sie sich bloß an der nächsten Kreuzung in acht! Dort steht mein Kollege, — der ist nicht katholisch und meldet sie gnadenlos nach Flensburg!"

Einem modernen Kaplan war ein Papagei entflogen. Sofort gab er eine Anzeige auf mit Beschreibung: „Grüne Kopf- und Rückenfedern, blauer Brustflaum, gelber Schwanz, spricht fließend Deutsch. Gleichzeitig weise ich darauf hin, daß ich die theologischen Ansichten des Papageis nicht teile!"

Wenn sich in der „guten alten Zeit" zwei Kapläne voneinander verabschiedeten, pflegten sie zu sagen: „Also, bleib katholisch und geh keine Mischehe ein!" — natürlich nur im Spaß! — Heutzutage sind die Kapläne viel ernsthafter geworden, sie verabschieden sich mit: „Tschüss, — und bleib im Schematismus!" (In diesem Jahrbuch sind die Namen aller Priester einer Diözese verzeichnet).

Was die Technik angeht, sind die älteren Pastöre ja absolut im Nachteil. Zu einem von ihnen kam ein Mann und sagte: „Ich habe mir da einen 450 SL C gekauft mit mattierten Scheiben, Klimaanlage, Alufelgen, Radio-Cassetten-Stereoanlage 80 Watt, Scheinwerfer-Waschanlage, automatischer Antenne und elektrischer Zentralverriegelung, — — könnten Sie den segnen?"

Darauf fragte der Pastor verständnislos: „Ein 450 SL C, — was ist das?"

Der Mann verabschiedet sich tief gekränkt und geht zum Kaplan: „Ich habe mir einen 450 SL C gekauft . . ." — „Was?" — fällt ihm der Kaplan begeistert ins Wort, „den neuen Mercedes? womöglich mit mattierten Scheiben, Klimaanlage, Alufelgen, Radio-Cassetten-Steroanlage 80 Watt, Scheinwerfer-Waschanlage, automatischer Antenne und elektrischer Zentralverriegelung - - - ?" — „Ja, genau den, — endlich einer, der was davon versteht!" — sagt der Mann erleichtert, — „können Sie mir den Wagen segnen?"

Darauf fragt der Kaplan verständnislos: „Segnen, — was ist das?"

Die Pastöre/Pfarrer —
auch „Hirten" genannt.

„Pastöre sind eine Alters-Erscheinung!" sagen die Vikare respektlos, — doch vor nicht allzu langer Zeit, als man unter 50 keine Aussicht auf eine Pfarrstelle hatte, war das wohl berechtigt. Und so liegt auf dem Pfarrer immer ein Hauch von Alter, Würde und Tradition.

Es gibt ihn noch, — den „Traditions-Pfarrer": Er trägt immer noch seine Soutane, — nicht weil er sie braucht, sondern aus Prinzip. Er hat für seine Person noch nicht „alle diese Veränderungen in der Kirche" begriffen.

Um die Wahrheit zu sagen: Er hat niemals die Akten des Konzils gelesen, — höchstens die Zeitungsnotizen darüber. Im Seminar hat man ihm den Abscheu gegen den „Modernismus" eingeimpft — und er möchte um nichts in der Welt einer Häresie (Irrlehre) verfallen.

Bis zum letztmöglichen Augenblick hat er gewartet, die Messe in Deutsch zu halten und sich dem Volke zuzuwenden. Aber man kann nicht sagen, daß er seinem Bischof nicht gehorsam wäre. Er hat sich eben noch nicht an diese neue Liturgie gewöhnt, — das merkt man an den energischen Bewegungen, mit denen er seinen Kelch nach der Kommunion „purifiziert". Das ist für ihn eine Gelegenheit, sich vom Volk zu unterscheiden, die läßt er sich nicht entgehen. Auch erlaubt er den Gläubigen noch nicht, die Hostie mit der Hand zu empfangen. Wenn seine Gläubigen kommunizieren wollen, müssen sie ihm „die Zunge rausstrecken", — was ihnen nicht weiter schwerfällt, da sie es von kleinauf gewöhnt sind, sie sind gute Pfarrkinder und schätzen ihn als guten Pfarrer.

All diesen Neuerungen und hektischen Aktionen kann er wenig Geschmack abgewinnen. Er ist mit seinen Gedanken und Erinnerungen in der „Guten Alten Zeit" zuhause. Freilich war auch diese einmal die „Schlechte Neue Zeit"! — Erinnert er sich nicht mehr, wie er sich als neu ernannter Pfarrer bei seinem leidgeprüften Vorgänger im Amt erkundigte, was für Leute seine künftigen Pfarrkinder seien? — „Sind böse Leut!! — — aber gute Katholiken!" — hatte der ihm bedeutungsvoll zugeraunt. Aber mit der Zeit vergißt man wohl die ersten bitteren Erfahrungen.

Das Breviergebet, — damals noch ziemlich umfangreich und lateinisch, — machte manchem Pfarrer zu schaffen, — nicht jeder hat schließlich in Latein eine „Eins" gehabt. Die Pflicht, das tägliche Brevier zu „persolvieren", wurde häufig diskutiert: ob man es laut, oder wenigstens halblaut oder flüsternd, oder wenigsten „die Lippen bewegend" lesen müsse. Praktische Pfarrer „persolvierten" das Brevier in der Frühe einschließlich Abendgebet, um für den Rest des Tages frei zu sein. Man sah auch häufiger in der Eisenbahn einen Priester sein Brevier lesen, leise vor sich hin flüsternd.

Nun ist man dabei ja nicht gerade ungestört, — aber Pflicht ist Pflicht. So dachte ein Pfarrer auch und versuchte zu übersehen, daß gegenüber eine Mutter dem kleinen Kind nun schon zum dritten mal die Windeln wechselte. Beim vierten mal aber konnte er sich nicht enthalten zu fragen: „Ist das Kleine etwa krank, daß Sie es dauernd trocken legen müssen?" — Darauf erwiderte die Mutter erbost: „Das Kind ist überhaupt nicht krank!" — das kommt bloß daher, weil Sie dauernd Wsss-Wsss-Wsss-Wsss machen!"

In vorgerückter Abendstunde ist die Versuchung groß: Da betrachtet der Pfarrer nachdenklich sein Brevier und sagt: „Bet ich dich, — oder beicht ich dich: — Bet ich dich, dauerts zwei Stunden: — beicht ich dich, dauerts fünf Minuten! Also beicht ich dich!" — und klappt das Brevier zu.

Ein anderer geht betenderweise durch den Garten, als ein Windstoß ihm gleich vier Seiten umblättert. „Vielen Dank, Lieber Gott!" sagt er voll Gottvertrauen, „ich hätte das nicht gewagt, aber Dein Wille geschehe!"

Von einem Dorfpfarrer ward dem Bischof berichtet, derselbe bete das Brevier höchst selten. Bei der Visitation läßt er sich das kaum benutzte Gebetbuch zeigen und weist dem Pfarrer dann sein eigenes, völlig zerlesenes vor: „Sehen Sie, lieber Mitbruder, so sieht *mein* Brevier aus!" — Darauf sagt der Pfarrer unbeeindruckt: „Jaja, Säu blievet Säu, — ich halt mein Sach in Ordnung!"

Natürlich hatten Pastöre in der guten alten Zeit wirklich noch Zeit und bessere Nerven, denn der Druckschriftenversand und die Managerkrankheit waren noch nicht erfunden. So traf man sich auch mal nachmittags zu einem geistlichen Gespräch, oder auch zu einer Runde Skat. Drei Stunden geht es nun schon mit 18 - 20 passe! — da klingelt das Telefon. Ächzend steht der Hausherr auf, nimmt den Hörer und stöhnt: „So geht das nun den ganzen Tag!"

Bei einem Einkehrtag gibt sich der Pater redliche Mühe: „Meine lieben Mitbrüder!" — sagt er, „was wird doch im Priesterleben für Zeit verschwendet, — kostbare Zeit! — zum Zeitunglesen, — zum Radiohören, — zu unnützen Redereien, — und ach, wieviel Zeit verschwendet man doch beim Skatspiel!" — — Da kommt aus den hinteren Reihen eine Baßstimme: „Stimmt! — besonders beim Mischen!"

Einem guten Tropfen war man früher auch nie abgeneigt. Kein Wunder, daß der Bischof bei der Visitation im Pfarrhauskeller einen Haufen leerer Weinflaschen gestapelt sieht und anzüglich bemerkt: „Das ist ja der reinste

Flaschenfriedhof, — ein ganzer Keller voller Weinleichen!" — „Oh, keine Sorge, Exzellenz," — erwidert der Pfarrer aber schlagfertig, „da ist keine ohne geistlichen Beistand gestorben!"

Über Gottvertrauen läßt sich gut predigen, — anders ist es freilich in einem wirklichen Sturm auf dem Meere, wo das Gottvertrauen eines Geistlichen mitsamt Schiff offenbar doch ziemlich ins Schwanken gekommen war. Auf seine bange Frage: „Geht das Schiff wohl unter?" beruhigt ihn der Kapitän: „Hochwürden, noch ist es nicht so weit, — die Matrosen fluchen noch, — das ist ein gutes Zeichen!" — Der Sturm nimmt zu, und der arme Pfarrer klappert vor Angst mit den Zähnen: „Fluchen die Matrosen noch immer?" fragt er den Kapitän. — „Ja, sie fluchen, was das Zeug hält, wie nur Matrosen fluchen können!" — „Gott sei Lob und Dank!" — seufzt da der Gottesmann erleichtert.

Pastöre sind nicht frei von Sünden, — auch nicht von „Verkehrs-Sünden", im katholischen Bayern ist man da nicht gar so streng. Der Wachtmeister muß jedoch eingreifen, als er den Pfarrer wieder mal bei Rot die Straße überqueren sieht. Freundlich, aber bestimmt, ruft er ihm zu: „Sie Hochwürden, — wann's no öfter so einfach nüberlaufen, dann san's bald bei ihrem Chef!"

In Preußen ist man nicht so verständnisvoll. Da wird in der ersten Nachkriegszeit von einem Polizisten nachts ein Pfarrer gestoppt, der ohne Licht mit dem Fahrrad durch die Stadt fährt. „Tut mir leid, Hochwürden, — aber das kostet Sie zwei Mark!" — „Halten Sie mich doch nicht auf", antwortet der Pfarrer würdevoll, „ich muß zu einem Kranken und habe den Herrn bei mir!" — „Was sagen Sie da?" — antwortet der Polizist darauf, — „zwei Personen auf einem Fahrrad? — dann macht das 4 Mark!"

Man kann nicht leugnen, daß scbon mancher brave Gottesmann das Beharren auf den eigenen Fehlern mit der Treue zu sich selbst verwechselt hat, — denn Pastöre sind auch nur Menschen. Auch Pastor Jones in einer Gemeinde von Massachusets hatte nicht nur Freunde, als er sich 1910 wohl oder übel auf seinen letzten Weg machen mußte. Einige Tage hing am Pfarrhaus eine Tafel, auf der das Befinden des schwerkranken Pfarrers bekannt gegeben wurde. Die letzte Ankündigung auf dieser Tafel lautete schließlich: „Unser Pfarrer ist um 6 Uhr heute Abend in das Himmelreich eingegangen!" — Das war einem darob erbosten Gemeindemitglied denn doch zuviel. Er schrieb in der Nacht darunter: „Telegramm: Himmelreich, 7 Uhr morgens: hier große Bestürzung, da Pastor Jones immer noch nicht angekommen!"

Bei besonderen Gelegenheiten gibt es auch einen Orden, von denen man drei Gruppen kennt: verdiente, — erdiente, — und erdienerte. In diesem Falle hatte wohl die lange Dienstzeit dem alten Pfarrer ein Verdienstkreuz beschert. Sein gleichaltriger Freund und Pfarrer schrieb ihm zum festlichen Anlaß:

„Christus trug das große Kreuz, —
so trag auch du das kleine!
Er trug es ja ganz unverdient, —
so wie auch du das deine!" (Sp)

Nur mit der Gemeinde verheiratet

Vieles hat sich seit der „Guten Alten Zeit“ verändert, — nicht alles Neue war gut, — nicht alles Alte war schlecht. Es wäre ungerecht, wollte man nur von „modernen“ und „altmodischen“ Priestern sprechen, — dazwischen gibt es auch noch — Gott sein Dank! — den ganz normalen Pastor.

Er ist nicht mehr allzu jung. Er war schon lange vor dem Konzil Priester. Die Änderungen in der Kirche haben ihn nicht im Geringsten aus dem Gleichgewicht gebracht. Er hatte sie sogar im Innern seines Herzens ersehnt und erhofft.

Er hat seine Soutane ohne Bedauern ausgezogen, — aber nicht, um sein Priestertum zu verleugnen, — er trägt ein schwarzes oder graues Nylonhemd und ein kleines Kreuzchen an Bluse oder Jacke, — da bleibt keiner im Unklaren.

Er hat die Neuheiten, die in der Kirche zugelassen wurden, dankbar angenommen: eine Liturgie, die jeder versteht, — die neue Art, die Heilige Messe mit dem Gesicht zu den Gläubigen zu feiern, — die Freude, sie mit sich vereint zu wisssen, wenn er mit ihnen gemeinsam das Vaterunser betet. Er hat einige Erwachsene und einige Jugendliche ausgebildet, daß sie die Lesung verständlich und deutlich lesen können, — er hat einen Pfarrgemeinderat ins Leben gerufen, wo jeder frei aussprechen kann, was er denkt. Die Jugendlichen seiner Gemeinde, Jungen wie Mädchen, haben ihn gebeten, eine eigene Messe für sie zu feiern, mit einer Verkündigung, die ihnen angepaßt ist, in der auch Gitarren und moderne Rhythmen zugelassen sind. Er hat dieser Idee sofort zugestimmt.

Seine Predigten sind kurz und direkt, aber man merkt, daß sie gut vorbereitet sind, denn er bemüht sich, Wiederholungen zu vermeiden. Er liest jetzt theologische Werke in Deutsch und hat eine wissenschaftliche Zeitung abonniert. Seit kurzem interessiert er sich besonders für die Geschichte der Kirche, und er bedauert, daß seine Gläubigen sie nicht besser kennen. Sie würden dann weniger durch aktuelle Krisen aus der Bahn geworfen. Denn die Kirche hat in der Vergangenheit schon viele andere Krisen erlitten und überstanden.

Er ist glücklich in seinem Priestertum, das er empfangen hat als eine Heiligung seines ganzes Lebens zum Dienst für Gott und seine Brüder und Schwestern. Er hat das Vertrauen seiner Pfarrkinder, die seinen guten Rat schätzen und ihn fragen, wenn sie Gewissensprobleme haben.

Er trägt heiter seinen Zölibat und spricht mit gleicher Freundlichkeit über Frauen wie über Männer. Er ist geistlicher Leiter einer Familiengruppe und teilt ihre Freuden und Leiden. Das Glück der anderen macht ihn glücklich, und er versucht nach Kräften, dazu beizutragen. Die Freundschaft Gottes ist ihm kostbar und bereitet ihm Freude. Sie gibt ihm einen inneren Frieden, der jeden erstaunt, der mit ihm ins Gespräch kommt.

Er verteufelt weder den technischen Fortschritt noch die Menschen, die nicht seine Meinung teilen, — aber er sieht auch das Wirken des Teufels und gibt sich keinen trügerischen Illusionen hin. Er läßt sich von keiner Partei, von keiner Gruppe, keiner Mehrheit oder Minderheit vereinnahmen, sondern stellt sich immer und überall eindeutig auf die Seite Gottes. Er spielt sich nicht als Richter oder Schiedsrichter auf, — aber er läßt keinen Zweifel an seiner persönlichen Entscheidung für Gott.

Er ist ein ganz gewöhnlicher, ein Aller-Welts-Pastor, von dem Paul Claudel einmal sagte:

„Amt des Priesters ist es,
verzehrt zu werden. —
Wohl ihm, wenn er genießbar
bleibt!"

Seine Gemeinde „verzehrt" ihn ohne viel Bedenken und ist höchstens erstaunt, wenn er eines Tages aufgezehrt und verbraucht ist.

Dann mag er, — gelassen und getrost, — seine letzte Versetzung erwarten: vom „Bodenpersonal" in den Himmel.

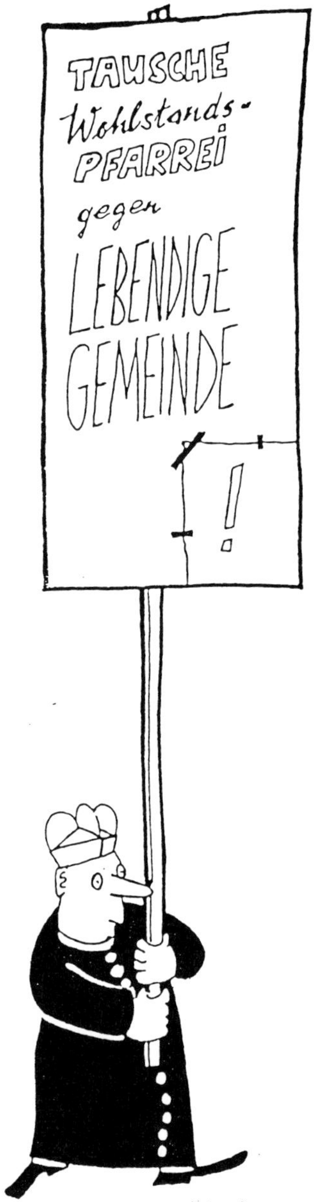

Und hier noch
der Witz, der diesem
Buch den Namen
gab:

Tünnes trifft seinen Freund, den er schon sehr lange nicht mehr in der Kirche gesehen hat und fragt ihn besorgt: „Saag, ens, Schääl, – gläuvste dann nit mieh an d'r Leeve Jott, an de Modergottes un an de Engelscher?" – Und Schääl antwortet darauf: „Doooch, – dat fliejende Personal es jo janz in Ordnung, – daran gläuven ich noch immer. Äwwer mit dem Bodenpersonal – do kummen ich nit zurääch!

Die Kinder und der Liebe Gott

Allerlei
Ergötzliches
und
Nachdenkliches

gehört, gelesen
und gesammelt
von Dr. h.c. *)
Henricus Corte

*) natürlich humoris causa **)
**) spaßhalber

**Erlebtes,
Erlauschtes
und
Aufgebauschtes**

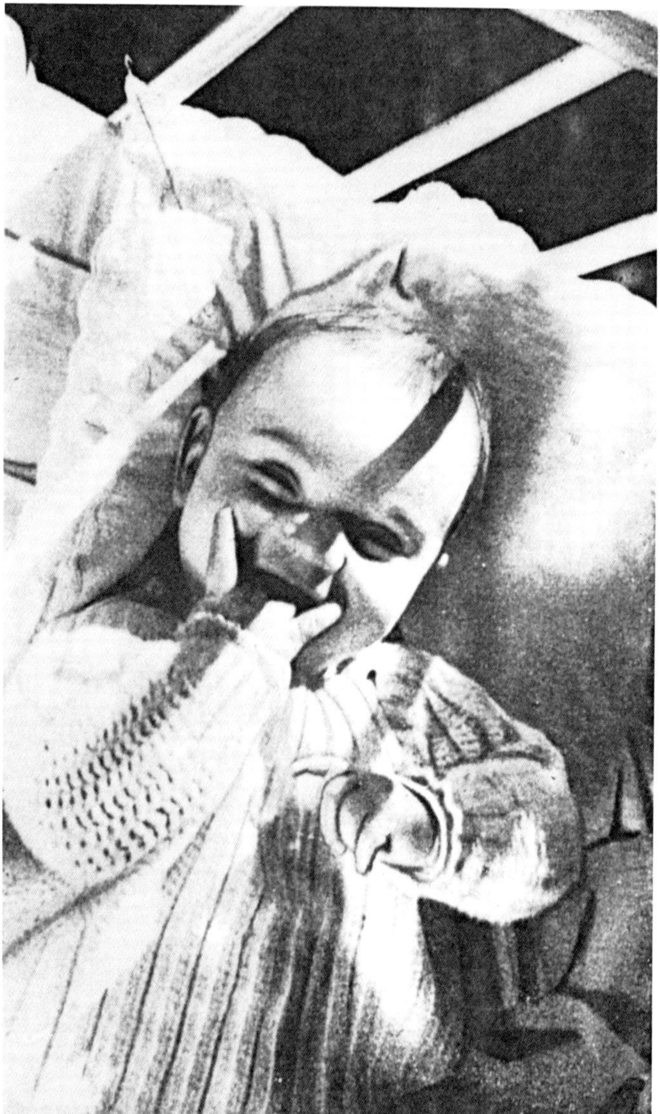

Hallo, ihr da!
Da sitzt ihr also mit bedenklichen Mienen und weisen Bemerkungen über die „kaputte Welt", die nicht mehr zu reparieren sei. Von Eurem gelehrten Gefasel verstehe ich kein Wort, — aber . . .
. . . mir gefällt sie jedenfalls, diese Welt, ich lache sie an und bin vergnügt, daß ich lebe und geliebt werde. Wenn ich groß bin, werde ich dafür sorgen, daß alle Menschen wieder lachen!

„Ich liebe die Kinder, sagt Gott,
ich will, daß alle ihnen gleichen . . .

Ich liebe die Kinder,
weil sie noch fähig sind,
größer zu werden."

(Michel Qoist: Herr, da bin ich!)

Diese Sammlung widme ich allen Kindern, – vor allem denen, die ohne ihr Wissen hierzu beigetragen haben! – Vielleicht erkennt der eine oder andere seine Sprüche wieder, die damals ganz ernst gemeint waren. Wir Erwachsenen lächeln über manche kindliche Äußerung, – aber im Grunde beneiden wir euch um die Frische und Ursprünglichkeit eures Glaubens und eurer Gebete, – eingedenk des Wortes: „Wenn ihr nicht werdet wie die Kinder . . .!"

Buch 2

Inhaltsverzeichnis

Frühe Erfahrungen

In der Vorstellung vieler Kinder hat der Liebe Gott große Ähnlichkeit mit dem Vater: Papa ist furchtlos, groß und stark, — an seinen mächtigen Schultern hält sich Lieschen fest, — auf seinen starken Schultern fühlt sich Fränzchen wie ein unbesiegbarer Ritter. Und der Liebe Gott? — nun, der ist halt noch ein klein wenig größer und mächtiger als der Papa!

Freilich begegnen auch Kinder schon früh den Ungereimtheiten des Lebens. Dann fangen sie an zu fragen. Vor diesem unverhofften, bohrenden Fragen haben manche Väter und Mütter Angst. Spüren sie doch, daß ihre Autorität nicht mehr unangefochten ist, und daß sie von den Kindern durchschaut werden.

Wenn der hoffnungsvolle Sprössling etwa den Vater fragt: „Vati, — bist du als Kind jeden Sonntag in die Kirche gegangen?" — dann wird der natürlich erst einmal im Brustton der Überzeugung antworten: „Aber sicher, mein Junge, — den Sonntagsgottesdienst, den hab ich nie ausgelassen!" — Da niemand das Gegenteil beweisen kann, glaubt er sein Ansehen gerettet. Da wendet sich sein Sohn triumphierend an die Mutter und ruft: „Siehst du, Mama, — es hat auch nichts genützt!"

Kinder können so unerbittlich, so konsequent fragen, — als hätten sie es eigens studiert. Wer sich darauf einläßt, gerät unweigerlich ins Hintertreffen! — Das beginnt zuerst ganz harmlos. Da fragt der kleine Peter seinen Vater: „Du Papa! — kommen Löwen eigentlich in den Himmel?" — „Nein Peter." — sagt Papa herablassend und fühlt sich durchaus als Herr der Lage, — „Löwen kommen natürlich nicht in den Himmel!" — Er hat sich zu früh gefreut, denn sogleich kommt die nächste Frage: „Papa, kommt denn ein Missionar in den Himmel?" — „Aber natürlich, der kommt in den Himmel!" antwortet Papa und glaubt, endlich die Frage erschöpfend beantwortet zu haben, — er irrt sich! Denn sogleich schiebt Peter die nächste Frage nach und triumphiert damit endgültig über alle väterliche Besserwisserei: „Du Papa, — wenn nun aber der Löwe den Missionar auffrißt, — kommt er dann in den Himmel?"

Ausgesprochen unangenehm wird es aber, wenn etwa so ein Kleiner — mit dem Beispiel der Erwachsenen vor Augen — in aller Unschuld die Frage stellt: „Papa, — wie alt muß man eigentlich sein, bis man lügen darf?"

Der kindliche Alltag stimmt selten überein mit dem Bild vom „kleinen Engel", das sich Erwachsene gern einreden. Die Kinder wissen meist besser als die Erwachsenen, daß man keineswegs immer so brav sein kann, wie man möchte. Im Übrigen machen sie sich darüber auch wenig Sorgen.

Da kommt etwa der Christian in einem fast erbarmungswürdigen Zustand heulend nach Hause und erzählt unter heftigen Schluchzern: „Der Manfred, der hat mich gehauen!" Nachdem die Mutter ihren Sprössling beruhigt, getröstet und verarztet hat, — in Gedanken schon ein paar „passende Worte" an Manfreds Mutter erwägend, — fragt sie schließlich ihren so mißhandelnden Sohn: „Aber Christian, — hast du dich denn gar nicht gewehrt?„ — „Doch, Mama," — sagt er mit einem letzten Schluchzer: „Ich hab mich gewehrt, — vorher!"

Kann man so einem tapferen Krieger böse sein, wenn er mit zerschundenem Knie und zerrissener Jacke heimkommt? — Otto jedenfalls hatte kaum ein schlechtes Gewissen, als die Mutter ihn wieder einmal tadeln mußte: „Ach Otto, du könntest so ein braver Junge sein, — wenn du nur wolltest!" — „Will ich doch, Mama, — will ich doch, — es kommt mir nur immer wieder was dazwischen!"

Eine Mutter fragt eindringlich ihren Fünfjährigen: „Hör mal, Heinz, ich habe doch gestern zwei Stücke Kuchen in den Vorrat gestellt. Heute finde ich nur noch eines, wie kommt das wohl?" — Und Heinz antwortet mit treuherzigem Unschuldsblick: „Ach Mutti, das zweite Stück, — das hab ich im Dunkeln nicht gesehen!"

Auch die ernstliche mütterliche Ermahnung: „Mausi, wenn du nicht artiger wirst, dann kommst du nicht in den Himmel!" — hat auf die Dauer nicht die erhoffte Wirkung, — vielleicht weil sie zu oft kommt und schon abgenutzt ist? — Mausi jedenfalls bleibt ungerührt bei dieser Drohung und erklärt patzig: „Ätsch! — ich will auch gar nicht in den Himmel, — da kenn ich ja keinen!"

Im Grunde der kindlichen Seele bleibt bei allen Kindersünden doch immer das Vertrauen auf den zwar allmächtigen und allwissenden Vater im Himmel, der aber auch barmherzig ist und „einen nicht rausschmeißt", — was man auch immer ausgefressen haben mag. Das ist auch notwendig in einem Alter, in dem der „Lack" von dem irdischen Vater immer mehr abblättert und sich seine Erhabenheit auf durchaus menschliche Umrisse vermindert.

Das Teilen unter Geschwistern muß man lernen. Also gibt die Tante dem Peter ein großes Stück Kuchen mit dem Auftrag: „Das mußt du aber brüderlich teilen mit deiner Schwester!„ — „Wie geht das?" fragt Peter. Und die Tante belehrt ihn: „Nun, — du teilst den Kuchen in zwei Stücke, — und dann gibst du das größere Stück deiner Schwester!" — Peter überlegt nur einen Augenblick, dann schiebt er seiner Schwester den Kuchen hin und sagt: „Da Gabi, teil du ihn brüderlich!"

Zum „Brüderlichen Teilen" hat der Bischof aufgerufen. Ein Vater von 5 Kindern legt einen 50-Markschein in den Opferkorb, obwohl das Geld in der Familie immer knapp ist. Der Kleinste sitzt neben ihm in der Bank und macht große Augen. Nach der Messe fragt er dann: „Papa, warum hast du denn so viel Geld gegeben, — wir haben doch selbst immer zu wenig?" — „Was man Gott schenkt, gibt er einem zehnfach zurück!" belehrte der Vater den Kleinen. Wie es nun der Zufall (oder war es wirklich der Liebe Gott?) so will, — zwei Wochen später gewinnt die Familie in einer Tombola Fünfhundert Mark. — In der allgemeinen Freude läßt sich der Jüngste vernehmen: „Siehst du, Papa, — du hast recht gehabt! — Sollen wir nicht nochmal fünzig Mark auf den Bischof setzen?"

Wenn Kinder beten

Viele „Kindergebete" sind leider nichts weiter als von den Erwachsenen zurechtgemachte Verse, die „kindlich" frisiert sind. Was die Kinder selber denken und wie sie beten, das erfahren am ehesten Väter und Mütter, die ihre Kinder lehren, zu beten, „wie ihnen der Schnabel gewachsen ist", das heißt, auf ihre eigene, kindgemäße Art. Dann wissen Kinder sehr bald ihre Wünsche, Besorgnisse und Zweifel, aber auch ihre Freude im Gebet auszusprechen.

Mögen wir Erwachsenen manchmal im Stillen lächeln über solche Gebete, — manchmal uns auch tief betroffen fühlen, — in jedem Fall könnten wir aus diesen vertrauensvollen Kindergesprächen mit Gott noch selber lernen. Hier sind nun einige Beispiele von Kindergebeten, — sie fangen alle an mit:

Lieber Gott!

„. . . ich hab dich lieb, weil du so gut bist. Ich versuche auch so gut zu sein wie du. Ich bin zu allen Menschen gut. Zu Vater und Mutter. Und zu meinen beiden Schwestern, — wenn sie mich nicht ärgern. Es muß doch schön sein, wenn man Gott ist und alle haben einen lieb!"

„. . . wenn du willst, kannst du doch machen, daß ich unsichtbar werde. Und wenn ich will, kann ich alles tun, was du möchtest. Ist das nicht ein Geschäft?"

„. . . warum sieht man dich eigentlich nie im Fernsehen?"

„. . . meine kleine Katze ist unter das Auto gekommen. Wenn du das zugelassen hast, muß du mir auch sagen, warum!"

„. . . wie geht es dir? Mit geht es gut. Du machst so viele schöne Dinge. Sag mir doch, warum du das tust. Ich möchte es gern wissen."

„Lieber Gott! Bitte, gib mir einen Schubs!"

„. . . die Leute in der Wohnung nebenan streiten sich immer so laut. Sieh doch zu, daß sich nur solche verheiraten, die nett zu einander sind!"

„. . . unser Lehrer hat gesagt, daß der Nordpol nicht direkt auf der Spitze der Erdkugel ist. Hast du noch mehr solche Fehler bei der Erschaffung der Welt gemacht?"

„. . . gibt es dich eigentlich wirklich? Mein Papa glaubt das nicht. Kannst du nicht für ihn mal ein Wunder tun?"

„. . . ich möchte gerne noch ein Brüderchen haben. Mama meint, ich soll Papa fragen, und Papa sagt, ich soll dich fragen. Glaubst du, daß du das machen kannst?"

„. . . mein Freund Willi sagt, du machst alle Blumen. Ich glaube das nicht. Oder stimmt es doch?"

„. . . ich möchte dich gern etwas fragen. Wie ist es eigentlich im Himmel? Ich weiß, daß es schön ist, aber wie?"

„. . . unser Gert ist vier Jahre und ärgert mich immer. Bitte, sorg doch dafür, daß er mich nicht mehr ärgert. Sonst explodiere ich!"

„. . . die Kirche ist ja ganz in Ordnung, aber die Musik! Kannst du nicht ein paar neue Lieder machen?"

„. . . vielen Dank, daß ich Vati und Mutti hab. — und meinen Bruder und meine Schwester, — und den Hund und die Fische! — Vielen Dank für alles, lieber Gott!"

„. . . müssen bei dir die Engel alle Arbeit machen? Mama sagt immer, wir seien ihre Engel, und dabei müssen wir alles tun!"

„. . . verwandle mich doch in einen Vogel. Wenn du das machst, dann verspreche ich dir: ich werde ganz lange um nichts mehr bitten!"

„. . . wenn du mir eine Wunderlampe schenkst wie Aladin, dann werde ich dir alles geben was du willst, — nur nicht mein Geld und meine Legosteine!"

„. . . was für einen Zweck hat es, brav zu sein, wenn es niemand sieht?"

„. . . ich möchte Lehrer sein, dann könnte ich alle andern herumkommandieren!"

„. . . wenn du das Baby nicht wieder zurücknimmst, räume ich nie mehr mein Zimmer auf!"

„. . . du sagst, ich soll meinen Nächsten lieben. Aber wenn Gitta mir meine Rollschuhe wegnimmt, dann ist sie doch nicht mein Nächster, — oder?"

„. . . heute mittag hatten wir Pizza zum Essen, und heute Abend Spaghetti mit Fleisch. Was gab's bei dir?"

„. . . ich möchte ein Erfinder werden. Nur weiß ich noch nicht, was ich erfinden soll."

„. . . wenn wir einen Pelz hätten wie die Tiere, dann brauchten wir doch keine Kleidung. Hast du da schon mal drüber nachgedacht?"

„. . . wenn du nicht willst, daß die Menschen böse Worte sagen, — warum hast du sie dann erfunden?"

„. . . Papa sagt immer, die Kindheit sei die schönste Zeit. Sag ihm doch mal, daß es nicht stimmt, — weil wir nie länger aufbleiben und fernsehen dürfen!"

„. . . warum muß ich eigentlich beten, wo du doch schon weißt, was ich brauche? aber ich tue es natürlich, wenn es dir Freude macht!"

„. . . du bist einer von den liebsten Menschen, die ich habe!"

„. . . neulich habe ich gelesen, daß Edison das Licht erfunden hat. Ich dachte immer, du wärst das gewesen."

„. . . wenn wir doch weiterleben, wenn wir gestorben sind, — warum müssen wir dann überhaupt erst sterben?" —

„. . . Letzten Winter lag der Schnee so hoch, da hatten wir keine Schule. Kannst du das nicht wieder machen?"

„. . . wenn ich Gott wäre, würde ich nicht so gut sein. Laß dich nicht unterkriegen!"

„. . . es ist doch gut, wenn jedes Kind einen Vater und eine Mutter hat. Hast du lange gebraucht, bis dir das eingefallen ist?"

„. . . wenn ich morgens aufwache, freue ich mich immer, daß du alles an der Stelle gelassen hast, wo es war."

„. . . ich möchte verheiratet sein, aber mich will noch keiner haben."

„. . . ich möchte genau so sein wie du, wenn ich erst mal so alt bin wie du."

„. . . die Bibel finde ich prima! Hast du noch andere Bücher geschrieben?"

„. . . ich habe alles gelesen, was vor langer Zeit passiert ist: wie die Sonne still stand und von David und Goliath und von Daniel in der Löwengrube und die Geschichte vom Jericho. Zu deiner Zeit ist doch allerhand passiert!"

„. . . es hat so lange nicht geregnet. Ich hatte so Angst um meine Blumen. Aber heute ging es endlich los! Das war prima, wie du das gemacht hast!"

„. . . könnte ich nicht mal einen richtigen Engel sehen? Wenn du mir einen schickst, könnte er in meinem Zimmer schlafen. Du brauchst ihm nichts mitzugeben, — ich habe Taschengeld!"

„. . . ich hoffe sehr, daß ich hübsch werde, wenn ich mal groß bin. Kannst du mir einen Gefallen tun? dann schreib mir bitte einen Brief, denn ich habe meinen Freundinnen erzählt, daß du mir schreiben wirst!"

„. . . Vati sagt, daß er für nichts in der Welt deinen Posten haben will. Er ist Elektrotechniker. Kannst du nicht mal dafür sorgen, daß er nicht immer so lange arbeiten muß? Ihr solltet beide nicht so viel arbeiten!"

„. . . am Sonntag bin ich leider zu spät zur Kirche gekommen. Ich konnte meine Schuhe nicht finden. Entschuldige!"

„. . . bitte mach meine Schwester etwas hübscher, damit sie bald einen Mann kriegt!"

„. . . als eine Sternschnuppe fiel, habe ich mir was gewünscht, — zweimal sogar, aber es ist nicht eingetroffen. Was nun?"

„. . . mach, daß ich nicht die Grippe kriege, und mach, daß die Vitamine im Kuchen sind, und nicht im Spinat!"

„. . . heute war ich bei einer Hochzeit. Denk dir, sie küßten sich in der Kirche! — Darf man das?"

„. . . wir wollen in den Ferien Tante Berta besuchen, — mit dem Flugzeug nach Wien, aber Mama hat Angst davor. Vati kann nicht mitkommen. Vielleicht hat sie keine Angst, wenn du mit uns fliegst."

„. . . warum regnet es eigentlich immer sonntags? Kannst du das nicht abstellen?"

Morgengebet

Das Beten ist für Kinder eigentlich die natürlichste Sache von der Welt: sie wissen wohl, daß sie immer auf jemand angewiesen sind, der mit ihnen geht, sie an der Hand nimmt, ihnen Sicherheit und Schutz bietet: vor dem großen Hund, oder auch vor dem frechen Klaus von nebenan. Außerdem braucht man als Kind immer jemanden, dem man alles erzählen kann.

Schon am Morgen, bevor die Kinder das Haus verließen, erinnerte die Mutter in früheren Zeiten: „Äiss biärre dick, — süs fällste!" (erst bete, sonst fällst du!). — Das war nun keineswegs immer sehr feierlich: Wenn ich mit meinem Bruder und der kleinen Schwester am Tisch stand und betete: „O Gott du hast in dieser Nacht . . ." — dann roch es schon nach Kaffee, und man schielte verlangend nach dem Rübenkrautpott und den Brotschnitten, — und die kleine Schwester, die derweil gekämmt wurde, schrie dazwischen: „Au, nicht so feste, Mama!" — trotzdem hatten wir Kinder immer den Eindruck, wir hätten gut gebetet und konnten gut gesichert in den Tag gehen.

Lange Gebete sind bei Kindern wenig beliebt. So klagte schon vor mehr als 100 Jahren die kleine Helene: „Mama, mein Morgengebet ist aber viel zu lang!" — Kann ich nicht auch beten wie unsere Martha morgens betet?" — Die Mutter wundert sich, daß das Dienstmädchen laut betet und fragt: „Was betet denn Martha für ein Morgengebet?" — Und Helene betet im oft gehörten Tonfall: „Ach du lieber Gott! — schon wieder aufstehen!" (Sp)

Noch merkwürdiger war die Antwort des kleinen Kelly, den das alte Fräulein o Hara mit Mühe auf die Kommunion vorbereitet hatte. Als der Kaplan prüfen wollte, ob der Junge auch etwas gelernt hatte, fragte er: „Nun, Kelly, sag mir, was ist das Erste, was du morgens tun mußt?" — Und Kelly antwortete stolz: „Meine Hosen anziehen, Father!"

In Köln hätte das alte irische Fräulein aber nicht leben dürfen, — selbst den Kaplan, der schon Einiges gewohnt war, verblüfften die Antworten der Kinder, als er feststellen wollte, ob sie wohl auch das Morgengebet beteten. „Was tust du zuerst, wenn du morgens aufstehst?" — fragt er den kleinen Hermann. „Ich tu pissen!" war die Antwort. „Und du, Pitterchen?" — „Ich tu auch pissen!" — Der Kaplan, der sich mit Mühe das Lachen verbiß, wandte sich schnell an den Nächsten: „Na und du Tünnemann, was tust du zuerst?“ — „Ich tu beten, Herr Kaplan!“ — Na endlich! — dachte dieser, lobte den Kleinen und sagte: „Das ist aber schön von dir. Und wie lange betest du?“ Und der kleine Tünnemann erwiderte prompt: „Bes ich fähdig ben met pisse!“

Kinder haben nun mal ihre eigene Logik. Das mußte auch ein junger Kaplan erfahren, als er die Frage stellte: „Wann muß man beten?“ — „Immer am Morgen“ antwortete ein Mädchen. „Vor der Schule ist nämlich eine große Kreuzung, und da bitte ich den Lieben Gott immer, daß ich heil hinüberkomme.“ Angerührt von soviel Frömmigkeit, wendet sich der Kaplan an einen Jungen: „Und du, Franz, betest du auch am Morgen?“ — „Enääh!“ antwortete der ungerührt, — „ich geh durch die Unterführung!“

Manche Kinder lernen erst im Kindergarten beten. Die vierjährige Gabi konnte zwar schon ein Morgengebet. Daß man sich dabei mit Weihwasser segnet, war ihr neu. Am ersten Morgen sieht sie nur erstaunt zu, wie die Kinder alle Weihwasser nehmen und sich segnen. Als die Kindergärtnerin ihr aber am nächsten Tag auch das Weihwasserschälchen hinhält, sagt sie energisch: „Eins will ich dir mal sagen, Tante Ilse: Wir beten zu Hause trocken!“

Zum Mittagessen

Da das Essen bei vielen Kindern die Hauptrolle spielt, darf man sich nicht wundern, wenn ein Junge auf die Frage: „Welches Gebet betest du am liebsten?“ — ohne zu zögern antwortet: „Das Tischgebet!“ (Sp)

Freilich ist das Beten zum Essen nicht in allen Familien guter Brauch. Der Pfarrer, der den kleinen Franz unauffällig ausfragen wollte: „Bei euch betet man doch auch zu Mittag?“ — erhielt die freimütige Antwort: „Ja! — aber bloß, wenn Oma zu Besuch kommt!“

Ein kleines Mädchen entrüstet sich gar: „Fräulein, mein Papa glaubt nicht an Gott! — Wenn ich vor dem Essen beten will, sagt er immer: nun mach schon voran mit deinen Fisimatenten!“

Wer sich auf sächsische Mundart versteht, wird auch die folgende gereimte Kurzgeschichte mit Schmunzeln lesen, die Georg Zimmermann einmal geschrieben hat.

Jeder uff seine Ard
D’r Lehrer dud in d’r Schule fragen:
Na, Ginder, was’ch ämol wollde sagen:
Dud’n ihr och nich’s Bäden vergessen,
Wenn ihr eich setzd ze Middag zum Essen?
Garl Haubold, — was dud’n ihr ze Hause als Dischgebät schbrechen? —
Und glei ohne Bause war ooch mid d’r Andword das Gerlchen zer Schtelle. —
Warom ooch nich? Der Junge war helle! „Herr Jesu“, sagd er, „gomm, sei unser Gast Un segne, was du bescheert uns hast.“ —
Un was wärd bei eich ze Hause, Fritz Rohn, Gebätet vor’n Essen, — nu sag’s, lieber Sohn?“
„So bät mei Vater, — doch erscht nachen Essen:
„Herrjeses! war das ämal widder ä Fressen!““

Im Pfarrhaus haben sie auch einen kleinen Jungen aus der Diaspora zur Vorbereitung auf die Erstkommunion aufgenommen. Am ersten Tag sagt der Pfarrer: „Heute soll unser kleiner Gast das Tischgebet sprechen!“ — Aber der kleine Alois bleibt stumm wie ein Fisch.

Der Pfarrer will ihm helfen und fragt: „Nun, was sagt denn deine Mutter, bevor ihr anfangt zu essen?“ — Darauf betet Alois mit gesenktem Kopf und gefalteten Händen: „Jetzt bekleckert euch nicht, ihr Ferkel!“

Auch in frommen Familien gibt es schon mal Probleme. Der kleine Klaus betet zu Hause schon immer das Tischgebet vor. Als die Familie einmal im Gasthof ißt, macht er aber keinerlei Anstalten dazu. „Na, Klaus, wie ist es, — wollen wir dem Lieben Gott nicht danken?“ — „Nein, Papa, — wehrt Klaus ab, — „heute nicht, — heute bezahlen wir doch!“

Spinat ist bei Kindern meist nicht beliebt. Und da Paulchen zum Spinat auch noch vorbeten muß, betet er verbittert seine eigene Version: „Komm, Herr Jesus, sei unser Gast, dann weißt du, was du uns bescheret hast!

In der Familie meines Vaters war es üblich, daß die Mutter während des Tischgebetes schon mal die Teller füllte, — bei einem runden Dutzend Kinder war das wohl angebracht. An diesem Sonntag gab es Bohnensuppe, — und Bohnensuppe konnte mein Vater nicht ausstehen. Er war an der Reihe mit Vorbeten und schielte dabei mißtrauisch auf die immer näher kommende Mutter. Jetzt hebt sie die volle Kelle aus dem Topf, — gerade als er betet: „Aller Augen warten auf Die, o Herr! Du gibst ihnen Speise zur rechten Zeit . . . - - Hoalt!! — nit säu viäl!“ — ruft er da völlig unerwartet. Der Rest ging im fröhlichen Gelächter der Geschwister unter. Immerhin mußte auch die Mutter lachen und schenkte ihm gnädig nur einen „kleine Löffel“ ein.

Auf die Frage der Lehrerin, warum wir um das tägliche Brot beten, meinte der kleine Thomas: „Weil das Brot immer frisch sein soll!“

Bei großer Hitze waren viele Gäste eingeladen. Die kleine Tochter soll vor dem Essen vorbeten. „Aber ich weiß doch gar nicht, was ich beten soll, Mama!“ — „Na, nun bete schon“ sagt die Mama ungeduldig, „bete einfach, wie du es gestern von mir gehört hast!“ — die Kleine senkt gehorsam den Kopf, faltet die Hände und betet laut: „Ach, mein Gott! — warum habe ich bloß all die Leute eingeladen! — bei dieser Hitze!“

Als der fünfjährige Willi bei seiner Patentante zu Besuch ist, gibt es mittags sein Lieblingsgericht: Reibeplätzchen mit Apfelkompott. Nachdem er eine erstaunliche Menge davon verdrückt hat, sagt er seufzend: „Ich kann nicht mehr!“ — faltet fromm die Hände und betet: „Lieber Gott, ich danke dir, daß wir so schön gegessen haben und daß ich nicht geplatzt bin! Amen.“

Abendgebet

Die beste Stunde des Tages ist da, wenn das kleine Quecksilber endlich zur Ruhe kommt und der Tag mit all seinen Erlebnissen im Abendgebet ausklingt. Diese unbefangenen Kindergespräche mit dem Lieben Gott werden meist nur der Mutter bekannt. Die hier erzählten sind nicht erfunden und werden vielleicht Erinnerungen wecken, — oder auch ein leises Schmunzeln, obwohl sie von den Kindern ernst gemeint sind.

Bei aller Frömmigkeit ist manchmal

auch ein bißchen „Schau" dabei, wenn etwa die Tante auf Besuch ist und beim Abendgebet dem kleinen Peter zuhört.

„Das ist aber schön, daß du schon so gut beten kannst!" — meint sie am Ende gerührt. Darauf Peter: „Ja Tante, beten kann ich auch schon ganz gut, — Aber du müßest mich erst mal gurgeln hören!"

Auch die kleine Marion möchte Oma gern zeigen, daß sie schon allein beten kann. Es geht noch ein bißchen lückenhaft, und mit dem Verständnis hapert es auch. So hört die erstaunte Oma denn auf einmal: „Lieber Gott, — mach, daß du in den Himmel kommst!"

Mißverständnisse gibt es häufig, wenn Kinder gelernte Gebete sprechen. So betet ein kleines Mädchen: „Hab ich Unrecht heut getan, gehts dich, lieber Gott, nichts an ..." — Beim Vaterunser mag wohl eine Strafarbeit der Grund sein, daß ein Siebenjähriger abends betet: „... und vergib uns unsere Schuld, wie auch wir vergeben unseren Schullehrern!"

Die kleine Bernadette, zweieinhalb Jahre, kann das Vaterunser noch nicht richtig. Aber mit den Geschwistern zusammen geht es schon. Sie ist ganz andächtig dabei. Als die Geschwister im gemeinsamen Gebet zu der Stelle kommen: „Unser tägliches Brot gib uns heute ..." — da betet Bernadette vernehmlich und mit Nachdruck: „... aber mit Honig!"

Die vierjährige Christa, die mit der Mutter jeden Abend das Vaterunser betet, erkundigt sich eines Abends: „Du, Mama, wer ist eigentlich der böse „Amen", von dem uns der Liebe Gott erlösen soll?"

Der sechsjährige Günter, dem seine Schwester nach dem Vaterunser auch das „Gegrüßet seist du, Maria" beibringen will, betet auch einige Abende mit, — nach dem viertenmal aber protestiert er: „So, — jetzt beten wir aber wieder das Gebet für Männer!"

Die kleine Ursula war böse, weil die Mutter ihr verboten hatte, nach dem Zähneputzen noch ein Bonbon zu lutschen. Sie wollte ihr Nachtgebet nicht beten. Die Mutter ermahnte sie vergebens und sagte schließlich ärgerlich: „Wenn du nicht beten willst, dann bist aber kein Gotteskind!" — „Na und?" — kam die trotzige Antwort, — „du bist ja auch keine Gottesmutter!"

Väter kommen manchmal ganz schön in Verlegenheit, wenn die allzubeschäftigte Mutter dem Kinde sagt: „Geh zu Papa, der soll heute mit dir beten!" — Die fünfjährige Petra sieht die Mutter mit ihren großen braunen Augen ganz erstaunt an: „Aber Mama!" — sagt sie vorwurfsvoll, — „der Papa kann doch gar nicht beten!" (Der also blamierte Papa ließ sich noch an diesem Abend die Gebete der Kleinen von der Mutter beibringen und kaufte sich bei nächster Gelegenheit ein Buch mit Kindergebeten, — dies sei zu seiner Ehrenrettung gesagt!)

Der Vikar, der im Unterricht sich erkundigt: „Betest du auch jeden Abend dein Abendgebet?" — erhält von einem Jungen die Antwort: „Nee, macht meine Mutti!" — „So, was betet sie denn?" — Der Junge, mit einem tiefen Seufzer, ganz in der Tonart seiner Mutter: „Gott sei Dank! — der ist endlich im Bett!"

Ein Mädchen beantwortet die Frage stolz mit Ja: „Ich bete jeden Abend im Bett!" — „Und morgens betest du auch?" erkundigt sich der Vikar. „Nein, morgens bete ich nicht, — da habe ich keine Angst!"

Die Lehrerin fragt bei den I-Männchen nach, ob sie schon beten können. Ein Mädchen meldet sich: „Ich kann schon beten!" — „Also dann bete einmal!" — Die Kleine faltet die Hände und betet andächtig, ohne zu stocken: „Lieber Gott, mach mich fromm, daß ich in den Himmel komm. Gute Nacht, Mama!"

Im Abendgebet kommt Manches zur Sprache, was das kleine Herz bedrückt. Aber auch fremde Sünden werden nicht vergessen. So betet die kleine Marion

mit frommem Augenaufschlag, — ein richtiger kleiner Pharisäer! — recht laut: „. . . und lieber Gott! Vergib dem Papa auch die bösen Sachen, die er gesagt hat, als er sich mit dem Hammer auf den Finger gehauen hat!"

Am Nachmittag hat der kleine Patrik die Jäger von der Treibjagd heimkommen sehen, — gleich gegenüber hat er all die toten Tiere auf einem Wagen liegen sehen. Da hat er laut geweint. Und abends beim Abendgebet betet er aus tief erschüttertem Herzen: „. . . Lieber Gott! Beschütz doch bitte die Hirsche und die Rehe und die Hasen und Kaninchen, — und mach doch, daß die bösen Jäger sich gegenseitig totschießen!"

Auf ihre „guten Beziehungen" zum Lieben Gott sind Kinder richtig stolz. So kann es nicht ausbleiben, daß der kleine Peter zu seinen Eltern, die ans Bett kommen und Gute Nacht sagen, gönnerhaft sagt: „Ich werde jetzt beten, — braucht ihr was?"

Vor Weihnachten werden die Gebete besonders andächtig, vor allem, wenn die Mutter dem kleinen Werner gesagt hat: „Wenn du immer schön brav bist und fleißig betest, bringt dir das Christkind zu Weihnachten vielleicht das heiß ersehnte Dreirad!" — Das braucht die Mama nicht zweimal zu sagen! Werner betet sogar jetzt allein. Als die Mutter eines Abends wieder mal mit ihm zusammen betet, meint Werner erstaunt: „Aber Mama, mußt du denn auch noch beten? — Du hast doch schon ein Rad!"

Bei den Größeren gerät das vorweihnachtliche Beten denn auch schon mal zur puren Berechnung. Der sechsjährige Hans, der schon erhebliche Zweifel am „Christkind" hat, spielt noch ganz überzeugend den „Gläubigen", wenn er beim Abendgebet der Kinder wie gewohnt seine eigenen Bitten anhängt und dabei sehr laut betet: „. . . und Lieber Gott! — mach bitte, daß ich zu Weihnachten auch den Trickbaukasten kriege!" — „Aber Hans!" — sagt die Mutter vorwurfsvoll, „du brauchst doch nicht so laut zu beten. Der Liebe Gott hört dich auch so!" — „Das weiß ich doch, Mama, — der Liebe Gott hört mich, wenn ich leise spreche, — aber Oma nicht!"

Weil die Lehrerin in der Schule gesagt hat, daß Gott ihn auch hört, wenn er ganz leise in seinem Herzen betet, will es Thomas an diesem Abend einmal versuchen. Als die Mutter darauf sagt: „Sprich doch ein bißchen lauter, Thomas, ich kann dich gar nicht verstehen!" — da winkt Thomas ungehalten ab: „Ich spreche ja auch gar nicht mit dir, — ich spreche mit dem Lieben Gott!"

Wenn Mütter sich auf Gott und Engel berufen, um ihre Sprößlinge zu besserer Ordnung zu bringen, dann werden sie manchmal mit ihren eigenen Waffen geschlagen. So seufzt eine Mut-

ter angesichts des Durcheinanders im Kinderzimmer und meint: „Thomas, stell doch wenigstens mal deine Schuhe hin, wie es sich gehört!, — sonst stolpert heute Nacht noch dein Schutzengel darüber!" — „Ach wo", sagt Thomas darauf verächtlich, — „der fliegt doch!"

Als die kleine Sabine mal wieder gar nicht brav gewesen ist und von der Mutter gehörig die Leviten gelesen bekam, — da fügt sie ihrem üblichen Abendgebet noch hinzu: „Lieber Gott! — mach mich doch etwas besser, — und wenn du mich nicht bessern willst, dann mach doch wenigstens, daß Mutti nich immer so nervös ist!"

Auch der Kinderzank grollt noch in den Abendgebeten nach. Der kleine Bruder war schon den ganzen Abend unausstehlich. Jetzt nutzt er die günstige Gelegenheit beim Abendgebet, um den größeren zu kneifen, — bis es dem zu bunt wird. Da unterbricht er sein Abendgebet und sagt: „Lieber Gott,

warte mal einen Augenblick! ich muß dem Manfred eine runterhauen!" — tut's und betet ruhig weiter. (Sp)

Vater ist auf Reisen und hat den schon recht verständigen sechsjährigen Bruno vorher ermahnt, doch jeden Tag den Lieben Gott zu bitten, damit er den Vater auf seiner Reise beschützt. Das tut der kleine Bruno auch treu und redlich, jeden Abend. Ein bißchen ist die Mutter aber doch erstaunt, als sie Bruno eines Abends laut beten hört: „Lieber Gott, beschütze bitte meinen Papa, — und paß auch auf meine Mama auf!"

Im Kinderheim Borkum betete die kleine Miriam vor dem Schlafengehen: „Lieber Gott! beschütze Mama und Papa, solange ich auf Borkum bin. Wenn ich nach Hause komme, mache ich das selber. Jetzt will ich schlafen. Geh du auch schlafen! Gute Nacht!"

Ob Kinder von Rundfunkreportern wirklich so fortschrittlich sind, weiß ich nicht. Jedenfalls erzählte einer, er habe seine kleine Tochter beten hören: „Lieber Gott! Folgendes habe ich heute gemacht, — zuerst das Wichtigste in Schlagzeilen. Die Einzelheiten erzähle ich dir später!"

Telefonieren kann heute jedes kleine Kind. So klingt es durchaus glaubwürdig, was de Mille, der bekannte Filmemacher, von seiner Tochter erzählt, die ihr Abendgebet so begann: „Hallo, lieber Jesus! Hier spricht Cecilia de Mille. Ich spreche von Hollywood aus, und ich wünsche dir eine gute Nacht!"

Aber auch hierzulande hörte schon einmal eine erstaunte Mutter ihre beiden Kinder so beten: Die Älteste betete zuerst und schloß ihr Gebet. „Amen. Gute Nacht, Lieber Gott! — bleib bitte noch in der Leitung, ich gebe dir jetzt Inge!"

Wenn man noch nicht will und trotz heftigen Protestes zu Bett gebracht wird, fällt es schwer, andächtig zu beten. So fängt der kleine Christian widerwillig an: „Müde bin ich, geh zur Ruh . . ." da hört er auf und ruft empört: „Aber Mama, ich darf doch dem Lieben Gott nichts vorlügen, — ich bin doch noch gar nicht müde!"

Umgekehrt ist aber auch manchmal bei den Kleineren der Schlaf stärker als der Wunsch zu beten. Da hört man nur noch ein undeutliches: „Müde bin ich, geh zu Ruh . . . — ach lieber Gott, laß mich in Ruh! Amen." —

Oder die Fünfjährige fängt an zu beten: „Müde bin ich . . ." und der kleine Bruder Josef sagt nur noch: „Ich auch . ." dreht sich um und schläft ein.

Oder wenn die größere Schwester gar so lang und ausführlich gebetet hat und danach den kleinen Bruder auffordert: „So nun bete du auch schön!" — dann kann der nur noch beten: „Lieber Gott! machs man alles so, wie Lotti gesagt hat. Amen!"

Der kleine Peter heult mitten im Nachtgebet auf: „Ich will aber kein Pferd werden. . .!" — Die Mutter fragt verständnislos: „Was soll denn das bedeuten?" — „Weil ich immer beten muß: Lieber Schutzengel mein, laß mich dir ein Fohlen sein!"

Und da ist schließlich noch der kleine Willi, der immer nur schwer zum Beten zu bewegen war. Umso erstaunter ist die Mutter, als sie ihn eines Abends aus freien Stücken vor dem Bett knien und ein langes, langes Abendgebet beten sieht. „Heute warst du aber brav!" lobt ihn die Mutter, „du hast ganz von allein dein Abendgebet gebetet! „Ja, Mama, — das war jetzt auch für die ganze Woche!" (Sp)

Wozu sind wir auf Erden?

Der erste Schritt ins Leben ist für die Kinder der Eintritt in die Schule. Da erfährt man viel Neues, — auch im „Religionsunterricht". Der war früher einmal eingeteilt in „Bibel", beliebt wegen der interessanten Geschichten, — und „Katechismus", weniger beliebt wegen der vielen „Fragen", die man auswendig lernen mußte, angefangen von der ersten: „Wozu sind wir auf Erden?" — Die wurden oft unter Tränen aufgesagt, manchmal auch regelrecht „eingebläut". Schließlich wurde man damals vom Lehrer oder „Katecheten" noch „in der Furcht Gottes" erzogen. Manche von ihnen gebärdeten sich in ihrer Strenge auch wirklich wie ein kleiner Gott. Doch mochten die ABC-Schützen noch vor ihm zittern, — die Größeren erkannten bald seine Schwächen und brachten ihn dann manchmal zur schieren Verzweiflung. So gleicht sich alles aus.

Ludwig Thoma schildert das sehr anschaulich in seinen Streichen, die er dem „Kindlein“ spielte, einem überaus dicken Katecheten, der die Schüler salbungsvoll mit „Kindlein“ ansprach und mit schmerzhaften Kopfnüssen bedachte. Der Ludwig erwies sich in diesem Zweikampf aber sehr bald als der Stärkere.

Wie ein angehender Schüler, — diesmal des „Hohen Gymnasiums“ zu Amberg den ersten Zusammenstoß mit der „Autorität“ erlebt, — das erzählt ein unbekannter Verfasser in einer kleinen Geschichte:

Der angehende Studiosus hieß Johann Baptist Toiffel, — ein Teufel mit „Oi“ und zwei „eff“! Der Name war weder ihm, noch anderen, die ihn danach fragten, angenehm. Der kleine Johann Baptist hatte schon seine Erfahrungen damit, als er sich dem gestrengen Herrn Ordinarius vorstellte. „Wie heißest du“ — fragte dieser herablassend und tunkte seine spitze Feder ins Tintenfaß.

„Johann Baptist Toiffel“ — lautete die Antwort, an der nichts zu beanstanden war, obwohl ein nachdenklicher Blick den Buben traf. „Wo geboren?“ — „In Höll, — bitt' schön!“ „Höll und Teufel?“ knurrte nun, verständlicherweise mißtrauisch aufbegehrend, der Schulgewaltige. „Was für eine Gemeinde ist denn da hinten diese Höll?“

„Fegfeuer“ — erging zögernd die Antwort des Buben.

„Teufel, Höll, Fegfeuer!“ — knurrte erbost der Gestrenge, denn er argwöhnte immer gewisser eine unziemliche Verspottung. „Bevor ich's niederschreibe, was du da angibst, — sag mir erst noch, in was für eine Schule du bislang gegangen bist, kleiner Teufel?“

„In Himmelreich, bitt' schön!“ — stammelte der Bub, der die in der Luft hängende Ohrfeige schon deutlich nahe spürte, seit er nur das Wort Fegfeuer und Höll genannt hatte. Und da prasselte sie auch schon auf ihn nieder und rötete empfindlich die Wange.

„Willst gar noch behaupten, daß der Lehrer dort Engel geheißen hat, du Teufelsbraten!? — oder hat er etwa Petrus geheißen?“

„Nein, bitt' schön! er hat wirklich Engel geheißen.“

„Und wo hat er gewohnt?“

„Bitt' schön! — in Wassersuppen!“

O je! — da gabs noch eine zünftige Ohrfeige, und diesmal mit der Warnung: „Soll ich dir noch mehr um die Ohren schlagen, Lausbub?!“

Der kleine Johann Baptist Toiffel starrte ratlos den Ordinarius der hohen Schule zu Amberg an, und dieser wütend den kleinen, vermeintlich äußerst boshaften Teufel. Aber dann ward ein Heimatbüchlein vom Bayrischen Wald mit genauem Ortsverzeichnis hervorgekramt und durchgeblättert. Darin stand nun unwiderlegbar bewiesen, daß Höll mit Post und Bahn Waldmünchen und Himmelreich, ebenso wie Fegfeuer und Wassersuppen, in der Wirklichkeit existierten.

Eine weitere Ohrfeige traf den kleine Toiffel aus Höll bei dieser Aufnahmebefragung nicht mehr. Die beiden erhaltenen aber rechnete er wohl oder übel für den Lehrer Engel, — auf diesen Namen hatte ihn der Ordinarius erst gebracht. Denn hätte er den wahren Namen des Lehrers genannt, — wer mochte die zornige Hitzigkeit des Gestrengen abschätzen . . .? Der Lehrer nämlich hieß: „Ohrenschläger“!

Wenn der Lehrer zu Anfang des Schuljahres die Namen der Kinder und Eltern aufschreibt, kommt es bei den

Kleineren schon mal vor, daß sie den Familiennamen nicht kennen. So antwortete ein Kleiner bereitwillig: „Ich heiße Franz". — „Und weiter?" — Weiter wußte er nicht. — „Wie heißt denn dein Vater?" — „Der heißt Wilhelm". — „Schön", — sagt der Lehrer und wird langsam ungeduldig, „und was hat dein Vater für einen Zunamen?" — Der kleine Franz druckst erst verlegen, dann bringt er leise heraus: „Mama sagt immer „Dicker" zu ihm!" (Sp)

Ein anderer wird gefragt: „Was ist dein Vater?" — und gibt zur Antwort: „Mein Vater, der ißt am liebsten Speck, — auch Wurst ißt er gern!" (Sp)

Einen angehenden Sextaner fragte der Klassenlehrer: „Hast du auch Geschwister?" — „Ja, eine Schwester", gab der Junge bereitwillig Auskunft. „Und Brüder hat du keine?" — „Ich hatte auch einen Bruder, erwiederte der Junge, — aber der ist jetzt in der Universität!" — „So, was studiert er denn da?" — „Der ist dort in Spiritus eingelegt!"

Die kleinen ABC-Schützen kommen zumeist in die Obhut einer Lehrerin. Die bringt den Kindern erst einmal ein Morgengebet bei, das die Klasse dann gemeinsam betet. Als sie nach einigen Wochen mal einzeln die eifrigen Beter kontrolliert, hört sie zu ihrem Erstaunen eine ganz neue Fassung: „Oh, wie hab ich sanft geruht, — Lieber Gott, du hast es gut!"

Anstand und Benehmen wollen auch gelernt sein: Höflich sein gegen Erwachsene, auch wenn es schwer fällt. „Was ist also Anstand?" fragt die Lehrerin nach der Belehrung, — und bekommt sogleich die ebenso klare wie ehrliche Antwort: „Anstand, — das ist immer das Gegenteil von dem, was man gern tun möchte!"

Auch die Frage, wie man sich meldet, wenn man mal „muss", bedarf der Klärung, — vor allem wenn da einer mitten in das fromme Gespräch ruft: „Ich muß pissen!" — Die Lehrerin zeigt sich sehr ungehalten ob des groben Ausdrucks und schlägt den Kindern vor, sie sollten in Zukunft aufzeigen und dann fragen: „Kann ich Blumen pflücken?" — Die Kinder wollen es sich merken. Tatsächlich meldet sich in der nächsten Stunde einer und fragt ganz manierlich: „Kann ich Blumen pflücken?" — Die Lehrerin, erfreut über die Besserung, läßt ihn gehen. Doch der Junge kommt gleich darauf zurück und ruft: „Fräulein, — ich muß aber auch kacken und habe kein Papier!"

Einmal erzählt eine Ordensschwester von der Würde und Heiligkeit des Priestertums, — vielleicht ein bißchen zu weitschweifig für die Kleinen, die langsam unruhig werden. Schließlich sagt die Schwester: „Nun, habt ihr noch Fragen?" — da meldet sich ein kleines Mädchen und fragt: „Schwester, müssen Priester eigentlich auch aufs Klo?" — Die arme Schwester, die sich so bemüht hatte, den Kindern Ehrfurcht zu vermitteln, ist wie vor den Kopf geschlagen, — sie zögert mit der Antwort und sagt schließlich errötend: „Jaaa, — aber nicht so oft!"

Wenn die kleinen Engel erst mal aufgetaut sind, kommt oft ein kleiner „Bengel" zum Vorschein. Da meint die Anna, die schon zweimal aufgerufen wurde, auf den Vorwurf der Lehrerin schnippisch: „Ja, wenn du meinen Namen immer rückwärts rufst, dann weiß ich doch nicht, ob ich gemeint bin!" (Sp)

Oder der Hans hält sich dauernd das linke Ohr zu. Gefragt, ob er Ohrenschmerzen habe, gibt er zur Antwort: „O nein! — das tue ich nur, weil du gesagt hast: bei euch geht alles zu einem

Ohr rein und zum andern wieder raus! — damit es drin bleibt!" (Sp)

Und wenn die Lehrerin einmal ärgerlich fragt: „Weißt du, warum ich zu dir „kleines, dummes Schäfchen" gesagt habe?" — dann kann es vorkommen, daß das „Schäfchen" in aller Unschuld antwortet: „Weil ich noch nicht so groß bin wie Du, Fräulein!" (Sp)

Als der Schulrat zur Unterrichtsprüfung der jungen Lehrerin kommt, haben die Kinder viel Verständnis und tun gern alles, damit der Schulrat auch einen guten Eindruck von ihrer Lehrerin kriegt. Damit alles gut klappt wird vorher natürlich geprobt. „Also Peter, wenn der Schulrat fragt, ob ihm einer sagen kann, wer ihn erschaffen hat, dann zeigst du auf und sagst: „Der Liebe Gott hat mich erschaffen, Herr Schulrat!" — und so bekommt jeder seine Antwort.

Die Visitation verläuft wie am Schnürchen, — bis der Schulrat auf einmal fragt: „Kann mit einer von euch sagen, wer ihn erschaffen hat?" — Großes Schweigen! Keiner zeigt auf, die junge Lehrerin ist ganz verzweifelt. Schließlich hebt ein Mädchen den Finger: „Herr Schulrat, der Junge, den der liebe Gott erschaffen hat, ist heute krank!" — Der Schulrat konnte sich das Lachen kaum verbeißen. Da er sich noch sehr gut an die eigenen Prüfungsnöte erinnerte, kniff er der erschrockenen Lehrerin ein Auge zu und bemerkte in der anschließenden Konferenz: „Es war eine sehr lebendige Religionsstunde, wirklich ausgezeichnet!"

Aus alten Zeiten, da der Pastor noch regelmäßig Religionsunterricht bei den Kindern hatte, gibt es manch heitere Begebenheit zu berichten:
Da kommt ein Junge viel zu spät zum Unterricht und wird vom Pastor streng nach dem Grund gefragt. — „Mein Vater hat mich zu Hause gebraucht!" — sagt der Junge. Mißtrauisch forscht der Geistliche weiter: „Und wozu hat dein Vater gerade dich gebraucht?" — Da senkt der Junge verlegen den Kopf und antwortet leise: „Er hat mich verhauen!" (Sp)

Bei der Erklärung des vierten Gebotes sagt der Pfarrer den Kindern, daß die Eltern die Stellvertreter Gottes sind: „Darum haben sie auch das Recht, sie zu züchtigen. Sie tun das nur, weil sie ihre Kinder lieben, — wie schon der weise Salomon sagte: „Wer seinen Sohn lieb hat, der züchtigt ihn!" — Da aber meldet sich ein Mädchen und protestiert energisch: „Herr Pastor! — so hat der Salomon aber bestimmt nicht gesprochen, als er noch klein war!" (Sp)

Auf die Frage des Pfarrers, ob er zu Hause auch manchmal Schläge bekommt, antwortet der Hans: „O, ja!" — „Und von wem?" Vom Vater oder von der Mutter?" fragt der Pfarrer weiter. — „Vom Vater und von der Mutter!" — „Bei wem tut es denn am meisten weh?" — will der Pfarrer noch wissen. Da schaut der Hans aber sehr verwundert und ruft: „Bei mir natürlich!" (Sp)

Der Pastor will den Kindern klarmachen, warum „heilig" einmal groß, ein andermal klein geschrieben wird. Er schreibt an die Tafel: „Der heilige Petrus , der heilige Paulus" — und darunter: „Der Heilige Geist, der Heilige Abend". — „Was fällt euch bei den Worten an der Tafel auf?" fragt er dann. Sofort meldet sich ein Junge: — „Die schlechte Schrift, Herr Pastor!" (Sp)

Zur Winterzeit sieht der Pfarrer zu seinem Erstaunen, daß sich während der Schulstunde eine ganze Schar von Kindern auf dem zugefrorenen Dorfteich tummelt. „Warum seid ihr nicht in der Schule!?“ — donnert er die Kinder an. Aber die lassen sich nicht beeindrucken und rufen triumphierend: „Wir dürfen nicht! — wir haben die Masern!!“ (Sp)

Wenn Krankheiten mit schulfreien Tagen verbunden sind, lassen sie sich leicht ertragen. Es soll sogar schon vorgekommen sein, daß die ganze Klasse ihren Schulkameraden besucht hat, um sich von ihm auch die Masern zu holen.

Als die Lehrerin die kleine Angelika fragte: „Geht es deinem Bruder denn schon wieder besser?“ — antwortete Angelika sachverständig: „O ja! — er hat gestern schon wieder Schläge bekommen!“ (Sp)

Es gab auch früher schon zornige Väter, die dem Lehrer ans Fell wollten, weil er den Sohn geschlagen habe. Da brachte im Oktober 1909 ein Vater seinen 12jährigen zum Arzt: „Der Lehrer hat meinen Sohn geohrfeigt, jetzt hört er überhaupt nichts mehr!“ Der Arzt hatte die Sache aber gleich durchschaut. Er gab der Assistentin leise den Auftrag: „Holen Sie doch mal ein scharfes Messer, ich muß das Ohr aufschneiden!“ — Plötzlich rannte der Junge heulend zur Tür hinaus und der Vater mußte für die plötzliche Heilung auch noch bezahlen. (Sp)

Die Familien waren damals sehr arm. In Humpoletz in Südböhmen kam ein Junge jeden Tag barfuß und mit ganz schmutzigen Füßen in die Schule. Alle Ermahnungen, sich doch endlich einmal die Füße zu waschen, waren erfolglos. Doch siehe! eines Tages erschien der Junge tatsächlich doch mit sauberen Füßen! — Der darob sehr erstaunte Lehrer fragte: „Nun, haben meine Ermahnungen endlich etwas genutzt? hast du dir endlich doch einmal die Füße gewaschen?“ — „Hab ich nicht!“ antwortete der Junge ärgerlich, — „Kraut hab ich gestern eingetreten!“ (Damals wurde das Sauerkraut mit bloßen Füßen im Faß festgestampft). (Sp)

Eine unerwartete Antwort erhielt auch der Pastor, der einen kleinen, sehr ärmlich gekleideten Jungen, der bei fremden Leuten in Kost war, leutselig fragte: „Nun, Johann, — was möchtest du denn einmal werden?“ — Der schaute den Geistlichen treuherzig an und antwortete: „Satt möchte ich gern einmal werden.“ (Sp)

„Als unser Pastor krank war“, — so schrieb ein Mädchen in ihrem Aufsatz, „da haben die herumliegenden Pfarrer den Religionsunterricht erteilt.“

Manchmal muß sich der Pastor auch bei den Eltern beschweren, — zum Beispiel über Hannes, den Bauernsohn, der schon fluchen kann wie ein Alter. Als der Pastor den Vater deswegen zur Rede stellt, tut der sehr erstaunt und sagt in ehrlicher Empörung: „Diusend Dunderwiär näomaol! — Ick wait verdammlich nit, wo dai verdammte Lausejunge dat gottverdammte Flauken leert hiät!“ (Der Pastor wußte es nun!).

Die Mutter eines 14jährigen Mädchens, das häufig in der Sonntagsmesse fehlte, antwortete auf die Vorhaltungen des Pfarrers ungerührt: „Ja, wenn ich sie ließe, da ginge sie jeden Tag in die Kirche, — aber wer tut dann die Arbeit!?“

Beim ersten Hausbesuch in der Familie des Ortsvorstehers blieb der kleine Sohn, der demnächst in die Schule kommen sollte, unbeweglich in einer Ecke stehen und starrte den Pastor an. Der Vater sagte ärgerlich: „Da geh doch her und sag Guten Tag, du Flegel!“ — Daraufhin trat der Kleine zu dem Geistlichen hin, gab ihm die Hand und sagte sehr höflich: „Guten Tag, du Flegel!“ (Sp)

Bei Liedern und frommen Sprüchen gibt es unter Kindern häufig Mißverständnisse: „Da singt einer „Lobt froh den Herrn, ihr jugendlichen Gören ...“. — Ein anderer betet: „Und vergib uns unsere Schuld, wie auch wir vergeben unseren Schullehrern!“ — Oder: „... o Herr, nimm uns in deinen Hut ...“. — Oder (im Bibelbericht von der keuschen Susanna: ... da rettete Daniel die keuchende Susanne ...“. —

Weil wir früher als Kinder (meist während der Predigt!) schon mal die zweite Kommunionandacht aus dem „alten“ Sursum Corda beteten, waren uns natürlich die Überschriften: Glaube, Hoffnung, Liebe, Reue, Vorsatz nur zu geläufig. So passierte es, daß auf die Frage: „Wonach kommt die Reue?“ — ein Junge antwortete: „Die Reue kommt nach der Liebe!“

„Unser neuer Lehrer ist aber ein frommer Mann!“ — berichtete Karl-Josef zu Hause. „Wie kommst du denn darauf?“ — fragte der Vater verwundert. „Als ich ihm mein Diktatheft zeigte, sah er lange hinein und sagte immer wieder: „Mein Gott! mein Gott!“

Wenn die Kleinen erst einmal anfangen zu erzählen, sind sie nicht mehr zu bremsen. Als der Religionslehrer wieder eine kleine Geschichte erzählt hatte, meinten alle: „Das war aber eine schöne Geschichte!“ — Schon meldete sich der kleine Erwin: „Ich weiß auch eine schöne Geschichte!“ — und war nicht mehr aufzuhalten.

„An einem Sonntag bekam ich einen neuen Anzug und ging mit meinen Eltern zu meinem Großvater. Da konnte ich alles essen, was ich sah. Zuerst gab es Kuchen mit Honig. Dann gingen wir in den Garten und durften Pflaumen und anderes Obst pflücken. Dann gingen wir in den Stall und tranken frisch gemolkene Milch. Zum Schluß bekamen wir noch Kaffee. Als wir nach Hause gingen, bekam ich unterwegs Bauchweh und sagte zu meiner Mama: „Mama, mir ist gar nicht gut!“ — Zu Hause legte ich mich sofort aufs Bett. Als mir Mama die Hose auszog, rief sie ganz laut: „Na, das ist aber eine schöne Geschichte!“

Alles lachte, — und wenn auch die andere fromme Geschichte darüber fast vergessen wurde, — der Lehrer mußte auch mitlachen. (Sp)

Dies kommt immer wieder einmal vor: Da hat der Lehrer mal wieder eine schwierige Frage gestellt. Die Kinder schweigen ratlos. Plötzlich reckt Fritzchen ganz hoch und ungeduldig den Finger empor. „Na, das ist aber schön, daß wenigstens du die Antwort weißt, — also?“ — „Herr Lehrer, — ich muß ganz nötig!“

Um künftig solche Mißverständnisse zu vermeiden, wird nun vereinbart: „Jeder, der in Zukunft mal „muß“ soll mit zwei Fingern aufzeigen. Das bewährt sich auch ganz gut. Kurz darauf kommt der Schulinspektor und hört sich den Religionsunterricht an. Der Lehrer erzählt von den Jüngern, die am Ostertag nach Emmaus gingen. Dann fragt er einen Jungen: „Also wieviel Jünger gingen nach Emmaus?“ — Als der Junge nicht sofort antworten konnte, wollte ihm der Schulinspektor zu Hilfe kommen und hob hinter dem Rücken des Lehrers zwei Finger in die Höhe. Das sah ein anderer Junge und rief hilfsbereit zum Lehrer hinüber: „Herr Lehrer, der Inspektor muß mal aufs Klo! (Sp)

An einer Schule bei Wien hatte der Schulinspektor beanstandet, daß sich zu wenig Kinder meldeten. Der Lehrer versprach Besserung. Beim nächsten mal flogen die Finger nur so in die Höhe, alle Kinder zeigten auf. Der Inspektor war sehr erstaunt und erfreut und konnte sich den Wandel nicht erklären. — Der Lehrer hätte es können: Er hatte den Kindern nämlich gesagt: „Wenn der Inspektor das nächste mal kommt, sollen die Kinder, die eine Antwort wissen, die rechte Hand heben, — alle anderen aber die linke!"

In der Zeit des Kulturkampfes unter Bismarck wurde ein katholischer Religionslehrer angezeigt, er sei fanatisch und intolerant gegen Andersgläubige. Bald kam der vom Staat eingesetzte neue protestantische Schulinspektor, um den Unterricht zu überprüfen. Um dem Lehrer eine Falle zu stellen, stellte der Inspektor der Klasse die Frage: „Was ist ein Ketzer?" — Er dachte die Kinder würden nun rufen: „Ketzer sind Protestanten!" — Doch keiner meldete sich. Als der Inspektor die Frage noch einmal wiederholte, meldete sich endlich ein Junge und antwortete: „Ein Ketzer, — das ist der Mann von einer Katze!" — Der Inspektor blieb nicht lange. (Sp)

Ein Abiturient hatte alle Fragen im Fach Religion richtig beantwortet. Trotzdem verlange der Lehrer die Note 4. — „Aber lieber Kollege", wandte der Schulrat ein, „Der Junge weiß doch alles, dem können wir doch unmöglich eine 4 geben!" — Darauf der Religionslehrer: „Gewiß, Herr Schulrat, er weiß alles, — aber er glaubt's nicht!

Hochwürden und die Kinder

Auch in der „guten alten Zeit" gab es „solche und solche" Pastöre. Die Mehrzahl, — und daran waren die Leute nicht so ganz unschuldig, — waren „hochwürdig". Um die machten die

Kinder gern einen Bogen oder „verdrückten" sich hinter die nächste Hausecke, wenn „Hochwürden" auf der Straße daherwandelte.

Der Lehrer hat natürlich die Kinder ermahnt: „Wenn ihr auf der Straße spielt, und es kommt der Pastor, — dann müßt ihr sogleich vom Spiel ablassen, auf ihn zugehen und im freundlich die Hand reichen!" (Denn der Pastor war zugleich auch Schulinspektor). Die Kinder verspachen es. Am gleichen Nachmittag ging Hochwürden spazieren und stieß dabei auf einen Haufen Kinder, die sich gegenseitig mit den damals noch überall reichlich herumliegenden „Pferdeäpfeln" bewarfen. Als sie den Pastor kommen sahen, stellten die Kinder augenblicklich ihren Kampf ein, liefen auf ihn zu und reichten ihm freundlich die „duftenden" Hände. (Auf das Hand-Geben soll der Pastor danach verzichtet haben). (Sp)

Ob der Pfarrer nur so tut oder wirklich kinderlieb ist und Sinn für Humor hat, das haben die Kinder schnell heraus. Einer von der freundlicheren Sorte, der sich mit Kindern auch gern mal in ein Gespräch einläßt, trifft beim Spaziergang am Bachufer einen Jungen, der dort sitzt und angelt. „Gibt es hier Fische", erkundigt er sich. Der Junge nickt nur stumm mit dem Kopf. — „Hast du schon einen gefangen?" — Wieder schüttelt er nur den Kopf. „Kannst du denn nicht reden?" fragt der

Pastor nun doch verwundert und ein bißchen ärgerlich. — Wieder nur Kopfschütteln. — „Hast du etwas im Munde, daß du nicht reden kannst?“ — Da brummt der Junge mit gut verschlossenem Mund: „Die Würmer!“ (Sp)

Der neue Kaplan in einer Kleinstadt im Münsterland machte einen ersten Erkundungsspaziergang durch die Gemeinde und traf dabei auf drei ballspielende Jungen. Der Kaplan wollte sie kennen lernen und sprach sie darum freundlich an: „Na, wer von euch Dreien ist denn wohl der Beste?“ — Den Jungen kam diese ungewohnte Freundlichkeit verdächtig vor, — die Sache mußte einen Haken haben! Mißtrauisch starrten sie den Kaplan an, — dann erklärte einer von ihnen kurz und bündig: „Is kein Besten bei!“ — und die drei setzten ihr Fußballspiel fort.

Ein wirklich kinderlieber Pastor trifft einen kleinen Jungen, der einen Honigkuchen verzehrt und dabei weint. — „Warum weinst du denn, Willi?“ fragt er teilnehmend, — „Schmeckt er dir nicht?“ — „Doch“ antwortet der Junge schluchzend, — „er wird nur immer weniger!“ — Solche unerwartete Antworten gibt es häufiger. Der kleine Anton erwidert auf die freundliche Nachfrage, was er denn zum Namenstag bekommen habe, kurz und sachlich: „Bauchweh!“ — Und die kleine Veronika antwortet auf die Frage nach dem Alter des Großvaters: „Weiß ich nicht, aber wir haben ihn schon lange!“ (Sp)

Am Rheinufer zu Köln trifft der Pastor auf Kinder, die dort mit Lehm spielen: sie haben schon eine Menge Häuser und Tiere gemacht, und jetzt auch noch eine Kirche. „Schön, schön!“ — lobt der Pfarrer die Kinder, „aber habt ihr denn auch einen Pastor für die Kirche?“ — „Enäh! — dofür hadde mer kein Dreck mieh!“

Häufig wird die Geschichte von dem Pastor erzählt, der hilfsbereit für einen kleinen Jungen den Klingelkopf drückt und so zum Komplizen beim „Schellen-Männchen“ wird. Aber die Wenigsten wissen, daß diese bei Kindern so beliebte Tätigkeit schon eine recht alte Geschichte ist. Der 1877 verstorbene große Bischof von Mainz, Freiherr von Ketteler, der auch ein großer Kinderfreund war, hat sie selbst erlebt und erzählt: Bei einem Spaziergang sah der Bischof einen kleinen Jungen, der sich vegeblich bemühte, den damals noch mechanischen Klingelzug zu erreichen. Er sprach den Kleine freundlich an, ging auf ihn zu und hob ihn dann hilfsbereit in die Höhe. Der Junge zog ein paarmal kräftig am Griff, und die Glocke schallte durch das ganze Haus. Dann ließ er sich wieder auf den sicheren Boden setzen und rief freudestrahlend: „Jetzt müssen wir aber laufen Onkel Bischof!“ — ließ den Verblüfften stehen und rannte davon. (Sp)

Der Pastor will in der Kreisstadt einen Kranken im Hospital besuchen und fragt auf der Straße einen Jungen: „He, Kleiner, kannst du mir sagen, wo hier das Kreiskrankenhaus ist?“ — Der kleine Frechdachs antwortet: „Kreiskrankenhaus? — Nee, ham wer nich! —unseres ist viereckig! — Vielleicht meinen Sie die Gasanstalt?“

Wenn „aus gegebenem Anlaß“ ein Pastor die Eltern aufsucht, tut der kleine Übeltäter gut daran, sich erst einmal außer Reichweite zu halten. Karli dachte nicht daran, sondern empfing den Pastor, einen ziemlich beleibten Herrn, schon vor dem Hause. Auf die unwirsche Frage: „Zeig mir, wo dein Vater wohnt!“ ging er höflich voraus und führte den immer mehr schnaufenden

Pastor die Treppen hinauf bis zum 6. Stockwerk: „Da wohnt mein Vater!" Der Geistliche drückt ein paarmal vergeblich die Klingel. Da sagt Karli grinsend: „Er ist aber nicht zu Hause!" und rennt schleunigst die Treppen hinunter. (Sp)

Ein Arme-Leute-Kind wird von den Eltern mit einem Feldblumenstrauß ins Pfarrhaus geschickt, um dem Pastor zum Namenstag zu gratulieren. Der hatte seine Freude an dem aufgeweckten Jungen und wollte ihm eine Freude machen, aber zugleich prüfen, ob er schon den Wert des Geldes unterscheiden könne. Also zeigte er ihm einen Taler und einen Fünfmarkschein: „Jetzt wähle, — was willst du haben?" Der Kleine war nicht auf den Kopf gefallen. Er zeigte sogleich auf den Taler, dann auf den Geldschein und rief: „Einwickeln!" (Sp)

Die Ehrfurcht vor „geistlichen Häuptern" war früher natürlich weit größer als heute. Da kann man schon mal in Verwirrung geraten. So ging es einem kleinen Mädchen, das von der Mutter mit einem Auftrag zum Nonnenkloster geschickt wurde. „Also, wenn du bei der Oberin ins Zimmer kommst, dann machst du einen schönen Knicks, wie sich das gehört, und sagst „Gelobt sei Jesus Christus!" schärft die Mutter dem Kinde noch ein. Die Kleine war aber doch ein bißchen aufgeregt, als sie der Oberin gegenüber stand: Sie knickste artig und sagte schüchtern: „Gegrüßt seist du, Maria!" (Sp)

Von dieser wahren Geschichte gibt es zahlreiche Varianten, — wie die von dem kleinen Alois, den die Mutter zum Pastor schickt und ermahnt: „Nimm schön die Mütze ab und sag: „Gelobt sei Jesus Christus!" — Als er zurückkommt, fragt die Mutter: „Nun hast du alles ausgerichtet und das „Gelobt sei Jesus Christus!" nicht vergessen?" — „Hab ich gemacht", sagt Alois darauf, „nur der Pastor war nicht da, und da kam die Haushälterin an die Tür, und da hab ich gesagt: „Gegrüßt seist du, Maria!"

Mancher begabte, aber arme Junge hat früher von seinem Pfarrer den ersten Lateinunterricht erhalten und damit den Sprung ins Gymnasium geschafft. So ging auch Franz, der sich für die Aufnahme in die 2. Klasse vorbereitete, um ein teures Schuljahr zu sparen, recht gern zum Pastor. Ansonsten war er ein ganz normaler Junge, dem die Mutter noch nachrufen muß: „Hast du dir auch das Gesicht gewaschen und die Ohren sauber?" — „Hab ich, Mama," ruft der angehende Studiosus im Hinauslaufen, und fügt hinzu: „ — wenigstens auf der Seite, wo der Pastor sitzt!"

Der kleine Nachbarsjunge schaut dem Pfarrer interessiert zu, wie der den wilden Wein an der Wand des Pfarrhauses festnagelt. Nach einer Weile

fragt der Geistliche freundlich: „Na, Fränzchen, möchtest du wohl mal Gärtner werden?" — „Nein", sagt Fränzchen darauf ganz ernsthaft, „ich möchte nur mal hören, ob ein Pastor auch flucht, wenn er sich mit dem Hammer auf den Daumen haut!" (Sp)

Daß die Äpfel aus Pastors Garten am besten gleich vom Baum schmecken, ist jedem Dorfjungen bekannt. Nur der Pastor ärgert sich über die Äpfeldiebe und hängt schließlich an seinen besten Apfelbaum ein Schild auf: „Der Liebe Gott sieht alles!" — Es hat nichts genützt: am nächsten Tag muß er feststellen, daß die Lausbuben schon wieder an

seinen Äpfeln waren. Das Schild hing immer noch da: „Der Liebe Gott sieht alles!" — Darunter jedoch stand in ungelenker Bubenhandschrift: „. . . aber er verrät uns nicht!"

Der Dichter Theodor Storm hatte da wohl mehr Verständnis, als er in seinem Garten ein Schild aufstellte:
„Die verehrlichen Jungen, welche heuer meine Äpfel und Birnen zu stehlen gedenken, ersuche ich höflichst, bei diesem Vergnügen womöglich insoweit sich zu bechränken, daß sie daneben auf den Beeten mir die Wurzeln und Erbsen nicht zertreten!"

Welcher Junge würde nicht mit Freuden jede Gelegenheit zum Schuleschwänzen begrüßen? Als im Jahre 1909 in Prag viele Schulen wegen Masern geschlossen waren, wies auch der Pastor in einer Schule darauf hin, die Kinder sollten sofort melden, wenn Geschwister oder Hausgenossen an den Masern erkrankt seien. Sofort meldete sich ein Junge und sagte ganz aufgeregt: „Herr Pastor, meine Schwester hat auch die Masern!" — „Da mußt du sofort nach Hause gehen und nicht eher wiederkommen, bis deine Schwester wieder gesund ist!" Der Junge ließ sich das nicht zweimal sagen: „Glückstrahlend packte er seine Sachen zusammen und verließ unter den neidischen Blicken der anderen die Klasse. Kaum war er verschwunden, meldete sich ein anderer Junge und sagte: „Herr Pastor! — seine Schwester wohnt aber gar nicht in Prag, die wohnt bei ihrer Tante in Pilsen!" (Sp)

Bei allem Respekt vor dem „Geistlichen Kleid" kann es bei Kindern doch leicht zu Mißverständnissen kommen. Da geht die kleine Ria mit ihrer Mama spazieren. Ihnen begegnet ein Kapuziner mit Bart und langem braunen Habit. Erstaunt zeigt die Kleine auf den merkwürdigen Mann und ruft laut: „Kuck doch mal, Mama, da geht einer, der ist oben Onkel und unten Tante!"

Schlimmer erging es dem Pfarrer einer Kleinstadt in Frankreich, der langsam „in die Jahre kam" und vom Rheuma geplagt war. Als er im Frühling längere Zeit auf einer Bank in der Sonne gesessen hatte, fiel ihm das Aufstehen schwer. Er wandte sich an ein Mädchen der vierten Klasse, das gerade vorüberkam: „Würdest du mir mal aufhelfen?" fragte er sie. „Aber natürlich, gern!" — sagte das Mädchen freundlich, „ich hab doch Übung darin, — mein Papa ist auch immer besoffen!"

Kinder haben einen natürlichen Fragedrang. So entwickelt sich folgendes Zwiegespräch auf der Treppe vor dem Pfarrhaus: „Du, Tante Pastor," sagte die 5jährige Tochter der Nachbarn bei einem ihrer häufigen Besuche, „warum habt ihr eigentlich keine Kinder?" — Die Haushälterin antwortet schnell gefaßt: „Priester, die heiraten nicht, darum haben sie keine Kinder!" — „Das ist aber komisch!" — rief die Kleine nachdenklich aus, — „und woher kommen dann die neuen Priester, wenn die alten sterben?"

Da wir einmal beim „Kinderkriegen" sind: In einer Kleinstadt hört der kleine Franz, wie die Nachbarin der Mutter erzählt: „Wir bekommen bald einen neuen Vikar!" — Dank der entsprechenden Aufklärung vor der Geburt des kleinen Bruders hat Franz noch im Gedächtnis, wie die Mama ihm erklärt hat, warum sie so dick ist und daß sie bald ein Baby bekommt. — Mitten im Spiel fragt der Kleine plötzlich: „Du, Mama, kriegt der Pastor bald einen Vikar?" — „Ja gewiss", antwortet die Mutter, und freut sich über das gute Gedächtnis ih-

res Kindes. „Das habe ich mir schon gedacht!" sagt Franz unvermittelt wieder. „Wieso hast du dir das denn gedacht?" fragt die Mutter verwundert. „Na, — weil der Pastor doch so dick ist!"

In kinderreichen Familien gibt es keine Probleme mit der „Aufklärung", — höchstens mal ein Mißverständnis: Immer wenn die Mutter ins Krankenhaus ging, kam sie mit einem Baby zurück. Das wußte auch die kleine Elisabeth, das drittjüngste von fünf Kindern. Als die Mutter ihr einmal mit Mühe die Haare kämmt und dabei seufzend sagt: „Wenn das nicht besser wird mit mir, muß ich noch ins Krankenhaus!" — da schaut die Kleine erschrocken auf und sagt protestierend: „Aber Mama, kriegst du schon wieder ein Kind, — wir haben doch schon so viele!"

Im Zeitalter der „Aufklärung" wissen die Kleinen natürlich alles, — scheinbar sogar mehr als die Schwester eines Kinderheimes, die mit ihren Schützlingen durch den Zoo in Münster geht und erklärt: „Das da ist der Storch, der die kleinen Kinder aus dem Aa-See holt und der Mama bringt!" — Da hört sie peinlich berührt, wie hinter ihr so ein Dreikäsehoch seinen Freund fragt: „Sollen wir's ihr sagen, — oder lassen wir sie in ihrem Glaubem?"

Was soll eine Nonne antworten, wenn ein 9jähriger im Unterricht plötzlich fragt, wie sie geboren worden sei. „Oh!" — sagt sie verlegen, — „ich — ich komme aus einem Rosenstrauch!" — Noch am selben Nachmittag fragt der Kleine, der Messdieneranwärter ist, den Küster in der gleichen Angelegenheit. Der antwortet mit Überzeugung: „Ich bin aus einem Kohlkopf gekommen!" — Jetzt will der Junge es aber endlich wissen und stellt die gleiche Frage auch an den Pastor, der zur Übungsstunde gekommen ist. „Aus einem Kohlkopf?" — antwortet der Pastor, — „Aber nein, mein Junge. Es war natürlich der Storch, der mich gebracht hat!". — Da brummt der Junge ärgerlich vor sich hin: „Das ist vielleicht blöd! — Gibt's in dieser Pfarrei denn keine einzige normale Geburt?!" (Die kleine Geschichte kommt aus Frankreich, wo den Kindern früher die Sache mit dem Rosenstrauch und dem Kohlkopf erzählt wurde).

Alle freuen sich, wenn im Dorf was Besonderes passiert, — nur die Schulkinder nicht, weil sie dann Aufsätze darüber schreiben müssen. Die neuen Kirchenglocken waren so ein Anlaß.

Angelika schrieb darüber in ihrem Aufsatz: „Gestern hatten wir Glockenweihe. Der Pfarrer und der Bürgermeister hielten eine Rede. Dann wurden sie hin-

aufgezogen. Sie wogen zusammen 40 Zentner. Hoffentlich bleiben sie lange dort oben, damit der Friede erhalten bleibt!"

Über seine Pfarrkirche schrieb der Hans: „. . . und oben auf dem Turm hängt die tausendjährige Glocke. Die wird nur geläutet bei Feueralarm, beim Bischofsbesuch, oder wenn sonst ein Unglück ausbricht."

Als man über die Kirche sprach, fragte der Lehrer: „Welches ist denn das sichtbare Oberhaupt der Kirche?" — Die Antwort war zwar falsch aber für den Jungen naheliegend: „Der Kirchturm!" — der geplagte Lehrer wollte natürlich etwas vom Papst hören und fragte noch einmal, — etwas genauer, wie er meinte: „Ich meine, wer steht an der Spitze der Katholischen Kirche?" — Gegen Jungenlogik kann man nichts machen. Die Antwort hieß: „Der Turmhahn, Herr Lehrer!" (Sp)

Als Paul VI. gewählt und zum Papst gekrönt worden war, sorgte schon das Fernsehen dafür, daß alle Kinder hierüber etwas wußten. Freilich als die Lehrerin fragte, wie denn der verstorbene Vorgänger von Papst Paul VI. geheißen habe, da gab es schon ratloses Nachdenken. Schließlich zeigte einer auf: „Johannes hieß der!" — „Richtig," lobte die Lehrerin, „aber da kam noch etwas dahinter?" — „Zwei Kreuzchen und drei Striche!", wußte ein anderer. „Auch richtig, — aber was hat das zu bedeuten?" — Jetzt meldete sich aber selbstbewußt der Sohn vom Schankwirt und verkündete triumphierend: „Das bedeutet: zwei Steinhäger und drei Bier!"

„Warum ist der Heilige Vater auch ein moderner Mann?" fragt der Lehrer. „Weil er einen elektrischen Rasierapparat hat!"

In der Kirchengeschichte hatten die Kleinen über die Christenverfolgungen unter Nero gesprochen. Bei der Nacherzählung redete sich ein Junge ganz in Eifer und berichtete: „Als Nero die Stadt Rom angezündet hatte, konnte es ihm gar nicht genug brennen. Und er warf in die brennende Stadt noch alles Mögliche hinein, damit die Flammen noch höher stiegen: Pech und Schwefel, Holz und Stroh, Christen und andere leicht entzündliche Sachen".

In der nächsten Stunde hängte die Lehrerin einen alten Kupferstich auf und erklärte: Das ist eine Arena, dort wurden die Christen gefoltert und hingerichtet. Oft wurden sie auch den Löwen und Tigern vorgeworfen. Die Kinder sind von dem sehr realistischen Bild tief beeindruckt. In die Stille platzt der Christian hinein und ruft: „Du, Fräulein, kuck doch mal! — Da unten in der Ecke, der arme kleine Tiger, — der hat keinen Christen mehr mitgekriegt!"

Über die Gründung der Stadt München im Mittelalter weiß ein Größerer zu berichten: „An der Isar siedelten sich vor vielen hundert Jahren Mönche an. Diese vermehrten sich ungeheuer, und so entstand die Stadt München."

Von Heinrich von Sachsen berichtet ein anderer: „Er holte sich eine Nonne aus dem Kloster. Diese bekam von ihm einen Sohn. So ging man im Mittelalter mit den Nonnen um."

Vorsehung und Wunder

Wie soll man Kindern die Göttliche Vorsehung erklären? — Der Lehrer versuchte es mit dem Sprichwort: „Kein Unglück ist so groß, — es birgt ein Glück in seinem Schoß!" Die Kinder sollen Beispiele dafür anführen, daß man „Glück im Unglück" haben kann. Ein Mädchen meldet sich gleich und sagt: „Ich weiß ein Beispiel: Meine Stiefmutter bekam diese Woche ein Geschwür im Mund, so daß sie kaum den Mund aufmachen konnte. — Das ist ein Unglück, — aber ein Glücke ist es, daß sie jetzt nicht mehr den ganzen Tag auf mich schimpfen kann!" (Sp)

Der Lehrer versucht es mit einem besseren Beispiel: „Bei einem Blinden hat Gott es so eingerichtet, daß dafür der Tastsinn und das Gehör besser entwickelt sind als bei sehenden Menschen." — Das Beispiel hätte er besser nicht angeführt, denn sogleich meldete sich ein Junge und sagte eifrig: „Ich weiß auch ein Beispiel: Bei meiner Schwester ist der eine Fuß zu kurz, — dafür ist der andere länger!" (Sp)

Kinder hören gern spannende Geschichten. Die biblischen Berichte von Wundern haben es ihnen besonders angetan. Aber es ist gar nicht so einfach, den Kindern richtig begreiflich zu machen, was denn ein Wunder ist. Ein Kaplan in Köln versucht es mit einem Beispiel: „Also, stellt euch mal vor", sagt er, „da ist ein Dachdecker auf dem Dach vom Dom am Arbeiten, — und plötzlich rutscht er aus und fällt in die Tiefe, — doch er bleibt unverletzt! — Was ist das?" — „Dat wor'n jrosset Jlöck, Herr Kaplan!" antwortet ein Junge. — „Nun gut, — so sagen die Menschen ja wohl," — sagt der Kaplan und versucht die hartnäckigen Zweifler zu überzugen. „Aber hört mal weiter: Nach einigen Tagen ist der Dachdecker wieder oben auf dem Dach am Arbeiten. Er rutscht wieder aus und fällt hinunter: er ist wieder unverletzt! — Was ist das?" — „Dat wor ne Zufall, Herr Kaplan!" — antwortet ein anderer. — Der Kaplan wird langsam ungeduldig vor so viel Unglauben. Aber er nimmt sich zusammen und fängt nochmal an: „Also gut, — aber wenn nun berichtet wird, daß so etwas zum dritten mal passiert, ohne daß dem Mann etwas geschieht, — was ist es dann?" fragt er und meint, jetzt hat er sie endlich überzeugt. Da brüllt die ganze Klasse triumphierend: „Dann ess et jeloge! — Herr Kaplan!"

Der arme Kaplan hätte lernen können, wie einfach ein Wunder zu erklären ist, wäre er nur am selben Nachmittag bei Familie Schmitz gewesen. Dort wird nämlich auch über den Kaplan gesprochen, der „so toll lügen kann". Und die kleine Schwester vom Pitterche fragt neugierig: „Wat es denn nu en Wunder, Pitterche?" — Darauf gibt der Bruder ihr eine Ohrfeige. Die Kleine brüllt: „Auahh! — das hat aber wehgetan! — „Na und?" — meint Pitterche ungerührt, das wollte ich dir doch erklären: Wenn es nicht wehgetan hätte, — dann wäre es ein Wunder gewesen!"

Über die Liebe

Von Liebe ist hierzulande und heutzutage sehr häufig die Rede, — vielleicht ist es deshalb so schwierig, Liebe und Nächstenliebe zu erklären. Eine Lehrerin versuchte es mit der Frage:

„Wer von euch kann mir erklären, was das heißt: lieben?" — Zuerst meldet sich niemand. Da wendet sich die Lehrerin an die kleine Klara, die vorn in der ersten Bank sitzt: „Nun, Klara, weißt du es vielleicht?" — „Oh ja!" — rief das Mädchen, sprang auf die Bank, umarmte die verdutzte Lehrerin und gab ihr einen schallendenen Kuß. (Sp)

In einer gemischten Oberklasse stellte der Lehrer die gleiche Frage: „Wer kann mir sagen, was die Liebe ist?" Natürlich bekam er nicht eine so handgreifliche Antwort, dafür aber ein verständliches Kichern bei den angehenden Teenagern zu hören. Beantworten wollte die Frage keiner. Doch diesmal waren die Schüler über die Antwort des Lehrers verdutzt, der seelenruhig erklärte: „Die Liebe — ist ein kleiner Nebenfluß der Oder!" — (Hätten Sie's gewußt?)

Vor mehr als hundert Jahren wurde freilich das Umgekehrte berichtet von einem Religionslehrer, der auf seine Frage nach der Liebe diese geopgraphische Antwort erhielt. Offenbar waren damals die Erdkundekenntnisse beträchtlich umfassender als die in Sachen Liebe! (Sp)

Als der Kaplan die berühmte Frage des Pharisäers an die Kinder richtet: „Wer ist denn unser Nächster?" — da meldet sich der zwar kleine, aber recht selbstbewußte Christian eifrig zu Wort: „Unser Nächster", so sprudelt er heraus, — „unser Nächster, — der ist schon unterwegs und wird bald geboren. Mama hat gesagt, nächsten Monat ist es so weit, — dann haben wir Sechs!" — verkündet er strahlend vor Stolz.

Der Pastor versucht es mehr im Befehlston: „Wir sind auf der Erde, um anderen zu helfen!" — Anscheinend hat er doch nicht so ganz überzeugt, denn ein Junge ruft protestierend dazwischen: „Na, und die anderen", — fragt er, „wozu sind denn die da?"

Auch der Hinweis auf die Pflicht zum Almosengeben scheint die Klasse nicht zu überzeugen. Der Pastor gerät ausgerechnet an ein Arme-Leute-Kind, als er fragt: „Bist du also zum Almosengeben verpflichtet?" — „Nein", — antwortet der Junge. „Und warum nicht?" — „Weil ich nichts habe!" — Der Pastor versucht es noch einmal mit der Frage: „Wenn du aber gerade ein Butterbrot ißt, und es kommt ein armer Teufel vorbei, der schon zwei Tage nichts gegessen hat, — würdest du ihm dann etwas geben?" — „Nein!" — sagt der Junge wieder. — „Aber warum denn nicht?" — fragt der Pfarrer verzweifelt. Entschlossen erwidert der Junge: „Weil es ein Teufel ist!"

Da den meisten Menschen die „Fernsten-Liebe" gewöhnlich leichter fällt als die Nächstenliebe, darf man sich nicht wundern, wenn das auch und besonders unter Geschwistern schwierig ist. Da trifft etwa der Pastor zwei Lausbuben an, die sich auf der Straße von Herzen prügeln. „Schämt ihr euch nicht?" — donnert er, — „euch so zu verhauen?!" — Dabei wißt ihr doch genau, daß man seinen Nächsten lieben soll!" — „Ist ja

gar nicht mein Nächster!" — schreit einer der Jungen, ohne den heroischen Zweikampf zu unterbrechen, — „ist doch mein Bruder!"

Peter wird von seiner Mutter gefragt:

„Hast du auch das Schinkenbrot mit deiner kleinen Schwester geteilt?" — „Ja, natürlich Mutti!" — versichert er treuherzig. Ich habe ihr sogar den größeren Teil gegeben!" — „Wirklich, Peter" fragt Mutti erfreut. — „Ja, ich habe nur das bißchen Schinken gegessen, — und sie das ganze Brot!"

In einer schlesischen Kleinstadt war ein Junge beim Schlittschuhlaufen eingebrochen. Alle Kinder liefen schreiend davon, — nur einer kroch auf das brüchige Eis und zog den Jungen unter eigener Lebensgefahr heraus. Natürlich wurde der kleine Lebensretter gebührend gefeiert. Der Lehrer machte eine Sammlung und kaufte ihm eine goldene Uhr. Vor allen Schulkameraden und Lehrern wurde dem tapferen Retter die Uhr überreicht, die er strahlend in Empfang nahm. Auch der Herr Pastor war erschienen. „... Nicht wahr, das hast du doch aus echter Nächstenliebe getan?" — wandte er sich nach einer längeren Lobrede an den Jungen. Der umklammerte seine goldene Uhr mit der Faust, sah dem Pastor freimütig in die Augen und antwortete: „Aber naa, Herr Pfarr', — das war doch nur, weil er meine Schlittschuhe angehabt hat!" (Sp)

Ein kleiner Raufbold hatte so gut wie keine Freunde. Als über Nächstenliebe und Freundschaft gesprochen wird, will der Lehrer von ihm wissen: „Wieviele Freunde hast du denn?" — „Gar keine, Herr Lehrer!" — antwortete der Junge: „Die ich verhauen kann, die mögen mich alle nicht, — und die andern kann ich wieder nicht leiden, weil sie mich verhauen können!"

Außer Menschen soll man auch die Tiere lieben. Denn „der Gerechte erbarmt sich seines Viehes!" — So steht schon im Alten Testament zu lesen. — „Welche Tugend übe ich also," fragt der Kaplan einen Jungen, — „wenn ich auf der Straße einen Mann sehe, der seinen Esel prügelt, — und ich gehe hin und verbiete es ihm?". — „Die Bruderliebe, Herr Lehrer!" erwidert der Junge mit Überzeugung.

Man sprach von den guten Werken. Der Lehrer fragt: „Welche Werke bringen den Menschen den meisten Nutzen?" — Da meldet sich die kleine Tochter des Obersteigers: „Den meisten Nutzen bringen die Berg-Werke, Herr Lehrer!"

„Geben ist seliger als Nehmen!" — Der Pastor möchte sich überzeugen, ob die Kinder dieses Sprichwort auch verstanden haben, und er fragt einen Jungen: „Kannst du mir vielleicht sagen, was mit diesem Sprichwort gemeint ist?" — Der Junge erwiderte: „Oh ja! — damit ist gemeint: Es ist besser, ich gebe eine Ohrfeige, als daß ich eine bekomme!"

Um die Empfänger der Nächstenliebe, die armen Kindern geht es in dieser kleinen Geschichte: In einem Nonnenkloster im alten Großherzogtum Baden bekamen alle Dienstage die armen Knaben, und an den Mittwochen die Mädchen um 4 Uhr nachmittags durch das eiserne Klostergitter jeder ein großes Stück Brot. Man nannte im Ort darum den Dienstag „Bubestag" und den Mittwoch „Maidlestag". Als nun eines Dienstags die Schwester Brot austeilte, sah sie ein Kind mit Röckchen unter all den Knaben und sagte streng: „Du mußt morgen kommen, — heute ist Bubestag! Ihr Mädchen seid morgen erst dran!"

„Aber Schwester!" — rief da ein Junge, offenbar der größere Bruder des Kindes, „das wird doch später auch noch ein Junge!" — dabei lupfte er dem Kind das Röckchen, damit die Schwester sich von der Wahrheit überzeugen sollte. Die Schwester bekam einen roten Kopf und gab dem Knaben schleunigst das Stück Brot. Er trug wie alle kleinen Kinder der armen Leute nur das Röckchen, die Eltern konnten ihm noch keine Hose kaufen. (Sp)

Das alte Testament

Das der Liebe Gott die Welt gemacht hat, begreifen Kinder leicht, — aber daß er überall sein soll? — Bei einer Religionsprüfung bemüht sich der Lehrer mit wenig Erfolg, — schließlich fragt er einen Jungen: „Also jetzt sag mir doch einmal: ist Gott in eurem Wohnzimmer?" — „Ja!" — „Gut, — ist er auch in eurer Küche?" — „Ja!" — „Und in eurem Garten?" — „Ja!" „Und in eurem Keller?" — „Nein!" — „Was? — ja warum denn nicht!" — „Weil wir keinen Keller haben!" — rief der Junge triumphierend. — Jetzt versuchte es der Schulinspektor auf seine Weise: „Junge, ich gebe dir eine Mark" — sagte er, „wenn du mir sagen kannst, wo Gott wohnt!" — „Und ich" — antwortete sofort der Junge, „ich gebe dir 2 Mark, wenn du mir sagen kannst, wo er nicht wohnt!" — Der Inspektor gab sich geschlagen und rückte mir säuerlichem Lächeln die Mark heraus. (Sp)

„Um zu erklären, daß Gott ewig ist, sagt die Lehrerin: „Also, Kinder, Gott war schon da, als unsere Eltern und Großeltern und Urgroßeltern lebten, — und er wird auch noch da sein, wenn eure Enkel und Urenkel längst gestorben sind. Wie könnte man das nennen?" — Nach einigem Nachdenken meldet sich Franz und erklärt: „Gott hat ein zähes Leben!"

Auch das Gott unsichtbar sein soll, will den Kindern nicht recht einleuchten. „Ich habe doch den Lieben Gott schon gesehen! — protestiert ein Mädchen. Die Lehrerin fragt verwundert: „Was du nicht sagst! — Wie hat er denn ausgeschaut?" — „Er hatte einen schwarzen Anzug an und einen Zylinder auf und kam von der Beerdigung!" — sagt das Mädchen eifrig. — „Und wo willst du den Lieben Gott so gesehen haben?" — „Als ich mit meinem Papa spazieren ging, kam er uns entgegen. Und mein Papa zog gleich den Hut vor ihm und rief freudig: Ach du lieber Gott! wo kommst du denn her?" — „Von der Beerdigung", — hat Gott da gesagt."

Auch die kleine Erika behauptet, Gott gesehen zu haben und erzählt sehr anschaulich: „. . . das war, wie ich zur Mandeloperation ins Krankenhaus kam, — da lag ich auf der Bahre, und da kam Gott herein. Er hatte einen weißen Kittel an, und die Krankenschwester sagte: „Mein Gott! — Sehen Sie sich mal diese Mandeln an!" — Und Gott sagte: „Da müssen wir aber sofort operieren!" — und dann bin ich eingeschlafen."

Nach der Bibel fragt der Pastor in der ersten Stunde: „Weißt du, was die Bibel enthält?" — wendet er sich an die kleine Monika. „O ja, das weiß ich!" — sagt sie stolz, — „die Bibel enthält das Foto von der Hochzeit meiner Schwester, das Rezept für Schönheitscreme von meiner Mama und den Garantieschein für die Uhr von meinem Papa!"

Als die Mutter sich zu Hause bei der kleinen Gabi nach dem Religionsunterricht erkundigt, erzählt sie: „Wir haben schon ganz viel gelernt, — mit dem Lieben Gott sind wir schon fertig!"

Von der Erschaffung der Welt

Als die Lehrerin, von der Erschaffung der Welt spricht, meint ein Mädchen, dem man das Flüchtlingselend des letzten Krieges noch ansieht, nachdenklich: „Warum hat Gott die ganze Welt überhaupt erschaffen?" — Die Lehrerin war betroffen von dem Ernst des Kindes. Aber noch bevor sie etwas dazu sagen konnte, platzte ein Junge, der da offensichtlich keine Probleme sah, mit der Antwort heraus: „Das kann ich aber gut verstehen! Immer das Schweben über dem Wasser . . .! Der wollte endlich auch mal irgendwo stehen können!"

Ein Pastor, in ständigem Kampf mit den zappeligen, unruhigen Kindern, fragte, wer die Welt erschaffen habe, und blickte dabei streng auf einen kleinen Störenfried, der statt aufzupassen, damit beschäftigt war, eine Papierkugel abzuschießen, — „Also, wer war es!" wiederholt er drohend. Da springt der kleine Sünder erschrocken auf und sagt mit rotem Kopf: „Ich war es, Herr Pastor! — aber ich wills nicht wieder tun!"

Auf die Frage, warum Gott zuerst das Licht erschaffen hat, meinte Fränzchen: „Das ist doch klar: damit man sehen konnte, was weiter passiert!"

In einer Kölner Volksschule bemüht sich eine Lehrerin, den Kindern das Wunder der Schöpfung deutlich zu machen und erzählt, wie Gott alles geschaffen hat: Die Bäume, die Blumen, die Vögel und die Tiere, und auch die Käfer und Mücken. — Die Kinder sind beeindruckt. Nach einer Weile aber fragt der kleine Pitter doch zweifelnd: „Hätt dä leeve Jott dat wirklich all jemäht?" — „Natürlich" — versichert die Lehrerin, „alles hat Gott gemacht!" — „Och de Flüh? — Ja, Pitterchen, auch die Flöhe hat Gott gemacht. — „Junge, Junge!" — meint da Pitterchen anerkennend, — „dat muss äwwer en Knibbelsarbeet gewäs sin!"

Die kleine Marie dagegen, der die Mutter auch erzählt, wie Gott Erde, Tiere und Menschen erschaffen hat, hat ganz andere Fragen: „Mama, — und wann hat der Liebe Gott die Schokolade erschaffen?"

Moderne Kinder, schon mit den Sorgen ihrer Väter vertraut, finden schnell eine einleuchtende Erklärung auf die Frage des Kaplans: „Warum hat Gott wohl die Welt in sechs Tagen erschaffen?" — „Das ist doch klar, — meinte der Sohn eines Arbeiters, — „weil es damals noch keine Gewerkschaft und keine Fünftagewoche gab!" — Ein anderer berichtigte beim Aufsagen gleich den ganzen Schöpfungsbericht und sagte: „Gott schuf Himmel und Erde in fünf Tagen, am sechsten und siebten Tage ruhte Gott!"

Auf die Frage des Kaplans, was Gott denn am siebten Tage tat, meinte ein Junge überzeugt: „Am siebten Tag, — da ging er in die Kirche."

Der kleine Franz konnte und konnte nicht darauf kommen, daß Gott am siebten Tage ruhte. Der Kaplan wollte ihm helfen und fragte: „Nun Franz, — was tut denn dein Vater am Sonntag? Arbeitet er da etwa auch?" — „Nein, — war die Antwort, „am Sonntag, — da tut er saufen!"

Über die Erschaffung des Menschen machen sich Kinder gern eigene Vorstellungen. Eines meinte sogar: „Zuerst hat der Liebe Gott den Storch erschaffen, — und der hat dann den Adam gebracht."

„. . . und woraus bildete Gott den Leib Adams?" fragte der Kaplan im Unterricht. — „Aus Lehm!" — „Gut, und was tat Gott dann?„ — „Er ließ ihn trocknen."

Leo, der Sohn des Kohlenhändlers, wußte noch eine Ergänzung zur Bibel:

„. . . und die Neger, die hat Gott aus Kohlenstaub gemacht!!"

„Als Gott den Menchen aus Lehm geschaffen hatte, da war er noch nicht lebendig. Deswegen hauchte Gott ihm die Seele ein. — Wie war nun der Mensch?" — will der Lehrer von den Kindern wissen. Peter meldet sich und sagt: „Dreckig, Herr Lehrer!"

Die Erschaffung der Eva macht auch den Kindern schon Kopfzerbrechen. „Warum hat Gott sie nicht auch aus Lehm gemacht?" — will ein Junge vom Lehrer wissen. Ein anderer aber weiß gleich die einleuchtende Antwort: „Er wollte sich die Hände nicht nochmal dreckig machen!"

Die Frage, warum Gott die Eva zuletzt erschaffen hat, wird von einem Jungen beantwortet: „Weil die ihm sonst immerzu dreingeredet hätte!"

Der Pastor hat erzählt, wie Gott einen tiefen Schlaf über Adam kommen ließ, als er Eva erschuf. „Was ließ Gott also über Adam kommen?" fragte er dann. Und der kleine Franz antwortete mit tiefer Überzeugung: „Ein Weib!"

Die Mädchen denken verständlicherweise ganz anders darüber. Als der Pastor sie fragt: „Was tat Adam, als Gott ihm die Eva als seine Frau zuführte?" — da antwortet Erika strahlend: „Er tat sie küssen! — Herr Pastor!"

Adam heißt: Mann aus Erde — und Eva heißt: Mutter der Lebenden!" — so hat der Pastor eben die Namen erklärt. Der unaufmerksame Karl soll es wiederholen und stottert: „Adam heißt Mann aus Erde, und Eva . . . Eva heißt: Weib aus Rippe!"

Ein „aufgeklärter" Junge meint verächtlich: „Mein Vater hat mir aber gesagt, daß wir von den Affen abstammen!" — Der Pastor sieht ihn einen Augenblick nachdenklich an und sagt dann: „Da kann ich euch nur bedauern! — Aber über eure Familienangelegenheiten wollen wir doch hier nicht sprechen!"

Als schriftliche Hausaufgabe beantwortete ein Mädchen die Frage: „Wie begann das Leben?": „Adam und Eva bekamen Kinder, und so begann das Leben!" — Auf die Frage, was Gott am Ende der Schöpfung sagte, schrieb es: „. . . und dann sagte Gott: Nun vermehrt euch schön!"

Ein anderes Mädchen schrieb: „Ich

weiß, daß der Liebe Gott die Welt und alle Vögel und Tiere und Pflanzen geschaffen hat, — aber das Beste, was er gemacht hat, bin ich!

Auch zu Hause wird die Schöpfungsgeschichte eingehend besprochen. Besonders der kleine Gert kann nicht genug davon kriegen. Und wenn der erst anfängt zu fragen . . .! — „Oma", fragt er, „hat der Liebe Gott wirklich alle Menchen gemacht? — „Ja, natürlich, mein Kind!" — „Mich und unsre Mia auch?" — „Gewiß!, euch beide auch!" — „Dich auch, Oma?" — Oma nickt nur und denkt, es ist Schluß mit den Fragen. Aber da kennt sie ihren Gert schlecht! „Hat Gott den Opa auch gemacht?“ fragt er nach einer Weile des Nachdenkens. „Jaa, — den Opa auch!“ antwortet Oma mit einem hörbaren Seufzer. Gert wirft einen prüfenden Blick auf die runzelige Oma und auf den glatzköpfigen Opa, — dann meint er auf einmal treuherzig: „Oma, — damals wie der Liebe Gott euch beide gemacht hat, — da konnte er es noch nicht so gut, — woll?“

Die kleine Eva hat mit Vergnügen gehört, daß sie schon im Paradies vorkommt. Sie kommt freudestrahlend nach Haus und erzählt: „Denk dir, Mama, die erste Frau hieß auch Eva wie ich und der Mann Adam, — und sie wohnten, — sie wohnten — in ein paar Radieschen!“

Den paradiesischen Zustand der unschuldigen Nacktheit versucht der Pastor den Kindern darzustellen. Aber es macht ihn nervös, daß sogleich einige Kinder anfangen zu kichern, als er erzählt: „Adam und Eva im Paradiese waren also ganz nackt, und trotzdem schämten sie sich nicht“ — er wird lauter und versucht das dumme Gekicher zu übertönen. Nur gerät ihm der Wortlaut ein bißchen durcheinander, als er laut und nachdrücklich erklärt: „. . . ja, sie waren nackt, — so wie eure Mutter, wenn sie die kleine Schwester badet!“ Jetzt lachen die Kinder aber wirklich laut los, und der Pastor, der im übrigen ein Herz für Kinder hatte, mußte selbst mitlachen.

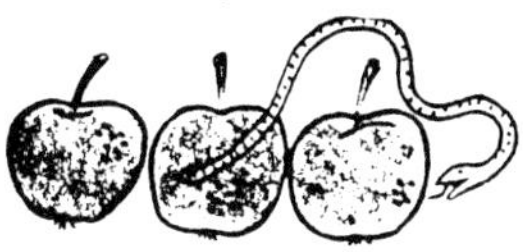

Nach dem Sündenfall

Das Paradies hielt bekanntlich nicht lange. Hartnäckig dagegen hält sich die Geschichte von den „gestohlenen Äpfeln“, obwohl in der Bibel davon gar nicht die Rede ist. (Es sei denn, jemand kennt die Apfelsorte „Erkenntnis von Gut und Böse!“). Obwohl der Kern der Versuchung darin liegt: „Selber erkennen (und bestimmen!), was gut und böse ist!“ — scheinen die Äpfel nun einmal näher zu liegen, bei Kindern verständlich, die in dieser Hinsicht häufiger in Versuchung geraten.

Nur so ist verständlich, weshalb ein Junge auf die Frage des Lehrers: „Wie lange lebten die Menschen im Paradies?“ — antwortete: „Bis Anfang Spetember!“ — Als der verdutzte Lehrer fragt: „Aber warum denn gerade im September?“ — wird er mit einem teilnehmenden Blick ob soviel Unwissen-

heit belehrt: „Weil doch dann die Äpfel reif sind!“

Warum Adam und Eva im Paradies glücklich waren? — Erich meinte dazu: „Weil sie keine Schwiegermutter hatten!“ — Er beantwortet auch die Frage, wie lange Adam im Paradies lebte mit der weisen Feststellung: „Bis er ein Weib bekam!“

Auch die kleine Ria, ganze 3 Jahre alt, macht sich schon ihre Gedanken, als sie zum ersten mal die Geschichte hört: „Ich kann mir denken, warum Adam und Eva nicht von den Äpfeln essen durften — die wollte Gott sicher verwahren, — wenn mal Besuch kommt!“

Beim Nacherzählen der Geschichte vom Sündenfall kam Hildegard mit der Grammatik in Konflikt. Sie erzählte „. . . und Eva esste den Apfel!“ — „Aber Hildegard! Eva aß. . .!“ — unterbrach die Lehrerin, — „noch einmal“! — Hildegard fing wieder an: „... und Eva aß — esste den Apfel!“ — „Aber nein: Eva aß habe ich gesagt, — aß, — aß! Noch einmal!“ Verwirrt und den Tränen nahe, fing Eva wieder an: „und Eva ... und Eva ... — Eva, — das Aas, esste den Apfel!“

Zu Hause wird natürlich die ganze Geschichte mit den kleineren Geschwistern gespielt. Der kleine Ferdi kriegt einen Apfel und muß die Schlange spielen, Ruth und Martin Adam und Eva.

Die Mutter sieht amüsiert zu, wie die beiden sich streiten. Denn jeder will natürlich zuerst verführt werden, — und der Apfel ist schön rot und saftig! Adam sagt: „Laß mich zuerst reinbeißen!“ Ruth protestiert laut. Da wird es der Schlange aber zu bunt: „Wenn ihr euch nicht einig werden könnt ...“ sagt Ferdi und entscheidet den Streit weise wie Salomo: Er ißt den Apfel selber auf.

Nach der Sünde kommt die Strafe. Die kleine Iris sagt es kurz und bündig. „Als Adam und Eva gesündigt hatten, schmeißte der Liebe Gott sie aus dem Paradies ...“

Gert kündigt die Strafe für Adam so an: „Du muß Brot essen, bis du schwitzt! — Und ich will Feindschaft setzen zwischen dir und deiner Frau: du wirst versuchen, sie zu beißen, und am Ende wird sie dir den Kopf zertreten ...!“

Klaus war da anderer Meinung. Auf die Frage nach Adams Strafe antwortet er: „Adam mußte die Eva heiraten!“

„Und was sagte Gott zu Eva?“ will die Lehrerin wissen. Die kleine Anna, die hierin wohl schon eigene Erfahrungen hatte, erwiederte: „Auf dem Bauch sollst du kriechen und Staub wischen dein Leben lang!“

Bei der Wiederholung fragt der Lehrer noch einmal nach den Folgen der Erbsünde: „Woher kommt also die menschliche Schwachheit?“ — „Das ist doch klar!“ meint Rita selbstbewußt, — weil Adam bloß aus Lehm gemacht war!“

Die Geschichte von der Sintflut macht natürlich großen Eindruck auf die Kinder. Ihre Phantasie malt sich alles noch viel stärker aus. So meinte ein Kind, noch ganz unter dem Eindruck der Erzählung des Lehrers: „Dann sind also alle Menschen ertrunken? — ist denn der Liebe Gott auch ertrunken?“ — Noch ehe der Lehrer etwas dazu sagen konnte, kam von der Jungenseite her die beruhigende Erklärung: „Bist du blöd?! — der kann doch schwimmen!“

„Die Menschen haben sich damals vorgestellt, daß der Regen so ging: Die Engel schütteten vom Himmel mit einem Eimer Wasser runter. Aber da hatten sie eine falsche Vorstellung ...“ schreibt Angelika später in ihrem Aufsatz.

Ein ziemlich vorlautes Mädchen wollte wissen, ob die Taube mit dem Ölzweig ein Männchen oder ein Weibchen war. Der Lehrer, der seine Kinder gut kannte, antwortete nur freundlich: „Natürlich war es ein Männchen, — ein Weibchen hätte den Schnabel gar nicht so lange halten können und den Ölzweig verloren!“

Als Noah mit den Seinen aus der Arche kam, wurde er ein Ackersmann. In der nächsten Religionsstunde, fragt der Lehrer noch einmal nach: „Was tat Noah nach der großen Sintflut, um sich und die Seinen zu ernähren?“ Der aufgerufene 10jährige Peter schweigt, — der Lehrer kommt ihm zu Hilfe: „Denk doch mal nach, was damals möglich gewesen sein könnte!“ Da kommt Peter die Erleuchtung: „Er machte ein Fischgeschäft auf!“

Zu Hause versucht Manfred, die Arche Noah zu malen. Der Vater freut sich, daß er in Ruhe mal die Zeitung lesen kann. Eine Weile ist auch Stille. Aber da fragt der kleine Künstler schon: „Vatiii? — „Jaah?“ „Vati, kennst du Noah?“ — Vati brummt ein unverständliches: „Hmmm!“ Aber die nächste Frage kommt sogleich: „Vati, — gab es wohl schon Kreide damals, als Noah noch lebte?“ Was will man machen? Vati seufzt ergeben, faltet die Zeitung zusammen und wendet sich endgültig Manfred zu, — er kennt seinen Sohn! „Also, du kannst vielleicht fragen! Warum willst du das denn wissen?“ „Ja, weißt du, Vati, — ich male gerade den Noah, wie er an seinem Schiff baut, — und wie die Kinder ihn ärgern: sie schreiben gerade mit Kreide an das Schiff: „Noah ist doof!“ . . .“. — „Davon habe ich aber noch nie gehört“ — sagt der Vater verwundert, — „Hat euch der Lehrer etwa die Geschichte anders erzählt? — Und wieso soll Noah denn doof gewesen sein?“ — „Ach Vati, weiß du, das habe ich doch erfunden! Ich hab mir überlegt, was die Kinder wohl von Noah gedacht haben, als er mitten auf dem Trockenen ein Schiff baute, — den haben sie bestimmt deswegen geärgert!“ — „Kann sein“ meint der Vater — und deswegen schreiben sie

also an das Schiff . . .?“ — „Ja, Vati“ sagt Manfred begeistert, „und weißt du, was das Tollste ist? — Wenn die Flut kommt, dann geht die Kreide weg!“

Sogar im Abendgebet beschäftigt sich die kleine Inge noch mit der Sintflut und betet: „Lieber Gott! — Jetzt hat es schon drei Tage feste geregnet. Wir dachten schon, es kommt wieder so wie damals bei Noah und der Arche. Gott sei Dank hat es jetzt wieder aufgehört. Da bin ich froh, denn man darf doch von allen Tieren nur zwei mitnehmen, — und wir haben doch drei Katzen!“

Von Patriarchen und Propheten

Der Pastor hatte von Abram zu Ur in Chaldäa und seiner Berufung durch Gott berichtet. Als Heike die Geschichte nacherzählen soll, berichtet sie: „Nach der Verwirrung von Babel weilte ein frommer Mann namens Abram zur Kur in Chaldäa . . .“

Im Unterricht diskutiert die Klasse die wichtige Frage, warum denn die Patriarchen so alt geworden sind. Meinte ein Junge: „Da gabs noch kein Bier, da konnten se noch nich so saufen!“ — ein anderer: „. . . weil es damals noch keine Ärzte gab, darum sind sie damals so alt geworden!“ — Doch Franz wußte des am besten: „Ich habe meinen Vater gefragt. Und der hat gesagt, der Methusalem ist deshalb so alt geworden, weil er erst mit 187 Jahren geheiratet hat!"

Bei der Religionsprüfung in einer Kirche in Trient, wiederholte einer der Kandidaten mit den Kindern die Geschichte von Jonas. Dabei fragte er einen der 10jährigen: „Was tat Jonas im Bauch des Walfisches?" — Der Junge überlegte erst eine Weile, dann antwortete er vor der versammelten Gemeinde: „Jonas suchte den Ausgang!" — Die Kirche dröhnte dermaßen vom Gelächter, daß die Katechese schleunigst abgebrochen werden mußte. (Sp)

Gespannt haben die Kinder zugehört, als der Lehrer die Geschichte vom Propheten Elisäus, dem kahlköpfigen Nachfolger des Propheten Elias erzählte. Bekanntlich verspottete ihn eine Horde von bösen Buben, die darauf von Bären zerrissen wurden. „Das war eine furchtbare Strafe, Kinder, nicht wahr?" schloß der Lehrer, — „und was können wir wohl daraus lernen?" — Sabine meldet sich und sagt: „Kahlköpfe können keinen Spaß vertragen!"

Ein Junge gibt bei der Wiederholung die ganze Geschichte so wieder: „Da war ein Prophet, der hieß Elisäus. Eines Tages ging er ins Gebirge, einige Jungen warfen Steine nach ihm. Und da sagte er: Wenn ihr das nochmal tut, dann werde ich die Bären auf euch loslassen, und sie werden euch fressen!" — Und sie taten, — und er tat, — und die Bären taten auch!"

Von dem Propheten Samuel erzählte der Pastor: „Seine Eltern waren schon sehr alt, sie konnten kein Kind mehr bekommen, — aber was für Menschen unmöglich ist, das ist noch möglich . . . — na, wer weiß es?" — Da zeigte Inge in der ersten Reihe auf und sagte stolz: „. . . das ist doch möglich für Frauen!" (Leider läßt sich die Pointe nur im Ursprungsland Frankreich verstehen, wo das Wort HOMME die doppelte Bedeutung: „Mann" und „Mensch" hat. („impossible pour les hommes, mais possible pour les Femmes"). Aha, Sie schmunzeln? dann haben Sie verstanden!)

Die Rettung der keuschen Susanna aus den Händen der ungerechten Richter durch den Propheten Daniel wurde im Unterricht besprochen, als ein Junge aufzeigte und meinte: „Das hätte doch eigentlich jeder merken müssen, daß die Richter gelogen hatten!" — Der Pastor lobte ihn wegen seiner Aufmerksamkeit und fragte dann: „Und warum meinst du, das hätte jeder merken müssen? — „Das ist doch klar, Herr Pastor", erwiederte der Junge, „diese fiesen Typen konnten doch gar nicht wissen, was da für Bäume standen. Die haben sich doch nicht die Bäume angekuckt, sondern nur das nackte Mädchen!"

Nicht nur heute, auch vor über hundert Jahren schon gab es kritische Frager im Unterricht. Damals hatte der Lehrer gerade den Traum Jakobs von der Himmelsleiter erzählt, auf der Engel auf und niederstiegen, — als sich auch schon ein Junge mit der mißtrauischen Frage meldete: „Warum war da denn eine Leiter vom Himmel zur Erde runter? — Ich denke, die Engel können fliegen, da brauchen sie doch keine Leiter!?" — Der Lehrer war völlig ratlos angesichts dieser doch sehr logischen Frage. Gott sei Dank kam ihm ein anderer Junge zu Hilfe, der den Frager belehrte: „Ach du Dummer! — die Engel waren halt in der Mauser, da konnten sie doch nicht fliegen!"

„Jakob hatte zwei Brüder, der eine hieß Esau — und der andere war er selbst."

Das von Gott versprochene Gelobte Land wird in der Bibel beschrieben als ein Land, das „von Milch und Honig fließt". Der Pfarrer fragt den Karl: „Wie stellst du dir ein solches Land vor?" — „Klebrig!" antwortet Karl.

„Auf die Frage, wie denn Jakob dafür bestraft wurde, daß er seinen Vater Isaak betrogen hatte, — meldete sich gleich ein Mädchen und sagte: „Dadurch, daß er später 12 Söhne hatte!" — „Und welches Unrecht haben die Söhne Jakobs ihrem Bruder Josef zugefügt? — „Sie haben ihn zu billig verkauft!"

„Heute will ich euch die Geschichte von Josef im Gefängnis erzählen" sagt der Pastor zu Beginn der Stunde. Kaum gesagt, meldet sich ein Mädchen und verkündet freudestrahlend: „Mein Onkel heißt auch Josef und ist auch im Gefängnis!"

Josefs Erlebnis im Haus des Puthiphar schildert ein 11jähriger mit großer Anteilnahme und Phantasie. Er schließt mit den Worten: „Josef aber sagte sich: „Ich brauche keine Frau! Lieber gehe ich ins Gefängnis!"

„Als Saul zum König gewählt wurde, versteckte er sich, — warum wohl?" fragte der Lehrer. Alle sind ratlos. Aber da meldet sich der Sohn des Gastwirts und ruft: „Der Saul, der hatte bestimmt Angst, er müßte einen ausgeben!"

Über David und seine Psalmen schrieb ein Junge: „David war ein kluger Mann. Er schrieb seine Loblieder selber!"

Die Geschichte von David und Goliath hat Kinder schon immer sehr beeindruckt und ist den meisten bekannt. Dennoch kommt es vor, daß auf die Frage, wie der Kampf ausging, ein Fußballspieler antwortet: „1 : 0, Herr Lehrer!" — oder daß auf die Frage: „Wer schlug die Philister" — so ein Fußballfex sagt: „Das weiß ich nicht, wir kriegen die Fußballzeitung erst morgen!"

Noch in der Zeit des Rohrstockes ist es einmal passiert, daß der Lehrer bei der Wiederholung einen vor sich hinträumenden Jungen plötzlich aufrief und fragte: „Was sprach der Riese Goliath zu David?!" Da die Antwort aus-

bleibt, kommt der Lehrer mit seinem Rohrstock drohend näher. Offenbar bewirkte das nahende Unheil eine Gedächtnisstärkung, denn der Junge sagte schnell, mit ängstlichem Blick auf den Stock: „Bin ich denn ein Hund, — daß du mit einem Stecken zu mir kommst?!"

Auch im jüdischen Religionsunterricht wird der Auszug aus Ägypten durchgenommen. Die Mutter fragt den heimkehrenden Ahmed: „Nun, was hat euch der Rabbiner erzählt?" — „Also", — fängt der Junge an, „er hat gesagt: die Hebräer, ich meine: die Israelis wollten durch das Rote Meer. Sie steigen in die Landungsboote, aber da greift die ägyptische Armee ein. Darauf rufen sie Tel Aviv, und Tel Aviv schickt eine Luftlandesperre und Amphibienpanzer. Dann werden die Ägypter zurückgeschlagen, und die Israelis ziehen über das Meer hinüber." — „Was!?" fragt die Mutter entsetzt, — „hat er diese Geschichte so erzählt?" — „Nein, ganz und gar nicht, — aber wenn ich sie dir so erzählen soll, wie er das getan hat, dann würdest du kein Wort davon glauben!

Das Neue Testament

Der alte Pastor erzählt den Kindern von der Verkündigung an Maria. Er erzählt sehr eindrucksvoll: „Maria saß in der Stube, — da tut sich plötzlich die Tür auf, und herein kommt mit zwei großen weißen Flügeln ..." — „Ich weiß schon! — Ich weiß schon!" — ruft da ein kleines Mädchen ganz hingerissen: „Das war der Klapperstorch!"

Der Pastor fragt am Montag nach, ob auch alle das Evangelium vom Stammbaum Jesu gehört und verstanden haben. „Was versteht man denn unter einem Stammbaum?" — fragt er. Ein Mädchen hebt den Finger: „Das war sicher der Baum, unter dem sich Jesus mit seinen Jüngern sonntags immer getroffen hat!"

Der Kaplan war noch jung, und es ist auch schon sehr lange her. Jedenfalls wollte er es besonders gut machen und ermahnte die Schüler, stets artig zu sein und sich den Jesusknaben als Vorbild zu nehmen. „Seht mal", — so sagte er, „der Jesusknabe, der war ein Muster von Artigkeit: stets reinlich gekleidet und gegen jedermann sehr höflich. Wenn er in ein fremdes Haus kam, dann nahm er schon vor der Tür die Mütze ab, klopfte bescheiden an und grüßte beim Eintreten immer mit den Worten: „Gelobt sei Jesus Christus!" (Sp)

Bei der Geschichte vom 12jährigen Jesusknaben fragt der Pastor, was wohl die Eltern gedacht haben, als sie ihn nicht fanden. Ein Mädchen meinte: „Maria und Josef haben sicher gemeint, das Jesuskind sei in Jerusalem unter die Elektrische gekommen!" (Sp)

Ganz anders — wenn man den Erinnerungen eines alten Meßdieners trauen darf, — stellte der schon ziemlich betagte Pastor N. die Geschichte in seiner Predigt dar, die man nur schwer so wiedergeben kann, wie sie ausgesprochen wurde: „Als Maria und Cho-seff das Chesuskind nicht fanden, da machten sie ssich auf den Weg nach Cherusalem, um es zu ssuchen. Wie sie so verzweifelt unterwegs waren, da sssachte Cho-seff zu Maria: „Maria, laß uns drei „Chechrüsset seistu, Maria" zum Heilijen Antonius beten, — der hilft immer!" — Und Antonius hat wirklich cheholfen!"

Auf das 40tägige Fasten Jesu nach der Taufe im Jordan will der Lehrer hinweisen, als er fragt: „Was tat der Heiland, nachdem Johannes ihn im Jordan getauft hatte?" — „Er stieg aus dem Wasser!" war die unerwartete, aber eigentlich doch richtige Antwort des Jungen. (Sp)

Die wunderbare Weinvermehrung auf der Hochzeit zu Kana wird von allen Kindern bewundert, — nur von Peter nicht, der freilich auch schlecht lesen kann. „Jesus hat doch einen schlechten Wein gemacht in Kana! — Das steht in der Bibel!" — „In der Bibel?" wundert sich der Lehrer. — „Ja, — hier steht es doch: „. . . sie brachten es dem Speisemeister, und er kotzete davon!"

Als der Pastor den wieder einmal unaufmerksamen Peter plötzlich aufrief und fragte: „Was tat also Jesus auf der Hochzeit zu Kana?" — sprang Peter auf und antwortete verdattert: „Auf der Hochzeit zu Kana, — da tat er Wasser in den Wein!" — „Das werde ich mir aber merken!“ lachte der Pastor, denn Peter war der Sohn des Dorfgastwirts.

Ein Kaufmannssohn, dessen Vater öfter im Ausland war, meinte sehr überzeugt: „Jesus wirkte sein erstes Wunder auf einer Hochzeit in Kanada!“ (Sp)

Ein Pastor wollte den Kindern verständlich machen, warum der Wein ausging: Es seien eben mehr Gäste gekommen, als erwartet, und Jesus hatte ja auch seine Jünger mitgenommen. Als er später noch einmal nachfragt: „Nun, warum ist auf der Hochzeit zu Kana der Wein ausgegangen?“ — da meldet sich ein Mädchen und sagt: „Weil so viele Geistliche Herren dort waren!“

Da man schon von einer Hochzeit spricht, fragt der Pastor auch ein Mädchen: „Nun sag mir doch, was ist denn eine Braut?“ — Die antwortet kichernd und errötend: „Eine Braut, — das ist eine, die noch keinen Mann hat, aber schon einen weiß!“ (Sp)

„Was mögen sich wohl die Hochzeitsgäste gedacht haben, als sie erfuhren, daß Jesus Wasser in Wein verwandelt hatte?“ fragte der Pastor die Klasse. Einer weiß gleich die Antwort: „Die Gäste haben sich gedacht: „Den laden wir nächstens auch mal ein!“ (Sp)

In einer anderen Version wird gefragt, was denn der Bräutigam gedacht habe, als er den schönen Wein sah. Die Antwort war: „Den wollen wir zur Kindtaufe auch wieder einladen!“

„Warum haben wohl die Apostel die ganze Nacht gefischt? — fragt der Pastor bei der Erzählung vom wunderbaren Fischfang. Der Kleinste findet zwar nicht den richtigen aber durchaus einleuchtenden Grund: „Damit man sie nicht erwischt!“ (Sp)

Nach dem wunderbaren Fischfang sagt Jesus zu Petrus: „Von nun an wirst du Menschen fangen!“ — „Was hat Jesus wohl damit gemeint? fragt der Pastor einen Jungen, — „was sollte Petrus werden? — Nach kurzem Besinnen sagt der Junge: „Er sollte Polizist werden!“ (Sp)

Bei der Erzählung von der Auferweckung des Jünglings von Naim will der Pastor wissen: „Was ist denn eine Witwe?“ — Keiner weiß es. Er versucht zu helfen: „Eine Witwe ist eine Frau, die keinen . . .?“ — „Die keinen Zahn mehr im Munde hat!“ meldet sich ein Mädchen, und ein anderes sagt: „Eine Witwe, das ist eine Frau die keine Haare mehr hat!“ (Sp)

Ein Elfjähriger sollte die eben gehörte Geschichte noch einmal nacherzählen und sprudelte in seinem Eifer hervor: „. . . und als Jesus vor dem Tor einer Stadt namens Naim war, siehe, da kam ihm die Leiche eines Jünglings entgegen, die der Sohn einer einzigen Mutter war!“

In der ersten Klasse einer Mädchenschule hat die Lehrerin die Auferweckung des Lazarus besprochen und dazu ein farbiges Bild an die Tafel gehängt. Die Kinder hören gespannt zu, als die Lehrerin erzählt, wie Martha zu Jesus sagt: „Herr, er riecht schon!“ — und wie Lazarus dann aus dem Grabe herauskommt, — auf dem Bild kann man richtig sehen, wie erschrocken die Leute sind. — In der Pause schleppt eines der Mädchen einen Stuhl an die Tafel, klettert hinauf und sieht sich das Bild ganz aus der Nähe an, drückt die Nase auf den Lazarus und ruft enttäuscht: „Der riecht ja gar nicht!“ (Sp)

Bei der Wiederholung des Gleichnisses vom Barmherzigen Samariter will der Pastor wissen: „Wer half dem Verwundeten?“ Keiner weiß es, — endlich zeigt ein Mädchen auf und sagt strahlend: „Das war die barmherzige Senorita, Herr Pastor!" Nachdem endlich alles geklärt und der richtige Name wiedergefunden ist, will der Pastor noch wissen: „Könntet ihr nicht in eurem Leben auch manchmal ein Samariter sein? — „O nein!" — rief sofort ein Junge. „Aber warum denn nicht?" — fragt der Geistliche sehr verwundert. — „Weil wir keinen Esel haben!" — ist die überzeugende Antwort. (Sp)

Wiederholungsstunde in der Mädchenschule. Die Lehrerin fragt nach den 7 Werken der Barmherzigkeit:
„Wenn ihr also einen Hungernden seht?"
„Dann werden wir ihm zu essen geben!"
„Und wenn ihr einen Durstigen findet?"
„Dann werden wir ihm zu trinken geben!"
„Und wenn ihr einen Nackten seht?"
„Dann gucken wir schnell weg!" (Sp)

Bei den 8 Seligkeiten stolpert das aufgerufene Mädchen gleich beim ersten Satz und sagt: „Selig sind die armen Geistlichen, denn ihrer ist das Himmelreich!" (Sp)

In dem Gleichnis von den Arbeitern im Weinberg bekommt abends jeder den gleichen Lohn. „Was können wir daraus lernen", fragt der Lehrer. — „Man soll nicht so früh zur Arbeit gehen!" — sagt ein Junge voll Überzeugung.

„Die Ernte ist groß, aber es gibt nur wenige Arbeiter!" — Bei der Erklärung dieses Herrenwortes fragt der Pastor vorsichtshalber: „Wißt ihr auch, was hier mit „Ernte" gemeint ist?" — „Das sind Zigaretten, Herr Pastor!" — war die sofortige Antwort.

Sigrid wird aufgerufen und soll das Gleichnis von den sieben bösen Geistern nacherzählen. Beim Aufsagen kommt sie ein bisschen durcheinander. Und der Pastor hört zu seinem Erstaunen: „... und dann kommt der unreine Geist zurück und bringt sieben andere Geistliche mit, die noch schlimmer sind als er!"

Bei der Speisung der Fünftausend läßt Jesus am Ende die übrig gebliebenen Stücke einsammeln. Der Lehrer fragt: „Warum hat Jesus wohl die Reste einsammeln lassen? — der 10jährige Manfred, der zu Hause die „Stallhasen" betreut, reckt eifrig den Finger. „Die brauchte er für die Karnickel!"

Von der Spende der armen Witwe im Tempel war die Rede. Da meldet sich ein Mädchen und sagt: „Ich weiß auch wieviel Geld sie reingetan hat! Es waren zwölf Mark und zweiundvierzig Pfennige!" — „Aber woher willst du das denn so genau wissen?" — fragt erstaunt der Lehrer. „Kucken Sie doch mal nach der Überschrift, da steht doch ganz deutlich: 'Das Scherflein der armen Witwe. Mark 12,42'!"

Alle freuten sich über die Rückkehr des verlorenen Sohnes, — nur einer nicht, — wer war das wohl?" fragt der Lehrer bei der Wiederholung. — „Das war das gemästete Kalb, Herr Lehrer!"

Nach Besprechung des Gleichnisses von den klugen und den törichten Jungfrauen meldet sich die kleine Eva noch einmal und fragt sehr interessiert: „Herr Lehrer, welche von den fünf klugen Jungfrauen hat denn nun den Bräutigam gekriegt?"

Als Beispiel für die Strafe der Lüge hat der Lehrer die Geschichte von Ananias und Saphira erzählt. Anschließend fragt er: „Warum tötet Gott nicht jeden, der eine Lüge sagt?" — Nach längerem verlegenen Schweigen meldet sich endlich ein Junge und sagt, — ziemlich leise —: „Weil dann keiner mehr auf Erden übrig bleiben würde."

„Warum ist es am besten, wenn man immer die Wahrheit sagt?“ fragt der Lehrer. — Gert weiß gleich die Antwort: „Weil man sich dann nicht erst zu besinnen braucht, was man früher gesagt hat!“

Der Vikar wollte den Kommunionkindern das Christuszeichen erklären und malte das griechische CHI - RHO

an die Tafel. Auf seine Frage, ob die Kinder dieses Zeichen kennen und wissen, was es bedeutet, rufen alle wie aus einem Munde: „Ja!! — Das heißt: 'Parkverbot'!!“

Sakramente

In einer der früher häufigen einklassigen Schulen ließ sich der Pastor die sieben Sakramente von einem Jungen aufzählen. Als der begann: „Die Taufe, die Buße...“ rief ein größeres Mädchen empört dazwischen: „Aber Herr Pastor! so ist das nicht richtig! Zuerst kommt doch die Ehe, — und dann die Taufe!“ (Sp)

Beim Gespräch über die Taufe versucht der Kaplan einer Mädchenklasse verständlich zu machen, daß jedes Kind eine Seele hat: „Wenn ein kleines Kind geboren wird“, — so sagt er, „dann weiß man noch nichts von ihm, ob es groß oder klein sein wird, gut oder böse, — aber was weiß man ganz sicher von ihm?“ Die Klasse verfiel in nachdenkliches Schweigen, — da war es einem Mädchen eingefallen, sie hob den Finger und verkündete stolz: „Ob es ein Junge oder ein Mädchen ist!“

In der Christenlehre will der Pastor wissen, welche drei Stücke zu einem Sakrament gehören. „Sag mir also, welche drei Stücke zur Taufe gehören!“ —

fordert er einen Jungen auf. Der antwortet: „Ein Kind, — das Wasser, — und die Worte der Taufe!“ — Der Pastor sagt ärgerlich: „Kennst du den Katechismus nicht besser?! — da steht nichts von einem Kind!“ Der Junge war aber nicht auf den Mund gefallen und antwortete: — „Aber man muß doch vor allem erst mal ein Kind haben, wenn man es taufen will!“ (Sp)

Der Pastor fragte nach dem „äußeren Zeichen“ der Taufe. — Ein Junge, der bei seinen zahlreichen Geschwistern schon etliche „Kindstaufen“ mitgemacht hatte, antwortete aus seiner Sicht durchaus zutreffend: „Kaffee und Kuchen!“ (Sp)

In einem Aufsatz über die Taufe schreibt ein Mädchen: „Durch die Taufe wird uns die Erbsünde vergeben, vorausgesetzt, daß wir sie bereuen!“ — Ein Junge schreibt über die Zeremonien: „Die kirchlichen Zeremonien haben den Zweck, daß es auch lange genug dauert!“

Beim Gespräch über die Erbsünde und die Notwendigkeit der Taufe sagte der Pastor: „Alle Kinder kommen mit der Erbsünde auf die Welt, — was muß deshalb mit den Kindern geschehen?“ — „Sie müssen geimpft werden!“ meinte dazu ein Junge.

Verschiedene weibliche Taufnamen sind von Männernamen abgeleitet, so Josefine von Josef, Karoline von Karl.

Als der Pastor nach weiteren solchen Namen fragt, weiß ein Mädchen: „Katharine von Katarrh!“ — Ein anderes: „Trichine, aber den männlichen Namen weiß ich nicht!“ (Sp)

Nach der Taufe des kleinen Brüderchens ist die 5jährige Rita so angetan von der Feier, daß sie nun auch zu Hause alle ihre Puppen taufen will. Da hört die erstaunte Mutter ihre kleine Puppenmutter sprechen: „Ich taufe dich im Namen des Vaters und des Sohnes und der Mutter und der Tochter!“

Dem kleinen Franz hatte man erzählt, daß in Kürze ein kleines Geschwisterchen aus dem Himmel eintreffen werde. Dann war es soweit: In der Wiege lag ein kleines Schwesterchen und schrie. Das 4jährige Fränzchen schaut sie sich eine Weile an, dann fragt er die Mutter: „Mama, ist es wahr, daß das Schwesterchen aus dem Himmel kommt?“ — „Natürlich!“ — sagt die Mutter und lächelt. — „Weißt du, Mama,“ meint Fränzchen darauf nachdenklich, „ich kann die Engel verstehen, daß sie diesen Schreihals aus dem Himmel hinausgeworfen haben.“ (Sp)

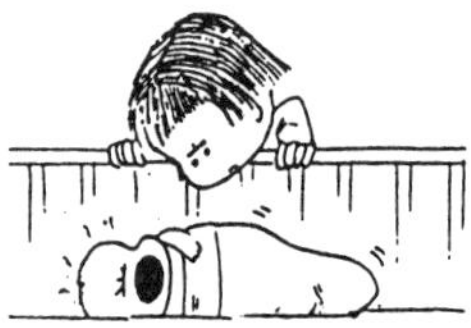

Otto ist da noch kritischer: als der Vater dem Kleinen das neugeborene Brüderchen zeigen will, das „der Storch gebracht“ hat, meint Otto nachdrücklich: „Das Brüderchen will ich nicht sehen, aber den Storch!“ (Sp)

Und Thomas betet sogar in seinem Abendgebet: „Lieber Gott! wenn du das schreiende Baby nicht wieder zurücknimmst, räume ich nie mehr meine Spielsachen auf!“

Im Allgemeinen überwiegt der Stolz. Darum verkündet der 6jährige Thomas freudestrahlend in der Schule: „Herr Lehrer, wir haben heute ein kleines Schwesterchen gekriegt, jetzt haben wir schon fünf im Ganzen!“ — „So, — wie heißt es denn?“ fragt ihn der Lehrer. — „Das wissen wir noch nicht, — es spricht noch so undeutlich!“

Bei solcher Gelegenheit fragte auch ein Fünfjähriger seine Mutter: „Mama, wann bin ich eigentlich geboren? — vormittags oder nachmittags? — „Es war vormittags um 9 Uhr“ — sagt die Mutter. — „Und an welchem Tage?“ — Das war am 1. März.“ — „Au fein, Mama,“ sagt der Kleine freudestrahlend, — „genau auf meinem Geburtstag!“ (Sp)

Das Gewissen und die Sünden

Bei der Vorbereitung zur Erstbeichte spricht der Pastor vom Gewissen, jener inneren Stimme Gottes, die den Menschen sagt, was gut und was böse ist: „Das Gewissen warnt euch“, so sagt er, „wenn ihr etwas Böses tun wollt“. — Da meldet sich energisch ein Junge: „Mein Papa hat mit aber gesagt, man soll nicht auf das hören, was andere einem sagen!

Den Spruch: „Ein gutes Gewissen ist ein sanftes Ruhekissen!“ — erklärt der Lehrer und wendet sich an einen Jungen: „Du weißt doch selbst: wenn du alles gut gemacht hast und den Eltern brav gefolgt bist und dein Abendgebet andächtig gebetet hast, — dann kannst du doch gut schlafen, nicht wahr? — „Kann ich nicht, Herr Lehrer!“ sagt der Junge. „Und warum nicht?“ — „Mich beißen zuviel die Flöh! (Sp)

Nach der Belehrung über das Gewissen sollte ein Junge mit der Mutter zur Lungendurchleuchtung kommen. Er wollte nicht. „Warum willst du denn nicht, hast du etwa Angst?" fragt die Mutter. Schließlich sagt er. „Ja, weißt du, Mama, vor dem Durchleuchten, da hab ich keine Angst, — aber ich will nicht, daß der Doktor alle meine Sünden sieht!"

Daß das Gewissen einem keine Ruhe läßt, hatte Lisa in der Schule auch gelernt, Das konnte sie aber nicht davon abhalten, von der Torte für den Kaffeeklatsch mit Mutters Freundinnen ein gehöriges Stück, — also ehrlich gesagt: Ein ganz großes Stück zu verzehren. Bald stellten sich heftige Magenschmerzen ein, und Lisa mußte sich ins Bett legen. Da gestand sie der Mutter: „Ich hab von der Torte gegessen, und jetzt tut mir mein Gewissen so weh!" — Dabei zeigte sie auf ihren Magen: „Sitzt da das Gewissen, Mama?" — Die Mutter mußte lachen: „Das Gewissen nicht, — aber die halbe Torte!" (Sp)

Der Lehrer möchte den Kindern die Worte „Recht" und „Unrecht" klarmachen. „Also paß mal auf Fritz, — du hast doch einen kleinen Bruder. Der hat von der Mutter einen Apfel bekommen, — und jetzt kommst du und nimmst ihm den Apfel weg, — was tust du da?" Ohne Zögern und ein wenig verwundert sagt Fritz: „Nun, — dann ess' ich'n halt uff!"

Der Herr Pastor hatte auch den kleinen Willi beim „Äppelklauen" gesehen und stellte ihn später zur Rede: „Hast du denn hinterher gar keine Reue empfunden?" fragte er streng. „Nee, — Reue nich, — nur Bauchweh!" (Sp)
Die Voraussetzung für die Vergebung der Sünde ist die Reue. „Was müssen wir also tun," fragt der Lehrer die angehenden Beichtkinder, „damit uns die Sünden vergeben werden?" — „Wir müssen erst mal welche tun!" (Sp)

Wenn man keine schweren Sünden hat, soll man wenigstens die kleinen Sünden beichten. „Was sollst du also tun, wenn du zur Beichte gehst und hast keine schweren Sünden?" fragt er den Franz, der wieder mal nicht aufpaßt. — „Ich muß schnell etwas anstellen!" antwortet er.

„Läßliche Sünden" und „Todsünden" sind in den kleinen Köpfen schwerverständliche Begriffe. Päulchen fragt deshalb zu Hause die Mutter: „Mama, Todsünden kann ich doch nicht begehen?" — „O doch", meinte die Mutter darauf, „wenn du zum Beispiel einmal sehr jähzornig bist!" — „Aber Mama, das ist doch keine Todsünde, — das ist eine Erbsünde!" — „Wie kommst du denn darauf?" — „Aber Mama, du hast doch selber neulich zu Papa gesagt: 'Den Jähzorn, den hat der Junge von dir geerbt!'" (Sp)

Über die „läßlichen Sünden" gehen die Meinungen der Kinder auch auseinander: „Eine läßliche Sünde, — das ist eine Sünde, die man auch lassen kann!" — schreibt ein Mädchen in der Hausarbeit. Ein anderes meint: „Eine läßliche Sünde, — das ist eine lästige Sünde!" — Über Unterlassungssünden schreibt gar ein Junge: „Das sind Sünden, die wir vergessen haben zu tun!" — Am treffendsten aber hat es Heiner formuliert, als er schrieb: „Bei einer Todsünde haut der Heilige Geist sofort ab, — bei einer läßlichen Sünde haut er nicht ab, aber stinken tut es ihm!"

Als im Beichtunterricht ein Mädchen beim 2. Gebot fragt: „Herr Lehrer, ich weiß nicht, was fluchen ist?", — da meldet sich sofort ein hilfsbereiter Junge: „Herr Lehrer, ich weiß es! — Soll ichs mal vormachen?" (Sp)

Einer der Jungen flucht wirklich schon wie ein Alter. „Wo hast du bloß diese entsetzlichen Ausdrücke gelernt?" fragt der Pastor. „Auf dem Spielplatz vor dem Finanzamt!"

Ist es eine Sünde, wenn man gewöhnlichen Sachen göttliche Eigenschaften zuschreibt?" will ein Junge wissen. „Ja, natürlich, aber wie kommst du denn darauf?" fragt der Pastor verwundert. — „Ja das ist so, einmal war ich so wütend, und da habe ich gesagt: 'Du heiliger Strohsack'".

Beim 3. Gebot hat der Pastor zur Sonntagsheiligung erklärt, daß knechtliche Arbeiten nur dann am Sonntag erlaubt sind, wenn sie durchaus notwendig sind. „Wenn es also die ganze Woche geregnet hat, und am Sonntag morgen wird es schön, — darf da der Bauer das Getreide vom Feld einfahren?" fragt er dann einen Bauernsohn. Der sagt voller Überzeugung: „Nein!" — „Warum denn nicht?" fragt der Pastor verwundert. „Weil das Getreide dann noch viel zu naß ist, — darum nicht!" belehrte der Junge herablassend den Pastor, der offenbar von Landwirtschaft nichts verstand. (Sp)

Mit dem Gehorsam gegen die Eltern haben alle Kinder so ihre Schwierigkeiten. Der Pastor versucht ihnen mit vieler Mühe klarzumachen, wieviel Dank sie den Eltern noch schuldig sind. „Seht mal Kinder, der Vater zum Beispiel, — der muß sich die ganze Woche abplagen, er muß früh aufstehen und an die Arbeit gehen, bis zum Abend muß er sich plagen, um Geld zu verdienen, — und was macht der Vater dann mit dem Geld?" — Leider wurde die andächtige Stimmung sehr gestört, als ein Junge kurz und bündig antwortete: „Er tut's versaufen!" (Sp)

Beim Gehorchen sollte man sich lieber nicht nur auf die Eltern festlegen, — der 8jährige Hans hatte bereitwillig zu Haus erzählt, daß man den Eltern folgen soll. Aber der Oma gehorchte er nachmittags doch nicht. „Der Pastor hat euch doch heute morgen erst gesagt, ihr solltet gehorsam sein!" sagt die Oma ärgerlich. — „Den Eltern sollen wir gehorsam sein, hat er gesagt," antwortete Hans keineswegs schuldbewußt, „ — von den Großeltern hat er aber nichts gesagt!" (Sp)

Die Sünde der Unmäßigkeit wollte ein Pastor im Rheinland den Kindern erklären, — im Land des Weines muß man da schon bedächtig vorgehen. „Also Kinder", sagt der Pastor, „wenn jemand mittags einen Schoppen Wein und abends einen Schoppen Wein trinkt — ist er dann mäßig oder unmäßig? — Der Junge schaut den Pastor nachdenklich an und sagt nach einigem Zögern: „Mäßig!" — „Nun gut, — wenn nun einer schon um 10 Uhr eine Flasche trinkt, dann mittags eine Flasche Wein, um 6 Uhr abend eine Flasche Wein, und zum Abendessen wieder einige Flaschen Wein? — was ist er dann?" — Als der Junge verlegen zögert, ermuntert ihn der Pfarrer: „Nun sag schon: was ist er dann?" — Da sagt der Junge mutig: „Besoffen ist er!" (Sp)

Der Zorn fällt bekanntlich auch unter das 5. Gebot und richtet manches Unheil an. Ein Dreizehnjähriger sollte darum 10 mal schreiben: „Mein Vorsatz:

Ich will nicht mehr jähzornig sein!
Ich will nicht mehr jähzornig sein!!!
Ich will nicht mehr jähzornig sein!
(Wenn dieser blöde Füller doch nicht so kratzen würde!!)
Ich will nicht mehr jähzornig —
Ich will nicht (dieser Füller macht mich verrückt!)
Ich will nicht (Verflixt nochmal!!)
Ich will immer jähzornig sein,
wenn es mir paßt! Schluß! — Aus!!!
(Franz Sander)

Tiere soll man nicht unnötig töten oder quälen. Der Lehrer erzählt den Kindern einige besonders schlimme Taten von rohen Burschen, die etwa einem Hund oder einer Katze den Schwanz abgehackt haben. „Kennt ihr ein Sprichwort, das solche Rohheiten verurteilt?" fragt er dann. Ein Junge meldet sich mit dem Sprichwort, — freilich in angepaßter Form: „Quäle nie ein Tier am Sterz, denn es fühlt wie du den Schmerz!" — dem frommen Christoph fällt dazu sogar ein Bibelwort ein: „Was Gott verbunden hat, das soll der Mensch nicht trennen!" sagt er würdevoll. (Sp)

Die eigentliche Fassung des 6. Gebotes: 'Du sollst die Ehe nicht brechen!' ist den Kindern längst nicht so geläufig wie die „Unschamhaftigkeit", die sie zwar pflichtgemäß beichten, aber längst nicht so ernst nehmen, wie manche Erwachsene glauben möchten.

Folgendes passierte in der guten alten Zeit im Nordböhmischen: Da ging der Herr Pfarrer im Sommer zu einem Besuch über Land. Wie er so seines Weges schreitet, sieht er am Ufer eines Teiches vier splitternackte Jungen vergnügt herumspringen. In heiligem Zorn wettert Hochwürden los: „Wie? — Schämt ihr euch denn gar nicht? — so nackig hier herumzulaufen!?" — Alsbald hupften drei der Jungen mit ängstlichem Blick in den Teich und warteten in sicherem Abstand, was noch folgen werde. Der vierte Bub aber blieb mit einem etwas verlegenen Lächeln stehen, wie der Liebe Gott ihn erschaffen hatte, und sagte kein Wort. Er schaute nur so daher. Verblüfft fragt der Pfarrer: „Ja, und du? schämst du dich denn gar nicht? — Warum huppst du nich auch ins Wasser?" — Mit roten Ohren und ob der geistlichen Kanonade doch etwas beklommen, antwortete der Junge: „Joah, — do seinse nor ni biese, Hochwirdn, obr i bin ja evangelisch!" (Sp)

(Natürlich wird die Geschichte auch umgekehrt erzählt: von einem evangelischen Pfarrer. — Mir scheint aber diese uralte Version die ursprüngliche zu sein)

Bei dem Wort 'ehebrechen' kommt es bei Kindern eher zu Mißverständnissen. So schrieb ein 8jähriger bei der Aufzählung der 10 Gebote: „6. du sollst nicht erbrechen!"

Ebenso, wenn ein Kleiner an den Beichtspiegel für Erwachsene gerät und berichtet: „Ich habe dreimal den Kindersegen verhütet". Auf die erschrockene Rückfrage des Beichtvaters, kommt die treuherzige Auskunft: „Also abends, — dann segnet uns die Mutti immer mit Weihwasser. Und ich dachte, ich bin schon größer als meine Geschwister. Da habe ich die Decke über den Kopf gezogen, als ob ich schon schliefe, — und so habe ich den Kindersegen verhütet!"

Was ein Ehebruch an Leid und Schuld bedeutet, erfahren heute leider viele Kinder am eigenen Leibe und in der eigenen Familie. Trotz aller „Aufklärung" sind sie jedoch kaum klüger als Kinder früherer Generationen.

So ist jener Bauernbub aus dem Bayerischen Wald schon vor über hundert Jahren wohl kaum einfältig und „rückständig" gewesen, der eine Kuh durch die Dorfstraße führte und dem Pfarrer begegnete. „Wohin gehst denn mit deiner Kuh?" fragt der leutselig. „Ja mei, — i führ sie halt zum Decken!" — sagt der Bub. „Und da schickens ausgerechnet dich?!" — sagt der Pfarrer voller moralischer Besorgnis. „Kann das denn nicht dein Vater machen?" — „Naa, Herr Pfarr'" — sagt darauf der Bub entschieden, „das kann überhaupt nur der Stier!" (Sp)

Natürlich wissen die Jungen, wie das siebte Gebot heißt, — aber wenn der Pastor einen so direkt fragt: „Was ist stehlen?" — was soll man darauf antworten? Die Klasse bleibt stumm. Da wendet sich der Pastor an den Klügsten und versucht an ihm seine pädagogische Kunst: „Also hör mal zu, Willi: Stell dir vor, deine Mutter schickt dich zum Metzger, ein Pfund Fleisch zu holen. Der Metzger kann das Geld nicht wechseln und muß einen Augenblick aus dem Laden gehen, um Kleingeld zu holen. Da siehst du auf der Theke ein Ende Leberwurst liegen. Es kribbelt dir in den Fingern . . . Willi, wenn du nun das Ende Wurst nimmst und in die Tasche steckst, — was tust du dann?
Willi hat gespannt zugehört und offensichtlich alles verstanden. Mit dem ehrlichsten Gesichr der Welt antwortet er: „Dann warte ich, bis ich draußen bin, — und dann eß ich die Wurst auf!"

„Pitterchen, sag mir, wie heißt das 7. Gebot?" fragt der Lehrer in Köln. Und Pitterchen antwortet: „Ihr sollt nicht stehlen, Herr Lehrer!" — „Aber warum sagt du denn 'ihr'?" — „Äwwer, Här Lehrer!, ich darf doch nit „Do" för Uech sage!"

Das Naschen fällt bekanntlich auch unter dieses Gebot, — zum Leidwesen der Kinder, die das so gern tun! — Da begegnet zum Beispiel in Köln ein älterer Pastor einem kleinen Jungen, der eifrig damit beschäftigt ist, aus dem frischen Stuten all die Korinthen herauszupuhlen und zu essen. Er fühlt sich verpflichtet, hier einzugreifen. „Mein Sohn!" spricht er den Kleinen an, „du weißt doch, daß man nicht naschen darf! Wie kannst du nur die Korinthen aus dem Stuten herausessen, den du deiner Mutter mitbringen sollst!?" — Der Junge hält kurz mit dem behaglichen Geschmause inne, blickt auf und sagt dann: „Erstens ben ich nit Üer Sohn! Zweitens hät ming Mama gesaaht, ich soll ne Stuten ohne Korinthen holen. Drittens jeht dat Uech garnix an! Un viertens ben ich evangelisch!"

In arge Versuchung kam auch der Pitter, der im Pfarrhaus etwas bestellen soll und von Fräulein Erna empfangen wird, der von den Jungen wegen ihrer „Schlagfertigkeit" gefürchteten Haushälterin. Es dauert lange, bis der Pastor kommt, und Pitter hat Zeit zum Umschauen, — und dann erwischt ihn der Pfarrer dabei, wie er gerade eine Handvoll Zigaretten aus der Besucher-Kiste in seiner Hosentasche verschwinden lassen will. Natürlich gibt es eine Standpauke: „Weißt du denn nicht, daß es eine höhere Macht gibt, die alles sieht, alles hört, und vor der auch ich nur ein armer Wurm bin?" — „Ja, doch, Herr Pastor, — darum hatte ich ja extra aufgepaßt, ob Fräulein Erna hinten in der Küche war! — Haben Sie denn auch Angst vor ihr?"

Das Gewissen der Kinder wird häufig bald abgestumpft durch das schlechte Beispiel der Erwachsenen, die die Belehrungen des Pfarrers eher als störend empfinden. — da unterhalten sich zwei Bauern im Oberbayerischen über den neuen Pfarrer: „Er ist scho a rechter Mann!" meint der eine und zieht bedächtig an seiner Pfeife. — „Sell woll", sagte der andere, — „er ist auch ein frommer Mann. Und daß er meinen Franzel besonders gern hat und unter die Meßdiener nimmt, mag ja noch hingehen. Aber der Herr Pfarrer verdirbt mir den Buben ganz und gar! Seit der Bub so oft auf dem Pfarrhof ist, will er partout kein Holz mehr stehlen!

Ein 10jähriger Bauernsohn berichtet

auf die Frage des Lehrers: „Wieviel Milch gibt denn eure Kuh?“ — „Acht Liter gibt sie, Herr Lehrer.“ — „Und was macht ihr mit der Milch?“ „Zwei Liter trinken wir selber, — und neun Liter, die verkaufen wir!“

Wen wunderts, wenn dann ein Siebenjähriger die Ehrlichkeit der Erwachsenen schon auf die Probe stellt: Er hält auf der Straße die Vorübergehenden an: „Haben Sie vielleicht vor diesem Haus 10 Mark verloren?“ fragt er treuherzig. — „Ach richtig, kleiner Mann! — hast du sie gefunden?“ — „Nein, ich zähle nur, wieviel Leute vor diesem Haus schon 10 Mark verloren haben: bis jetzt sind es 23!“

Über das 8. Gebot meint der kleine Franz: „Das ist hauptsächlich für die Lehrer da, die sollen nicht so schlechte Zeugnisse geben!“

Beim Gespräch über Tugend und Laster fragt der Pastor vorsichtshalber nach: „Was ist denn ein Laster?“ die Antwort eines offenbar fachkundigen Jungen lautet: „Ein Laster, — das ist zum Beispiel ein Dreitonner Diesel mit Kipper, der Sand und Kies fährt. Führerschein Klasse zwei!“

Zur 'Versuchung' fällt mir gerade noch der kleine Jürgen ein, der sich verdächtig lange in der Speisekammer aufhielt und von der Mutter gefragt wurde: „Was machst du denn so lange da drinnen?“ — „Ich kämpfe!“ ruft Jürgen zu-

rück. „Du kämpfst? — ja mit wem denn?“ — „Mit der Versuchung!“

Beichte und Buße

Vor der Erstbeichte: die Kinder sollen jeder ein Reuegebet aufschreiben. Eines davon stammte offenbar aus einem alten Gebetbuch, — da hatte wohl die Mutter diktiert. Doch hatte ihre Tochter anscheinend eine mehr praktische Vorstellung von der „Strenge Gottes“, denn sie schrieb: „O mein Gott! was wird aus mir, wenn du mich deine Stränge fühlen läßt!“

Als man noch in der lateinischen Messe das Confiteor betete und dabei dreimal an die Brust schlug, beantwortete ein Berliner Messdiener die Frage, wie man Reue erweckt: „Ick hau mir vorn Latz und mach mir traurig!“

Der Kaplan hatte vom Heiligen Nepomuk erzählt, der als Märtyrer des Beichtgeheimnisses von der Moldaubrücke in Prag gestürzt wurde und seitdem als „Brückenheiliger“ an vielen Straßenbrücken zu finden ist. Bei einer Wiederholung wußten zwar alle die Geschichte, — aber nicht den Namen. Ein Mädchen zeigte schließlich auf und sagte: „Das war der heilige Muckefuck!“

Eine ältere Frau im Sauerlande erzählte von ihrer Erstbeichte: „Wie es damals so üblich war, wollte ich zu Hause alle meine Sünden auf einen großen Zettel schreiben. Den Beichtspiegel für die Großen hatte ich im Gesangbuch schon aufgeschlagen und neben mir liegen. Aber mir wollte nichts einfallen. Schließlich nahm meine Mutter energisch den Sündenzettel und das Gesangbuch und ging die Sünden der Reihe nach durch. Jedesmal wenn sie eine vorgelesen hatte, fragte sie. „Hiäste dat äok doan, Miäsksken?“ — Und ich habe nur immer geantwortet: „Ach Mama, schräiwet mens drbäi!!““

In der Beichte fragt ein Junge den Beichtvater um Rat: „Ich bin heimlich in der Speisekammer ans Eingemachte gegangen. Was soll ich jetzt tun?" — „Am besten sagst du es doch einfach deiner Mutter!" sagt der Kaplan, „denn die hat ein weiches Herz." — „Ja, das schon", erwiderte der Junge, „aber sie hat eine harte Hand!" (Sp)

Daß zu viele Fragen nicht immer nützlich sind, zeigt das folgende Gedicht von Gustl Annast:

Fritzchens erste Beichte

Fritzchen geht zum ersten male
beichten bei dem Herrn Kaplan.
Und voll Demut sagt er alles,
was er Sündiges getan, — —
lauter kleiner unscheinbarer Dinge
klagte er sich an.

Zur Ermahnung seines Zöglings
also der Kaplan begann:
„Ist das alles, liebes Fritzchen,
alles, was dein Herz bedrückt?
Hast du nicht schon einmal lüstern
nach der Sparbüchs' hingeblickt?
Hast du nicht schon mit dem Messer
in den Spalt hineingefizt
und vielleicht dir heimlich
einen Groschen draus stibitzt? —
Fritzchen! — nichts darfst du verschweigen,—
Gott sieht alles, was man tut!"
— „Nein, ich tat's noch nie!". — sagt Fritzchen.
„Aber — die Idee ist gut!"

Da hatte auch einmal ein 10jähriger gebeichtet: „Ich habe begehrt meines Nächsten Weib!" — Dem erschrockenen Pfarrer blieb das Wort im Halse stecken: „Waas?" — „Ja, das war so. Als meine Mutter im Krankenhaus war, bin ich zwei Wochen bei den Nachbarn gewesen. Und die Frau hat immer gekocht, was ich gern mochte und hat nie geschimpft. Und da habe ich gedacht: „Hätten wir die doch bei uns!"

Die folgende Geschichte ist natürlich frei erfunden, aber ein Beispiel dafür, daß viele Kindersünden nur wie ein Spiegel erwachsener „Vorbilder" sind: Da beichtet ein 14jähriger: „Mein Vater hatte mir verboten, in ein Nachtkabarett zu gehen, aber ich bin trotzdem hingegangen." — „Das ist sehr häßlich", sagt der Pfarrer bekümmert, — „und natürlich hat du gesehen, was du nicht sehen solltest?" — „Ja, — meinen Vater, der saß vorn in der ersten Reihe!"

Anette kommt von der ersten Beichte nach Hause und gibt ihre Erfahrungen gleich an den jüngeren Bruder weiter: „Wenn du nächstes Jahr beichtest, brauchst du gar keine Angst zu haben. Geh zum Pastor in den Beichtstuhl, — da ist nämlich ein Gitter dazwischen. Der kann Dir gar nichts tun!"

Manche Kinder meinen ernsthaft, jetzt müsse sich ihr ganzes Leben ändern. Die Erfahrung lehrt sie freilich bald, daß gute Vorsätze nicht so dauerhaft sind, und daß sie die Barmherzigkeit Gottes noch sehr häufig in Anspruch nehmen müssen. — So schien es mir als 10jährigem schon damals zu gefährlich, jenes Dankgebet aus dem alten Sursum Corda nach der Beichte zu beten, in dem es hieß: „Ewiger Gott, ich will lieber sterben, als Dich jemals wieder durch eine Sünde zu beleidigen!" — Da ich mich recht gut kannte und durchaus noch nicht sterben wollte, ließ ich es lieber aus.

Natürlich kommt man, in sich gekehrt und beladen mit den besten Vorsätzen, aus der Kirche, — aber draußen sind die anderen —. Kurzum, Hans hat sich entschlossen, seine Feinde heute einfach nicht zu beachten. Die legen das anders aus und schimpfen ihn einen Feigling. Da dreht sich Hans empört noch einmal um und ruft: „Ihr könnt euch freuen, daß ich jetzt im Stande der Heiligmachenden Gnade bin, — aber ich komme da schon wieder raus, dann könnt ihr was erleben!“

Nach der Beichte fragt der Großvater den kleinen Sepp: „Nun, hast du denn auch gebeichtet, daß du die Äpfel gestohlen hast?“ — „Nein!“ knurrt der Sepp, „dafür hab ich doch schon genug Schläge bekommen!“

Auch eine Mutter fragt ihre Kleine, ob sie auch alle Sünden gebeichtet habe. „Nein!“ sagt sie, „ein paar habe ich mir noch aufbewahrt für das nächste mal!“

Nach der Beichte findet die Mutter in Mäxchens Gebetbuch einen Zettel mit einer Anzahl von Mädchennamen. Besorgt fragt sie, was diese Namen denn zu bedeuten haben. Unbeschwert von guten Vorsätzen sagt Mäxchen: „Die muß ich alle noch verhauen, weil sie mich geärgert haben!“

„Warum weinst du denn, mein Kind?“ — fragt, gerührt von soviel Reue, der Pastor den Kleinen Sünder, den er eben absolviert hat. „Weil ich mir den Daumen im Gitter eingeklemmt hab und ihn nicht rauskriegen kann!“

„Morgen muß ich beichten gehen“ sagt Franz zu seinem Freund, — und mir fällt doch keine Sünde ein!“ — „Das ist doch ganz einfach!“ — rät der ihm: „Du klaust deiner Mutter einen Groschen! — dann hast du eine Sünde und den Groschen noch dazu!“

In der Fastenzeit sollen die Kinder sich im Verzichten üben und auch mal die dauernde Schnuckerei lassen. Bei den Schularbeiten denkt Fränzchen laut vor sich hin: „. . . auf das Schnuckern kann ich nicht verzichten, das bringe ich doch nicht fertig!“ — die Mutter hat es gehört und fragt: „Auf was willst du denn sonst verzichten?“ — Fränzchen überlegt eine Weile, dann sagt er: „Ach Mama, jetzt ist mir grade etwas eingefallen! Weißt du, worauf ich verzichte? — auf das Waschen und das Zähneputzen!“

In einer Mädchen-Oberklasse — auf der Prager „Kleinseite“ hatte der Pastor über das Fastengebot gesprochen. An den Antworten der Mädchen merkte er bald, daß diese sich schon manche Erleichterung des Fastengebotes ausgedacht hatten. So sagte er schließlich: „Was sagt ihr denn dazu: wenn jemand an einem Freitag eine ganze Menge Fastenspeisen essen würde, zum Beispiel Fischsuppe, Eierspeise, Backfisch und dann noch Mehlspeise, Käse und Obst, — hat der dann gefastet?“ — Da meldet sich ein Mädchen und sagt: „Der hat zuviel gefastet, Herr Pastor!!“ (Sp)

Der Pastor fragt die Kinder: „Was eßt ihr denn am Freitag zu Hause?“ — „Grüne Heringe!“ — antwortet ein Junge, „aber mein Papa ißt sogar zweimal in der Woche grüne Heringe!“ — „Wirklich? wundert sich der Pastor, „ißt er wegen der Fastenzeit auch am Dienstag grüne Heringe?“ — „Nein am Montag, — und wegen dem Katzenjammer!“

Erstkommunion und Firmung

Den Kommunionkindern hat der Pastor gesagt, sie sollten in der Fastenzeit öfter einmal morgens in die Heilige Messe gehen. Die Mehrzahl tut das auch treu und redlich. Nur Franziska kommt äußerst selten. Als sie wieder einmal fehlte und der Pastor sie nach dem Grund fragte, antwortete sie: „Ich bin im Bett geblieben. Aber ich habe jedesmal gebetet: „Jesus, Jesus, komm zu mir!“

Als alle Ermahnungen erfolglos bleiben, läßt der Pastor den Vater des kleinen Anton rufen und erklärt ihm: „Also, Ihren Sohn kann ich so nicht zur ersten Heiligen Kommunion zulassen!" — „Das ist ja entsetzlich!" — jammert darauf der Vater. „Wir haben doch schon alles vorbereitet: die Kerze, den neuen Anzug, das Essen im Hotel bestellt! — Warum wollen Sie ihn denn nicht mit zur Heiligen Kommunion gehen lassen?" — „Aber der Junge weiß rein gar nichts," sagte der Pastor, „urteilen Sie selbst: ich habe ihn gefragt, wie unser Herr Jesus Christus gestorben ist, — und er war nicht imstande, mir zu antworten!" — „Wie, — der ist gestorben?" — sagte der Vater ehrlich überrascht. „Das konnte der arme Junge doch gar nicht wissen, wir halten nämlich keine Zeitung, und eine Todesanzeige haben wir auch nicht bekommen!"

Die übertriebene Feierei am Weißen Sonntag macht manchem Pastor große Sorge, — nicht erst seit heute! So kann man schon in einer sehr alten Anzeige lesen: „Rüninger Turm: — Am Weißen Sonntag: Große Restauration in sämtlichen Räumen. — Montag, den 18. April: Großes Saalconzert, verbunden mit humoristischen Vorträgen, wozu die geehrten Confirmanden nebst ihren Eltern freundlichst einlade. Kochendes Wasser wird gern bereitet. C. Maß." (Das war 1898, — vor fast hundert Jahren!)

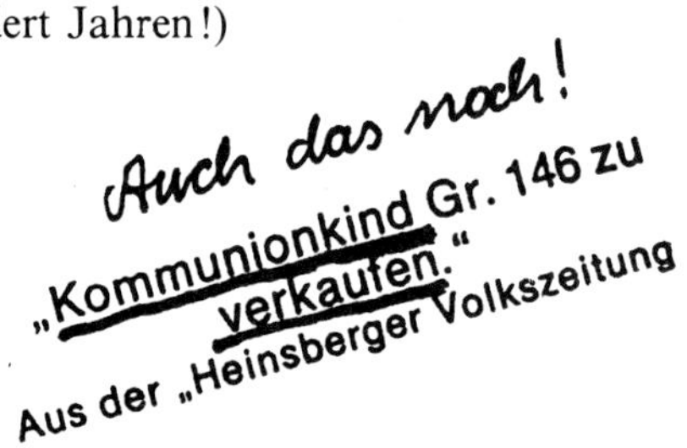

In Frankreich, wo die Kinder schon mit 7 Jahren mit ihren Eltern zur Kommunion gehen, findet die feierliche Kommunion mit 10 Jahren statt, — auch diesmal zum Leidwesen des Pfarrers eine große Modenschau! da betet er denn in der Andacht bei der Marienweihe: „Schau sie dir gut an, Unsere Liebe Frau! — es ist das letzte Mal, das du sie siehst!" (Der Volksmund nennt diese Feier nicht ohne Grund ironisch: „Adieu d' Eglise = Abschied von der Kirche).

So ist es beinahe schon nicht verwunderlich, wenn man 14 Tage später in einer Zeitung liest: „Fast neuer Kinderwagen, Kommunion-Kind und Kinderbett preisgünstig zu verkaufen. — Schewe, Bokel, am Kamp 24." (Aus „Ems-Zeitung). — Hoffen wir, daß nur das Kleid gemeint war!

Als bei der Firmvorbereitung auch über die Feuerzungen gesprochen wird, die sich als äußeres Zeichen des Heiligen Geistes auf die Häupter der Apostel niederlassen, da meldet sich ein Junge, der bei den Franziskanern Messe dient: „haben davon die Mönche diese kahle Stelle am Hinterkopf?" — „Aber nein," sagt der Lehrer, „die Haare werden da vor der Mönchsweihe als Zeichen der Hingabe geschoren. Das nennt man die Tonsur. — Wie nennt man also die runde kahle Stelle?" fragt der Lehrer und schreckt den Franz aus seinen Träumen auf. Der stottert verwirrt: „Die kahle Stelle am Kopf, das ist . . . ist der Landeplatz des Heiligen Geistes!"

Auch in der Christenlehre wird die Firmung besprochen, damit die Eltern sich überzeugen können, wieviel — oder wie wenig — ihre Kinder wissen. „Wer kann mir sagen, was bei der Heiligen Firmung geschieht?" fragt der Pastor. Alle schweigen, denn keiner will sich durch eine falsche Antwort blamieren. Da zeigt ausgerechnet der Konrad, das

Schlußlicht des ganzen Jahrgangs auf: „Ich weiß es, Herr Pastor!" — trompetet er stolz in die Stille: „Da bekommen die Christen einen Klaps!"

Beim Besuch des Bischofs werden auch die Kirchenbücher und die Verwaltung kontrolliert. „Das nennt man 'Visiation'" erklärt der Pastor, „was das ähnlich klingende Wort 'Visite' bedeutet, das könnt ihr ja mal zu Hause fragen." — In der nächsten Stunde meldet sich gleich der Hans. „Mein Vater hat mir gesagt: „Wenn wir die Oma besuchen, dann ist das eine Visite, — und wenn Oma uns besucht, dann ist das eine Visitation!"

Endlich kommt der große Tag, und der hohe Besuch will sich überzeugen, was die Firmlinge wissen. In Tirol, wo man sich ohne Unterschied mit „Du" anredet, muß der Pastor den Kindern extra einschärfen: „Zum Bischof dürft ihr nicht Du sagen, sondern jedesmal: „Eure Bischöfliche Gnaden!" — Da fragt nun der Bischof ein Mädchen, ob es auch die 10 Gebote kenne. — „Ja!" sagt es, — und auf den drohenden Blick des Pfarrers, — „Ja-Eure Bischöfliche Gnaden!" — „Dann sag sie einmal auf!" — Das Mädchen faßt sich ein Herz, und eingedenk der Ermahnungen, dem Bischof nicht Du zu sagen, fängt es an: „Ich bin der Herr, dein Gott! — Eure Bischöfliche Gnaden soll keine fremden Götter verehren . . .!" — Der Bischof lächelte ob des Mißverständnisses, und rief dann einen Jungen auf, der es wohl richtiger machen würde. Aber auch dieser hieltsich treu an die Ermahnung und fuhr fort: „Eure Bischöfliche Gnaden soll nicht töten! — Eure Bischöfliche Gnaden soll nicht ehebrechen! — Eure Bischöfliche Gnaden soll nicht stehlen! Eure Bischöfliche Gnaden soll nicht lügen! . . ." „Genug, genug!" — bremste der Bischof den Eifer des Jungen, ehe er ihm auch noch „des Nächsten Weib, Ochs, Esel und alles was sein ist" vorwerfen konnte. Doch war nicht zu übersehen, wie er sich nur mühsam das Lachen verbiß. (Sp)

In Köln am Rhein haben die Leute schon immer ein besonders vertrautes Verhältnis zum Bischof gehabt. Der wegen seiner Volkstümlichkeit und seines Humors weithin bekannte Weihbischof Dr. Schmitz († 1899) zeigte einmal den Firmlingen seinen Bischofsring, in den die Buchstaben I.H.S. eingraviert waren. (Dieses griechische Christusmonogramm (JESUS XRISTOS SOTER = Jesus Christus Erlöser) findet man an vielen Altären. Eigentlich mußten es die

JHS

Kinder kennen). Der Bischof fragt also einen Jungen: „Nun sag mir mal, mein Junge, was habe ich da am Finger?" — „Ene Ring, Här Bischof!" antwortete der. — „So, und was stehen da für Buchstaben auf dem Ring?" — Der Junge nimmt unbekümmert Hand und Finger des Bischofs, schaut sich den Ring an und sagt dann: „Da steht I.H.S. drauf!" — „Richtig," sagt der Bischof und wendet sich an die andern: „Wer von euch kann mir nun sagen, was diese drei Buchstaben bedeuten?" — Allgemeines verlegenes Schweigen. Da meldet sich ein Kleiner aus dem 3. Schuljahr, der noch gar nicht gefirmt wird und ruft freudestrahlend: „Dat bedüdt: Ich heißen Schmitz!" (Sp)

Im Eifer oder in der Aufregung kam ein Mädchen auf die Frage: „Was ist die Ehe?" — auf eine Antwort, die zwar richtig war, aber keineswegs zu dieser

Frage gehörte. Es sagte nämlich: „Das ist ein . . . ein Zustand schrecklicher Qualen, die man zur Verbüßung zeitlicher Sündenstrafen eine Zeit lang zu erdulden hat, um sich für eine bessere Welt vorzubereiten!" — Der Pastor konnte sich nicht enthalten, empört dazwischenzurufen: „Aber das ist doch das Fegefeuer!" — Doch der Bischof wehrte lachend ab: „Lassen Sie nur, — vielleicht hat die Kleine ja doch recht, — was verstehen denn wir beide schon davon?" (Sp)

Der Bischof will von den Firmlingen wissen, wer denn das Sakrament der Firmung spenden kann. Ein Mädchen, das sich eifrig meldet, weiß zwar die Antwort recht gut, — aber die Aufregung! — Nun gut, sie sagt voller Überzeugung: „Die Firmung kann spenden jeder Bischof, wenn er zum Gebrauche der Vernunft gelangt ist!"

Der verstorbene Kardinal Frings von Köln war schon wegen seines mutigen Eintretens für die Kölner nach dem Kriege, sehr volkstümlich. So konnte es nicht ausbleiben, daß beim Einzug in die Kirche sogar ein kleiner Türkenjunge im schönsten Kölsch begeistert rief: „Mama, do kütt dr Kriminal!"

Bei Gelegenheit der Papstwahl fragte der Kardinal eine Firmgruppe: „Was geschieht, wenn ein Papst stirbt?" — Ein Mädchen wußte: „Dann werde alle Kardinäle eingemauert!" — Der Kardinal konnte das Lachen nicht ganz unterdrücken. Er erklärte, daß man immer nur den Würdigsten zum Papst wähle, und fragte dann: „Liebe Kinder, könnte ich denn auch zum Papst gewählt werden?" — Da rief die ganze Firmgruppe wie aus einem Munde: „Neiiinn!" — „Aber warum denn nicht?" — fragte der Kardinal erstaunt. Ein Junge meldete sich und rief: „Weil man nur den Würdigsten wählt!"

Schließlich ist es noch gar nicht lange her, daß eine Firmklasse dem Weihbischof einen prächtigen Blumenstrauß zur Begrüßung überreicht hatte, Die standen nun vorn auf dem Altar in einer Vase, — gleich nebem dem Bischof, der in der Katechese den Schöpfungsbericht wiederholte. Als er ein Mächen fragt, was denn Gott am dritten Tage erschaffen hat, bleibt es stumm. Der Weihbischof will sie auf die Pflanzen und Blumen vom dritten Schöpfungstag hinweisen: „Schau doch mal hierher, — was gefällt dir denn da besonders?" — Das Mädchen ist verlegen, — schließlich sagt sie leise und mit rotem Kopf: „Mir — mir gefällt der Bischof!"

Gottesdienst

Die Erwachsenen reden wohl vom „Gotteshaus", — was ist da für ein Kind selbstverständlicher, als daß der Liebe Gott auch dort „wohnt". Die Mütter wissen, wie schwer es ist, Kindern in der Kirche etwas zu erklären. Sagt die Mama etwa: „Da vorn, wo das rote Licht brennt, da wohnt der Liebe Gott!" — dann kann sie erleben, daß der Kleine sachverständig sagt: „Aber seine Heizung steht auf Störung!" Man kann auch nicht sagen: „Jesus wohnt da vorn im Tabernakel". — „Da paßt er doch gar nicht rein! — da drin kriegt er doch keine Luft!" ist dann wohl die sehr realistische Antwort. Es sind eben moderne Kinder! Sie denken ungemein praktisch, — wie der 5jährige Sohn eines Zahnarztes, der alle theologischen Probleme souverän löste und meinte: „Ach Mama! ich weiß schon: Wohnen tut der Liebe Gott im Himmel. Aber in der Kirche, — da hat er seine Praxis!"

Als die Lehrerin der ersten Klasse die Kirche erklärt, weist sie auf die Tabernakel-Engel hin, die da andächtig knieen mit gefalteten Händen, — als Beispiel, wie man andächtig betet. Aber den scharfen Augen der Kinder entgeht nichts: „Warum hat denn der eine Engel die Hände gefaltet, und der andere die Arme so übereinander?“ fragt einer. Bevor die Lehrerin noch etwas über Gebetshaltungen sagen kann, ruft schon ein anderer: „Ich weiß es! — Der eine ist noch am Beten, — und der andere ist schon fertig!“ (Sp)

Ein Kind fragt auch: „Wozu sind denn die Lautsprecher da?“ — Sofort sagt ein Junge: „Ach, du bist vielleicht dumm! — die sind extra dafür, daß der Liebe Gott uns besser hören kann!“

Natürlich wird auch die Orgel besichtigt, die großen Pfeifen und die vielen Knöpfe auf dem Spieltisch werden gebührend bestaunt. Einer fragt auch: „Wofür sind die weißen und die schwarzen Tasten?“ — „Damit wird die Orgel gespielt“ — erklärt die Lehrerin. Aber ein anderer Junge fügt noch hinzu. „Die weißen Tasten, die sind für die Feiertage, — und die schwarzen Tasten, die sind doch für die Beerdigung, nöch?“

Eine Kindergärtnerin hat mit Mühe die 5jährigen in der Kirche einigermaßen zur Ruhe und Stille gebracht, — da bleibt plötzlich so ein Knirps vor dem Beichtstuhl stehen und ruft freudestrahlend: „Kuck doch mal, Tante Else! — die haben auch ein Kasperletheather!“

Als der kleine Alwin von der ersten Kirchenbesichtigung nach Hause kommt, erzählt er der Mutter: „Mama, weißt du, wo wir heute waren? — wir waren in der Kirche! Da wohnt doch der Liebe Gott, nich?“ — Die Mutter nickt. „Und weißt du was? — der Liebe Gott, der war nicht da! Aber wir haben seine Frau gesehen, die war gerade beim Saubermachen!“

Der Hahn auf dem Kirchturm soll an die Verleugnung des Petrus erinnern und mahnen: „Wachet und betet!“ —

Bei der Wiederholung fragt der Pastor aber vergebens warum der Turmhahn da oben ist, — die Kinder kommen nicht drauf. „Nun denkt doch mal nach,“ sagt der Pfarrer, „warum ist dort oben gerade ein Hahn und nicht ein Huhn?“ — Schweigen. — Endlich zeigt einer auf und sagt: „Ich weiß es! » weil sonst der Küster immer raufsteigen müßte, um die Eier zu holen!“ (Sp)

Wenn man mit der Mama in die Messe gehen darf, gibt es natürlich für ein Kind viel Neues zu sehen. Mama kommt von all den Fragen doch oft in große Verlegenheit. Von ihrem ersten solchen Besuch erzählte die kleine Marion von dem Schuldbekenntnis zu Anfang: „Der Pastor hatte solchen Hunger, er hat sich immer auf den Bauch geklopft! — Und nachher haben zwei Jungen ihm Brot gebracht und was zum Trinken, — die waren als Mädchen verkleidet!“

Ein schon fernsehgewohnter 5jähriger meinte nach der Messe zu seiner Mutter: „Die Musik war ganz schön. Aber die Reklame und die Nachrichten waren viel zu lang!“

Manchmal möchte sich Mama ganz, ganz klein machen. — wenn etwa am

Ende der Predigt der Liedanzeiger aufleuchtet und in die Stille ein kleines Mädchen laut ruft: „Guck mal, Mama! — Die Lottozahlen!"

Oder wenn der kleine Egon sieht, wie alle zur Wandlung niederknien und fragt: „Mama, warum knien die alle? — „Pst!" macht die Mama leise, „du siehst doch, die beten!" — „Aber die haben sich ja noch gar nicht ausgezogen!" tönt es vernehmlich in die Stille. (Klein Egon hatte an das Abendgebet gedacht).

Schlimmer noch erging es der Mutter des kleines Marcel, als sie ihn mit in die Messe nahm. „Wo ist denn der Liebe Gott?" — wollte er gleich zu Anfang wissen. Die Mutter zeigte auf den Tabernakel und sagte: „Da oben!" — Damit war er zunächst zufrieden. Es gab ja auch genug zu sehen und zu hören. Dann aber passierte es, — als der Messdiener zur Wandlung schellt. Da zieht der kleine Marcel die Mama heftig am Ärmel und ruft in die andächtige Stille hinein: „Mama, Mama, es hat geklingelt! — es hat geklingelt! — warum geht denn der Liebe Gott nicht ans Telefon?!" — Die Mutter hätte sich am liebsten unter die Bank verkrochen.

Auch eine Großmutter, die ihren vierjährigen Enkel mit in die Kirche nahm, hatte ihre liebe Not, mit dem kleinen Naseweis, der immer wieder Fragen stellte, — und so laut! — Mit Mühe brachte Oma ihn vor Beginn der Heiligen Messe zum Schweigen: „In der Kirche muß man still sein und nicht reden!" — Er war wirklich still. Kaum aber stand der Priester am Altar und begann mit der Einführung, da hörte man die empörte Stimme des Kleinen: „Aber Oma, — der Mann da vorne redet doch auch!" (Sp)

Zur Ehrenrettung der Kleinen muß man aber zugeben, daß sie sich recht bald ganz fromm und gesittet benehmen, — nach dem Beispiel der Großen. (Es sei denn, das Beispiel war nicht so!)

Der kleine Jean ging immer mit dem Opa in die Messe. Opa aber schlief regelmäßig bei der Predigt ein und schnarchte fürchterlich. Der Pastor, den das doch sehr störte, nahm sich den Kleinen beiseite: „Ich gebe dir zwei Franc, wenn du den Großvater jedesmal aufweckst!" — Der Kleine versprach es. Doch am nächsten Sonntag störte wieder das laute Schnarchen die andächtige Stille. Der Pastor erwischte den Jungen am Ausgang der Kirche und sagte verärgert: „Aber Jean, du wolltest dir doch die zwei Franc verdienen und den Großvater wecken!?" — „Ach nein, M'sier L'Abbe!" sagte der ungerührt. „Wissen Sie, der Großvater hat mir nämlich drei Franc gegeben, damit ich ihn schlafen lasse!"

Der kleine Jules fragt am Sonntag Morgen die Mutter: „Wo gehst du hin, Maman?" — „Zur Messe, mon petit!" antwortet sie. „Und was macht man in der Messe?" — „Man sitzt, — man kniet, — man gibt Geld?" antwortet die Mutter amüsiert. — „Warum gehst du dann dahin?" war die etwas peinliche Frage des kleines Jules, die Maman nicht beantworten konnte.

Kaum ist die Familie aus der Sonntagsmesse zurück, fängt Vater schon wieder an zu nörgeln, — über die viel zu lange Predigt, — über den schlechten Gesang, — die langweiligen Lieder, — außerdem müßten die Sitzbänke endlich gepolstert werden, — —!" — Nach einiger Zeit mischt sich Max, der 6jährige Sohn aber ein und sagt vorwurfsvoll: „Nun hör aber mal, Papa! — für den Groschen Eintritt, den du für uns vier in den Korb geworfen hast, war das doch ein ganz anständiges Programm!"

Als beim Mittagessen der Vater seiner Familie mitteilte, er würde in der kommenden Woche für 4 Tage nach Hannover zur Messe fahren, rief die 6jährige Carola ganz empört: „Das finde ich aber gemein: in Hannover willst du gleich vier Tage lang eine Messe mitmachen, — und hier schimpfst du schon, wenn die Messe mal fünf Minuten länger dauert!"

Der kleine Peter war still und brav in der Messe, aber nachher hat er doch eine Frage: „Papa, du hast doch gesagt, die Kerzen in der Kirche, das sind Wachskerzen, — ich hab es aber jetzt ganz genau gesehen: die wachsen gar nicht, die werden immer kürzer!" (Sp)

Ilona war schon öfter mit der Mutter in der Kirche, — diesmal im feierlichen Hochamt. Sie hielt tapfer durch. Als sie die Kirche verlassen, sagt sie aber doch: „Puuuuh! Mama, — das war aber lange!, — ich wußte gar nicht mehr, was ich beten sollte, — ich habe dem Lieben Gott zwei mal alle Geschichten erzählt, die ich kenne!"

Bei der Kollekte geht immer der Korb von Hand zu Hand durch die Reihe. Der kleine Franz, der mit Papa schon regelmäßig die Sonntagsmesse besucht, sitzt diesmal an der Ecke der Bank. Der Mann mit dem Körbchen geht von Reihe zu Reihe und Franz sieht interessiert zu. Jetzt wandert der Korb schon durch die Reihe vor ihm, dann kommt er bei ihm zurück. Franz nimmt den Korb entgegen, wirft seinen Groschen hinein, reicht ihn stolz dem Mann neben der Bank und sagt laut: „Onkel, die ganze Bank hat nicht bezahlt, nur ich und Papa!" — Da bekamen einige rote Köpfe, hinter ihnen kicherte es, und alle holten schleunigst etwas Opfergeld heraus.

Eine Mutter hatte ihren Sprössling besonders ermahnt, bei der Messe artig zu sein und sich gut zu benehmen. Als der Küster ihm den Korb hinhält, hält er sich an die Mahnung der Mutter und sagt als wohlerzogener Junge, — wenn auch mit leisem Bedauern: „Nein danke! ich möchte nichts!"

Ein Vierjähriger, schon wohlvertraut mit dem täglichen Geschwisterstreit um die kleinen Hausarbeiten, sieht nach der Kommunion, wie der Priester den Kelch mit einem Tuch auswischt. Da sagt er halblaut, aber deutlich vernehmbar in der Stille vor sich hin: „Immer das olle Abtrocknen! — sogar in der Kirche!"

Die kleine vierjährige Maria war schon öfter mit in der Kirche. Als der Vikar nun einmal zu einem Besuch in die Familie kommt, begrüßt sie ihn erfreut, gibt ihm brav das Händchen und sagt ganz ernsthaft: „Onkel Vikar, dich hab ich auch schon mal in der Kirche an der Theke gesehen!"

Mißverständnisse

Da kommt der kleine Peter etwas bedrückt aus der Sonntagsmesse nach Hause. „Mama", sagt er, „Der Liebe Gott ist sehr krank! — Vielleicht muß er sogar sterben!" — „Aber warum denn, — wer hat denn so etwas gesagt?" verwundert sich die Mutter. — „Der Pastor hat es doch selbst gesagt, — er hat gesagt: „Gott, der Herr, hat heute Morgen den bekannten und von allen geschätzten Doktor Matthies zu sich gerufen!"

Die kleine Ria kommt aus der Sonntagsmesse, in der ein Hirtenbrief verlesen wurde. Mitten im Spiel fragt sie auf einmal: „Mama, — warum lieben Ärzte Sahne?" — „Wie kommst du denn darauf?" fragt die Mutter. „Ja, der Pastor hat einen Brief vorgelesen, der war vom Bischof, — und darin hat er immer wieder gesagt, daß Ärzte Sahne lieben!" —Die ganze Familie zerbrach sich eine Weile den Kopf über diesen seltsamen Ausspruch, — bis endlich einer darauf kam, daß Ria die Anrede: „Liebe Erzdiözesanen!" ein bißchen falsch verstanden hatte.

Ähnlich ging es dem vierjährigen Walter, der bei der Predigt aufmerksam zugehört hatte. „Mutti", sagt er zu Hause, — der Pastor hat heute aber was Komisches gepredigt!" — „Was hat er denn gesagt?" — fragt die Mutter. „Er hat gesagt: „Die Geis gibt Millich, — aber das Fleisch schmeckt nicht!" — Darob großes Rätselraten der ganzen Familie, — und endlich Gelächter, als der Vater sich an das Bibelzitat aus der Predigt erinnert: „Der Geist ist willig, aber das Fleisch ist schwach!"

Kurze und präzise Predigtkritik eines Siebenjährigen: „Eine Predigt ist, wenn der Pastor vom Balkon schimpft!"

Eine Mutter will ihr Kind schon früh zur Wohltätigkeit anhalten und gibt dem Fünfjährigen ein paar Pfennige für den Opferstock. Der Kleine wirft das Geld hinein, bleibt davor stehen — und fängt laut an zu weinen. Die Mutter war schon vorgegangen und kam besorgt zurück. „Was hast du denn?" fragt sie. Der Kleine schluchzt: „Ich hab das Geld reingeworfen, — aber es kommt nichts raus!" (Geschehen in einer Kirche in Godesberg 1911!). (Sp)

Ein moderner Fünfjähriger machte die gleiche Erfahrung, warf den Groschen seines Vaters in den Schlitz und suchte nach der Öffnung, aus der die Schokolade kommen mußte. „Komm nur!" flüsterte der Vater leise und zog Karlchen von dem vermeintlichen Automaten fort, — „da kommt nichts raus!" Verdutzt schaute Karlchen seinen Papa an. Dann sagte er laut empört: „Na hör mal, Vati, — Das ist aber ein doller Schwindel! — und noch dazu in der Kirche!

Auf Lichtmess ist Kerzenweihe, Kindermesse und Lichterprozession. Der Kaplan erklärt den Kindern recht überzeugend, daß Jesus Christus das Licht ist, daß alle Menschen erleuchtet. „Wenn wir gut sind", sagt er, „dann brennt in unseren Herzen hell sein Licht! — Aber was ist, wenn bei uns das Licht nicht brennt?" fragt er die andächtige Kinderschar. Da kräht hinten ein Kleiner, den seine Schwester an der Hand führt: „Dann ist die Sicherung kaputt, Onkel Pastor!"

Die Mutter eines Kommunionkindes, die selbst ziemlich selten in der Sonntagsmesse war, erzählte mir von ihrer 8jährigen Tochter: Die kam eines Sonntags aus der Kirche nach Hause. Gedankenlos fragt die Mutter: „Was hat der Pastor denn erzählt?" — Die Kleine gab eine Antwort, die ganz gewiß nicht in der Predigt vorgekommen war, — es war ihre eigene „Predigt": „Die Eltern sollen die Kinder nicht soviel ausfragen, —" sagte sie, „sie sollen lieber selber in die Kirche gehen!" — Die Mutter hat sich diese „Predigt" doch sehr zu Herzen genommen.

Bei der Erklärung der Heilige Messe versuchte der Pastor den Kindern klarzumachen, daß jede Heilige Messe die unblutige Erneuerung der Kreuzesopfers Christi ist. Auf die Frage nach dem Unterschied zwischen dem Kreuz-Opfer und dem Mess-Opfer erhielt er die Antwort: „Bei dem Kreuzesopfer wurde keine Orgel gespielt!" (Sp)

In der Höheren Mädchenschule erzählt der Religionslehrer, daß früher die Christen in einem Opfergang Liebesgaben opferten wie Brot, Wein, Öl, usw. — Ein Mädchen das wohl von ganz anderen Dingen träumte, sah sich plötzlich aufgerufen und gefragt: „Was versteht man unter einer Liebesgabe?" — erschreckt und tief errötend flüstert sie: „Ein Kuß, Herr Kaplan!"

Es war natürlich auch ein Mädchen, das auf die Frage der Lehrerin: „Was ist eine Epistel?" — antwortete: „Das ist die Frau vom Apostel!" (Ap)

In der Christenlehre will der Vikar den Kindern an einem Beispiel klarmachen, daß man bei der Predigt immer gut achtgeben soll. Er erzählt dazu von jenem jungen Mann namens Eutychus in Troas, der während einer Predigt des Apostels Paulus einschlief, aus dem Fenster fiel und ums Leben kam (Apg. 20,9). Alle lauschten voll Spannung dem Bericht. Als der Vikar dann ein Mädchen fragte: „Was kann man aus diesem Ereignis lernen?" — da antwortete es: „Man kann daraus lernen, daß eine Predigt nicht zu lange dauern soll!" (Sp)

In der Woche vor Himmelfahrt fragt der Pastor, was denn eine Bittmesse sei. „Das ist eine Messe mit Schlagzeug und Tschäss!" meint ein 8jähriger. Er konnte das Wort Beat noch nicht schreiben, hatte von Beat-Messen aber offenbar schon gehört.

Die große Lobeprozession war ein voller Erfolg. Der Pastor hatte vorher die Kinder und Messdiener gebeten, sie sollten aber auch alle um gutes Wetter bitten. Nun, die Sonne meinte es wahrlich gut, — zu gut beinahe. Auch den Messdienern wurde es reichlich warm unter ihrem Rock, und dem Pastor lief der Schweiß übers Gesicht. Nach dem Schlußsegen meinte einer der Messdiener teilnehmend: „Jetzt haben wir alle um gutes Wetter gebetet, Herr Pastor, — aber vielleicht hätten wir doch nicht so viel beten sollen!"

Da ist auch in Köln die alljährliche große Fronleichnamsprozession. Viele Besucher kommen von auswärts. Auch zwei ältere Damen aus dem protestantischen Wuppertal stehen auf dem Bürgersteig, der von weißgekleideten kleinen Mädchen mit Kränzchen und Blumenkörbchen gesäumt wird. Sie warten, daß die Prozession sich in Bewegung setzt. Zwei stehen direkt vor den beiden Damen und werden von ihnen bewundert. Schließlich beugt sich eine von ihnen zu den Kindern hinab und sagt: „Ihr habt euch aber fein gemacht! Da wird sich der Liebe Gott aber freuen über so eine niedliche Garde!" — Da dreht sich die Kleinere entrüstet um, und aus dem süßen Kindermund hört man die Worte: „Mer sin ken Garde nich! — mer sin de Engelscher, do Aaaschloch!"

Die Ministranten weiß jeder Pastor und Vikar als treue und stets bereite Helfer zu schätzen. Natürlich verüben sie auch manche Jungenstreiche, — doch nur selten hört man Witze über sie. Wenn es auch kein Witz ist, werden doch die „uralten" Messdiener aus der Zeit der lateinischen Gebete schmunzeln, wenn ein Messdiener auf die Frage, ob er schon das Confiteor könne, antwortet: „nein, aber ich weiß, wie es anfängt und wie lange es dauert!"

Immerhin, was Messdiener einmal gelernt haben, das sitzt! Das mußte ein Dominikaner-Pater erfahren, der in Berlin-Dahlem eine Heilige Messe feiern wollte und — nach Dominikanerbrauch — gleich zu Beginn der Messe Brot, Wein und Wasser gebracht haben wollte. Der kleine Ministrant starrte verständnislos, als der Pater ihm Zeichen gab. Da er aber nicht aufhörte, auf

die Kredenz zu weisen, wurde es dem Kleinen zu bunt. Er ging hinauf zum Altar und sagte vernehmlich: „Herr Pastor, es ist noch nicht so weit!! — Wenn es soweit ist, sage ich Ihnen Bescheid!!"

In die Kirche kommt ein kleiner Junge, wirft einen Fünfziger in den Opferstock und stellt eine Opferkerze auf, kniet sich andächtig auf den Betstuhl davor und betet. Ein Mann kommt hinzu und kniet sich neben ihn. Der Junge

sieht ein paar mal hinüber, — schließlich beugt er sich hinüber und sagt vorwurfsvoll: „Sie, rutschen Sie weiter weg! — Beten Sie an ihrer eigenen Kerze!"

Das Sakrament der Ehe

Zwar ist der Zeitpunkt noch fern, — aber die Kinder, vor allem die Mädchen, interessieren sich schon für alles, was mit Liebe und Hochzeit zusammenhängt. Schließlich fängt die Geschichte ja mit Adam und Eva an.

„Wo hat Gott die Ehe eingesetzt?" fragt der Kaplan. „Im Paradies," kommt die richtige Antwort. „Gut, und mit welchen Worten?" — da ging es dem Jungen doch etwas durcheinander, denn er antwortete: „Ich will Feindschaft setzen zwischen Dir und dem Weibe!"

In der Höheren Schule erklärt der Religionslehrer: „Polygamie, das bedeutet Vielweiberei, — Monogamie, das bedeutet Einehe, — Im Sakrament der Ehe können sich nur ein Mann und eine Frau verbinden." — In der Hausarbeit schrieb dann einer: „Die Mohamedaner dürfen viele Frauen haben, die Christen dagegen nur eine einzige, das nennt man Monotonie."

Unter den Ehehindernissen hat der Pfarrer in der Mädchenschule auch die „Ewigen Gelübde" aufgezählt. Vorsichtshalber fragt er nach: „Was ist ein Gelübde?" — Ein Mädchen erwiderte errötend: „Wenn sich zwei sehr lieb haben!" (Sp)

„Weiß noch jemand ein anderes Ehehindernis?" fragt der Pfarrer. Da meldet sich Angelika: „Wenn keiner kommt, Herr Pastor!" (Sp)

Wozu das Sakrament der Ehe da ist, will der Pastor von den Kommunionkindern wissen. „Damit se sich mögen!" kommt die verschämte Antwort eines kleinen Mädchens. Er hat zwar heimlich gelächtelt aber sich auch gewundert, wieviel Weisheit in dieser kindlichen Erklärung steckt.

„Warum trägt denn die Braut einen Kranz bei der Trauung?" will der Pfarrer wissen. „Damit sie schöner ist". (Sp)

Vergebliche Liebesmüh war der Versuch des Kaplans, der höheren Mädchenklasse das Gleichnis von den 5 klugen und den 5 törichten Jungfrauen zu erklären. Als er am Ende fragt: „Was will uns dieses Gleichnis also lehren?"

— da antwortet eines der Mädchen: „Daß wir jederzeit auf einen Bräutigam warten sollen!" (Sp)

Bei einer Hochzeit sitzen zwei Jungen auf dem Bürgersteig gegenüber der Kirche und verfolgen den großen Aufzug. Wie dann das frisch getraute Paar die Kirche wieder verläßt, sagt der eine erstaunt zum andern: „Kuck doch mal, Die Braut ist gar nicht so dumm! — mit einem alten Herrn ist sie reingegangen, — und mit einem jungen kommt sie raus!"

Nach der Trauung drängeln sich schon die Kinder vor der Kirchentür und hoffen, daß der Bräutigam auch seinen Bonbon-Segen austeilt. Dieser aber war äußerst wenig freigebig. „So ein Knicker!" sagt ein Junge ärgerlich, „dem würde ich gern einen Streich spielen!" — „Soll ich mal?" fragt der andere. „Paß mal auf!" — Und schon drängt er sich nach vorn, ganz nah an das Brautpaar heran und ruft: „Hallo! Papa!" — Die Wirkung war verblüffend.

Nach den oft leidvollen Erfahrungen vieler Kinder aus zerbrochenen Ehen nimmt es nicht wunder, wenn in einer Religionsstunde der Peter die Leiden Hiobs so aufzählt: „Hiob hatte ein Unglück nach dem andern, erst hatte er sein Vieh verloren, dann auch noch seine Kinder, — und zuletzt mußte er mit seiner Frau leben!"

Als man über Friedensliebe sprach, fragte der lehrer: „Was ist das für ein Mann, der zwar im Recht ist, aber um des Friedens willen nachgibt?" — Ein Junge antwortet mit Nachdruck: „Der ist verheiratet, Herr Lehrer!

Auch jener Achtjährige sprach gewiß aus erlittener Erfahrung, als er gefragt wurde, warum die Heiligen im Himmel so glücklich seien. „Die sind so glücklich, weil sie nicht verheiratet sind!" (Sp)

Nach einem heftigen Streit seiner Eltern fragt der kleine Karl seinen Vater: „Wie lange bist du eigentlich schon verheiratet?" — Brummt der Vater: „11 Jahre!" — „Da fragt Karl teilnehmend: „Und wie lange mußt du noch?"

Priester, Mönche und Heilige

Am 17. Januar feiert man das Fest des heiligen Antonius, — nicht der von Padua, der für die verlorenen Sachen zuständig ist, — sondern den Vater der Mönche und Einsiedler, den man im Sauerland 'Fickeltünnes' nennt. Das Schwein als Zeichen des überwundenen Bösen zu Füßen des Heiligen haben die Bauern halt auf ihre Weise gedeutet und ihn zum Patron der Bauern gemacht. Ein Dorf im Sauerland beging das Patronatsfest immer besonders feierlich. Der Vikar erzählte den Kindern vom Leben des Heiligen in der Einsamkeit der Wüste und fragte schließlich: „Wie

nennt man einen solchen Menschen, der einsam in der Wüste lebt?" — Da meldet sich ein Mädchen und sagte: „Einen Wüstling, Herr Vikar!" (Sp)

Bei der Aufzählung der Mönchsgelübde schrieb ein Junge in der Hausaufgabe: „Die drei Gelübde sind Armut, Gehorsam, und Unehelichkeit!"

Die meisten Heiligen werden mit einem Kennzeichen dargestellt, — so etwa der heilige Petrus mit dem Schlüssel, Paulus mit dem Schwert usw. — Das hat der Kaplan den Kinder gerade erklärt und fragt nun: „Habt ihr auch schon mal darauf geachtet, welches Kennzeichen dem Heiligen Josef beigegeben wird?" — Darauf sagt ein Junge: „Unter dem heiligen Josef, da hängt meistens ein Opferkasten!"

„Priester werden kann nur ein Mann, aber ein Mädchen kann in ein Kloster gehen und Nonne werden!" hatte der Pastor erklärt. Bei der Wiederholung fragt er ein Mädchen: „Kannst du Priester werden?" — „Nein", antwortet es richtig. — „Aber was kannst du doch werden?" fragte der Pastor. „Ich kann aber doch eine Haushälterin bei einem Pastor werden!" —

Kinder begeistern sich schnell für fremde Völker und Länder, — und natürlich für Abenteuer, die man dort erleben kann. — So antwortet der kleine Karl auf die Frage seines Onkels: „Was willst du denn später einmal werden?" — „Ich werde Heiden-Missionar!" — „Das ist aber brav von dir, — ein großartiger Beruf!" meint der Onkel anerkennend. „Wie bist du nur auf diesen schönen Gedanken gekommen?" —

„Weißt du, Onkel," erklärt Karlchen treuherzig, „ich möchte doch so gern mal sehen, wie die Wilden einen Menschen braten!"

Der kleine Christian darf in den Sommerferien zu seinem geistlichen Onkel aufs Land. Am Vortag des Patronatsfestes kommt er zum Onkel ins Zimmer, um ihn für einen der beliebten Waldspaziergänge zu entführen. Aber Onkel Pastor hat keine Zeit. Er brütet über der Predigt. Aufmerksam betrachtet Christian die verschiedenen Notizblätter, Schließlich fragt er: „Gell, Onkel, das sagt dir alles der Liebe Gott, was du da aufschreibst?" — „Ja, mein Junge" antwortet der Onkel gedankenverloren und zerstreut. — „Ja, und warum streichst du dann immer soviel durch?"

Kennst du die Namen der drei Eisheiligen? (Antwort: Fürst Pückler, Langnese und Jopa).

Vom Tod und den letzten Dingen

Bei der Krankensalbung wurden früher die „fünf Sinne" gesalbt: Augen, Mund und Nase, Hände und Füße. Der Lehrer will von den Kindern wissen: „Warum werden die fünf Sinne gesalbt? — „Die Augen, — weil man Unrecht mit angesehen hat", — fängt der Frieder an aufzuzählen, — „und die Ohren, — weil man auf das Böse gehört hat, — und die Nase . . ." — er hält nachdenklich inne und sagt dann, — etwas verlegen: „- die Nase, — weil man darin gebohrt hat!" Gleich meldet sich ein anderer und berichtet. „Die Nase wird gesalbt, weil — man soll seine Nase nicht in jeden Dreck stecken!"

„Stell dir vor, du wüßtest ganz bestimmt, daß du morgen sterben mußt, — was würdest du dann tun?" fragt der Lehrer einen Jungen. Der bedenkt sich nicht lange und antwortet: „Ich würde ganz bestimmt keine Schularbeiten machen!" (Sp)

Ein kleines Mädchen, das die Frage doch wohl ernster genommen hatte, fragte daheim die Mutter besorgt:

„Mama, — weißt du denn, wann du sterben wirst?“ „Wenn der Liebe Gott mich ruft,“ — antwortet die fromme Mutter. „Aber Mama“ sagt die Kleine darauf erleichtert, „ dann brauchst du doch gar nicht zu sterben! — Wenn der liebe Gott dich ruft, dann tust du einfach so, als ob du es nicht gehört hast!“

Alle Kinder möchten in den Himmel kommen. Daß sie es damit aber durchaus nicht eilig haben, erfuhr der Pfarrer, als er drei heftig sich balgende Rangen zur Rede stellte. „Wollt ihr denn nicht in den Himmel kommen?!“ — fragt er zornig. — „Ja, ja, natürlich!“ antworten zwei von ihnen, noch keuchend vom Kampf, — der dritte aber schüttelt den blonden Struwwelkopf und erklärt energisch: „Nein!“ — „Was, — du willst nicht in den Himmel kommen, wenn du stirbst?!“ — fragt der Pfarrer schockiert den Jungen. — „Ach so!“ — ruft der erleichtert, — „Wenn ich sterbe, — natürlich! — Ich dachte, Sie suchen welche für jetzt gleich!“

Geht es uns Erwachsenen nicht ganz ähnlich? Das mußte auch ein älterer Pfarrer erfahren, der ein schwerkrankes Mädchen versehen hatte und nachher gütig fragt: „Du möchtest wohl noch nicht sterben, Elisabeth?“ — „O doch, ja!“ — antwortet die Kleine ganz gefaßt, — du mußt aber zuerst sterben, Herr Pastor!“ — Der ging sehr nachdenklich nach Hause. (Sp)

Früher nannte man die Krankensalbung „Letzte Ölung“, weil sie fast nur Sterbenden in Verbindung mit dem Versehgang gespendet wurde. Das kann in einem technischen Zeitalter zu Mißverständnissen führen. So gab der kleine Sohn vom Tankstellenbesitzer auf die Frage der Kindergärtnerin nach seiner kranken Oma bereitwillig Auskunft. „Gestern war der Vikar bei uns und hat ihr den letzten Ölwechsel gemacht!“

In Köln antwortet das kleine Pitterchen auf die Frage des Lehrers: „Wieviel Sakramente gibt es?“ — mit Überzeugung: „Kein mieh!“ — „Was, — keine mehr?“ — wundert sich der Lehrer, — „wie kommst denn darauf?“ — „Och, dat eß esu: „— erzählt Pitterchen treuherzig, „ming Tant, — die hät gester de letzte Sakramente empfangen!“

Daß wir alle einmal zu Staub werden, wenn wir gestorben sind, hat der Pastor am Aschermittwoch in Verbindung mit dem Aschenkreuz erklärt. An diesem Tag kommt der kleine Gregor sehr nachdenklich aus der Schule nach Hause. „Mama, stimmt das wirklich, daß alle nach dem Tode zu Staub werden?“ — fragt er die Mutter beim Essen. „Ja, Kind, das ist so, wir werden alle einmal zu Staub.“ — Gregor geht in sein Zimmer um die Schularbeiten zu machen. Auf einmal kommt er in die Küche: „Mama!“ — sagt er atemlos mit großen Augen: „Mama, komm doch mal mit! — Ich glaube, unter meinem Bett liegt ein Toter!“ —

Im November geht die Mutter mit ihren beiden Kindern ins Museum. Da gibt es immer viel zu sehen. In der Abteilung für Säugetiere steht auch ein menschliches Skelett. „Och Mama, kuck doch mal!“ ruft Gregor, — „was ist das für ein komisches Tier?“ — „Das ist kein Tier“, — stellt Mama richtig, „das ist ein Skelett.“ — Was ist denn ein 'Kelett?“ — Mama bemüht sich um eine kindgemäße Erklärung: „Ein Skelett, — das ist, — was von einem toten Menschen zurückbleibt.“ — „Ach!“ — meint Gregor darauf erstaunt, „kommt denn bloß der Speck in den Himmel?“

Einmal begegnet Gregor auf einem

Spaziergang mit seiner Mutter einem Leichenzug und fragt: „Mama, was ist das?“ — die Mutter erklärt es ihm leise

und ermahnt ihn: „Pst! — bei einem Leichenzug darf man nicht laut sprechen!“ — Als der Zug vorüber ist und Gregor endlich sich wieder melden darf, sagt er ganz entrüstet: „Mama! — die letzten Leichen haben aber ganz laut gesprochen!“

Eines Tages kommt die kleine Inge ganz bestürzt von den Nachbarn zurück und sagt. „Denk dir nur, Mama, was für ein Unglück die Familie Meyer betroffen hat: da sind an einem Tage vier Menschen gestorben!“ — Die Mutter schüttelt ungläubig den Kopf: „Da hast du dich sicher verhört!“ — „Aber nein, Mama, — ich habe es bei Winters in der Zeitung gelesen. Da stand in einer Todesanzeige: „Gestern ist unsere geliebte Mutter, Gattin, Schwester und Tante gestorben!“

Himmel, Hölle, Fegefeuer

Die Kinder haben ihren eigenen Himmel, — und ihre eigenen Vorstellungen davon. Manchmal machen Sie uns Erwachsene recht verlegen mit ihren Fragen und Antworten, — wie die 9jährige Bernadette, die von der Mutter wissen will: „Mama, ist es wahr, daß es im Himmel so schön ist?“ — „Natürlich ist es wahr, mein Kund, — im Himmel ist es viel schöner, als wir uns überhaupt vorstellen können!“ antwortet die Mutter bereitwillig und glaubt die Frage beantwortet. Aber Bernadette hat gleich noch eine Nachfrage, die keineswegs so einfach zu beantworten ist. — „Mama“, sagt die nachdenklich, „wenn es doch im Himmel so schön ist, — warum sind die Leute dann immer so traurig, wenn einer gestorben ist, — wenn es im Himmel doch so schön ist, — warum weinen sie dann?“

In den dreißiger Jahren wollte ein Vikar von den Kindern wissen, wie der Ort heißt, wo die guten Menschen hinkommen. Ratloses Schweigen. „Ich werde euch helfen. Stellt euch einen weiten, herrlichen Raum vor, von hohen goldenen Säulen getragen, — ein wunderbarer Duft überall, — und die schönste Musik erklingt, — nun, wer weiß, wohin die guten Menschen kommen?“ — „Ins Kinooo!“ rief laut die ganze Klasse.

Während die kleine Angelika im Krankenhaus war, ist ihr Urgroßvater gestorben. Sie hat sich mit ihm immer gut verstanden, obwohl der alte Mann manchmal etwas derb und ruppig war. Als nun Angelika nach Hause kommt und den Ur-Opa vermißt, sagt man ihr, daß er nun im Himmel und ein Engel sei. Angelika schweigt eine Weile nachdenklich. Dann sagt sie: „Weißt du, Mutti, das kann ich gar nicht glauben, daß der Opa ein Engel geworden ist, — der ist bestimmt ein Nikolaus oder ein Ruprecht geworden!“

Der kleine Markus hatte auf seinem Weihnachtswunschzettel einen besonderen Wunsch für seine vor kurzem verstorbene Oma geschrieben. Er schrieb: „Lieber Engel! wir haben euch unsere Oma geschickt. Bitte, gebt ihr im Himmel etwas leichtes zum Spielen, — vielleicht eine Harfe? Das Trompetenblasen ist für Oma zu schwer, denn sie hat Asthma!“ (Sp)

Wenig Erfolg hatte die Mutter der kleinen Inge, als sie nach vergeblichen Ermahnungen die kürzlich verstorbene Oma zu Hilfe rief. „Ingelein, die Oma ist nun oben im Himmel und sieht genau, wie unartig du hier bist!" — Einen Augenblick ist Ingelein wirklich erschrocken, — aber dann zeigt sie auf den Küchenschrank und lacht schadenfroh: „Oma kann mich überhaupt nicht sehen, — sie hat ja ihre Brille liegen lassen!"

Als der Opa starb, sagte man der vierjährigen Kathi, daß ihr Großvater nun bei den Heiligen im Himmel sei. Kurz darauf betrachtete sie mit ihrer 6jährigen Schwester die Bilder einer Heiligenlegende. Kathi wurde immer ungeduldiger und fragte schließlich empört: „Warum is Opa da nich in?!" — Ihre Schwester tröstete sie. „Ach weißt du, Kathi, das ist eine alte Ausgabe, — in der neuen Auflage wird er bestimmt drinnen sein!"

Einige Tage nach der Beerdigung des geliebten Großvaters gibt es ein schweres Gewitter über der Stadt. Alle haben Angst. Nur die kleine Elli steht und freut sich jedes mal, wenn es besonders laut kracht: — „Hörst du, Mutti?" — sagt sie ganz stolz, — „heute darf Opa zum ersten mal donnern!"

Ein Junglehrer, der noch nicht die Tücke mancher Fragen und Antworten kennt, will von den Kindern wissen: „Welche Kinder kommen in den Himmel?" — „Die toten, Herr Lehrer!" — ist die verblüffende Antwort. Er versucht es noch einmal und sagt: „Ich meine: „was müßt ihr tun, um in den Himmel zu kommen?" — „Sterben, Herr Lehrer!"

Auch jener Pastor im schönen Bayern hatte wenig Glück mit seiner Frage an einen Siebenjährigen: „Möchtest du in die Hölle kommen?" „Nein!" — „Nun, — möchtest du dann in das Fegefeuer kommen?" — „Nein!" — „Möchtest du in den Himmel kommen?" — „Nein!" antwortet der Junge wieder. „Ja, — aber warum denn nicht?" entrüstet sich der Pastor. „Weil ich doch noch leben möchte!" (Sp)

Nicht viel besser ging es einer Kindergartenschwester als sie die Kinder aufforderte: „Jeder soll mal die Hand heben, der in den Himmel will." — Alle heben die Hand, — nur der kleine Jörg nicht. „Und Du, Jörg," — fragt die Schwester erstaunt und ein wenig beunruhigt, — „warum willst du nicht in den Himmel?" — „Ich kann nicht mitkommen" — sagt der kleine Jörg, „meine Mama hat gesagt, ich soll vom Kindergarten sofort nach Hause kommen!"

Eindrucksvoll schildert der Lehrer den Untergang der Welt den gebannt lauschenden Kindern, — so glaubt er wenigstens: „Blitze zucken, Donner rasen, die Erde öffnet sich, die Berge stürzen zusammen . . ." — da reckt sich ein ungeduldiger Finger: „Herr Lehrer, haben wir dann schulfrei?"

Von Himmel, Hölle und Fegfeuer haben die Eltern am Allerheiligentag der kleinen Anette erzählt, als man auf Omas und Opas Grab eine Kerze anzündete und betete. Am Sonntag darauf machte Anette wieder mit Mama und Papa einen kurzen Besuch auf dem Friedhof. Während die Eltern beteten,

ließ Anette die Augen umherschweifen

und entdeckte auf einmal eine Nonne in schwarzem Gewand, die tief versunken in einem Buch las und zwischen den Grabreihen wandelte. — „Papa!" — ruft Anette ganz laut und zeigt auch schon mit dem Finger: „Kuck doch mal! — ist das eine Arme Seele?"

„In die Hölle kommen die Menschen, die von Gott nichts wissen wollen." — sagt der Lehrer. „Und wer kommt in das Fegefeuer?" — „Ins Fegefeuer kommen die besseren Leute, Herr Lehrer!"

Als Elvira die Geschichte vom Jüngsten Gericht erzählen soll, geht alles gut. Nur am Schluß hat sie wohl mehr an die häufig schimpfende Mutter gedacht, als sie ihren Bericht beendet: „. . . da sagte der König zu denen an seiner Rechten: Kommt, ihr Gesegneten meines Vaters! — zu denen an seiner Linken aber sprach er: „Geht alle weg, — ihr macht mich nervös!"

Den Teufel finden Kinder eigentlich wenig interessant, — er steht in der Rangliste weit unter dem Nikolaus und dem Knecht Ruprecht, der die bösen Kinder mitnimmt. So ist es verständlich, wenn die 7jährige Ilse dem Lehrer auf seine Frage: „Glaubst du an den Teufel?" antwortet: „Nee, glaub ich nich!" — „Was, du glaubst nicht, daß es einen Teufel gibt?" — „Ach wo! — das

Kinder sind kleine Engel, deren Flügel immer kürzer werden, je längere Beine sie bekommen

ist doch nur wieder der Papa, — genau wie letztes Jahr der Nikolaus!"

„Wie heißt eigentlich der Teufel mit Vornamen?" will die kleine Elvira von ihrer etwas älteren Schwester wissen. „Der heißt „Pfui"!" erklärt diese. Die Mutter hört es sehr verwundert und fragt dazwischen: „Woher weißt du denn das?" „Von Papa! — der Papa sagt doch immerzu: 'Pfui Teufel' . . ."

. . . und die Engel

Verlassen wir die unergründlichen Tiefen des Bösen und wenden wir uns uns den himmlischen Gefilden zu: da sind die Engel, die in der Phantasie der Kinder eine weit größere Rolle spielen.

Da geht Papa an einem klaren Novemberabend mit dem kleinen Klaus im Mondschein spazieren. Klaus schaut andächtig zu dem mächtig großen Vollmond hinuf und sagt: „Papa, — da oben, — da wohnen doch auch Leute, — nich?" — „Nein" — sagt der von Astronauten aufgeklärte Vater, — „da oben wohnen keine Leute." — Darauf Klaus sehr entschieden: dann wohnen eben die Engel da oben, — da brennt doch Licht!"

Engel sind nun einmal schwer zu beschreiben. Ein Lehrer hat es einmal damit versucht, zu sagen, was Engel nicht sind: „Also, Engel sind reine Geister" — sagte er, „ein Geist aber hat keinen Kopf, keinen Hals, keine Brust, keine Arme und keine Füße. — Was ist also ein Engel?" — Sogleich rief ein Knirps, der sehr aufmerksam zugehört hatte: „Ein Engel ist ein Bauch!" (Den hatte der arme Lehrer in der Aufzählung nämlich vergessen!) (Sp)

Einem Pastor an einer Schule in Regensburg erging es nicht anders, obwohl er vorsichtigerweise nur behauptete: „Engel sind reine Geister und haben keinen Leib." — Schon meldete sich ein Junge und sagte lachend. „Herr Pastor, — das muß aber komisch aussehen,

wenn die Beine gleich am Kopf hängen, — wie ne Kneifzange!" (Sp)

Ein anderer Pfarrer hat den Kindern gerade den reichverzierten Barockaltar mit den vielen Engeln erklärt und fragt einen der Jungen: „Möchtest du nicht auch ein Engel sein?" — „Nein, niemals!" wehrte der Junge ganz erschrocken ab. — „Aber warum denn nicht?" — fragte der Pfarrer erstaunt und leicht verärgert. — „Weil ich nicht immerzu so nackig vor allen Leuten auf dem Altar rumsitzen will!" — war die verständliche Antwort des Jungen.

Nach einem Religionsgespräch über die Engel sitzt die kleine Irma zu Hause und malt eifrig an einem Engel mit großen Flügeln. Als Klaus, der ältere Bruder, hinzukommt, fragt sie ihn um Rat: „Du, Klaus, haben Engel eigentlich auch Beine?" — „Na klar!" — meint Klaus überlegen, „klar haben die Beine, — wenn die mal landen wollen!"

Jedes Kind hat seinen Schutzengel, — das sagt sich so einfach. Aber Kinder fangen immer gleich an zu fragen, — und hören dann so schnell nicht wieder auf! — „Ist der Schutzengel immer bei mir?" — fragt Inge die Mama. —„Aber ja, mein Kind!" — „Auch, wenn ich schlafe?" — „Auch, wenn du schläfst." — „Auch wenn ich spiele?" — „Aber ja, auch dann, — er ist immer bei dir!" — „Und die anderen Kinder, mit denen ich spiele, — haben die auch jeder einen Schutzengel?" — „Ja, ja" — murmelt die Mutter, denn langsam wird es ihr doch mulmig. Und ehe sie noch ablenken kann, kommt auch schon die nächste Frage: „Und, — Mama, — wenn wir so spielen, spielen dann auch unsere Engel mit?" — 'Was soll ich bloß machen?' denkt die Mutter und sagt vorerst noch einmal: „Ja". — „Und Mama, — wenn ich nun den Heinz verhauen tu,

— haut dann mein Engel auch seinen Engel?" — „Ich weiß nicht" murmelt die gequälte Mama verzweifelt, — „vielleicht . . .?" — „Aber Mama!" — ruft klein Inge da empört: „dürfen Engel denn das?! — Wenn die hauen dürfen, dann darf ich auch!"

In Köln wäre das kleine Pitterchen beinahe unter ein Auto gekommen. Die Mutter war blaß vor Schrecken, — der Vater murmelte: „Jonge, Jonge, — da häs do äwwer en jode Schutzengel gehabt!" — Da fragt Pitterchen, den überstandenen Schrecken schon fast vergessend, interessiert: „Woar dan ming Schutzengelche dorbei?" — „Ja, mein Kind", — sagt die Mama und drückt das Pitterchen ganz fest an sich, — „wäre dein Schutzengel nicht hinter dir gestanden, dann wärst du jetzt tot!" — „Wat?" fragt das Pittermännchen, — „ston et hinger mij?" — „Ja, mein Kind!" sagt die Mutter wieder und wischt sich die Tränen ab. Da stellt Pitterchen ganz ungerührt und sachlich fest: „Dann ess et kapott!"

Dem kleinen Max imponierten bei einem Kirchenbesuch mit seiner Mutter vor allem die Engelsgestalten mit großen Flügeln rechts und links vom Altar. Seine Mutter erklärte ihm, das seien Engel. Zu Hause fragt Mäxchen dann auf einmal: „Mama, warum hat denn unsere Ella (das Dienstmädchen) keine Flügel, — kann die nicht fliegen?" — Die Mutter lachte belustigt: „Du hast aber sonderbare Einfälle! — unser Dienstmädchen ist doch kein Engel!" — „Doch, Mama," — antwortet Mäxchen, „ich hab doch gestern noch gehört, wie Papa zu ihr gesagt hat: „Mein Engel!" — Da ist auf einmal der Mama das Lachen vergangen, wütend sagt sie zu dem kleinen Max: „Verlaß dich drauf! — unsere Ella wird fliegen, — sie wird heute noch fliegen!" (Sp)

Von Martin bis Dreikönige

In vielen Kirchengemeinden geht am 11. November der Martinszug, und die Fackeln der Kinder erleuchten das winterliche Dunkel. In diesem Jahr durfte auch der 5jährige Konrad mit seinem größeren Bruder mitgehen. Sie gingen mit ihrer Fackel gleich hinter dem Heiligen Martin, der eine prächtige Rüstung trug und konnten alles aus nächster Nähe erleben. Zu Hause berichtete der kleine Konrad begeistert: „. . . und dann war da auch der Heilige Sankt

Martin, das war ein richtiger Ritter auf dem großen Pferd . . ." — „Was hat er denn angehabt?" unterbricht die Mutter den Redefluß. „Der Ritter, — der Sankt Martin? — der hatte — ein Schutzblech an!"

Im Advent wird auch über die Verkündigung und die Geburt des Johannes gesprochen. Der Pastor möchte den Kindern klarmachen, daß Zacharias nicht ein christlicher, sondern ein jüdischer Priester war. Also fragt er einen Zehnjährigen: „War Zacharias ein solcher Priester wie ich?" — „Nein" antwortet der Junge, — er war ein frommer Priester!" (Sp)

Von Elisabeth, der Frau des Zacharias, berichtet die Bibel: „sie gebar ihm einen Sohn". Die kleine Sophie wollte wissen was das heißt: „gebar". Der Pastor sah heikle Fragen voraus und antwortete schnell: „Das heißt: „sie schenkte ihm einen Sohn". In der nächsten Stunde erzählten die Kinder, was sie vom Nikolaus bekommen hatten. (Weihnachtsgeschenke waren damals noch nicht üblich!). Da meldete sich auch die kleine Sophie wieder und verkündete stolz: „Meine Mutter gebar mir zu Nikolaus einen schönen Kanarienvogel!" (Sp)

Im Advent bemühen sich alle Kinder, besonders brav zu sein, — nicht ohne Hintergedanken, versteht sich! Manchmal heucheln sie sogar noch den Glauben an das Christkind, weil dann die Geschenke reicher ausfallen. Da beteten kurz vor Weihnachten auch zwei Brüder ihr Abendgebet. Der Kleinere zählte dabei auch leise auf, was das Christkind ihm zu Weihnachten bringen solle. Der Große tat dasselbe, — aber so laut, daß die Mutter ärgerlich sagte: „Was schreist du denn so beim Beten? — der Liebe Gott ist doch nicht taub!" — „Der Liebe Gott nicht" mein-

te da der Junge mit listigem Grinsen, — aber die Oma, die ist schwerhörig!"

Am 4. Adventsonntag sitzt die Fünfjährige Christina, die das Fest kaum erwarten kann, auf den Knien des Vaters und fragt mal wieder Löcher in die Wand. Da sie gerade von der Heiligen Familie gehört hat, fragt sie nach kurzem Nachdenken: „Papa, du heißt doch Josef, nich?" — Der Vater nickt ergeben. — „Und Mama, die heißt doch Maria, nich?" Wieder nickt der Vater 'ja', — in der Hoffnung, den kleinen Quälgeist endlich loszuwerden. Da fragt Christina schon weiter: „Papa, wenn Du Josef heißt, und Mama Maria, warum bin ich dann kein Junge und heiße Jesus?"

Beim Einüben des Weihnachtsliedes: Ihr Kinderlein, kommet . . . singt eines der Kinder irgendwie falsch. Die Lehrerin läßt das Kind allein singen und hört zu ihrem Erstaunen „hoch oben schwebt Josef den Engeln was vor". —

In einer kinderreichen Familie singt man unter dem Weihnachtsbaum. Auf einmal fragt der Kleinste: „Warum singen wir denn immer 'Ihr Kinderlein kommet'? — Wir haben doch schon sechs!"

Als die Kinder in der Weihnachtszeit im Kindergarten ein Krippenbild anschauen, weist die kleine Heike auf den großen Heiligenschein und fragt: „Hat das Jesuskind auch Hula-Hupp gemacht?" — Die schon altkluge Tochter eines Geschäftsmannes wollte wissen: „Warum liegt das Jesuskind denn auf Stroh?" — „Sie hatten doch kein Geld für ein Bett!" erklärt die Kindergärtnerin. — Darauf die Kleine: „Die Miete können sie nicht bezahlen, — aber malen lassen sie sich!"

Dem kleinen Franz erklärt die Mutter zu Hause die Krippe: Maria, Josef, das Jesuskind, Ochs und Esel . . . Da fehlt aber noch einer — sagt der Kleine plötzlich. — „Ja, wer denn?" — „Der eine, der immer lacht" behauptet Franz. Und schon beginnt er, wenn auch falsch, aber durchaus verständlich, — zu singen: „Gottes Sohn, — OWI lacht".

Die vierjährige Andrea erzählt die Weihnachtsgeschichte dem jüngeren Bruder auf ihre Weise. Mama sitzt am Tisch und hört gespannt zu. „. . . und dann mußten sie in einen Stall gehen, weil sie keiner haben wollte." erklärt Andrea gerade. „Und mitten in der Nacht, — da weckte Maria den Josef und sagte: „Du! - Josef! — mach doch mal Licht! — Ich glaub, ich hab ein Kind gekriegt!"

Mit den endlich erhaltenen Geschenken sind häufig die guten Vorsätze aus dem Advent vergessen. Der kleine Gregor jedenfalls gebraucht in den Weihnachtstagen — anscheinend sogar mit großem Wohlgefallen! — alle Augenblicke das berühmte deutsche Wort, das mit „Sch. . ." beginnt. — „Wer hat dir denn das wieder beigebracht?" fragt der Papa und ist keineswegs erbaut davon. „Ach das?" — sagt Gregor ungerührt, — „das habe ich vom Christkind!" — „Was redest du da?" sagt Papa aufgebracht, — „das glaubst du doch wohl selber nicht!" — Doch, Papa! Ich hab es ganz genau gehört! — Wie das Christkind im Weihnachtszimmer die Spielsachen überall hingelegt hat, da hat es sich im Dunkel an den Stühlen gestoßen, — und da hat es ganz laut 'Sch. . .' gesagt, — sogar mehrmals, — das hab ich ganz deutlich gehört!" (Was sollte der arme Vater da noch sagen!?)

Bei der letzten Klassenarbeit vor Weihnachten hatte ein recht fauler Oberschüler statt der Antworten einfach hingeschrieben: „Gott allein weiß die Antworten! — Frohe Weihnachten!" — Nach den Ferien erhielt er die Arbeit zurück mit dem Vermerk: „Gott kriegt eine Eins, — du kriegst eine Sechs! — Glückliches Neues Jahr!"
Die Geschichte von den „Drei Königen" ist allen Kindern bekannt, — schon durch die Sternsinger, die am Dreikönigstag durch die Gemeinde ziehen und singen und Geld sammeln für die Mission. Vielleicht erzählte der kleine Theo deshalb die Geschichte so: „. . . dann kamen sie nach Bethlehem, fanden das Kind und bettelten es an!"

Die Frage, warum Herodes alle Kinder unter drei Jahren ermorden ließ, beantwortete ein Sechsjähriger: „Weil er mit den kleinen Kindern leichter fertig werden konnte!"

Susanne berichtet zu Hause der Mutter: „Der Pastor hat uns von dem bösen König Rodes erzählt." — „Aber der heißt doch Herodes" verbessert die Mutter. Und Susanne, ganz entrüstet: „Aber Mama, ein so grausamer König, der die Kinder ermorden läßt, — so einen kann man doch nicht „Herr" nennen!

Fastenzeit, Passion und Ostern

Am Aschermittwoch fragt der Lehrer die Kinder nach ihren Fastenvorsätzen. Nach zahlreichen Vorschlägen meldet sich auch der kleine Thomas und sagt: „Ich hab mir auch schon was vorgenommen: ich gebe unserm Hund keine

Wurst mehr!"

Als man in der Schule über die Karwoche und den Gründonnerstag spricht, fragt der Lehrer: „Wer weiß denn noch einen kirchlichen Tag, der nach einer Farbe benannt wird?" „Weißer Sonntag!" ruft eines von den Kommunionkindern. Da meldet sich noch ein Junge: „Ich weiß noch einen Tag mit einer Farbe: den blauen Montag!" (Sp)

Den Abschnitt „Jesus auf dem Ölberg" sollte irgendwo in Westfalen ein Mädchen der Oberklasse vorlesen. Sie las vorzüglich bis an die Stelle: „. . . Judas hatte ihnen ein Zeichen gegeben und gesagt: „Den ich küsse . . ." bei dem Wort hörte das Mädchen mit hochrotem Kopf auf und las trotz Ermahnung nicht weiter, — die Nachbarin mußte zu Ende lesen. „Was hat deine Nachbarin nicht gut gemacht?" fragt die Lehrerin anschließend. „Sie hat beim 'Küssen' still gehalten, das sollte sie nicht!" (Sp)

Ein Schüler erzählte den Bericht über den Einzug Jesu in Jerusalem sehr lebendig und anschaulich, — bis er zu der Stelle kam: „. . . das Volk jubelte ihm zu und rief: „SUSANNA in der Höhe! (Sp)

Die Passion und Auferstehung erzählte ein 12jähriges Mädchen im Telegrammstil so: „Jesus wurde zwischen zwei Schächten gekreuzigt. Als er auferstand, erschien er zuerst einigen Frauen, damit es schneller bekannt wurde. Er war von Judas für dreißigtausend Mark an eine Illustrierte verkauft worden."

„Was fanden die frommen Frauen, als sie am Ostermorgen das Grab besuchten?" — fragt der Lehrer. „Das Grab war leer" — antwortete ein Junge. — „Richtig, — und was lag vor dem Grabe zusammengerollt?" — „Die Jünger, Herr Lehrer!"

„Warum rief der auferstandene Heiland Maria Magdalena zu: 'Rühre mich nicht an!'" — Bärbel, die morgens immer schwer munter zu kriegen ist, meinte auf diese Frage des Lehrers verständnisvoll: „Weil er doch eben erst aufgestanden war!

Der Lehrer versucht, die „beweglichen" und die „unbeweglichen" Feste zu erklären. Weihnachten ist z. B. immer am 25. Dezember. „Nennt mir nun ein anderes großes Fest, das auch alljährlich gefeiert wird, aber nicht immer am gleichen Tag." — fordert er die Kinder auf. Sofort meldet sich Hans, der aus einer kinderreichen Familie stammt, und sagt: „Das ist die Kindtaufe, Herr Lehrer!" (Sp)

Das Osterfest wird bekanntlich immer am ersten Sonntag nach dem Frühlings-Vollmond gefeiert. Bei der Wiederholung wurde ein Junge unvermittelt aufgerufen und stotterte: „Das Osterfest, — das Osterfest wird gefeiert, wenn der Osterhase kommt!" (Sp)

Der Lehrer will von den Kindern wissen, welche drei großen Feste jeweils zwei Tage gefeiert werden. Er geriet mit seiner Frage an den Sohn des Dorfgastwirts, und der antwortete ohne Zögern: „Das ist das Weihnachtsfest, das Osterfest und das Schützenfest!"

In einer Schule in München fragt der Pastor: „Warum ist der Herr nach seiner Auferstehung zuerst den Frauen erschienen?" — Gleich meldet sich ein Junge und sagte: „Damit die Nachricht sich schneller herumsprach!" (Sp)

Über die Erscheinung Jesu im verschlossenen Saal von Jerusalem berichtete ein Mädchen: „. . . und kam am Abend des Ostertages Jesus durch das Schlüsselloch . . ." (Sp)

Kurz vor der Religionsprüfung durch den Schulrat nahm sich der Lehrer noch einmal die Kinder vor und ließ sie den Verrat des Judas erzählen. Es klappte rein gar nichts! Der aufgerufene Junge kam nur bis zu dem Wort des Judas: „. . . ich habe unschuldiges Blut verraten! . . ." — „Nun, — was sagten darauf die Hohenpriester?" drängte der Lehrer ungeduldig. Und als der Junge schwieg, raufte sich der Lehrer die Haare: „Was soll das bloß geben mit der Prüfung morgen, ich werde glatt durchfallen!" — in diesem Moment, — vielleicht hatte auch einer vorgesagt, — fiel es dem Jungen wieder ein. Er sprach laut: „Was geht das uns an? — da sieh du zu!" (Sp)

Zum Weißen Sonntag gibt es eine boshafte Randbemerkung von Bertram Otto, die auch der Nachwelt erhalten bleiben sollte. Er schreibt:

Die Erstkommunion ist meistens kalt,
weil Ostern oft sehr früh ist.
Die kleinen Kinder wirken alt,
weil Kindheit nun perdu ist.
Die kleinen Buben sehen aus
wie eingelauf'ne Riesen,
die Mädchen mit dem weißen Flaus,
wie ältliche Marquisen.
Die Eltern staunen, daß ihr Kind
schon Anteil daran hatte
und registrieren, wohlgesinnt,
die Gaben auf der Platte.

Manche Dichter haben schon Ostern und den Frühling besungen. Das schönste Frühlingsgedicht, das ich kenne, hat aber ein kleines Mädchen erfunden: Es blieb am Ostermorgen auf dem Bürgersteig plötzlich stehen und rief erstaunt: „Die Sonne riecht heute nach Kuchen!"

Von der Kirche und den Christen

In seinem Aufsatz zur Papstkrönung schreibt der 12jährige Willi sehr eindrucksvoll: „Wenn ein Papst stirbt, dann werden sämtliche Kardinäle eingemauert. Dann setzen die Kardinäle gemeinsam ein dreistöckiges Trara auf das Oberhaupt. — In Rom gibt es viele Geistliche und andere Heiligenfiguren."

In der Kirchengeschichte wurde über Papst Gregor XIII. gesprochen, der den Beinamen „der Große" bekam und den nach ihm bekannten „Gregorianischen Kalender" begründet hat. „Wem verdanken wir also unseren jetzigen Kalender?" — fragt der Katechet am Ende. — Keiner weiß es! — Doch! endlich zeigt einer auf: „Herr Lehrer, „ruft er stolz," wir haben keinen vom Papst, — wir haben unseren vom Kohlenhändler!"

Für die Anliegen der Mission werden immer wieder Geldspenden gebraucht. Das wissen auch die Kinder schon. Als Peter mit seiner guten Hose immer wieder das Treppengeländer hinunterrutscht, ruft die Mutter vorwurfsvoll: „Aber Peter! was machst du denn da?" — schallt es von unten aus dem Treppenhaus herauf: „Hosen für die Kleidersammlung für die Mission!"

Sogar der kleine Gerd, der seinen Spinat nicht essen will, mault: „Warum kauft ihr immer den ollen Spinat? Das Geld könnt ihr doch der Mission geben!"

Die fünfjährige Christine war mit ihrem Papa in der Kirche. Es wird für die Mission gesammelt. Nach dem Hochamt fragt sie: „Papa, ich dachte immer, daß die Heiden alle nackt herumlaufen. Tragen die jetzt auch Kleider?" — „Wie kommst du denn darauf?" — fragt der Vater verwundert zurück. „Ja, ich habe doch gesehen, wie du einen Knopf in den Korb geworfen hast!"

„Herr Pfarrer, eine letzte Frage: Was macht Ihren Religionsunterricht eigentlich so beliebt?"

Ein Haus voll Glorie schauet

Allerlei
Ergötzliches
und
Nachdenkliches
aus dem
Gemeindeleben

gehört, gelesen
und gesammelt
von Dr. h.c. *)
Henricus Corte

*) natürlich humoris causa **)
**) spaßhalber

Erlebtes, Erlauschtes und Aufgebauschtes

Humor ist eine
Erscheinungsform
der Religion, –
nur wer über
den Dingen steht,
kann sie belächeln.

G. K. Chesterton: Pater Braun

Den Helfern und Mitarbeitern
beim Aufbau der Kirche,
deren Namen in keine Chronik,
aber in die Hand Gottes
geschrieben sind.

Buch 3

Inhaltsverzeichnis

Laßt uns Kirchen bauen!

Der „Aufbau der Kirche“ war in den ersten Nachkriegsjahren oft wörtlich zu nehmen. Viele Kirchen mußten neu erbaut, notdürftig repariert und später renoviert werden, — ein weites Feld für „Bau-Pastöre“! Mit dem Haus Gottes ist es freilich nicht anders als mit den Häusern der Menschen. Durch die „Finanzlage“ wurden die kühnen Träume mancher Pfarrer (und ihrer Gemeinden!) bald wieder auf den harten Boden der Tatsachen zurückgeholt.

Die Verwüstungen des Krieges forderten zunächst einmal die tatkräftige Mitarbeit der ganzen Gemeinde. Viele Gemeinden in völlig zerstörten Städten haben damals geradezu Unglaubliches geleistet. Und mancher Pfarrer hat

selbst kräftig mit Hand angelegt bei der Beseitigung von Schutt und Trümmern. Dabei passierte es übrigens einmal, daß beim energischen Zupacken die schon sehr abgewetzte Hose des Pfarrers auf der allzu straff gespannten Kehrseite plötzlich lang aufriß, — zum fröhlichen Gelächter der treuen Helfer.

Einem in der Furcht Gottes erzogenen Meßdiener erschien sein Lachen dann nachträglich doch wohl zu ehrfurchtslos. Jedenfalls bekannte er in der nächsten Beichte: „Ich habe mich in die inneren Angelegenheiten der Kirche eingemischt!“ Auf die erstaunte Rückfrage des Kaplans erfuhr dieser, daß dem Jungen die Formel aus einem alten Gebetbuch für die beim Schutträumen so plötzlich sichtbar gewordenen „inneren Angelegenheiten“ wohl passend erschienen war.

Kühne Architekten sahen jetzt ihre Stunde gekommen: „Modern“ — „ausdrucksstark“ — „zukunftweisend“ mußte die neue Kirche sein. Da Beton überaus zeitgemäß und der moderne Mensch (nach dem Wort eines verflossenen Führers) „rechtwinklig an Leib und Seele“ sein soll, entstand z.B. in einer rheinischen Stadt eine auf Hochkant gestellte Schachtel, die im Volksmund alsbald den Namen „Sankt Persil“ bekam. Eine andere Kirche, einem Luftschutzbunker nachempfunden, wur-

de „Alleluja-Bunker“ genannt. Und von jener rheinischen Wallfahrtskirche mit den verwinkelten Betonflächen sagte ein mehr konservativer Bischof bei einem Besuch: „Warum baut man sowas? Die Wallfahrer finden es schrecklich, — und die es schön finden, gehen nicht wallfahren!“

Manche Entwürfe bekannter Architekten erwiesen sich als wahre Alpträume. Doch es gab es auch „moderne“ Theologen, die ihrerseits eine Art „Theologie des Kirchenbaues“ entwickelten. Da ruht noch manch kühner Plan in den Schubladen: das himmel-

Sursum Corda

Feuer des Geistes

Erschließung neuer Werbeflächen

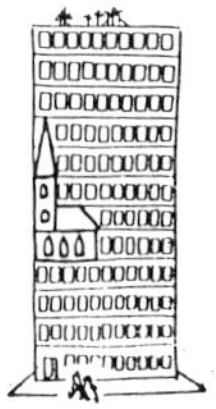

Für ganz Bequeme: Die Kirche im Haus

weisende „Sursum Corda“, das Feuerzeug mit Zwiebelturm als Sinnbild des Heiligen Geistes, — oder die Doppeltürme in Flaschengestalt als Werbefläche zur besseren Finanzierung, — die ausschweifende Phantasie kennt keine Grenzen.

Kirche unterwegs

Die kannte aber jener Propst im schönen, barocken Bayern, der die vorgelegten Kirchbaupläne des Architekten so beurteilte: „Unsere Tradition sieht vor, daß die Leute auf die Knie fallen, wenn sie das Gotteshaus betreten, — sollte das da gebaut werden, dann würden sie statt dessen auf den Hintern fallen. Und das können wir ihnen nicht zumuten.“

Vor dem Kirchenbau steht bekanntlich die Kollekte. Gesammelt muß werden, denn ohne Geld geht nichts. Das hat schon mancher Pfarrer erfahren müssen.

Ein solcher legte seinem Kirchenvorstand den Entwurf und Finanzierungsplan vor und erklärte: „Also, Leute! — zwanzig Prozent brauchen wir für den Bauplatz, etwa achtzig Prozent machen die reinen Baukosten aus, und fünfundzwanzig Prozent müßen wir für die Inneneinrichtung rechnen. . .“ — „Aber, Herr Pastor!“ unterbrach ihn ein rechenkundiges Mitglied, „das sind doch zusammen hundertfünfundzwanzig Prozent!“ — „Stimmt genau“, antwortete der Pastor geduldig, — „und diese fünfundzwanzig Prozent mehr muß die Kollekte bringen!“

Ein anderer Pfarrer zeichnete sich durch mehr Gottvertrauen als Wirklichkeitssinn aus. Er versprach in seiner Predigt über den Kirchenbau: „Jedem, der tausend Mark spendet, ist ein Platz im Himmel sicher!“ — Nun, in einer Predigt sagt sich sowas leicht. Aber offenbar waren schon beim Frühschoppen der Männer Zweifel aufgetaucht, — das Echo aus der Gemeinde war recht mager. Schließlich fragt der enttäuschte Pfarrer einen älteren Mann nach dem Grund der geringen Spendenfreudigkeit. „Jo, mei" — meint der ein wenig verlegen, — „mir ham uns halt denkt, mir warten noch a Weil, bis die Plätze im Himmel billiger werden, — es eilt ja noch nicht!"

Auch jener Pfarrer in Bayern, dem durch einen Blitzeinschlag der Kirchturm abgebrannt war, mußte beim Sammeln die Erfahrung machen, daß man Geld leichter ausgeben als einsammeln kann. Der Huberbauer hatte sogar einen einleuchtenden Grund für seine Knauserigkeit: „Naa,naa, Herr Pfarrer," sagte er ungehalten, „für an Hausherrn, der wo sei eigens Haus anzünd't, — für den geb i nix!" Auf jeder Baustelle sammeln sich Neugierige. Als um den Kirchturm das Gerüst aufgebaut wird und gerade ein Arbeiter die Leiter von oben herunterkommt, fragt eine neugierige Frau: „Was machen Sie denn da oben? — Ist die Uhr kaputt?" — „O nein!" — erwidert der Arbeiter, „ich hab nur eben nachgesehen, wie spät es ist!"

Im Krieg wurden viele Glocken beschlagnahmt. Manche Gemeinden mußten Jahre auf ein neues Geläut warten. Das wurde dann aber auch feierlich eingeweiht, — ein freudiges Ereignis für die ganze Gemeinde. Weniger beliebt war der unvermeidliche Schulaufsatz darüber. Karlchen schrieb kurz und eindrucksvoll: „Am letzten Sonntag war bei uns Glockenweihe. Zuerst hat der Pastor gepredigt und gesegnet, dann hat der Rektor gesprochen und der Bürgermeister. Danach wurden sie hochgezogen und aufgehängt. Jetzt ist endlich wieder Frieden in unserer Gemeinde!"

Auch im Innern der Kirchen finden moderne Künstler ein weites Betätigungsfeld. „Moderne" Kunst vermeidet natürlich möglichst jede „gegenständliche" Darstellung, — „abstrakt" ist Trumpf und der wahre Ausdruck der Zeit! — Nun ja, — daß unsere Zeit ziemlich verrückt ist, wird jeder

zugeben. Fromme Beter sind vor soviel abstrakter Kunst allerdings ziemlich ratlos. Sie verstehen davon so wenig, wie die abstrakten Künstler vom Beten.

Der Verdacht liegt nahe, daß die Künstler sich zuweilen in geistlichen und himmlischen Bereichen recht wenig auskennen. Wie hätte es sonst passieren können, daß nach der Renovierung im Kirchenfenster auf einmal St.

„Meister,
ich fürchte,
Sie haben sich
verlötet!"

Cäcilia mit dem Himmelsschlüssel und St. Petrus mit einem weiblichen Unterteil zu sehen war?

Solcherlei Erfahrungen mögen den Franzosen Jean Tinguely zu der bissigen Bemerkung veranlaßt haben: „Kunst! — Kunst! — das ist eine der dümmsten Erfindungen der Neuzeit! Ganze Kathedralen sind entstanden ohne diesen Begriff!“

Kein Wunder, wenn nach etlichen Jahren wieder die alten Figuren vom Kirchboden geholt werden. Sie sind auch nicht gerade schön, aber doch verständlich. In unserer schnellebigen Zeit ist vieles möglich. Ehemaliger Kitsch wird nach fünfzig Jahren schon zur „Antiquität“ und damit teure Kunst. Man sollte keine Bilder mit geflügelten Engeln übertünchen, bevor nicht endgültig geklärt ist, ob sie welche haben. Mit der Frage, „Warum den Engeln Flügel gewachsen sind“, hat sich immerhin noch um 1800 ein Gelehrter befaßt.

Die Künstler verändern manchmal sogar die Bibel, — das scheint aus einer alten Kirchenrechnung hervorzugehen, die oft abgeschrieben und mit weiteren Ausschmückungen versehen wurde. Diese bereits 1870 abgedruckte Fassung stimmt wohl am ehesten mit dem Original überein:

„In einer Nürnberger Kirche soll noch eine uralte Rechnung von einem gewissen Marhart, Maler an der Kirche

Sankt Lorenz, erhalten sein. Auf dieser Rechnung finden sich unter anderem folgende Posten: Den Pontius Pilatus gereinigt und neu angestrichen . . . 1 Gulden 30.- Dem Erzengel Gabriel die Flügel vergoldet . . . 2 Gulden 3o.- Dem goldenen Kalb den abgeschlagenen Kopf wieder aufgesetzt . . . 1 Gulden 50.- Die Frau des Putiphar gewaschen und neu gefirnißt . . . 1 Gulden 3o.- Dem Schächer am Kreuz eine neue Nase gemacht . . . 1 Gulden. — Den Himmel erweitert und acht neue Sterne eingesetzt . . . 1 Gulden 15.-

Singt dem Herrn ein neues Lied!

Wenn eine Gemeinde schlecht singt, wird die Schuld gern auf den Organisten geschoben. Doch manchmal liegt es wirklich an der von Holzwürmern angenagten Orgel, wenn falsche Töne kommen. Darum stand eines Tages auch der Rat einer kleinen Gemeinde unweit des Bodensees vor der Entscheidung: Geben wir einen Zuschuß für eine neue Orgel, — oder kaufen wir eine neue Brandspritze? — Der Bürgermeister wird überstimmt und beschloßen: Zuerst eine neue Orgel! — Prompt bricht einige Wochen später ein Brand aus. Als die Wehrmänner sich mit der alten Brandspritze abquälen, erscheint der Bürgermeister am Brandort und ruft erbost: „Ha! — Soo! — und wer war gegen die neue Spritze?! — jetzt könnt ihr orgeln!“

Die Anstellung eines neuen Organisten will wohl erwogen sein. Darum erkundigt sich der Pfarrer vorsichtshalber bei einem Mitbruder nach den musikalischen Qualitäten des Bewerbers. Die Antwort ist klar und biblisch: „Herr X. ist ein Orgelspieler, der sich streng an die Bibel hält: Seine Rechte weiß nicht, was seine Linke tut!" — Vielleicht war es doch kein Druckfehler, wenn die Zeitung von diesem Herrn X. berichtet, daß er den Festgottesdienst der Gemeinde N. mit seinem Orgelspiel VERSCHONTE?

Auch wirkliche Könner scheitern manchmal an menschlicher Heimtücke, — wie jener neue Organist an einer Kirche in Wien, der alsbald zahlreiche Neuerungen einführte und sich besonders durch lange Vor- und Zwischenspiele unbeliebt machte. Damals mußte noch ein Bälgetreter für den „Wind" sorgen. Eines Tages blieb dem Meister mitten im Gloria die Luft aus. Wütend rief er zum Bälgetreter hinüber: „Sind Sie verrückt geworden?! — Ich spiele doch noch!" — Der aber rührte sich nicht und erwiderte: „Was, — Sie wollen mir Vorschriften machen? — Ich weiß genau, wieviel Wind auf ein Gloria geht! Schließlich trete ich hier schon seit 30 Jahren!"

Als der elektrische Strom die Arbeit des Bälgetreters übernahm, hatte der fortschrittliche Pastor einer protestantischen Kirche in Sachsen gleich so ein neumodisches Gebläse angeschafft und war sehr stolz darauf. Eines Sonntags nun stimmt er nach vollendeter Predigt an: „Erhebet eure Herzen!" — aber die Orgel bleibt stumm. Der Pastor schaut vorwurfsvoll zur Orgelempore hinauf und stimmt noch einmal, erheblich lauter, an: „Erhebet eure Herzen!" — doch wieder schweigt die Orgel. Statt dessen tönt ebenso laut die Stimme des Organisten herab: „Es ist kein Strom da!"

Früher bekam der Organist auch immer einen Anteil der Hochamtsgebühren, vor allem bei Trauungen und Beerdigungen. Boshafte Gemeindemitglieder behaupteten deshalb, des Organisten Lieblingslied bei Beerdigungen sei: „Christus, der ist mein Leben, und STERBEN MEIN GEWINN!"

Der Küster und Organist von Assinghausen im Sauerland, Friedrich Wilhelm Grimme, ist als plattdeutscher Dichter vor allem durch seine deftigen Erzählungen aus dem „Strunzertal" (Strunzer = Angeber) bekannt geworden. In der Christmette kam einmal während der Predigt ein Nachbar auf die Orgelbühne und flüsterte ihm zu: „Eben hat deine Frau einen gesunden Knaben geboren!" Da konnte er nicht an sich halten, zog mitten in der Predigt alle Register und spielte: „Zu Bethlehem geboren ist uns ein Kindelein . . .!" So ward die ganze Gemeinde von dem freudigen Ereignis in Kenntnis gesetzt, und selbst der verduzte Pastor soll mit Lachen eingestimmt haben.

Die Küster-Organisten in den kleineren Gemeinden sind natürlich Mitglieder in zahlreichen Vereinen. Da ist dann die Zeit von Weihnachten bis Aschermittwoch ziemlich anstrengend, — vor allem die vielen Generalversammlungen! Von einer solchen kam „Orgel-Franz" reichlich spät, oder besser: ziemlich früh nach Hause. Franz war wieder mal „geladen", — seine bessere Hälfte auch! Als sie nun anfängt, ihrem Herzen lautstark Luft zu machen, geht Franz wortlos zum Klavier, setzt sich hin und fängt mitten in der Nacht an zu spielen: „Komm, Schöpfer

Geist . . ." — Seiner Frau verschlägt's die zornige Rede: „Bist du verrückt!" zischt sie wütend, „mitten in der Nacht Klavier zu spielen?!" — „ Aber was regst du dich denn so auf?" sagt Franz gelassen. „Das spiele ich doch immer zur Predigt!"

„Viele Künste kann der Teufel, aber singen kann er nicht! — Kanon

Auch der Kirchenchor trägt zur Verschönerung des Gottesdienstes bei. In kleinen Gemeinden ist die Auswahl der Sänger natürlich nicht so groß, — aber eine Dorfkirche ist schließlich keine Oper. Es muß schon ein sehr boshafter Kritiker gewesen sein, der den alten Ludwig Uhland so umdichtete: „Singe, wem Gesang gegeben! hören wir's bei Uhland klingen. Dieses ist für viele Menschen eine Mahnung, — nicht zu singen!"

Ein langjähriger Sangesbruder, der zwar immer laut, aber selten richtig sang, blieb eines Tages aus. Nach dem

Der Kirchenchor singt falsch.

Grund befragt, antwortete er tief beleidigt: „Als ich neulich die Grippe hatte, hat sich jemand erkundigt, ob jetzt die Orgel repariert worden sei!"

Im allgemeinen sind diese kleinen Chöre aber besser als ihr Ruf und opfern viel Zeit und Mühe. Und schließlich hat schon einmal der erste Tenor eines sehr bekannten Chores verraten, er sei nur deshalb so erfolgreich, „weil der Dirigent keinen nennenswerten Widerstand leistet." Die „Kleinen" sollten sich also nicht entmutigen laßen und Josef von Eichendorff's Rat befolgen: „Singen kann ich nicht wie du und wie ich nicht der und jener, kannst du's besser, sing frisch zu! Andre singen wieder schöner. Droben an dem Himmelstor wird's ein wunderbarer Chor!"

Nicht unerwähnt bleiben soll die Warnung eines Baustatikers vor den Gefahren der Blasmusik. Auf Grund seines Gutachtens wurde den neuntausend Posaunenbläsern auf dem 30. Landesposaunentag verboten, im Ulmer Münster zu spielen. Es bestehe die Gefahr, daß sonst der Dom einstürze. Tatsächlich hatte man dort mehrfach beobachtet, wie bei früheren Anläßen die zentnerschweren Gedenkplatten an den Wänden des Domes „wie Zinnteller schepperten". Doch könne der Ulmer Dom auch die Spitzenbelastung eines tausendfachen Bläserchores aushalten, — aber nur, solange eine gewiße Tonalität eingehalten wird, — und zwar jede außer d-moll! — Vielleicht ist an den Posaunen von Jericho (Josua 6) doch was dran? Nach dem Gutachten von Ulm wurden die Mauern von Jericho wörtlich „d-moll-iert"!

Gesang wird lang, wenn das Lied sich zieht!

Der Gesang der Gemeinde dagegen kann die Kirchenmauern kaum gefährden, — zumal ja höchstens die Hälfte singt. Manch einer aus dem gläubigen Gottesvolk hat auch seine Schwierigkeiten mit den sogenannten „modernen Gesängen“. Das neue Gotteslob ist bei Männern nicht sehr beliebt, weil man es beim Frühschoppen nicht unauffällig in der Jackentasche verstauen kann. (Deshalb ist neuerdings eine Dünndruckausgabe erschienen!). Auf eine Umfrage, ob das neue Einheitsgesangbuch auch „gemeindebildend“ sei, soll jedenfalls ein erfahrener Pastor mit weiser Zurückhaltung geantwortet haben: „Im Prinzip ja: die schweigende Mehrheit blättert!“

Vorschlag zum Einüben neuer Lieder

„Moderne“ Kirchenlieder schießen überall wie Pilze aus dem Boden, — durch die rasch wechselnde Liedermode machen die Verleger gute Geschäfte. Wenn der letzte kirchenmusikalische „Hit“ von der Gemeinde eingeübt ist, — auf Drängen der Jugendgruppe, — dann erklärt diese, das Lied sei längst nicht mehr „in“ und total „passee“! Vielleicht hat deshalb ein Pfarrer die heftigen Vorwürfe seines Pfarrgemeinderates: „Warum lassen Sie die Jugend nicht IHRE Lieder singen?“ — so beantwortet: „Aber das will ich doch!“ — „?????“ — „. . . daß sie MEINE Lieder singen!“

„Jazzmessen“ sind auch nicht jedermanns Sache, obwohl sie die Jugend anlocken sollen. Ein mehr konservativer Pfarrer hatte sich nach langem Zögern dazu bereitgefunden. Es wurde eine großartige „Aufführung“, die herbeigeströmten Jugendlichen waren ganz vom Rhythmus der Kapelle mitgerissen.

Nach der Messe wollte der Pastor die Meinung der Jugendlichen hören. „Es war einfach Klasse!“ schwärmte einer, — „nur die religiösen Zeremonien dabei, die störten doch sehr!“

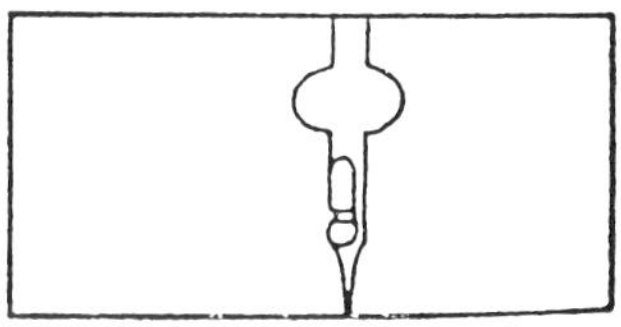

WAS IST DAS?
Konservative Orgelpfeife weigert sich, in Jazzmesse Ton abzugeben.

Die Kirchgänger finden zumeist Beat-Messen und Bach im Rock'n Roll-Stil gräßlich, — und die sie schön finden, gehen kaum in die Kirche. Immerhin ist es vorgekommen, daß ein junger Mann die Ankündigung einer abendlichen Bitt-Messe am Dienstag vor Himmelfahrt total mißverstanden hat: Er verließ tief enttäuscht die Kirche, denn er hatte eine Beat-Messe erwartet.

So sei dies Kapitel abgeschlossen mit dem Gruß eines modernen Kirchenmusikers an die Nachwelt: „ÄH — BUH! / BA — BA! / DSCHIM — BAM — BOOOO! / BA — BA! / DE — IH — LUUU — JAH!“

Ohne Küster geht es nicht

Küster sind unentbehrlich. Sie sind gewöhnlich schon lange im Dienst und kennen sich aus. „Das war schon immer so!“ und: „Das hat es noch nie gegeben!“ — sind die Antworten, die der neue Pastor vom Küster zu hören bekommt. Auch der Küster hat mal klein angefangen. Da trat vor vielen Jahren einer im Sauerland seinen Dienst an. Zu seinen künftigen Pflichten gehörte auch, daß er in der Kirche den Klingelbeutel herumhielt. Offenbar nahm er diese Aufgabe sehr ernst. Denn am Abend vor dem ersten Dienst sah ihn der Pastor im Garten, wo er mit einer Fitzebohnenstange in den Händen das Einsammeln der Kollekten übte.

Mit der Zeit wird jeder Küster eine Autoritätsperson. Er weiß, daß er sich auch mal ein kritisches Wort leisten kann. Den säumigen Kaplan, der schon wieder mal verschlafen hat und beim Abläuten immer noch nicht erschienen ist, ruft er an und sagt nur: „Bist du es, der da kommen soll, — oder sollen wir auf einen anderen warten?“

Als ein neuer Kaplan, — frisch vom Seminar, — seine erste Predigt halten soll, hat er des Küsters volles Mitgefühl. Wie er ihn da aufgeregt und ängstlich in der Sakristei auf und ab gehen sieht, klopft er ihm beruhigend auf die Schulter: „Nur keine Angst! Es wird schon gehen, Herr Kaplan! Das erstemal ist man immer noch ein bißchen aufgeregt, aber das legt sich! Mir ging es genau so, als ich vor dreißig Jahren zum erstenmal mit dem Klingelbeutel rundgehen mußte!“

Sehr mit der Kirche verbunden war ein junges Mädchen, das bei einer frommen Familie im Rheinland in Dienst trat. Die Hausfrau sagt ihr gleich bei der Vorstellung: „. . . und keine Männergeschichten, — das bitte ich mir aus!“ — „Oh, da brauchen Sie sich keine Sorgen zu machen!“ erwidert das Mädchen, „ich bin nämlich verlobt, und mein Bräutigam ist sogar im Kirchendienst!“ — „So? und was ist Ihr Bräutigam?“ — „Sigrist!“ — „Sigrist, — was ist denn das?“ — „Nun, er hilft dem Pfarrer in der Sakristei, zündet die Kerzen an und läutet die Glocken.“ — „Aha! — Küster?“ — „Oh ja!“ sagt die Maid mit holdem Erröten, — „und wie!“

Es gibt viele lästige Kleinigkeiten, die ein Pastor nur zu gern dem Küster überläßt. Oft ist er wirklich so eine Art 15. Nothelfer. Der Pastor einer kleinen Gemeinde, der über Nacht plötzlich krank geworden war, ließ den Küster rufen:

„Hören Sie, ich muß heute die Sonntagsmesse ausfallen lassen. Aber Sie können doch wenigstens die Verkündigungen vorlesen, — ich werde sie eben aufschreiben!" — „Nicht nötig", sagt der Küster, — „wenn Sie mir nur sagen, was verkündet werden soll, — das behalte ich schon. Ich kenne ja die Verhältnisse hier!" — „Also gut", sagt der Pastor erleichtert, — „verkünden Sie Folgendes: Erstens: Der Herr Pastor ist krank geworden. Wenn ihr also heute keine Messe habt, dann ist das keine Sünde, denn ihr könnt ja nichts dafür. — Zweitens: Am Montag ist Kindtaufe. — Abends singt der Kirchenchor. — Drittens: Am Dienstag ist das Fest Peter und Paul. Nach dem Hochamt ist eine Trauung. — Viertens: Am Donnerstag Nachmittag ist Beichte für den Herz-Jesu Freitag. — Fünftens: Am Samstag Nachmittag hört ein fremder Herr hier Beichte. — Sechstens: Am nächsten Sonntag ist eine Kollekte für den Heiligen Vater. — Dann ist da noch eine Handtasche gefunden worden, sie hängt in der Sakristei. — — So, können Sie das alles behalten?"

„Aber selbstverständlich, Herr Pastor!" antwortet der Küster und geht zur Kirche, wo inzwischen die Leute schon warten. Stolz steigt er auf die Kanzel und verkündet: „Erstens: Der Pastor ist krank. Wenn er also heute keine Messe halten kann, dann ist das keine Sünde, — er kann ja nichts dafür. — Zweitens: Am Montag singt der Kirchenchor bei einer Kindtaufe. — Drittens: Am Dienstag ist die Trauung von Peter und Paul. — Viertens: Am Donnerstag ist Herz-Jesu Freitag. — Fünftens: Am Samstag kommt ein fremder Herr, um hier zu beichten, denn er kennt die Verhältnisse hier. — Sechstens: Am nächsten Sonntag hält der Heilige Vater bei uns eine Kollekte ab. Seine Handtasche hängt schon in der Sakristei.

Da der Küster oft in der Kirche anzutreffen ist, wenden sich die Touristen an ihn mit ihren Fragen, die er gern und ausführlich beantwortet. Schließlich kennt er Kirche und Pfarrei seit vielen Jahren. Als aber ein Sommergast gar nicht aufhört mit seinen Fragen und schließlich sogar wissen will: „Sind hier in der Pfarrei auch schon berühmte Männer und Frauen geboren worden?" — da reißt ihm doch der Geduldsfaden und er antwortet kurz und bündig: „Nein, niemals! immer nur kleine Kinder!"

An einem verregneten Sommermorgen läutet der Küster des Feriendorfes mit allen Glocken. Der einzige Frühaufsteher, ein Sommergast, fragt: „Ist denn heute ein besonderes Fest?" — „Das nicht", knurrte der Küster schlecht gelaunt, „aber wenn d'Leut' schon nicht zur Kirche kommen, solle se wenigstens net schlafe!"

Den Rhöndorfer Küster fragt am Samstag Nachmittag ein neugieriger Sommergast: „Ach, können Sie mir wohl sagen, ob der Herr Bundeskanzler Adenauer morgen auch beim Hochamt anwesend sein wird?" — „Nein, der Adenauer kommt morgen nicht", gibt

der Küster Auskunft, — „aber der Herrgott wird trotzdem anwesend sein!"

Großes Glück hatte der Küster einer kleinen französischen Dorfkirche gegen Ende des Krieges. Bei einem deutschen Angriff auf den eben von Amerikanern besetzten Ort bekam der Kirchturm einen Zufallstreffer und stürzte ein. Beim Aufräumen fand man den Küster mit ein paar Schrammen, aber sonst unversehrt unter dem Turmgewölbe. Er hielt das Ende des Glockenseiles in der Hand und lachte! Alle glaubten, er habe durch den Schreck den Verstand verloren. Aber der Küster wies auf das Glockenseil und sagte: „Da wollte ich zur Feier der Befreiung endlich mal wieder die Glocken läuten, — und gleich kam der ganze Kirchturm runter!"

Der Küster an der Universitätskirche beging sein 50jähriges Dienstjubiläum. Viele Professoren und Theologen gratulierten. Einer meinte: „Da sind Sie doch sicher Gott dankbar für das Geschenk, daß sie so viele Jahre in Seinem Dienst stehen durften?" — „O ja!" antwortete der Küster, „aber vor allem bin ich dafür dankbar, daß ich in den fünfzig Jahren jede Predigt in dieser Kirche gehört habe — und trotzdem immer noch gläubig bin!"

Auch der Küster der Christuskirche in F. hat seinen Ehrentag: er ist 85 Jahre alt! Pastor, Bürgermeister und Reporter gratulieren und stellen die übliche Frage, wie es komme, daß er noch immer so rüstig sei und seinen Dienst versehe. — „Och, dat is eijentlich janz einfach!" — meinte der Jubilar. „Die Elke, was meine Enkelin ist, die weckt mich jeden Morgen um Sechs und bringt mir die Zeitung und den Kaffee ans Bett. Dann trinke ich gemütlich meinen Kaffee und lese dabei in der Zeitung die Todesanzeigen. Und wenn mein Name nicht drinsteht, dann stehe ich auf und gehe in die Kirche zu meinem Dienst!"

. . . Und jetzt noch auf die Zehenspitzen, dann ist Willi oben!

Von den Meßdienern soll hier weiter nichts berichtet werden, wohl aber noch von der weisen Entscheidung, mit der ein Pastor die überaus heftige Diskussion entschied, ob denn neuerdings

auch Mädchen zum Dienst am Altare zugelassen werden sollten. Er klärte den Pfarrgemeinderat darüber auf, daß der Dienst eines Akoluthen (frühere „niedere Weihe", Vorstufe zum Priestertum) jungen Männern vorbehalten sei.

Dieser Angeber: und so einer dient die Fernsehmesse!

Gegen die Hilfe von Mädchen und Frauen bei der Gestaltung des Pfarrgottesdienstes sei aber umso weniger etwas einzuwenden, als ja den Frauen sogar das Betreten des Altares erlaubt sei, um diesen abzustauben.

Das ist der Tag des Herrn

Sonntagspflicht

Der Tag des Herrn beginnt bekanntlich heute schon am Samstag Nachmittag. Gute Christen hören nach den Sportnachrichten und dem vergeblichen Warten auf den großen Lottoge-

winn auch noch das Wort zum Sonntag. Zur Erhöhung der Kirchenbesucher Zahlen wurde die Vorabend-Messe eingeführt. Damals konnte mancher fromme Familienvater dann am stillen Sonntag Morgen mit den Kindern spazieren gehen. Allerdings erkannten Fußballvereine und sonstige Freizeit-

DAS WORT ZUM SONNTAG

gestalter bald ihre Chance und füllten schließlich den Samstag und den Sonntag aus.

Als aus den Vorabend- sogar Nachmittags-Messen wurden (aus „seelsorglichen Gründen"), gerieten sogar die „Extra-Wurst-Christen" in Terminschwierigkeiten: Brautämter und sonstige Familien-Feierlichkeiten am Samstag Nachmittag konnten nicht stattfinden oder mußten gekürzt werden, damit die Gemeindemesse pünktlich anfangen konnte. Da dies der Feierlichkeit ihrer Privatveranstaltung Abbruch tat, waren die „Extra-Wurst-Christen" sauer: „Da zahlt man treu und redlich seine Kirchensteuer. Und wenn man dann nach acht Jahren „Ehe auf Probe" kirchlich heiraten will, dann wird nicht mal auf unsere Familienfeier Rücksicht genommen, — da kriegt mich keiner mehr hin!"

Es ist nicht zu übersehen, daß die Kirchen leerer geworden sind. Darum konnte ein Pastor auch die Frage eines

Besuchers, ob seine Kirche nicht zu klein sei für die große Gemeinde, mit der philosophischen Bemerkung beantworten: „Na ja,wenn se alle reingehen, — dann gehn se nicht alle rein. Aber da nicht alle reingehen, — gehn se alle rein!"

Für einen guten Christen ist es immer etwas peinlich, wenn er unvermutet dem Pastor begegnet und gefragt wird: „Warum sind Sie eigentlich so selten in der Kirche?" — Falls auch Sie einmal um eine passende Ausrede verlegen sind, biete ich Ihnen eine kleine Auswahl an. Vermeiden Sie aber fol-

gende Entschuldigungen: — „Mir wird immer vom Weihrauch schlecht!" (Waren Sie seit dem Konzil nicht mehr in der Kirche? Heute wird kaum noch „geräuchert". Außerdem gibt es doch die Vorabendmesse für „Nichtraucher").

— „In der Messe hocken doch nur scheinheilige Typen herum. Erst laufen sie in die Kirche, und nachher . . ." (Kommen Sie trotzdem, — wir hätten dann die Freude, wenigstens EINEN Gerechten unter uns zu wissen!).

— „Ich gehe lieber in den Wald. Da

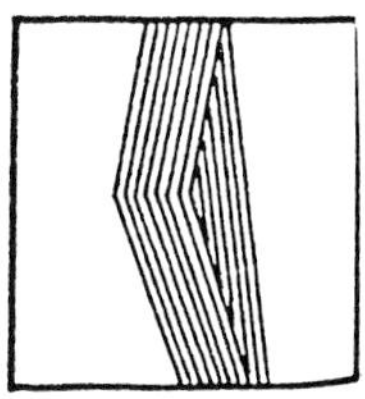

Äußerster Winkel einer männlichen Kniebeuge (in gestreiften Hosen)

finde ich Gott in der Schöpfung, da kann ich ungestört beten!" (Vorsicht! man wird Sie fragen: Wie oft waren Sie zu diesem Zweck im Walde? und wie oft haben Sie unter Buchen andächtig gebetet?).

— „Ich habe am Knie eine Fistel, da müßte ich doch immer stehen." (Wissen Sie nicht, daß wir auch Sitzbänke haben? Oder haben Sie hinten etwa auch . . .?).

Sie sehen, eine gute Ausrede will wohl überlegt und richtig formuliert sein. Nehmen wir das Beispiel des Doktors, der auf die unangenehme Frage glaubwürdig versichern konnte: „Ach wissen Sie, Herr Pastor, da wird doch immer um daß tägliche Brot gebetet, und dann sind da doch auch Patienten von mir, die könnten diese Bitte falsch verstehen und mir übel nehmen!"

Sagen Sie also etwa: „Ich würde ja gern zur Kirche kommen,

— wenn ich nicht so viel Arbeit hätte,

— wenn ich nicht am Sonntag Morgen meinen Wagen waschen müßte,

— wenn mich einer abholen würde,

„Natürlich können Sie die schönen Stunden des Lebens verlängern — stehen Sie morgens früher auf!

— wenn ich nicht mal ausschlafen müßte,

— wenn ich erst Rentner wäre,

— wenn der Pfarrer nicht so lange predigte,

— wenn der Gottesdienst nicht so lange dauerte,

— wenn die Bänke nicht so hart / die Kirche nicht so kalt wäre,

Oder auch: Mein Wagen hat die gleichen Eigenschaften wie ich: er qualmt und verbraucht zuviel Sprit und kommt morgens schlecht in Gang!

Ein intellektueller, der immer zu spät kommt, könnte sagen: „Theologisch gesehen, kann man zu einem Gottesdienst überhaupt nicht zu spät kommen. Schließlich steht doch in der Bibel, daß die Letzten einmal die Ersten sein werden!"

Ganz ehrlich aber ist die kleine Resi, die nie rechtzeitig aus dem Bett kommen kann und auf den Vorwurf der Mutter: „Steh endlich auf und schäm dich!" ungerührt antwortet: „Aber Mutti, ich kann mich doch auch im Bett schämen!"

Würde eine alte Kirchenordnung wieder eingeführt, dann gäbe es große Ansammlungen vor der Kirche. Darin heißt es nämlich: „Wenn jemand zum Gottesdienst zu spät kommt, bleibe er draußen, wer es auch sei, der Diakon lasse ihn nicht herein ... Erst wenn die Predigt vorbei ist, soll ihn der Diakon hereinlassen und rufen: „Laßt uns beten für unseren Bruder (Schwester), der zu spät kommt, daß Gott ihm Fleiß und Eifer gebe und ihn von den Banden der Welt erlöse!"

Die Zahl der Kirchenbesucher zu erhöhen, ist Ehrensache für jeden Pastor. In England versuchte es einer mit einem Rundbrief: „Als Sie das Licht der Welt erblickten, brachte Ihre Mutter Sie auf den Armen hierher, — als Sie den Bund der Ehe schlossen, ihre Frau, — wenn Sie gestorben sind, werden Ihre Freunde Sie herbringen, — warum wollen Sie nicht ab und zu auch mal alleine kommen?"

In Calgary (Kanada) mietete der Pfarrer für den Samstag die Laufschrift eines Kaufhauses mit dem Text: „Auf Wiedersehen am Sonntag in der Kirche!" — Und in Bayern wandte sich ein Pastor mit einer Kirchenwerbung speziell an die Jugendlichen, die dank den Hit-Paraden das klassische Englisch bekanntlich besonders gut verstehen:

„When you are always the gelackmayerte, — when you have it brouth to nix and you are not on green zweig, — then you can come to the church. Be careful: manchmal you have stop gammeln in the church.
But last not least:
take it easy, when you are a little bit drecky, longhaired and a hippy, — that mokt nix!"

Ein ganz findiger Pastor rechnete mit der Neugier der Leser und malte in den Pfarrbrief ein Rechteck und schrieb

„Bitte blasen!"

dazu: „Bitte, blasen Sie auf diese Stelle! — Färbt sie sich grün, sollten Sie den Arzt aufsuchen! — Wird sie dagegen braun, den Zahnarzt! — Bei Violett konsultieren Sie schleunigst einen Psychoanalytiker, — bei Rot Ihre Bank! — Färbt sie sich schwarz, so rufen Sie umgehend den Notar und machen Ihr Testament! — Bleibt sie aber weiß, — dann befinden Sie sich in bester Gesundheit, — und es ist nicht einzusehen, warum Sie am Sonntag nicht zur Kirche kommen sollten!“

„Schleichwerbung“

Der Druckfehler-Teufel freilich schrenkt manchmal die Werbe-Wirkung erheblich ein. Da wird etwa angezeigt:

„Das MUSS-Opfer beginnt am Sonntag um 9 Uhr. Vorher beten wir den SCHERZHAFTEN Rosenkranz.“

„HEIDEN-Messe in Utting: Am Christkönigsfest führt der Kirchenchor die Messe B-Dur von Josef Haydn auf.“ „Donnerstag 8,15 Uhr AUFNAHME MARIENS in den Himmel. — 19.30 Uhr Abendmesse mit Kräuterweihe.“

„Unsere Kirchenbesucher kommen zu einem Drittel aus Nachbarpfarreien. Diese Anziehungskraft hängt wohl mit dem differenzierten GOTTES-ANGEBOT zusammen.“ (Jahresrückblick).

Vielleicht sollte man es mit gezielter Werbung und totalem Service-Angebot versuchen. Hier darum einige Vorschläge von Werbe-Experten: „In diesem Gotteshaus kein Opferzwang! — Parkplatz in der Turmhalle für besonders willkommene Gäste! — Keine Kniebänke, Kopfstützen an jedem Sitz!

— Demnächst unter der Orgel Raucherkabinen! — Unsere Lieder werden von einem Disc-Jockey nach Vorbild von Radio Luxemburg ausgewählt! — Für Manager stellen wir bequeme Sessel mit eingebautem Telefon bereit! —

Liebe Gemeinde, wir kommen nun zur Ziehung der Lottozahlen.

Bei Fußballmeisterschaften werden auf einem Bildschirm die wichtigsten Tore eingeblendet! — Kopfhörer-Anschluß mit Wahl zwischen Predigt oder leichter Musik!

Allerdings kann auch totaler Service nicht verhindern, daß Kinder sich fragen: „Warum müssen wir eigentlich zur Kirche, — und unsere Eltern sehen sich das Vormittagsprogramm an?“

Auch der kleine Albert fragt seinen Vater schon zweifelnd: „Vati, warst du eigentlich als Kind jeden Sonntag in der Kirche?“ — „Aber selbstverständlich!“ antwortet der mit Überzeugung, „die Sonntagsmesse habe ich nie ausgelassen!“ — „Siehst du, Mutti“, ruft Albert triumphierend, „es hat auch nichts genutzt!“

„In deinem Alter“, — so sprach der Vater zum Peter, „da gehörte für uns der Kirchgang selbstverständlich zum Sonntag. Und wenn du nicht sofort und ohne Widerspruch zur Messe gehst, wie sich das gehört, — dann komme ich aus dem Bett und klebe dir eine!“ — Es geht eben nichts über eine gute Erziehung.

Der Pastor hatte lange genug die Entschuldigungen der Sportler zur Kenntnis nehmen müßen: „Die Messe wird immer angesetzt, wenn wir spielen wollen! — In die Kirche gehe ich nicht, die dauert ja über eine Stunde! — Da haben sie bloß Holzbänke, und geheizt wird auch nicht!“ — Er beschloß, sich

zu rächen und ging am Sonntag zum Fußballplatz. Einer vom Vorstand sieht ihn und sagt anzüglich: „Auch mal da? — wir haben uns schon oft gefragt, warum Sie gar nicht mehr kommen.“ — „Aus den gleichen Gründen, die ich auch von euch immer höre“, gab der Pastor zurück: „Jedesmal wird Geld gesammelt. Noch nie hat der Trainer mich persönlich begrüßt. Die Sitzplätze sind hart und kalt. Die Leute, neben die man sich setzen muß, sind mir unsympathisch. Der Schiedsrichter hat einmal eine Entscheidung getroffen, mit der ich nicht einverstanden war. Das Spiel dauert oft länger als vorgesehen. Die Musikkapelle spielt Lieder, die ich nicht kenne. Die Spiele werden zu einer Zeit angesetzt, zu der ich etwas Anderes vorhabe. Und überhaupt: in meiner Kindheit haben mich meine Eltern zu oft zum Fußballplatz mitgenommen, deshalb mag ich nicht mehr hingehen!“ — Sprach's und ging nach Hause.

Ob es geholfen hat? — Immerhin gibt es auch unter Christen so etwas wie

Erkenntnisse

„Warum ich mit 15 Jahren zur Kirche ging?“ sagt einer, —„weil ich es so gewohnt war. — Warum ich mit 25 Jahren nicht mehr zur Kirche ging? — weil ich mich geistig fortentwickelte. — Und warum ich mit 35 Jahren wieder zur Kirche gehe? — weil ich meine geistige Entwicklung nicht mit 25 abgeschlossen habe!“

Ein kalifornischer Pfarrer schrieb in seinem Gemeindeblatt: „So ..... sieht ..... die ..... Kirche ..... manchmal ..... für ..... den ..... Pfarrer ..... aus ....., wenn ..... er ..... auf ..... die ..... Kanzel ..... steigt.

„UNDSOWÜRDESIEAUSSEHEN, WENNJEDERNOCHEINEN MITBRÄCHTE!“

Worin sich Christen noch unterscheiden

Und der französische Pfarrer Charles Wagner hat vor hundert Jahren schon eine „Predigt an die leeren Bänke“ gehalten:

„Seid gegrüßt, ihr leeren Bänke! Wie das Wetter auch sei, — ihr seid da. Ihr macht es nicht wie viele Barometer-Christen, die nur gelegentlich, wenn sie guter Laune sind, den Gottesdienst besuchen. Ihr seid auch nicht zur Gottesdienstzeit bei der Arbeit oder im Bett. Ihr seid keine lästigen Zuhörer. Nicht einmal vor der Predigt hört man euch flüstern oder sprechen. Ihr dreht euch nicht um, wenn andere zu spät kommen. Ihr kommt auch nicht, um über andere herzuziehen. Darum kann ich euch nur loben!“

An einer Kirchentür in Bologna fand sich die freundliche Einladung des Pfarrers „Tritt ein! Gott hat immer Zeit für dich!“ — Darunter stand: „Sprechstunden des Pfarrers: Montag, Mittwoch, Freitag von 18-19 Uhr.“

An einer amerikanischen Methodistenkirche wurde als besonderes Angebot per Anschlag bekannt gemacht: „Geht hin, ihr Verfluchten, in das Ewige Feuer! Eintritt frei!“

Ein Pastor spricht im Sommer die Sonntags-Rasenmäher im Pfarrblatt an: „Laß heute mal daß Rasen-Mähen sein, das bringt bei dieser Hitze doch nichts ein! Wenn dich die Sonne fast verdorrt und du dich sehnst nach einem kühlen Ort, — ich wüßte einen: kühl und schön: du solltest Sonntag mal zur Kirche gehn!“

Und ein alterfahrener Seelsorger schreibt unter dem Namen Trixini:

„Der Sonntag ist der Tag des Herrn!“
hat man uns eingedroschen.
Wir griffen zum Gesangbuch gern
und zum Kollektengroschen.

Heut ist das Angebot so groß
an Freizeitunterhaltung.
Da geht sie schon am Freitag los,
die Herren-Tags-Gestaltung.

Zur Kirche kommt man kaum noch mehr
vor lauter Telewischen!
O halt mich für entschuldigt, Herr!
Ich eß an andern Tischen!

Doch die Erinn’rung meldet sich
spricht mir von dem Gebote,
und leise regt der Hunger sich
manchmal nach Deinem Brote.

Manchmal möchte ich in einem Land leben, in dem die Kirche verfolgt wird.

Trotz verbreiteter Klagen über den religiösen Niedergang kann ich den beinahe schon ketzerischen Gedanken nicht unterdrücken, daß wir keineswegs am Ende sind. Unlängst klagte der Bischof einer großen Diözese im Jahresrückblick: „. . . 40% der katholischen Ehen werden geschieden!. . ." — Im Dom waren zahlreiche treue Eheleute anwesend, die sich gewiß mehr gefreut hätten über die Feststellung: „. . . 60 % aller katholischen Ehen halten lebenslange Treue, das ist weit mehr als die Hälfte! Und ich hoffe, daß ihr zu ihnen gehört!"

Wie oft schon ist die „schlechte neue Zeit" später zur „guten alten Zeit" geworden? Darum erlauben Sie mir hier noch das „Sonntagslied", das die Heimatvertriebenen aus Schlesien gerettet haben. Einer von ihnen hat es mir aufgeschrieben. Da wird die „gute alte Zeit" mit Augenzwinkern gepriesen:

's woar immer a su.

„Wenn mer sunntichs ei de Kerche giehn: / 's woar immer a su! / bleibn mer vor a wing beim Kratscham stiehn, / 's woar immer a su! / Do loan mer moancha Truppa ei use Kahle nunda luppa. Denn mer sein ja gude Kinderla, / 's woar immer a su, a su!

Schimpft uns a der Pfarrer tüchtig aus: / 's woar immer a su! / schloaf mersch halt eim Omte wieder aus, / 's woar immer a su! / Der liebe Gott macht alles gleiche, er führt uns ei sei Himmelreiche. Denn mer sein ja gude Kinderla, / 's woar immer a su, a su!

Wenn de Archel 's letzte Stückla spielt, / 's woar immer a su! / Aalt und Jung sich wieder dorschtig fühlt, / 's woar immer a su! / Zum Kratscham lenk mer unsre Schriete, vielleicht kommt auch der Pfarrer miete. Denn mer sein ja gude Kinderla, / 's woar immer a su, a su!

Und wenn's heemzu a recht wacklig giet, / 's woar immer a su! / Wees der Kuckuck, wo uns 's Käppla stieht! / 's woar immer a su! / Derheem empfängt uns die Karline mit eener sauersüßen Miene: „Na, ihr seid mer schiene Kinderla! / 's woar immer a su, a su!"

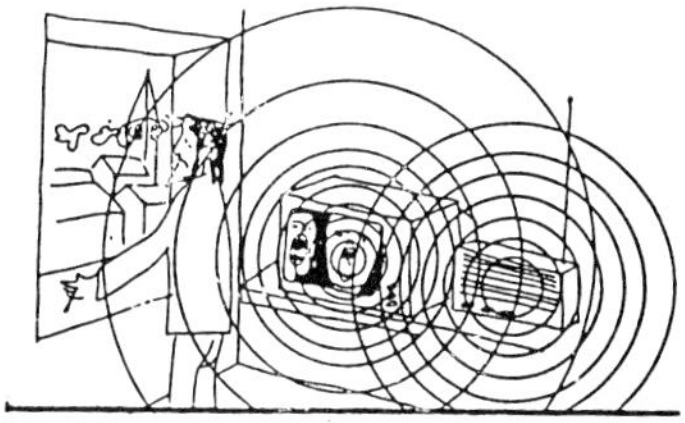

Furchtbar, diese Kirchenglocken, man kann nicht einmal mehr die Hitparade hören.

Die nicht mehr in die Kirche gehen, klagen über den „langweiligen" Sonntagvormittag oder finden den „Glockenlärm" unerträglich. Ein mitfühlender Pfarrer hat für diese eigens die „Anti-Lärm-Glocke" erfunden.

Die Sonntagslangeweile hat Erich Kästner treffend beschrieben in „Kleine Stadt am Sonntagmorgen":

Das Wetter ist recht gut geraten.
Der Kirchturm träumt vom lieben Gott.

Die Stadt riecht ganz und gar nach Braten
und auch ein bißchen nach Kompott.
Am Sonntag darf man lange schlafen.
Die Gassen sind so gut wie leer.
Zwei alte Tanten, die sich trafen,
bestreiten rüstig den Verkehr.
Sie führen wieder mal die alten
Gespräche, denn das hält gesund.
Die Fenster gähnen sanft und halten
sich die Gardinen vor den Mund.

Die Stunden machen kleine Schritte
und heben ihre Füße kaum.
Die Langeweile macht Visite.
Und drüben, auf des Marktes Mitte
schnarcht leise der Kastanienbaum.

Immerhin ist die Sonntag-Morgen-Langeweile noch gesetzlich geschützt. Darum ist Herr Müller auch besonders empört, als er am Sonntag Morgen nicht mehr schlafen kann. Er sieht auf die Uhr: Zehn vor neun! — und draussen werden Teppiche geklopft!!! — „Unerhört!" knurrt Herr Müller, zieht sich die Decke über die Ohren und versucht, wieder einzuschlafen, — vergeblich! Das Teppichklopfen hört und hört nicht auf! Verbittert und wütend hängt sich Müller ans Telefon und ruft die Polizeiwache an. „Natürlich ist das Teppichklopfen am Sonntagmorgen verboten, — wir schicken sofort einen Wachtmeister hin!" wird ihm versichert. Und tatsächlich: nach kaum fünf Minuten hört das Geklopfe auf. Herr Müller stellt sich das Gesicht der Angezeigten vor und entschlummert mit schadenfrohem Grinsen bis zum Mittagessen.

Sein Sinn für Gerechtigkeit ist wiederhergestellt. Allerdings wird seine Sympathie für die staatlichen Ordnungshüter empfindlich getroffen, als er acht Tage später ein sehr amtliches Schreiben bekommt: „Sie haben 20,— DM Ordnungsstrafe an die Gerichtskasse zu zahlen. Grund: Ruhestörender Lärm am Sonntagmorgen!" — Empört zeigt er seiner Frau den Strafzettel: „Das ist doch unerhört! — Ich erstatte Anzeige wegen Ruhestörung, — und jetzt schicken diese Idioten MIR den Strafbescheid!" — „Ach du meine Güte!" ruft da seine Frau sehr überrascht, „dann warst DU das also, der mir den Wachtmeister auf den Hals gehetzt hat!"

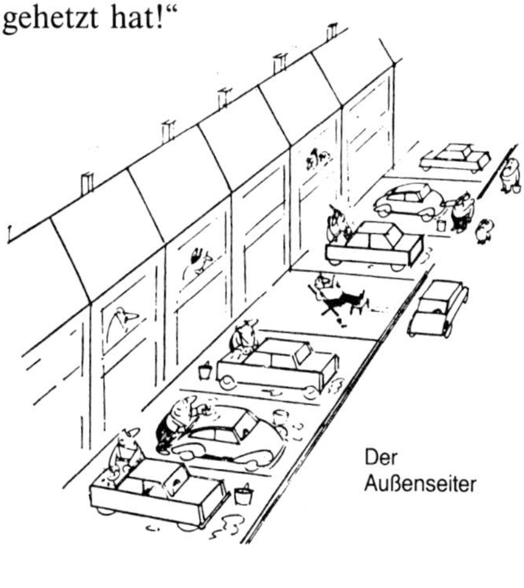

Der Außenseiter

Hier liegt vor deiner Majestät im Staub die Christenschar

Früher wurde das häufig und besonders von den Männern auf und unter der Orgelbühne mit Inbrunst gesungen. Allerdings hat man dabei noch keinen im Staub liegen sehen, — und das

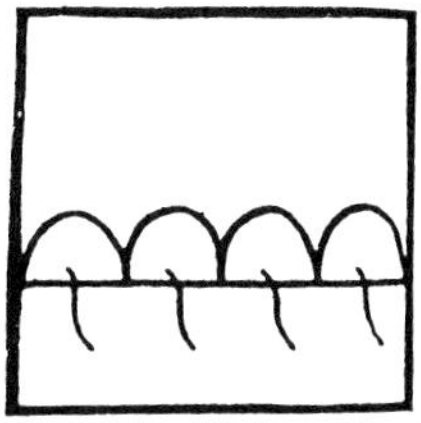

„Andächtige Kirchenmäuse“

Knien im Staub würde der guten Sonntagshose und der Bügelfalte schaden. Bei der Sonntagsmesse halten sich die Männer an den demütigen Zöllner und die „letzten Plätze“. Vielleicht tun sie es auch den Frauen zuliebe, damit diese sitzen können. Nicht ohne Grund drängt also vor dem Kirchgang der Vater: „Nun beeil dich, Elfriede, — sonst ist hinten in der Kirche schon wieder alles besetzt!“

Natürlich wird den Frauen die Zeit oft knapp, weil noch das Essen vorbereitet werden muß. Frau Brinkhoff hat noch schnell den Suppentopf auf den Herd gesetzt, ehe sie zum Hochamt eilt. Als sie, noch ein wenig außer Atem, auf dem Kirchplatz ihre Nachbarin einholt, ruft die erstaunt: „Aber Frau Brinkhoff, was haben Sie denn da unter dem Arm?“ — „Ach du lieber Gott!“ sagt Frau Brinkhoff erschrocken, — „da habe ich doch in der Eile das Gesangbuch in die Suppe geworfen und den Speck mitgenommen!“

Am Firmungstag kam Miß May, die alte Lehrerin von Atlanta, im letzten Augenblick. Als sie durchs Kirchenschiff ihrem Platz in der vordersten Bank zustrebte, sang schon die Gemeinde zum feierlichen Einzug des Bischofs. Alle glaubten, daß dieser vorbeikomme und verneigten sich tief. Miß May nickte nach rechts und nach links, hielt kurz vor der Bank inne und sagte, — laut genug, daß jeder es hören konnte: „Es freut mich zu sehen, daß es immer noch gute Manieren gibt!“

Vor der Messe sollte man seine Gedanken sammeln. Leider machen sich diese gern selbständig und gehen auf ihre Art spazieren: „Hat d i e vielleicht einen komischen Hut auf!“ — „Der ist aber alt geworden!“ — „Wie kann man bloß kleine Kinder mit in die Kirche nehmen!“ — „Dem Halbaffen da vorn möchte ich mal meinen Friseur empfehlen!“ — „Was glotzt mich der so an?“ — „Die müßte meine Tochter sein, — mit einem solchen Aufzug in die Kirche zu kommen!“ — „Schau mal einer an, — den sieht man auch mal wieder!“ Und Herr Meier flüstert seiner Gattin zu: „Schlechte Akustik hier!“ — Und sie schnüffelt und flüstert zurück: „Jetzt, wo du es sagst, rieche ich es auch!“

In der „modernen“ Gemeinde ist es natürlich auch Sitte, daß man sich gegenseitig begrüßt, sich murmelnd unterhält oder raschelnd im Gesangbuch blättert. Diese Geräuschkulisse bewirkt manchmal, daß die Gemeinde den Einzug des Pfarrers völlig überhört. Der tritt in den Altarraum, schaut eine Weile über die Köpfe hinweg und spricht schließlich ins Mikrofon: „Der Herr sei schon mal mit euch!“

„Ich fühle mich sehr verunsichert!“ — so schrieb eine Dame an den Bischof von Münster. „In der Samstags Abendmesse begrüßt der „Versammlungsleiter“ die Erschienenen mit: „Ich wünsche Ihnen einen guten Abend!“ — Ich antwortete also mit einem höflichen: „Danke, gleichfalls!“ — Man hat mich deswegen gescholten, danach habe ich also nur geantwortet: „Guten Abend!“ Darauf sagte man mir, das sei gänzlich falsch, und ich solle in der Kirche schweigen! Das sehe ich nicht ein. Hat man uns nicht eingebleut, wir sollten daß vorkonziliare Schweigen aufgeben und klar und deutlich auf die jeweiligen Zurufe des Priesters antworten?

Am nächsten Samstag habe ich auf den Gruß: „Ich wünsche Ihnen einen schönen Abend!“, — um keinen Fehler zu machen, — geantwortet: „Und Deinem Geiste auch!“ Als der Geistliche mir einen vernichtenden Blick zuwarf, habe ich schnell hinzugefügt: „— wünsche ich ebenfalls einen schönen Abend!“ Dies war offensichtlich ganz falsch, wie man an dem Gekicher und Geraune in der Kirche erkennen konnte. Der „Gemeindevorsteher“ warf mir so furchtbare Blicke zu, daß ich nun meinen Mund fest verschlossen hielt, — obwohl wir bei den Fürbitten „um mehr Zivilcourage“ beten mußten. Erst als die Versammlung zum Abschluß kam (ohne Segen natürlich), und uns der „Versammlungsleiter“ noch ein schönes Wochenende und eine gute Nacht wünschte, wagte ich wieder zu antworten: „Danke gleichfalls! und schlafen Sie wohl!“ Das entflog mir ganz gewohnheitsmäßig, schien aber wieder unpassend zu sein.

Darum erlaube ich mir, bei offizieller Stelle einmal anzufragen, wie man sich als höflicher, wohlerzogener Mensch und mündiger Christ bei solchen Situationen in der Kirche heute benehmen muß, — beziehungsweise, was man zu antworten hat, damit man nicht bei der Klerisei völlig in Ungnade fällt.“

Das Gleichnis von dem „hochzeitlichen Gewand“ darf man beim Gottesdienst nicht allzu wörtlich nehmen. Das wechselt sowieso nach Zeitgeschmack und Mode. Die „Turnschuh-Generation“ kommt frisch vom Jogging in die Vorabendmesse, — eigentlich recht bescheiden, wenn man den Aufwand früherer „Modenschauen“ in der Kirche bedenkt! Wenn Jugendliche mit „unisex-blue-Jeans“ kommen, wollen sie sicher damit ihre Solidarität mit den Slum-Bewohnern Südamerikas bezeugen. Allerdings wurde ich doch etwas nachdenklich, als ich neulich im Schaufenster einer „Boutique“ die Preise entdeckte, die man für „echt-stone-washed-blue-jeans“ hinblättern muß. (Das sind die auf Steine geschlagenen, künstlich gebleichten und ausgefransten!). Noch teurer sind die „von Slumbewohnern echt getragenen Jeans“. Es war ja schließlich schon immer etwas teurer, einen guten Geschmack zu haben!

Bemerkenswert ist auch, daß die Generation der „Kriegsdienstverweigerer“ und „Friedenskämpfer“ bevorzugt amerikanische Uniformen mit Rangabzeichen trägt. Das veranlaßte einen humorvollen Pastor zu der Bemerkung: „Wir halten also heute einen Feldgottesdienst. Ich freue mich, daß die Soldaten in Uniform so zahlreich erschienen sind, besonders die vielen höheren Dienstgrade!“

Die Kinder tragen in der Vorabendmesse häufig noch die Spuren der Schularbeiten an den Händen. Da strecken sie bei der Kommunion fromm die Hand aus mit einem Liebesherzen und anderen Bemalungen darin. Über die „tintenbeschmierten Hände" hatte sich eine Frau beim Pastor beschwert. Der sagte dies nach der Messe den Kindern und fügte hinzu: „— nun ja, ich sehe da auch so Einiges, was mich manchmal fast zum Lachen bringt. Denkt nächsten Samstag mal dran! Im Übrigen meine ich: Es ist immer noch besser, schmutzige Hände und ein reines Herz zu haben, — als umgekehrt!"

Der Mann hatte nicht nur Humor sondern auch Recht. Die „betenden Hände" mancher Frommen, obwohl sehr reinlich, würden Albrecht Dürer heute wohl zu einer neuen Fassung seines bekannten Bildes veranlassen.

Die Frage, welchen Platz heute die Liturgie beim einzelnen Christen einnimmt, muß man dahin beantworten, daß sie früher zumeist in den Knien steckte, — heute im Gegenteil. Eine Untersuchung hat zutage gebracht: Die Sitze der berühmten Mailänder Scala sind nur 46-48 cm breit! Heute erklären die Architekten, der Mensch am Ende des Jahrhunderts brauche eine Sitzfläche von 55-61 cm Breite. Das bedeutet ein Drittel mehr Raum für die gleiche Personenzahl! So trägt zweifellos der Wohlstand dazu dabei, daß leere Kirchen wieder voller werden. Die weibli-

Veränderungen an der Basis

che Sitzfläche war unter dem Einfluß der Mode allerdings nie besser in Form als heute.

„Vorkonziliare" Christen schwärmen manchmal noch von der lateinischen Messe, die ihnen so vertraut war, daß damals ein Wallfahrer in Lourdes nach dem Hochamt erstaunt zum andern sagte: „Mensch, das ist ja wie zu Hause, die sprechen hier alle deutsch!"

Mancher Meßdiener von damals rühmt sich vor den Enkeln gerne seiner lateinischen Sprachkenntnisse. Die können ja nicht nachprüfen, ob er wirklich alle Antworten auswendig wußte, — oder etwa so gebetet hat: „Confiteor — murmel, murmel, murmel — mea culpa, mea culpa, mea maxima culpa — murmel, murmel, murmel" — deum nostrum!

Früher wußte man auch, daß es männliche und weibliche Präfationen

gibt, — die einen endeten mit „una voce dicentes" (bekennen einstimmig), — die anderen mit „sine fine dicentes" (reden ohne Ende).

Das Latein hat auch seine Vorzüge, — in internationalen Urlaubsorten wäre es als gemeinsame „Muttersprache" wohl angebracht. In einem solchen Ort begrüßte der spanische Pater die Gäste in Spanisch, Englisch, Französisch und Deutsch. Auf eine lateinische Messe angesprochen, gestand er ein wenig verlegen, daß er hierfür nicht genügend Sprachkenntnisse habe.

Die hatte aber ein Kavallerieoberst, der sich nach einem lateinischen Feldgottesdienst an den Militärpfarrer wandte: „Das war mal schön!" sagte er begeistert, „und vor allem freue ich mich, daß Sie auch unsere Gäule nicht vergessen haben!" — „Die Gäule?" fragte der Pfarrer erstaunt. — „Natürlich! — habe schließlich Latein jelernt und jenau zujehört! Haben doch jesungen: „Vere dignum et justum est, aequum et salutare" — und dat heßt doch: „Im Frühling ist es würdig und recht, auch das Pferd zu jrüßen!" (Damit der bedauernswerte Nicht-Lateiner auch mitlachen kann: Vere (= wahrhaftig oder: = im Frühling) / aequum (= richtig) aber: equum (Pferd) / salutare (= heilsam oder: grüßen). Der Oberst hatte seine lateinischen Studien wohl auf Quarta „mit Erfolg beendet".

In einem lateinischen Amte konnte man sich ruhig mal versprechen, ohne daß die Gemeinde es bemerkte. Es soll ganz eilige Pastöre gegeben haben, die von drei Sätzen nur das erste und letzte Wort sangen, damit es schneller ging. (Solche haben übrigens auch heute Schwierigkeiten mit der deutschen Aussprache des „Sanctus": es hört sich immer an wie: „. . . eilig, eilig, eilig . . .").

Nach häufiger Wiederholung glaubte ein Kaplan, die Epistel von der tapferen Frau auswendig zu können. Beim Levitenamt am Patronatsfest begann er beim Blättern schon mal zu singen: „Lectio libri sapientiae. Mulierem fortem, quis invenit . . ." — da jedoch verließ ihn plötzlich das Gedächtnis. Was tun? während er verzweifelt blätterte, sang er einfach weiter, in der Hoffnung, daß es doch niemand verstand. Seine geistlichen Mitbrüder freilich hörten erst mit Erstaunen, dann mit verhaltenem Lachen: „Quisquis vobis scit mulierem fortem? — Mulierem fortem jam non inveni! — Non possum mulierem fortem invenire! . . ." („Wer von euch weiß, wo die tapfere Frau steht? — Ich habe die tapfere Frau immer noch nicht gefunden! — Ich kann die tapfere Frau nicht finden! . . ."). Das alles wirkte gleichwohl, mit vorgeschriebenen Kadenzen vorgetragen, höchst festlich und feierlich, — bis auf das unfeierliche Grinsen seiner Kollegen.

Damit die Messe pünktlich anfängt, gibt es die Kirchenuhr. Doch als eine Urlauberin in dem kleinen Ort um 8 Uhr die Wochentagsmesse besuchen will, findet sie die Kirche leer. Sie schellt also am Pfarrhaus, und der Pfarrer, noch in Hemdsärmeln, schaut aus dem Fenster. „Entschuldigen Sie, Herr Pastor", sagt die Dame ehrerbietig, „es ist 8 Uhr, und ich möchte gern wissen, ob heute eine Messe ist." — „Es ist n i c h t acht Uhr!" rief der Pastor unwillig, — „Es ist erst 8 Uhr, wenn ich die Messe beginne!"

Ganz anders verhielt sich ein pflichtbewußter Kaplan. Am frühen Sonntag Morgen stellte Wachtmeister Scharf bei der katholischen Kirche gegen 4.30 Uhr ein verdächtiges Subjekt. Da es sich bei der schwarz verkleideten Gestalt offenbar um einen Kirchenräuber handelte, zog er die Waffe und rief sie an. Der überraschte „Gangster“ entpuppte sich bei näherem Zusehen als der schlecht ausgeschlafene Stadtkaplan, der in dem Wahn, es sei 6.30 Uhr, vergeblich nach den zur Frühmesse eilenden Gläubigen Ausschau gehalten hatte. Es stellte sich heraus, daß sowohl der Pfarrer als auch der Küster abends die Kirchenuhr auf die Sommerzeit vorgestellt hatten. Der Beamte geleitete

den frierenden und verstörten Geistlichen wieder heim zu seinem Schlafgemach.

Als es noch keine Vorabendmesse gab, hatte es der Bahnhofswirt in Olsberg nicht leicht. Trotz der langen Samstag Abende ging er pflichtbewußt jeden Sonntag ins Hochamt, — wobei er freilich oben auf der Orgelbühne meist schon vor dem Evangelium sanft entschlummerte und oft erst am Ende des Amtes aufwachte. Vielleicht schlief er diesmal nicht fest genug. Jedenfalls weckte ihn das Klingelzeichen zur Wandlung jäh auf. Schlaftrunken griff er nach dem nicht vorhandenen Telefonhörer und sagte laut in die Stille: „Hier Bahnhofswirtschaft Olsberg!“

Einmal passierte es auch, daß kurz nach Mitternacht beim Pfarrer das Telefon klingelte. Der sprang erschreckt aus dem Bett und dachte an einen Notfall. Am Telefon sagte eine vom Alkohol schwerfällige Männerstimme: „Hallo! — ist da die Bahnhofswirtschaft? — Schicken Sie doch gleich noch zehn Flaschen Bier nach Lehmanns in der Talstraße!“ — Tut mir leid, Herr Lehmann“, unterbricht ihn der Pastor, „aber hier ist der Pfarrer ihrer Gemeinde!“ — „Waaas?“ sagt der Mann erstaunt, — „das ist ja allerhand! Sagen Sie mal, was hat denn ein Pfarrer um diese Zeit noch in der Kneipe zu suchen?!“

Dem Pastor einer kleinen süddeutschen Gemeinde erging es wie vielen seiner Kollegen: Er predigte vor Christen und betete mit Christen, deren Gleichgültigkeit ihm auf die Nerven ging. Schließlich ertrug er es nicht länger und hielt ihnen eine gesalzene Strafpredigt. Die Standpauke war tagelang Ortsgespräch. Vor allem waren die Leute erbost über den Vorwurf, sie hörten überhaupt nicht zu und würden zu allem „Ja!“ und „Amen!“ sagen. — „Das ist nicht wahr! — ereiferten sich die Stammtischler, das muß er zurücknehmen! Wir sind in der Kirche doch immer aufmerksam!“ Dem Pastor kam das natürlich auch zu Ohren, aber er sagte nichts dazu. Zwei Sonntage später jedoch, als er die Fürbitten für den Heiligen Vater, um die Einsicht der Mächtigen und für den Weltfrieden gesprochen hatte, fügte er laut und vernehmlich noch den Bittruf an: „Auf daß der Weiße Riese noch weißer wäscht!“ Und siehe da: Das Echo der Gemeinde war ebenso andächtig wie deutlich: „Wir bitten dich, erhöre uns!“

Zwischenruf: „Das würde bei uns niemals passieren!“ — Sind Sie wirklich so sicher?

Pastören, die mit „fortlaufendem Erfolg" predigen, wird gern der Titel „Kirchen-Leerer" verliehen. Ein solcher beklagte sich bei einem Freund, daß die Männer die Kirche vorzeitig verließen oder gleich im Wirtshaus nebenan sitzen blieben. „Laß mich nur machen!" sagte der und übernahm am folgenden Sonntag die Predigt: „Ich spreche heute zu Sündern und Frommen", begann er seine Ansprache und nahm sich erst einmal die Sünder vor. Dann machte er eine bedeutungsvolle Pause und fuhr fort: „Mit den Sündern bin ich jetzt fertig, ihr könnt nach Hause gehen, wenn ihr wollt!" Aber niemand rührte sich. An diesem Sonntag verließ keiner die Kirche.

„Ist hier ein Herr, der in diesem Augenblick in der St.-Josefs-Kirche sein sollte . . .?"

In einem kleinen Dorf kam einmal unterm Hochamt ein Tippelbruder in die Wirtschaft und bat drei Bürger, die dort Skat spielten, um ein Almosen. Sogleich fuhr ihn einer von Ihnen an: „Schämst du dich nicht, — hier während des Hochamts zu betteln!?" —„Oh Verzeihung" — sagte darauf der Tippelbruder sehr höflich, „entschuldigen Sie vielmals, daß ich sie in ihrer Andacht gestört habe!"

Bei einem feierlichen Levitenamt kam einen der drei Priester plötzlich ein menschliches Rühren an. Er ging auf den Zeremoniar zu und gestand ihm leise seine Not. Der erwiderte, ohne eine Miene zu verziehen, mit zeremonieller Würde: „Gehen Sie langsam hinaus und nehmen Sie zwei Meßdiener mit Kerzen mit, das fällt am wenigsten auf!" — So geschah es denn auch. Nach gut fünf Minuten kehrte der Geistliche erleichtert und in feierlicher Begleitung auf seinen Platz zurück. Sein Erscheinen erregte aber im Kirchenschiff eine merkwürdige Unruhe, ja sogar verhaltenes Kichern. Unangenehm berührt, fragte er vorsichtig den Zeremoniar: „Haben die Leute was bemerkt?" — „Erst jetzt!" zischte der grimmig. „Sie hätten nichts gemerkt, wenn Sie nicht die Albe in die Hose gesteckt hätten!"

Als der Bischof in Afrika die neue Kirche einweihte, war die Einrichtung noch sehr provisorisch. Als Bischofsthron hatte man eine Seifenkiste mit einer Decke umhüllt. Während der Zeremonie krachte die Kiste zusammen und der Bischof landete auf dem Boden. Aber niemand verzog auch nur eine Miene. Als der Pfarrer sich nachher entschuldigte, hatte der Bischof volles Verständnis und sagte. „Eigentlich hat mich doch diese Selbstbeherrschung Ihrer Gemeinde sehr beeindruckt!" — „Oh, das ist nichts Besonderes", erwiderte der Pfarrer, „die Leute glaubten, das gehört zur Liturgie!"

Die Nachrichten und Verkündigungen für die Pfarrei tragen häufig zur Erheiterung bei: Da gab der Pastor eines münsterländer Städtchens, in dem ein guter Korn gebrannt wird, am Sonntag nach dem Hochamt den Tod eines hochbetagten Gemeindemitgliedes bekannt: „Gott, dem Herrn, hat es gefallen, gestern Abend um neun Uhr einen alten Steinhäger zu sich zu nehmen." — In einem Pfarrblatt fand sich der Hinweis: „Am nächsten Sonntag feiert bei uns ein Priester der Ostkirche die Messe im orientalischen RHYTMUS". — Und: „An diesem Sonntag werden die Kirchenbesucher gezählt. Die Besucherzahl ist maßgebend für die finanziellen Zuwendungen der Diözese. Wir bitten deshalb, daß möglichst viele Pfarrangehörige die heiligen Messen besuchen!" — Schlimm schlug der Druckfehlerteufel in einer rheinischen Stadt zu, wo angezeigt wurde: „Feier des WE-IGEN Gebetes: 12 Uhr ist BEST-STUNDE für alle Verstorbenen, 19.3o Uhr ist ABENDESSEN mit Te Deum und Segen."

Schon 1931 fand sich in „Natur und Kultur", Heft 2, S.68 eine Glosse über „Schallplattenmusik beim katholischen Gottesdienst als der neueste Schlager". Als „Triumph der Technik" wurde der

Versuch bezeichnet, Gemeindegesang und Kirchenchor durch „liturgische Schallplattenmusik zu ersetzen." — Die Technik hat seitdem große Fortschritte gemacht! Das beweist der schwedische Schriftsteller Kar de Mumma in einer Glosse, die hier verkürzt wiedergegeben ist:

„Die kleine Kirche liegt weiß und hübsch am Rand der Bucht und spiegelt sich im Wasser. Sie wurde kürzlich aus Reichsmitteln renoviert und findet die Zustimmung vieler Touristen. Leider hat der Pastor am Sonntag nur zwei, drei alte Leute als Zuhörer, denen er ergeben das Wort Gottes vorliest, bevor auch er sich an die Arbeit macht, seinen Holzschuppen repariert oder Netze auslegt wie alle anderen auch. Als der alte Sjöberg die Glocken nicht mehr läuten kann, wird in der Versammlung beschlossen, eine elektrische Läuteanlage einzubauen, bei der man nur noch einen Knopf drücken braucht. Das geschieht, und der Maler in der Nachbarschaft drückt gratis morgens den Knopf. Schließlich starb einer der drei Kirchenbesucher, die beiden andern waren auch schon alt. Wieder wurde beraten und beschlossen: Für die zwei können wir uns keinen Pfarrer mehr halten, wir kaufen aber von dem eingesparten Geld eine Tonbandanlage, — die Predigt und das Übrige kann doch einer auf Band sprechen, das tun die im Radio doch auch! Und dann drückt der Maler nebenan eben zwei Knöpfe, und es läutet und predigt dann wie jeden Sonntag. Und wieder wird es Sonntag. In der kleinen Kirche am Meer gibt es keinen Pfarrer und keine Gemeinde mehr, aber trotzdem wird geläutet und in der gewohnten Ordnung gepredigt. Die Fenster stehen weit offen, und das Wort Gottes erreicht all die kleinen Gräber, wo wilde Blumen wachsen und der Seewind schon die meisten Namen auf den Steinen ausgelöscht hat."

Es predigt

Natürlich ist es einfacher, eine Predigt zu kritisieren, als eine zu halten. Mancher Pastor mag auch wohl seufzen: „Wofür die ganze Anstrengung, — es hört ja eh keiner zu!" Der Blick von oben ins Kirchenschiff scheint diese Meinung zu bestätigen.

Gleichwohl sind die meisten Pastöre Optimisten und machen sich immer wieder an die Arbeit, eine Sonntagspredigt auszubrüten. Bei dieser geistigen Anstrengung wird man nicht gern gestört. Das wird von der Haushälterin auch respektiert, — nicht aber von der kleinen Nichte, die zu Besuch ist. Schon steckt Sabine den Kopf durch die Tür und fragt neugierig: „Was machst du da, Onkel Pastor?" — „Ich schreibe!" — „Und was schreibst du?" — „Ich schreibe die Predigt, mein liebes Kind!" sagt der Pastor, leicht irritiert, streicht einen Satz durch und hofft, daß der kleine Quälgeist wieder verschwindet. Aber schon fängt sie wieder an: „Onkel Pastor, ist es wahr, daß der Liebe Gott dir alles sagt, was du aufschreiben tust?" — „Ja, gewiß, mein Kind!" antwortet der Pastor gequält und sichtlich nervös. Wie soll man sich da konzentrieren können? Er schreibt ein paar Sätze, streicht sie dann wieder durch. — „Aber Onkel Pastor!" ruft da Sabine entrüstet, „du darfst doch nichts durchstreichen, was der Liebe Gott dir gesagt hat!"

Manchmal liegt es auch am Wetter, wie es Eugen Roth (hier leicht geändert) so wunderschön beschreibt: „Pastor, — zur Arbeit wild entschlossen, Ist durch den Umstand sehr verdrossen, Daß ihm die Sonne seine Pflicht und Lust zum Fleißigsein zerbricht.

Er sitzt und schwitzt und stöhnt und jammert, Weil sich die Hitze an ihn klammert. — Von seinem Wunsch herbeigemolken, Erscheinen alsbald dunkle Wolken. Der Regen rauscht, die Traufen rinnen, Jetzt! — denkt der Mensch, — kann ich beginnen! Doch bleibt er tatenlos und sitzt, Horcht, wie es donnert, schaut, wie's blitzt. Und wartet, stumpf und hirnvernagelt, Ob's nicht am Ende gar noch hagelt. Doch rasch zerfällt das Wettertoben. Pastor sitzt wieder, — siehe oben!" (Aus Eugen Roth: Ein Mensch).

Der neue Kaplan nimmt es mit der Predigtvorbereitung noch sehr genau. Er soll am nächsten Sonntag erstmals auf der Kanzel stehen. Schon Dienstag fragt er seinen Pastor: „Haben Sie einen besonderen Wunsch, worüber ich predigen soll?" Der klopft ihm freundlich auf die Schulter und sagt: „Mein Lieber! machen Sie das nur ganz nach Ihrem Herzen! Predigen Sie, über was Sie wollen, — nur nicht über zwanzig Minuten!"

Ein anderer Anfänger, der von sich selbst sehr überzeugt ist, fragt nach 14 Tagen, wie er am besten seine guten Predigten unter die Leute bringen könne, — vielleicht sollte man sie im Pfarrblatt abdrucken? Der alterfahrene Pastor empfahl ihm lakonisch: „Machen Sie aus Ihren Manusksripten Konfetti!"

Aus der Sicht des Laien ist nicht selten „die Predigt ein Versuch, etwas zu erklären, was ohnehin jeder weiß, — mit Worten, die keiner versteht!" Wenn trotzdem ein Prediger großen Zulauf hat, kann das auch andere Gründe haben. Schleiermacher, dem deswegen jemand gratulierte, meinte jedenfalls ironisch: „Ach, das liegt keineswegs an meinen Predigten. Sehen Sie: mein Publikum besteht aus Studenten, Damen und Offizieren. Die Studenten kommen, weil ich in der Examenskommission bin. Die Damen kommen der Studenten wegen. Und die Offiziere, die kommen der Damen wegen."

Daß mit der Länge der Predigt die Wirkung abnimmt, hat Mark Twain einmal unter Freunden erläutert: „Ich hörte da eine wirklich aufrüttelnde Predigt über die Heiden-Mission. Nach fünf Minuten beschloß ich, fünfzig Dollar für den guten Zweck zu spenden.

Nach weiteren zehn Minuten dachte ich: Vierzig sind auch genug! Nach einer halben Stunde hatte ich ausgerechnet, daß zehn Dollar es auch tun würden. Und nach einer Stunde habe ich fünf Dollar vom Teller gestohlen!"

Einmal wurde Mark Twain auch von einem ziemlichen eitlen Pfarrer gefragt: „Nun, wie hat Ihnen meine Predigt gefallen?" — „Sie war sehr schön!" antwortete der, — und der Pfarrer sonnte sich schon im Lob des bekannten Schriftstellers, „aber" — so fuhr Mark Twain fort — „ich besitze ein Buch, in dem ihre Predigt Wort für Wort abgedruckt ist!" Der Pfarrer war darüber sehr empört: „Schicken Sie mir das Buch zu, oder ich werde Sie wegen Verleumdung verklagen!" — „Mit Vergnügen!" antwortete Mark Twain lachend dem aufgebrachten Kirchenmann. Schon am nächsten Morgen erhielt der Pfarrer ein Paket, darin lag — ein Wörterbuch!

Nachdem Pastor John sich am Sonntag sehr ausführlich über die Wunder Gottes in der Natur verbreitet und gesagt hatte: „In jedem Grashalm steckt eine Predigt!" — traf ihn ein Gemeindemitglied vor dem Pfarrhaus beim Rasenmähen. Nach höflichem Gruß sagte er anzüglich: „Ah, Herr Pfarrer, es freut mich außerordentlich zu sehen, daß Sie Ihre Predigten kürzen!"

Ein schon sehr einsichtsvoller Pastor gab nach dem Evangelium bekannt: „Die Predigt fällt heute aus. Wir sind hier ja nicht versammelt, um uns gegenseitig den Sonntag zu verderben!"

Einen Kirchenbesucher, der während der Predigt eingeschlafen war, stellte der Pastor nach der Messe zur Rede: „Ihr habt ja so laut geschnarcht, daß Ihr mich beinahe übertönt habt!

Konntet Ihr nicht, um wach zu bleiben, vorher eine Prise Schnupftaback nehmen?“ Doch der Mann antwortete keineswegs schuldbewußt: „Hättet Ihr lieber ein wenig Schnupftaback in Eure Predigt getan, Herr Pfarrer!“

Nicht immer ist die Predigt schuld. Der Hohntannenschuster wohnte zwischen zwei Kirchdörfern und ging meistens ins Nachbardorf zur Kirche. Das kränkte den Pfarrer, zu dessen Gemeinde er doch gehörte: „Meinst du vielleicht, daß im anderen Dorf die Predigt besser ist?“ fragte er vorwurfsvoll. Aber der Schuster antwortete treuherzig: „Ach nein, Herr Pfarrer, — mit der Predigt, das ist gehupft wie gesprungen! Aber ’s Bier ist halt drüben besser!“

Ein unglaubliches Durchhaltevermögen bewies jener Pater, den man für die Fastenpredigt bestellt hatte. Er hörte und hörte nicht auf. Einer nach dem anderen verließen die Gläubigen unauffällig die Kirche, — er merkte nichts.

Eine Weile hielt noch der Pfarrer mit zwei Ministranten die einsame Wache im Chor. Aber der Pater war offenbar noch längst nicht am Ende. Schließlich gab auch der Pfarrer erschöpft auf, ging in die Sakristei und zog die Gewänder aus. Bevor er die Kirche verließ, stieg er zur Kanzel hinauf: „Hier sind die Schlüssel, — wenn Sie fertig sind, seien Sie so freundlich und schließen die Kirche ab!“

„Manchmal ist das Schlafen in der Kirche die legitime Reaktion auf eine langweilige Predigt“ — soll der evangelische Kirchenpräses Hans Thimme einmal gesagt haben. Ein ev. Pfarrer machte aus dieser Kritik eine Tugend und brachte an seiner Kirchentür ein Werbeplakat an: „Der Kirchenschlaf ist der gesündeste! Kommen Sie zum Gottesdienst!“ Daß auch frühere Generationen schon mit diesem Problem zu tun hatten, beweist ein Erlaß des Königs Christian VIII. von Dänemark vom 17.Mai 1846: „Nachdem wir in Erfahrung gebracht haben, daß das Schlafen in der Kirche allzusehr überhand nimmt, verordnen wir allergnädigst, daß in jeder Gemeinde einige Männer angestellt werden, die in der Kirche herumgehen und mit einer langen Klatsche die Leute aufzuwecken haben!“

Die auf der Umschlagseite wiedergegebene „Rheingräfliche Verordnung über den Kirchenschlaf“ von 1694 ist eine echte Fotokopie aus der „historischen Sammlung mittelalterlicher Rechtspflege in Rothenburg ob der Tauber“:

„Wann einer schläft, so sollen die Benachbarten auf beiden Seiten ihn von dem Schlaf erwecken und in Unterlassung dessen, wenn nämlich der Schlafende schnarcht und mit dem Kopf und Leib hin und her wanket, jeder gleichergestalt drei Albus zur Strafe geben. Damit aber einer sich des Schlafens desto besser enthalten könne, soll derselbe, den der Schlaf ankommen will, sich aufrichten und der Predigt stehend zuhören!“

Könnte es sein, daß die Furcht vor solcher Bestrafung (und mit dem

Nachbarn möchte man es auch nicht verderben!) schließlich dazu geführt hat, daß die Männer gleich hinten stehen blieben, um damit sowohl die Strafe als auch das Einschlafen zu vermeiden? — Alten Bräuchen sagt man ja ein langes Überlebensvermögen zu.

Dem Problem der müden Zuhörer wußte Pastor Webster drastisch zu begegnen. Wenn die Ersten eingenickt waren, brach er seine Homilie ab und schrie in den Kirchenraum: „Feuer! — Feuer!" — Die Schläfer fuhren aus ihren Träumen hoch und fragten entsetzt: „Feuer? — Wo?" — „In der Hölle!" donnerte Webster von der Kanzel, — „in der Hölle, wohin alle diejenigen kommen, die schlafen und schnarchen, wenn von der Kanzel das Wort Gottes verkündet wird!"

Pfarrer Rixius dagegen hatte schon lange vergeblich versucht, die Schläfrigen bei der Predigt wachzuhalten. Eines Sonntags aber geschah das Wunder: Er predigte über das Bibelwort: „Der Mensch sieht nur, was vor Augen ist. Gott aber sieht das Herz!" — und siehe: die Pfarrkinder wandten kein Auge von ihm und lauschten gebannt seinen Worten. Froh beschwingt über die offensichtliche Wirkung seiner guten Predigt kam er in die Sakristei, — wo ihm der alte Küster kopfschüttelnd einen Spiegel entgegenhielt. Da erkannte er die Ursache der allgemeinen Aufmerksamkeit: er hatte vergessen, seine Zipfelmütze abzulegen. „Na ja, Herr Pastor", tröstete ihn der Küster, „Sie haben doch selbst gesagt": „Die Menschen sehen das, was vor Augen ist!"

Ein Franziskaner hatte die aus seinem Predigtbuch auswendig gelernte Predigt schon häufig gehalten. Das wußte auch der Pastor, der ihn bestellt hatte. Der ahnungslose Franziskaner war erfreut und ahnte nichts Böses, als der Pastor ihm gratulierte: „Sie haben so gut gepredigt, — darum möchten meine Pfarrkinder im Hochamt noch eine zweite Predigt hören!" — Jetzt saß der Franziskaner in der Klemme! Aber ein Franziskaner läßt sich durch nichts aus der Fassung bringen, — also begann der Pater im Hochamt: „Euer Pastor hat mich gebeten, noch einmal zu predigen. Dazu bin ich natürlich gern bereit. Nun habe ich aber gehört, daß einige mir häretische Äußerungen vorwerfen. Damit Sie sich von meiner Rechtgläubigkeit überzeugen können, werde ich also jetzt meine Predigt, Wort für Wort, wiederholen!"

Ein französischer Pfarrer stellte seine Predigten regelmäßig aus gedruckten Sammlungen berühmter Kanzelredner zusammen. Eines Sonntags sitzt ein weißhaariger Fremder unter der Kanzel. Kaum hat der Pfarrer den dritten Satz vollendet, als der Fremde laut sagt: „Das ist von Massilon!“ — Der Pfarrer runzelt die Stirn, fährt aber fort. „Das ist von Bordaloue!“ bemerkt

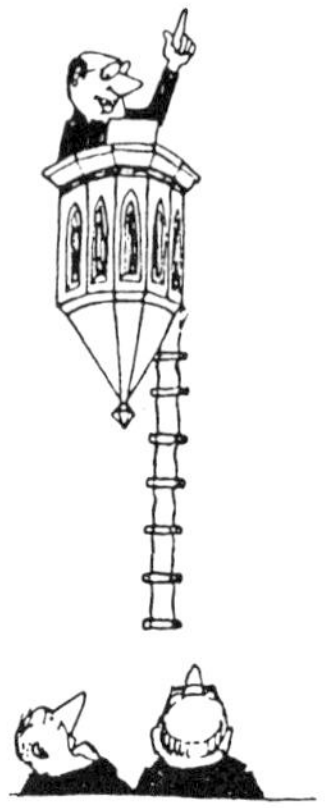
„Er predigt wieder viel zu hoch!“

der Fremde nach einigen weiteren Sätzen. Der Pfarrer beißt sich auf die Lippen, aber er spricht weiter. Bald darauf wird er wieder unterbrochen: „Das ist von Bossuet!“ — Jetzt wird es ihm doch zu bunt. Er beugt sich über den Kanzelrand und faucht den Fremden an: „Vermaledeiter! — halt's Maul!“ — Der Weißhaarige blickt ihm ruhig ins Gesicht und stellt trocken fest: „DAS ist von Ihnen!“

In seiner ersten Predigt spricht der neue Pfarrer über die Speisung der Fünftausend. Er hat sich natürlich besonders gut vorbereitet und ruft pathetisch aus: „Wir sehen voller Bewunderung, wie der Herr mit fünftausend Broten und zweitausend Fischen fünf Männer speiste ...“ — auf diesen Versprecher hin ging ein vergnügtes Kichern durch die Reihen, das ihn jäh ernüchterte. Ein älterer Herr in der vordersten Reihe lachte sogar laut auf. — Der also blamierte Pfarrer wollte am folgenden Sonntag die Scharte wieder auswetzen. In seiner Predigt kam er noch einmal auf die Geschichte zurück und sagte diesmal richtig: „Der Herr hat mit fünf Broten und zwei Fischen fünftausend Männer gespeist ...“, — da erblickte er unten wieder den älteren Herrn, der so gelacht hatte und rief hinunter: „Sie könnten das jedenfalls nicht!“ — „O doch, Herr Pastor!“ erwiderte der alte Herr lachend, „vom letzten Sonntag war doch noch genug übrig!“

Der Pastor von Bodenhausen war für die Eigenheit bekannt, daß er bei allen möglichen Gelegenheiten immer wieder auf sein Lieblingsthema, die Beichte, zurückkam. Als er zum Patronatsfest des Heiligen Josef im Nachbarort die Predigt halten sollte, waren seine Mitbrüder schon gespannt, wie er diesmal wohl auf sein Thema kommen würde. Er begann seine Predigt: „Geliebte Christen! Wir feiern heute das Fest des Heiligen Josef, des Nährvaters Christi. Josef war ein Zimmermann zu Nazareth. Der Zimmermann macht Holzfachwerk, Schränke, Tische und Stühle. Zu den Stühlen gehört auch der Beichtstuhl. Darum will ich heute zu euch über die Beichte sprechen . . .“.

Ein Pastor im Badischen hatte eine eindringliche Predigt über die Sünde der Unmäßigkeit gehalten. Er schloß sie mit den Worten ab: „. . . und da höre ich euch schon sagen: Ja, was ist denn mit unserem Herrn Pfarrer? Man sagt doch, daß da jede Woche ein Fäßle Wein abgeladen wird! — Dazu kann ich euch nur antworten, meine Lieben: Hättescht du auch studieret, könntescht du auch ä Weinche trinken!“

Der Landpfarrer, selbst nicht unbewandert, spricht über die Einladung zum Hochzeitsmahl: „Einer der Geladenen sagte: Ich habe einen Hof gekauft und gehe, ihn mir anzusehen!“ — „Dazu kann ich euch nur sagen: der Mann war ein großer Dummkopf!

Man kauft doch nicht einen Hof, ohne ihn gesehen zu haben, — den guckt man sich doch vorher erst mal an!"

Pater Olivier, ein bekannter Prediger an Notre Dame in Paris, predigte einmal in Brüssel. Da kam mitten in der Predigt eine elegante Dame hereingerauscht und ging durch den Mittelgang bis nach vorn, wobei sie natürlich alle Blicke auf sich zog. Pater Olivier schwieg und wartete geduldig, bis die Dame endlich Platz genommen hatte. Dann sprach er weiter: „Nun, da die Fregatte vor Anker gegangen ist, will ich fortfahren . . .".

Pastor Biedermann sah mit Freuden an jedem Sonntag, den Gott werden ließ, einen Mann unter seiner Kanzel sitzen, der ihm anscheinend aufmerksam zuhörte. Erbaut von soviel Frömmigkeit und Interesse für seine Predigten, sprach er den Mann eines Tages an: „Ich freue mich ehrlich, daß ich sie Sonntag für Sonntag immer in der Kirche sehe!" — „Oh" wehrte der Mann bescheiden ab, „ich gehe gern in die Kirche!" — „Da müssen Sie doch aber einen besonderen Grund haben?" — „Ach wissen Sie, Herr Pfarrer, für einen Ehemann wie mich ist es immer ein erhebendes Gefühl, einen Mann zu sehen, dem so viele Frauen wortlos und ohne Widerspruch eine ganze Stunde lang zuhören!"

Eine Stilblüten- und Zitatensammlung aus Predigten gibt es leider noch nicht, — sie wäre vermutlich auch zu umfangreich. Einige Beispiele hier für viele: „Mal treten sie aus der Kirche aus, — mal spielen sie den wahren Christen!" ereiferte sich der Pastor, „die wechseln ihre Gesinnung wie ein Hemd, — von einem Jahr zum andern!" „Was würdet ihr sagen von einem Sohn, der ein Messer in das Herz seiner Mutter stieße? — der hat keine Erziehung genossen, nicht wahr?" „Die Predigt fällt heute aus, denn ich habe euch etwas zu sagen!" „Man klagt immer über die Jugend, — ich für meinen Teil glaube, daß sie sich bessert. Sehen Sie nur die Statistik zur Jugendkriminalität an: zur Zeit von Kain und Abel betrug die Zahl der Mörder noch fünfzig Prozent! Seitdem ist sie doch wesentlich zurückgegangen!" „Christus war nicht nur Gottes Sohn, — er stammte auch mütterlicherseits aus einer sehr guten Familie!" (Aus einer Predigt von Monsignore Quelen, vormals Erzbischof von Paris).

Den Unterschied zwischen Glauben und Wissen erklärte ein Pastor so: „Ihr sitzt hier vor mir in dieser Kirche, meine Brüder. Das ist eine Tatsache. Dafür brauche ich keinen Glauben. Ich stehe hier auf der Kanzel und spreche zu euch. Das ist ebenfalls eine Tatsache. Aber allein der Glaube läßt mich annehmen, daß wirklich einer von euch zuhört!"

Guter Rat eines alten Pastors an den jungen Kaplan: „. . . und wenn Sie in der Predigt mal nicht weiter wissen, — nichts anmerken lassen! Reden Sie einfach solange weiter, bis Ihnen wieder etwas einfällt!" (Anmerkung: Der alte Herr war bekannt wegen seiner endlosen Predigten!).

„Die beste Predigt ist immer die, bei

der man das Gefühl hat, nicht gemeint zu sein!" — „Wenn der Mund des Predigers sich schließt, bleiben viele Fragen offen!" (Laien-Worte).

„Ich schalte nun den Video-Recorder ein. Unser Erzbischof wird jetzt seinen Hirtenbrief selber vorlesen!" (Wunschtraum eines Pfarrers nach der Verlesung eines solchen!).

„Unser Pastor ist zweifellos kommunistisch gesinnt. Er hat in der letzten Sonntagspredigt mindestens viermal die Worte: „Friede", „Gerechtigkeit", „Brüderlichkeit" und „Gesellschaft" gebraucht!" (Kritik eines Laien).

„Deine Rippenstöße während der Predigt kannst du dir nächstens gefälligst sparen! Ich kenne meine Fehler auch ohne deine Ausrufungszeichen!" (Ehemann zu seiner Gattin auf dem Heimweg).

Tünnes begegnet seinem Freund Schäl in aller Herrgottsfrühe: „Nanu, Schäl, wo willst du denn so früh am Sonntagmorgen schon hin!" — „Zur Predigt?" — „Waas, — du gehst in die Kirche?" — „Nee, zu meiner Frau!"

Father Smith predigt über die Hölle. Vor den Farmern: „Ihr wißt doch, wie scheußlich diese großen Brennesseln brennen, und wie man sich fühlt, wenn man in einen Kaktus fällt, — nun, aus den Brennesseln werden in der Hölle die Unterhosen gemacht, und die Kaktus-Stacheln werden als Bettfedern verwendet!" — Vor den Stahlkochern eines Hüttenwerkes: „Ihr kennt doch flüssiges Eisen, Boys? — Also, Herrschaften, das Zeug wird in der Hölle als Eiskreme serviert!"

Die „Ceska politika" berichtete unter dem 10.Mai 1922 mit Angabe von Ort und Datum von dem Einfall eines Pfarrers, sich die Aufmerksamkeit seiner Zuhörer zu sichern. Er hatte am Schluß seiner Predigt verkündet, am folgenden Sonntag werde er über die Lüge sprechen. Seine Pfarrkinder möchten doch zum besseren Verständnis in dieser Woche das 17. Kapitel des Evangelisten Markus durchlesen. Am folgenden Sonntag nun fragt er die zahlreich erschienen Zuhörer, ob sie seinen Wunsch erfüllt und das 17. Kapitel von Markus zu Hause durchgelesen hätten. „Wer es gelesen hat, möge einmal seine

Trimm dich

Hand erheben!" — Darauf erhoben mehr als die Hälfte der Anwesenden ihre Hand. Und der Pastor fuhr mit Donnerstimme fort: „Da sieht man doch, was ihr für Lügner seid! Das Evangelium von Markus hat nur 16 Kapitel!" — Die Predigt über die Lüge fand sehr aufmerksame Zuhörer!

„Ja diese Predigt, die war gut!

Reverend Mc Cullers vermißte nach einer kirchlichen Feier seinen Regenschirm. Vielleicht hatte ihn aus Versehen jemand mitgenommen? — Eine ganze Woche wartete er vergebens auf den Wiederbringer, und sein Glaube an das Gute im Menschen schwand zusehends dahin. Am folgenden Sonntag erwähnte er in seiner Predigt, daß unrecht Gut nie gedeiht. Und wenn sich zum Beispiel jemand einen Regenschirm angeeignet habe, dann möge er ihn in der Nacht über die Mauer des Pfarrgartens werfen. So habe er keine Anzeige zu befürchten. — Am folgenden Morgen fand der Pfarrer im Garten dreiundzwanzig Regenschirme, sein eigener war freilich nicht dabei. Den fand er später hinter der Flurtür, wohin er ihn selbst gestellt hatte.

Der Fastenprediger hält eine mächtige Predigt gegen die Sünde. Gerade, als ein altes Weiblein verspätet die Kirche betritt, donnert er gewaltig von der Kanzel: „... Ja, woher kommt denn das Laster?!" — — „Aus Gibitzendorf!" antwortete die gute Alte ganz erschrocken.

Der alte Pfarrer von Waxenmoos hat neulich gepredigt, — ah, der legte los! Donnerwetter, der hat's ihnen gesagt! Alles weinte, ein'n jeden hat's packt. Nur einer blieb ungerührt, lehnt so an der Kirchentür dran. „Nanu", sag ich, — „kommt dich denn gar nix an?" „Ach", sagt der, und rührt sich nicht dabei, „ja, wissen'S, i bin halt nit aus dera Pfarrei!" Der Bischof von Mailand wetterte in seiner Predigt gegen die Wettleidenschaft im ganzen Land. Er warf den „passiven Sportlern" vor: „Ihr braucht nur zu hören, daß Florenz als Favorit gilt oder Turin besonders gut in Form ist, — und schon tragt ihr euren letzten Pfennig zur Toto-Annahmestelle, um auf eine dieser Mannschaften zu setzen!" — Da beugte sich unter der Kanzel ein altes Mütterchen zu ihrer Nachbarin hinüber und fragte sehr laut: „Ich bin ein bißchen schwerhörig, — was sagte der Bischof eben? — auf wen sollen wir setzen? — auf Turin oder auf Florenz?"

Der Wasenbauer hatte sich beim Pfarrer über die böse Welt beschwert: da hatte man ihm doch sogar sein Fahrrad gestohlen! Der Pastor verspricht ihm Hilfe. Am nächsten Sonntag predigt er über die zehn Gebote und erwähnt beim siebten Gebot, daß man sogar ein Fahrrad gestohlen habe. Der Sünder solle in sich gehen und das gestohlene Rad nachts vor die Kirchentüre stellen! — Die Predigt hat ein völlig unerwartetes Ergebnis: am folgenden Morgen stehen vor der Kirchentür DREI Fahrräder!

Der Pastor, hocherfreut über diesen Erfolg, predigt am nächsten Sonntag erneut, diesmal über das sechste und neunte Gebot und die Ehebrecher. Nach dem Hochamt kommt der Wasenbauer. Der Pastor will ihm gerade sagen, er könne sich sogar unter drei Rädern eines aussuchen, — als der Wasenbauer ihm ins Wort fällt und freudestrahlend sagt: „Herr Pfarrer, stellen Sie sich vor, mein Rad war gar nicht gestohlen! — Eben bei Ihrer Predigt ist mir wieder eingefallen, wo ich es vor zwei Wochen habe stehen lassen!"

Ein blumenliebender Pastor hatte in seiner Predigt einige Beispiele aus der Natur gebracht: „Ihr wißt, daß man Rosen in die Sonne pflanzen muß, — wenn aber Fuchsien blühen sollen, muß man sie im Schatten halten . . .". — Nach der Messe kommt eine Frau aus der Pfarrei begeistert auf ihn zu und schüttelt ihm die Hand: „Ich bin Ihnen ja sooo dankbar für die schöne Predigt! — Endlich weiß ich, warum meine Fuchsien nicht blühen wollen!"

Schon 1911 hielt der Pfarrer von Brüx eine zornige Predigt gegen das Lotteriespiel, wodurch ganze Familien zugrunde gerichtet würden. Dabei nannte er auch einige x-beliebige Losnummern. Gleich nach der Messe kam eine aufgeregte Frau: „Herr Pfarrer, ich komme wegen Ihrer Predigt!" — „Nun, hat sie Ihnen gefallen?" — „O gewiß! — aber sagen Sie mir doch bitte noch einmal die Losnummern, — mit denen werde ich bestimmt gewinnen!"

Mit dem neuen Pastor war die Gemeinde soweit ganz zufrieden, — nur das Predigen schien nicht gerade seine Stärke zu sein. Jedes Wort quälte er sich mühsam von den Lippen. Das ging einige Wochen so. Doch dann, eines Sonntags, trat ein völlig verwandelter Pastor vor die Gemeinde. Ein wahres Maschinengewehr von Beredsamkeit prasselte von der Kanzel. — „Donnerwetter!" — sagt nach der Messe der Küster in der Sakristei, — „das war vielleicht eine Predigt, Herr Pastor! Das hätte Ihnen keiner zugetraut!" — „Ich mir auch nicht!" wehrt der Pastor das Lob bescheiden ab, — „aber ich habe heute Morgen aus Versehen das Gebiß meiner Haushälterin eingesetzt!"

Auf dem Patronatsfest predigt beim jährlichen Levitenamt der ältere Mitbruder aus einer Nachbarpfarrei. Mitten in seiner Festpredigt stockt er plötzlich, — schaut starr zum Kirchengewölbe hinauf, — dreht sich dann mit einem Ruck um und geht wie ein Schlafwandler die Kanzel hinunter und in die Sakristei. Der erschrockene Ortspfarrer hört im Vorbeigehen von ihm nur ein undeutlich gemurmeltes „. . . Erscheinung . . ." und stimmt geistesgegenwärtig das Credo an. Während die Messe ihren Fortgang nimmt, geht unter den Gästen im Chor ein erregtes Flüstern und Raunen herum: „Er hat eine Erscheinung gehabt!" — „O Gott! — welch ein Wunder! — eine Erscheinung!"

Nach der Messe drängt alles aufgeregt in die Sakristei, wo der Ortspfarrer seinen Kollegen in einer Ecke sitzend antrifft: „Was war es denn für eine Erscheinung?" fragt er gespannt, —„etwa ein Engel!" — „Nööö!", brummt der Angesprochene ziemlich unwirsch, — „eine Alters-Erscheinung! — Ich hatte total den Faden verloren!" — So kann man ungewollt in den Geruch der Heiligkeit kommen! Jonathan Swift, der geistreiche irische Spötter, war seit 1713 Dekan an der Kathedrale zu Dublin. Eine seiner Predigten über Hochmut und Stolz begann er so: „Es gibt drei sündhafte Arten von Stolz: Stolz auf die Geburt, Stolz auf die Reichtümer und Stolz auf die Talente. Über die dritte Sünde brauche ich nichts zu sagen, die kann keiner von euch auf dem Gewissen haben. Jene aber, die zu ihren Gunsten nichts Anderes anführen können als ihre Ahnen, — die gleichen den Kartoffeln: der wertvolle Teil liegt unter der Erde!"

Johann Friedrich Flattich, ein württembergischer Pfarrer des 18. Jahrhunderts mit viel Mutterwitz und Schlagfertigkeit, blieb nie eine Antwort schuldig. Als einmal das Gespräch auf die Sintflut kam und ein Herr von Osten spöttisch fragte, wie denn Noah all die Tiere eingefangen und in die Arche gebracht hätte, erwiderte Flattich: „Warum sollte das nicht möglich sein, Herr von Osten? Noah stellte sich einfach auf das Dach der Arche und rief nach allen Himmelsrichtungen: Komm her, du Löwe von Süden, — du Bär von Norden, — du Schaf von Westen, — und du Esel von Osten! Da kamen sie alle herbei!"

Als das kurkölnische Sauerland noch zum Bistum Köln gehörte, wirkte in dem kleinen Dorf Dünschede oberhalb des Bigge-Sees ein Pastor, den der Dichter Friedrich Wilhelm Grimme als „Gehannes van Duinskede" berühmt gemacht hat. Über ihn hatte man sich beim Bischof beschwert, er halte jeden Sonntag die gleiche Predigt. Gehannes wurde also beim Generalvikar vorgeladen. Er nahm aber noch zwei Männer, die gerade keine Kirchenlichter waren, mit nach Köln. Auf die Vorwürfe des Generalvikars hin wandte sich Gehannes an die Beiden und fragte sie: „Niu segg moal, Kasper, — un diu, Hännes: wat heww'ick den lesten Sunndag priäcket?" — „Och Heer", sagten die Beiden treuherzig, „da wäit we nixen van!" — „Da seht Ihr", wandte sich Gehannes an den Generalvikar, „die Kerle behalten nix, wenn ich auch jeden Sonntag das Gleiche predige, — und wenn ich jeden Sonntag was Anderes predige, dann behalten sie zweimal nix!"

Bei der Kräuterweihe auf Mariä Himmelfahrt hielt er einmal eine schöne Marienpredigt und sagte am Schluß: „Jau, meyne laiwen Christen van Duinskede, de hillige Mutterguaddes was sau schoine, — ey kunner't gar nit gloiwen! Sey was sau schoine, — ase de junge gnädige Frau van Ahausen, — dai kennt ey jo alle!" — Die Gräfin von Ahausen nahm das übel und verlangte, er müsse das zurücknehmen. Am nächsten Sonntag, — die Gräfin war extra nach Dünschede hinaufgekommen und saß im „Letter", dem für die gräfliche Familie reservierten Chorstuhl, — da sagte Gehannes nach seiner Predigt: „Meyne laiwen Christen! Meyne Obrigkeit hiät mey obgafft, ick sall terügge niämmen, bat ick op Kriutwigge saggt hewwe. Nu, — ick sin en gehorsam Schoop un segge domet: de hillige Muatterguaddes, die was sau schoine, — joh, sau wunderschoine, — dogiegen is de gnädige Frau von Ahausen ments ne olle Hutzel!" (verschrumpelter Apfel).

Als das Fürstentum Hohenzollern 1849 durch Kauf an Preußen überging, geschah das nicht gerade zur Freude der Einwohner. Die Pfarrer bekamen gleich die Anweisung, das Ereignis solle gebührend gefeiert und in der Festpredigt das weise Walten der Vorsehung gepriesen werden. Ein Pfarrer begann seine Predigt mit den Worten: „Geliebte in Christo! Ich werde heute zu euch sprechen: 1. wie sehr wir uns freuen sollen, daß wir nun preussisch geworden sind, — und 2. daß wir dies um unserer Sünden willen nicht besser verdient haben!“

Im alten Kurland war der Pastor Kienitz von Libau berühmt wegen seiner oft seltsamen Einfälle bei den Predigten. Man könnte fast behaupten, er hätte die Sendung „Wetten, daß . . .!“ erfunden. Einmal sammelte er Geld für einen wohltätigen Zweck und schloß eine Wette ab, er werde am nächsten Sonntag die Predigt mit dem Ruf beginnen: „Es brennt!“ — Und tatsächlich begann er in der überfüllten Kirche am nächsten Sonntag seine Predigt mit dem lauten Rufe: „Es brennt!“ — und fuhr fort: „Es brennt in meinem Herzen die Liebe zu Jesus Christ!“

Ein andermal schwor er, er werde in der nächsten Predigt den Staatsrat Recke, mit dem er einen Streit hatte, öffentlich einen Sünder nennen. Natürlich war die Kirche wieder übervoll von Neugierigen. Sie waren alle gespannt, ob der Pastor wirklich seine Drohung wahrmachen werde. Nach dem Evangelium richtete Pastor Kienitz den Blick zu dem Gestühl, in dem sein Gegner saß, und begann mit Donnerstimme: „Recke, du Sünder!“ — und fuhr nach einer Kunstpause fort: „. . . deine Hände zum Himmel empor!“ Öfter ließ er sich auf der Kanzel so vernehmen: „Trara! Trara! die Post ist da! Was bringt sie uns? Oh, einen Brief vom lieben Apostel Paulus. Also lesen wir ihn!“

Auch die Himmelfahrt des Herrn wußte er anschaulich zu schildern: „Ihr Knubbiks glaubt wohl, daß unser Herr gen Himmel gefahren sei wie ein Auerhahn: „Tschuchi! Tschuchi!“ — nix davon! Nein, sanft wie eine Taube ist er gen Himmel gefahren: „Huit, huit, huit!“

Der große Prediger Abraham a Sancta Clara († 1709) wurde 1644 im Dorf Kreenheimstetten im Großherzogtum Baden geboren.Der Wirtssohn wurde 1666 bei den Augustinern in Wien zum Priester geweiht. Kaiser Leopold ernannte ihn 1677 zu seinem Hofprediger und Vertrauten. Er hatte den jungen Novizen bei einem Besuch des Klosters kennen gelernt. Bei der Betrachtung eines Gemäldes mit den geflügelten Engeln auf der Himmelsleiter (Jakobs Traum) meinte der Kaiser nachdenklich: „Warum klettern die Engel eigentlich auf der Leiter, wenn sie doch Flügel haben?“ — Weder der Prior noch die Mönche wußten darauf eine Antwort. Da sagte der Novize Abraham keck: „Eure Majestät, die Engel werden halt gerade in der Mauser gewesen sein!“

Hofprediger zu sein, war dazumal kein einfaches Geschäft. Allzuleicht fühlte sich eine der Hofschranzen beleidigt. Abraham a Sancta Clara focht das wenig an. Eines Sonntags hatte er auf der Kanzel gesagt: „Es gibt in den feinen Kreisen bei Hofe Damen, die sind es nicht wert, daß man sie anspuckt!“ — Es hagelte Proteste, und er mußte widerrufen. „Am letzten Sonntag“, so begann er, „habe ich hier gesagt: Es gibt in den feinen Kreisen bei Hofe Damen, die sind es nicht wert, daß man sie anspuckt!“ — Ich widerrufe hiermit und behaupte das Gegenteil: „Sie sind es wert!“

In einer seiner drastischen Bußpredigten hatte Abraham a Sancta Clara 1669 behauptet, er sei in der Lage, alle Jungfrauen, die es noch in Wien gäbe, auf einem Schubkarren aus der Stadt hinauszufahren. Der Ausspruch erregte großen Unwillen, und es wurde ihm befohlen, am nächsten Sonntag diese Beleidigung der Wiener zurückzunehmen. „Man hat Anstoß daran genommen“, so sprach er zu der gespannten Menge in der überfüllten Kirche, „daß ich gesagt habe, alle Jungfrauen, die es noch in Wien gibt, könne ich auf einem Schubkarren zur Stadt hinausfahren. Aber ich habe nicht gesagt, wie oft ich fahren würde!“

Im Eifelstädtchen Mechernich wirkte einst der Pfarrer Johannes Harff, der durch seine Predigten und Aussprüche berühmt wurde. Seine Ausdrucksweise war ebenso plastisch wie einfallsreich, seine Aussprache echt rheinisch. Einmal trat bei der Opferbereitung eine peinliche Stockung ein. Der vom Pfarrer ausgeschickte Meßdiener kam kopfschüttelnd zurück. Erneutes Tuscheln an heiliger Stätte. Der Meßdiener wird noch einmal ausgesandt und kommt mit einem dunklen Gegenstand zum Altar zurück. Darauf sieht man Anstrengung verratende Bewegungen des Herrn Johannes. Schließlich wendet sich dieser um und ruft zur Orgelbühne hinauf: „Herr Braun! Se müssen doch emol kommen, — isch krisch de Fläsch nit auf!“

Herr Johannes scheute sich nicht, seine Schäflein mit vollem Namen zu nennen und zu rügen: „Herr Müller, wenn Se de Uhr jetzt noch emal erausziehen, dann predije isch jarantiert noch zehn Minuten länger!“ — In einer anderen Predigt: „Schweizer, schließen Se schnell de Türe ab, de Leut jehn wieder all laufen!“ — Oder: „Herr Meier, bleiben Se ruisch auf Ihrem Platz, et hat keine Zweck, — de kluge Mann baut vor! — de Türen sinn all abjeschlossen! Se müssen misch anhören: Isch predije, watt isch will un solang isch will!“

Ein andermal rief er von der Kanzel: „Ihr seid jemein! — jetzt jeht ihr wieder all laufen! Isch hab euch doch lang verschont, jetzt müßt ihr dableiben! — Isch weiß, datt isch net schön predijen kann. Aber Ihr könnt misch deswejen net wechkriejen, mir kann keiner an de Wimpern klimperen! Hier jefällt et mir, un isch bleibe, solang et mir paß!“

In den mageren Jahren nach 1918 predigte er einmal: „. . . da kann mer ja allerhand erleben. Me brauch nur emol morjens bei Mischels vorbeizujehen, — kaum datt se in de Schlang stehen, dann sinn se sich auch schon am Streiten. Wißt ihr, datt dat jottloss iss!? De Heiland is ja auchemal bös jewordennn. Wie e da die Händler außem Tempel jetrieben hat, — mit enem richtijen Seil hat e se jehauen! Aber datt war heilijer Zorn. Der konnte mer auch kriejen: watt brauchten die de Köreb auch mitten in dr Tempel zu stellen, et wa ja Platz jenuuuuch davooor!“

Kollekten müssen sein

Die Kollekte empfinden manche Christen als Störung ihrer Andacht. Darum werden sie schon nervös, wenn nur der Korb in ihre Nähe kommt. In Schottland, wo man bekanntlich sehr sparsam ist, kam ein Schotte mit seinen Söhnen, um der Kollekte zu entgehen, am Sonntag regelmäßig zu spät zur Messe. Eines Sonntags aber waren sie zu früh dran. Wie sollten sie dem drohenden Verhängnis in Gestalt des Klingelbeutels entgehen? Schon war der

Kollektant ganz nah, und es schien keinen Ausweg mehr zu geben. Da fiel im letzten Augenblick der Vater in Ohnmacht. Seine beiden Söhne packten schnell entschlossen zu und trugen ihn hinaus.

Als auf der Konferenz über die Ausländerprobleme gesprochen und erwähnt wird, daß die deutsche Liturgie den Ausländern die Teilnahme erschwere, meldete sich ein Pfarrer: — „Unterschätzen Sie aber doch bitte nicht den internationalen Charakter der Kollekte!“

Bei der Prüfung der Polizei-Anwärter wird unter anderem gefragt: „Was tun Sie, um schnell und ohne Aufsehen einen größeren Menschenauflauf zu zerstreuen?“ — Der Kandidat besteht die Prüfung glänzend, denn er antwortet ohne Besinnen: „Ich gehe mit meinem Helm herum und sammle!“ (Er hatte als Mitglied des Kirchenvorstandes bereits Erfahrung beim „Körbchen-Herumhalten“).

„Wenn ich sonntags auf der Kanzel stehe“, sagt der Pfarrer in seiner Predigt, „und wenn ich dann die kostbaren Sonntagsgewänder und modischen Kleider meiner Pfarrkinder sehe, dann frage ich mich: „Wo sind denn heute die Armen?“ — Wenn ich dann aber später die Kollekte zähle, dann frage ich mich: „Wo waren denn heute die Reichen?“

Ein anderer Pastor gibt seinem Küster die Anweisung: „Halten Sie heute aber die Kollekte schon vor der Predigt, — ich will nämlich über die Tugend der Sparsamkeit sprechen!“

„Meidet den bösen Schein!“ — Biblischer Kollekten-Wahlspruch.

Zu den schwersten Entschlüssen in der Kirche gehört bekanntlich die Entscheidung, ob man Pfennige oder Markstücke geben soll. Zur Eindämmung des „Groschen-Unwesens“ gibt es darum zahlreiche Vorschläge, von denen einige sogar patentreif sein sollen: zum Beispiel der Netz-Klingelbeutel: nur die Scheine bleiben drin, das Kleingeld fällt hörbar zur Erde und blamiert die geizigen Spender.

Ein anderer Vorschlag kann nur durch den Pastor selbst verwirklicht werden. Ein solcher ging nämlich bei der Kollekte für die Kirche selbst mit einem Teller herum. Dabei fiel ihm eine durchaus nicht arme Dame auf, die jedesmal nur einen Groschen auf den Teller legte. Bei der nächsten Kollekte zog der Pfarrer blitzschnell den Teller zurück, und der Groschen klirrte auf den Boden. Als die Dame ihn aufheben wollte, sagte der Pastor ziemlich laut: „Ach, lassen Sie nur! der Groschen lohnt die Mühe nicht!“

Reverend Mc Cormik, der sich über den Geiz seiner schottischen Christen ärgerte, baute kurzerhand in den Opferstock ein Tonbandgerät ein. Jedesmal, wenn jemand etwas hineinwarf, ertönte aus dem Innern eine vorwurfsvolle Stimme: „Na, ist das wirklich alles!"

Nach einem langen Winter trafen sich zwei Kirchenspinnen: „Ich habe den Winter im Kirchturm verbracht, — ein wahrer Alptraum! Unmöglich zu schlafen bei dieser immerwährenden Bimmelei!" — „Oh", sagt die andere, „ich habe den ganzen Winter durchgeschlafen, — kein Mensch hat mich gestört!" — „Ach, — und wo warst du?" — „Im Opferstock für die Armen!"

Der Opa war auf seinem Stammplatz hinten in der Kirche eingenickt, als der Küster mit dem Klingelbeutel vorbei-

kam, ihn anstieß und ihm den Beutel unter die Nase hielt. „Nee, — meine Mütze ist das nicht!" sagte er und schlief weiter.

In England, wo es ja Gespenster in Massen gibt, gibt es auch tapfere Seelen, die sich davon nicht beeindrucken lassen. Pater Christofer übernachtete trotz Warnung einmal in solch einem Gespensterschloß und wurde am folgenden Morgen gefragt, wie es ihm ergangen sei. „Ach", sagte er gleichgültig, „da sind zwei Gespenster gekommen und haben sich zu mir auf das Bett gesetzt. Ich bat sie um eine Spende für die Mission, — und schon waren sie verschwunden!"

Die beste, kürzeste und wirksamste Kollektenpredigt hat einmal der irische Dechant Jonathan Swift (1667 — 1745) gehalten. Er war nicht nur Schriftsteller und Verfasser von „Gullivers Reisen" sondern auch ein beliebter Pfarrer. Seine Predigt für den guten Zweck lautete: „In der Bibel heißt es: Wer den Armen leiht, der leiht dem Herrn! Die Bürgschaft scheint mir sicher! Amen."

Bei der Sonntagskollekte hat Frau Schmidt gesehen, wie ihr Mann einen Zehnmarkschein auf den Opferteller legte. Nach der Messe kann sie nicht mehr an sich halten und fragt giftig: „Und was hast du diesmal wieder angestellt?"

In die Sakristei kam nach der Messe ein fremder Besucher und sprach den Pfarrer an: „Ich habe da versehentlich zwanzig Mark in die Kollekte gegeben, — soviel kann ich mir nicht leisten. Würden Sie mir bitte zehn Mark herausgeben?" Der Pfarrer gibt ihm das Geld erst einmal aus der eigenen Tasche. Später, als er die Kollekte zählen wollte, mußte er feststellen, daß nicht ein einziger Schein dabei war.

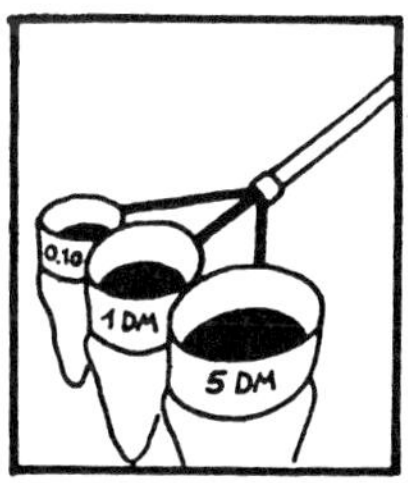

Vielleicht ist unter diesen Umständen doch der Vorschlag eines Dreifach-Klingelbeutels zu erwägen, der das Wechseln an Ort und Stelle erlaubt.

Die Geldentwertung hat immerhin ein Gutes: Seitdem die Knöpfe teurer als ein Groschen geworden sind, findet man in der Kollekte wieder mehr Kleingeld! — Über dieses hat ein unbekannter Pfarrer einen Stoß-Seufzer in passende Reime gesetzt:

„Ich bin nur ein Fünfpfennigstück und führ ein armes Leben, ich bringe keinem Menschen Glück, für mich will man nichts geben. Ich bin nicht eine Semmel wert und keine Zigarette, ich bin als Trinkgeld nicht begehrt, als ob ich Krätze hätte. Ich kann mich mit'nem Hosenknopf an Wert nicht einmal messen, verachtet bin ich armer Tropf, nichtnutzig und vergessen. — Doch wenn es wieder Sonntag wird, dann werd ich stolz und eitel, dann opfert mich als guter Christ mein Herr im Klingelbeutel!"

In Amerika, — und nicht nur dort! — ist es üblich, überall und nirgends Sammelbüchsen für irgendwelche wohltätige Zwecke aufzustellen. Kaum einer informiert sich über den Verwendungszweck. Der Besitzer eines Drugstore in Durham / Carolina wollte es wissen: er stellte eine Büchse auf mit einem Zettel daran: „Für meinen nächsten Urlaub!" — Am ersten Abend fand er in der Büchse bereits 25 Dollar, 40 Cents und einige Knöpfe von Damenbekleidung vor!

„Warum eigentlich geben Sie nie etwas in der Kollekte?" fragt der Pastor den alten Patrick. — „Ich habe selber zu viele Schulden!" antwortet der. — „Aber wir schulden doch auch Gott sehr viel!" — „Ja der drängelt aber nicht so!"

Da war auch einmal ein guter und offenbar nicht ganz armer Katholik, der gab Sonntag für Sonntag einen Hundertmarkschein in die Kollekte. Natürlich fiel das auf, und der Pastor war hoch erfreut. Das ging so ein ganzes Jahr hindurch. Im zweiten Jahr wa-

„Weiblicher Charme erhöht die Kollekte!"

ren es plötzlich nur noch achtzig Mark. Natürlich konnte sich der Pastor nicht enthalten, den guten Mann zu fragen. „Gibt es dafür einen bestimmten Grund?" — „O ja", erwiderte der Mann, — „ich hätte das gern so beibehalten, aber wissen Sie, mein Sohn, der geht jetzt auf das Gymnasium, und das kostet doch eine Menge Geld." — „Ja, wenn das so ist", beeilt sich der Pfarrer zu sagen, — „dafür habe ich volles Verständnis!" — Im Jahr darauf verringert sich die sonntägliche Spende abermals auf fünfzig Mark. Wieder fragt der Pastor vorsichtig nach. „Ja, wissen Sie, meine Tochter hat jetzt das Studium aufgenommen, da ist nicht mehr übrig", erwidert der Mann. „Ach so ist das", nickt der Pfarrer verständnisvoll. Doch dann fragt er plötzlich, tief beunruhigt: „Sagen Sie, wieviel Kinder haben Sie eigentlich?" — „Sieben sind es im Ganzen!" sagt der Vater stolz. — „Waas?", ruft der Pastor da entsetzt,

„TV-Messe — Ab 2000?"

— „aber die wollen Sie doch wohl nicht alle auf Kosten der Kirche studieren lassen?!“

Durch das Kirchenjahr

Am ersten Advent-Sonntag beginnt die große Jagd: nach passenden Geschenken mit der Qual der Wahl, — nach passenden Terminen für die vielen „Weihnachtsfeiern“, die unbedingt vor Weihnachten stattfinden müssen, — und das Vorweihnachtsprogramm zu Hause: Gedanken, Seufzer und Ausrufe von Herrn und Frau Jedermann im Advent:

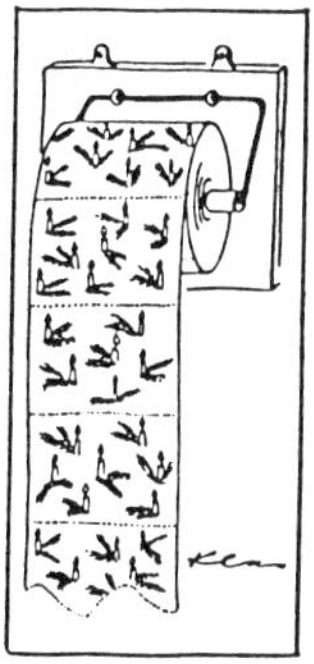

„Der letzte Schrei“

„Wir haben Sorgen, — gut und schön! / Jetzt auch noch diese Feiertage! / Blöde Einkauferei! / Mußt du den ganzen Tag auf der Blockflöte pfeifen? / Man ist ja total übermüdet! / Natürlich Edeltanne, — was denn sonst? / Dieses Jahr gibt es Puter, schön mager. / Der Zahnarzt fährt über Weihnachten in Urlaub. / Lametta ist unten rechts im Kleiderschrank. / Wie spät ist es? — was, schon so spät? / Der Junge braucht einen neuen Mantel! / Tante Hilde will am Zweiten kommen, — und über Sonntag bleiben! / Das Päckchen muß noch zur Post! / Der kann mich mal, wo kämen wir denn da hin? / Dieses Wetter kann einem auf die Nerven gehen! / Montag wird gebacken, sonst schaffen wir es nicht mehr! / Doch ja, — diese strahlenden Kinderaugen — — — / In der Stadt war es zu voll, die Leute drehen ja durch! / Ich wollte auch noch zum Beichten! / Müllers Nachbarin ist gestorben, — immer passiert sowas vor Weihnachten! / Seid brav, sonst bringt das Christkind nichts! / Schreibst du diesmal die Postkarten? / Er mag doch kein Marzipan, — kauf ihm eine Kravatte! / Hausputz mach ich schon vierzehn Tage lang! / Was ist Heiligabend eigentlich im Fernsehen? / Nie wieder gehe ich in einen Spielzeugladen! / Hoffentlich fällt auch ein bißchen Schnee! / Ich habe jetzt keine Zeit! / Elektrische Kerzen kommen mir nicht an den Baum! / Lern dein Gedicht! / Denk bitte an die Magentabletten! / Papa baut die Eisenbahn nächste Woche auf. / Ein Hirt von der Krippe ist kaputt! / Das ist bei uns so Tradition! / Schöne Bescherung! (Werner Schaube)

Kinder haben vor allem den Wunsch: Weihnachten müßte früher sein! Solange können Kinder wirklich nicht brav sein! — Darum kommt ja auch vorher schon der Heilige Nikolaus. Nur Wenige kennen den Ursprung des Brauches, daß in den nördlichen Ländern am Nikolausabend plötzlich die Tür aufgeht und eine Hand den Kindern einen Sack voller Nüsse hinwirft und sofort die Tür wieder zuschlägt.

Dem jungen Kaufmann Nikolaus, dem späteren Bischof von Myra, war nämlich bekannt geworden, daß ein armer Mann seine drei Töchter der Prostitution ausliefern wollte, weil er sie nicht mehr ernähren konnte. Da warf er durch ein offenes Fenster nachts einen Beutel Goldstücke dem armen Mann ins Zimmer und bewahrte so die Mädchen vor der Schande und den Vater vor großer Sünde. So war das damals wirklich, — aber erzählen Sie das mal den Kindern! — Da verkleiden wir lieber den Papa als Bischof und Kinderfreund, der den Kleinen auch mal die Leviten liest. Kritisch kann es allerdings werden, wenn die kleine Sabine sehr nachdenklich auf die Schuhe von Papa schaut, die da unter dem Bischofsgewand hervorlugen, — da gibt es erste Glaubenszweifel!

Kinder schreiben in dieser Zeit auch einen Wunschzettel. Manche legen ihn draußen aufs Fensterbrett, in der Hoffnung, daß ein Engel vorüberfliegt und ihn mitnimmt. Peter hält diese Engelspost für unzuverlässig und liefert als aufgeklärter junger Mann seinen Wunschzettel beim Papa ab. Der studiert eine ganze Weile die Sammlung von Wünschen, dann sagt er sachlich: „Ich habe deinen Wunschzettel gelesen, — jetzt weiß ich, was du zu Weihnachten bekommst: ein Rechtschreibebuch!"

Im November kommt der kleine Willi in die Buchhandlung und fragt: „Tante, hastu Türkenkalender?" — „Türkenkalender? Was is'n das?" fragt die Verkäuferin, „nein, die haben wir nicht!" — Am nächsten Tag kommt Willi wieder und fragt: „Hast du Türkenkalender?" — „Nein," sagt die Verkäuferin wieder. Das geht eine ganze Woche so. Als Willi wieder mal kommt, ist das Schaufenster mit Adventskalendern dekoriert. Er sagt vorwurfsvoll zu der Verkäuferin: „Da hast du ja doch Türkenkalender! — Da im Fenster sind doch welche, — solche mit Tür'ken zum Aufmachen!"

Als der Dorflehrer in die Kreisstadt fuhr, gab ihm der Pastor den Auftrag für ein neues Weihnachtsschild über dem Kircheneingang mit. Das alte war im letzten Jahr beim Abnehmen zerbrochen. In der Stadt suchte der Lehrer vergebens in seinen Taschen nach dem Zettel, — schließlich telegrafierte er an den Pfarrer: „Erbitte Text und Maß-Angaben telegrafisch!" — Die Antwort kam schon bald, setzte aber das Fräulein vom Amt in großes Erstaunen: „Uns ist ein Kindlein heut geboren, vier Meter lang, anderthalb Meter breit! — Rodewald, Pastor."

Vor Weihnachten muß (?) man Geschenke kaufen. Müllers tun das diesmal nicht, denn sie wollen nächstes Jahr bauen. Aber was werden die

Nachbarn sagen? Frau Müller ist eine praktische Frau: sie besorgt sich ein halbes Dutzend leere Kartons verschiedener Größe, verschnürt sie sorgfältig, und läßt sie von ihrem Mann mit gekonntem Ächzen und Stöhnen ins Haus tragen. — Die Nachbarn staunen neidvoll!

Auch Frau Bunte ist eine praktisch veranlagte Frau. Als sie mit dem Auto vom Einkauf am verkaufsoffenen Samstag zurückkommt, fragt sie ihren Mann, der vor der Sportschau sitzt: „Emil, — würdest du dich freuen, wenn ich dir zu Weihnachten etwas schönes Neues schenke?" — „Aber natürlich, Schatz," sagt er zerstreut, — „an was hast du denn gedacht?" — „An einen schönen neuen Kotflügel für dein Auto, — vorn links!"

Herr Generaldirektor Neureich ist natürlich nicht kleinlich, wenn er seiner Frau einen Weihnachtswunsch erfüllen will. Als die Agentur am Telefon aufrichtig bedauert, es sei leider unmöglich — —, brüllt er in die Muschel: „Was heißt hier: „unmöglich"?! Meine Frau wünscht, daß Caruso Heiligabend bei uns singt, — Geld spielt keine Rolle!"

Der Bettler an der Ecke macht auch gute Geschäfte, dank seiner Reklame: „Meine Firma zahlt kein Weihnachtsgeld!"

Zwei Schwestern, die sich innig liebten, hatten die Gewohnheit, sich jedes Jahr zu Weihnachten einen Dollar zu schicken. Sie fanden das die billigste und beste Lösung des Geschenkproblems, — was zweifellos auch stimmt. Nachdem beide Witwen geworden waren, einigten sie sich auf einen halben Dollar. Nach einigen Jahren entschlossen sie sich, weil doch alles so teuer geworden war, einander keine Geschenke mehr zu schicken.

„Geschenke? — Kein Problem!"

Im „Kolpingsblatt" schrieb Antonius: „Eine schöne Bescherung": „Es duften die Plätzchen, — einsachtzehn das Pfund. Es glitzert der Baum ohne Blätter, und englische Chöre erfüllen das Rund, verkünden elektrisch den Retter.

Heut fehlen die Gaben, man kam überein: wir meiden den Nepp von Geschäften! Sie tauschen dezent einen knisternden Schein, entsprechend den geldlichen Kräften. / Die Tochter entschwebt bald in ihr Separee, lauscht Dandy, dem Star ihrer Träume. — — Der Sohn demonstriert auf der Fürstenallee zum Frieden der östlichen Räume. / Papa holt die Fibel von Essen Rot-Weiß, ein Christ-Punsch vertieft die Belehrung. Mama eilt zur Metten, singt Kindeleins Preis. — Ja, das war 'ne schöne Bescherung!"

„... und für dich diesmal nur eine kleine Aufmerksamkeit, ein bißchen was Nahrhaftes, nachdem du doch immer so über die Konsum-Schenkerei zu Weihnachten herziehst!"

Der Vater hatte sich lange genug das Genörgel von Sohn und Tochter angehört, die mit zerfransten Jeans Armut demonstrieren und sich über die „dekadente westlich-kapitalistische Welt" ereifern, — und besonders natürlich über das „kitschige, spießbürgerliche" Weihnachtsfest. Gleichwohl lassen sich die herben Kritiker wie alle Jahre gnädig dazu herbei, unter dem Weihnachtsbaum ihre Geschenke in Empfang zu nehmen. Diesmal waren die Beiden doch sehr überrascht: Fräulein Tochter fand auf ihrem Platz nichts als einen Teller mit Äpfeln und einen Zettel: „Du hast dich so oft über die Konsum-Schenkerei zu Weihnachten empört. Darum erhältst du diesmal etwas Gesundes und Nahrhaftes, ein reines, unverfälschtes Naturprodukt ohne Chemie, das dir helfen wird, die begehrte schlanke Linie zu erreichen". Der Sohn fand auf seinem Platz nur ein Buch, — und das Begleitschreiben: „Da du ja schon immer für eine gesunde und natürliche Lebensweise und gegen die Umweltverschmutzung gekämpft hast, ist es sicher dein Herzenswunsch, dir endlich das Rauchen abzugewöhnen. Darum schenke ich dir das Buch: „Nichtraucher in 40 Tagen!". Des weiteren lag bei Beiden ein Umschlag, der eine Spendenquittung von ADVENIAT über jeweils 100,— DM und einen Zettel des Vaters enthielt, er hoffe, daß dieser Beitrag zur Bekämpfung der Armut doch sicher in ihrem Sinne sei. — Die beiden jungen Weltverbesserer hatten ein sehr nachdenkliches Weihnachtsfest!

Mac Moon kommt am Heiligen Abend bei seinem Freund vorbei und sieht, wie dieser bei 10 Grad Kälte mehrere Eimer Wasser auf dem Plattenweg vor dem Hause ausgießt. „Vorsicht! — das wird ja eine einzige Eisbahn!" warnt er den Freund. „Das soll es ja auch werden!" bestätigt der lächelnd: „ein Weihnachtsgeschenk für meine Kinder: eine Schlinderbahn!"

Auf dem Liederzettel für die Christmette hat der Pastor auch das Lied abdrucken lassen: Lobt Gott, ihr Christen allzugleich ... — mit der Strophe: „Heut schließt er wieder auf das Tor zum schönen Paradeis, der Cherub steht nicht mehr davor: Gott sei Lob, Ehr und Preis!" Als das Lied gesungen wird, verbreitet sich in der Gemeinde ein Kichern, das nicht allein von der Weihnachtsfreude kommen kann. Der Pastor schaut darauf seinen Zettel näher an und liest da: „. . . Heut schließt er wieder auf das Tor zum schönen Paradeis, der KLERUS steht nicht mehr davor: Gott sei Lob, Ehr und Preis!"

Nur Herr Bröselmeier ist schlecht gelaunt, als er aus der Christmette kommt, — dem einzigen Gottesdienst, den er alljährlich besucht. Aber er war auch dieses Mal „nach-pünktlich" und fand nur noch einen Stehplatz. Ächzend sinkt er daheim auf einen Stuhl und macht seinem Herzen Luft: „Eine unhöfliche Gemeinde! — Ein einziges Mal im Jahr kommt man in die Kirche, — und die Leute, die doch jeden Sonntag sitzen können, machen einem nicht mal einen Platz frei!"

Wußten Sie übrigens, daß Weihnachten am 25. und 26. Dezember ist? Die „Weihnachtsfeiern" im Advent wirken da doch ein wenig merkwürdig, um nicht zu sagen: komisch! Denn das Kind, dessen Geburtstag gefeiert wird, ist ja noch gar nicht geboren. Selbst die Familienfeier am „Heiligen Abend" läßt einen an eine Geburtstagsfeier denken, bei der nebenan die Mutter noch in den Wehen liegt.

In England, wo Weihnachten mehr oder weniger aus einer Reihe feuchtfröhlicher Feiertage besteht, spricht der Volksmund von „Alcoholidays", — was leicht zu übersetzen ist. Bei uns Deutschen kommt sowas natürlich nicht vor! (?).

Immerhin werden die Meisten nach drei Feiertagen zugeben, daß „nichts so schwer zu ertragen ist, wie eine Reihe von guten Tagen!" Lieschen sagt schon unter dem Weihnachtsbaum nach Kontrolle aller Geschenke: „Ich hole mal eben den Durchschlag meines Wunschzettels!"

Und der kleine Max kommt am zweiten Feiertag strahlend angelaufen und ruft: „Alles kaputt, Vati! — wann ist wieder Weihnachten!" Die Kinder spielen unterm Weihnachtsbaum, — die Mutter

müht sich schwitzend um den Braten und den schreienden Säugling, — und Papa liegt so richtig gemütlich im Sessel und sagt: „Ich verstehe gar nicht, Elfriede, warum du die Feiertage nicht magst, — mir gefallen sie prima!"

Wie schön, wenn nach soviel Arbeit und Mühe das Festessen auf dem Tische steht, — und der Kinderchor auf die Einladung antwortet: „Wir haben keinen Hunger!"

Vati genießt seine wohlverdiente Ruhe, Mama darf nach endlich getaner Arbeit auch mal die Beine hochlegen, die Kinder spielen friedlich vor sich hin und bauen, — bis der Kaffee auf dem Tisch steht: „Du kannst schon mal einschütten, Mama!" ruft Hansi gedämpft. „Vati wird gleich kommen!"

So vergehen die schönen Feiertage. Und auf einmal ist auch das Jahr zu Ende. Trotz Kalenderreform hat der heilige Papst Silvester seinen angestammten Platz behalten, — Gott sei Dank! — wie könnten wir sonst Silvester feiern? — Der Pastor hat an seine Gemeinde viele Wünsche. Er wünscht sich in der Silvesterpredigt für das kommende Jahr:

— — — Eine Glocke, die auch die Siebenschläfer und Kirchenschwänzer munter macht!

— — — Eine Kiste Gesangbücher für die Leute, die mit leeren Händen zur Kirche kommen!

— — — Hundert Meter Heftpflaster, um damit zu verkleben die Schwatzmäuler in der Kirche, die Fluchmäuler bei der Arbeit und die Klatschmäuler in der Gesellschaft!

— — — Zwei große Wandschoner bei der Kirchentür und unter der Orgel!

— — — Eine Laterne, um den jungen Leuten, — aber auch anderen! — heimzuleuchten am Abend!

— — — Ein Paket Brillen für kurzsichtige Eltern!

— — — Einen Kühlschrank für Hitzköpfe!

— — — Und ein Meer von Geduld und Liebe, das nie austrocknet!

Es scheint, daß an diesem Abend viele gute Vorsätze gefaßt werden: Die Mutter wünscht sich jederzeit die Söhne nett und hilfsbereit!

Die Frau geht mit ihrem Mann in den Keller und zeigt ihm alle seine guten Vorsätze vom vergangen Jahr, die sie dort gesammelt hat.

Man hält dann bis Mitternacht eine gründliche Aussprache, umarmt sich um Zwölf mit Friedenskuß, — und setzt dann die angeregte Unterhaltung fort. Bekanntlich besteht das Pflaster auf dem Weg zur Hölle aus lauter guten Vorsätzen, — das soll Sie aber nicht hindern, welche zu machen!

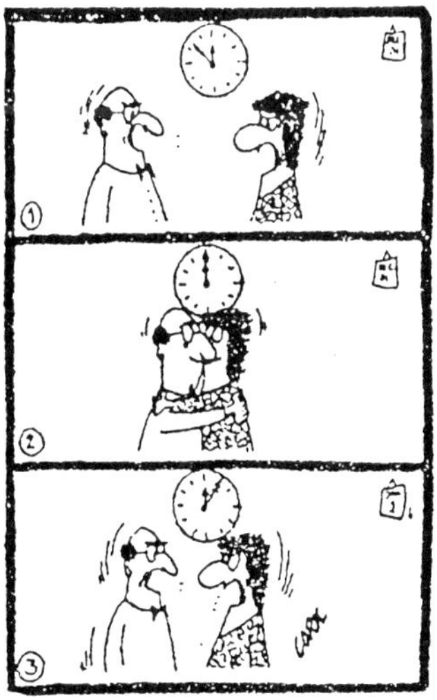

Toi,toi,toi!

Am Neujahrstag wünscht man sich Glück mit Schornsteinfeger, Toi, toi, toi! und Hufeisen. Zwar ist das dummer Aberglaube, und Herr Meier glaubt natürlich nicht an „sowas“. Das Hufeisen hat er nur so über seine Tür genagelt, „denn es soll ja auch denen Glück bringen, die nicht dran glauben!“

Am Fest der Heiligen Drei Könige sieht der Pastor seine Gelegenheit gekommen: Er hat sich allsonntäglich das ganze Jahr über den „Kirchenvorstand“ geärgert, — natürlich sind hier nicht die verantwortlichen Männer gemeint, die diese Bezeichnung in Ehren tragen, — vielmehr jene, die am Sonntag gewöhnlich v o r der Kirche stehen, statt drinnen. An diesem Sonntag nun sagt er in seiner Predigt: „. . . so kamen sie also damals alle, und gingen hinein, um das Kind anzubeten: die Hirten, und die Weisen mit ihrer Begleitung, — nur die Kamele, die blieben draußen. Und, meine Lieben, so ist es auch heute: sie kommen alle, reich und arm, einfache und kluge Menschen, Junge und Alte: alle kommen sie herein, um das Kind anzubeten, — nur die Kamele, die stehen auch heute noch draußen!" — Am nächsten Sonntag war der Platz draußen vor der Kirche leer!

Und noch etwas gibt es aus einer kleinen Dorfgemeinde bei Paderborn zu berichten: da stand lange Zeit nach Weihnachten noch immer die leere Krippe hinten in der Kirche. Eines Sonntags hing ein großes Schild an dem Stall: „Zur Zeit in Ägypten!"

Bekanntlich gibt es in Köln nicht sieben sondern neun Sakramente: Das Aschenkreuz und der Blasiussegen kommen noch hinzu. Dieser ist besonders begehrt, soll er doch gegen Halskrankheiten schützen. In einer Kölner Kirche herrschte am Blasiustag ein solcher Andrang, daß dem Pastor das Schieben und Drängeln schließlich zu bunt wurde. Er rief entrüstet: „Lev Lück! Nu drängelt doch nit esu, — sonst hat'r dr Hals gebroche, eh dat'r gesegent is!"

Vom Fasten halten manche Leute viel, — wegen der Gesundheit und der schlanken Linie! Die sehen auch ver-

„Ein tolles Kostüm haben Sie!"

ächtlich auf die Katholischen hinab: „Zwei Fasttage bloß? das bringt ja nicht mal ein halbes Pfund!"

„Die Fastenzeit geht meist vorbei mit Wurst und süßen Dingen. Seit dem Konzil fühlt man sich frei vom Schuldgefühl beim Schlingen. Die Alten hat-

ten Trockenbrot und dünnen Tee im Ranzen. Sie schwiegen Schweinefleisch-Lust tot und gingen nicht mal tanzen. Verschwommen ist der Freitags-Fisch, heut fragt, bei Leberpasten, der dicke Sohn beim Mittagstisch: „Was ist das, Vati, — fasten?" Bertram Otto.

Immerhin soll es ja auch Christen geben, die wirklich fasten. Tante Frieda hält es damit so streng, daß sie sogar das Fettgedruckte in der Zeitung überspringt. Man könnte aber auch, als Beitrag gegen die Umweltverschmutzung, das Rauchen einstellen oder keine schmutzigen Witze erzählen.

Die Bayern würden sicher eher auf Fleisch und Wurst verzichten als auf ihr

Nationalgetränk. Vor ein paar Jahrhunderten schon hat einmal ein Münchener Domherr dieserhalb einen Antrag in Rom gestellt, es möchte doch von höchster Stelle der Genuß des bayerischen Bieres in der Fastenzeit verboten werden. Die römische Behörde wollte darüber nicht ohne gründliche Sachkenntnis urteilen und forderte deshalb ein Faß bayerisches Bier an. Da aber die Gaumen der Südländer mehr auf den süßen Wein eingestellt sind, zogen die Herren beim Probieren saure Gesichter und faßten unter Vorsitz eines Kardinals den einstimmigen Beschluß: „Cerevisiam bibant in paenitentiam!“ (Sie sollen das Bier zur Buße trinken!). Seitdem trinken die Bayern auch in der Fastenzeit unangefochten ihr Bier.

In der Karwoche feiert eine größere Stadtpfarrei am Gründonnerstag die Abendmahls-Liturgie. Beim Bücken zur Fußwaschung passiert es dann: mit Schrecken stellt der Pastor fest, daß unter dem feierlichen Gewand die Hosenträger abgerutscht sind (Verwünschte Clipse!). Was tun? Der Weg zur Sakristei ist viel zu weit, um dieses innerkirchliche Problem zu lösen.Gott sei Dank stehen mehrere Priester am Altar, — segensreicher Fortschritt der Konzelebration! Der Kaplan, vertraulich über den unhaltbaren Zustand der Hose unterrichtet, faßt sich schnell und fährt mit der Gabenbereitung fort, dieweil der Pastor mit knapper Not den nahen Priestersitz erreicht.

Die Gemeinde wundert sich nicht weiter, sie ist liturgische Neuerungen und dauernden Wechsel gewöhnt. Stutzig wird man erst, als dem Pastor auf seinem Sitz die Kommunion gebracht wird. Ob ihm schlecht geworden ist? Er sieht auch richtig angegriffen aus und wischt sich den Schweiß. Mitleidiges Murmeln im Kirchenraum. Die Feier geht zu Ende, aber keiner rührt sich vom Platz. Eine gut erzogene Gemeinde verläßt die Kirche erst n a c h den Priestern. Mit einem Griff zum Hauptschalter hüllt der Küster das weitere außerliturgische Geschehen in gnädiges Dunkel.

Zum Karfreitag in Waregem in Flandern gehört auch die große Bußprozession. Der schon ältere Dechant betet den Rosenkranz vor, zur Schonung seiner Stimme mit Mikrofon und Lautsprecher vom Auto aus. Als die Gemeinde wieder eine Strophe singt, bringt ein Helfer vom Pfarrgemeinderat etwas zu trinken: „Bier oder Wasser?“ fragt er. Das Lied geht gerade zu Ende, und der mit der Technik wenig vertraute Dechant denkt nicht an das eingeschaltete Mikrofon. So hört die andächtige Gemeinde statt des Vaterunsers aus dem Lautsprecher: „Dann gib mir lieber ein Bier!“

Selbst bei einer Karfreitagspredigt kann ein Versprecher Schmunzeln auslösen. Der Prediger sagte: „Da krähte Petrus zum zweitenmal, und der Hahn ging hinaus und weinte bitterlich!" — Der Fehler wäre kaum aufgefallen, — wenn der Prediger weiter gesprochen hätte. Doch erschrocken wollte er ihn berichtigen und sagte hastig: „Nein! — der HAHN ging hinaus, und PETRUS krähte!"

Ähnliches erzählte auch ein Priester aus Innsbruck, der in seiner Studienzeit erlebte, daß ein ungarischer Diakon, der die deutsche Sprache nur unvollkommen beherrschte, dort eine Probepredigt in der Fastenzeit hielt. Das Thema lautete: „Consummatum est! — Es ist vollbracht!" Gut, daß die Predigt unter Ausschluß der Öffentlichkeit stattfand, denn der Diakon sagte statt: „Es ist vollbracht!" immer wieder in seiner Predigt: „Es ist prachtvoll!"

Die Bauern von Mitterndorf in der Obersteiermark wollten 1780 ihre Bußgesinnung durch ein besonderes Zeichen beweisen. Davon zeugt heute noch die Inschrift am damals errichten Feldkreuz: „Dieses Kreuz ist aufgericht Zu Ehren des Herrn Jesus Christ, Der für uns gekreuzigt ist Von den Bauern dieser Gemeinde."

Zu der alljährlichen Misereor-Kollekte konnte Herr Christ in diesem Jahr leider nichts beisteuern: „Meine Tochter geht nämlich zur Kommunion", sagte er entschuldigend, „und das kostet mich schon mindestens einen Tausender!" — Bei der Aktion der Pfarrjugend für die Dritte Welt legt auch eine Dame einen Geldschein hin. Als sie aber das Plakat sieht, fischt sie ihren Schein wieder vom Teller: „Pardon! ich dachte, Sie sammeln für Tiere!" Vielleicht glaubte sie noch an den Osterhasen? Der hat ja Ostern Hochkonjunktur!

Die Botschaft vom Osterhasen

In der Kirche feiert man aber die Auferstehung des Herrn. Seit unvordenklichen Tagen war es in einer Pfarrei Brauch, zur Auferstehungsfeier zu singen: „Christus ist erstanden . . .!" Der neue Organist kennt sich aber in diesem Brauchtum noch nicht aus und intoniert auf der Orgel: „Das Grab ist leer . . ." Da dreht sich der Pfarrer vorn am Altare um und ruft voller Entrüstung: „Christus ist erstaaanden! — Man sollte es nicht für mööööglich halten!!!"

Am Ende der Osternacht-Feier in der überfüllten Kirche sagt der Pfarrer noch ein paar Worte vor der Entlassung der Gemeinde und fügt mit einem versöhnlichen Lächeln hinzu: „Viele von Euch werde ich wohl erst am nächsten Osterfest wiedersehen, denen möchte ich heute schon frohe Weihnachten wünschen!"

„Ein Hase macht noch keine Ostern!“ — Unbekannter Kirchenvater. „Ein Alleluja macht noch keine Osterfreude!“ — Bekanntes Gemeindemitglied. „Eine Osterkommunion macht noch keine Abendmahlsgemeinschaft!“ — Nachkonziliar.

„Osterei eines Protest-Osterhasen“

Es sagte die Dichterin Marie Luise Kaschnitz: „Die Mutigen wissen natürlich, daß sie nicht auferstehen, daß sie sich an nichts mehr erinnern, niemandem wiederbegegnen werden, daß nichts ihrer wartet, keine Seligkeit und keine Hölle — — — aber ich bin nicht mutig!“

Ein Bauer aus Uckermark beschwert sich über das neue evangelische Gesangbuch, das wieder mal reformiert wurde. „Dat gefällt mi nich“, sagt er zum Pastor. „Da steit ein Lied inne, dat is mi besonders leiw“, — un dadrin kömmt vor: „Der Tod ist tot, — das Leben lebet“! — Un nu steit do: „Der Tod entflieht, das Leben sieget!“ —„Ja, ist das denn nicht ebenso gut und wahr?“ sagt darauf der Pastor. — „Nee, do kann ik mi nich mit tofreden gewen. Denn wenn der Dod flüchtet, denn kann he doch weder kommen, — un dat kann ik nu mal nich glöven!“

Bei der „Jubelkommunion“ trifft sich der alte Jahrgang und feiert. Da schlägt einer dem Andern auf die Schulter und sagt: „Mensch, Erwin, altes Haus! — lange nicht mehr gesehen! — Du hast dich aber sehr verändert, — ganz schön fett geworden, — und deine schönen Haare sind auch recht spärlich geworden . . .“ — „Hören Sie mal“, sagt der also Angesprochene ärgerlich, „mein Name ist nicht Erwin! . . .“ — „Was, — Erwin heißt du auch nicht mehr?“

Bei der Bittprozession zieht der Pastor mit der Gemeinde durch die Felder und segnet sie. Bei einem recht kümmerlichen Acker raunt der Küster ihm

zu: „Tun’s doch bittschön hier a bisserl mehr draufspritzen!“ — „Ist das dein Acker?“ fragt der Pastor, und als der Küster nickt, meint er mit kritischem Blick: „Da hilft kein Weihwasser und kein Vaterunser, — da muß Mist her!“ Ein Mann mit dem seltenen Namen Jodokus bat den Pastor, er möchte doch auch einmal den Namen seines Patrons in der Allerheiligen-Litanei nennen, — es solle ihm auf einen Schinken nicht ankommen. So kam es, daß bei der Flurprozession der Pastor auf einmal vorsang: „Sancte Jodoce! — ora pro nobis!“ (Heiliger Jodokus, bitte für uns!) — Da sang der Küster als Antwort: „Dat staiht der ja nit inne, — ora pro nobis!“ — Und der Pastor darauf: „Wey kriggt der öwwer en Schinken vör, — ora pro nobis“ — Und der Küster: „Na, dann ist’t äok guat! — ora pro nobis!“

Bei den Prozessionen dabei zu sein, war früher für jeden Gläubigen Ehrensache. Auch die Sauerländer „Sensenscheitze“, die vom Heimatort Siedlinghausen durch die ganze Welt zogen, hielten es so. Hermens Franz und Welkers Lorenz zogen einst auf Verkaufstour mit handgeschmiedeten Sensen in der Gegend von Prag umher. Eine Woche vor Pfingsten wurde Franz unruhig und sagte zu seinem Kollegen: „Ich muß morgen eben mal nach Hause reisen, — wegen Fronleichnam!“ — „Aber die Prozession können wir doch auch hier in Prag mitgehen“, meinte sein Freund. — „Du schon“, erwiderte Franz darauf, „aber ich muß unbedingt nach Hause, — bei der Prozession trage ich die Schützenfahne!“

Als nach dem Krieg die Fronleichnamsprozession wieder in alter Pracht stattfinden kann, darf auch der fünfjährige Herbert zum erstenmal an der Hand der Mutti mitgehen. Die Musik spielt so feierlich, und die Leute singen so schön, — da kann er nicht anders und muß auch laut mitsingen, — freilich nur das, was damals in aller Munde und deshalb ihm bekannt war. Die frommen Gläubigen um ihn machten erst erstaunte, dann recht fröhliche Gesichter, als der kleine Kerl mit seiner durchdringenden Stimme laut drauflos sang: „Ei ei ei Sanella, Sanella ohne Scheine! Und schmierst du die aufs Butterbrot, dann kriegst du Sambabeine!“ (Schlagerparodie auf: Ei, ei, ei, Maria . . .).

Erstaunen rief auch die Ankündigung in der Zeitung hervor, daß die Marienbruderschaft in N. eine „Fuß-Ballfahrt“ nach Kevelaer machen werde und alle dazu herzlich einlade.

In einem kleinen Sauerlanddorf in der Nähe von Arnsberg wird am Patronatsfest immer eine Prozession zu Ehren der Heiligen Maria Magdalena gehalten. Infolge der häufigen Gewitter zu dieser Jahreszeit hatte die Prozession nun schon drei Jahre hintereinander wegen Dauerregen ausfallen müssen. Diesmal mußte es aber endlich geraten! — Vergebliche Hoffnung! Morgens als der alte Grewe seinen Altar und die Blumenpforte für die Prozession aufstellte, fing es immer stärker an zu „dröppeln“. Als er schließlich das drittemal vor dem Regen ins Haus laufen mußte, platzte ihm der Kragen: „Riägen! — Riägen un liuter Riägen!“ rief er zornig, — „we setten dat Fraumenske aff!“

Von der Sucht, immer neue Feste und Gedenktage einzuführen, bleibt auch die Pfarrgemeinde nicht verschont: wurde früher das Vieh gesegnet, findet heute der Tag des Straßenverkehrs statt mit Segnung der Trecker und Autos. Dabei wird man zugestehen müssen, daß die Pferde betriebssicherer waren als die Benzinkutschen. Der „Milchkutscher“ von Rösenbeck bei Brilon hat das bei seinem ersten Trecker erfahren: Als auf dem damals recht holprigen Bahnübergang eine Milchkanne vom Wagen fiel, sprang er vom Trecker, rief: „Brrr!“ und lief nach hinten, die Kanne aufzuheben. Aber die neumodischen „Pferde“ reagierten keineswegs auf den Zuruf, — erst eine Haustreppe brachte den Trecker zum Halten!

Die Festtags-Sucht veranlaßte Christian Morgenstern, einen neuen Gedenktag vorzuschlagen: Durch Anschlag mach ich euch bekannt: Heut' ist kein Fest im deutschen Land. Drum sei der Tag für alle Zeit zum Nicht-Fest-Feiertag geweiht!“

Das Kirchenjahr geht langsam seinem Ende zu, — oder dem neuen Anfang entgegen. Am zweiten November gibt der Religionslehrer bekannt: „Heute ist Allerseelen, Kinder. Für eine Stunde wird deshalb der Unterricht unterbrochen. Da könnt ihr rübergehen und euch in der Kirche das Aschenkreuz holen!“

Buß- und Bettag

Mitte November feiern die Evangelischen den Buß- und Bettag, die katholischen Frauen ihren Elisabeth-Kaffee. Ein Ungläubiger fühlt sich da direkt ausgestoßen und grübelt vor sich hin: „Nichts Gescheites im Radio, — nichts Gescheites im Fernsehen, — draußen regnet es, — und die Gaststätten haben auch zu, — — — typisch Buß- und Bettag!“

Caritas, ein Christenmädchen

So nennt sie der Dichter Friedrich Wilhelm Weber in seinem Epos „Dreizehnlinden“. Er wollte damit sagen, daß es vor allem christliche Nächstenliebe war, die die Heiden zum Glauben geführt hat. Das „Christenmädchen“ hat es heute nicht gerade leicht. Da sind die einen, die vor allem den Christen vorwerfen, sie würden von Nächstenliebe reden, aber selbst nichts tun, — andere wollen von den Christen zwar keine Belehrung, aber die sofortige Lösung aller ihrer Probleme. Die Wahrheit liegt wie immer irgendwo dazwischen.

„Scheißprogramm“

Ein flämisches Sprichwort sagt: „Honger kun je niet stillen met geschilderde koeken!“ (Hunger kannst du nicht stillen mit gemalten Kuchen!). So ist es unvermeidbar, daß immer wieder gesammelt werden muß, da der Hunger kein Ende nimmt. Gandhi war zwar kein Christ, aber er hatte die Not seines Volkes unmittelbar vor Augen, als er sagte: „Wenn du mehr besitzt, als du brauchst, — andere weniger haben, als sie bedürfen, — dann bist du ein Dieb!“

„Brot für die Welt“

Das ist keine angenehme Wahrheit, weil wir auch betroffen sind. Den Indern wirft man gern ihre Heiligen Kühe vor (die übrigens alle zusammen nicht einmal den Fleischbedarf eines halben Tages decken würden), — jedoch haben wir ja wohl auch eine Menge solcher „Heiliger Kühe“ wie Lebensstandard, Wohlstand, Fortschritt, Auto usw., die wir keineswegs zu schlachten gedenken.

Ein Inder, der längere Zeit zum Studium in Deutschland verbrachte, hat sich über unsere „Wegwerfgesellschaft“ häufig gewundert, — das heißt, er wunderte sich allmählich über nichts mehr. Nur einmal staunte er doch wirklich: da war eine Frau beim Fensterputzen im Erdgeschoß abgerutscht, — genau in die von der Müllabfuhr eben geleerte Mülltonne hinein. Unser Freund kam auf dem Weg zur Universität gerade vorbei, schüttelte den Kopf und sagte sehr verwundert: „Was die Deutschen alles wegwerfen?!“

Aber im Allgemeinen sind wir gar nicht so, knurren schon mal und spenden dann doch wieder. Unverdrossen machen sich alljährlich ungezählte Christen wieder an das mühsame Geschäft des Sammelns für die Armen, — und erstaunlicherweise glaubt man ihnen trotz aller Kritik, wie die steigenden Zahlen verraten!

In einer Kirchengemeinde sollte eine Tombola mit Preisquiz das große Geld für die Dritte Welt bringen. Zu gewinnen war eine Reise nach Kenia! Dementsprechend war der Andrang groß. Zahlreiche Kandidaten bewarben sich. — Schließlich kommt die Endausscheidung. Große Spannung im Saal, bis der Kandidat auch die letzte Frage richtig beantwortet hat. Großer Beifall. Der Quizmaster gratuliert dem Gewinner: „Herzlichen Glückwunsch! Sie haben die Reise nach Kenia gewonnen!“ — Der Kandidat kann vor Freude nur stammeln: „Oh, das ist ja wunderbar!“ — „Ja“, sagt der Quizmaster, — „und wenn Sie nun die nächsten sieben Fragen auch noch beantworten, dann gewinnen Sie auch die Rückreise!“

„Manchmal geht mir diese Sammelei doch ein wenig auf die Nerven!“ sagte etwas unwillig eine gutmütige, aber sehr kurzsichtige alte Dame, als sie die vierzehnte Parkuhr gefüttert hatte.

Der Pastor will sich ganz persönlich für die Caritas einsetzen und spricht die wohlhabenden Familien beim Hausbesuch an. Beim Unternehmer Bonnemann gibt man ihm nach langer Diskussion fünf Mark mit. Beim Abschied sieht er noch, wie dem Hündchen ein fürstliches Fressen vorgesetzt wird. „Schade“ sagt er nachdenklich, „daß ich nicht beim Konzil in Rom dabei war!“ — „Warum denn das?“ — „Ich hätte den Antrag auf ein elftes Gebot gestellt: Du sollst deinen Nächsten lieben wie deinen Hund!“

Drei bayerische Bergsteiger waren am Nanga Parbat in Bergnot geraten. Sie kriechen in ihr Zelt, um sich notdürftig vor dem Sturm zu schützen. Nach drei Tagen endlich hören sie eine Menschenstimme rufen: „Hier ist der Malteser Hilfsdienst!" — Da richtet sich einer der Männer mit letzter Kraft auf, steckt seinen bärtigen Kopf aus dem Zelt und ruft wütend: „Mia spend'n nix!"

Wußten Sie übrigens schon, daß man in Afrika einen Mitmenschen mit den Worten tadelt: „Benimm dich nicht wie ein Europäer!"?

Zwei Afrikaner fanden auf ihrer Rundreise durch die Bundesrepublick viel Sehenswertes, aber auch viel Merkwürdiges. Am meisten erstaunte sie der Anblick der Berliner Mauer: „Gibt es hier etwa auch Apartheid?", fragten sie beunruhigt.

Zum großen Pfarrfest für die Dritte Welt war auch ein Schwarzer eingeladen. Beim Steh-Imbiß prostet Herr Müller dem kleinen, bebrillten afrikanischen Gast zu und fragt: „Gluckgluckgluck — gut?" — Der Afrikaner nickt höflich und antwortet: „Gluckgluckgluck gut!" — Herr Müller will sich erkenntlich zeigen, reicht ihm die Platte mit den Häppchen hin und setzt seine freundlichen Verständigungsversuche fort: „Ham-Ham — gut?" — Wieder nickt der Schwarze und antwortet ebenso freundlich: „Ham-ham gut!" — Danach beginnt das Programm. Herr Müller traut seinen Augen und Ohren nicht, als der Afrikaner das Podium betritt und in fließendem Deutsch die Festrede über kirchliche Partnerschaft hält. Herzlicher Beifall dankt ihm für seine Ausführungen, auch Herr Müller klatscht begeistert, wenn auch etwas beschämt. Als der Afrikaner wieder an seinen Tisch kommt, beugt er sich zu Herrn Müller, grinst verschwörerisch und fragt: „Bla-bla-bla — gut?"

Ein Geschäftsmann aus Boston reiste nach Südamerika, — freilich interessierten ihn weniger die Armen dort als die Ruinen der Inkas, die er mit einer Touristengruppe unter Führung eines alten Indio besuchte. Plötzlich wird der Geschäftsmann sehr unruhig: „Himmel! — jetzt habe ich doch vergessen, meinen Wagen abzuschließen!"

— „Keine Sorge!“, beruhigt ihn der Indio, „sie werden Ihren Wagen unversehrt vorfinden, — hier gibt es im Umkreis von fünfzig Kilometern keinen Weißen!“

Und hier ist noch ein erprobtes Weihnachtsrezept für „Caritäter“: Man nehme: 500 Gramm Herzlichkeit, 250 Gramm Geduld, 3/4 Liter Freundlichkeit, 300 Gramm Freude, und eine Prise Vertrauen. Alle wichtigen Zutaten gut vermengen. Kneten und ausrollen, mit Sorgfalt ausstechen und bei ziemlicher Temperatur backen. Nicht zu lange stehen lassen! — Nach einiger Mühe werden Sie ein hervorragendes Ergebnis erzielen. — Wohl bekomm's!“

EUROPA 1920 AFRIKA 1990

Missio-Närrisches Die „Wilden“

Die Zeiten von „Jumbo und Wambo“ sind längst vergangen. Dennoch stellen sich Manche heute noch Afrika als einen großen Urwald mit Elefanten, Löwen, Affen und eben diesen „Wilden“ vor. Herr Meier erlebte auf seinem „Afrika-Trip“ eine herbe Enttäuschung, als er einem „Eingeborenen“ als Tauschobjekt eine Hand voll Glasperlen anbot: der sagte in akzentfreiem Deutsch: „Die Mülltonne ist gleich um die Ecke!“

„Deutschland gegen Holland“

Natürlich war das Leben viel interessanter damals, als Pater Kunibert, der Arzt, als Erster den Weg zu den Menschenfressern fand. Er gab den Wilden zwar nicht den Glauben, aber ihre Gesundheit und ihren Appetit wieder, — und entdeckte zu spät, daß es Kannibalen waren.

Pater Edward dagegen verdankte sein Leben seinem Holzbein. Er fiel den Kannibalen in die Hände und mußte hilflos zusehen, wie diese den leckeren Schmaus vorbereiteten. Schließlich bat er um ein Messer, säbelte von dem Holzbein ein paar kräftige Späne ab und reichte sie dem Häuptling: „Bevor du mich zubereitest, probiere erst mal, ob ich überhaupt genießbar bin!“ Der Häuptling kostet, kaut darauf herum, spuckt das Zeug angewidert wieder aus und sagt: „Weißer Mann ganz ungenießbar!“ — So blieb er am Leben und konnte den Stamm allmählich bekehren. Von ihren Eßgewohnheiten waren sie freilich nur schwer abzubringen.

Einmal kam er dazu, wie der Häuptling gerade sechs gefangene Weiße hintereinanderstellte und seinen Speer hob. „Was willst du denn da machen!?“ rief der Pater erschrocken. „Schaschlik!“, war die Antwort.

Bevor seine Missionare zur Bekehrung der Kannibalen ausziehen, ermahnt sie noch einmal der Abt: „Eines sage ich euch: seid vorsichtig. Ich will nichts hören von Märtyrern, von denen es nachher keine Reliquien gibt!“

Einer der Missionare schreibt schon nach zwei Monaten: „Ich habe bereits große Erfolge: Freitags essen sie nur noch Fischer!“

Nach der Taufe sagt der Pater zu dem Eingeborenen: „Du heißt jetzt nicht mehr Bilka, sondern David. Und von jetzt an darfst du am Freitag kein Fleisch mehr essen, sondern nur Fisch!“ Doch schon am nächsten Freitag trifft der Missionar den Neubekehrten bei einem leckeren Hammelbraten an und stellt ihn zur Rede. „Aber Pater!“, sagt David würdevoll, „ich habe alles so gemacht, wie du es gesagt hast. Ich habe den Hammel ins Wasser getaucht und gesagt: Du heißt jetzt nicht mehr Hammel, sondern Fisch. Und darum mußt du am Freitag gegessen werden!“

Ein alter Missionar erzählt im Urlaub zu Hause seine Erlebnisse. „Es gibt leider auch Stämme“, — so erzählt er gerade dem gespannt lauschenden Zuhörerkreis, — „die essen immer noch Menschenfleisch“. — „Was?“ ruft da eine Dame empört, — „auch am Freitag?“

Zwei Missionare haben sich im Busch verirrt. Sie ahnen, daß sie schon im Gebiet eines Kannibalenstammes sind und schleichen mit ziemlichem Herzklopfen vorsichtig weiter. Da taucht plötzlich vor ihnen ein Trupp Eingeborener auf. Die Missionare ducken sich zitternd hinter einen Baum. In diesem Augenblick stürzt einer der Eingeborenen über eine Wurzel und flucht: „Himmeldonnerwetter!“ — „Gerettet!“ — jubeln da die beiden Missionare, — „es sind Christen!“

Beim Besuch der Sandwich-Inseln empfing die englische Königin auch die dortige Königin. Im Laufe des Gesprächs sagte die braunhäutige Herrscherin des Inselreiches mit sichtlichem Stolz: „Auch in meinen Adern rollt englisches Blut, Majestät!“ — „Wieso denn das?“ fragte die Queen verblüfft. — „Mein Urgroßvater hat einmal einen englischen Missionar verspeist“.

Kurz vor dem ersten Weltkrieg wirkte Pater Marcel segensreich in der Kongo-Mission. Daß damals Männer wie Frauen nur mit einem Lendenschurz bekleidet waren, störte ihn nicht weiter. Als er aber nach dem durch den Krieg erzwungenen langen Urlaub wieder in seine Mission zurückkam, traute er seinen Augen nicht: die Frauen und Mädchen trugen jetzt grellbunte Büstenhalter als neuesten Modeschmuck! Pater

Marcel fand das höchst unanständig. Er sorgte als Erstes dafür, daß die Dinger wieder verschwanden, die ausgerechnet sein Küster in der Missions-Nähstube produziert und mit gutem Gewinn verkauft hatte.

Der „Fortschritt" läßt sich allerdings auf die Dauer nicht aufhalten. Das mußte auch ein anderer Missionar mit Bedauern feststellen. Auf einmal fingen die Frauen an, Kleider zu tragen. Statt andächtig dem Gottesdienst zu folgen, verbrachten sie nun die ganze Zeit in der Kirche damit, sich gegenseitig zu bewundern. Der aufgebrachte Ältestenrat machte dem schließlich ein Ende und beschloß kategorisch: „Zum Gottesdienst am Sonntag ist nur der Lendenschurz zugelassen!"

Dies erzählte der Missionar im Heimaturlaub auch dem dortigen Pfarrer. Der seufzte: „Ach, mit dem Kleiderstaat der Frauen in der Kirche habe ich auch dauernd Schwierigkeiten!" — Der Pater empfahl ihm ein wenig boshaft, er könne das Problem ja ähnlich wie in seiner Missionskirche lösen. „Oh nein!" wehrte der Pfarrer erschrocken ab, — dann hätte ich ja auch noch mit den Männern meine Last!"

Als wieder einmal die neugierige Frage gestellt wurde: „Bei Ihnen kommen die Leute doch sicher noch nackt in die Kirche, — stört Sie das eigentlich nicht?" — da antwortete der Missionar, ohne mit der Wimper zu zucken: „Nicht im Geringsten, daran bin ich längst gewöhnt. — Ich frage mich nur immer wieder, wo sie ihr Geld für den Klingelbeutel hintun!"

Der Sohn des Häuptlings möchte auch Priester werden. „Da ist nur ein kleines Problem", sagt er bei der Anmeldung im Seminar: „Mein Vater, der Häuptling, hat nämlich vier Frauen, — und wenn er stirbt, muß ich alle seine Frauen übernehmen. Kann ich dann vielleicht nicht Priester werden? — Und wenn ich nun die Frauen habe, und mache ein Testament und vererbe sie nach meinem Tode an einen Verwandten, könnte ich dann vielleicht doch wohl Priester werden?"

Ein anderes Problem hatte ein kleines Negermädchen: „Mammi," fragte es, „wohin kommen die Missionare, wenn sie gestorben sind?" — „Natürlich in den Himmel, mein Kind!" — „Und kommen die Löwen auch in den Himmel?" — „Das glaube ich nicht, mein Kind." — „Aber, — Mammi, wo kommen dann die Missionare hin, die von Löwen gefressen werden?"

Der Missionar und Afrika-Forscher Pater Münz fand eines Tages eine herrliche Bucht, die in der Hitze zu einem kühlen Bad einlud. Vorsichtshalber fragte er seine Begleiter: „Sind hier auch keine Haifische?" — „Nein, keine Haifische!" sagt einer, und der Pater springt beruhigt in die kühlen Fluten, — kehrt jedoch alsbald, — mit Armen und Beinen wild um sich schlagend, — wieder zum Ufer zurück. Er hat etwas Dunkles heranschwimmen gesehen. Keuchend vor Schreck und Anstrengung fragt er nochmals: „Da sind wirklich keine Haifische drin?!" — „Nein", sagt der Schwarze ungerührt, — niemals Haifische, wo Krokodile!"

Von dem Unrecht der „Apartheid" in Südafrika wird häufig geredet,

manchmal mehr mit moralisch belehrendem Zeigefinger, als mit wirklicher Kenntnis der Probleme. In der Diskussion taucht dann etwa ein Weißer auf, der zwei Schwarze angefahren und verletzt hat. Sein Verteidiger erwirkt vor Gericht eine Anklage gegen die Schwarzen: der eine wird verklagt wegen Einbruch (der Windschutzscheibe), der andere, der zwanzig Meter fortgeschleudert wurde, wegen Fluchtversuch. — Natürlich ist das nur ein Witz. Eher kann man sich schon jenen Schwarzen vorstellen, der eine Kirche betreten will und vom Polizisten angehalten wird: „Diese Kirche ist nur für Weiße!“ — „Aber ich will doch nur saubermachen!“ sagt der Schwarze. — „Na gut!“ sagt der Polizist, „aber wehe, ich erwische dich beim Beten!“

Es kamen auch zwei Touristen von ihrem großen Urlaub in Südafrika zurück. Sofort stürzt sich die ganze Nachbarschaft auf die braungebrannten Weltenbummler: „Na, wie war es denn in Afrika?“ — „O, ganz schön“, antworten die Heimkehrer. „Nur zwei Dinge haben uns gar nicht gefallen: Erstens die Rassendiskriminierung und zweitens diese Neger, die da überall herumliefen!“

Vorurteile und Mißverständnisse

Kardinal Spellmann entsandte auch von Amerika aus Missionare in den Kongo und ermahnte sie beim Abschied zu Bescheidenheit im Auftreten und Verständnis für die Eingeborenen: „Im Gegensatz zu unseren Umgangsformen müssen Sie dort jeden mit „Herr“ ansprechen. Und stoßen Sie die Leute niemals vor den Kopf! Wenn Ihnen zum Beispiel jemand begegnet, der behauptet, Afrika sei größer als Texas, dann versuchen Sie nicht, ihn eines Besseren zu belehren!“

Der Häuptling des Eingeborenenstammes kommt von seiner Reise nach London zurück und erzählt: „Sie haben dort ganz tolle Zauberer! Stellt euch vor, da treten auf einem Platz in

London zweiundzwanzig bunt gekleidete Männer wie wild hinter einen Ball. Und was soll ich euch sagen? — Zehn Minuten später fängt es an zu regnen!"

Nach dem Wetter in London befragt, schwärmte der Häuptling: „Es war einfach wunderbar! — jeden Tag hat es geregnet!" — Man sieht daraus: alles ist relativ!

In dem aufblühenden Missionsgebiet von Korea ist wieder eine neue Station gegründet worden. Bei den erst kürzlich aus Europa gekommenen Schwestern meldet sich unerwartet der Bischof zum Besuch an. Im neuen Haus fehlt noch Vieles. Also geht eine Schwester auf den Markt und kauft erst einmal Eßgeschirr und Töpfe. Als der Bischof zum Essen kommt, zieren drei prächtige bunte Suppenschüsseln die Tafel. Die koreanischen Geistlichen fanden das Essen, — oder die Tafel? — offenbar sehr erheiternd. Aber der Bischof verzog keine Miene und aß ruhig weiter. Erst als die Gäste sich verabschiedet hatten, klärte ein koreanischer Freund des Hauses die verdutzten Schwestern darüber auf, daß sie den Priestern die gute Suppe in — Nachttöpfen serviert hatten. Die wären am liebsten in die Erde versunken! Die Schwester vom Einkauf aber brachte doch noch eine trotzige Rechtfertigung über die blassen Lippen: „Aber es waren doch ganz neue!"

Beim Krankenbesuch im Busch trifft der Pater auch einen fieberkranken jungen Afrikaner in einem Kraal. Er gibt ihm eine Spritze und sagt tröstend: „Du keine Angst haben! Bald wieder gesund und arbeiten wie Elefant!" — „Vielen Dank!" antwortet der junge Mann in bestem Französisch, — „dann kann ich also doch noch pünktlich meine Vorlesungen über afrikanische Geschichte an der Sorbonne beginnen!"

Ein Missionar nahm in seinen Heimaturlaub nach Europa erstmals seinen schwarzen Katecheten mit. Wegen einer Flugzeugverspätung mußten sie im Hotel übernachten. Vor dem Schlafen verspürt der alte Pater noch einen furchtbaren Durst. Er schickt den Katecheten um ein Glas Wasser: „Du findest die Quelle in dem Zimmer, wo 00 an der Tür steht!" — erklärt der Pater dem noch unerfahrenen Schwarzen. Dankbar nimmt der Missionar das Glas in Empfang und leert es auf einen Zug: „Ach bitte, hol mir doch noch ein Glas Wasser!" bittet er den Katecheten. Der geht, kommt aber nach einiger Zeit mit dem leeren Glas zurück und sagt traurig: „Nix Wasser! — Weißer Mann sitzen auf Quelle!"

Auf dem Kilimandscharo kommt ein österreichischer Missionar bergab einem norddeutschen Touristen entgegen: „Grüß Gott!" sagt er freundlich. Da stottert der Norddeutsche ganz verwirrt: „So weit hinauf komme ich heute nicht mehr!"

Tief im Busch trifft der Missionar auf den Medizinmann eines Stammes, der wie wild auf die Trommel schlägt. „Was ist denn los?" fragt er. — „Wir haben kein Wasser, Mister!" antwortet der Medizinmann. — „Aha, und jetzt trommelst du den Regen herbei?" — „Blödsinn!" sagt darauf verächtlich der Trommler, — „ich rufe den Installateur an!"

„Was ist das eigentlich für ein Unsinn mit kinderlosen Ehen?" fragt der etwas weltfremde Pater Ambrosius die Schwester auf der Missionsstation, — „ich habe jetzt in fünf Klassen alle Schüler befragt, — da kommt kein einziger aus einer kinderlosen Ehe"!

„Wie können Sie denn mit vier Kindern und einem Wochenlohn von zehn Mark ein vorbildliches christliches Leben führen?“ — fragt eine deutsche Touristin den jungen afrikanischen Katecheten. „Ja, meine Dame“, antwortet der, „das ist auch wohl das einzige Leben, das ich damit führen kann!“

Als der sächsische Pater Wunibald nach vielen Missionsjahren in seine Heimat kommt, findet er eine neue Grenze vor. Die Grenzer prüfen seinen Paß und stoßen auf die Bezeichnung „Theologe“. Heimliches Tuscheln der beiden Zöllner, dann die verlegene Frage des einen: „Sachen se moal, was machen Se denn so als Theoloche?“ — „Na, was soll ich machen, — Bred'jen halt.“ — „Aha, Bredchen?“ — nickt er verstehend, — „aber warum schreiben die denn da nicht gleich in ihren Paß: „Bäcker“?

Nach mehr als 30 Jahren treffen sich zwei Missionare in ihrem Heimatort wieder. „Na,“ — fragt der eine, „ist wenigstens einer deiner Jugendwünsche von damals in Erfüllung gegangen?“ — Der Andere nickt: „Ja, als mich früher meine Mutter morgens kämmte, habe ich mir immer gewünscht, ich hätte eine Glatze!“

Der Heimaturlaub ist immer eine gute Gelegenheit für ein Missionsfest.

Da bittet der Pfarrer, die Lumpensammlung für die Mission zu unterstützen: „Bitte, seht alle zu Haus einmal nach, was ihr nicht mehr braucht. So können wir unserm Missionar helfen und werden zugleich alle Lumpen aus der Pfarrei los!“

Die attraktive Krankenschwester Ilse stellt sich auch in den Dienst der guten Sache und verkauft Lose. Ein älterer Herr mit dicker Zigarre zückt arrogant seine Brieftasche, wedelt mit einem Hunderter und sagt: „Ich kaufe Lose für hundert Mark, — wenn Sie mir versprechen, daß Sie mich pflegen werden, wenn ich mal ins Krankenhaus komme!“ — „Aber natürlich, — fest versprochen!“ lacht die Schwester fröhlich. „Ach, übrigens“, — ruft sie dem Mann nach, — „Sie finden mich in der Entbindungs- und Säuglings-Station!“

„Du, Egon, wo liegt eigentlich Afrika?“ fragt Willibald auf dem Missionsfest seinen Freund. — „Weiß ich auch nicht“, sagt der. „Es kann aber nicht weit sein, — bei uns kommt jeden Tag ein Schwarzer mit dem Fahrrad vorbei!“

Missionare wissen immer viel zu erzählen, und weil die Zuhörer immer auf spannende Geschichten aus sind, müssen sie auch schon mal ein bischen flunkern: „Wir haben zahlreiche Eingeborene bekehrt, — dafür haben sie uns dann die Löwenjagd in der Wüste beigebracht“, erzählt einer. „Das geht ganz einfach: Man nimmt ein Sieb und wirft den Sand hindurch, — was übrig bleibt, ist der Löwe! — Noch einfacher ist es mit den Krokodilen: Man nimmt ein Fernrohr und betrachtet das Tier durch die umgekehrte Seite. Dadurch wird das Krokodil ganz klein, und man kann es bequem mit einer Pinzette fangen!“

Das war doch ein bischen dick aufgetragen. Aber sogleich wußte ein schon pensionierter Pater ein wirklich aufregendes Erlebnis zu berichten: „Das war 1929, — da stand ich einmal ganz allein einem Tiger gegenüber. Ich wußte gleich, jetzt gilt es: er oder ich! — Den Tod vor Augen, riß ich meinen Regenschirm empor, legte an und schoß, — ein fürchterlicher Knall, und der Tiger lag tot am Boden! Hätte ich gefehlt, dann hätte er mich gefressen!“ — „Ja, aber“, wagt einer der Zuhörer nach dem gespannten Schweigen zu sagen, — „sagten Sie nicht“: „Ich legte meinen Schirm an . . .“ ? Wie ist das möglich?“ — „Doch, auf Ehre, — ich habe wirklich meinen Schirm hochgerissen und gezielt, — erschossen hat den Tiger natürlich der Jäger, der hinter mir stand!“

Ein Pater mit mächtigem Bart wird von einem noch flaumbefiederten jungen Mann ein wenig neidvoll gefragt: „Wie schnell wächst so ein Bart eigentlich?“ Der antwortet: „Dreizehn Zentimeter in einer Nacht.“ — „Na, Sie machen vielleicht Witze!“ — „Aber nein, ich bin als Missionar in Grönland, da dauert eine Winternacht vier Monate!“

Bischofsvisitation auf einer einsamen Missionsstation im brasilianischen Urwald. Der Bischof stellt tadelnd fest, daß der Missionar schon drei Jahre nicht mehr gebeichtet hat. „Ist das nicht ein bischen lange, mein Sohn?“ fragt er väterlich. — „Aber Exzellenz, der nächste Priester wohnt mehr als dreihundert Kilometer entfernt, da wäre ich doch ein paar Wochen unterwegs!“ — „Nun es gibt doch auch die Möglichkeit, zu fliegen. Ein Buschflieger hätte Sie bestimmt mitgenommen!“ — „Darüber habe ich auch nachgedacht, Exzellenz, aber wissen Sie, — für läßliche Sünden ist mir das zu teuer, — und für Todsünden zu gefährlich!“

Einen Priester in Mexiko muß der Bischof bei seiner Visitation ernsthaft tadeln: „Daß Sie von einer Frau ein Kind haben, — da will ich nichts sagen, das ist schließlich natürlich, — und wenn Sie mehrere Kinder von ihr hätten, wollte ich auch noch nichts sagen, — aber daß sie von mehreren Frauen Kinder haben, das geht doch wohl zu weit!“

Im Gebiet des Amazonas will ein Südamerikaner den ihm gut bekannten Missionsbischof besuchen. Bei schwüler Hitze kommt er ermattet an, findet das Haus aber leer. Schließlich hört er jemanden in der Autogarage hämmern und ruft dem Arbeiter unter dem Auto zu: „Wo ist der Bischof?“ — „Der bin ich“, kommt es unter dem Auto hervor, „ich bin gleich mit dem Auspuff fertig. Wenn Sie schon mal meinen Ring küssen wollen, — der liegt drüben auf der Fensterbank!“

Aus Indien kommt ein langer Brief. Unser Missionar schreibt darin: „Als die Missionare unserer St. Charles-School erfuhren, daß in der Heimat das

Latein in der Liturgie abgeschafft sei, waren sie sehr traurig. Schließlich wurden wir aber doch getröstet durch den Brief unseres Ordensoberen, der uns schrieb: „Zugunsten der Mission wollen wir doch noch vier lateinische Worte beibehalten: ADVENIAT, MISEREOR, MISSIO und PROSIT!"

Mission ist Zukunft

Wer sich für Mission interessiert, hat kein Brett vor dem Kopf sondern einen weltweiten Horizont! Wußten Sie etwa, daß es in der japanischen Sprache keine Schimpfwörter gibt? — daß die Eingeborenen von Samoa ihre Freude durch Weinen zum Ausdruck bringen? — daß ein Eskimo pro Tag bis zu drei Liter Tran zu sich nimmt? — und daß man sich in Tibet durch Herausstrecken der Zunge begrüßt? — — Das können Sie alles von Missionaren erfahren!

Aus ihrer Erfahrung spricht die Ordensschwester Maria Ambrosia in Brasilien: „Die Arbeit für Missionare ist heutzutage unter verkehrten Christen bedeutend schwieriger als unter bekehrten Heiden!" (Ob sie damit uns in der „Alten Welt" meint?).

Die folgende Erkenntnis stammt nicht von einem modernen Missionar, sondern von Leo Tolstoi und zeigt, daß es eigentlich nicht sehr viele „neue Erkenntnisse" gibt: „Wenn ein Wilder aufhört, an seinen hölzernen Gott zu glauben, so heißt das nicht, daß es keinen Gott gibt, sondern nur, daß Gott nicht aus Holz gemacht ist!" (Was stehen bei uns zulande nicht alles für Götzen herum, — die „Wilden" amüsieren sich sogar darüber, was ein Mensch alles glauben muß, der nicht an Gott glauben will!).

Die liberianischen Christen haben im Vaterunser infolge eines Übersetzungsfehlers lange Zeit gebetet: „Erwische uns nicht, wenn wir sündigen!" — statt: „Führe uns nicht in Versuchung!" Nachdem dies endlich berichtigt wurde, konnten sich die Gläubigen nur schlecht an den richtigen Text gewöhnen.

Alles in allem strahlen die Missionsgebiete Hoffnung und Zuversicht aus. Auf verschiedenen Wegen kommen Missionare wirklich zu großen Erfolgen.

Ein Dominikaner und ein Jesuit kamen zur gleichen Zeit nach Neuguinea, um dort unter den Papuas eine Mission zu gründen. Als sie nach einem Jahr sich zum erstenmal trafen, erzählte der Dominikaner: „Ich darf mich wirklich freuen, ich hatte großen Erfolg und habe in diesem Jahr bereits 729 Eingeborene getauft, — und wie ist es dir ergangen?" — „Ach, eigentlich nicht schlecht", sagte der Jesuit, — „ich habe den Häuptling bekehrt."

In Neuguinea gab ein Missionar seinen Männern jeden Sonntag nach dem Hochamt eine Handvoll Tabak. Das war dem Bischof gar nicht recht: „Sie machen aus ihnen schlechte Christen!" tadelte er. — Beim nächsten Besuch nach einigen Wochen, trifft der Bischof während der Sonntagsmesse alle Männer, wie sie draußen vor der Kirche im Grase sitzen und sich unterhalten. „Warum seid ihr denn nicht in der Kirche?" fragt er streng. Der Dorfälteste gibt ihm bereitwillig Auskunft: „Nix Tabak — nix Alleluja!"

Aus dem Jahresbericht eines amerikanischen Missionars in Bolivien: 50 Taufen gespendet, 26 Kinder auf die Erstkommunion vorbereitet, 17 Sterbenden beigestanden und alle Freimaurer der Stadt im Tennis geschlagen!

Ganz besonders erfolgreich aber war

Schwester Consolata, die auf wunderbare Weise den bösen Kommunisten Juan zum Glauben bekehrte. Und das kam so: Schwester Consolata kam mit ihrem alten, klapprigen Jeep vom Markt in Nairobi, wo sie Einiges für ihr Kinderheim eingekauft hatte. Plötzlich stottert der Motor und bleibt dann endgültig stehen. Schnell wird ihr klar, daß der Benzintank leer ist. Gott sei Dank! — es ist nicht weit zum nächsten Dorf, wo man Benzin bekommen kann! Aber sie hat keinen Kanister mit. Beim verzweifelten Suchen nach einem passenden Gefäß fallen ihr die vier neuen Nachttöpfe in die Augen, die sie auf dem Markt erstanden hat. Sie nimmt kurz entschlossen den größten und geht damit los. Als sie nach einer halben Stunde endlich zum Wagen zurückkommt und vorsichtig den kostbaren Treibstoff in den Tank schüttet, kommt gerade Juan, der überzeugte Kommunist, mit seinem ebenso klapprigen Fahrrad hinzu. Er hält erstaunt an, und verfolgt mit großen Augen das Bemühen der Schwester. Schließlich platzt es aus ihm heraus: „Schwester, ich halte ja nicht viel von Ihrer Sorte, — aber das muß ich doch sagen: Ihr Gottvertrauen ist wirklich zu bewundern!" — und will sich ausschütten vor Lachen. Schwester Consolata ärgert sich, will aber keinen Streit anfangen. Sie schließt den Tank, stellt den leeren Nachttopf in den Wagen und zieht den Anlasser, — — und tatsächlich! — nach einigem Stottern und einer schwarzen Qualmwolke springt der Motor an. Erhobenen Hauptes fährt Schwester Consolata an dem völlig verdatterten Juan vorbei und davon. Der steht da mit offenem Mund, dann sinkt er langsam in die Knie und schlägt drei Kreuze.

Die Zukunftsaussichten sind nicht schlecht: schon trainieren die Missionare für den künftigen Raumflug und die womögliche Erschließung von Weltraum-Missionsgebieten, — der Phantasie sind alle Grenzen offen! Indessen sollten wir uns aber bewußt bleiben, daß unser „Haus voll Glorie" keineswegs vollkommen, sondern ein aus sehr menschlichen Bausteinen gebautes Haus Gottes ist. Das ist nicht so schlimm, wie es allzu kritischen Betrachtern vielleicht vorkommen mag. Es ist doch nur ein provisorisches Haus, in dem wir uns versammeln. Und die Zukunftsaussichten sind wirklich nicht schlecht: Eines Tages werden wir diese irdische Behelfswohnung nicht mehr brauchen und endgültig singen: „O laß im Hause Dein uns all geborgen sein!"

Die Sünde der Unrast

von Charles Péguy.

Ich liebe den nicht, der nicht schläft, spricht Gott.

Der Schlaf ist der Freund der Menschen.

Der Schlaf ist der Freund Gottes.

Der Schlaf ist vielleicht meine schönste Schöpfung.

Und ich selber, ich ruhte am siebenten Tage.

Wer reinen Herzens ist, der schläft. Und wer schläft, ist reinen Herzens.

Das ist das große Geheimnis, unermüdlich zu sein wie ein Kind.
Wie ein Kind diese Kraft in den Sehnen zu haben.

Diese neuen Sehnen, diese neuen Seelen.

Und alle Morgen wieder von neuem zu beginnen, immer neu.

Wie die junge, die neue Hoffnung.

Nun aber sagt man mir, daß es Menschen gibt.

Die gut arbeiten und die schlecht schlafen.

Die nicht schlafen. Welcher Mangel an Vertrauen in mich.
Ich verwalte noch ganz andere Geschäfte Ihr armen Leute.

Ich lenke die Schöpfung, das ist vielleicht noch schwieriger.

Ihr könntet vielleicht ohne großen Schaden Eure Geschäfte in meine Hände legen,
Ihr weisen Menschen.

Ich bin vielleicht ebenso weise wie Ihr.

Ihr könntet vielleicht sie für die Weile einer Nacht mir überlassen.

Die Weile, in dessen Ihr, endlich, schlafet.

Und am anderen Morgen fändet Ihr Sie nicht allzu verwahrlost.

Den anderen Morgen stände es vielleicht nicht schlimmer um sie.

Wahrlich, ich sage Euch, ein solcher kränkt.

Meine liebe Hoffnung.

Der mir nicht die Lenkung einer seiner Nächte anvertrauen will.

Als ob nicht mehr als einer.

Der seine Geschäfte in sehr schlechtem Stande ließ, als er sich niederlegte.

Sie nicht vortrefflich wiedergefunden hätte, als er sich erhob.

Weil ich vielleicht derweil vorbeigegangen war.

Übersetzung aus dem Französischen.

Wann einer schläft, so sollen die Benachbarten auf beiden Seiten ihn von dem Schlaf erwecken ünd in Unterlassüng dessen, wenn nämlich der Schlafende schnarcht und mit dem Kopf und Leib hin ünd her wanket, jeder gleichergestalt drei Albüs zür Straf geben. Damit aber einer sich des Schlafens desto besser enthalten könne, soll derselbe, den der Schlaf ankommen will, sich aüfrichten ünd der Predigt stehend zuhören.

Rheingräfliche Ordnung
über den Kirchenschlaf 1694

Die Hirten und die Herde

Allerlei
Ergötzliches
und
Nachdenkliches
aus dem
Gemeindeleben

gehört, gelesen
und gesammelt
von Dr. h.c. *)
Henricus Corte

**Erlebtes,
Erlauschtes
und
Aufgebauschtes**

*) natürlich humoris causa **)
**) spaßhalber

Wenn man nur glücklich
sein wollte, wäre es bald getan.
Aber man will ja glücklicher
als die anderen sein.
Und das ist fast immer schwierig,
weil wir die anderen für
glücklicher halten,
als sie wirklich sind.

Charles de Montesquieu 1689

Den Hirten
und den Hirtenhunden,
den Leithammeln,
Böcken und Schafen,
(um im Bilde zu bleiben!)
und all den mäßig heiligen
und heiligmäßigen Christen,
die nie vergessen sollen,
daß es in Wirklichkeit
nur einen Hirten gibt
für alle Schafe!

Buch 4

Inhaltsverzeichnis

Die Hirten

Das Konzil ist gerade fünfundzwanzig Jahre geworden, und was hat es nicht alles verändert! Manche fromme Seelen meinen, es habe sich alles verschlechtert. Vielleicht haben sie noch keine Erfahrung mit der Renovierung von alten Häusern? Da treten lang verborgene Bauschäden zutage, da gibt es Unmengen von Staub und Dreck, und vor allem: endlose Diskussionen mit Architekten, Handwerkern und Hausbewohnern, die alle ihre Sonderwünsche berücksichtigt haben möchten. So richtig wohl fühlt man sich erst wieder nach etlichen Jahren.

Auch das Bild des „Guten Hirten" hat bei der Renovierung einiges abbekommen. Wenn an dem edlen Marmorbildnis erst einige Ecken abgestoßen sind, wird bald sichtbar, daß es nur eine Gipsfigur ist. Es läßt sich auf Dauer nicht verheimlichen, daß auch „Hochwürden" nur ein Mensch ist und seine Fehler hat. Gerechterweise muß man zugeben, daß die „Hirten" ebenso viele Veränderungen erlitten haben wie die „Herde".

Der Pastor in langer Soutane mit den obligaten dreiunddreißig Knöpfen ist heute kaum noch zu sehen. Diese Knöpfe brachten so manchen Priester morgens in Verzweiflung, - wie schon Goethe sagte: „Wer das erste Knopfloch

verfehlt, kommt mit dem Zuknöpfen nicht zu Rande."

In der Nachkriegszeit war ein Stadtpfarrer von einem Landpfarrer leicht zu unterscheiden. In der Kleidung gab es

Land

Stadt

nur wenige Zugeständnisse. Als ich 1947 wegen einer Stimmbandentzündung vier Wochen Sprechverbot und einen ärztlich verordneten „Schillerkragen" trug, kam ich im Seminar zu ganz unverdienten Ehren, wo mich die Mitstudenten mit Beifallsgetrampel als „Revolutionär" begrüßten. Im Gefolge des Konzils aber änderte sich das Aus-

Veränderungen

sehen aller Kleriker gewaltig. Mit einer schwarzen Krawatte begann die Mode in Klerikerkreisen.

Ein Professor, der damals in die Vereinigten Staaten eingeladen war, gab nach seiner Rückkehr einen Bericht über die moderne Kirche Amerikas. Dabei trug er stolz eine hochmoderne bunte Krawatte, die man ihm dort geschenkt hatte. Schließlich wollte er noch einige Dias zeigen. Als das Licht ausging, brachen die Studenten in lautes Gelächter aus: Auf der Krawatte war in Leuchtschrift zu lesen: „Kiss me in the dark!“ (Küß mich, wenn es dunkel ist!)

Die Vikare bevorzugten schwarze Oberhemden, die damals Mode waren, „weil sie immer weiß bleiben“, dazu ein kleines Kreuz als Berufsabzeichen. Die

Entwicklung ging weiter bis zu dem flotten Kaplan mit Sportmütze und Jersey-Rollpullover, während der Pastor immerhin noch mit Hut und dunkelgrauem Anzug ging. Sie scheint zum Stillstand gekommen. Nach mancher unsanften Begegnung mit dem rauhen Leben neigen Priester dazu, sich wieder mehr kenntlich zu machen. Die geistlichen Modeschöpfer sind schon bei neuen Entwürfen, - man wird sehen, was dabei herauskommt. Nur nicht wieder der „Betonkragen“ und der 33-Knöpfe-Rock!

Verändert hat sich nicht nur die Liturgie, - auch im Kirchenvorstand und Pfarrgemeinderat müssen die Hirten sich der neuen Zeit anpassen. Da die richtige Balance zu finden, ist gar nicht so einfach. Im weltlichen Bereich haben „Don Camillo und Peppone“ lange Zeit

zur Erheiterung beigetragen. „Wer am Wege baut, hat viele Meister“, sagt der Volksmund, und der Pastor im Rampenlicht wird häufig unter die Lupe genommen und kritisiert.

Dabei sind Menschlichkeiten auch bei einem Pastor keineswegs ausgeschlossen. Und schon mancher brave Gottesmann hat das Beharren auf den eigenen Fehlern mit der Treue zu sich selbst verwechselt. Weil der Hirte klüger und besser sein muß als die Herde, hat der Volksmund so unrecht nicht, wenn er sagt: „Heiliger Klerus - begeistertes Volk, begeisterter Klerus - frommes Volk, frommer Klerus - anständiges Volk, anständiger Klerus - ungläubiges Volk.“ (Aus Frankreich).

Manch einer hat aber auch noch recht idyllische Vorstellungen vom Alltag seines Pfarrers. Und die boshafte Redensart „Ite missa est! - Geld verdient!“ ist noch immer in Umlauf. Der streßgeplagte Pfarrer findet sich dann der Kritik ausgesetzt: „Er ist mal wieder

nicht da!“ Das veranlaßt ihn zu dem

Seufzer: Wie man's macht, ist es verkehrt!

Wenn der Pfarrer einmal länger als zehn Minuten predigt, dann hat er wieder die Langspielplatte aufgelegt. - Wenn er bei der Predigt laut spricht, dann schreit er, wenn er normal spricht, dann versteht man nichts. - Wenn er ein eigenes Auto besitzt, dann ist er weltlich gesinnt, wenn er keines hat, dann geht er nicht mit der Zeit. - Wenn er Hausbesuche macht, dann ist er nie zu Hause, wenn er zu Hause ist, dann macht er keine Hausbesuche. - Wenn er die Leute besucht, dann schnüffelt er überall herum. - Wenn er um Spenden bittet, dann ist er geldgierig. - Feiert er keine Feste und hält keine Runden, dann ist in der Gemeinde nichts los. - Wenn er die Kirche renoviert, dann wirft er das Geld zum Fenster hinaus, - tut er es nicht, dann läßt er alles verkommen. - Ist er jung, dann fehlt ihm doch jede Erfahrung. - Ist er alt, dann hat er den Anschluß verpaßt und sollte sich endlich pensionieren lassen. - Solange er lebt, hat er immer Leute, die alles besser können als er. - Wenn er stirbt, ist niemand da, der ihn ersetzen kann. (Aus einem Seelsorgsbrief in Kanada)

In einem Wiener Pfarrblatt stand 1981 dieses „denk-mal": Der Pfarrer in der Alltagshetze / ist Schnittpunkt vieler Gegensätze. / Mit andern Worten und bizarrer: / er ist kein Mensch, er ist ein Pfarrer! / Doch nicht nur diese Weltenzeit / betrachtet so die Geistlichkeit. / Der Pfarrer kämpft auch mit den Tücken / der innerkirchlichen Kritiken: / Zeigt Partnerschaft sein Arbeitsstil, / heißt es: Er weiß nicht, was er will! / Doch pflegt er nicht in allem Rat, / gilt er sogleich als Potentat. / Hat er ein Wort Latein gesprochen, / gilt er als erz-antiker Knochen. / Wenn er nur deutsche Messen liest, / ist er ein böser Progressist. / Erlaubt er, daß ein Laie predigt, / ist er als faul ganz rasch erledigt. / Doch wehe, predigt da kein Laie, / kommt das vom Dünkel seiner Weihe! / Gerät die Liturgie ihm länglich, / ist er ein Trödler unumgänglich. / Macht er es aber kurz und bündig, - / schon wird er mangels Frommsein sündig! / Er steckt im Mühlrad der Extreme. / Denn stets, - was er auch unternehme, / sagt so ein Katholik, ein starrer: / Er ist kein Mensch, er ist doch Pfarrer! / Zum Glück, - darüber sind wir froh, - / ist das ja nur woanders so! / Bei uns hat es der Pfarrer fein: / hier ist er Mensch, hier darf er's sein!

Der „perfekte Pfarrer" wurde im Pfarrblatt Heiligkreuz, Leverkusen-Rheindorf, so beschrieben: Der perfekte Pfarrer predigt genau zehn Minuten. / Er verdammt die Sünde rundum, - tut

aber keinem weh. / Er arbeitet von acht Uhr morgens bis Mitternacht, - / und ist auch Hausmeister in der Kirche. / Der perfekte Pfarrer verdient bescheidene 80 Mark die Woche. / Er ist aber immer gut angezogen, fährt ein neues Auto, kauft gute Bücher, und spendet wöchentlich 60 Mark für die Pfarrei. / Er ist 29 Jahre alt und 40 Jahre an Erfahrung. / Vor allem: er sieht gut aus. / Der perfekte Pfarrer hat ein brennendes Verlangen, / mit Teenagern gemeinsam zu arbeiten, / und er verbringt die meiste Zeit mit älteren Menschen. / Er lächelt die ganze Zeit, - natürlich mit ernstem

Gesicht, denn er hat Sinn für Humor. / Er fühlt sich seiner Pfarrei ganz und gar verpflichtet / und macht täglich fünfzehn Hausbesuche. / In seinem Büro ist er natürlich auch jederzeit erreichbar. / Der perfekte Pfarrer hat immer Zeit für den Gemeinderat und seine Ausschüsse. / Er versäumt keine Sitzung irgend einer kirchlichen Organisation / und ist ebenso immer beschäftigt mit der Bekehrung der Unkirchlichen. Der perfekte Pfarrer wohnt immer in der Nachbarpfarrei!

In einer anderen Gemeinde erschien die folgende „Anzeige“: Pfarrer gesucht, / der voller Kraft / stets für die Pfarrgemeinde schafft. / Ein Wunderknabe muß er sein, / schön von Gestalt, drum nicht zu klein. / Ein Priester, der stets

freundlich grüßt / und extra mild im Beichtstuhl ist. / Der singt, so wie Roy Black es kann, / und betet, daß ergriffen man. / Der auf den ersten Blick gleich sieht, / wie Kinder richtig man erzieht. / Für Fußballtraining mindestens / muß er besitzen die Lizenz. / Der schießen kann mit sichrer Hand / und auch für Hunde hat Verstand. / Mit Ahnung, was ein Rindvieh wiegt / und auch, wie weit die Taube fliegt. / Der schippt und mauert, hämmert, sägt, / im Pfarrzentrum die Leitung legt, / und nie dabei die Lust verliert, / selbst wenn er keine Hilfe spürt. / Der bei den Festen unterhält / wie Kuli oder Frankenfeld, / der Bühnenstücke inszeniert / und auch den Chor mal dirigiert. / Ein Mann, der kranke Ehen leimt, / (notfalls auch für den Pfarrbrief reimt) - / kurzum: ein Helfer in der Not / mit heißem Draht zum Lieben Gott. / Auch wünscht man, daß ihn, wo er steht, / ein Hauch von Frömmigkeit umweht. / So einer ist mit Recht und Fug / für uns gerade gut genug!

Angesichts solch hochgespannter Erwartungen muß man sich fragen, ob einer allein sie überhaupt erfüllen kann? In größeren Gemeinden hat der Hirte darum einen oder mehrere „Hirtenhunde“, auch Vikare oder Kapläne genannt. Alte Klerus-Weisheit sagt zwar: „Wenn eine Pfarrei einen Kaplan braucht, fängt die Sache schon an, zu groß zu werden!“ Immerhin verteilt sich dann die Kritik, obwohl Kapläne jünger und darum besonders bei den Mädchen beliebter sind. Doch unterscheidet sich ein im Glauben gefestigter älterer Pfarrer von seinem progressiven Kaplan im Grunde nur durch das Geburtsdatum. Wenn sich zwei Pfarrer auf der Straße treffen, pflegen sie darum mit einer gewissen heiteren Gelassenheit zu fragen: „Bei welchem Kaplan bist du jetzt?“ Die Kapläne werden schließlich auch mal älter. Das Kirchenrecht sieht vor: „Wenn der Pfarrer stirbt, verwest der Kaplan.“ (Was natürlich nur bedeutet, daß er vorläufig die Verwaltung weiterführt).

Der Vikar sagt, - und ist stolz darauf -, / er geh’ in seinen Pflichten auf. / Bald aber, nicht mehr ganz so munter, / geht er in seinen Pflichten unter. - Den „Ma-

Ist das ein Manager? — Nein, ein Vikar.

nagern“ hat schon Wilhelm Busch ein Denkmal gesetzt: „Wirklich, er war unentbehrlich / überall, wo was geschah / zu dem Wohle der Gemeinde, / er war tätig, er war da. / Schützenfest, Kasinobälle, / Pferderennen, Preisgericht, / Liedertafel, Spritzenprobe, / ohne ihn, da ging es nicht. / Ohne ihn war nichts zu machen, / keine Stunde hatt' er frei: / Gestern, als sie ihn begruben, / war er richtig auch dabei.“

Den Pastor dagegen hat die Erfahrung das Überleben gelehrt. Er weiß, daß Arbeit die Würze des Lebens ist, und deshalb nur mäßig genossen werden darf, - und daß auch Tätigkeit zur schlechten Gewohnheit werden kann. „Die bedauernswertesten Menschen sind die, die Pflichtgefühl haben, aber nicht die Kraft, sich davon zu erholen.“ (Ebner-Eschenbach).

Er hält es darum mit dem Seelsorger und Schriftsteller Leo Trese (Auch ein Mensch): „Den Pfarrer kenn ich nicht, / der nicht am Mittag spricht: / Nun mag der Liebe Gott nur walten, - / ich will mein Mittagsschläfchen halten!“ Darum nennt man diese Zeit „die Stunde des Laien“, (weil der Pastor schläft). „Erquicklich ist die Mittagsruh, - doch kommt man oftmals nicht dazu,“ - damit meinte Wilhelm Busch die Fliegen, - im Pfarrhaus sind es meist Vertreter, die zu dieser Zeit unbedingt einen Staubsauger verkaufen oder eine Illustrierte anbieten wollen, - oder Kinder, die wissen möchten, „ob morgen auch Komm'ionunterricht ist“ oder auch nur Klingelmännchen machen. Ein technisch versierter Pastor baute sich darum einen Umschalter: die Klingel blieb stumm und es erschien der freundliche Hinweis: „Nach halb drei!“

Die Mittagsruhe ist eine gute Kapitalanlage und ein ausgeruhter Pastor entschieden genießbarer und weniger

nervös. Seine Arbeitszeit wird ja auch nicht durch die Gewerkschaft bestimmt, so daß die Leute häufig sagen: „Im Pfarrhaus brennt das Ewige Licht!“ Sein Traum ist allenfalls die 60-Stunden-Woche.

Haben die „Hirten“ keinen Humor? Doch, sie brauchen ihn auch dringend. Natürlich kann man sich von morgens bis abends ärgern, - aber man muß ja nicht! Da hält sich ein erfahrener Pfarrer lieber an Kurt Tucholsky's Rat: „Laß dir von keinem Fachmann imponieren, der dir erzählt: „Lieber Freund, das mache ich schon zwanzig Jahre so!“ - man kann eine Sache auch zwanzig Jahre falsch machen!“ (Doch Vorsicht! solche Sprüche könnten sich als Bumerang erweisen!)

„Hast du dich etwa geärgert?“ fragt ein Pfarrer seinen Mitbruder, der ihm mit verbissener Miene die Tür öffnet. „Und ob ich mich geärgert habe! poltert dieser los. „Ich habe nichts als Ärger, - soviel Ärger, daß ich, wenn mir heute noch was passiert, überhaupt erst nächste Woche dazu komme, mich zu ärgern!“

Dem Pastor hat man einen anonymen Brief geschrieben, - das soll ja häufiger vorkommen. Aber er möchte gern wissen, wer so was schreibt. Also schickt er den Brief einem Graphologen. Bald kommt Antwort: „Sehr geehrter Herr!

Ich habe das mir zugesandte Schreiben geprüft. Charakteristisch für den Schreiber sind besonders die Buchstaben „R“ in „Rindvieh“, „M“ in „Mondkalb“ und „L“ in „Lump“. Sie deuten auf einen vornehmen Charakter, auf Offenheit, Warmherzigkeit, Güte und Wahrheitsliebe. Ich rate Ihnen nun, in ihrem Bekanntenkreis nach einem Menschen mit diesen Eigenschaften Ausschau zu halten.“

Guten Rat in solchem Fall gibt, Wilhelm Busch: „Die Selbstkritik hat viel für sich. / Gesetzt den Fall, ich tadle mich, / so hab ich erstens den Gewinn, / daß ich so hübsch bescheiden bin. / Zum zweiten denken sich die Leut: / der Mann ist lauter Redlichkeit. / Auch schnapp ich drittens diesen Bissen / vorweg den andern Kritiküssen. / Und viertens hoff ich außerdem / auf Widerspruch, der mir genehm. / So kommt es denn zuletzt heraus, / daß ich ein ganz famoses Haus.“

Gegen die Kritik „Der Pastor besucht uns nie!“ wehrte sich ein solcher, indem er seine letzte Besuchstour beschrieb: „18.15 Uhr bei X. - im Fernsehen „Mosaik“, deshalb 18.20 Uhr beendet. 18.35 Uhr bei Familie Y., Taufgespräch,- im Fernsehen läuft „Sesamstraße“, beendet 19.00 Uhr. 19.30 Uhr bei Familie Z. - im Fernsehen läuft das Werbeprogramm, Gespräch dabei nicht möglich. Beendet 19.35 Uhr. Da ich ein Fernsehgerät besitze, kann ich mir die Programme auch zu Hause ansehen. Falls Sie aber ein Gespräch ohne „Senderstörungen“ wünschen, lassen Sie mich's wissen, - ich komme gern!“

Für seine Hausbesuche nahm ein anderer Pastor, für den Fall, daß er niemand antraf, immer einige Visitenkarten mit, auf denen auch ein freundlicher Gruß abgedruckt war. Eines Tages streifte er beim Parken einen neuen Wagen. Er entschuldigte sich bei dem Eigentümer für seine Ungeschicklichkeit

„Zur Abwechslung sind Sie mal dran, Hochwürden: als Buße: 10 Mark!“

und übergab ihm eine Visitenkarte. Während er wegfuhr, las der Eigentümer des beschädigten Wagens mit grimmigem Erstaunen auf der Karte die Worte: „Es tut mir leid, daß ich sie diesmal verfehlt habe. Ich werde mich aber bemühen, Sie ein anderes mal besser zu treffen!“

Mit einem Gebet versuchte ein eiliger Priester das Parkplatzproblem zu lösen, da er in der Verbotszone parkte. Er heftete einen Zettel an die Windschutzscheibe: „Ich bin ein Diener der Kirche und besuche die monatliche Konferenz. Ich komme schon zu spät und es gibt immer weniger Parkplatz. - Vergib uns unsere Schuld!“ - Als er zurückkehrte, fand er dort einen Antwortzettel: „Ich bin ein Hüter des Gesetzes und tue diese Arbeit seit 20 Jahren. Mein Vorgesetzter wird immer unnachsichtiger. - Führe uns nicht in Versuchung!“

Im Vorortzug hört sich ein Geistlicher die anzüglichen Witzeleien einiger junger Leute an, ohne eine Miene zu verziehen. Schließlich sagt ein Mitreisender empört: „Wie können Sie sich das nur so einfach gefallen lassen, - haben Sie auf die frechen Bemerkungen denn gar nichts zu erwidern?" - „Das kommt daher", sagte der Geistliche gleichmütig, „daß ich als Hausgeistlicher in einem Irrenhaus gewöhnt bin, jeden Tag dieses blöde Geschwätz anzuhören."

Höflichkeit ist auch für Pastöre eine Tugend, kann aber auch Ärger bereiten. Als Pastor Mues in den Omnibus steigt, bietet ihm sogleich ein junger Mann seinen Platz an. „Nicht doch, junger Mann," sagt er freundlich, „setzen Sie sich nur wieder hin!" Einen Augenblick später steht der junge Mann schon wieder auf. Der Pfarrer drückt ihn wieder auf seinen Platz: „Ich habe Ihnen doch gesagt, Sie sollen nur sitzen bleiben. Ich bin so hinfällig noch nicht und kann gut stehen!" Das Spiel wiederholt sich noch einige Male. Schließlich steht der junge Mann energisch auf und sagt wütend: „Jetzt lassen Sie mich gefälligst endlich durch! Ich hätte schon vor vier Stationen aussteigen müssen!"

Auch Pastöre sind Menschen und tragen keineswegs statt Hut einen Heiligenschein, noch treiben sie Handel mit solchen. Natürlich, - wenn der Franz sein Motorrad ausprobiert, und es will und will nicht anspringen, sooft er sich fluchend auch bemüht, - und der Pastor kommt gerade vorbei, dann kann er nur tadelnd sagen: „Aber Franz! fluche doch nicht so schrecklich! Damit erreichst du gar nichts. Du könntest doch genau so gut sagen: Gott helfe!" - „Und Sie meinen, das hilft?" sagt Franz ungläubig, spricht aber doch auf den vorwurfsvollen Blick des Pfarrers: „Also gut: Gott helfe!" - „Rummms!" springt der Motor an, und Franz fährt triumphierend davon. Der Pastor sieht ihm nach und murmelt gedankenvoll: „Verdammt! - wer hätte das gedacht!"
Da kommt eines Tages eine Dame: „Können Sie meinen Hund beerdigen?" - Der Pastor erwidert empört: „Ich beerdige doch keinen Hund!" - Die Dame: „Dann muß ich die 500 Mark wohl dem evangelischen Pfarrer anbieten, - vielleicht tut der es." - Darauf der Pfarrer: „Warum haben Sie denn nicht gleich gesagt, daß der Hund katholisch ist?"

Nach dem Levitenamt im Nachbardorf ging ein Pastor mit seinem Küster-Organisten heimwärts. Der Organist spürte in der heißen Mittagssonne großen Durst, und der Pastor ließ sich gern zu einem kühlen Glas Bier überreden. Es wurden auch zwei daraus, doch als sie zahlen wollten, hatte keiner von ihnen Geld bei sich. Sie versprachen, ihre Schuld bald zu zahlen. Der Wirt möge aber nicht, wie gewöhnlich, die Namen der Schuldner mit Kreide an seine schwarze Tafel anschreiben, - wie würde das auch aussehen? Der Wirt versprach es. Er schrieb auch keine Namen an, aber das ganze Dorf wußte es trotzdem schon am nächsten Tag. Der Wirt hatte geschrieben: „Dominus vobiscum: Zwei Halbe, - Et cum spiritu tuo: drei Halbe."

Zu Beginn dieses Jahrhunderts war noch die Häusersegnung um Dreikönige in den Gemeinden üblich, die eigentlich auf die Entrichtung der Kirchensteuer zurückgeht. Wie das so geht: die treuen Pfarrkinder schütteten ihrem überaus beliebten Pastor bei seinen Besuchen jedesmal „einen ein“, so daß dieser am Ende der Besuchstour nicht mehr ganz sicher auf den Beinen war, - um ehrlich zu sein: er wäre nicht mehr nach Hause gekommen, wenn ihn nicht seine Getreuen stillschweigend und mit aller gebührenden Ehrfurcht auf einer Karre nach Hause gefahren hätten. Als sie wieder einmal zu Dritt ihren Hirten auf diese Weise nach Hause brachten, kam ihnen ein Junge mit Mütze entgegen. Sofort ging einer auf ihn zu, riß ihm die Mütze herunter und sagte ehrlich erzürnt: „Hast du keinen Anstand gelernt? Man nimmt seine Mütze ab, wenn man dem Herrn Pastor begegnet!“

Früher mußten noch die Kirchenvorstände die jährlichen Kirchensteuern eintreiben. Das gab viel Ärger, denn sooft auch einer vom Kirchenvorstand kam, - einige Säumige hatten angeblich immer gerade kein Geld im Hause. Schließlich probierte der Pastor es mit seiner Methode: Im Hochamt am nächsten Sonntag sagte er nach der Predigt wie üblich: „Nun wollen wir all derer gedenken, die im letzten Jahr verstorben sind: „Fernand Schulten - Katharina Spiekers - Karl Springhoff - Theo Schmaltkopp . . .“ so liest er einen Namen nach dem andern. Da fing unten in der Kirche ein Gemurmel an: „Was soll das denn, - die sind doch alle noch am Leben! . . . „ Der Pastor las unbeeindruckt bis zum Ende der Liste. Erst dann blickte er auf, rückte seine Brille zurecht und sagte - ehrlich erstaunt -: „Da habe ich doch die Zettel verwechselt, - das sind gar nicht die Verstorbenen, die ich da vorgelesen habe, - das sind die, die die Kirchensteuer noch nicht bezahlt haben.“ - In der folgenden Woche wurden alle rückständigen Steuern bezahlt.

Eines Tages ruft der Generalvikar an, man habe sich über den Pastor beschwert, er habe eine bekannte Dame wegen zu freizügiger Kleidung an der Kommunionbank übergangen. Der Pastor fühlte sich durchaus im Recht, vornehme Dame hin oder her, - gleiches Recht muß für alle gelten! Und er sagte das auch. - Da kehrte der Generalvikar den Vorgesetzten heraus und sagte wütend: „Was ist das für ein schnodderiger Ton, den ich da höre?“ - Ruhig erwiderte der Pfarrer: „Das muß wohl an der Leitung liegen, Herr Generalvikar, - hier schnoddert es nämlich auch so!“ - Ein Auflachen am anderen Ende der Leitung verriet ihm, daß auch der Generalvikar Sinn für Humor hatte. Die Angelegenheit war erledigt.

Beim Engelwirt sitzt der Herr Pfarrer mit dem Christelbauern bei einer kühlen Maß. Als der Pfarrer im Gespräch sich darüber beklagt, daß die Leute so gar keinen Glauben mehr hätten, beteuert der Christelbauer, er würde jedes Wort glauben, das der Pfarrer sagt. Schließlich macht sich der Pfarrer einen Spaß: er würde ihm eine Geschichte erzählen, wenn er die nicht glaube, müsse er eine Maß Bier bezahlen. Die Geschichte war heillos zusammengelogen, aber der Christelbauer sagte nur: „Keinem Menschen hätte ich das geglaubt, aber einem Pfarrer glaub ich!“ Der Pfarrer mußte zahlen, der Christelbauer schmunzelte und ließ es sich schmecken. Dann sagte er: „Herr Pfarrer, jetzt erzähl ich mal Ihnen eine Geschichte, die werden Sie aber bestimmt nicht glauben, - da wett ich gleich noch eine Maß!“ Der Pfarrer ist einverstanden und möchte seine Maß zurückgewinnen. Und der Christelbauer erzählt: „Ich habe mich einmal mit einer von diesen Raketen hinauf zum Himmel schießen lassen, da kam ich bis vor die Himmelstür. Ich klopfe an, und der Petrus schaut heraus und fragt, was ich will. „Hinein möcht ich!" - „Das glaub ich!" lacht der Pfarrer. - „Bist du aber auch frei von Sünden?" fragt der Petrus mich da. - „Ganz frei werde ich nicht sein." - Der Pfarrer nickt heftig. - „Dann mußt du vorher erst beichten!" sagt Petrus. - „Das glaub ich!" nickt der Pfarrer. - „Aber lieber Petrus!" sage ich, „bis ich da jetzt wieder runterkomme, - und

der Pfarrer sitzt vielleicht grad beim Engelwirt, - ist denn da heroben kein Geistlicher, der mir die Beichte abnimmt?" - Da schickt der Petrus gnädig einen Engel, er soll schnell einen Geistlichen herausholen. Der Engel bleibt ziemlich lange, endlich kommt er ganz verzagt zurück: „Ich hab den ganzen Himmel ausgesucht und keinen einzigen Geistlichen gefunden!" - - - „Nein! nein!" rief da der Pfarrer lachend, - „da zahl ich lieber noch eine Maß, - aber das kann ich nicht glauben!"

Tante Selma hat von ihrem Neffen, einem Seemann, einen Papagei zum Geschenk erhalten, der aber im Umgang mit den Seebären nichts als Fluchen gelernt hat. Da auch der Pastor einen Papagei besitzt, bittet sie ihn, ihren Papagei doch für einige Zeit mit seinem zusammen zu tun, damit er Manieren lerne. Als sie ihn ins Pfarrhaus bringt, wird sie von dem sanften Vogel des Pfarrers mit „Gelobt sei Jesus Christus!" begrüßt, worauf ihr eigener sofort krächzt: „Wieder blau? du oller Saufkopp?". Kaum sind die beiden allein, da ruft der „Seemann": „Na, Kleine? wie wär's denn, - machen wir uns auf und davon?" - „Oh Gott sei Dank!" - sagt darauf das fromme Papageifräulein errötend, - „also habe ich doch nicht umsonst so lange gebetet!"

Die „Hirten" stehen nicht mehr unter „Denkmalschutz", - oft bläst ihnen heute der rauhe Wind der Kritik ins Gesicht. Erst wenn einer geht, fängt die Legende an. Dann wird man dem „Neuen" erzählen, was der „alte Pastor" doch für ein wunderbarer Mann gewesen ist. Da jeder Pastor einmal alt wird, darf er hoffen, daß von ihm einst ähnliche Wunderdinge berichtet werden. Im übrigen meinte schon Gottfried August Bürger: „Wenn dich die Lästerzunge sticht, / so laß dir das zum Troste sagen: / die schlechtesten Früchte sind es nicht, / woran die Wespen nagen!"

Außerdem kann jeder Pastor auch Zustimmung und Sympathie und wirklich wohlmeinende Ratschläge seiner Pfarrkinder finden, - wie diesen Vorschlag von Magda Becker: „Unser Pfarrer, immer freundlich, / immer höflich und bescheiden, / findet immer Mitarbeiter, / denn das „Volk", es mag ihn leiden! / Mitarbeiter der Gemeinde, / ehrenamtlich, selbstverständlich, - / doch der Pfarrer zeigt mit frohen / Dankesworten sich erkenntlich! / Leider hat nicht jeder Pfarrer / diesen „Wechsel-Kurs" begriffen, / mancher gibt sich noch despotisch, / sieht die Dinge zu verkniffen! / Der geballte Charme der Pfarrer / spart der Kirche Millionen! / Drum mein Rat: ein neues Lehrfach / „Charme für Pfarrer" würd' sich lohnen!"

Ein neuer Pfarrer soll die Großstadt-Gemeinde übernehmen. Vor dem Pfarrhaus steht ein großer Möbelwagen, zwischen den Kisten und Möbelstücken ein älterer Geistlicher. Da nähert sich ein Mann, grüßt sehr devot und erzählt mit frommer Miene: Er sei ein treues Mitglied der Gemeinde und heiße den neuen Pfarrer herzlich willkommen. Und er hoffe, auch von ihm, - wie von dem alten Pfarrer, - hin und wieder eine kleine Unterstützung zu erhalten. - Der Pfarrer hört ihm aufmerksam zu und sagt schließlich: „Das würde ich gern tun, - aber ich kenne Sie überhaupt nicht und habe Sie auch noch nie in der Kirche gesehen, - ich bin nämlich der alte Pfarrer, - der neue kommt erst in 14 Tagen!“

Die dorfbekannte Klatschbase empfängt den neuen Pfarrer mit den Worten: „Ich will hoffen, Herr Pastor, daß

Sie mehr Erfolg haben und länger bleiben als ihr Vorgänger!“ - „Das habe ich vor,“ sagt darauf der Neue, „und ich hoffe natürlich auch, daß ich Sie noch beerdigen kann!“

Als der Bauer das Brennholz für den Winter brachte, lud der Pastor ihn zu einem Glas Wein ein. Der gute Mann war ein bißchen verlegen. Auch wußte er nicht recht, was er dazu sagen sollte. Das übliche „Prost!“ schien ihm doch unangebracht. Da fielen ihm die liturgischen Gesänge aus der Kirche ein, und er sagte mit erhobenem Glas: „Na dann, - Alleluja, Herr Pastor!“

Bei seinen Besuchen fragt der Pastor einen Jungen: „Wohnt hier im Haus ein Herr Vogel?“ - „Ja, im dritten Stock,“ erwiderte der Junge, „aber der heißt Sperling!“

Der Dorffriseur rasiert den Pastor mit etwas zittriger Hand, nach dem dritten Schnitt sagt der Pastor boshaft: „Ja, ja, das kommt vom Saufen!“ Er kannte seine Schäfchen. Aber der Friseur war auch nicht auf den Mund gefallen, sondern antwortete mit ernster Miene: „Da haben Sie recht, Herr Pastor, - das macht nämlich die Haut so spröde!“

Der Pastor fragte beim Besuch eine Frau seiner Gemeinde, warum sie so selten in der Kirche sei. - „Ja, das ist wahr, ich gehe selten,“ gab die Frau zu, „aber dafür lese ich jeden Tag in der Heiligen Schrift!“ - Dabei zeigte sie ihm ihre Bibel. Als der Pastor sie aufschlug, fiel ein Umschlag heraus. „Oh! vielen Dank!“ sagte die Frau erfreut, „ da ist ja die Versicherungspolice, die ich schon seit einem halben Jahr suche!“

Der dorfbekannte Trunkenbold trifft auf der Straße den Pfarrer und spricht ihn gleich an: „Herr Pastor, ich hätte Sie gern mal was gefragt, - was ist eigentlich Ischias?“ - Ha, denkt der Pfarrer, der hat wohl Ischias? Dem werde ich jetzt mal die Hölle heiß machen! „Du Lieber Himmel!“ sagt er, „das ist eine ganz schlimme Krankheit! Die bekommen alle Leute, die sich immer besaufen und Ehebruch treiben. Und wenn Sie damit nicht aufhören, gibt es ein böses Ende und einen qualvollen Tod!“ - „Das ist aber wirklich schlimm!“ sagt der Mann darauf und grinst, „Gestern habe ich nämlich in der Zeitung gelesen, daß unser Bischof an Ischias leidet!“

In der Nacht wird der Pastor zu einem Verkehrsunfall mit mehreren Verletzten gerufen. Als er einen wirklich arg zugerichteten Mann sieht, kann er sich nicht enthalten zu fragen: „Armer Kerl, haben Sie Schmerzen?" - „Ja, aber nur, wenn ich lache!" knurrt der böse.

Das oft miterlebte Elend der Alkoholsüchtigen hatte dazu geführt, daß der Pastor nicht viel davon hielt. Nur widerwillig bot er dem Schreiner, der bei ihm gearbeitet hatte, einen Schnaps an: „Das ist ein Nagel für Ihren Sarg!" sagte er dabei. - „Oh, das macht nichts, Herr Pastor," entgegnete der Mann und hielt ihm das Glas noch einmal hin, - „aber wenn Sie schon einmal den Hammer in der Hand halten, - schlagen Sie ruhig noch zwei, drei Nägel rein!"

Einen Gewohnheitstrinker sprach der Pastor erfreut auf der Straße an: „Sie scheinen sich doch endlich bessern zu wollen. Es hat mich wirklich gefreut, daß Sie gestern zur Abendandacht auch einmal wieder in der Kirche waren!" - „Was?" fragte der Mann kopfschüttelnd, „da bin ich also auch gewesen?"

Der Landpfarrer kommt aus der entfernten Provinz nach Paris. Und wie es der Zufall will, trifft er mitten in der Stadt Marie, ein Gemeindemitglied, das er schon als Kind gekannt hat. „Ah, guten Tag, Marie!" spricht er sie an, „was machst du denn hier in Paris?" - Marie ist sehr verlegen und stottert: „Ich bin eine Pro ..., eine Pro ..., eine Prostituierte geworden, Herr Pastor!" - „Ah so? nun gut, - ich dachte schon, du seiest eine Protestantin geworden."

Aus einer alten Zeitung ist zu ersehen, daß man schon damals den Klerus kritisiert und verleumdet hat. Dort erschien ein Inserat: „Ich erkläre hiermit, daß ich wider besseres Wissen die unwahre Behauptung aufgestellt und verbreitet habe, der Pfarrer Coenen aus Mülheim-Ruhr-Broich habe mit dem katholischen Lehrer aus Mülheim-Ruhr-Bro-

ich in einem Restaurant zu Mülheim-Ruhr an einem kirchlich verbotenen Tage Fleisch gegessen. Ich nehme meine unwahre Behauptung mit Bedauern zurück. Auguste Schultze, Frau aus dem Volke." - Das waren noch Zeiten!

Eine vielfach bewährte moderne Einrichtung ist die Telefonseelsorge, wo Seelsorger und Patres rund um die Uhr sich zur Verfügung stellen. Als Pater Ambrosius gerade Dienst hat, klingelt es, und eine verzagte Kinderstimme fragt: „Können Sie mir bitte helfen?" - Der Pater ist ganz Ohr: „Gern mein Kind, - was hast du denn für ein Problem?" - „Ja, also: wenn sechs Maurer ein Haus in zweiunddreißig Tagen bauen, das achtzehn Meter lang, sieben Meter hoch und eineinhalb Steine dick ist, - wie viele Maurer können dann ..." - Da legte der Pater leise den Hörer auf die Gabel.

In jeder Gemeinde gibt es Leute, die aufgrund ihrer Herkunft, Bildung oder auch nur ihres Reichtums glauben, eine Sonderbehandlung beanspruchen zu können. Den Pfarrer, der sich darauf einläßt, kann man nur bedauern, denn die Gemeinde hält wenig davon und wird es ihn bald spüren lassen.

Zu dem durch seine Wasserkuren berühmt gewordenen Pfarrer Sebastian Kneipp kam einmal ein sehr elegant gekleideter Besucher. Kneipp blieb wie immer sitzen und sagte: „Nehmen Sie sich einen Stuhl!" Hiervon peinlich berührt, sagte der Fremde: „Ich bin der

Freiherr von Rotschild!" - Kneipp winkte nur: „Also dann nehmen Sie zwei Stühle!"

Moderne Theologen sind ja heute sehr weltoffen und studieren Psychoanalyse, Gruppendynamik und Yoga, - gleichzeitig bemächtigen sich Friedens- und Umweltkämpfer, Alternative und selbst Politiker zunehmend der Bibel. Da treffen sich in einer Großstadt zwei Katholiken aus verschiedenen Pfarreien. „Wir haben einen sehr modernen Pfarrer", sagt der eine. „Beim Predigen versteht er es, uns in der heutigen Sprache klarzumachen, was wir glauben sollen." - „Unser Kaplan," versetzt der andere, „ist noch moderner. Er predigt immer darüber, was wir nicht zu glauben brauchen."

Auf einem Priestertreffen klagte ein amerikanischer Geistlicher seinem französischen Kollegen: „Alles habe ich versucht, um die Leute, und besonders die Jugend, wieder in die Kirche zu bringen! Es gibt kaum etwas, was ich nicht ausprobiert hätte: Wochenendfreizeiten, Fußball, Film, Sackhüpfen, Seilziehen, Kabarett, Fotografie, Beatmessen und Friedenskundgebungen, - sogar eine Schönheitskonkurrenz haben wir veranstaltet, - alles vergebens! Was soll ich bloß noch tun?" - Der Franzose lächelte dazu und sagte: „Wie wäre es denn, wenn Sie es einmal mit Religion versuchen würden?"

Die Ankündigung hing an allen Plakatsäulen: „Warum ich die Katholische Kirche verließ?" - Vortrag eines ehemaligen Priesters. - „Na, was sagen Sie dazu?" fragt jemand den Pastor. - „Soll ich vielleicht rot werden und mich schämen, daß es „so etwas" gibt?" antwortete dieser, „oder mich gar bei Ihnen entschuldigen? - Bei mir hat sich noch nie ein Ehemann dafür entschuldigt, daß ein anderer seine Frau hat sitzen lassen. Auch ist noch nie ein Bankier errötet, weil irgendwo ein Kollege mit der Kasse durchgebrannt ist. Was diese alle denken, denke ich auch: Zehntausende von Priestern haben die Kirche nicht verlassen, - auf dem Plakat steht nur einer, den ich nicht mal kenne!"

In einem Exerzitienkurs für junge Familien spricht der Pater über Berufe der Kirche und versteift sich in seinem Eifer zu der Frage: „ . . . wenn die Berufungen nicht aus Ihren Reihen kommen, mit wem sollen wir dann noch rechnen?!" - „Mit unseren Kindern, Pater!" unterbricht da ein Mann den Redefluß, - „wir sind nämlich alle schon verheiratet. Aber wir werden unser Bestes tun!"

Das „Blättchen"

So nennen es die Leute liebevoll-ironisch. Es ist ja auch nicht mehr als vier Seiten auf einem DIN-A4-Blatt. Aber es wird seit beinah 20 Jahren jeden Freitag

ins Haus gebracht. Beim Kaffee studiert man die Neuigkeiten und die Druckfehler, die Kinder schauen nach, ob wieder ein Witz drinsteht. Es hängt in der Woche am Küchenschrank und erinnert an Termine, - kurzum, das kleine, unscheinbare Blättchen ist unentbehrlich geworden. Ausnahmsweise dürfen wir hier mal den „Spiegel" zitieren, der wohl die beste und zutreffendste Kritik dazu geschrieben hat (Ausgabe vom 5.5. 1975): „Die Leute lesen eine billig hektographierte Schrift, die auf ihre unmittelbaren Sorgen eingeht, viel lieber als die teuren Glanzpapierdrucksachen aus Bonn!"

Hier spiegelt sich wirklich das Leben der Gemeinde. Hier kann man auch nichts nachträglich beschönigen, auslassen oder verändern wie in einer Jahreschronik. Hier sprechen die Ereignisse, die Stimmung, das Leben der Gemeinde hier und heute: Schwester Cornelias Jubiläum, Meyers Silberhochzeit, das Aufgebot der jungen Leute, Tod und Beerdigung, Geburt und Taufe, das Ergebnis der Missionskollekte und des Weihnachtsbasars, die Feste und Feiern, die Termine der Vereine und Gruppen . . . , die gebundenen Jahrgänge spiegeln das Auf und Ab einer Gemeinde besser als jede Chronik. Sie sind auch eine wahre Fundgrube für Anekdoten und witzige Bemerkungen, von denen hier einige zitiert werden

sollen: „Wie spannend unsere Pfarrnachrichten sind, geht aus der Tatsache hervor, daß man sie schon vor der Sonntagsmesse und während der Predigt liest." - „Bitte von weiterer Zusendung des Pfarrbriefes abzusehen, da wir auf Ölfeuerung umgestellt haben!" - „Manche schicke Frisur in der Sonntagsmesse hat sich schon als 'falsche Be-Hauptung' entpuppt." - „Herzlichen Glückwunsch! Sie haben schon gewonnen! Oben steht ihre Glücksnummer! Unter dieser Nummer sind Sie nämlich im Taufbuch eingetragen. Der Himmel ist Ihnen also sicher! Sie brauchen nur noch ein christliches Leben zu führen: Kommen Sie zu unseren Fastenpredigten!" (Moderne Werbung als Beilage in einem Pfarrblatt) - „Von allen, die das Maul aufreißen, sind mir die am liebsten, die es tun, um zu gäh-

nen! - Von allen, die mir die Zähne zeigen, sind mir die am liebsten, die es tun, um zu lachen!" (Der Pastor zum Neuen Jahr) - „Ich will es nicht länger verschweigen, / wenn ihr es immer noch nicht wißt: / Es hat keinen Sinn, mir die Zähne zu zeigen, / - ich bin kein Dentist!" (Ein sanftmütiger Pastor) - „Wußten Sie schon, daß unsere Seelsorgshelferin dem Pfarrer folgt, wohin sie will?" - „Daß ich meinen Mund auftat, habe ich oft bereut, - daß ich ihn hielt, niemals!" (Berufserfahrung eines Pfarrers, - aber schon vor zweitausend Jahren von einem gewissen Xenokrates aufgeschrieben!) - „Die hilfreichste Hand in der Gemeinde befindet sich noch immer am Ende meines eigenen Armes!" (Der Pfarrer im Jahresrückblick) - „Es stand vor eines Hauses Tor / ein Esel mit gespitztem Ohr, / der käute sich ein Bündel Heu / gedankenvoll und still entzwei. / Nun kommen da und bleiben stehn / der naseweisen Buben zween, / die auch sogleich, indem sie lachen, / verhaßte Redensarten machen, / womit

Herzl. Glückwunsch

man dann bezwecken wollte, / daß sich der Esel ärgern sollte. / Doch dieser hocherfahrne Greis / beschrieb nur einen halben Kreis, / verhielt sich stumm und zeigte itzt / die Seite, wo der Wedel sitzt.“ (Poetische Antwort eines älteren Pfarrers auf die ewige Nörgelei, - könnte von mir sein, ist aber von Wilhelm Busch) - „Früher, da ich unerfahren / und bescheidner war als heute, / hatten meine höchste Achtung / andre Leute. / Später traf ich auf der Weide / außer mir noch mehr're Kälber, / und nun schätz ich, sozusagen / erst mich selber.“ (Antwort, eines Pfarrers auf den Vorwurf, er sei hochmütig, - auch bei Wilhelm Busch entliehen) - „Ich bin nur ein alter Esel! - Aber vielleicht erinnert ihr euch, wieviele Jahre ich eure Lasten geduldig auf meinem Rücken geschleppt habe: manchmal faul, oft störrisch und eigenwillig, - aber immer genügsam und bescheiden. Lange Erfahrung hat mich gelehrt, den Mund zu halten, - außer einem langgezogenen

I-aaaah ab und zu: als Zustimmung? - oder als Protest? Das müßt ihr selbst entscheiden. - Denn ich bin ja nur ein ALTER ESEL!“ (Ein Pastor vor dem Abschied im „Blättchen“)

„Lernen Sie mit uns Chinesisch:
Si-tzung „ moderner Zeitvertreib / Uai-Bi-Shoof „ Hilfsmandarin / Fings-ten „ Reisefest / Glo ken tao „ Lärmquelle / E he man „ Leibeigener / Tsö Li Ba-tsuang „ absolute Freiheit.“

Rätselfragen:

Lenkvorrichtung in Gotteshäusern? (Kirchensteuer). / Moderne Musik für Geistliche? (Priester-Rock). / Orchester, bestehend aus Damen mit gleichem Vornamen? (Marienkapelle). / Rauchgerät für ein Musikinstrument? (Orgelpfeife). / Metallhaltiger kirchlicher

Würdenträger? (Erz-Bischof). - Hausangestellter mit Zollstock? (Meßdiener). / Frauengesangverein, die alle am 22. 11. Namenstag feiern? (Cäcilienchor). / Nahe Verwandte der Pfarrei? (Gemeindeschwester). /

Was bedeutet „konsequent“? -HEUTE so und MORGEN so.

Was bedeutet „inkonsequent“? -Heute SO und morgen SO.

Was ist ein Computer? (Eine Maschine, die in zwei Sekunden mehr Fehler machen kann als 50 Leute in 300 Jahren)

Schnellinformation durch Schlagzeilen:
CARITAS-VORSITZENDE KLEBTE DEM PASTOR EINE
Werbeplakette an die Windschutzscheibe. -

DER PASTOR IST AM ENDE des Kirchenjahres mit der Chronik beschäftigt. -

KIRCHENAUSSTRITTE IN UNSERER GEMEINDE
gab es in diesem Jahr nicht. -

DAS LAGER DER MESSDIENER FÄLLT AUS guten Gründen in die Ferien. -

„Warum schreibt ihr immer solch einen Blödsinn im Pfarrbrief?“ - Antwort: Weil manche Leute gern darüber lachen. Wenn Sie in unserm Blättchen einen Druckfehler finden, bedenken Sie, daß er beabsichtigt ist. Unser Pfarrblatt will für jeden etwas bringen, - auch für die, die immer nach Fehlern suchen. Zitate aus der letzten Kirchenvorstandssitzung: „Das Portemonnaie ist nun einmal - leider - die empfindlichste Stelle des menschlichen Körpers.“ - „Geld macht nicht glücklich, besonders diejenigen nicht, die keins haben.“ - „Neben dem Bett ist für mich der Papierkorb das barmherzigste Instrument.“ - „Ganz entgegen dem Gesetz

der Schwere drückt nicht der volle Beutel, sondern der leere.“ - „Ich kann doch nicht auch noch anfangen, Geld zu drucken!“ - „Wer seine Ausgaben notiert, lebt deshalb doch über seine Verhältnisse, - aber er hat es schriftlich!“ (Unser Pastor zum Tagesordnungspunkt „Kirchenrechnung“)

Gedanken eines Seelsorgers im Flugzeug (von Bertram Otto): „Ihr könnt es glauben, meine Lieben:/ Ihr wirkt - wenn ihr’s nicht übel nehmt - von hier so schrecklich untertrieben, / daß man als Mensch sich beinah schämt. / Die Dörfer sind wie Honigwaben, / an denen ihr ganz winzig klebt. / Man muß schon gute Augen haben, / will man erkennen, daß Ihr lebt. / Die Perspektive ist belehrend: / Der ganze Rummel in der Stadt / erscheint hier - nahezu entehrend -, / als krabbeln Läuse übers Blatt. / Von allen Köpfen mit Problemen / bleibt nur ein Stäubchen, das verschwimmt. / Nein, glaubt es mir, man muß sich schämen, / wie wichtig man sich unten nimmt.“

Räte, Räte, Räte . . .

Neben den Kirchenvorstehern, im Volksmund manchmal respektlos „Nicke-Männer“ genannt, die schon immer das Vermögen der Kirchengemeinde zu verwalten hatten, hat uns das Konzil eine neue Einrichtung beschert.

Anfangs nannte man sie „Pfarr-Ausschüsse“. Das führte zu Mißverständnissen, weil man Ausschuß auch anders verstehen kann. Dann hat man sich an den Namen „Pfarrgemeinderat“ gewöhnt. Die neueste Bezeichnung „Gemeinde-Pastoral-Rat“ ist beim Volk wenig beliebt, weil sie eher zu einer Versammlung von Akademikern paßt.

Da es in jeder Gemeinde viele Richtungen, Meinungen und Wünsche gibt, ist es in einer Pfarrgemeinderatssitzung nie langweilig. Hier muß der gewählte Vorsitzende versuchen, alle unter einen Hut zu bringen. Das halten manche Pastöre für eine große Erleichterung, andere fühlen sich „entmündigt“. Im Grunde ziehen wir ja alle an einem Strick, doch selten in die gleiche Richtung. Das Ergebnis des zähen Ringens kommt dann ins Protokollbuch.

„Ist es wahr, daß sich am Sonntag auf unserm Kirchplatz ein Wunder ereignet hat?“ fragte jemand den Pfarrer. „Im Prinzip ja,“ antwortete dieser, „doch erstens war es nicht am Sonntag, sondern am Mittwochabend, zweitens nicht auf dem Kirchplatz, sondern im Pfarrheim, und drittens war es kein Wunder, sondern Zufall, daß der Pfarrgemeinderat einen einstimmigen Beschluß faßte!“

Damit in einer Sitzung jeder zu Wort kommt, sprechen oft alle gleichzeitig. Das war übrigens schon immer so. Lesen Sie nur nach in der Apostelgeschichte (19,32): „Hier schrieen die einen dies, die anderen das. Die Versammlung war in wilder Aufregung, und die meisten wußten überhaupt nicht, wozu sie zusammengekommen waren.“

Stoß-Seufzer eines unbekannten Mitgliedes: Räte, Räte, Räte . . .

Ich sitze mir das Sitzfleisch wund in täglichen Sitzungen, / ich lasse mich in Ausschüsse schießen, / ich versammle

mich in Versammlungen, / ich gräme mich in Gremien, / ich kreise in Kreisen, / ich rede in Räten und rate in Beratungen, / ich vertage mich in Tagungen, / ich werde besessen von Sitzungen und Satzungen! / Es gibt so viele Beiräte, wo einer am andern vorbeiredet, / es gibt so viele Beisitzer, die nur dabeisitzen, / es gibt so viele Verfahren, die alles noch verfahrener machen, / es gibt so viele Satzungen, die in Sitzungen besprochen werden, / es gibt so viele Sitzungen, durch die man den Einsatz ersetzen kann, / - doch ich will meine Zeit nicht absitzen, - ich will mich einsetzen!

Es stand im Protokollbuch: Anfrage an den Pastor: „Wäre es möglich, daß der Papst auch einmal unsere Gemeinde besucht?“ - Antwort: „Im Prinzip ja, - aber was würden die verschiedenen Päpste in unserer Gemeinde dazu sagen?“

Ein Mitglied: „Der Pfarrer soll nicht Dinge tun, die auch ein Laie leisten

könnte. Das hat er eben selbst gesagt. Unser Pastor trinkt gern ein Glas Wein, - das können die Laien auch!“ (Stürmischer Beifall!)

Ein Mitglied: „Herr Pastor! beim Gottesdienst eben waren wir noch Brüder und Schwestern, - jetzt sind wir wieder Damen und Herren!“

Der Pfarrer, mit Überzeugung: „Jedes Ziel ist zu erreichen!“ (und etwas leiser): „Gegebenenfalls muß man eben etwas zurückstecken!“

Der Vorsitzende beim Schlußwort: „Einen besonderen Dank den Mitgliedern, die nichts zu sagen hatten und trotzdem geschwiegen haben!“

Protokoll einer Sondersitzung: Herr Eifrig meldet sich zu Wort: „Es muß unbedingt was geschehen, - was geschieht denn schon für die Alleinstehenden, - und für die Fernstehenden?

- Man sollte sich endlich mal was einfallen lassen! endlich mal was tun! Das möchte ich mal gesagt haben! (starker Beifall)

Frau Kluge: „Die Forderungen von Herrn Eifrig finden meine vollste Unterstützung! Jawohl, so kann es nicht weitergehen! Das möchte ich hiermit in den Raum gestellt haben!" (Beifall)

Der Vorsitzende, gequält lächelnd: „Solche Vorwürfe habe ich schon im alten Pfarrgemeinderat gehört, - nun gut, - gehen wir ans Werk! - Wer ist bereit, mitzuhelfen? Wer könnte eine Aktion leiten? Wer möchte eine Aufgabe übernehmen? - Herr Eifrig, könnten Sie nicht . . ."

Herr Eifrig macht heftig abwehrende Bewegungen: „Wo denken Sie hin, - ich

habe so schon genug zu tun. Schließlich bin ich auch im Schützenvorstand, Mitglied im Sportverein und Brieftaubenzüchter! - Aber man müßte vielleicht, - was weiß ich? - jemanden finden, jemanden fragen, - jedenfalls es versuchen, - man müßte, - man sollte, - endlich mal . . .!"

Der Vorsitzende: „Ja, wer wäre dann also von Ihnen bereit? - oder kennt jemand jemanden, der . . .?" (Verlegenes Schweigen)

Was nicht im Protokoll stand, - Gedanken, Einfälle, Sprüche und Splitter: „Jede Gemeinde hat schließlich den Pfarrgemeinderat, den sie verdient!" (Der Pfarrer)

„Jedermann denkt, seine eigenen Flöhe seien Gazellen." (Arabisch)

„Über zwei Dinge sollte man nicht ärgerlich werden: die man ändern kann, und die man nicht ändern kann!" (Englisches Sprichwort)

„Wir Vögel singen nicht egal: / Der singet laut, der andre leise, / Kauz nicht wie ich, ich nicht wie Nachtigall. / Ein jeder hat so seine Weise." (Matthias Claudius)

„Es steckt mehr Geist in einem Ochsen, der widerkäut, als in zehn Leuten, die schwätzen." (Kardinal Saliege nach einer Konferenz)

„Ich habe euch gewählt, - nun beratet mal schön!" - „Es gibt zu tun, - fangt schon mal an!" (Der Pastor nach der Wahl)

Kampfabzeichen für Pfarrgemeinderatsvorsitzende.

„Erstens kommt es anders, zweitens, weil man denkt!" (Mündiger Laie im Pfarrgemeinderat)

„Wer sich nach allen Seiten verneigt, zeigt auch allen den Hintern!" (Guter Rat eines Mitgliedes an den Pfarrer)

„Nörgeln ist das Allerschlimmste, / keiner ist davon erbaut. / Keiner fährt, - und wär's der Dümmste, - / gern aus seiner werten Haut.“ (Wilhelm Busch über die Kritiker)

Martin Luther vor dem Reichstag in Worms: „Hier stehe ich, ich kann nicht anders, Gott helfe mir!“ - Unser Pastor vor dem Pfarrgemeinderat: „Hier sitze ich, - ich kann noch ganz anders, - Gott helfe euch!“ (Ein erschrockenes Mitglied)

„Wenn einer einen Satz mit „offen gestanden“ beginnt, fängt er an zu schwindeln!“ (Erfahrung eines langjährigen Mitgliedes)

„Wer immer die Wahrheit sagt, braucht schnelle Beine!“ (Serbische Volksweisheit über eine stürmisch verlaufene Sitzung)

„Der Praktiker weiß nicht, wie es geht, - aber es geht! - Der Theoretiker weiß, wie es geht, - aber es geht nicht!“ (Professor Bergler über die Intellektuellen im Pfarrgemeinderat)

Antworten auf Anfragen an die Pfarrbriefredaktion: „Wie verhält sich eigentlich der Pfarrer in einer ausweglo-

sen Situation?“ - „Im Prinzip richtig, - aber wir geben grundsätzlich keine Auskunft über Sitzungen des Pfarrgemeinderates!“

„Gibt es in unserer Gemeinde mehr Humor als anderswo?“ - „Gewiß, aber wir haben ihn auch nötig!“

„Man sagt, daß neuerdings der Pfarrgemeinderat Griechisch lernt, - warum eigentlich?“ - „Weil er mit seinem Latein am Ende ist!“

„Gibt es Pfarrgemeinderäte, die dem Pfarrer Arbeit abnehmen?“ - „Grundsätzlich Ja, in der Praxis Nein.“ - „Muß der Pfarrer Vorschläge des Pfarrgemeinderates selbst durchführen?“ - „Grundsätzlich Nein, in der Praxis Ja!“

„Wenn wir mit einem Brett vor dem Kopf aufeinander losgehen, dann gibt es ein klapperndes Geräusch, aber keinen Dialog.“ (Mitglied in einer erregten Debatte)

„Ich habe nicht behauptet, daß die Hälfte der Mitglieder Dummköpfe sind, - ich habe gesagt, daß die Hälfte keine Dummköpfe sind!“ (Entschuldigung des Pfarrers nach einer hitzigen Diskussion)

„Der Intellektuelle weiß etwas über alles. / Der Experte weiß alles über etwas. / Nur das Fräulein von der Telefonzentrale weiß alles über alle!“ (Versuch einer Typisierung der Mitglieder)

„Der Schöpfer ließ mir einen Bart wachsen, und ich habe ihn nicht daran gehindert!“ (Der Vikar auf die lieblose Frage eines Mitgliedes, ob er damit seine Männlichkeit beweisen wolle)

„Seine Meinung ist die rechte, / wenn er spricht, müßt ihr verstummen, / sonst erklärt er euch für Schlechte / oder nennt euch gar die Dummen. / Leider sind dergleichen Strolche / keine seltene Erscheinung. / Wer nicht taub ist, meidet solche / Ritter von der eignen Meinung!“ (Wilhelm Busch über solche, die man gar nicht erst hätte wählen sollen)

„Ich denke, - also bin ich hier falsch!“

(Tiefsinnige Bemerkung eines akademisch gebildeten Mitgliedes)

„Die Leute, die niemals Zeit haben, tun am wenigsten!" (Lichtenberg über die passiven Mitglieder)

„Wir arbeiten Hand in Hand: Was die eine nicht schafft, läßt die andere liegen!" (Freud'scher Versprecher eines Intellektuellen)

„Selbst das Schweigen mancher Leute hat Sprachfehler!" (Der Vorsitzende über die stillen Mucker)

„Manche Leute reden aus Erfahrung, - und manche reden aus Erfahrung nicht." (Der Pastor über ein langjähriges Mitglied)

„Für glanzvolle Taten findet Gott genügend Arbeiter, jedoch für unscheinbares Wirken, - da braucht er noch viele!" (Vinzenz von Paul über gewisse Mitglieder, die gewöhnlich nur

DIE DREI HEILIGEN AFFEN ODER: NICHTS SEHEN, NICHTS HÖREN, NICHTS SAGEN.

bei einem Bischofsempfang auftauchen)

Gewissenserforschung für Pfarrgemeinderäte (aus Indien): Wenn ER seine Arbeit nicht zu Ende führt, ist er faul. Wenn ICH meine Arbeit nicht ab-

schließe, bin ich zu beschäftigt oder überarbeitet. - Wenn ER über andere spricht, ist er ein Klatschmaul. Tue ich das Gleiche, übe ich konstruktive Kritik. - Verteidigt ER seine Sache, ist er dickköpfig. Beharre ICH auf meinem Standpunkt, bin ich ein Mann von Charakter. - Ist ER freundlich, führt er etwas im Schilde. Bin ich freundlich, ist das so meine angenehme Art. - Schade, daß ER mir so gar nicht ähnlich ist!

Mittwoch abend war Pfarrgemeinderatssitzung. Erschienen sind der Vorsitzende und sein Stellvertreter und der Pastor. Herr A. hat sich wegen eines geschwollenen Fußes abgemeldet, Herr B. mußte zu einer dringenden Besprechung, - - kurzum, es haben sich alle entschuldigt. Da sagte der Pastor zum Vorsitzenden und seinem Stellvertreter: „Kommen Sie mit zu mir: Wir sehen uns auch das Länderspiel an!"

Ein kluger Pastor erspart sich Ärger, indem er die Beschlüsse seines Pfarrgemeinderats anerkennt und ausführt. Er muß nur zusehen, daß sie das Richtige beschließen. Da wollte einmal ein Landpfarrer ein schönes Steinkreuz anschaffen als Gedenkstätte für die Gefallenen. Es sollte seinen Platz vor der Kirche finden. „Aber wie ich meinen Kirchenvorstand und Pfarrgemeinderat kenne," so sagte sich der Pastor, „dann werden sie aus purem Widerspruchsgeist Nein sagen, wenn ich ihnen meinen

Wunsch vortrage!" Er ließ sich die Sache durch den Kopf gehen und von einem befreundeten Bildhauer einen Entwurf nach seinen Vorstellungen machen. Bei der nächsten gemeinsamen Sitzung von Kirchenvorstand und Pfarrgemeinderat, in der wichtige Gemeindefragen besprochen wurden, erwähnte der Pastor gegen Ende beiläufig: „Es gibt in der Gemeinde Leute, die gern ein Gedenkkreuz für die Gefallenen aufstellen wollen. Aber ich finde es reichlich spät, jetzt noch ein Gedenkkreuz aufzustellen. Der Krieg ist doch schon fast vergessen. Wozu sollte das gut sein?“

Nun hatte zwar noch keiner der Anwesenden etwas von einem solchen Plan gehört, aber sogleich fiel ihm einer vom Kirchenvorstand ins Wort: „Wie können Sie nur so reden? Es wäre doch ein Skandal, wenn wir das Andenken an unsere gefallenen Soldaten nicht ehren würden!“ Ein Delegierter der Schützenbruderschaft verlangte erregt das Wort und verteidigte den Plan eines Gedenkkreuzes in einer flammenden Rede.

„Jaa, - wenn das so ist,“ - meinte der Pastor mit einem ergebenen Seufzer, „dann kann ich mich dem wohl nicht entgegenstellen, - es kommt aber höchstens ein einfaches, schlichtes Holzkreuz in der Kirche in Frage!“ - „In der Kirche? - oh nein!“ widersprach der Schützenbruder heftig, - „schließlich haben wir jetzt auch evangelische Mitglieder im Verein! Das Gedenkkreuz muß draußen vor der Kirche stehen!“ - „Und wenn schon ein Kreuz,“ erklärte der Vorsitzende des Pfarrgemeinderates mit Nachdruck, „dann soll es auch aus Stein sein und von einem richtigen Künstler gemacht werden! Soviel muß uns das Andenken an unsere Gefallenen wert sein!“ - Er erhielt allgemeinen Beifall. Der Vorschlag wurde einstimmig angenommen, und der Pastor erhielt den Auftrag, mit dem Bildhauer Rücksprache zu nehmen. Der Pastor nickte ergeben. Am folgenden Morgen rief er den Bildhauer an und sagte: „Du kannst also das Steinkreuz, das ich vor vier Wochen in Auftrag gab, zum vorgesehenen Termin fertigmachen und aufstellen.“ - Wie gesagt, er war ein kluger Pastor und führte gehorsam aus, was seine Räte beschlossen hatten.

Lassen wir zu dieser langen Sitzung den alten Wilhelm Busch das Schlußwort sagen: „Wer möchte diesen Erdenball / Noch fernerhin betreten, / Wenn wir Bewohner überall / Die Wahrheit sagen täten. / Ihr hießet uns, wir hießen euch / Spitzbuben und Halunken, / Wir sagten uns fatales Zeug, / noch ehe wir betrunken. / Da lob ich mir die Höflichkeit, / Das zierliche Betrügen. / Du weißt Bescheid, ich weiß Bescheid, - / Und allen macht's Vergnügen.“

Von Heiligmäßigen und mäßig heiligen Christen

Eine Lanze für die Heiligen

Das Mittelalter hat uns einen Heiligen für jeden Tag des Jahres gegeben. Der war Patron, Beschützer und Freund. Dabei hat man sein Leben nicht immer so erzählt, wie es wirklich war. Und wenn man gar nichts von ihm wußte, hat man eben etwas erfunden, - eine nette Geschichte, oft von einem anderen Heiligen einfach übernommen, - was ist denn Schlechtes daran? Da war so viel Poesie, so viel Verehrung und Liebe, so viel vertrauter Umgang mit Gott in dieser Gegenwart der Heiligen mitten in unserm täglichen Leben! - Heutzutage muß man doch tatsächlich sagen: man weiß nicht mehr, welchem

Heiligen man sich anvertrauen soll! - Man weiß doch weder, ob er je existiert hat, noch was man über ihn sagen soll.

Früher nannte man die Protestanten häretisch, weil sie die Heiligen ablehnten, - heute gibt es Katholiken, die jene darin weit übertreffen. Man könnte fast sagen, sie haben schon im voraus Furcht vor irgendwelchen Vorwürfen Andersgläubiger.

Jedermann weiß von den Übertreibungen. Aber die ganze Heiligenverehrung hatte doch letzten Endes ihren Anfang und ihr Ziel in Gott. Heute noch gibt es Leute, die sich selbst von der Sonntagsmesse dispensieren, aber um nichts in der Welt den Dienstag des Heiligen Antonius von Padua versäumen, - oder den Blasiussegen.

Viele Heilige hat man „abgeschafft", - aber es sind genug geblieben, sie sind uns menschlich näher gekommen, ohne den verklärenden Heiligenschein. - Ein menschlicher Zug ist es auch zweifellos, wenn nunmehr heilige Ehepaare, wie Heinrich und Kunigunde, oder Mutter und Sohn, wie Monika und Augustinus, zusammen gefeiert werden. Im allgemeinen feiert man jetzt den Todestag der Heiligen, als ihren himmlischen Geburtstag sozusagen. Dem Heiligen Kaiser sind manche Heinriche böse, weil sein Gedenktag nunmehr auf den 13. Juli gelegt wurde. Es ist jedoch keine Sünde, weiter am 15. Juli Namenstag zu feiern! Seit ich aber weiß, daß dies der Tag des Staatsbegräbnisses war, feiere ich am Todestag. Was gehen mich politische Veranstaltungen an, - zumal der Heilige Kaiser zu diesem Zeitpunkt längst an der himmlischen Hochzeitstafel saß! So hat manche Änderung auch ihr Gutes.

Man hat die Heiligen auf Bildern ihres irdischen Lebens häufig schon mit

Ausspruch der seligen Crescentia von Kaufbeuren

einem Heiligenschein dargestellt, ja sie oft beinahe als nichtmenschliche Wesen angesehen. Dabei hatten sie alle menschlichen Fähigkeiten, man braucht nur die amtlichen Seligsprechungsakten zu lesen.

Der Heilige Dominikus zum Beispiel wachte die ganze Nacht betend in der Kirche, - aber am folgenden Mittag schlief er vor seinen Brüdern an der Tafel ein. Vor seinem Tode klagte er sich an, er habe lieber die Beichten junger Mädchen als alter Frauen gehört. Man entdeckte später, daß jemand versucht hatte, diese Stelle des Berichtes auszuradieren. Der das machte, hat sicher nicht oft Beichte gehört, kann man annehmen.

Die Heilige Elisabeth liebte ebenfalls das nächtliche Gebet. Um rechtzeitig aufzuwachen, beauftragte sie eine Magd, sie in ihrem Bett, das sie mit ihrem Mann, dem Heiligen Ludwig teilte, lautlos zu wecken, indem sie ihr die Zehen drückte. Die Dienerin tat ihre fromme Pflicht ohne Neugier, die Augen züchtig gesenkt. Diese Züchtigkeit fand aber doch wohl nicht den Segen des Himmels, wie man gleich sehen wird. Eines Nachts nämlich kniff die Magd statt der Zehen der Heiligen Gattin die des ebenso Heiligen Ludwig. Der fuhr erschrocken hoch und hörte einigermaßen überrascht die gestammelte Entschuldigung der Dienerin. Auf diese Weise erfuhr er von den nächtlichen Gebeten seiner Frau.

Muß man überhaupt den Heiligen Franz von Assisi erwähnen, den bekanntesten Heiligen, der auch bei den Protestanten beliebt ist, - und außerdem der inoffizielle Patron der Hippies in aller Welt? - oder den Heiligen Franz von Sales, dem die Engländer den Ehrentitel „Heiliger Gentleman" verliehen? - Es sind uns genug Heilige zu lieben und zu verehren geblieben. Zweifellos sind manche mehr zu bewundern als nachzuahmen (Admirandi, non imitandi). Aber sie waren auch nicht von Anfang an vollkommen. Sie hatten ihre Fehler wie wir, und das ist doch der Punkt, den wir mit ihnen gemeinsam haben.

Zur Lebensweisheit der Katholischen Kirche gehört es, daß sie für alle Lebensbereiche und Umstände einen eigenen Heiligen hat, - und es wäre ein bedenklicher Fehler, wenn sie nicht auch seit 400 Jahren einen eigenen Heiligen für den Humor hätte: Philipp Neri heißt er. Als Zögling in einem klösterlichen Internat erschien er trotz aller Ermahnungen immer wieder zu spät. Er konnte nun einmal nicht aus dem Bett heraus. Der Präfekt ermahnte ihn ernstlich: „Junge, du mußt dich ändern! - Versuche es doch mal so: wenn du morgens das Läuten hörst, dann stell dir vor, du bist im Fegfeuer, und Gott selbst ruft dich heraus ins Paradies! Dann wirst du sicher mit Freuden sofort aufspringen!"

Philipp versprach es, - doch am folgenden Morgen erschien er noch später als sonst. Der Pater empfing ihn ziemlich ungnädig: „So wenig war dir mein Rat wert?" - „Aber Pater Präfekt, ich habe keineswegs Ihren Rat mißachtet oder vergessen! Doch das war so: Als die Glocke schrillte, dachte ich sogleich: jetzt werde ich ins himmlische Paradies gerufen! - Aber dann fielen mir auf einmal alle meine Sünden ein, und ich dachte: Philipp, du mußt noch eine Weile im Fegfeuer bleiben!"

Lieber Gott!
Gib acht auf mich!
Vor allem:
laß mich nicht aus den Augen!
Wer weiß,
was ich sonst noch alles anstelle!
Gebet des Hl. Philipp Neri

Einmal wurde Philipp Neri vom Papst beauftragt, eine Nonne in einem Kloster in der Nähe Roms zu prüfen, die im Rufe besonderer Heiligkeit stand und angeblich schon viele Wunder gewirkt haben sollte. Philipp ritt auf seinem Eselchen stundenweit durch die vom Regen aufgeweichte Campagna. Im Kloster wurde er von der Äbtissin empfangen und ausführlich unterrichtet, wie herrlich es mit der wundertätigen Nonne bestellt sei und welche Ehre für das Kloster! - Philipp unterbrach den Redefluß der Oberin und bat sie, die Nonne zu ihm zu schicken. Als sie eintrat, streckte er ihr statt der Hand zum Gruß die Füße entgegen: sie möge doch so gut sein und ihm erst mal die nassen, schmutzigen Stiefel ausziehen und säubern.

Dafür hatte die Nonne indessen ganz und gar keinen Sinn. Vielmehr war sie über eine derartige Zumutung überaus gekränkt und empört, als wäre dies der Einfall eines Grobians. Mag sein, daß es

> HUMOR ist kein Hindernis für Heiligkeit. Wenn du sonst nichts zum LACHEN finden kannst, so hast du immer noch dich selbst
>
> BISCHOF KELLEY

mit ihrer Heiligkeit auch sonst ein wenig gehapert hat, - sie verließ jedenfalls voller Entrüstung den Raum. Philipp aber kehrte stillvergnügt nach Rom zurück und gab alsbald dem Heiligen Vater Bericht: „Nein, eine Heilige ist die ganz bestimmt nicht! - Sie tut auch keine Wunder. Ihr fehlt die Haupteigenschaft des Heiligen: die Demut!"

Die Heilige Theresia von Avila war eine Heilige von großem Format, der es nichts ausmachte, Bischöfen und Päpsten ihre Meinung zu sagen. 1970 wurde ihr als erste Frau der Geschichte durch Papst Paul VI. der Titel einer „Kirchenlehrerin" zuerkannt. Aber sie hatte auch Humor. Von ihr ist der Ausspruch überliefert: „Ich will in meinem Hause keine, die nicht froh sein kann, - die, sobald sie nur ein wenig Frömmigkeit hat, kaum zu sprechen und zu atmen wagt, aus Furcht, es könnte ihr die Frömmigkeit entweichen!"

Mit eisernem Besen kehrte Theresa die damals sehr verweltlichten Klöster aus, aber sie hatte nichts gegen die Fröhlichkeit. Manchmal tanzte sie mit ihren Schwestern und spielte selbst dazu die Flöte. „Sonst hält man das strenge Leben nicht aus!" - sagte sie. Obwohl selbst eine große Mystikerin und Büßerin, hielt sie doch nichts von Übertreibungen. Einer Schwester, die in Verzückung geriet, ließ sie einen Eimer kaltes Wasser überschütten, was sie so-

gleich ernüchterte. Und einem Ordensmann, der ihr ein junges Mädchen für das Kloster mit den Worten empfohlen hatte: „Ich kenne sie sehr gut!" - schrieb sie: „Ich finde es sehr freundlich, mir zu sagen, wie es um dieses Mädchen steht, - nur auf den Augenschein hin. Wir sind aber nicht so leicht zu durchschauen, wir Frauen."

Als Gast einer reichen Familie bekam Theresa einmal Rebhuhnbraten vorgesetzt und aß mit sichtlichem Appetit. Eine Dienerin dachte entrüstet: Wenn diese Nonne so heilig wäre, wie man von ihr sagt, dann würde sie keinen Rebhuhnbraten essen! - Theresa erriet ihre Gedanken und sagte sehr freundlich zu ihr: „Merken Sie sich gut, meine Liebe: Wenn es Rebhuhn gibt, dann soll man Rebhuhn essen. Und wenn es Zeit zu Fasten ist, dann soll man fasten."

Wegen ihrer Klosterreformen hatte Theresa viel zu leiden, ja man trachtete ihr sogar nach dem Leben. Im Gebet beklagte sie sich einmal darüber bei Gott. Da antwortete ihr eine Stimme: „Weißt du nicht, daß ich so nur meine Freunde behandle?" - Theresa antwortete: „In diesem Fall wundere ich mich gar nicht, daß du so Wenige hast." - Auch in ihren Gebeten machte sie Gott häufig Vorschläge. Als sie mit ihm über einen sehr einflußreichen Ungläubigen sprach, sagte sie: „Ach Herr, wenn du es nur wolltest, so könnte dieser Kerl einer unserer Freunde werden!"

Sie verschonte mit ihrer Kritik auch Bischöfe und Prälaten nicht und sagte ihnen ungeniert die Meinung. „Manche 'Heiligkeiten' begreife ich nicht!" sagte sie einmal. - Ihr bekanntester Ausspruch ist wohl der: „Vor törichter Frömmigkeit und sauertöpfischen Heiligen bewahre uns, o Herr!"

Der Heilige Franz von Sales, Bischof von Genf, war besonders liebenswürdig. „Mit einem Löffel Honig fängt man mehr Fliegen als mit einem Faß Essig!" sagte er einmal. Und als er seinen Diener sich mit einem Liebesbrief abmühen sah: „Komm, laß mich das machen!" - mit vollem Erfolg: Schon bald danach war die Trauung. - Als ihn einmal Ordensschwestern fragten, welche Bücher er ihnen empfehlen könne, antwortete er: „Die Bücher von allen Autoren, deren Namen mit S anfangen: Sankt Paulus, Sankt Augustinus, Sankt Bernhard, Sankt Thomas, Sankt Ignatius, Sankta Theresia." - Von ihm stammt der Ausspruch: „Ein trauriger Heiliger, - das ist ein „trauriger" Heiliger!" - Als der alte Erzbischof von Aix erfuhr, daß sein verstorbener Freund Franz von Sales heiliggesprochen worden war, rief er: „Wie mich das freut! - der Franz war ein so lieber Kerl und ein so guter Priester! - wenn er auch gelegentlich beim Kartenspiel mogelte!" - „Aber das ist doch unmöglich!" entsetzte sich ein junger Geistlicher, - „ein Heiliger als Falschspieler!" - „Vielleicht sieht der Himmel das anders als Sie," meinte der Erzbischof, „er brauchte das Geld halt dringend für seine Armen."

Als der Heiligen Bernadette von der Oberin befohlen wurde, einem Besucher die Ereignisse von Lourdes zu erzählen, tat sie das gehorsam und sehr liebenswürdig. Gleichwohl schenkte der Mann ihr keinen Glauben und meinte ziemlich unhöflich: „Sie haben mich nicht überzeugt!" - Die Heilige erwiderte darauf: „Ich habe nur den Auftrag, es ihnen zu erzählen, aber ich habe nicht den Auftrag, sie dazu zu bringen, daß sie es glauben."

„Das Märtyrertum ist der einzige Beruf der Welt, für den die Behörden keinen besonderen Befähigungsnachweis verlangen." - sagte einmal Georg Bernhard Shaw, kein Heiliger, aber ein geistlicher und geistvoller Spötter.

Sir Thomas Morus, Lordkanzler Heinrichs VIII., wurde zum Tode verurteilt, weil er dem Ehebruch des Königs nicht zustimmen wollte. Im Tower verweigerte er den Friseur mit den Worten: „Mein Kopf ist gegenwärtig Streitobjekt zwischen Majestät und mir. Deshalb möchte ich vorläufig darauf keine Unkosten übernehmen." - Auf der Richtstätte strich er noch seinen Vollbart über den Richtblock: „Den braucht man nicht abzuschlagen, er hat keinen Hochverrat begangen!"

John Fischer, Erzbischof von Westminster, der aus dem gleichen Grunde ebenfalls verurteilt wurde, verlangte vor der Hinrichtung seinen Mantel mit den Worten: „Ich will ja gern sterben, aber ich habe nicht die Absicht, mich unterwegs zu erkälten!"

Solche Worte verraten etwas vom Gleichmut und der inneren Größe des Heiligen, dem Gott wichtiger ist als die ganze Welt. Er rückt damit die verschobenen Ansichten dieser Welt zurecht und setzt die Mächtigen ins Unrecht.

Auch der letzte Brief von Anna Boleyn, der von Heinrich VIII. verstoßenen Königin, an ihren Mann zeugt von solcher Größe: „Sir! Sie haben stets alles getan, mich in meinem Rang zu erhöhen: Aus einem einfachen Mädchen haben Sie eine Gräfin gemacht, aus der

Gräfin haben sie eine Königin gemacht. Aus der Königin machen Sie jetzt eine Heilige. Ich danke Ihnen dafür! Anne."

Heilige Kuriositäten

Der Heilige Pfarrer von Ars wurde einmal um Reliquien für eine Dame gebeten, die sehr danach verlange. - „Soll sie doch welche machen!" antwortete er (d. h. selber heilig werden).

Eine andere Frau aus seiner Gemeinde mochte vielleicht schon ahnen, daß man Vianney einmal heilig sprechen werde. Sie kaufte ihm jedenfalls alle Zähne ab, sobald ihm einer ausfiel. Der Heilige meinte selbst dazu: „Ich glaube fast, ich verkaufe sie ein wenig zu teuer, — aber schließlich ist es ja für meine Armen!"

Zum Heiligen Johannes von Cupertino kamen einmal die verzweifelten Hirten, denen ein Unwetter fast alle ihre Schafe getötet hatte. Der Heilige rührte die toten Schafe jedes einzeln an und sagte dabei: „Im Namen Gottes, Schaf, steh auf!" Und die Schafe rührten sich, standen auf und lebten. Eins fiel aber immer wieder um. Da sagte der Heilige laut und fast unwillig: „Im Namen Gottes, Schaf, steh auf und bleib gefälligst stehen!"

Vom Heiligen Don Bosco wollte eine reiche Dame in Turin unbedingt ein Autogramm. Schließlich nahm Don Bosco ein Blatt, schrieb darauf: „Empfangen von Madame X. zweitausend Lire für meine Häuser. Don Bosco." - Das Blatt reichte er der Dame, - sie lachte und zahlte. Von Don Bosco stammt übrigens auch der Wahlspruch: „Fröhlich sein! - Gutes tun! - Und die Spatzen pfeifen lassen!"

In einer italienischen Kirche verehrt man ein Skelett als das des Heiligen Johannes des Täufers, obwohl es offensichtlich das Skelett eines Kindes ist. „Der Heilige Täufer Johannes ist aber doch als Erwachsener gestorben!" warf ein Tourist dem Pfarrer vor. - „Ja, ja, das stimmt wohl," antwortete dieser unbeeindruckt, „aber das Skelett, das wir hier zeigen, ist das von Sankt Johannes als Kind."

Überhaupt stoßen vor allem deutsche Touristen immer wieder auf Verständnislosigkeit, wenn sie mißtrauisch fragen, ob denn diese oder jene Reliquie „auch wirklich echt" sei. Das Problem exististiert für die Italiener überhaupt nicht. In Rom sagte mir auf die Frage, ob dies denn wirklich der Kopf der Heiligen ... sei, da sie doch in ihrem Heimatort mit Kopf gezeigt werde, - der Pfarrer fast unwillig: „Natürlich wissen alle,

das dies nicht der Kopf ist, - aber warum sollen wir hier nicht die Heilige . . . verehren?" - Ich mußte ihm zustimmen und kam mir unsagbar töricht vor. (Den Namen dieser Heiligen zu nennen, werde ich mich hüten, um nicht einen Religionskrieg heraufzubeschwören. Sie wird auch von deutschen Touristen bei Rombesuchen selten ausgelassen!)

Am Gedenktag der sehr energischen

Heiligen Katharina von Siena hieß es im früheren lateinischen Gabengebet: „Ascendant ad te, Domine ... preces et hostia salutaris, virgineo fragrans odore." (Aufsteigen mögen zu Dir, Herr, ... die Gebete und die von jungfräulichem Wohlgeruch duftende Opfergabe." - Wonach duftet wohl eine Jungfrau? Offenbar hatte der geistliche Verfasser dieses Gebetes die sanften jungen Mädchen aus vornehmen Kreisen vor Augen, die nach teuren Parfüms dufteten? - Die Heilige Katharina war jedenfalls kaum ein sanftes Mädchen, sondern wegen ihrer schonungslosen Offenheit gefürchtet, mit der sie sogar dem Papst schrieb, er möge endlich ein Mann sein und aus der Verbannung nach Rom zurückkehren.

In einer Lebensbeschreibung des Heiligen Nikolaus können wir lesen: „Dieser Heilige tat auf ganz besondere Weise an jedem Freitag des Jahres Buße, und das schon von frühester Kindheit an. Er weigerte sich nämlich an diesem Wochentag sogar, die Brust seiner Mutter zu nehmen, und er behielt diese Gewohnheit bei bis an das Ende seines Lebens".

Eine junge Mutter, die ihr schreiendes Baby nicht zum Schlafen bringen kann, ruft verzweifelt den Schutzengel des Kleinen an. Der erscheint auch tatsächlich. Ganz verwirrt sagt die junge Mutter, indem sie ihm einen Stuhl anbietet: „Ach bitte, setzen Sie sich doch!" - „Vielen Dank, Madame," erwidert der Engel, „aber ich habe nichts zum Sitzen!"

Billig zu verkaufen:
Kombi-Kinderwagen, Kindersportwagen, Laufstall, Schutzengel, älteres Wohnzimmerbüfett.
Telefon 0 71 53 / 4 13 85

Aus: Eßlinger Zeitung

„Weißt du noch", fragt der Schutzengel den Neuankömmling an der Himmelstür versonnen, „wie ich dich vor allem Unheil bewahrt habe? Ich war dein Schutzengel. Als du auf einer Bergwanderung beinahe abgestürzt bist, habe ich meine Hand hingehalten. Als du vor die U-Bahn gefallen bist, habe ich dich zurückgerissen. Als du ins Wasser fielst und fast ertrunken wärest, - wer hat dich davor bewahrt und gerettet?" - „Du" nickt der Mann, „und dafür bin ich dir auch dankbar. Aber sag mal, wo hast du dich um Himmelswillen herumgetrieben, als ich geheiratet habe?!"

Mit Schutz-Patronen kann man bekanntlich nicht schießen, aber man versichert sich gern ihrer Hilfe, - wie z.B. beim Heiligen Christophorus, dem Schutzpatron der Reisenden. Offenbar stellt ihn aber der technische Fortschritt heutzutage vor unlösbare Probleme. Da rast ein Autofahrer mit 200 km vor einen Baum und steht im gleichen Augenblick schon Petrus gegenüber. „Was willst du, mein Sohn?" fragt dieser. - „Was ich will?" grollt der Autofahrer, - „Schaffen Sie mir sofort den Heiligen Christophorus her, - ich habe ein Hühnchen mit ihm zu rupfen!" - Auf Grund dieser und ähnlicher Vorkommnisse hat Christophorus jetzt bekanntgegeben, daß er in Zukunft bei 100 Stundenkilometern aussteigt und keinerlei Schutz mehr übernimmt.

Der Heilige Antonius von Padua ist, nicht zuletzt dank der guten Reklame durch die Franziskaner, als Helfer in vielen Nöten sehr beliebt. Bertram Otto schrieb dazu die folgenden Verse: „Antonius ist von alters her / Patron für die „Verleger". / Er gibt sich für zwei Mark schon her / und ist für fünf noch reger. / Was auch verschwand: ein frommer

Schwur - / Antonius eilt hernieder. / Schon findet man die Armbanduhr / im Eingemachten wieder. / Viel Finderlohn hat er verbucht. / Doch einem, der im Leben / sein frohes Herz vergeblich sucht, - / dem kann er's auch nicht geben."

Der Heilige Antonius hilft immer! (Aus einer Predigt, Gehannes van Dünschede (boshafterweise!) zugeschrieben): „... Wie nun Maria und Choseff mit dem zwölfjährigen Chesuskind nach Cherusalem chingen, - da war auf einmal das Chesuskind wech! Und ßie ßuchten es überall. Da ßachte Choseff schließlich zu Maria: „Maria, wir wollen zum Heilchen Antonius beten, der hilft immer! - und Sie knieten sich hin und beteten andächtig drei Chechrüßetseißstumaria zum Heilchen Antonius, - und dann fanden sie das Chesuskind denn auch richtig wieder! Da ßeht'r mal wieder, Cheliebte, - der Heilche Antonius hilft immer!"

In der guten alten Zeit schärfte eine Gräfin dem neuen Diener Anton ein, er solle immer die Regeln des Anstandes beachten. Der Diener entgegnete würdevoll: „Das ist für mich selbstverständlich, Gnädige Frau Gräfin. Ich bin ja gewissermaßen auch von Adel!" - „Wieso denn das?" fragt die Gräfin verwundert. „Nun," antwortet der Diener stolz, „ich heiße doch Anton von Padua!"

Schlechte Erfahrungen mit dem Heiligen Antonius machte Hännes, der mit seinem Freund schon etliche Stunden in der Kneipe hockte, als ihm einfiel, daß draußen unverschlossen sein Fahrrad stand. Er lief hinaus, - das Fahrrad war weg! - „Fünf Mark gelobe ich dem Heiligen Antonius, wenn er mir das Fahrrad zurückbringt!" versprach er in seiner Not, denn das Fahrrad war noch neu und teuer. Darauf machten sich die beiden Freunde mit wenig Hoffnung auf den Heimweg. Doch siehe da! - als sie zur Wohnung des Freundes kommen, steht dort friedlich und unverschlossen sein Fahrrad, - Hännes hatte es selbst dort abgestellt. Natürlich wollte er von dem Gelöbnis jetzt nichts mehr wissen: „Er hat es doch gar nicht gebracht!" meinte er. Aber der Freund redete ihm solange ins Gewissen: „Versprochen ist versprochen!" . - daß Hännes sich schließlich doch auf sein Rad schwang, um den schuldigen Dank abzustatten. In der Kirche warf er die versprochenen 5 Mark in den Opferstock des Heiligen Antonius. Als er aber aus der Kirche kam, - war sein Rad verschwunden. Seitdem hat Hännes mit dem Heiligen Antonius nicht mehr viel im Sinn.

Der Hermesbauer muß aufs Finanzamt: „Woaßt du mer nit an Heiligen, den wo i als Fürbitter in Schteuersachen anrufen kann?" fragt er den Sepp. - „Woll, woll," antwortet der, „nimmst halt den Heiligen Bartholomäus. Dem haben's bei lebendigem Leib das Fell abgezogen!"

Der Herr Prälat kommt zum Doktor. Er beklagt sich über dauernde Kopfschmerzen. - „Vielleicht essen sie zu viel und zu gut, Herr Prälat?" fragt der Arzt. „Aber nein, ganz und gar nicht, ich halte im Gegenteil sogar strenge Diät!" - „Dann rauchen Sie wohl zu stark?" -

„Ich habe im ganzen Leben noch nicht geraucht!" - „Ja, dann gibt es nur eine

Erklärung: Es ist der Heiligenschein, der Sie drückt!"

„Es gibt viele, die zur Gemeinschaft der Heiligen gehören, aber nicht in unserer Karthothek stehen!" (Erasmus von Rotterdam, 1469-1536).

Modernes Inserat: „Mehrere alte Heilige, die sich auch zu anderen Zwecken verwenden lassen, sind billig zu verkaufen."

Kennen Sie den Schutzpatron des Lolli-Konsumenten Kojak? - Ist doch klar: Sankta Lutschia!

„Im Himmel werden wir uns über dreierlei wundern: 1. Menschen zu treffen, die wir dort nie vermutet hätten. - 2. Menschen nicht zu treffen, die wir dort erwartet hätten. 3. Uns selbst dort zu treffen." (Kein Geringerer als der ungläubige Spötter Voltaire hat dies immerhin bedenkenswerte Wort geprägt).

Falls Sie mal jemandem durch die Blume die Meinung sagen wollen, fragen Sie ihn oder sie: „Was ist der Unterschied zwischen Ihnen und dem Heiligen Nepomuk?" - „?" - „Der Heilige Nepomuk wurde wegen seiner Schweigsamkeit ertränkt!"

St. Mobil

Moderne Heilige

St. immobil

Zwei Theologen, ein Jesuit und ein Rabbiner kommen mit ihrem Streitgespräch an kein Ende. Da schlägt der Rabbiner schließlich vor, jeder solle abwechselnd dem anderen für jeden Heiligen seiner Religion ein Haar aus dem Vollbart ausreißen. Dann werde sich schon erweisen, welche Religion die bessere sei. Der Jesuit ist einverstanden. Der Rabbiner beginnt mit seiner Aufzählung: „Abraham - Zack!, Isaak - Zack!, Jakob-Israel - Zack!, Josef - Zack!, Moses - Zack!, Aaron - Zack!" - Der Jesuit zuckt jedesmal schmerzhaft zusammen. Jetzt ist er an der Reihe: "Johannes der Täufer - Zack!, Maria - Zack!, - Peter und Paul - Zack,Zack!, Heilige drei Könige - Zack,Zack,Zack!, zwölf Apostel - Zack,Zack,Zack . . . Zack!" - Der Rabbiner geht jetzt aufs Ganze: „Die sieben makkabäischen Brüder - Zack,Zack . . . Zack!, die großen und die kleinen Propheten - Zack, Zack, Zack . . . Zack!" - Da wurde es dem Jesuiten zu bunt, er schrie nur: Allerheiligen! - Rummms!!"

Manchmal schleicht sich auch menschlicher Egoismus ein, wenn Gott einen Heiligen zu sich ruft, - etwa in dem Sinne: „Was nützt der schon im Himmel, wir hätten ihn viel dringender hier auf Erden gebraucht!" - Der bekannte geistliche Leiter der JOC (CAJ) in Frankreich, Abb/Godin, war durch den Schwelbrand eines defekten Heizkissens ums Leben gekommen, - ein ganz gewöhnlicher Unfalltod ohne jede Gloriole! Ein Freund sagte damals: „Ich begreife den Lieben Gott nicht mehr! - Da hatte er nun endlich einmal einen wirklich frommen, ja heiligmäßigen Priester hier, - und den holt er uns weg!" Überlassen wir das Schlußwort dieses Kapitels Abraham a Sancta Clara, der, obzwar kein kirchlich geehrter Heiliger,

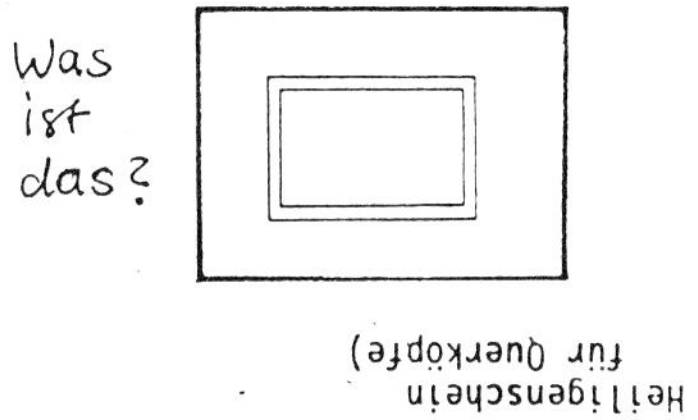

sicher seinen Platz im Himmel gefunden hat, wo er weiterhin zur allgemeinen Erheiterung beitragen kann. Er sagt, wie zukünftige Heilige sein müssen: „Melancholische Leut seynd Gott zuwider. Lustige Leut aber gefallen mir wohl. Sie seynd ein sichers Zeichen, daß Gott bei ihnen und in ihnen. Wer eins guten Gewissens sich erfreuet, der wird zu allen Zeiten fröhlich sein, in allen Begebenheiten ruhig sein, in allen Gefahren sicher sein, zu allen Sachen wird er lachen, zu allen Dingen wird er singen!"

Die Ordensfrauen

Ob nun die Orden mehr zu den heiligmäßigen oder mehr zu den mäßig heiligen Christen gehören, das weiß nur der Liebe Gott. Ihrer Berufung nach müßten sie jedenfalls den Heiligen am nächsten stehen. Und da die Brüder und Patres wohl auch gern als höflich gelten möchten, lassen sie sicher ihren geistlichen Schwestern hier den Vortritt.

Die genaue Zahl der weiblichen Orden und Kongregationen sei wohl nur dem Heiligen Geist bekannt, soll Johannes XXIII. angeblich einmal geseufzt haben. Von Pius XII. weiß man jedenfalls sicher, daß er in einer Generalaudienz einmal eine Schwester gefragt hat, welchem Orden sie angehöre. Die Nonne antwortete: „Heiliger Vater, wir sind eine Kongregation und heißen: «Töchter des heiligen und unbefleckten Herzens Mariä von Olot»." Da seufzte der Papst und sagte: „Davon habe ich noch nie gehört. Mit den Männerorden bin ich ja jetzt durch. Aber die weiblichen Orden und Kongregationen, - das schaffe ich wohl nie!"

Alles in allem sind die Schwestern eifriger, glühender als wir Männer, das muß man zugeben. Aber gegen Kritik sind sie manchmal ziemlich empfindlich. Sie begreifen eben nicht, daß wir sie nur kritisieren, weil wir sie lieben.

Viele weibliche Orden waren zu unbeweglich geworden und von einem fast kindischen Gehorsam gegen veraltete Traditionen. In jenen Orden, die in der Krankenpflege, in der Erziehung und in sozialen Diensten tätig sind, gab es von je her mehr Offenheit und Anpassungsvermögen, weil sie mehr mit jungen Menschen in Kontakt stehen. Spätestens seit dem Konzil aber sehen sich alle Orden, - manchmal nur mit sanftem Druck von oben! - zum „Aggiornamento" veranlaßt, - was man nicht mit „Anpassung" sondern besser mit „Modernisierung" übersetzen sollte.

Die Kirche muß heute sicherlich einen Teil „Folklore" aufgeben, - Fisch am Freitag, Ordenstrachten, Prozessionen, - vieles, was Priester wie Laien manchmal hinderte, der Wirklichkeit ins Auge zu sehen: Hunger, Krankheit, Armut, Krieg und Unterdrückung in aller Welt. Früher machte die Soutane den Priester, - ein Wesen, das schon von der Kleidung her nicht Mann, nicht

Frau war. (Man braucht sich nicht zu wundern, wenn dann ein kleines Mädchen beim Anblick eines bärtigen Capuziners ausruft: „Mama, kuck doch mal! da geht einer, der ist oben Onkel und unten Tante!“). So konnte wirklich manchmal der Eindruck entstehen, als gäbe es drei Sorten von Menschen: Männer, Frauen und Priester.

Was die Modernisierung der Ordensfrauen angeht, so ist damit nicht etwa gemeint, sie sollten auf einmal in „New Look“ machen, sich den übrigen Frauen um jeden Preis anpassen und weltlich auftreten, um „in“ zu sein. Solche gibt es leider auch, aber die geben damit etwas preis, was gerade die „Schwestern“ und die katholische Kirche so volkstümlich gemacht hat: ihre Einfachheit, ihre Hingabe, ihren unveränderlichen guten Humor.

Aggiornamento ?

Bei der Modernisierung der Kleidung hatten vor allem die großen Orden mit ihrer langen, „geheiligten“ Tradition ihre Probleme. Sind doch manche Ordenstrachten im Museum unter „Volksbekleidung des Mittelalters“ zu sehen. Im traditionsbewußten Holland gibt es diese alten Trachten noch. Manche Urlauber behaupten dann, sie hätten in Holland „radelnde Nonnen barfuß in Holzschuhen“ gesehen. In manchen Ordenskonventen gab es lange und heftige Diskussionen darüber, ob man den Rocksaum eventuell drei Zentimeter kürzer, oder die Flügelhaube etwas mehr stromlinienförmig machen solle. Manche Nonnen bekamen von ihrer Zentrale im anderen Land dann eine neue Kleidung verordnet, in der sie noch merkwürdiger aussahen als vorher.

Immerhin kannte ich in den fünfziger Jahren eine sehr tüchtige Oberin, die mit 12 Geschwistern groß geworden war und ihren praktischen Verstand auch vor dem Konzil zu gebrauchen wußte: sie kaufte für ihre Schwestern statt der kratzigen Wollstrümpfe solche aus Perlon und ebenso leichte Sommerwäsche. (Ihren Namen will ich lieber nicht nennen, - das könnte vielleicht einmal ihren Heiligsprechungsprozeß gefährden?).

Die kleineren Kongregationen taten sich nicht so schwer: Man setzte sich zusammen und schneiderte sich, - unbeschwert von Traditionen, - eine neue Tracht zurecht, die Kopf und Füße freigab, in der sie aber durchaus als Nonnen erkennbar blieben.

Im schönen Flandern kannte ich eine Oberin, die dort jedermann einfach „Moeder“ (Mutter) nennt, ohne ehrwürdige Schnörkel. Beim nächsten Besuch traf ich sie und ihre Schwestern in einer neuen Kleidung ohne Haube und mit Dreiviertel-Rock wieder. „Moeder“ hatte nichts von ihrer Liebenswürdigkeit und Einfachheit verloren, als sie mir lachend ein Geheimnis verriet: „Ich mußte doch tatsächlich zum Friseur gehen und mir die Haare dunkel färben lassen, - ich habe nämlich knallrote Haare!“

Die Ordensschwestern vom Institut Notre Dame, oder die vom Bonifatius-Institut in Heidenoldendorf bei Detmold tragen schon lange außerhalb des Klosters meist „Zivil“ und sind nur an einem kleinen Kreuz erkennbar. Die Letzteren lernte ich 1951 bei einem Verwandtenbesuch auf der Insel Sylt kennen, wo sie in Westerland ein großes Kinderheim führen. Ahnungslos fuhr ich mit Fahrrad und Handkarren dorthin, um die frühmorgens gefangenen Makrelen zu verkaufen. Als ich in Polohemd und kurzer Hose in der Küche unten die Makrelen auspackte, fragte plötzlich eine von den „Küchenmädchen“: „Halten Sie Sonntag auch wieder die Messe in Westerland?“ - Ob meiner Verlegenheit mußte sie lachen und tröstete mich: „Sie würden sicher auch nicht meinen, daß wir Nonnen sind!“

Neben solchen erfreulichen Erscheinungen gibt es natürlich auch andere. Die Mode zum Beispiel, daß sich Ordensfrauen zu dritt oder viert zusammentun zu einem Mini-Convent, weil sie meinen, so viel besser in schwesterlicher Gemeinschaft und Harmonie leben zu können, - das ist im Grunde ein „bourgoiser Stil“, - zumal die Lebenskosten die des Lebens in größerer Gemeinschaft weit übersteigen. In ihrer „kleinen Gemeinschaft“ wollen sie zwar auch ihre Gebetszeiten einhalten, - aber vor lauter Zusammenkünften, Sitzungen und Aktivitäten aller Art haben sie keine Zeit mehr zum gemeinsamen Gebet. Irgendwann werden sie feststellen, daß ihnen etwas Wesentliches fehlt, - im Augenblick merken sie es vor lauter Aktivität nicht einmal. Man gewöhnt sich an alles.

Mögen wir noch so viele Eigenschaften haben, die Welt achtet vor allem auf unsere schlechten.

Einer Nonne dieses Typs bin ich auch in Flandern begegnet, als ich mit einem Bekannten dort eine „moderne Messe“, - mit Streichquartett statt gemeinsamer Lieder, - besuchte. Mein Begleiter sprach nach der Messe in der Sakristei eine Frau, offenbar die Küsterin, mit „Mevrouw“ an, wie man bei uns eine verheiratete Frau anreden würde. Die so Angeredete fauchte beleidigt: „Ich bin keine Frau, - ich bin eine Nonne!“ - Sie bekam darauf eine passende flämische Antwort, die man höflich umschreibend etwa wiedergeben könnte mit: „Das kann ich doch nicht sehen, - dann häng dir doch ein Schild um!“

Schwester „Frühstück“ dagegen war in ihrer Ordenstracht immer leicht zu erkennen. Jedermann im Krankenhaus nannte sie so, weil sie morgens immer das erste Frühstück brachte, - und ihre gute Laune, die ansteckend war! Sie hatte nichts, was ihr einen Preis in einer Schönheitskonkurrenz bringen würde, - das würde ihrem Wert auch nichts hinzufügen, - aber jeder hatte sie gern wegen ihrer Freundlichkeit und ihrer gleichbleibend guten Laune!

Die Frauen könnten der Welt den Frieden bringen, wenn sie nur Frauen wären: Gut, einfach, freundlich und hilfsbereit, - das muß sie keineswegs daran hindern, auch intelligent zu sein! Aber manche meinen, sie müßten sogar als Ordensschwester die Männer kopieren.

Gegen vermännlichte Frauen empfinde ich Abneigung, - noch mehr als gegen Homosexuelle. Die würde ich eher bemitleiden, - solange sie nicht von mir verlangen, daß sie als normal und ich als anormal zu gelten habe. Frauen aber, die ihre Weiblichkeit nicht annehmen, können, - vor allem in der Erziehung der Kinder, - wahre Verwüstungen anrichten.

Neugierig darf man auf diese katholischen Frauen sein, die - jetzt sogar auf internationaler Ebene - zusammenkommen, um das Priestertum für ihr Geschlecht zu beanspruchen. In Frankreich nennt sich eine solche Gemeinschaft sogar „Genossenschaft der Heiligen Jeanne d'Arc". Aber Jeanne d'Arc ist immer eine Frau geblieben. Das hat sie keineswegs daran gehindert, sich in ihrem ganzen Leben und Sterben sehr tapfer und gerecht zu verhalten und damit zu zeigen, daß diese Tugenden genau so gut für Männer wie für Frauen gelten. Ihre Heiligkeit können und sollen Frauen durch ihre Weiblichkeit verwirklichen. Man sollte für alle Frauen, und ganz besonders für die Ordensfrauen beten, daß sie ihre Weiblichkeit annehmen und für immer bewahren.

Das Gelübde der Armut war früher in manchen Orden ziemlich kostspielig. Da wollte eine Mutter ihre Tochter für den Eintritt ins Kloster anmelden. „Sie wollen also Ihre Tochter dem Herrn weihen, - wieviel Vermögen können Sie ihr mitgeben?" fragt die Oberin bei der Vorstellung. „Wir haben leider nur wenig!" antwortete die Mutter. „Was, Sie haben kein Vermögen? Wozu soll sie dann überhaupt das Gelübde der Armut ablegen? Glauben Sie vielleicht, wir spielen hier Komödie?"

Die Sorge um die finanzielle Existenz des Klosters war gewiß berechtigt und die sogenannte „Mitgift" einfach notwendig, - gleichwohl nahm sie manchmal etwas übertriebene Formen an.

Ein Mädchen in Brügge war zu arm, um die bei der Aufnahme üblicherweise geforderte Summe zu entrichten. Der Pastor wollte ihr helfen und richtete ein Schreiben an eine Reihe wohlhabender Gemeindemitglieder: „Erlauben Sie mir, Sie um Ihre Hilfe für ein junges Mädchen unserer Gemeinde zu bitten, das nicht reich genug ist, um das Gelübde der Armut abzulegen."

Ein alter Mann wurde ins Krankenhaus eingeliefert. „Wir können Ihnen Erste Klasse geben" sagte die Schwester Oberin. „Was kostet das denn?" - Etwas über fünfzig Mark pro Tag." - „Unmöglich, ich bin nicht so reich!" - „Dann nehmen Sie doch zweiter Klasse, das kostet 40 Mark." - „Was denken Sie, Schwester? Ich bin ein armer Mann!" - „Haben Sie denn keine Verwandten, die Ihnen das bezahlen könnten?" - „Verwandte? - Nur zwei Schwestern im Kloster, aber die sind noch ärmer als ich!" - „Das dürfen Sie nicht sagen," belehrt ihn Schwester Oberin mit sanftem Vorwurf, „Ordensschwestern sind niemals arm, sondern reich: Sie haben doch Jesus zum Bräutigam!" - „Also gut!" sagte da der alte Mann entschlossen, „dann nehme ich erste Klasse! - Und die Rechnung, die schicken Sie dann meinem Schwager!"

Mißverständnisse

Ein Gast besichtigt das von Schwestern geleitete Internat mit Hauswirtschaftsschule und bemerkt, daß auf der Wäscheleine im Hof auch eine einzelne lange Männer-Unterhose hängt. Errötend erklärt die Oberin: „Die haben wir nur als Musterstück, damit die Schülerinnen auch mit Herrenwäsche umgehen lernen!"

Der ländliche Vetter einer Klosterfrau spricht an der Pforte vor und möchte seine Base, die Schwester Irmentrud, besuchen. „Aber wissen Sie denn noch nicht," antwortet die Pfortenschwester mit leichtem Tadel, „daß Schwester Irmentrud inzwischen Ehrwürdige Mutter geworden ist?" - „Soso," sagt darauf der Vetter gefaßt", - „na, von mir aus soll sie das Kind ruhig mitbringen!"

Als Schwester Maria zum erstenmal in der neuen Ordenstracht vor den Schülern erschien, fixierten die Jungen unentwegt ihre Beine. Schließlich wurde es ihr zu bunt: „Was habt Ihr denn erwartet — Räder?"

Im Kloster müssen Reparaturarbeiten ausgeführt werden. Die beiden bestellten Maurer stehen bewundernd vor den großen Gemälden im Sprechzimmer. Die Schwester erklärt ihnen: „Dies ist die schwarze Jungfrau, - dort die Jungfrau mit dem Kind, - und da die Jungfrau auf dem Felsen . . . „ - „Die sind alle sehr schön!" meinte einer der Arbeiter, „und die auf dem Bild über der Tür, die alte, verknöcherte, - ist das auch eine Jungfrau?" - „O nein!" rief die Schwester, - „das ist die Mutter Oberin!"

Als die englische Königin Viktoria eines Tages ein Frauenkloster in der Nähe von Schloß Windsor besuchen wollte, ließ sie vorher bestellen, sie wolle ohne jede Zeremonie empfangen werden. Als die Nonnen trotzdem eine tiefe Verneigung machten, wo sie auch vorüberging, sagte die Königin ärgerlich: „Ich hatte doch ausdrücklich gebeten, alle Zeremonien und Ehrenbezeugungen zu unterlassen!" - „Gewiß, Majestät, und daran haben wir uns selbstverständlich gehalten", erwiderte die Oberin, - „die Verbeugungen gelten nicht eurer Majestät, sondern mir!"

Eine Äbtissin, die das Recht besitzt, Ring und Kreuz zu tragen, ärgert sich maßlos darüber, daß der Klostergeistliche ihr nicht den Ring küßt, wie die Schwestern. Sie verfaßt eine Eingabe nach Rom. Bald kommt die Antwort: „Oscula non dantur, sed facienda est media inclinatio tamquamas reliquias!" (Geküßt wird nicht, aber man soll eine mittlere Verneigung machen wie vor einer alten Reliquie!)

Ein Pariser Taxifahrer, der zwei Nonnen vom Gare de Lyon abgeholt hat, fährt im Stau auf ein anderes Taxi auf. Der Fahrer springt wütend heraus und brüllt: „Konntest du nicht aufpassen, du Idiot mit deinen Hühnern da drin?" - „Erstens sind das keine Hühner!" schreit der Taxifahrer nicht weniger lautstark, - „das sind Heilige Frauen! - und zweitens sch . . . sie dir was!" - damit drehte er sich zu den verblüfften Nonnen um und sagte liebenswürdig: „nicht wahr, liebe Schwesterchen?"

Der Geistliche, der in einem Schwesternhaus Exerzitien halten soll, trifft um die Mittagszeit ein, als das Essen schon in vollem Gange ist. Die Schwester, die bei Tisch bedient, geht zur Durchreiche und ruft in die Küche: „Bitte, noch eine Portion Priesterfleisch!"

Marxistische Studenten schickten eines Tages eine Delegation in ein Karmelitenkloster, um die Nonnen über ihre Lebensweise und ihre Beweggründe zu befragen, die sie sich nicht erklären konnten. Als sie nach einer Woche zurückkehrten, schlossen sie ihren Bericht mit den Worten: „Also, entweder sind diese Frauen verrückt, - aber danach sahen sie nicht aus, - oder an der Sache ist wirklich was dran!"

Am Eingang der Schwesternschule stand bei Schulschluß ein ziemlich dicker Mann. „Erwarten Sie ein Kind?" fragte die Pfortenschwester. - „Aber nein, Schwester!" stammelte der Mann verwirrt, „ich bin immer so dick!"

Um die junge Mutter beim Einkauf auf dem Markt zu entlasten, schiebt eine Klosterfrau den Kinderwagen über den Domplatz der Bischofsstadt. Ein Prälat kommt des Weges, hält inne, mustert das ungewohnte Gespann und meint anzüglich: „Aha! ein Klostergeheimnis?“ - „O nein! - ein Kardinalfehler!“ entgegnet die Nonne schlagfertig.

Das Kloster erwartete den Besuch der Generaloberin. Da wollte man noch eben ein Bild von ihr aufhängen, - aber woher so schnell einen Rahmen nehmen? Eine praktische Schwester löste das Problem, indem sie kurzerhand den Rahmen eines alten Herz-Jesu-Bildes dafür verwendete. Die Generaloberin kam, sah ihr Portrait, - und war nur schwer zu beruhigen und davon zu überzeugen, daß man sich nicht einen schlechten Scherz mit ihr erlaubt hatte. Sie hatte nämlich gleich gelesen, was die Schwestern in der Eile übersehen hatten: den Spruch unter ihrem Portrait: „Seht das Herz, das die Männer so sehr geliebt hat!“ (Der Witz besteht darin, daß im Französischen „hommes“ sowohl „Menschen“ als auch „Männer“ bedeutet).

Königin Christine von Schweden wunderte sich bei einem Klosterbesuch über das Sprechgitter und fragte die Äbtissin: „Wenn Sie doch die Gelübde abgelegt haben, warum brauchen Sie dann ein Gitter? - Und wenn Sie schon ein Gitter haben, wozu brauchen Sie dann noch Gelübde?“

„Nicht für 'ne Million Dollar würde ich den Job machen!“ rief der Kriegsberichter beim Besuch des Lazarettes aus, wo eine Ordensschwester die eiternden Wunden versorgte. - „Ich auch nicht!“ sagte die Schwester mit einem kurzen Aufblick und machte weiter.

Ein wohlhabender Protestant hatte sich von katholischen Schwestern gesund pflegen lassen und wollte sich dankbar erweisen. Man sagte ihm, die Oberin wünsche sich schon seit langem ein neues grünes Meßgewand für die Kapelle. Also wählte er beim Paramentenhändler eines aus und ließ es der Oberin zuschicken. Dabei fragte er den Geschäftsinhaber: „Sagen Sie mir doch, - bei welchen Gottsdiensten trägt die Oberin ein solches Gewand? Ich habe sie noch nie darin gesehen.“

Da hatte eine Ordensschwester ihr ganzes Leben der Pflege der Aussätzigen gewidmet, sie waren sozusagen ihr Lebenszweck geworden. Als man ihr eines Tages berichtete, man könne die Lepra jetzt heilen, rief sie entsetzt: „Und ich, - was soll dann aus mir werden?!“

Um vor allem die pflegerischen Dienste noch attraktiver zu machen, will man jetzt neue, zeitgemäße Namen als Schwestern-Namen einführen. Hier lesen Sie eine Auswahl von Vorschlägen: Schwester Ata Constructa, die besonders saubere. - Schwester Sanella, die diätfreudige. - Schwester Lacrimosa, die nah am Wasser gebaut hat. - Schwester Pilla, die vom Nachtdienst. - Schwester Pupilla, die scharfsichtige. - Schwester Dingsda, die unaussprechliche. - Schwester Ampulla, die spritzige. - Schwester Cocacola, die wachsam-belebende. - Schwester Bavaria, für nicht-preußische Patienten. - Schwester Investa, die Anschaffungs-freudige. - Schwester Omega, die pünktliche. - Schwester Ballaballa, für die Süchtigen. - Schwester Skalpella, die schneidige. - Schwester Trampolina, die springlebendige. - Schwester Enzyklika, liest den Osservatore Romano. - Schwester Mercedes, hat Führerschein. - Schwester Bicicletta, ohne Führerschein. - Schwester Nichtsnutzia, die für lustige Streiche gut ist. Schwester Laetitia, Fachfrau für gute Laune.

Auch für den Rektor eines Schwesternhauses gibt es eine lateinisch-boshafte Namenserklärung:
R egere (zu herrschen)
E xistimat (glaubt er,)
C um (während)
T amen (doch)
O mnino (durchaus)
R egatur (er beherrscht wird)

Bei den ehrwürdigen Schwestern war der Pastor zum Tee eingeladen. Er wollte nicht mit leeren Händen kommen und kaufte beim Bäcker an der Ecke schnell eine Packung Teegebäck. „Das ist genau das Richtige für Ihren Zweck!" versicherte der Bäcker. Beim Tee öffnete eine Schwester das Paket und reichte es herum. Es waren kleine Waffeln darin mit kurzen Sprüchen auf der Umhüllung. Die Schwestern waren doch etwas überrascht und der Pastor peinlich berührt, als sie lesen mußten: „Küß mich, Kleine!" - „Bist du noch frei heute Abend!" - „Paß auf deine Frau auf!" - „Dein Freund betrügt dich!" usw. - Die Schwestern beruhigten den so blamierten Pastor und erkundigten sich nach dem Laden. „Aha, der war es also!" stellte die Oberin fest, „das ist ein richtiger Antiklerikaler, der wollte Ihnen eins auswischen, weil wir nicht bei ihm kaufen. In dem Laden gegenüber hätten Sie Waffeln mit Bibelsprüchen bekommen!"

Die Ordensmänner

Der „moderne Ordensmann" ist sicher keine Erfindung des Konzils, trat aber in den Jahren darauf in Erscheinung. Er hat eigentlich nur gute Erinnerungen an sein Noviziat und die Brüder, die er dort kennen lernte. Das Studium der Philosophie und der Theologie hat ihn interessiert. Aber er sucht und findet Ergänzung und Erweiterung seines Wissens.

Darum haben ihn nach der Weihe seine fortschrittlichen Vorgesetzten an eine große Universität geschickt, damit er hier das Studium der Psychologie beginne. Er hat also das Leben in der Gemeinschaft verlassen und war auch nicht bereit, sich einer kleinen Gruppe von Brüdern anzuschließen, die eine gemeinsame Wohnung bezogen hat. So ist er ein Einsamer und Isolierter in der großen Stadt.

Heiligenschein — Gegenwind

Seine neuen Studien haben ihn übrigens sehr schnell davon überzeugt, daß er sich getäuscht hat, als er das Ordensleben wählte. Er war ein „Gefangener seiner Frustration", als er ins Noviziat eintrat. Das beweist ihm die Psychologie. Natürlich könnte er einen Älteren um Rat fragen, aber in unserer Zeit löst man seine Probleme selber.

Seine Eltern haben ihm einen Wagen geschenkt, und er bekommt Geschmack an dieser Freiheit ohne Kontrolle. Jetzt erscheint es ihm völlig unmöglich, wieder in sein Kloster zurückzukehren. Den Zölibat hält er jetzt für „unnatürlich" und erbittet Dispens von seinen Gelübden. Er habe nicht gewußt, was er da auf sich genommen habe, - sagt er.

Ein Freund vom Kolleg, - schon seit einigen Jahren verheiratet, - hat ihm darauf gesagt: „Ich ahnte auch nicht, was ich da auf mich nahm, - damals als ich geheiratet habe!" - Doch er antwortet: „Ja, bei dir, - das ist doch nicht dasselbe!" - Der Freund sah keinen Unterschied.

Pater vor dem Konzil

nach dem Konzil

Kommt man in ein Kloster oder Konvent, weiß man nicht, was man vorfinden wird, - vielleicht Mönche in Laiengewändern, die sich in nachlässiger Haltung präsentieren? - Die Hippies fürchten sich nicht davor, durch ihren Aufzug sich abzusondern. Sie zeigen offen ihre Verachtung für die falschen Werte der gegenwärtigen Welt: Geld, Bequemlichkeit, Snobismus. Doch viele Mönche von heute fürchten, Aufsehen zu erregen mit ihrer Kleidung. Sie ziehen es vor, sich dieser Welt und ihrer Umgebung anzupassen, - was noch nie das Kennzeichen einer wirklichen Persönlichkeit gewesen ist. Da hatte der Mönchshabit, das Ordenskleid, - abgesehen von einigen Übertreibungen, - doch passend für Große und Kleine, Dicke wie Dünne, - entschieden mehr Stil!

Mönche eines Klosters, die sich in den „Zen" einführen lassen wollten, hatten dafür sogar einen japanischen Buddhisten als Lehrer kommen lassen. Nach den ersten Übungen traf man sich im Refektor zum Abendessen. Die Mehrzahl der Mönche kam, wie gewöhnt, im Rollpullover, dem letzten Modeschrei heutiger Mönche wie Weltpriester. Der „Zen"-Lehrer wandte sich an den Prior: „Wollen Sie bitte die Mönche auffordern, ihren Habit anzuziehen und dann wieder zu kommen? Das gehört auch zum Zen."

Heute haben die kontemplativen Klöster, die dem Ideal des Gebetes treu blieben, mehr Novizen als die aktiven Gemeinschaften. Aus gutem Grund, - die jungen Leute durchschauen das aktive Getue besser, als man denkt.

Wenn der Geist des Glaubens und des Gebetes nachläßt, fängt man bald an, soziale und politische Ideologien je-

der Sorte zu adoptieren. Da engagiert man sich in tausend „sozialen Fragen", - Sozialismus über alles!

Weil die Kirche im letzten Jahrhundert die Welt der Arbeit nicht verstanden hat, rennen gewisse Kleriker jetzt hinter den Arbeitern her. Solche Anbiederungsversuche täuschen niemanden, - schon gar keinen Arbeiter! Wenn erst einmal die Christen alle sich wirklich einsetzen für die Rechte des Volkes, dann werden diese „horizontalen" und „revolutionären Theologien" bald gestorben sein.

Die Kirche kann auf die Bedürfnisse dieser Welt nur antworten, indem sie nichts anderes ist als sie selbst. Der Franzose Maurice Clavel drückt es noch bissiger aus: „Was wollt ihr?" fragt er in einem Interview, - „sie haben ja solche Angst, die letzten Christen zu sein, daß sie lieber die letzten Marxisten sein wollen!"

Indessen sollte ein kritischer Rückblick keinem die Lust am Ordensleben vergällen. Noch immer gibt es die alten Orden, und sie behaupten sich trotz mancher Schwierigkeiten recht gut. Sie streiten sich auch noch immer untereinander, - und das ist ja immer ein Zeichen seelischer Gesundheit!

Die drei großen Ordensgründer,

Franziskus, Ignatius und Dominikus sollen sogar im Himmel noch über die Vorzüge ihrer Ordensgemeinschaften gestritten haben. Jeder bestand darauf, daß sein Orden sich am besten an den

ursprünglichen Geist seines Stifters gehalten habe. Petrus war die ewige Diskussion schließlich leid und sagte: „Warum geht ihr nicht hinunter und macht einen Test, damit der Streit endlich aufhört?"

Die drei Heiligen machen sich auf den Weg und finden sich einige Zeit später wieder im Himmel ein. Franziskus sagt traurig: „Die Armut habe ich meinen Brüdern vor allem ans Herz gelegt. Aber sieh dir bloß mal an, wie sie leben und wohnen! Ich habe den Wettstreit verloren!" - Dominikus berichtet: „Mir ist es nicht besser ergangen. Das wollen Predigtbrüder sein? Noch niemals habe ich solche Schwatzweiber auf der Kanzel gehört! Ich gebe mich auch verloren." - Ignatius jedoch sagt lächelnd: „Ich bin eigentlich ganz zufrieden. Sie sind noch immer die gleichen Heuchler wie früher!"

Jeder Orden hat so seine Besonderheiten. Da beten in einem Exerzitienhaus abends vier Patres verschiedener Orden gemeinsam das Brevier. Plötzlich geht das Licht aus. Der Benediktiner betet im Dunkel ruhig weiter, er kennt das Brevier auswendig. Der Dominikaner stellt eine tiefgründige Betrachtung an über den Einfluß des Lichtes auf die menschliche Frömmigkeit. Der Franziskaner nutzt die Gelegenheit zu einem kleinen Nickerchen. Als das Licht wieder angeht, fehlt der Jesuit, - er hat inzwischen die durchgebrannte Sicherung ausgewechselt.

„Ich möchte zu gern einmal wissen, lieber Bruder, „fragt ein Franziskaner einen Jesuiten, „weshalb die Jesuiten auf Fragen immer mit einer Gegenfrage antworten." - „Warum denn nicht?" antwortet der Jesuit.

Einen Dominikaner verdroß das ständige Rühmen eines Jesuiten, sein Orden habe die besten Prediger. „Wenn es sein muß, kann ich sogar ohne Vorbereitung über jedes Thema predigen!" sagte er. Der Jesuit sagte darauf: „Die Wette gilt!" Er schrieb etwas auf einen Zettel und reichte ihn dem Dominikaner: „Dann predige mal über dieses Thema!" - Der Dominikaner las: „Die Gedanken des Jesuskindes in der Krippe." Sogleich begann er: „Als das Jesuskind da in der Krippe lag, da erblickte es den Heiligen Josef und die Mutter Maria. Dann sah es den Ochsen, den Esel und die Schafe. Da dachte es: Das ist also die Gesellschaft Jesu!"

Zur Zeit der Heiligen Drei Könige entsandten auch alle Orden einen Vertreter, um dem Jesuskind zu huldigen. Der Bendiktiner rief: „Herr! hier ist der Weihrauch unserer Erkenntnis!" - Der Dominikaner: „Herr! hier ist das Gold unserer Lehre!" - Und der Franziskaner: „Herr! hier sind die Myrrhen unserer Armut!" Währenddessen hatte der Jesuit den Heiligen Josef beiseite genommen und flüsterte ihm zu: „Vertrauen Sie den Kleinen uns an, - wir werden etwas aus ihm machen!"

Oft sind die Ordensbezeichnungen Gegenstand gegenseitiger Spottlust. Die Franziskaner (OFM) gedeutet als: Ohne Feine Manieren. - Die Benediktiner (OSB) als: Ohne Sonderliche Bedeutung. - Die Dominikaner (OP) als: Ohne Praxis. - Die Steyler (SVD) als: Sie Vertreiben Druckschriften. - Die Jesuiten haben in kluger Voraussicht ihren Namen (SJ) gleich selbst ausgelegt als: Schlaue Jungs.

Ein Jesuit und ein Franziskaner streiten sich über die Vorzüge ihrer Ordensgemeinschaften. Als sie an einem Brunnen vorbeikommen, beugt sich der Jesuit hinüber und ruft in den Schacht: „Quid est Franciscanus?" - Sogleich kommt das Echo zurück: „... anus!" (A ... loch). Da ruft auch der Franziskaner in den Brunnen: „Quid est Jesuita?" - Sogleich kommt das Echo: „... ita!" (dasselbe).

Während der Exerzitien machen ein Jesuit und ein Franziskaner mittags einen kleinen Spaziergang. Vielleicht hatten die Zwiebeln so gut gewirkt, - jedenfalls entfuhr dem Franziskaner ein deutlicher, unüberhörbarer Ton. Der Jesuit runzelte die Stirn über die unfeinen Manieren und sagte tadelnd: „Na, na!" - „Was wollen Sie? das ist doch ganz menschlich, außerdem sind wir hier im Freien!" erwiderte der Franziskaner ganz ungeniert, - oder meinen Sie etwa, das wäre auch gegen das Gelübde der Keuschheit?" - Nein," sagte der Jesuit darauf, „aber gegen das Gelübde der Armut: da konnten Sie auch zwei draus machen!"

Ein Franziskaner und ein Dominikaner gingen zusammen über Land und kamen an einen ziemlich reißenden Bach. Der etwas ängstliche Dominikaner bat den stämmigen Minderbruder, ihn doch hinüberzutragen: „Du bist doch sowieso barfuß, und deinen Sandalen macht es sicher nichts aus!" - Der Franziskaner nimmt ihn also auf die Schultern. Mitten im Bach aber bleibt er plötzlich stehen und fragt: „Hast du Geld in der Tasche?" - „Ja, so etwa dreimarkfünfzig für die Bahnfahrt," antwortet der Dominikaner. - „Dann sei mir bitte nicht böse, - aber die Ordensregel erlaubt mir nicht, Geld bei mir zu tragen!" - und damit warf er den Dominikaner ins Wasser.

Jedesmal, wenn Bruder Liborius, ein Sohn des Heiligen Franz, im Dorfe Lebensmittel sammelte, ging er auch zum Friseur. Beim erstenmal hatte Bruder Liborius, frisch geschnitten und verschönt, noch nach dem Preis gefragt.

Der Friseur wollte natürlich nichts haben. „Ja dann, Vergelt's Gott!" - Beim nächsten und alle weiteren Male ging Bruder Liborius immer gleich zum Friseur: „Tag Meister! Einmal Haare schneiden, - zum alten Preis, nicht wahr?"

Während des Krieges hatte auch der franziskanische Konvent unter Mangel zu leiden. Aber ein mildtätiger Bauer hatte den Franziskanern ein Schwein geschenkt, das sie heimlich im Klostergarten hielten und mit Grün und Abfällen fütterten. Schließlich war das Schwein recht ansehnlich geworden und sollte zum Wohl des Konventes geschlachtet werden. Bruder Küchenmeister, selbst aus einem Bauernhof, würde das schon machen. Nur ging das ja nicht ganz geräuschlos ab, - was tun, wenn das Schwein an zu quieken fing und die Nachbarn das mitbekamen? Pater Prior wußte Rat. Er schickte den Organisten auf die Orgel und ließ ihn ein Orgelkonzert im Fortissimo spielen, während das

Schwein dem Wohl der Gemeinschaft geopfert wurde.

Bei brütender Hitze sitzt in einem Eisenbahnabteil ein Kapuziner und schwitzt in seiner dicken Kutte. Ihm gegenüber zieht sich ein Mann die Jacke aus und sagt schadenfroh grinsend: „Sehen Sie, Pater, das können Sie nicht!“ - Daraufhin steht der Kapuziner auf, geht hinaus und kommt nach einigen Minuten zurück. Er trägt seine Hose über dem Arm und sagt: „Sehen Sie, mein Herr, das können Sie nicht!“

Ein eiliger Autofahrer hält mit quietschenden Bremsen knapp vor einem

Kapuziner auf dem Überweg an. „Oh pardon!“ versucht er die Sache auf die leichte Schulter zunehmen, „aber es war keineswegs meine Absicht, in den Orden einzutreten!“ - „Das ist auch nicht nötig!“ erwidert der Kapuziner unwirsch, „man braucht nicht in einen Orden einzutreten, um Anstand zu lernen!“ (Der französische Witz liegt im Wort „conduite“: es wird gleichermaßen für „Benehmen“ wie für „Auto fahren“ gebraucht.)

Wieder einmal war der Kapuzinerbruder beim Bauern zum Mittagessen eingeladen. Die Bäuerin bringt einen prachtvollen, saftigen Knochenschinken auf den Tisch. Wohlgefällig betrachtet ihn der Ordensmann und dreht ihn nach allen Seiten. „Was ist?“ fragt der Bauer besorgt, „gefällt er Ihnen etwa nicht?“ - „O doch, lieber Mann, aber ich weiß nicht, wo ich ihn anschneiden soll. - „Das ist doch völlig gleich,“ antwortet der Bauer. - „Ja, wenn das gleich ist, - sagt darauf der Kapuziner, „dann schneide ich ihn am liebsten zu Hause im Kloster an!“ - spricht's und läßt den Schinken in seiner großen Kapuze verschwinden.

„Was möchten's denn lieber, Pater?“ fragt der Pfarrer den Missionsprediger vor dem Abendessen, „ein Bier oder einen Wein?“ - „Also, wenn ich ehrlich sein soll, - am liebsten Beides, aber vorher noch ein Schnäpsle!“

Im belgischen Senat war eine zeitlang auch ein Pater, der eines Tages einen heftigen Disput mit einer weiblichen Abgeordneten hatte. „Wenn ich Ihre Frau wäre,“ schrie diese schließlich wütend, „dann würde ich Ihnen Gift in den Kaffee tun!“ - „Und ich, Madame,“ antwortete der Pater gleichmütig, „wenn ich Ihr Mann wäre, dann würde ich das Gift mit Vergnügen trinken!“

Die Jesuiten wußten es immer schon besser. Ein Franziskaner wunderte sich über einen, der beim Brevierbeten rauchte: „Ich habe zweimal um die Erlaubnis gebeten, sie wurde mir jedesmal verweigert!“ - „Und wie hast du deine Bitte formuliert?“ fragt der Jesuit. - „Nun ich habe angefragt, ob ich beim Brevierbeten rauchen dürfe.“ - „Das wundert mich gar nicht,“ sagt der Jesuit.

„Ich habe angefragt, ob ich beim Rauchen Brevierbeten dürfe!“

In einem jener Klöster, die neben der Frömmigkeit auch die Destillation eines guten Klosterlikörs betreiben, will man eines Abends probieren, wie der neue Wein geraten ist. Der Wein ist wirklich gut, - so gut, daß es nicht beim einmaligen Probieren bleibt. Plötzlich bemerkt einer, daß Mitternacht schon vorüber ist, - wer soll nun morgen die Conventsmesse lesen? Keiner ist seit Mitternacht, wie es vorgeschrieben ist, nüchtern geblieben. „Doch, wir haben noch einen!“ meldet sich da Pater Wunibald, - „der Pater Johannes, der keinen Wein vertragen kann, ist nüchtern, - er liegt schon seit 9 Uhr unterm Tisch und schläft!“

Ein junger Novize bei den Jesuiten wollte Ernst machen mit dem Pauluswort: „Legt den alten Menschen ab und zieht den neuen an!“ - Nach einigen Wochen angestrengter Bußübungen und Andachten war er fest davon überzeugt, daß er es nun geschafft hatte. Darum stellte er im Garten des Noviziates ein kleines Kreuz auf mit der Inschrift: „Hic jacet vetus homo!“ (Hier liegt der alte Mensch begraben!) Aber schon vierzehn Tage später ergänzte er die Inschrift: „Et iam resurrexit!“ (Er ist schon wieder auferstanden!)

Drei Fechtbrüder wollen sich im Capuzinerkloster eine warme Suppe fechten. Jeder soll eine fromme Geschichte erzählen, damit er was bekommt. Der erste kommt bald satt und vergnügt zurück: „Ich habe erzählt, ich hätte 'ne Schwester im Kloster, - da bekam ich einen großen Teller Suppe mit Fleisch!“ und er strich zufrieden seinen Bauch. Der zweite geht los und kommt nach einiger Zeit ebenfalls zufrieden zurück: „Ich habe gesagt, meine Mutter bringt immer die Missionshefte rum, - da bekam ich Suppe und Brot!“ Der dritte geht los und kommt sofort wieder. Er sieht ziemlich hungrig und unglücklich aus. - „Aber wieso hat es bei dir nicht geklappt?“ fragen die andern Beiden teilnahmsvoll. „Sie haben mich rausgeworfen! Dabei hatte ich ihnen eine besonders fromme Geschichte erzählt!“ klagt ihr hungriger Kumpan. „Und was hast du ihnen erzählt?“ - „Ich habe gesagt: Mein Vater, der war auch in einem Kapuzinerkloster!“

Ein Jesuit ist beim Pfarrer zum Essen eingeladen. Gerade hat die Haushälterin zwei knusprige Brathähnchen aufgetragen, da wird der Pfarrer zu einem Versehgang gerufen. „Fangen Sie inzwischen ruhig schon mal an!“ sagt er zu seinem Gast und geht. Der verspeist auch in Ruhe und mit Genuß das gute Hähnchen, - und als der Pfarrer ausbleibt, auch das zweite. Dann setzt er sich mit einer von des Pfarrers guten Zigarren ans offene Fenster und schaut in den Hof hinaus. Gerade als der Pfarrer hungrig an den leeren Tisch zurückkehrt, reckt sich auf dem Mist der Hahn und kräht. - „Einen stolzen Gockel haben Sie da!“ sagt der Jesuit anerkennend. „O ja, der kann wohl stolz sein!“ antwortete der Pfarrer mißmutig, „er hat ja auch zwei Söhne bei den Jesuiten!“

Das Kloster Waldsassen ist zuerst als eine Rodung mitten im Wald gegründet worden. In einer Schrift über den Gründer heißt es: „Eines Tages, als er mit seinen Mönchen im Wald rodelte ...“ - dieser für Mönche doch immerhin merkwürdige Zeitvertreib stellt sich beim Weiterlesen aber als Druckfehler heraus.

Während des Krieges versammelten sich bei Fliegeralarm auch die Jesuiten in der Rue Grenelle im Keller ihrer Niederlassung, - im Seitenflügel des Kellers die anderen Hausbewohner. Von dort hörte man die frommen Frauen beten: „Ave Maria, gratia plena ...“ Bei den Jesuiten aber hörte man ab und zu ein lautes: „Domine, ich habe gewonnen!"

Es kam einst auch ein Jesuit in den Himmel. Da wurde sofort ein großes Empfangsfest für ihn veranstaltet. Er bedankte sich gerührt und erfreut über soviel Aufmerksamkeit. Bald danach kam ein Kapuziner in den Himmel, doch es gab keinen festlichen Empfang.

Engel beim Umkleiden hinter einer Wolke.

Ebenso erging es einem Benediktiner, der danach eintraf. „Das tut mir aber leid," sagte der Jesuit zu Petrus, „mir haben sie einen so schönen Empfang bereitet, und diese armen Patres werden überhaupt nicht beachtet!" - „Ach was," sagte Petrus, „darüber mach dir keine Sorgen. Von denen kommt doch fast jeden Tag einer, - aber Jesuiten hatten wir schon hundert Jahre nicht mehr!"

Ein Franziskaner klopft an die Himmelspforte, - aber Petrus ist sehr beschäftigt: „Warte noch ein Weilchen!" sagt er, „ich muß gerade einen Kardinal empfangen!" Einem Dominikaner, der kurz danach kommt, sagt er daß Gleiche. Beide setzen sich ergeben auf die Stufen. Da gesellt sich ein Jesuit zu ihnen und hört, warum sie noch warten müssen. Er besinnt sich nicht lange, packt sich die Beiden unter die Arme, - und kaum hat Petrus das Tor einen Spalt breit geöffnet, drängt er sich hinein und ruft: „Ich bringe das Gepäck Seiner Eminenz!"

Den folgenden - sehr boshaften - Witze hängt man gern den Jesuiten an, obwohl er eigentlich nur eine bestimmte Sorte von Theologen meint, die gern die Bibel „hinterfragen" und „entmythologisieren" möchten, und die es keineswegs nur bei den Jesuiten gibt! Da kommt also ein Archeologe des Ordens in höchster Aufregung nach Rom zum Ordensgeneral und teilt ihm mit, er habe das Grab Jesu entdeckt. „Das ist ja wunderbar! Ich gratuliere zu dem Erfolg!" sagt der General. - „Mag sein," erwidert der Archeologe, „aber das Grab war nicht leer! Das Skelett Jesu lag darin!" - „Was Sie nicht sagen!" ruft da der General erstaunt aus, - „dann hat er ja wirklich gelebt!"

Nach der russischen Revolution beschloß der Papst, drei Ordensleute im Geheimen nach Rußland zu schicken, um zu erkunden, wie sich die Zustände im Lande entwickelten. Er entsendet einen Dominikaner, einen Kapuziner und einen Jesuiten. Der Dominikaner kommt schon nach einigen Wochen zurück: „Die Predigt ist dort verboten," erklärt er dem Papst, „und die Feiertage sind abgeschafft, - es gab nur eine Möglichkeit: umkehren!" - Der Kapuziner kommt nach zwei Monaten wieder: „Alle Welt arbeitet da unten," berichtet er, „und das ist nicht meine Sache." - Von dem Jesuiten hörte man lange nichts, er blieb trotz geheimer Nachforschungen verschwunden. Erst einige Jahre später entdeckte man ihn auf einem Foto in der „Prawda": Er war inzwischen Chef der Geheimpolizei geworden!"

Zum Beginn der Bischofsvisite im Kloster wird gebetet: „Ehre sei dem Vater und dem Sohne und dem Heiligen Geiste!" - Am Ende der Visite fügt man aufatmend hinzu: „Wie es war im Anfang, so jetzt und allezeit und in Ewigkeit. Amen." (Das bedeutet: Es bleibt alles beim Alten!)

„Wer ist ein heiliger Mönch?" - „Der die Regel perfekt befolgt!" „Wer ist ein Märtyrer?" - „Sein Zellen-Nachbar!"

Ein Engländer möchte mit seiner Frau die berühmte Abtei besichtigen. „Sehr gern", sagt der Pater Prior, „aber nach der Ordensregel dürfen Frauen die Klausur nicht betreten." - Der Engländer ist einverstanden: „Meine Frau wird

solange draußen einen Spaziergang machen". Während des Rundgangs schaut der Engländer neugierig in alle Ecken und Winkel des Klosters. Als er sich am Schluß der Führung bedankt, sagt er: „Pater Prior, darf ich mir noch eine Bemerkung erlauben?" - „Aber natürlich!" - „Ich habe in alle Ecken und Winkel geschaut, aber ich habe nichts gesehen, was meine Frau nicht auch hätte sehen dürfen!" (Offenbar hatte er eine Art „Geheimnis der schwarzen Rose" oder unsittliche Gemälde erwartet)

Eine geheimnisvolle Geschichte soll hier auch am Ende stehen: Jedes Jahr kommt zum Abt eines Klosters ein Fremder und bittet darum, für einige Zeit Gast des Klosters sein zu dürfen. Die Kosten erstattet er immer sehr großzügig. Und jedesmal bittet der geheimnisvolle Fremde den Abt um einen Apfel, eine Schnur und einen Holzpflock. Niemand weiß, was es mit diesen drei Dingen für eine Bewandtnis hat, auch der Abt nicht. Er schleicht ein paarmal nachts an die Zellentür des fremden Besuchers, hört auch sonderbare Geräusche, - kann aber nichts herausbekommen. Die Geschichte wird ihm immer unheimlicher. Als im dritten Jahr der geheimnisvolle Fremde wieder kommt und um Apfel, Schnur und Holzpflock bittet, kann der Abt nicht mehr an sich halten und fragt den Gast geradezu: „Sagen Sie mir doch um Himmelswillen, - was tun Sie mit diesen Dingen?" - „Ich will es Ihnen sagen, aber zuerst müssen Sie mir versprechen, das schreckliche Geheimnis niemandem weiter zu sagen!" - Der Abt gab ihm sein Ehrenwort, und dann erzählte der Fremde die ganze Geschichte. - Der Abt war tief erschüttert von dem, was er da erfuhr. Aber da er ein Mann Gottes war, hat er natürlich sein Wort gehalten. Und so werden wir das schreckliche Geheimnis nie erfahren.

Die Herde

Es ist merkwürdig: über diese gibt es kaum Witze. Woran mag das liegen? Vielleicht daran, daß man für einen Witz jemanden braucht, den man damit ärgern kann? - einen einzelnen Menschen? Eine Herde aber kann man nicht ärgern, - wohl aber das einzelne Schaf! Nun hat ja Christian Morgenstern vor langer Zeit schon gesagt: „Von Hundert, die von „Menge" und von „Herde" reden, gehören 99 selbst dazu!" Und obwohl jeder Mensch von Gott als "Individuum" („unteilbar, einmalig) geplant ist, enden die meisten als Kopien. Und über einen Dutzendmenschen gibt es eben nichts Originelles zu erzählen.

Den anderen Grund hat Mark Twain so beschrieben: „Von manchem Menschen ließe sich viel Gutes sagen, aber das andere ist interessanter!" Gibt es also von der „Herde" nur Wenig zu sagen, weil sie fehlerlos ist? Das wird kaum einer behaupten. Immerhin ist es schwierig bei einer Herde Schafe Unterschiede festzustellen, - sie sehen alle so gleich aus. Eines aber wird auch ein Laie auf den ersten Blick erkennen: es gibt unter den vielen weißen auch schwarze Schafe. Die fallen auf, weil sie die Ausnahme sind. Ein anderer Unterschied ist eher was für Fachleute und Hirten, - wie der Pastor von Appelhülsen bei Münster. Der sagte in einer Strafpredigt seinen Gläubigen: „Wenn ich einst vor dem Ewigen Richter stehe und er mich fragt: „Pastor von Appelhülsen, wo

sind deine Schafe?" - dann kann ich nur anworten: Ich hatte keine Schafe, ich hatte nur Böcke!"

Die schwarzen Schafe dagegen erkennt man leicht, es sind bekanntlich immer „die Anderen". Sie bilden den dunklen Hintergrund, von dem sich die weißen Schafe so vorteilhaft und angenehm abheben. Wenn man freilich den Hirten fragt, wird er sagen, daß es keine weißen Schafe gibt, sondern nur graue. Und beim letzten Gericht wird nur nach Schafen und Böcken sortiert, wie schon der Pastor von Appelhülsen sagte. (Da die Frauen hier schon schadenfroh grinsen, weil die Böcke männlich sind, möchte ich ausdrücklich darauf hinweisen, daß es beim letzten Gericht nicht um das Geschlecht geht, sondern um die Bosheit, die bei Frauen wie Männern gleichmäßig verteilt zu finden ist!)

Ein (unbedeutender) Kirchenmann war übrigens der Ansicht, man solle das Bild von Hirten und Schafen ungeschoren lassen: „Die Geduld dieses Tieres ist doch vorbildlich, und was es spendet, wächst stets wieder nach!"

Viele Christen, die sich heute darüber aufregen, daß sie (in der Bibel) eine „Herde" genannt werden, haben aber ganz vergessen, daß dort der Hirte vor allem Schutz und die Herde Geborgenheit bedeutet. Sie scheinen auch die Augen vor der Tatsache zu verschließen, daß sich die der „Hürde" entronnenen „Schafe" keineswegs in Freiheit, sondern in neue Abhängigkeit begeben, indem sie sich einer grünen oder roten oder sonstwie bunt gefärbten Herde anschließen.

Ein solches „modernes Schaf", - so erzählte der Pastor Longerich seiner Gemeinde, - war auch zu der Einsicht gekommen, daß Gehorsam unmoralisch und Freiheit das Wahre sei: es sprang über die Hürde und lief davon. - „Willst du wohl hierbleiben!" schrie der Schäfer hinter ihm her. Aber das Schaf dachte: „Der Alte glaubt wohl noch an das Märchen vom Wolf und den sieben Geißlein! Dabei gibt es gar keine Wölfe und auch keine dunklen Wälder, in denen sie leben!" Richtig war auch der Wald, in den es hineinlief, schon bald

wieder zu Ende: Eine Autobahn führte mitten hindurch. Am Rande stand ein Polizist. „Du hast mir gerade noch gefehlt!" dachte das Schaf, „du schäbiger Büttel des Establishments!" - „Halt! Zurückbleiben!" schrie der Polizist noch. Aber das Schaf lief geradenwegs auf die Straße und verursachte einen Auto-Unfall. Auto-Unfälle sind modern. Es war wirklich ein modernes Schaf! - Den Rest brachte man in den Zoo und fütterte damit die Wölfe, - vielleicht hatte das Märchen doch nicht so unrecht? Aber darüber kann man mit modernen Schafen nicht reden. Sie wollen „Erfahrungen" machen. Die kommende Generation, die die „modernen" Schafe überlebt, kann sie brauchen.

Die Gemeinde

In urchristlicher Zeit, als Taufregister und Pfarrbüro noch nicht erfunden waren, nannte man sie „EKKLESIA" = Versammlung, weil die Christen in und von der Versammlung und gemeinsamen Eucharistiefeier lebten. Heute ist es bei vollen Karteien und leeren Kirchen manchmal umgekehrt. Immerhin weiß wenigstens das Finanzamt genau, wer „dazugehört". Ehemalige Divisionspfarrer haben vielleicht noch die Vorstellung der Gemeinde als einer Truppe,

die in strammem Gleichschritt marschiert, voran der Hauptmann (Pastor), zur Seite die Unteroffiziere (Vikare) und die Truppe (Gemeinde) hübsch in Reih und Glied. Aber das funktioniert nicht mehr, seit wir demokratisch geworden sind.

Es ist alles nicht mehr so schön geregelt, es gibt viel Durcheinander und (manchmal häßliche) Streitereien, - „und das kommt alles vom Konzil!"

Die Christen, die in diesem Zusammenhang immer mit einem heimwehkranken Blick von der „guten alten Zeit" sprechen, werden sich vielleicht einmal wundern, wie rasch die „schlechte neue Zeit" auch wieder zu einer „gu-

Demokratischer „Kirchen"-Chor

ten alten Zeit" wird! Sie glauben vielleicht, mit einer „Tridentinischen Messe" wären alle Probleme zu lösen, aber sie haben eine fatale Ähnlichkeit mit den Sperlingen in der Fabel von Lessing: Die hatten in einer schon baufälligen alten Kirche ungezählte Nester

gebaut und dort ein ungestörtes Leben geführt, - bis eines Tages die Kirche gründlich renoviert wurde. Als endlich die lärmlauten Baumaschinen und die Handwerker abzogen, wollten die Sperlinge in ihre alten Wohnungen zurückkehren. Sie fanden alles vermauert und frisch verputzt und gestrichen. Da schrieen sie zornig: „Zu was taugt denn dieses große Gebäude noch? Kommt, wir verlassen den unbrauchbaren Steinhaufen!"

Im Ganzen gesehen, beginnt die Gemeinde sich im renovierten Gotteshaus langsam wieder wohlzufühlen, - zumindest die, die regelmäßig zu den „Versammlungen" kommen. Ein höherer Stadtbeamter meinte einmal sogar bewundernd: „Jede Zivilgemeinde wäre bei so vielen Änderungen und Verwirrungen längst zugrunde gegangen, - der Kirchengemeinde scheint es nichts auszumachen!"

Natürlich wissen wir, daß es nicht mit einem neuen Anstrich der Kirche getan ist. Es gibt ein flämisches Sprichwort:

„Wie nooit zijn huis schoonveegt, weet niet hoe vuil de hoeken zijn!" (Wer niemals sein Haus auskehrt, weiß nicht, wieviel Dreck in den Ecken liegt!). Davor haben wir heute keine Angst mehr.

Diese Gemeinde hat sich behauptet!"

Es ist ja auch, wie hierzulande der Volksmund sagt, „schwierig, Menschen hinters Licht zu führen, wenn es ihnen erst einmal aufgegangen ist!" Darum wird gern und viel diskutiert und gestritten, manchmal ziemlich laut, - aber es ist wie bei kinderreichen Familien: wir haben uns an den Krach gewöhnt.

Wenn es nicht wirklich passiert ist, so war es doch eine gute Idee, die ein Pfarrer mit der Anzeige im Pfarrblatt hatte: angesichts der leeren Kirche gab er dort den Tod der Gemeinde und den Zeitpunkt der Trauerfeier um 11 Uhr am Sonntag bekannt. Die Kirche war natürlich bis auf den letzten Platz besetzt. Vor dem Altar sahen die Leute einen geschlossenen Sarg. „Ich werde jetzt den Sarg öffnen" gab der Pfarrer bekannt, „und bitte Sie alle, daran vorbeizugehen und sich die Verstorbene noch einmal anzuschauen, bevor Sie durch das Nordportal endgültig die Kirche verlassen. Sollten Sie aber Ihre Meinung ändern, kommen Sie bitte durch das Südportal wieder herein. Ich würde dann statt der Trauerfeier einen Dankgottesdienst halten." Manche glaubten, der Pastor sei verrückt geworden, - aber jeder war neugierig, was in dem Sarg wohl zu sehen war. Jeder warf einen kurzen Blick hinein, blieb einen Augenblick sichtlich betroffen stehen und ging dann langsam hinaus. Die Letzten in der langen Reihe wunderten sich, daß durch das Südportal eine ebensolange Reihe

wieder in die Kirche eintrat. Endlich kam auch der Letzte dazu, einen Blick in den Sarg zu werfen, - auch er war sehr betroffen: In dem Sarg lag ein großer Spiegel, und er hatte - sich selbst gesehen.

Auch auf diese Weise kann man lernen, wer die Gemeinde ist: jeder Einzelne und alle zusammen. Darum widerspiegeln einzelne Bemerkungen, Zitate und Erfahrungen die Gemeinde besser als jede Beschreibung.

„Wir haben euch aufgespielt, aber ihr habt nicht getanzt!" (Matth.11,17):

Kulturabend des Pfarrgemeinderates

Klage eines enttäuschten Pfarrgemeinderates über den schlechten Besuch der Veranstaltungen) / „Manche Leute wirken auf ihre Mitmenschen wie ein Vorhängeschloß, so leicht schnappen sie ein!" - „Mancher fühlt sich schon zurückgesetzt, wenn er nicht vorgezogen wird!" - „Tausend Paternoster und ein neidiges Herz, - das ist der Hölle gleicher als zwei mal zwei!" (Meister Eckhard) - „Drei Jahre war sie auf das Dorf böse, und das Dorf hat es nicht einmal geahnt!" (Bemerkungen über einige Angehörige der größten Bruderschaft der Welt: die Unzufriedenen) / „Glücklich ist, wer nichts erhofft, - er wird nie enttäuscht!" (Ausspruch eines erfahrenen Pfarrers) / „Wer sich als Bremser auf das Rad der Geschichte setzt, soll sich nicht wundern, daß er einen heißen Hintern kriegt!" (Warnung an einige Konservative) / „Im täglichen Leben sind die kleinen Ärgernisse am gefährlichsten. Man schließt leicht die Tür vor einem Elefanten, aber schwer vor einer Mücke!" (Anni Cordy) / „Zusammenwohnen bedeutet: sich kennenlernen!" (Afrikanisches Sprichwort über eine katholische Gemeinde, in der man nach 40 Jahren die Bewohner einer Siedlung noch „Flüchtlinge" nennt) / „Komische Zeiten sind das: Man siezt den Pastor und duzt Gott. Die Katholiken wollen den Coelibat abschaffen, die Protestanten ihn wiedereinführen. Viele Priester wollen kein äußeres Kennzeichen, aber jeder Hippie trägt ein Kreuz um den Hals!" (Ein verunsicherter Katholik) / „Wenn jeder die erste Geige spielen wollte, gäbe es kein Orchester!"

(Sprichwort) / „Wie stark ist Ihre Familie?" - „Wenn wir alle zusammenhalten, können wir das ganze Dorf verprügeln!" (Wenn doch unsere Pfarrgemeinde auch so zusammenhielte!) / „Sein Leben verlief wie die Turnstunden in der Schule: er schaute zu!" (Karl Krolow, - über die passiven Gemeindemitglieder?)

„Auf tausend Menschen, die bereit sind, Großes zu tun, kommt höchstens einer, der bereit ist, Kleines zu tun!" (Georges Macdonald. -Da in einer Gemeinde selten etwas Großes wie etwa ein Bischofsbesuch anfällt, wissen die Meisten nicht, was sie denn tun sollten). / „De mieren hebben gelijk: samen krijgen ze een olifant klein!" (flämisch: „Die Ameisen haben recht: zusammen kriegen sie einen Elefanten klein!" - zur Ermutigung derer, die sich immer für die letzten Christen halten!) / „Was hält eigentlich der Herrgott vom Geld?" - „Sieh dir doch die Leute an, denen ER's gegeben hat!" / „Die Hoffnung bess'rer Zeiten, - wann kommt sie? - Sie fragt nach guten Leuten, - wo sind sie?" (Inschrift von 1779 am Rathaus in Gütersloh) (Frage an alle, die sich über den schlechten Zustand ihrer Gemeinde beklagen) / „Das Leben zwingt den Menschen zu allerlei freiwilligen Handlungen." (Aribert an die Leute mit der „Daumenkrankheit":

der da ist zuständig!) / „Es ist unmöglich, die Fackel der Wahrheit durch's Gedränge zu tragen, ohne jemandem den Bart zu versengen!" (Lichtenberg, Trostwort für einen gesundheidlich und auch sonst sehr angegriffenen Pastor) / Weitere gute Ratschläge (nicht nur) für den Pastor: „Wer über den Dingen steht, sieht weit, - aber nicht genau!" -„Man kommt besser durchs Leben, wenn das Herz immer ein bißchen weicher ist als der Kopf!" (Mark Twain) -„Wer andern gar zu wenig traut, hat Angst an allen Ecken. Wer gar zu viel auf andre baut, erwacht mit Schrecken. Es trennt sie nur ein leichter Zaun, die beiden Sorgengründer: zu wenig und zuviel Vertraun sind Nachbarskinder!" (Wilhelm Busch) / „Selig, die über sich selbst lachen können: sie werden immer genug Unterhaltung haben. - Selig, die einen Berg von einem Maulwurfshügel unterscheiden können: es wird ihnen viel Ärger erspart bleiben. - Selig, die schweigen und zuhören können: sie werden vieles dabei lernen. - Selig, die so klug sind, daß sie sich selbst nicht für wichtig halten: sie werden von ihrer Umgebung geschätzt werden. - Selig, die denken, bevor sie handeln: sie werden eine Menge Dummheiten vermeiden!" (Aus einem Seelsorgsbrief an die Franziskusgemeinde Dortmund-Scharnhorst) / „Wenn alle Sündenböcke eßbar wären, brauchte in der Welt keiner mehr zu hungern!" / „Geht's schief und faul, hält jeder's Maul. Doch ist's geraten, hat's hundert Paten." (Hermann Isecke, Eichsfelder) / „Der Mensch ist nicht das Produkt seiner Umgebung. Vielmehr ist seine Umgebung das Produkt des Menschen!" (Benjamin Disraeli, - aber nicht für die „Grünen", sondern für jene, die nicht aufhören, ihr eigenes Produkt: die Gemeinde zu kritisieren!) / „Ein Lächeln kostet weniger als elektrischer Strom und gibt mehr Licht!" (Einem allzu „pflichtbewußten"

Pastor gewidmet) / Mahnung an die Maßlosen, denen nichts gut genug ist: „Ein Mensch, der manches liebe Jahr / Zufrieden mit dem Dasein war, / Kriegt eines Tages einen Koller / Und möchte alles wirkungsvoller. / Auf einmal ist kein Mann ihm klug, / Ist keine Frau ihm schön genug. / Die Träume sollten kühner sein, / die Bäume sollten grüner sein, / Schal dünkt ihn jede Liebeswonne, / Fahl scheint ihm schließlich selbst die Sonne. / Jedoch die Welt sich ihm verweigert, / Je mehr er seine Wünsche steigert. / Er gibt nicht nach und er rumort, / Bis er die Daseinsschicht durchbohrt. / Da ist es endlich ihm geglückt - / Doch seitdem ist der Mensch verrückt!" (Eugen Roth)

Christianus simplex oder: der gemeine Christ

Sie sollten das nicht mißverstehen, sondern so, wie es die Botaniker meinen, wenn sie von der „gemeinen Hagebutte" sprechen. Wobei nicht auszuschließen ist, daß Gemeinheiten auch unter Christen vorkommen. Den gewöhnlichen Christen also gibt es in vielen Erscheinungsformen, - von den „Frommen", - über die „mäßig heiligen" - bis zu den „unheiligen" Christen.

Die Bayern sind von jeher besonders fromm. Wenn einer den westfälischen Feriengast freundlich mit „Grüaß Gott!" anspricht, verschlägt dem die ungewohnte Begrüßung im ersten Augenblick die Sprache. Manche erinnern sich dann plötzlich an alte Meßdienerzeiten und murmeln verlegen: „In Ewigkeit Amen!"

Bei der Prozession bewundert ein Feriengast auch den feierlichen Aufzug. Als die Dorfmädchen in weißen Kleidern vorüberziehen, fragt er einen Einheimischen: „Sind das die Jungfrauen?" - „Heute schon!" gibt der zur Antwort.

Nach einer kurzen, aber heftigen Wirtshausrauferei kommt es zu einem gerichtlichen Nachspiel. Der Richter nimmt sich einen der Raufbolde vor und fragt ihn: „Wie lange hat denn das Ganze ungefähr gedauert?" - Nach kurzem Überlegen antwortet der: „Ja, wann i mir's überleg, - so beiläufig drei Vaterunser lang!"

In Oberammergau wirft der Sommergast einem Einheimischen die antisemitischen Stellen im Passionsspiel vor. Der verteidigt sich mit den Worten: „Na wissen's, - uns war's eh liaber gwesn, die Preißn hätten Ihn derschlogn!"

Der ehemalige Erzbischof von Canterbury, G.F. Fischer, war gegen zuviel religiöse Inbrunst sehr mißtrauisch. „Das habe ich noch aus meiner Theologenzeit" erklärte er einem Journalisten. „Damals wohnte ich bei einer Pensionswirtin, die jeden Morgen beim Bereiten des Frühstücks sehr laut den Choral „Näher, mein Gott zu Dir . . ." anstimmte. Eines Tages fragte ich sie, warum sie denn immer wieder gerade dieses Kirchenlied sänge, und ob es ihr so ans Herz gewachsen sei. - „Ach!" erwiderte sie, „ich kann nicht gerade behaupten, daß es mir besonders gefällt. Ich singe das nur wegen der Eier: sollen sie weich gekocht werden, muß ich sie nach dem dritten Vers herausnehmen, will ich sie hart haben, dann nach dem fünften!"

Wenn man das Verzeichnis der Postleitzahlen studiert, muß man zu der Überzeugung kommen, daß Deutschland ein christliches Land ist: Da findet man: 2211 Aebtissinwisch / 7701 Büßlingen / 3221 Capellenhagen / 6251 Dombach / 6531 Engehöll / 7401 Frommenhausen / 8802 Gottmannsdorf / 6361 Heuchelheim / 2404 Israelsdorf / 5461 Jungfernhof / 7931 Kirchbierlingen / 6466 Lieblos / 6441 Mönchhosbach / 7541 Nonnenmiß / 2981 Ostermarsch / 8861 Pfäfflingen / 2221 Quickborn / 3401 Reinhausen / 8331 Taufkirchen / 8071 Unsernherrn / 4761 Volbringen / 8802 Weihenzell / 7291 Zuflucht / 3051 Himmelreich / 3521 Gewissenruh

Vor einer Telefonzelle wurden folgende Zeugnisse christlicher Frömmigkeit aufgenommen: Ach Gott, du brauchst mir gar nichts zu erzählen! / Allmächtiger, was sagt denn da dein Chef!? / Um Gottes Willen, sag es niemand weiter! / Du lieber Gott, jetzt ist es schon halb zwei! / Mein Gott, wie kannst du nur so dumm sein! / Na, Gott sei Dank, daß ich nicht bin wie du! / In Gottes Namen! Geh in Frieden! / Weiß Gott, der bringt mich wirklich noch ins Grab! / Mein Gott, sei doch nicht immer so empfindlich! / Ach Gott, so war es wirklich nicht gemeint! / Du lieber Gott, du hältst mich wohl für dämlich?! / Jetzt hör um Gottes willen endlich auf! / Tschüüüß!

Es muß doch ein Volk von Betern sein, das da telefoniert! Sogar der letzte Gruß ist abgeleitet von „A dieu! - Adjüs! - Schüss! - Tschüß!“ und bedeutet: Gott befohlen!

„Offenbar gibt es noch fromme Menschen!“ denkt der Mithörer vor der Telefonzelle. Sollte er aber so einen Frommen im „Gebet“ stören, weil er auch gern mal telefonieren möchte, dann erlebt er eine herbe Enttäuschung. Dann kann er nur beten: „Lieber Gott! mach doch die bösen Menschen gut, und die guten etwas besser!“ (Mark Twain).

Es soll ja früher Katholiken gegeben haben, die ließen sich freitags die Fleischschnittchen mit einem Spiegelei

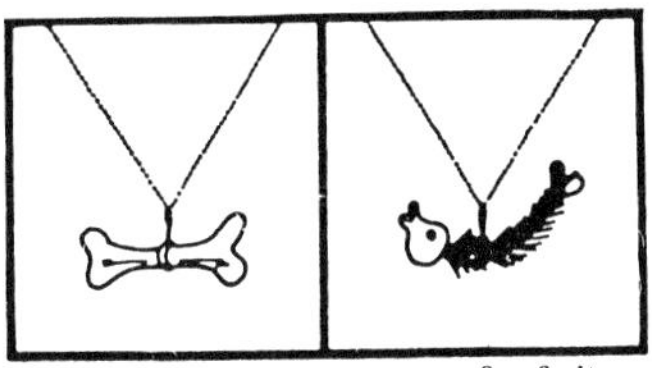

täglich außer freitags

Amulett eines Katholischen Rockers

belegen, um kein Ärgernis zu geben. Ein frommer Gast fragt am Freitag im Restaurant: „Haben Sie gekochten Hai?“ -„Nein“, erwidert der Ober. - Dann Walfisch in weißer Soße?“ - „Auch nicht.“ -„Oder See-Elefant in Essigtunke?“ -„Tut mir leid, mein Herr. Das heutige Tagesgericht ist Steak mit Zwiebeln.“ -„Bestens!“ sagt der Gast und leckt sich die Lippen, „dann bringen Sie mir das also. Aber der Himmel ist mein Zeuge, daß ich alles getan habe, um Fisch zu bekommen!“

Noel Coward, der bekannte englische Schriftsteller mit Vorliebe für etwas grausame Scherze, hat einmal auf seine Weise einen „Frömmigkeitstest“ durchgeführt: Er schickte zwanzig prominenten Leuten in London zwanzig gleichlautende Expreßbriefe: „Alles ist entdeckt! Flieh, solange es noch möglich ist!“ - Sämtliche zwanzig verschwanden eiligst aus der Stadt!

Da hatte wohl der alte Gotthold Ephraim Lessing recht, als er sagte: „Die Menschen sind nicht immer, was sie scheinen, - doch selten etwas Besseres!“

„Wenn alles sitzen bliebe . . .“

Die Kehrseite der Medaille

„Klatsch ist das einzige Geräusch, das schneller ist als der Schall!“ - Das sagt der Schauspieler Rudolf Platte aus reichlicher und lebenslanger Erfahrung. Aber das gibt es nicht nur beim Film. Klatschbasen (männliche und weibliche) kommen auch in jeder christlichen Gemeinde vor. Sie entdecken besonders gern den „dunklen Punkt“ oder den „Dreck am Stecken“ der Frommen, oder das „Haar in der Suppe“ der Gemeinde, - manchmal schütteln sie so lange den Kopf, bis eines hineinfällt!

Da erzählt dann die Frau Müller der Frau Möller, - natürlich ganz im Vertrauen: „Die frommen Katholiken, das sind doch die Allerschlimmsten! - Meine Schwiegermutter kennt einen kirchentreuen Katholiken, dessen Schwester mit einer Kusine ihres Gatten befreundet ist, die von ihrer Mutter weiß, daß deren Tante väterlicherseits einmal im weiteren Familienkreis von einer Abtreibung gesprochen haben soll!" Auch bei der Produktion von Gerüchten gibt es „Schnelle Brüter", die das Gehörte, mit diversen Zutaten, schleunigst weitersagen. In der Kleinstadt oder im Dorf geht das besonders gut. Dort bekommt man zwar nur halb soviel zu sehen wie in einer Großstadt, dafür kann man aber dreimal soviel hören! - „Wenn Neid und Mißgunst zu

Sie haben einen Flecken!

hören wären, dann gäb es einen ohrenbetäubenden Lärm!" - sagt ein flämisches Sprichwort, - mit Recht, denn sie sind der Grund für Ärger, Zank und Feindschaft in der Gemeinde. „Ich will ja nichts Schlechtes sagen . . . „ - Dann halt doch den Mund!" ! sollte man dann sogleich antworten.

Eine andere Gruppe sind die immer Unzufriedenen, die sich zum Wahlspruch gemacht haben: „Meckern ist wichtig! - Nett sein kann jeder!" Die freuen sich jetzt schon auf den Weltuntergang, - nur damit sie Recht behalten! Einem solchen Kritiker, der sich in einem Brief beschwerte: die ganze Pfarrei werde von einer „gewissen Clique" beherrscht, schickte der Pastor einen freundlichen Antwortbrief: „Sehr geehrter Herr Meckermann! Daß Sie sich solche Sorgen um das Leben in der Gemeinde machen, ist sehr erfreulich. Wir haben auch ihre Beschwerde überprüft und festgestellt, daß sie zutrifft. Die „Clique", von der Sie sprechen, setzt sich zusammen aus Gläubigen, die regelmäßig unsere Gottesdienste und Versammlungen besuchen, bereitwillig Posten im Kirchenvorstand, im Pfarrgemeinderat, in der Pfarrcaritas und anderen Einrichtungen übernehmen. Dabei opfern sie unentgeltlich viel Zeit und Kraft in der Überzeugung, man müsse auch etwas für die Kirche und Gemeinde tun. - Ich schlage Ihnen vor, sich dieser „Clique" anzuschließen, was gar nicht schwierig ist. Kommen sie einfach zu unseren Zusammenkünften, machen Sie gute Vorschläge und helfen Sie mit bei unseren Aktivitäten, - Sie werden dann bald ein Mitglied der „Clique" sein! Ihr ergebener Tobler, Pfarrer."

Irgend jemand hatte über den Kandidaten für die Pfarrgemeinderatswahl das Gerücht verbreitet, er habe nicht

einmal seine Kinder taufen lassen, man dürfe ihn deshalb auf keinen Fall wählen! - Als der Wahlausschuß zusammentrat, trug einer dem Pastor die Sache vor und fragte, ob an dem Gerede etwas dran sei. - „Allerdings," sagte der Pastor darauf, „das Gerücht stimmt: seine Kinder sind nicht getauft!" Darauf erhebt sich ein allgemeines, erstauntes und zorniges Gemurmel, ein Zeichen, daß alle schon davon gehört haben. So etwas spricht sich ja rund. Man will den Kandidaten, der als „Zugezogener" den meisten Mitgliedern nicht persönlich bekannt ist, aus der Liste streichen. „Einen Augenblick noch," meldet sich da der Pastor, „Ihr habt mich ja nicht einmal ausreden lassen! Ich wollte sagen: Das Gerücht stimmt: seine Kinder sind nicht getauft, - weil er gar keine Kinder hat!"

Ja, - „wenn alles sitzen bliebe, was wir in Haß und Liebe so von einander schwatzen, - wenn Lügen Haare wären, - wir wären rauh wie Bären und hätten keine Glatzen!" (W. Busch). Womit nicht behauptet werden soll, daß „Glatzenträger" stets die Wahrheit sagen. Junge Leute halten eine „Platte" sowieso für eine Schande. Vor die Wahl gestellt, was er lieber möchte: dumm sein, - oder eine Glatze haben, - entschied sich ein junger Mann, er möchte lieber dumm sein. -Und warum? - „Weil das weniger auffällt!"

Wir sind ja alle Brüder (und Schwestern)! Jedenfalls sagt der Pastor das beim Sonntagsgottesdienst (Nachher sagt er wieder: Meine Damen und Herren!). Er hat wohl trotzdem recht. In der Familie ist Zank und Streit unter Geschwistern sozusagen normal. Auch wir sind ganz normale Christen! Merkwürdig ist es dennoch: Sollten sich per Zufall zwei Wölfe begegnen, so fühlt keiner die geringste Beklemmung darüber, daß der andere ein Wolf ist. Aber zwei Menschen können sich nie im Wald begegnen, ohne daß nicht jeder denkt, der andere könnte ein Räuber sein!

Wir sind zwar Brüder und Schwestern, aber . . .

(Erfahrungen): „Wenn wir keine Fehler hätten, würden wir nicht mit so lebhaftem Vergnügen bei anderen welche entdecken. (Rochefoucauld) / Viele sind mit wenigem zufrieden, - vorausgesetzt, daß die anderen noch etwas weniger haben!" (Alec Guiness) / „Ich habe in meinem ganzen Leben noch keinen Menschen gefunden, der eines anderen Unglück nicht mit christlicher Fassung getragen hätte!" (George Bernard Shaw) / „Wenn über eine dumme Sache mal endlich Gras gewachsen ist, kommt sicher ein Kamel daher, das alles wieder runterfrißt." (Berliner Sprichwort) / „Der gute Mann denkt an sich! - selbst zuletzt!" (Leicht verfremdetes Sprichwort) / „Das Strahlenfeuer der Sonne ergießt sich jeden Tag über unsere Erde. Und was tun wir? Wir nehmen einen Sonnenschirm!" (Manfred) / Vielleicht haben die Tiere früher auch gelacht? Sie haben damit vielleicht erst aufgehört, als sie die Menschen kennenlernten? / „Der kürzeste Weg zwischen zwei Menschen ist ein Lächeln!" (Henry Sokal) / Kinder und Politiker haben eines gemeinsam: Jedermann gibt ihnen gute Ratschläge, was sie tun sollen, aber keiner lebt danach!" (Peter Frankenfeld) / Zeige den Menschen ein heiteres Gesicht, denn sie müssen es ansehen!"

(Indisches Sprichwort)/ „Wollen wir jeden vor die Tür setzen, der in unserer Mannschaft nicht Verteidiger oder Vorstopper spielen will? Auch die Mannschaft einer Gemeinde braucht einen Linksaußen, um vollzählig zu sein!" (Unbekannt) / „Es wäre eine Freude zu leben, wenn jeder die Hälfte von dem täte, was er von den anderen verlangt!" (Unbekannt) / „Gewiß, mein Freund, du hast ganz recht: Die Welt ist ganz erbärmlich schlecht! Ein jeder Mensch ein Bösewicht, - nur du und ich natürlich nicht!" (Lieselotte Holzmeister) / „Es gibt viele häßliche Menschen auf der Welt, - aber nur wenige sind so häßlich, wie ihr Paßfoto! (unbekannt) / „Ihr Gesicht habe ich bestimmt schon irgendwo anders gesehen!" - „Ausgeschlossen! Ich trage es immer an der gleichen Stelle!" / „Übrigens, - schlucken Sie Stolz und Ärger ruhig ab und zu hinunter, - davon wird man nicht dick!" (Unbekannt) / „Menschen nach ihrem Umgang zu beurteilen, kann verkehrt sein: Judas zum Beispiel

hatte vorbildliche Freunde!" unbekannt) / „Wir lieben Menschen, die frei heraus sagen, was sie denken, - vorausgesetzt, sie denken dasselbe wie wir!" (Mark Twain) / „Wir leben alle unter dem gleichen Himmel, aber wir haben nicht alle den gleichen Horizont!" (Konrad Adenauer, - den „großen Geistern" in jeder Gemeinde gewidmet) / „Dem Ochsen brach sein Brett vorm Kopf entzwei. Da war der geplagte Ochse frei. Ihr fragt, was dieser Ochse tät? Gleich suchte er ein neues Brett.

Der Ochse war das eben nicht gewohnt, - so ohne Brett vor seinem Horizont!" (Unbekannt, - den „kleinen Geistern" in jeder Gemeinde gewidmet) / „Kein Kaktus sitzt so voll Stacheln, - es bleibt immer noch Platz für eine Blüte!" (Unbekannt) -Trost für „stachelige" Gemeindemitglieder, aber nicht für solche, die sich "einigeln") / „Das Gute macht keinen Lärm, - der Lärm macht nichts Gutes!" (Unbekannter, nach einer Gemeindeversammlung) / „Es gibt Leute, die haben so wenig Mut, etwas zu behaupten, daß sie sich nicht getrauen zu sagen, es wehe ein kalter Wind, so sehr sie ihn auch fühlen mögen, - wenn sie nicht vorher gehört haben, daß es andere Leute gesagt haben!" (G.C.Lichtenberg) / „Erst wenn man einsieht, daß kein Mensch völlig schwarz ist wie der Teufel, und daß auch keiner völlig weiß ist wie ein Engel, sondern daß wir alle gestreift sind wie Zebras, - oder grau wie Esel, - und erst, wenn man aus dieser Einsicht praktische Folgerung zieht, hat man die Möglichkeit, die Mitmenschen wirklich zu verstehen!" (Josef Künkel) / „Wer seinen Nächsten verurteilt, kann irren, - wer ihm verzeiht, irrt nie!" (Heinrich Waggerl) / „Geschäftig sind die Menschenkinder, / die große Zunft von kleinen Meistern, / als Mitbegründer, Miterfinder / sich diese Welt zurecht zu kleistern. / Nur leider kann man sich nicht einen, / wie man das Ding am besten mache. / Das Bauen mit belebten Steinen / ist eine höchst verzwickte Sache. / Welch ein Gedränge und Getriebe / von Lieb'und Haß bei Nacht und Tage, / und unaufhörlich setzt es Hiebe, / und unaufhörlich tönt die Klage. / Gottlob! es gibt auch stille Leute, / die meiden dies Gewühl und hassen's / und bauen auf der andern Seite / sich eine Welt des Unterlassens!" (Wilhelm Busch zum Thema Gemeinde)

Die Nächstenliebe

Bekanntlich ist sie in der Familie am schwersten, - auch in der Pfarrfamilie. „Den Nächsten lieben wär nicht schwer, - wenn er nicht gar so nahe wär!" sagt der Volksmund. Selbst bei überzeugten Kommunisten, die „alles gemeinsam" haben, wie schon der Name sagt, gibt es gewisse Grenzen: Zwei Genossen trinken auf ihre neue Freundschaft. „Wenn du fünf Fernsehgeräte hättest, würdest du mir eines schenken?" - „Aber selbstverständlich, Genosse!" - „Und wenn du fünf Autos hättest, würdest du mir eines davon schenken?" - „Na klar doch!" - „Und wenn du fünf Hemden hättest, würdest du mir eines schenken?" - „Das kommt gar nicht Frage, Genosse!" - „Warum denn auf einmal nicht?" - „Weil ich fünf Hemden habe, Genosse!"

„Das war aber sehr tapfer von Ihnen, junger Mann, daß Sie aus solcher Höhe in voller Kleidung ins Wasser gesprungen sind, um die alte Dame zu retten! - Das war ein Beispiel wirklicher Nächstenliebe!" - „Ja, ja! - alles gut und schön! - Aber ich möchte bloß mal wissen, wer mich hinuntergestoßen hat!"

Nicht immer ist der Dank so überschwenglich: „Haben Sie meinen Sohn eben vom Ertrinken gerettet?" fragte Macpearson den wassertriefenden Polizisten. - „Jawohl, Mister." - „So, - und wo ist die Mütze?"

Eine Zeitung stellte eine Preisfrage: In der Gondel eines Ballons sitzen drei berühmte Wissenschaftler: A. Fleming, Fred. Curie und A. Bogomolez. Der Ballon gerät in einen Sturm und kann nur gerettet werden, wenn einer über Bord geworfen wird. Wie würden Sie entscheiden? - Den Preis erhielt ein 12jähriger Junge. Seine Antwort lautete: „Der Dickste muß raus!"

Wahre Nächstenliebe ist selten und wird deshalb rührend empfunden: In einem großen Mietshaus erzählte ein Herr der Frau Grabe im dritten Stock die traurige Geschichte der Familie Klein im vierten Stock: „Der Mann liegt schon drei Monate im Krankenhaus, die Frau hat fünf Kinder und bekommt nur wenig Unterstützung." - „Das ist aber schlimm! - die arme Frau!" - „Es kommt noch schlimmer," fährt der Herr fort: „Seit zwei Monaten hat sie die Miete nicht zahlen können, und wenn sie bis morgen die zweihundertvierzig Mark nicht bezahlt, wird man sie aus der Wohnung hinaussetzen!" - „Mein Gott! das ist ja furchtbar! Kann man denn da gar nichts tun?" - „Doch," nickt der Herr, „ich habe schon bei allen Mietern gesammelt. Die Leute waren sehr freundlich und haben schon alle gespendet,- jetzt fehlen nur noch zwanzig Mark." - „Die bekommen Sie natürlich von mir!" sagt Frau Grabe sofort und übergibt ihm den Schein, - so, jetzt braucht die arme Frau nicht mehr auszuziehen!" - „Natürlich nicht!" versicherte der Mann. - „Einen Menschen, der sich so selbstlos für andere einsetzt, findet man heutzutage selten. Wirklich, Sie sind ein großer Menschenfreund!" sagte Frau Grabe bewundernd. - „Oh! das ist viel zu viel Ehre für mich!" wehrte der Mann bescheiden ab, während er hinausging, - „ich bin nur der Hausbesitzer!"

Trotz Fernseher werden die Menschen heute immer kurzsichtiger, sie sind zwar herzlich gut, aber sie bekommen den Nächsten einfach nicht in den Blick. Eine Ausnahme gibt es freilich: für die Fehler des Nächsten haben wir eine Spezialbrille. Bob Hope, berühmter Filmkomiker und Vater von vier Adoptivkindern meint dazu: „Das ist wie bei der Fotografie: zuerst entwickelt man das Negativ eines Menschen, und dann vergrößert man es!" Und ein Kollege von ihm, William Holden ergänzt:

„Fremden Fehlern gegenüber sind wir Staatsanwälte, - eigenen Fehlern gegenüber aber Rechtsanwälte!"

„Je älter ich werde, „ sagte ein älterer Pfarrer zu einem Mitbruder, „um so mehr erkenne ich, daß die Menschen sehr wohl zwischen Gut und Böse zu unterscheiden wissen." - „Aber nur bei Anderen!" schränkte ihn der Kollege ein.

Der Franz grüßt über den Zaun hinweg: „Tag, Emil, ich will dir eben die Mark wiedergeben, die du mir vor einem Monat gepumpt hast!" - „Die kannste behalten", sagt Emil mürrisch, „wegen der einen Mark habe ich keine Lust, meine Meinung über dich zu ändern!"

Wenn uns mal ein Mensch enttäuscht, verlieren wir gleich den Glauben an die Menschheit, und viele Pessimisten von heute sind nichts als enttäuschte Optimisten von gestern. Sie entwickeln daraus eine Art Philosophie, - wie jener Mann, der vom Fotografen aufgefordert wurde: „Bitte, mein Herr, machen Sie jetzt ein freundliches Gesicht!" - Er knurrte nur: „Bedaure! Lache nie! Bin Pessimist!"

„Wer einen Menschen haßt, weil er anders denkt, ist dumm. Doch wer einen Menschen liebt, nur weil er das Gleiche denkt, der ist noch dümmer. - Der Mensch will brutto geliebt werden, nicht netto!" (Unbekannt) - Vielleicht ist es diese Art Dummheit, die Wilhelm Busch mit den Versen meint: „Ein guter Mensch gibt gerne acht, / ob auch der and're was Böses macht, - / und strebt durch häufige Belehrung / nach seiner Beß'rung und Bekehrung."

„Wußten Sie, daß fast alle Menschen Brüder sind?" fragte ein Zeitgenosse erstaunt. Er fand es auch „erstaunlich, wie nett die Menschen sein können, wenn sie etwas von uns wollen, - und wie unfreundlich sie werden, wenn man etwas von ihnen will!"

„Vor Gott sind alle Menschen gleich!" sagte der Kaplan in der Bibelrunde, „Der Apostel Paulus sagt: „Mann oder Frau, Jude oder Grieche, Freier oder Sklave, - das gilt nicht mehr!" - „Und doch sind vor Gott nicht alle gleich!" meldet sich da Frau Brinkhoff, „Jesus hat doch selbst gesagt, er werde die Menschen beim Letzten Gericht sortieren: Die Böcke links raus! und die Schafe nach rechts!"

Vor einfachen Landarbeitern hatte Martin Luther King seinen schwarzen Landsleuten von den Freuden des Paradieses und vom Festmahl des Ewigen Lebens sehr anschaulich erzählt, um sie mit dieser Hoffnung über das gegenwärtige Elend zu trösten. Als er geendet hatte, war ein Augenblick Stille. Da hörte man im Hintergrund die Stimme eines alten Negers: „Und nach dem Festmahl sind wir dann doch wieder dran, - fürs Ausfegen und Geschirrwaschen!"

„Wie herrlich wär's auf Erden, würde auch die Nächstenliebe als Sport betrieben!" Diesen Ausspruch fand ich in einer Illustrierten von 1909. Sie hatte es schon damals nicht leicht, obwohl die Frommen sie gern im Munde führen. Aber „die Erfahrung zeigt uns einen gewaltigen Unterschied zwischen der Frömmigkeit und der Güte!" (Blaise Pascal). „Besser als ein Tag Mitleid ist Fünf Minuten Hilfe" und: „Hüte dich vor Menschen, die Brot predigen und Gänsebraten essen!"- sagt ein rumänisches Sprichwort. Noch kürzer sagt es Erich Kästner: „Es gibt nichts Gutes, - außer man tut es!" Mit dem Tun hapert es freilich am meisten.

„Auch die selbstloseste Liebe zum Schwein gilt dem Speck und nicht dem Schwein" sagt der Volksmund und meint damit, daß sich auch in der Nächstenliebe noch eine gehörige Portion Egoismus verstecken kann. Und weit häufiger als Liebesbeteuerungen bekommt man so fromme Wünsche zu hören wie: „Alle Zähne sollen dir ausfallen! Nur einer soll dir bleiben, - fürs Zahnweh!" Rechthaberische Menschen

kann man übrigens daran erkennen, daß sie meist blaue Augen haben, - besonders nachher!

Dabei hat uns der Liebe Gott doch extra zwei Augen gegeben, - damit wir auch mal ein Auge zudrücken können!

„Seid nett zu einander!" - so überschreibt Hans Erich Richter sein Gedicht, das sich jeder von uns „hinter den Spiegel stecken" könnte: „Ich grüble manchmal hin und her / und schlafe drüber gar nicht ein: / Ist es tatsächlich denn so schwer, / ein kleines bißchen nett zu sein? / Die Grobheit ist ein rauher Sport, / da wird kein Sieger richtig froh. / Ein mildes Wort, ein gutes Wort / schlägt jeden Gegner glatt k.o. / Die Forschung schafft in aller Stille, und vieles hat sie schon erbracht. / Vielleicht gelingt ihr noch die Pille, / die alle Leute netter macht? / Man wird sie eines Tags bekommen, / es dauert nur noch kurze Zeit, / dann wird sie dreimal eingenommen / zur Förderung der Nettigkeit! / Versuch, ein bißchen nett zu sein, / auch wenn die Sonne gar nicht strahlt. / Es bringt nicht immer Kleingeld ein, / es macht sich aber doch bezahlt!"

Auch dies hat mit Nächsten-Liebe zu tun:
Warum machst Du immer ein Gesicht wie eine Bulldogge? — Versuchs doch mal mit Lachen!

Ein Unbekannter redet den - oft so zerstrittenen - „Brüdern und Schwestern" ins Gewissen: „Ein bißchen mehr Friede und weniger Streit! / Ein bißchen mehr Güte und weniger Neid! / Ein bißchen mehr Wahrheit immerdar / Und viel mehr Hilfe in jeder Gefahr! / Ein bißchen mehr „WIR" und weniger „ICH", / Ein bißchen mehr Kraft, - nicht so zimperlich! / Und viel mehr Blumen während des Lebens, / Denn auf den Gräbern, da stehn sie vergebens!"

Mäßig heilige Christen

Natürlich sind die Grenzen fließend und auf den ersten Blick ein Heiligmäßiger nicht von einem Mäßig-Heiligen zu unterscheiden. Wenn die frommen

Frauen zum Beispiel eine Wallfahrt machen, dann singen sie unterwegs fromme Lieder wie „Salve, Salve, Salve Regina". Auf der Heimfahrt am Abend singen sie ganz ähnlich: „Sal-we, Sal-we noch ein'n drinken!"

Zwischen Frauen und Männern gibt es seit jenem Zwischenfall im Paradies immer wieder Diskussionen, wer schuld war. Auch über den Urteilsspruch wird gestritten: „Er wird dein Herr sein!" steht da in der Bibel, und das heißt: „Du wirst den Mann lieben, aber statt dich zu lieben, wird er dich ausnutzen und den Herrn spielen!" Die Männer machten gern daraus: „Er soll dein Herr sein!", und das heißt: „Es ist Gottes Wille, daß die Frauen den Männern gehorchen!" - eine für die Männer sehr angenehme Auslegung! Aber die Frauen sind schon früh dahinter gekommen: Es gibt nämlich eine noch mit hölzernen Lettern gedruckte Bibelausgabe, von der nur ganz wenige Exemplare vorhanden sind, die entsprechend teuer bezahlt werden. Darin gibt es einen Druckfehler, der nicht aus Versehen entstanden ist. Die Frau des Buchdruckers versuchte in ständigen Streitereien herauszufinden, wer denn Herr im Hause war. Nach einem großen Krach schlich sie sich nachts in die Druckerei, - suchte im Drucksatz der Bibel die Stelle: „. . . und er wird dein Herr sein!" und tauschte zwei Buchstaben aus. Erst als mehrere Bibeln verkauft worden waren, wurde der Streich entdeckt: Ein Käufer, - ein Mann natürlich!, - verlangte zornbebend, daß dieses Blatt neu gedruckt werden müsse. Dort stand es nämlich, schwarz auf weiß gedruckt: „. . . er soll dein Narr sein!" (Glaubhaft berichtet in „Spirago": Beispielsammlung 1872 Herder Nr. 1430)

Der Philosoph Kant hat sogar einmal behauptet, die Frauen könnten unmöglich in den Himmel kommen. In der Offenbarung des Johannes (8,1) hieße es: „. . . da entstand im Himmel eine Stille von einer halben Stunde", - solange würden das Frauen nicht aushalten! - Er mußte anschließend den Frauen eingestehen, daß er die Sache nicht ernst gemeint habe.

In der oft sehr heftigen Diskussion um die „Gleichberechtigung" der Frauen verstieg sich eine Frauenrechtlerin schon vor mehr als hundert Jahren zu der mit großem Pathos vorgetragenen Frage: „Wo würden die Männer heute sein, wenn es nicht die Frauen gäbe!!" Andächtiges Schweigen in der lauschenden Menge. Noch einmal rief sie triumphierend: „Ja, wo wären denn die Männer ohne uns Frauen!?" - Da rief eine einzelne Männerstimme aus der letzten Reihe: „Im Paradies!"

Die französische Schauspielerin Francoise Rosay beendete ein solches Streitgespräch kurz und bündig mit dem Satz: „Da Gott die Frau nach dem Mann erschaffen hat, darf man wohl annehmen, daß sie eine verbesserte Fassung der ersten Ausgabe darstellt!"

Außerdem soll Radio Vatikan die Frage: „Warum gibt es mehr Männer als Frauen in den Gefängnissen?" so beantwortet haben: „Weil es mehr

Frauen als Männer in den Kirchen gibt!"

Im Gegensatz zu den Frauen geben die Männer ihre Fehler selten zu. Darüber schreibt Theodor Haecker in seinen Tag- und Nachtbüchern am 31. 3. 1940: „Eine Weltkatastrophe kann zu manchem dienen, - auch dazu, ein Alibi zu finden vor Gott: „Wo warst du, Adam?" - „Ich war im Weltkrieg..."

Manche Männer haben zu Gott auch ein Verhältnis wie zu einem Schützenkönig: Einmal im Jahr wird er gefeiert, aber sonst hat er nichts zu sagen! Bei Vielen „lebt die Seele unbeachtet wie eine arme Verwandte." (Otto Flake) „Zwar besucht uns Gott häufig," wie ein Sprichwort der Zuluneger sagt, „aber wir sind meistens nicht zu Hause!" Und die ärztliche Diagnose bei der letzten

Untersuchung lautete: Körper und Herz total überlastet durch Übergewicht, Seele stark unterernährt!" - Im übrigen hat schon Augustinus über die Christen gesagt: „Laß dich nicht irre machen durch Heiden, Juden und schlechte Christen, vor allem nicht durch die letzteren!" Und ein jüdischer Witz beantwortet die Frage: „Was ist christlich?" so: „Was nicht ganz rot ist, nennt man rötlich. Was nicht ganz blau ist, nennt man bläulich, - wissen Sie nun was christlich ist?"

„Für eine gute Idee, - Halleluja! / kommt man noch nicht in den Himmel, - Halleluja!" (So könnte der Allelujavers einer Messe für „Mässig-Heilige" lauten).

Ein Kölner im Zug nach Aachen fand bei der Kontrolle seine Fahrkarte nicht. Er suchte in allen Taschen und schimpfte und fluchte dabei, was das Zeug hielt. Ein mitreisender Pastor wollte ihn unterbrechen und fragte: „Wo wollen Sie denn hin?" - „No Ooche! - verdammt noch mal, ich han doch e Billet gehabt!" fuhr der Kölner fort zu fluchen. „Wenn Sie so fortfahren zu fluchen, dann kommen Sie nicht nach Aachen," sagte der Pastor nun ernstlich böse, - „dann kommen Sie in die Hölle!" - „Dat eß mer ejaal," knurrte der Kölner, „eich han e Retour-Billet!"

Macdonald hatte einen glorreichen Einfall: Er kaufte eine Kiste Zigarren, versicherte sie gegen Feuer, und als er die letzte aufgeraucht hatte, forderte er von der Versicherung Schadenersatz. Er bekam das Geld zu seiner Freude anstandslos ausbezahlt. Er fiel aber aus allen Wolken, als er drei Tage später eine Anzeige wegen vorsätzlicher Brandstiftung erhielt.

Zwei fromme ältere Damen standen vor dem Schaufenster. „Nun sieh dir das mal an!" sagte eine, „Solche verwilderte Sitten, - da stehen doch die Damen- und Herrenschirme in *einem* Ständer zusammen, - sowas hätte es früher nicht gegeben!" - „Nun machen aber 'nen Punkt!" läßt sich da ein Sechsjähriger vernehmen, - „woher sollen denn sonst die „Knirpse" kommen?"

„Wie geht's denn deiner Frau," fragt Manke seinen Freund auf der Straße. - „Ach!" erwidert der, „Es geht ihr miserabel. Sie hat wegen ihres Glaubens ein wahres Martyrium auszuhalten!" - „Ihres Glaubens wegen?" „Ja, was hat sie denn da für einen Glauben?" - „Sie hat Schuhgröße 39 und glaubt, sie könne in Größe 36 laufen!"

Auch Pharisäer haben einen starken

Glauben. Sie halten sich für fromm und demütig, - wie jene Frau, die nach der Predigt über das Gleichnis vom Zöllner und Pharisäer von ganzem Herzen betete: „Oh, lieber Gott, wie danke ich Dir, daß ich nicht so bin wie dieser Pharisäer!"

Ein Theologiestudent bat voller Eifer den Professor, er möge ihm doch das beste Buch über die Demut nennen. Der Professor antwortete: „Mein's!" -Und Wilhelm Busch läßt den Onkel der frommen Helene sagen: „Das Gute, dieser Satz steht fest, ist stets das Böse, das man läßt! - und: „Ei ja! - da bin ich wirklich froh! Denn, Gott sei Dank, ich bin nicht so!"

Einer, der sich für einen richtigen Tugendakrobaten hielt, sagte von sich: „Ich bin ein anständiger Mensch, ich habe noch keinen umgebracht, was will

man denn mehr von mir?" Daß er außerdem noch am Sonntag in die Kirche gehen sollte, schien ihm entschieden zuviel verlangt. Vielleicht ist es erlaubt, auch Ihnen hier die „Vertrauensfrage" zu stellen: „Würden Sie auch in die Kirche gehen, wenn nur Gott allein Sie dort sehen würde?" - Bei manchen liegt es ja am fehlenden Schlaf. Denen rät Heinrich Waggerl: „Wer schlecht schläft, prüfe sein Bett - oder sein Gewissen!" Manch einer „schafft es einfach nicht". Ihm widmet ein Unbekannter diese Verse: „Mancher fürchtet keinen Tiger, / keine Wespe, keinen Floh: / Überall bleibt er der Sieger, - / nur in einem nicht! - Und wo? / Glatteis liebt er, Folterzange, / Räuber, - sind sie noch so roh: / davor ist er niemals bange, - / Nur vor einem . . . Ja? Oho! / Jeder Zentimeter Größe / strotzt von Willensenergie . . . / Nur - sein Bett, das weiche, böse, / nein, sein Bett bezwang er nie!"

Viele Menschen wollen zwar noch ins Gelobte Land, - aber auf keinen Fall durch die Wüste! Sie möchten auch von den Folgen ihrer Laster gerettet werden, - aber keineswegs von ihren Lastern. Der Mensch glaubt heute an eine neue „Dreifaltigkeit": an den Sex, die Zuwachsrate und an die Vorfahrt (Das soll ein Bundestagsabgeordneter gesagt haben). - Der Philosoph Oskar Kokoschka sagt es noch deutlicher: „Fressen und Pornografie, - das ist unsere Zeit!" (Er tut freilich auch nichts dagegen!) - Denn heute gilt das Ideal der Freiheit. Jeder darf machen, was er will, - sogar nackt über den Zebrastreifen gehen, - aber nicht bei Rot!

„Fernsehen und Werbung sind voll von modernen Sagen und Helden. Sie

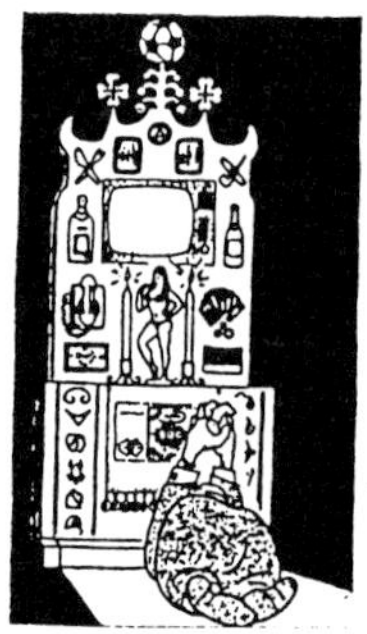

NEUE GÖTTER

beeinflussen Entscheidungen, informieren den Verstand und liefern Musterbeispiele für richtiges Verhalten. Die modernen „Prediger" halten uns unsere Übertretungen vor, daß wir uns richtig schämen: unsere Achselhöhlen sind feucht, unser Atem ist schlecht, unsere Wäsche grau, unser Wagen nicht mehr repräsentativ. Sie stellen uns Modelle neuer, hervorragender Heiligkeit vor Augen: glückliche, robuste, sexuell befriedigte Menschen, die frei sind, abenteuerlustig, kompetent und aktiv. Diese Glücklichen sind offenbar schon erlöst oder mindestens auf dem Weg, und die Gnadenmittel, die sie aus der Verderbnis erettet haben, sind auch dir und mir zugänglich: Badeschaum, Geruchspray, Pillen und Tabletten und ein neuer, schicker Wagen!" (Harvey Cox).

Wenn heute einer Wunder wirken oder sogar Tote auferwecken wollte, dann müßte er erstens eine Approbation als Arzt vorweisen und zweitens würden ihn die Angehörigen fragen, ob das auch auf Ortskrankenkasse gehe! Die Kirche gerät da leicht ins Abseits. Hingegen hat der Präsident des FC Bayern München, Wilhelm Neudecker, einmal erklärt: „Der Deutsche Fußballbund ist nahezu eine Institution wie die katholische Kirche!"

Darüber sollten wir uns eigentlich nicht wundern. Man ist ja auch von manchen „modernen Christen" Einiges gewohnt, deren „Heilige Zeichen" ein Seelsorger unter dem Namen „Trixini" in seinen Versen beschreibt:

„Im Grundstein, ganz fest eingelassen, / von des Herrn Doktors neuem Haus, / ruht, - echt! - drauf kannst du dich verlassen, / ein Haar vom heil'gen Bruder Klaus. / Ein Rosenkranz aus Ölbaumholze / hängt an Herrn Doktors dickem Safe. / Lourdeswasser stellt

mit großem Stolze / Frau Doktor neben's After-Shave. / Die Hausbar schmückt, 's ist kaum zu glauben, / ein heiliger Sebastian. / Herr Doktor tät ihn nirgends rauben, / er schmierte nur 'nen Bauern an. / So hat die Villa ihren Segen! / Wenn Doktors nie zur Kirche gehn, / braucht man sich doch nicht aufzuregen: / die Frömmigkeit kann jeder sehn!"

Schon Wilhelm Busch hat damals geschrieben: „So ist's in alter Zeit gewesen, / so ist es, fürcht ich, auch noch heut. / Wer nicht besonders auserlesen, / dem macht die Tugend Schwierigkeit. / Aufsteigend mußt du dich bemühen, / doch ohne Mühe sinkest du. / Der Liebe Gott muß immer ziehen, - / dem Teufel fällt's von selber zu!" - Nun ja, - schließlich ist „Jeder ist zu etwas gut, - und sei es nur als abschreckendes Beispiel! (Sprichwort)

Vom Bekenntnis des Glaubens

„Wir sind alle Vegetarier", sagte Frau Grüne zu dem neuen Mädchen, „es

„Aha, noch zweimal im Leben Kirche!"

wäre schön, wenn Sie sich auch dazu entschließen könnten." - „Ausgeschlossen!" antwortete darauf die Haushaltshilfe mit fester Stimme, „Ich bleibe katholisch!"

In unseren „grünen" Zeiten mag man die „Bildungslücke" belächeln, - einen starken Glauben und den Mut zum Bekenntnis hatte sie allemale! - Den hatte auch jene Münsterländer Bäuerin, deren frommen Eifer und Glauben der Pastor beim Hausbesuch und einer guten Tasse Kaffee lobte: „Jau, Hiär, einen starken Glauben, - den hew eck!" sagte sie, „eck gläuw alles, - ob et woahr is oder nich!"

Auch jene Schwester war sicher fromm und gläubig, die im Krieg während des Fliegeralarms rief: „Herr Pater, es wird schlimmer! Bringen Sie den Herrgott in den Keller!" - Nun ja, - vielleicht hat der Herrgott darüber ein ganz klein wenig gelächelt.

Als Vorbilder des Glaubens sind die beiden Kölner Originale freilich weniger geeignet, - trotz ihrer Wallfahrt nach Lourdes. Als sie auf der Heimreise beim Zoll eine als „Lourdeswasser" deklarierte Flasche öffnen müssen, und der Inhalt sich als „Schabau" erweist, sagt Tünnes mit frommem Augenaufschlag: „Leven Jott! al widder e Wunder!"

„Zu den schweren Aufgaben eines Christen gehört es, den Herrn nicht nur gegen die Leugnenden, sondern auch gegen die unerleuchtet Glaubenden zu verteidigen!" (Guardini) - Das mußte auch der Pfarrer feststellen, als er im Herbst am Feld eines Bauern vorüberkam, der mit der Kartoffelernte zugange war. „Anscheinend hat die Bittprozession geholfen!" meinte er freundlich, „die Ernte ist doch nicht schlecht!" - „Das schon," antwortete der Bauer, „aber die Kartoffeln sind viel zu klein!" - Im nächsten traf der Pfarrer den Bauern wieder bei der Kartoffelernte: „Nun, in diesem Jahr sind die Kartoffeln aber ganz groß geraten!" - „Na ja, das schon," entgegnete der Bauer verdrießlich, „aber es fehlen die kleinen, die Schweinekartoffeln!"

„Viele Christen sehen Gott, wie ein Flieger seinen Fallschirm: Er hat ihn für den Notfall immer zur Hand, - aber er hofft doch, daß er ihn nie brauchen wird!" (C.S.Lewis) - „Du, Sepp," fragt

der Hinterhuber seinen Freund, als sie beim Gewitter sich unterstellen, „warum machst denn du koa Kreuz nimmer, wann's blitzt?" - „A was!" sagt der Sepp wegwerfend, „dös braucht's nimmer, seit i in der Feuerversicherung bin!"

Eines Tages bat Petrus im Himmel den Herrn um eine Auskunft: „Herr, die Menschen da unten schreiben und reden jetzt ständig über „Glück", - was meinen sie eigentlich damit?" - „So wie sie das heute auffassen, meinen sie damit: Sechs Richtige im Lotto und die Zusatzzahl!" antwortete der Herr.

„Warum machst du denn so ein Beerdigungsgesicht? Fühlst du dich nicht wohl?" fragt der Obermeier seinen Freund, als er ihn auf der Straße trifft. - „Es geht bergab mit mir!" seufzt der traurig. - „Aber du hast mir im Frühjahr doch gesagt, du bist ein Glückspilz. Da hattest du für dein letztes Geld Opferkerzen in der Kirche aufgestellt, - und am nächsten Tag kam die Nachricht, daß dein verstorbener Onkel dir 60.000 Mark vererbt hat!" - Der Freund winkte nur müde ab: „Ich habe auch weiter Kerzen aufgestellt und Glück gehabt: Im Juni erbte ich 40.000 Mark von meiner Großmutter, - und vor zwei Wochen habe ich noch 4000 Mark im Lotto gewonnen, - - aber diese Woche, - wie abgeschnitten!"

Mark Twain kam mit seinem Freund aus der Kirche, wo der Reverend über den Glauben gesprochen hatte, der sogar Berge versetzt. Da es zu regnen begann, fragte ihn der Freund etwas ironisch: „Glaubst du fest daran, daß es aufhören wird, wenn du darum betest?" - „Aber natürlich!" versetzte Mark Twain, - „Bisher hat es das noch immer getan!"

„Meine Nichte ist auf wunderbare Weise gerettet worden," erzählte Herr Wuttke dem Pfarrer. „Sie sollte nach Paris fliegen, hatte einen Streit mit dem Taxifahrer und versäumte die Maschine. Sie haben sicher von dem schrecklichen Absturz gehört: alle Passagiere tot! - Ist das nicht ein Beweis für die wunderbare Vorsehung Gottes?" - „Aber, lieber Freund", - antwortete der Pfarrer darauf, „ich kenne ihre Nichte doch gar nicht . . ."

Als der Prediger Spurgeon in einem Hinterhof Londons predigte, verfehlte ihn ein von oben geworfener Blumentopf nur knapp. Er beruhigte die erschrockenen Zuhörer und sagte: „Wenn einem Menschen der Tod des Ertrinkens von Gott bestimmt ist, kann er wohl kaum von einem Blumentopf erschlagen werden!"

Das Schiff war in einen heftigen Sturm geraten. Die von Angst gequälte Reisende kommt zum Kapitän: „Sind wir in Gefahr, Herr Kapitän?" - „Madame", erwiderte der Kapitän höflich, „wir sind alle in Gottes Hand!" - „O Gott!," rief die Frau schreckensbleich, - steht es schon so schlimm mit uns?"

Nach einem Schiffbruch sitzen zwei Juden im Rettungsboot, - die einzigen, die noch leben. Aber weit und breit ist kein Schiff zu sehen. „Gott, du Gerechter!" betet der eine in seiner Verzweiflung, „wenn wir heil davonkommen, gebe ich die Hälfte meines Vermögens für die Armen!" - Sie rudern weiter. Es wird Nacht, und keine Hilfe ist in Sicht. „O Herr!" betet der fromme Jude wieder, „wenn du uns rettest, opfere ich zwei Drittel meines Vewrmögens!" - Am anderen Morgen ist die Lage genau so trostlos. „Deine Gebete haben uns auch nicht geholfen!" sagt der andere Jude, er ist ungläubig. Aber der Fromme läßt sich nicht beirren und betet gegen Mittag wieder: „O du gerechter Gott! wenn wir durch deine Hilfe aus diesem Schlamassel herauskommen, . . ." - „Halt!" schreit da der andere, „hör auf mit de Angebote! - Land in Sicht!"

Der Moser-Toni ist mit seinem Sohn beim Fischen auf dem Starnberger See, als plötzlich ein Gewittersturm losbricht. „Alle Heiligen vierzehn Nothelfer!" ruft der Toni in seiner Not, „wann uns nix passiert kauf i eich a große Kerzen!" - Das Gewitter wird noch stärker, die Wellen noch höher: „A Mess lesn laß i a no!" brüllt der Toni. Ein Blitz schlägt neben dem Boot ein: „A Wallfahrt nach Rom leg i no zua!" - „Aber Vater," mischt sich da der Bub ein: „Bist denn narrisch worden? Dees kost'a Vermögen!" - „Naa, - wart's nur ab, bis ma g'sund drüben san. Na werdens scho sehn, was's kriegen!"

Janko hat sich ein Pferd gekauft. Auf dem Heimweg kommt ein Sturm und das Pferd geht durch. „Lieber Gott!" gelobt Janko, „wenn das gut abläuft, will ich das Pferd verkaufen und das Geld für fromme Zwecke spenden!" - Tatsächlich! der Sturm legt sich, und das Pferd beruhigt sich. - Auf dem nächsten Markt sieht man Janko stehen: das Pferd am Zügel und im Arm ein Huhn. „Wollt ihr das Pferd verkaufen?" fragt ein Bauer. - „Ja, aber nur zusammen mit dem Huhn!" sagt Janko. - „Und was sollen sie zusammen kosten? - „Das Huhn fünfzig Rubel, und das Pferd fünfzig Kopeken!"

Ein Mecklenburger Bauer verfehlt,

vom Alkohol benebelt, den Mühlensteg und steht plötzlich vor dem tiefen Wassergraben. Beschwingt und benebelt beschließt er, das Hindernis durch einen kühnen Sprung zu nehmen, - aber nicht, ohne den Beistand des Himmels anzurufen: „Lewe Gott! Nu help mi doch bloß öwer dissen Graben! Ick gef ook Sonndag twintig Mark op'n Teller!" Dann nimmt er einen kühnen Anlauf und springt, - und findet sich, beide Hände ins feuchte Gras gekrallt, am jenseitigen Ufer wieder. „Na ja, - 'n Daler wär ook genug op'n Teller!" murmelt er nach der glücklichen Landung vor sich hin. Da geben die Grasbüschel nach, und langsam gleitet er rückwärts ins Wasser. Als er sich zappelnd und prustend endlich ans Ufer gerettet hat, murmelt er mit einem resignierten Blick nach oben: „Diu kannst öwer ok goar keen'n Spaß verdrag'n!"

Die Chinesen haben ein Sprichwort: „Die Religion verspricht eine sichere

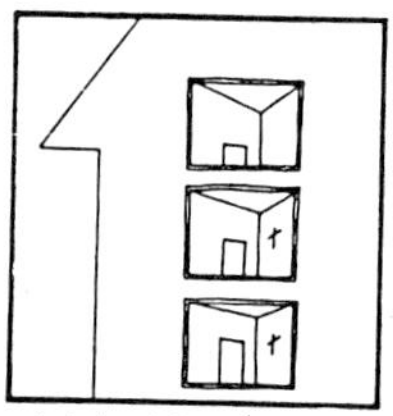

Im Dachgeschoß wohnt eine Heide.

Ankunft, jedoch nicht stets einen bequemen Weg!" Viele Christen möchten beides zugleich haben, sonst bekommen sie gleich Zweifel: „Wir nehmen gern die Weisheit an: Was Gott tut, das ist wohlgetan! Nur ist uns häufig nicht ganz klar, ob ER es denn auch wirklich war." (Eugen Roth) - Die kleine Bärenraupe in dem hübschen Gedicht von R. O. Wiemer hat keine Chance, über die Straße zu kommen, - doch könnte sie manchem Kleingläubigen ein Vorbild sein: „Keine Chance. Sechs Meter Asphalt. Zwanzig Autos in einer Minute. Fünf Laster. Ein Schlepper. Ein Pferdefuhrwerk. - Die Bärenraupe weiß nichts von Autos. Sie weiß nicht, wie breit der Asphalt ist. Weiß nichts von Fußgängern, Radfahrern, Mopeds. -

Die Bärenraupe weiß nur, daß jenseits Grün wächst. Herrliches Grün, vermutlich freßbar. Sie hat Lust auf Grün. Man müßte hinüber. - Keine Chance. Sechs Meter Asphalt. Sie geht los. Geht auf Stummelfüßen. Zwanzig Autos in der Minute. - Geht los ohne Haßt. Ohne Furcht. Ohne Taktik. Fünf Laster. Ein Schlepper. Ein Pferdefuhrwerk. Geht los und geht und geht und geht und kommt an."

Der große Erfinder Thomas Edison wurde wegen der Erfindung seiner Sprechmaschine mit einem Bankett geehrt. Nach der endlosen Lobrede stand Edison auf und sagte: „Ich danke dem Herrn für seine liebenswürdigen Worte. Aber ich muß doch eine kleine Berichtigung anfügen: „Die Sprechmaschine habe nicht ich erfunden, sondern Gott! An meiner Erfindung ist also eigentlich nichts Neues, sie hat nur eine angenehme zusätzliche Einrichtung: man kann sie abschalten!"

Manche meinen ja, Gott passe nicht mehr in unsere Zeit, er sei „gestorben". Daran ist wohl etwas wahr: Im ersten Weltkrieg, spätestens im Trommelfeuer von Verdun, starb der „liebe Gott". Im zweiten Weltkrieg, spätestens im Kessel von Stalingrad, starb der „Herrgott". Lange vorher waren schon der „schöne Gott" und der „süße Gott" gestorben. Und der „Gott, der Eisen wachsen ließ" und der „Gott der Schlachten" ist auch tot, - - aber GOTT lebt! - Der französische katholische Theologe Henri Lubac: „Gott ist tot! - Oder wenigstens erscheint es uns so, - bis wir Ihn hinter der nächsten Wegbiegung wiedertreffen, - lebendig!" Die sogenannten „modernen" Theologen hat schon Wilhelm Busch vorausgesehen, als er schrieb:

„Da drinnen hocken sie, Zahlen im Kopf, Bazillen im Herzen. Alles pulverisieren sie: Gott, Geist und Goethe!" - Ein „gemäßigter" gibt immerhin noch zu: „Natürlich ist auch diese Zeit die Zeit Gottes, - aber doch nicht seine beste!" Die „Existentialisten" dagegen hocken im Café / und stöhnen: „Das Leben ist zwar schön, aber die Existenz ist fürchterlich!" Da kann man nur sagen: „Philosophie ist die allmähliche Entwicklung vom Dunkel zum Dünkel!" (Ralph Boller) - Papst Johannes XXIII.

aber meint zu diesem Thema kurz und bündig: „Ich bin noch nie einem Pessimisten begegnet, der der Welt irgend einen Nutzen gebracht hätte!"

Lassen wir Christian Morgenstern in seiner hintergründigen Art hierzu das letzte Wort: „Ein Hase sitzt auf einer Wiese, / des Glaubens, niemand sähe diese. / Doch, im Besitze eines Zeisses, / betrachtet voll gehalt'nen Fleißes / vom vis-à-vis gelegnen Berg / ein Mensch den kleinen Löffelzwerg. / Ihn aber blickt hinwiederum / ein Gott von fern an, mild und stumm."

Gebete sind keine Briefwechsel

Ausgerechnet einem Dichter wie Oscar Wilde verdanken wir diese Erkenntnis, - ein Zeichen, daß der Heilige Geist immer noch weht, wo er will. Er sagte wörtlich: „Ein Gebet muß keine Antwort empfangen. Sonst wäre es kein

Gebet mehr, sondern eine Korrespondenz." Wir führen aber keinen Briefwechsel mit Gott, - obwohl sich viele Bittgebete (auch im Gottesdienst!) anhören wie an Gott gerichtete Beschwerde-Briefe, oder auch wie Reparatur-Anweisungen an einen Handwerker. Entsprechend müßte dann auch die andächtige Gemeinde antworten: „Das - und das - und das - ist (immer noch!) gestört, - kaputt, - nicht in Ordnung! - Wir bitten Dich, bring es gefälligst in Ordnung!

Der für seinen Humor bekannte † Pater Rochus Spieker hat einmal über das Beten gesagt: „Wir Deutschen haben eine angeborene Neigung zum Scheuklappen-Fanatismus. Wir wissen, daß wir Gott Ehrfurcht schulden und schließen daraus, daß man vor ihm gleichsam nur „umgeschnallt mit Stahlhelm zum Rapport" erscheinen dürfe. Es kommt uns gar nicht in den Sinn, daß man mit dem Vater, - ohne die Ehrfurcht zu verletzen, - plaudern oder gar scherzen kann. Vielleicht ist diese unsere Engstirnigkeit aber auch nur eine Zeiterscheinung. Denn der mittelalterliche Mensch hatte keine Hemmungen, im Schnitzwerk seiner Kathedralen der Phantasie die drolligsten Seitensprünge zu erlauben. Armer Vater im Himmel: Du hast sehr humorlose Kinder!"

In Kalabrien, dort wo der „Stiefel" erst richtig italienisch wird, hatte ein Bauer immer wieder zu Jesus gebetet, er möchte ihn doch mal in der Lotterie gewinnen lassen, - vergebens. Endlich war er es leid: „Jetzt gehe ich zur Madonna," sagte er sich, „vielleicht habe ich bei der mehr Glück!" Als er in die Kirche kam, um bei der Madonna eine Kerze aufzustecken und zu beten, hatte die das Jesuskind auf dem Arm. Da wandte er sich zuerst dem Jesuskind zu und sagte ärgerlich: „Ich komme nicht mehr, um mit dir zu sprechen, - jetzt rede ich mit deiner Mutter!" - Ich könnte mir beinahe denken, daß sie bei diesen Worten gelacht hat!

In Neapel kam auch ein Bettler in die Kirche, klaute eine Kerze und zündete sie vor der Statue der Heiligen Jungfrau an. Dann kniete er sich andächtig nieder und fing an zu beten: „Du siehst, ich bin ein Dieb, aber das bleibt unter uns!"

Der Bäckermeister im Dorf betet beim Gottesdienst mit gewaltiger Stimme. Da stößt ihn sein Nebenmann an und sagt: „Mit kleineren Schreien, aber größeren Brötchen würdest du bei Gott einen besseren Eindruck machen!"

Ein Soldat behauptete im Kriege immer vor seinen Kameraden: „Mir kann überhaupt nichts passieren!" - „Wer kann dir denn dafür garantieren?" fragten die. - „Mein Schneider! Dem habe ich meinen letzten Anzug noch nicht bezahlt, - der betet bestimmt jeden Tag um meine glückliche Heimkehr!"

Ein junges Mädchen wollte auch gerne einen Mann haben, da ging sie zur Sankt-Annen-Kapelle und steckte dort eine Kerze auf. Und weil sie sich allein

glaubte, betete sie laut: „O heil'ge Mutter Anne, / help mi doch bald to 'nem Manne! / Du kennst'n ja: / He wohnt vorm Suttmerdore, / het schoine gele Hore. / Du kennst'n ja!" - Nun war aber gerade der Küster hinter dem Altar und hörte das. Da rief er mit hoher, verstellter Stimme: „Du kriggst'nich, du kriggst'n nich!" - Das Mädchen aber meinte, das kleine Marienkind, das an den Knieen der Heiligen Mutter Anna lehnte, hätte ihm das zugerufen. Da wurde sie böse und rief: „Pepperlepepp! - dumme Blage! halt de Schnuten un lat de Mömme küren!"

Von dem Kalmeröder Rektor aus dem Eichsfeld erzählte man sich diese hübsche Geschichte: Er sollte im Nachbardorf ein „Tippen" (Topf) voll „Schmand" (Sahne) holen für den Namenstagskuchen und gleich noch welchen für den nächsten Tag bestellen. Wie er nun auf dem Rückweg ist, fällt ihm die vergessene Bestellung ein. Er sieht sich um, niemand ist in der Nähe, nur ein Standbild des Heiligen Antonius am Wegkreuz. Also stellt er das „Schmand-Tippen“ auf das Steinsims vor dem Standbild und geht eilig zurück, das Versäumte nachzuholen. - Als er zurückkommt, steht der Topf noch immer da, - aber restlos leer und sauber ausgeleckt! Ein Handwerksbursche, der vorbeigekommen war, hatte die Gelegenheit genutzt und obendrein noch dem Heiligen Antonius mit einem Rest Sahne einen Schnurrbart angeschmiert. - Der also Geschädigte und obendrein Verhöhnte stand wie versteinert vor dem leeren „Schmand-Tippen“, er schaute sich um, dann an der Figur hinauf und sah den weißen Schnurrbart. Da hob er drohend die Faust und rief: „Wann eich niet diene große Heiligkeit respektierte, dann hätt’ste jetzt aber rechts und links was um diene Schlackschnußen (Leckermaul) gekrääagen!“

Von allen Lebewesen ist der Mensch das einzige, das beten kann, - oder das das Beten nötig hat. Die Tiere beschweren sich nicht: „Lieber Gott, du erbarmst dich doch über wildfremde Leute, warum nicht über mich?“ - Sie

bangen auch nicht um ihr Leben wie jener Mann, der nach dem Schiffbruch aus dem Wasser auftaucht und schreit: „Gott, rette mich!“ - worauf ihm ein anderer Schiffbrüchiger zuruft: „Du mußt aber auch schwimmen!“

In einem anderen Fall ruft der Kapitän kurz vor dem Untergang des Schiffes alle auf dem Vorderteil zusammen und fragt: „Ist unter Ihnen einer, der imstande ist, mit wirklicher Inbrunst und voll Glauben zu beten?“ - „Ich, Herr Kapitän!“ sagt ein Mann bescheiden und tritt vor. - „Wunderbar!“ sagt der Kapitän darauf, „dann können die übrigen jetzt die Schwimmwesten anlegen. Es fehlt nur die eine!“

Ein General, der ein großer Zweifler war, so sehr, daß er sogar auch an seinem Zweifel zweifelte, betete während des Siebenjährigen Krieges vor einer Schlacht: „Herr Gott, - wenn es einen gibt, - bewahre meine Seele, - wenn ich eine habe.“

Der General de Gaulle dagegen war sehr fromm, aber auch sehr von sich überzeugt. Er soll gebetet haben: „Heiliges Herz Jesu, vertraue auf mich!“

Die Bäcker von Linz sollten auf Befehl der Polizei auf ihren Broten in Zukunft auch das Gewicht angeben. Ein Bäcker, der immer schon mit einem Stempel die Vaterunser-Bitte in seine Brote eingedrückt hatte, fügte jetzt das Gewicht hinzu, - das sah etwas merkwürdig aus.

Unser tägliches Brot

1½ kg.

Gib uns heute.

In Berlin wollte jemand die Hedwigskirche besuchen. Er fragte einen Mann und geriet an einen Sachsen: „Können Sie mir sagen, wo in dieser Straße die Hedwigskirche liegt?“ / „Die liecht schon hier, aber es is geene Girche!“ / „Erlauben Sie mal, die Hedwigskirche wurde 1838 erbaut und dient seitdem der regelmäßigen Abhaltung von Gottesdiensten!“ las der Fremde aus dem Stadtführer vor. / „Is schon meechlich.“ / „Wie können Sie also sagen, die Hedwigskirche sei keine Kirche?“ / „Hab’ch ja gar nicht gesaacht.“ / „Aber freilich, Sie sagten wörtlich: Es ist keine Kirche." / „Stimmt auch, es is geene Girche." / „Und warum, wenn ich fragen darf?" / „Weil an Wochendaachen ebend geene Girche is!" / „Ach, Sie meinen, es ist heute kein Gottesdienst?" / „Das sachj doch alleweile. Es ist ebend heide geene Girche in der Girche." / Nun, das macht nichts, ich will sie mir bloß ansehen." / „Das häddn Se doch gleich saach'n genn'n!" (Curt Seibert)

Eine fromme alte Frau unternahm eine Wallfahrt nach Kevelaer, um die wundertätige Muttergottes um ein Enkelkind zu bitten. Eine Bekannte, der sie es erzählt hatte, fragte sie nach einiger Zeit: „Ist deine Bitte nun erhört worden?" - „Erhört hat mich die Muttergottes schon," sagte die Wallfahrerin etwas verlegen, "aber sie hat sich vertan: das Kind, das hat nicht unsere verheiratete Grete gekriegt, sondern unsere ledige Trude!"

„Wenn einem Menschen die Hälfte seiner Wünsche in Erfüllung ginge, dann hätte er zweimal so viel Sorgen!" (Benjamin Franklin)

Wenn Menschen das Glück auswählen könnten, würden sie es bestimmt eine Nummer zu groß wählen!" (Pearl S. Buck)

„Leute, die immer sagen, sie bekämen vom Leben nicht das, was sie verdient haben, sollten sich nicht beklagen, sondern froh darüber sein!" (Unbekannt)

Frau Meier erzählt ihrer Nachbarin von der Besichtigung des Kölner Funkhauses: „Wir haben die Sendeanlage gesehen, den großen Funksaal, den Regieraum und den Paternoster ..." - „Ach," meinte da die Nachbarin, „das ist sicher der, der immer die Morgenandacht hält!"

Gott käme in eine schwierige Lage, wollte er jedes Gebet erhören: „Verschone uns mit Feuer, Mißernten und Heuschreckenschwärmen" beteten die Farmer am Sonntagmorgen. Zur gleichen Zeit hielten die Heuschrecken einen Bittgottesdienst ab: „Schlage den Feind mit Blindheit, damit wir in Ruhe seine Felder abfressen können!"

Nach dem Sieg der italienischen über die französische Fußballmannschaft meinte ihr Kapitän: „Wir haben gesiegt, weil wir vor dem Spiel gebetet haben!" - „Das begreife ich nicht," sagte der französische Kapitän darauf," wir haben doch auch gebetet!" - „Freilich," erwiderte der Italiener, „aber ihr habt französisch gebetet!" (Schließlich haben sie ja neben dem Papst und dem Petersdom auch die Muttersprache der Kirche)

„Aber Lieberchen, was denkst du dir eigentlich," sagte Frau Redlich vorwurfsvoll zu ihrem Gatten, „ich bet'und bet', daß du gesund wirst, und du läufst bei diesem Wetter ohne Paletot ins Freie! Ich mache mich ja direkt lächerlich beim lieben Gott!"

Es gibt auch Christen, die in ihren Gebeten den lieben Gott für ihre private Rache in Anspruch nehmen wollen.

Frau Huber sagt erschrocken zu ihrem Manne: „Jetzt haben wir doch ganz vergessen, Tante Kathi zu unserm Gartenfest einzuladen! Ruf sie doch schnell noch an, sie möchte doch kommen!" - Herr Huber ruft an und entschuldigt sich ausführlich für die verspätete Einladung. „Ich hab es schon gewußt!" unterbricht ihn die Tante giftig," aber ich komme nicht! Jetzt ist es zu spät! Ich habe schon um Regen gebetet!"

Der Konsul G. in Bremen wird gefragt, wie es seinem Sohne gehe. „Och, der is dscha nach Chicago hin." - „Ich weiß." - „Na, was macht er da?" - „Och, danke, ganz gut. Viel verdienen tut er dscha nich. Aber das soll denn dscha woll noch werden. Geheiratet hat er da dscha auch. Will ich nix gegen sagen. is'n anständiges Mädchen. Ganz gute Familie. Geld is d'r nich. Sind Puritaner. Kinner haben se nich. Er schreibt, sie beten da dscheden Abend um, daß se welche kriegen. Liegt mir nix an. Kost' mich dscha man mein Geld. Ich bet'r dscheden Abend gegen an."

Das Unglück
in der Welt kommt daher,
daß die gescheiten Leute
so dumm sind.

„Wir brauchen keine Hirten!“

Moderne Schafe — TV-ferngesteuert

Wer zuletzt lacht, lacht am besten

Allerlei
Ergötzliches
und
Nachdenkliches

gehört, gelesen
und gesammelt
von Dr. h.c. *)
Henricus Corte

*) natürlich humoris causa **)
**) spaßhalber

Erlebtes, Erlauschtes und Aufgebauschtes

„Lassen Sie sich wat
von 'nem alten Mann sajen:
Nehmen Se de Menschen, wie se sind, –
et jibt keene anderen!“

(Konrad Adenauer)

Humor ist nicht ohne Zeit denkbar,
aber auch nicht ohne Ewigkeit!

Theodor Haecker

Eine Gruppe amerikanischer Professoren
besuchte Mutter Theresa in Kalkutta
und bat: „Sagen Sie uns etwas,
das uns helfen wird!“ –
Sie sagte: „Lächelt einander zu!“

Den Ungläubigen,
die (noch) nicht lachen können, —
und den Gläubigen,
denen Paulus im 8. Kapitel
des Römerbriefes sagt,
„daß denen, die Gott lieben,
alles zum Besten gereicht“.
Augustinus hat dem hinzugefügt:
„etiam peccata“ —
sogar die Sünden!
Und Paul Claudel
hat diese trostvollen Worte
dem Drama „Der seidene Schuh“
vorangestellt,
zusammen mit dem
portugiesischen Sprichwort:
„Gott schreibt gerade
auch auf krummen Zeilen, —
sogar die Sünden!“

Buch 5

Inhaltsverzeichnis

Kleine Bibelkunde

„Was überlegst du, Petrus?“ fragte der Herr. Petrus sah auf und erwiderte: „Ich überlege nicht, Herr, aber ich habe gerade gelesen, daß die Bibel das meistgedruckte Buch der Welt sein soll.“ - „Das ist natürlich interessant“, sagte der Herr, - „und welches ist das meistgelesene?“

Was man schwarz auf weiß besitzt, sollte man getrost - auch einmal lesen! In Baltimore/USA hatte eine Buchhandlung im Schaufenster den Werbespruch: „Satan zittert, wenn er sieht, wie billig wir die Bibel verkaufen!“

Als „DIE BIBEL“, ein amerikanischer „Superschinken“ mit großer Reklame uraufgeführt wurde, machte ein

findiger Buchhändler gleich neben dem Kino einen Stand mit Bibeln auf: „Das Buch zum Film!“ - Er erzielte sagenhafte Umsätze!

Weil die Bibel viel zu wenig gelesen wird, vielmehr häufig nur als ledergebundene Prachtausgabe die Lücke im Bücherschrank füllt, sind hier vielleicht einige (nicht ganz theologische) Ergänzungen zur Bibel angebracht.

Die Inder, die von der Schönheit ihrer Rasse überzeugt sind, erzählen natürlich die Geschichte von der Erschaffung des Menschen auf ihre Weise: „Als Gott den Menschen schaffen wollte, formte er ihn aus Erde und brannte ihn im Brenn-Ofen. Er hatte ihn aber ein bißchen zu lange im Feuer gelassen, und der Mensch war verbrannt: das war der Neger. - Gott machte also einen neuen Versuch. Aber diesmal nahm er ihn zu früh heraus, und der Mensch war schlecht gebacken: das war der Weiße. - Nun machte Gott einen dritten Versuch, und der Mensch wurde genau richtig gebacken, - schön goldbraun: das war der Inder.“

Ein Schwarzer kommt ins Paradies und möchte einige Fragen an Gott stellen, der im Gegensatz zu den Menschen immer Zeit für ein Gespräch hat:

„Warum hast du mir eigentlich so lange Beine gegeben, Herr?“ „Damit du besser durch die Steppe laufen kannst.“ „Und warum hast du mir so krause Haare gegeben, Herr?“ „Damit deine Haare sich nicht im Busch verfangen.“ „Und warum hast du mir eine schwarze Haut gegeben, Herr?“ „Damit du die Sonne besser aushalten kannst.“ - - - „Das ist alles schön und gut, Herr. Aber erlaube mir noch eine Frage: Warum hast du mich in Chicago zur Welt kommen lassen?“

Es gibt mancherlei Begründungen, warum Gott die Frau erst an zweiter Stelle erschaffen hat: „Er wollte keine ungebetenen Ratschläge, während er den Mann schuf!“ (So sagen die Männer). - „Er wollte erst mal ein Probestück machen, bevor er sein Meisterwerk schuf!“ (So sagen die Frauen). Unter Männern gibt es noch eine dritte Version für die Raucher: „Zuerst erschuf Gott den Mann, - dann erschuf er die Frau, - danach tat ihm der Mann leid, und er schuf den Tabak!“

Erfolglos versuchte ein Junge, bei einer geizigen Frau zu betteln. Schließlich rief er: „Ich wollte, Sie wären Eva gewesen!“ - „Warum denn das?“ fragte die Frau neugierig. - „Sie hätten bestimmt nicht den Apfel mit Adam geteilt, - und wir wären heute noch im Paradies!“

Die Vatikanbibliothek enthält unter anderem die größte und die kleinste Bibel der Welt. Beim Rundgang erklärt der Führer den Besuchern: „Die große Bibel enthält alles, was Eva zu Adam sagte, - und die kleine alles, was Adam zu Eva sagte!“

Aus einer schon arg zerlesenen Bibel mit zahlreichen losen Blättern las der Leiter des Bibelkreises die Schöpfungsgeschichte vor. Er war unten auf der Seite gerade bei Eva angelangt und bemerkte nicht die fehlenden Seiten. So vernahmen die Teilnehmer mit Verwunderung: „Die Eva war... - 300 Ellen lang, 50 Ellen breit und dreißig Ellen

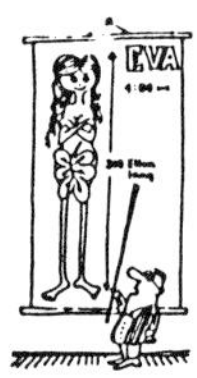

tief, inwendig und auswendig verpicht mit Pech.“ Der Leiter schloß das Buch, setzte die Brille ab und begann: „Tja, meine lieben Brüder und Schwestern, - daß Eva also 300 Ellen lang, 5o Ellen breit und 3o Ellen tief war, das können wir wohl verstehen. Sie war schließlich die Stamm-Mutter des ganzen Menschengeschlechtes. Daß sie aber inwendig und auswendig verpicht war mit Pech, - - das, liebe Brüder und Schwestern, das können wir nicht vestehen, - das müssen wir einfach glauben!“

Als Gott den Schweizer erschaffen hatte, fragte er ihn, ob er irgendwelche besondere Wünsche habe. „O ja!“ - Berge möchte ich haben mit weißen Schneegipfeln und grünen Almen!“ - Da schuf Gott für ihn die Schweiz, mit hohen Bergen, weißen Schneegipfeln und grünen Almen: „Nun, - bist du zufrieden?“ fragte er den Schweizer. „Nein“, sagte der Schweizer sofort. „Und was willst du noch?“ - „Auf den Almen möchte ich Kühe haben, die eine gute Milch geben!“ - Da schuf Gott auf den Almen viele Kühe mit herrlicher Alpenmilch. Dann fragte er den Schweizer: „Ist jetzt alles nach deinen Wünschen? und bist du zufrieden mit der Milch?“ - „Es gibt keine bessere!“ strahlte der Schweizer, „hier, bitte! - möchtest du einmal eine probieren?“ - Gott trank das Glas in einem Zuge aus und meinte anerkennend: „Wirklich, eine sehr gute Milch! - Möchtest du noch etwas?“ - „Ja, natürlich,“ erwiderte der Schweizer, „einen Franken-fünfzig für die Milch!“

Über das hohe Alter der Patriarchen äußerte sich in der Bibelrunde ein Arzt sehr skeptisch: „Ich kann als Arzt nicht glauben, daß Methusalem 900 Jahre alt geworden ist!“ - Darauf der Pfarrer: „Ich kann mir das aber gut vorstellen, - es gab damals doch noch keine Ärzte!“

Der Pfarrer ist im Bibelkreis fest überzeugt, daß es eine männliche „Friedenstaube“ war, die aus der Arche hin-

ausflog und einen grünen Ölzweig mitbrachte. „Wie wollen Sie das begründen?“ fragt eine weibliche Teilnehmerin ziemlich spitz. „Das ist doch logisch“, erwiderte der Pfarrer, „eine weibliche Taube hätte nie solange den Schnabel halten können!“

Frauen haben ihre eigene Logik. Das stellte der Kirchenhistoriker Adolf von Harnack bei einer Reise in die baltische Heimat fest, als er seine alte Tante in Dorpat besuchte. Er traf sie mit etlichen Freundinnen beim Bibelkränzchen, wie sie gerade den Propheten Hesekiel lasen. Erstaunt fragte der gelehrte Neffe: „Aber versteht ihr das denn auch?“ - „Ach ja“, erwiderte die alte Dame überzeugt, - „und was wir nicht verstehen, das erklären wir uns eben!“

Frau Hansen hatte sich vorgenommen, die ganze Bibel durchzulesen. Als sie zum erstenmal liest, wie die Brüder den armen Josef seines Rockes berauben und in ein Loch werfen, - da weint sie bitterlich: „Du arme mutterlose Waise, ach, wie schlecht ist doch die Welt!“ Ein Jahr später kommt sie beim Lesen an die gleiche Stelle. Aber diesmal empfindet sie kein Mitleid, sondern ruft zornig aus: „O du Trottel! - du verdienst kein Erbarmen! Jetzt mußt du doch wohl wissen, was für Schurken deine Brüder sind, - und da fängst du wieder mit ihnen an!“

In früheren Zeiten, als die Bibel oft das einzige Familienbuch war, zeigten sich auch die Menschen sehr viel bibelfester und gebrauchten bei jeder Gelegenheit passende Bibelsprüche. So geschah es auch auf einem Bauernhof, wo zu Mittag die große Schüssel mit Kartoffelbrei in der Mitte stand und jeder gleich aus der Schüssel löffelte. In der Mitte des Breies war eine Höhlung gelassen, in die die Bauersfrau die heiße Specksoße goß. Als der Bauer den leckeren Speck glänzen sah, zog er mit seinem Löffel einen Graben von der Mitte nach seiner Seite hinüber und sagte: „So zogen die Kinder Israels durch das Rote Meer!“ - Da steckte der Großknecht seinen Löffel in die Mitte, fuhr damit zu seiner Seite hinüber und sagte: „Und viel Volk folgte ihnen nach!“ - und der ganze übrige Speck ergoß sich in seine Weidegründe. Der Pferdejunge sah es mit Schrecken, aber er war keineswegs auf den Mund gefallen. Er tunkte kurz entschlossen seinen Löffel in die Schüssel und rief: „Ja, und das war alles ein Gewimmel!“ - und dabei rührte er Brei und Speck und Soße noch einmal kräftig durcheinander.

Auch Metzgermeister Schmalzig führte einen bibelfesten Familienbetrieb. Als mittags die Meisterin den leckeren Schweinskopf auf den Tisch stellte, gab der Meister bekannt: „Nur wer einen passenden Bibelspruch weiß, bekommt was ab!“ Damit nahm er das Messer und säbelte sich ein saftiges Stück herunter, wobei er sagte: „Und der Diener gab ihm einen Backenstreich!“ - Der Geselle wußte auch gleich das passende Bibelwort: „Da hieb Petrus dem Malchus das Ohr ab!“ - und schnitt sich auf der anderen Seite eine gehörige Portion herunter. Der Lehrling war aber keineswegs so unwissend, wie die andern glauben mochten. Er sagte: „Darauf verschwand er vor ihren Augen!“ - nahm den Schweinskopf und lief damit hinaus.

Als in einer kleinen amerikanischen Stadt der Mammut-Film „Die zehn Gebote“ lief, verkündete die Reklame: Der Kampf des Propheten Moses gegen die Tyrannei und Unterdrückung seines Volkes!“ - Darunter stand angeschlagen: „Erstes Gebot in unserm Hause: Du sollst nicht rauchen!“

Früher galt Manna-Saft als probates Abführmittel. Ein Arzt verschrieb dieses Mittel einer älteren Dame, die an Verstopfung litt, - mit durchschlagendem Erfolg. „Einfach fabelhaft!“ sagte sie beim nächsten Arztbesuch, - aber sagen Sie, lieber Doktor: wie haben die Israeliten in der Wüste das bloß ausgehalten, - vierzig Jahre Manna!“

Im Theater wird „Samson und Dalila“ gespielt. Ein älterer Herr ist ganz begeistert und sagt zu seinem Freund: „Da kann man sagen, was man will, - so ist die Bibel doch viel unterhaltsamer, als wenn man sie bloß liest oder in der Kirche hört! Das Auge will doch auch was haben!“ - Darauf der Freund: „Dann mußt du aber unbedingt nächste Woche kommen, dann spielen sie „Salome“, - da gibt’s noch viel mehr zu sehen!“

Auf der Reise durch das Heilige Land kommt ein amerikanischer Geschäftsmann auch zum See Genesareth. Der Bootsmann fordert für eine Fahrt auf dem See einen unverschämten Preis. Ärgerlich sagt der Amerikaner: „Dafür kann ich mir auf dem Oregonsee für einen ganzen Tag ein Motorboot mieten!“ - „Kann sein“, - erwidert der Verleiher ungerührt, „aber dies ist schließlich der See Genesareth. Auf dem hat einst Petrus gefischt, und der Herr Jesus ist sogar zu Fuß darüber gegangen!“ - „Kein Wunder!“ - knurrt da der Amerikaner, - „bei solchen Preisen!“

Im 19.Jahrhundert griff in einer öffentlichen Versammlung in Köln der Redner einer neu gegründeten Partei, - wie es damals häufig geschah, - die Kirche an und verstieg sich zu der Behauptung: „Mit der katholischen Kirche ist es Matthäi am Letzten!“ - Er hätte bei dem Bibelzitat doch lieber vorher nachschauen sollen. Es meldete sich sogleich ein bibelfester Zuhörer zu Wort und erklärte unter Gelächter und Beifall der Anwesenden: „Sie haben vollkommen recht, denn im letzten Vers von Matthäus heißt es: „Ich bin bei euch alle Tage bis ans Ende der Welt!“

Aus russischer Kriegsgefangenschaft erhielt eine Mutter einen Brief ihres Sohnes, der ihr sehr merkwürdig vorkam. Sie ging damit zum Pastor und fragte um Rat. „Was schreibt er denn Merkwürdiges?“ fragte dieser. - „Ja, - also, zuerst schreibt er: „Das Essen ist reichlich und schmackhaft, die Behandlung gut. Ich befinde mich wohl und kann über nichts klagen.“ - Aber dann: „Bruder Matthäus hat mir 4,2 Mark geschickt, und Onkel Lukas 16,28 Mark.“ - Er hat aber weder einen Bruder noch einen Onkel, der so heißt!“ - „Hat Ihr Sohn vielleicht ein Neues Testament?“ fragte der Pastor. Die Mutter nickte. - „Nun, dann wollen wir einmal sehen“, sagte der Pastor und schlug Matth. 4,2 auf. Dort stand: „Und als er 40 Tage und 40 Nächte gefastet hatte, hungerte ihn.“ Bei Lukas 16,28 aber stand: „Ich habe noch 5 Brüder, - daß sie doch nicht an diesen Ort der Qual kommen!“ - Da wurde auch der Mutter klar, was ihr Sohn ihr mitteilen wollte, und wie es ihm wirklich ging.

Herr Meier geht in der Dunkelheit leicht schwankend heim. In seinem unsicheren Gleichgewicht sucht er Halt an einem Laternenpfahl, an dem sich schon ein anderer aus dem gleichen

Grunde festhält. Der andere lüftet seinen Hut und sagt etwas mühsam: „'n Abend! Gestatten: mein Name ist Paulus!" - „Ach!" ruft Meier erfreut, - „Paulus? Sie sind der Paulus? Das freut mich aber wirklich! - - Nu sagense doch mal ehrlich: habense eijentlich jemals Antwort auf ihre Briefe an die Korinther bekommen?"

Im britischen Unterhaus wandte sich der Abgeordnete Leslie Hall gegen die Einwanderungsbestimmungen seines Landes: „Wenn die zwölf Apostel heute nach Dover kämen, dann würde man nur den Judas Iskariot reinlassen, weil der sich mit 3o Silberlingen eine Weile ernähren könnte. Die andern würden gleich abgeschoben, weil sie kein Geld haben. Und eine Arbeitsgenehmigung bekämen sie nicht, - da würde sofort die Fischerei-Gewerkschaft heftig protestieren!"

Seitdem aus den „Knechten" moderne „Landwirtschaftsgehilfen" geworden sind, müssen viele Bibelstellen verbessert werden. Zum Beispiel müßte es heißen: „Wohlan, du frommer und getreuer Landwirtschaftsgehilfe, geh ein in die Freude deines Herrn!" - Sinngemäß dürfte man auch nicht von den „Jüngern" sprechen, sondern von den „AZUBIs des Herrn!" - Die 8 „Wohligkeiten" haben sich, - nach zahlreichen Protesten! - inzwischen doch wieder in die 8 „Seligkeiten" zurückverwandelt. - Dagegen kann man immer noch das Gleichnis von den „klugen und den dummen Mädchen" lesen. Offenbar haben die Übersetzer etwas gegen die „Jungfrauen", - oder glauben sie, es gäbe heute keine mehr? Wenn schon „zeitgemäß", dann müßte man übersetzen: „von den klugen und den intellektuellen Teenagern." Denn „intellektuell" wandelt sich immer mehr zu einem Schimpfwort und entspricht dann genau der Bedeutung von „töricht", was ja bekanntlich keineswegs „dumm" bedeutet, sondern eine gewisse selbstbewußt - blinde Arroganz meint, die man gerade bei „Intellektuellen", aber nicht bei „Klugen" findet. - Dumm wäre hier lediglich die Frage, welche von den klugen Jungfrauen nun den Bräutigam eigentlich gekriegt hat!

Neuerdings versuchen es die Bibelübersetzer auch mit dem Computer, der dem Menschen angeblich weit überlegen, - ja sogar eine Art denkendes Wesen sein soll. (Ich schreibe dies gerade mit einem solchen: denken kann er überhaupt nicht, er macht nur, was ich ihm vorschreibe und vordenke, - ansonsten ist er ein kompletter Idiot! - Keine Spur von Geist, Verstand, Intelligenz, - vielmehr eine ordentliche, von intelligenten Menschen erfundene und vielfach verbesserte Schreibmaschine und als solche äußerst bequem und zuverlässig!)

Den Anforderungen der Bibelübersetzer ist offenbar aber kein Computer gewachsen. Man kann ein ganzes Lexikon an ihn verfüttern, ohne daß er Verdauungs-Störungen erleidet, aber die Übertragung eines lateinischen oder griechischen Textes in eine moderne Sprache ist doch wohl nicht das Eleganteste. Im britischen Elektronenzentrum Teddington in der Grafschaft Middlesex hat man den Computer mit dem bekannten (lateinischen) Matthäuszitat gefüttert: „Der Geist ist willig, aber das Fleisch ist schwach!" - Nach langem „Nachdenken" teilte der Computer durch den angeschlossenen Drucker das Ergebnis seiner Übersetzungsarbeit mit: „Der Whisky ist gut, aber das Essen ist schlecht!"

Über die biblischen Berichte rund um

den See Genesareth weiß natürlich auch ein Jude heute gut Bescheid, - das bringt der Fremdenverkehr so mit sich. Und als Devisenbringer sind auch Christen in Israel jederzeit willkommen. Auch zwei Talmudschüler hatten sich deshalb einem christlichen Pilger als Fremdenführer angeboten. Mit ihm machten sie eine Bootsfahrt auf dem See Genesareth. Unterwegs plagte sie in der glühenden Sonne der Durst. Als sie nicht weit von einer Gastwirtschaft vorbeiruderten, meinte der gläubige Pilger versonnen: „Ach, wenn ich jetzt doch auf dem Wasser wandeln könnte, wie einst der Herr, - ich würde schnell an Land gehen und uns etwas zu Trinken holen!" „Das kommt nur auf einen Versuch an!" - sagt da einer seiner Begleiter, schwingt sich über Bord, - und wandelt tatsächlich über das Wasser ans Land! Bald kommt er auf dem gleichen Wege mit einer Flasche Limonade zurück. Sie wird brüderlich geteilt, reicht aber für ihren Durst nicht aus. - Der Pilger, der dieses Wunder mit weit aufgerissenen Augen angesehen hat, ist zunächst ganz sprachlos, - jetzt sagt er, hoffnungsvoll und ängstlich zugleich: „Soll ich jetzt gehen?" - „Aber nein, Sie sind doch unser Gast!" wehrt der andere Begleiter ab und drückt ihn energisch auf die Sitzbank zurück. Er steigt aus und geht auf dem gleichen Weg wie der eine zum Land und wieder zurück. Als auch die zweite Flasche geleert ist, hält es den Pilger nicht mehr. Begeistert und entschlossen ruft er: „Jetzt bin ich an der Reihe!" - und springt mit einem innerlichen Stoßgebet über Bord. Doch geht es ihm wie damals dem Petrus. Prustend und zappelnd kommt er endlich wieder hoch und klammert sich an das Boot, - tief enttäuscht, daß ihn sein Glaube, - oder war es der Herr? - so sehr im Stich gelassen hat! - Da hört er, - während ihm die beiden Talmudschüler wieder ins Boot helfen -, den einen zum anderen sagen: „Es war nicht fair! - wir hätten ihm vielleicht doch vorher sagen sollen, wo die Steine liegen!

Von den Sakramenten

Wo es um Sakramente geht, wird jeder Nichtkatholik zum Außenseiter. Sie bleiben unverständlich, sind manchmal ein Stein des Anstoßes, - und trotzdem offenbar unentbehrlich. Wie kämen sonst kommunistische Regierungen dazu, eine Art Ersatz dafür zu schaffen: die Elternweihe mit Namensgebung statt der Taufe, die Jugendweihe statt der Firmung, die Eheschließungsfeier - bis hin zur Begräbnisfeier. Da geht es sehr ernst und würdevoll zu, da wird kein Lachen geduldet, und schon gar keine Witze.

Bei den Gläubigen ist der Humor sozusagen immer eingeladen. Dafür gibt es zwei Gründe. Der eine: „Wir heißen Kinder Gottes und wir sind es in Wahrheit!" - das ist uns sozusagen in Fleisch und Blut übergegangen, ebenso wie wir gewohnt sind, Gott unseren Vater zu nennen. Und in einer Familie geht es nun einmal nicht so zu wie in einer Diktatur. Der andere Grund: Wir glauben, daß der „familiäre" Umgangston der Größe und Erhabenheit Gottes keinen Abbruch tut. Wir machen keine Witze über Gott, - wir erzählen uns in Seiner Gegenwart Witze über unsere menschlichen Schwächen. Wir nehmen uns sozusagen selbst auf den Arm, - und hoffen, daß der Himmlische Vater dazu lächelt!

So! die lange Vorrede war notwendig, damit nicht allzu besorgte Seelen meinen, hier würde „das Heilige in den Schmutz gezogen."

Die Taufe

Was alles notwendig ist, damit ein Kind getauft werden kann, wollte der Pastor im Unterricht wissen. „Es muß erst mal geboren werden!" meinte darauf ein kleines Mädchen sehr praktisch. Am meisten leidet unter der Geburt bekanntlich der Vater, - vor allem, wenn es ein Junge ist. Obwohl es dem glücklichen Vater eigentlich egal ist, gibt es für den Jungen ein strenges Ritual, für dessen Einhaltung vor allem die Kollegen sorgen: dann muß der Vater seinen „Stammhalter" mit hochprozentigen Sachen „pissen lassen". Bei solcher Gelegenheit hatte einmal der Bruder des jungen Vaters ziemlich geladen. Als er spät nach Hause schwankte, grübelte er halblaut vor sich hin: „War es nun ein Junge? oder war es ein Mädchen? - jetzt weiß ich doch verdori nicht mal, ob ich Onkel oder Tante geworden bin!"

In Flandern nimmt man es nicht so genau damit. Man schenkt, - ob Junge oder Mädchen, - jedem Gratulanten ein Säckchen mit kleinen, braunen Zuckersteinen. Die nennt man dort „Kackjes", - was leicht zu übersetzen ist und genau das bedeutet, was Sie gerade gedacht haben!

Weil der Bauernhof im schottischen Hochland gar so weit und abgelegen ist, macht sich der Pfarrer dorthin auf den Weg, um das Kind im Hause zu taufen. „Habt ihr euch auch gut auf die Taufe vorbereitet?" fragt er den Bauern nach der Begrüßung. - „Aber sicher!" - antwortet der, „den saftigsten und schwersten Schinken hab ich aus dem Rauche geholt!" - „Nun ja", - sagt der Pfarrer, „aber ich meinte mehr, ob ihr auch geistig vorbereitet seid." - „Ah, das meinen Sie?" fragt der Bauer, „aber natürlich bin ich auch geistig vorbereitet: ich habe drei Liter zehnjährigen Whisky besorgt, - das wird wohl reichen!"

Der Alkohol hat bei solchem Anlaß wohl früher schon eine Rolle gespielt. Schon 1661 wurde durch die sächsische Polizeiordnung untersagt, „daß man beim Taufgang vor jedem Bierschank

Die Taufe. Von Ludwig Richter.

haltmacht und daselbst der Täufling begossen wird, derweil dies die Ursache ist, daß oftmalen die Täuflinge auf dem Weg verlorengingen oder im Wirtshaus liegen geblieben!"

Verwunderung und Mißverständnisse gibt es manchmal bei der Angabe des Namens. „Wie soll das Kind heißen?" fragt der Pastor bei der Taufe. „Dankwart!" - „Dankwart?" - wundert sich der Pastor, „aber mei Gutester, Dankwart is doch geen Name, - Dankwart is een Beruf!"

Der junge Vater meldete schon drei Monate nach der Hochzeit ein kleines Mädchen zur Taufe an, - Frieda sollte es heißen. „Aber so heißt doch keiner bei euch in der Familie!" wunderte sich der Pastor. „Na ja", druckste der Vater verlegen. „mir ham g'meint, - es war halt a bissel zu frieh - da!"

„Unser Sohn wird Sonntag getauft!" erzählt der Vater stolz seinem Arbeitskollegen. Doch der knurrt nur unwirsch: „Das ist vielleicht 'n komischer Name!"

„Auf welchen Namen soll das Kind getauft werden?" fragt der Pfarrer bei einer Tauffeier in Südfrankreich. Der Pate, - aus frommer, alter Adelsfamilie, - antwortet: „Jean, Adolphe, Norbert, Evarist, Pommier de Chartier de la Mirandole!" - Da ruft der Pfarrer zur Sakristei hinüber: „Küster, wir brauchen noch Wasser!"

Nach der Taufe meint der Pfarrer anerkennend: „Gratuliere! das Baby hat sich wirklich tapfer gehalten!" - „Wir haben ja auch vorher geübt!" sagt der Vater bescheiden. - „Und wie habt ihr das gemacht?" - „Wir haben zu Hause drei Tage mit der Gießkanne trainiert!"

Bei der Spendung des Taufsakramentes soll keine persönliche Ansprache gehalten, sondern über den Sinn dieses Sakramentes gesprochen werden. Von diesem weisen Rat der Katholischen Kirche meinte Pastor Obermeyer abgehen zu können, da es sich um eine sehr einflußreiche Familie handelte. „Da liegt nun unser kleiner Erdenbürger", - so sprach er zu den Anwesenden, „und ahnt noch nichts von der großen Welt. Welches Schicksal hat Gott ihm wohl zugedacht? Vielleicht macht er einen Gotteskämpfer aus ihm, - vielleicht wird er ein großer Kaufmann, der die Schätze der Welt sammelt, - oder ein tapferer Kriegsheld, - oder ein mächtiger Staatsmann, - ein Führer seiner Mitmenschen, - vielleicht sogar ein Bischof oder . . ." - „Entschuldigen Sie, bitte, Herr Pastor", unterbrach ihn da die junge Mutter energisch, - „Entschuldigen Sie, - aber es ist - ein Mädchen!"

Ein Pastor im Sauerland erhielt kürzlich eine völlig unerwartete Antwort, als er nach der Taufe zu dem kleinen Bruder sagte: „Dein Schwesterchen war so lieb bei der Taufe und ist ein so hübsches Kind, - ich möchte es mir gern mitnehmen!" - Der Kleine sah darauf den Pastor prüfend von oben bis unten an, - dann schüttelte er energisch den Kopf: „Ach du! - das geht ja gaanich! - Du hast doch keine Milch!" (Wörtlich verbürgt!)

Ein erwachsener Konvertit wurde nach seiner Aufnahme in die katholische Kirche gefragt: „Bewirkt denn nun die Taufe, daß du weniger sündigst als bisher?" - „Das wohl nicht", erwiderte er, „aber es ist bedeutend komplizierter geworden!"

Mehr aus Geschäftsrücksichten als aus wirklicher Überzeugung wollte der Kommerzienrat Grünbaum sich taufen und in die Evangelische Kirche aufnehmen lassen. Am Abend vorher fragte er ein in Etikettenfragen bewandertes Mitglied seiner neuen Kirche: „Lieber Baron, Sie wissen doch, daß ich morgen getauft werde, - aber was zieht man da eigentlich an?" - „Ja, mein Verehrtester", gab ihm dieser Auskunft, „Wir kommen da immer in Windeln!"

Zu den „Stolgebühren" hat der alte Münchhausen eine hübsche Geschichte beigesteuert. Er berichtet, er sei einmal in Rußland völlig abgebrannt gewesen. Da fand er auf einer Kirchentreppe eine weinende Frau mit einem Kind. Auf seine Frage erzählte sie: „Drei Stunden bin ich hergekommen, meinen Knaben taufen zu lassen. Aber der Pope verlangt zwei Rubel dafür, und die habe ich nicht!" - Stets hilfsbereit gab Münchhausen ihr sein letztes Fünfrubelstück: „Geh, laß dein Kind taufen und bring mir die zwei Rubel Wechselgeld zurück. Ich warte hier solange!" - Nach einiger Zeit kam die Mutter mit ihrem Kind glückstrahlend aus der Kirche, gab Münchhausen die drei Rubel zurück und wollte sich bedanken. Aber Münchhausen wehrte bescheiden ab: „Uns ist allen dreien geholfen!" sagte er: „Dein Kind ist getauft, - der habsüchtige Pope hat seine zwei Rubel eingenommen, - und ich bin mein falsches Fünfrubelstück los!"

Die Firmung

Weniger die Firmung selbst, als der damit verbundene Bischofsbesuch bringt immer einige Aufregung mit sich. Dann wird die Kirche und die ganze Pfarrei auf Hochglanz poliert. So kann der Bischof sich ein Bild machen, wie es in einer durchschnittlichen Pfarrei an einem gewöhnlichen Wochentag zugeht.

Endlich ist es soweit, - der Pastor ist zuversichtlich, daß alles wie am Schnürchen klappen wird. Allerdings hat der bischöfliche Kaplan plötzlich die Grippe bekommen, - also muß der Pastor dem Bischof „assistieren". Das war nicht vorgesehen und bringt den armen Pastor in große Verwirrung. Als bei der Feier nun der Bischof, wie es die Rubriken verlangen, seine Mitra braucht, sagt er leise zum Pfarrer: „Setzen Sie die Mitra auf!" - Der antwortete ganz verwirrt: „Aber nein, Exzellenz!" - Der Bischof wiederholt ungeduldig seine Aufforderung und sagt schließlich ärgerlich ein drittes mal: „Setzen Sie die Mitra auf! - habe ich gesagt!" - „In Gottes Namen!" sagt der Pastor darauf ergeben, nimmt die Mitra - und setzt sie sich aufs Haupt!"

Vor der Firmung hält der Bischof eine Ansprache an die versammelten Firmbewerber und deren Eltern, im Chorraum hinter ihm sitzen die Geistlichen und der Dechant. „Wer von euch will denn später einmal Priester werden?" fragt der Bischof. Fünf Jungen heben darauf die Hand. Der Bischof ist erfreut. „Und wer von euch will Bischof werden?" - Die Antwort ist verlegenes Schweigen, dafür eine allgemeine Heiterkeit im Kirchenschiff, - deren Ursache der Bischof erst erkennt, als er sich umdreht: Alle Priester im Chorraum haben die Hand erhoben!"

Früher wurde die Firmung erst nach der Messe gespendet. Der Bischof nahm denn in der Sakristei ein kleines Frühstück zu sich. Und die Haushälterin sorgte für einen großen Teller mit reichlich belegten Broten, - den brachten die Meßdiener später ins Pfarrhaus zurück, natürlich leer! In der allgemeinen Aufregung nun hatten die Meßdiener vergessen, rechtzeitig für Brotkrumen, Seife und Wasser zur Reinigung der bischöflichen Hände zu sorgen. Sie standen wie angenagelt, bis der Kaplan einen von ihnen in Richtung Sakristei schob und ihm zuflüsterte: „Los! hol das Brot!" Der verschwand gehorsam,

kam im Eilschritt zurück und trat vor den Bischof hin - mit einem großen Teller belegter Brote. Anschließend kamen zwar auch die beiden anderen mit Seife, Wasser und Handtuch, - aber die Verwechslung hatte schon ein hörbares Kichern im Kirchenschiff hervorgerufen, - dem sich auch der Bischof nicht ganz entziehen konnte.

Am Ende der Firmungsmesse ist der Pastor sehr erleichtert, daß alles gut abgelaufen ist, und gibt noch schnell bekannt: „Während der Bischof sich jetzt auszieht, singen wir alle: Maria, breit den Mantel aus!"

Zum anschließenden Gespräch im Pfarrheim hat man im Vorraum vorsorglich einen Kleiderhaken reserviert: „Nur für den Bischof!" - Als der Bischof endlich kommt, hat ein Witzbold darunter geschrieben: „Man kann aber auch Mäntel dranhängen!"

In Abwesenheit des Pfarrers erkundigt sich der Bischof, wie denn die Gemeinde mit ihrem Pastor zufrieden sei. Der angesprochene Vorsitzende vom Pfarrgemeinderat erklärt diplomatisch: „Unser Pastor ist wie der Liebe Gott, - wochentags ist er unsichtbar, - und sonntags unbegreiflich!"

Beim anschließenden Mittagessen in einem württembergischen Pfarrhaus lobt der Bischof den guten Wein des Dorfpfarrers. Der antwortet bescheiden: „Ha no, Ekschzellenz, 's ischt no lang nit vom Beschte!"

Der Essener Weihbischof Angerhausen besuchte auf einer Firmungsreise auch das Gymnasium. Er sprach einen Schüler der Oberstufe an: „Dominus vobiscum!" - Der Primaner antwortete verwirrt: „Wie bitte?"

Bischof Hengsbach besuchte in seiner „Kohlenpott-Diözese" auch einmal eine Zeche und führte anschließend mit den Kumpels ein Gespräch in der Werkskantine: „Na, meine Herren", fragte er, „was machen Sie denn so am Sonntag?" - Zuerst einmal ruhig frühstücken!" - Und dann?" - Frühschoppen, Herr Bischof!" - „Und was tun Sie danach?" - Mittagessen, und dann eine Stunde in die Heia!" - „Und wenn Sie ausgeschlafen haben?" - „Bundesliga Schalke 04!" - „Und was kommt dann?" - „Ein schöner Fernseh-Abend mit Krimi und paar Flaschen Bier!" - „Aber, meine Herren, gehen Sie denn gar nicht in die Kirche?" - „Was denken Sie, Herr Bischof, - wir sind doch evangelisch!" - „Was würde wohl Ihr Doktor Martin Luther dazu sagen?" - „Nun hören Sie bloß auf mit den Knappschaftsärzten, Herr Bischof!"

Ein gutes Gewissen . . .

"Ein gutes Gewissen ist ein sanftes Ruhekissen!" sagt der Volksmund. Wenn man hört, wie viele Menschen ein gutes Gewissen haben, ist es eigentlich kaum zu begreifen, warum sie dann nicht schlafen können. Seit die Katholiken ihr „gutes Gewissen" entdeckt haben und nicht mehr zur Beichte gehen, haben die Schlaf-Tabletten-Hersteller jedenfalls eine bemerkenswerte Umsatzsteigerung zu verzeichnen.

Ob jener Gastwirt eigene Erfahrung weitergeben oder nur Beschwerden vorbeugen wollte, weiß ich nicht, - jedenfalls teilte er den Gästen per Anschlag mit: „Sollten Sie bei uns nicht schlafen können, raten wir Ihnen: Schimpfen sie nicht auf unsere Betten, sondern prüfen Sie Ihr Gewissen!"

Der erste Bundespräsident, Theodor Heuss, verfügte offenbar über ein gutes Gewissen. Denn als ihn jemand auf seine bekannte Vergeßlichkeit ansprach, antwortete er: „Wer immer die Wahrheit sagt, kann sich ein schlechtes Gedächtnis leisten!"

Natürlich ist das sprichwörtliche gute Gewissen kein Wundermittel gegen Schlaflosigkeit, noch kann das Gegenteil verhindern, daß ausgesprochene Bösewichte sich eines gesunden Schlafes

erfreuen. Viele Menschen verdanken ihr gutes Gewissen nicht ihren guten Taten, sondern ihrem schlechten Gedächtnis. Wenn sie dann ertappt und überführt werden, sind sie womöglich noch beleidigt.

Wußten Sie übrigens, daß wir einen gesunden Schlaf auch den Zahnärzten verdanken? Das hat ein gewisser Wolfgang Altendorf logisch bewiesen: „Zahnärzte sind wichtig, denn: ohne Zahnarzt keine Bohrer, ohne Zahnbohrer keine Erinnerung an alle Sünden, ohne Erinnerung an alle Sünden keine tätige Reue, ohne tätige Reue kein reines Gewissen, ohne reines Gewissen kein sanftes Ruhekissen, ohne sanftes Ruhekissen kein gesunder Schlaf!"

In einer von Papier, Nachrichten und Erklärungen überschwemmten Zeit mag der kleine Mann ja wirklich Schwierigkeiten mit seinem Gewissen haben. Die zehn Gebote haben nur 179 Wörter, die amerikanische Unabhängigkeitserklärung 300, aber die EG-Verordnung über den Import von Karamelbonbons hat 25911 Wörter! Wer soll sich da noch auskennen? „Die zehn Gebote sind deshalb so klar und genau", hat Konrad Adenauer einmal mit einem Stoßseufzer gesagt, „weil sie nicht von einer Kommission bearbeitet und herausgegeben wurden!" Leider gibt es heute allzu viele berufene und unberufene „Bearbeiter" und „Herausgeber" auch der zehn Gebote!

Die Erfahrung, daß man „die Kleinen hängt und die Großen laufen läßt", hat schon 300 vor Christus der fernöstliche Weise Dschuang Dse in die Worte gefaßt: „Stiehlst du einen Löffel, wirst du gehenkt, - stiehlst du ein Königreich, wirst du gekrönt!" - Solche Erfahrungen verschaffen schließlich auch den „Kleinen" ein weites Gewissen.

Man vergleicht das Gewissen gern mit einem Kompaß, dessen Nadel bekanntlich immer nach Norden zeigt, - sofern nicht gerade ein Stück Eisen in der Nähe stärkere Anziehungskraft hat. Das hat Eugen Roth sehr schön beschrieben: „Ein Mensch, dem Unrecht offenbar / Geschehn von einem andern war, / Prüft, ohne eitlen Eigenwahn: / Was hätt' in dem Fall ich getan? / Wobei er feststellt, wenn's auch peinlich: / Genau dasselbe, höchstwahrscheinlich. / Der ganze Unterschied liegt nur / In uns'rer menschlichen Natur, / Die sich beim Unrecht-Leiden rührt, / Doch Unrecht-Tun fast gar nicht spürt."

Im Zuge der menschlichen Entwicklung macht natürlich auch die Stimme des Gewissens ihren Stimmbruch durch. Mark Twain hat einmal beschrieben, welche Gewissensbisse ihn als Zehnjährigen plagten: „Als ein Obsthändler gerade mit einem Kunden sprach, griff ich mir von seinem Wagen einen großen Pfirsich und verschwand damit in einem Hausflur. Doch als ich den ersten kräftigen Biß in die Frucht tat, war es mir, als ob dieser Biß tief in mein Gewissen eindringen würde. Ich konnte nicht anders, - ich schlich wieder zum Wagen des Obsthändlers und legte den Pfirsich unbemerkt zurück. Und dann nahm ich einen, der reifer und nicht so sauer war . . ."

Beispiele für die „Weiterentwicklung" des Gewissens gibt es genug, - freilich geht die Erweiterung oft so weit, daß fast alle Sünden durch die allzugroßen Maschen fallen. Die Freitags-Abstinenz verlangte früher von allen Gläubigen den Verzicht auf Fleisch. Das nahm man sehr genau. Doch man konnte z.B. für eine Hochzeitsfeier „Dispens" erhalten und auch am Freitag Braten auftischen. Diese Erlaubnis betraf aber nur die Angehörigen und Verwandten. Die Nachbarn und andere

Gäste mußten sich mit Fisch begnügen. Hannes und seine Grete waren leider auch nur Nachbarn. Als der köstliche Braten aufgetragen wurde, lief ihnen beiden das Wasser im Munde zusammen. Grete wandte sich schließlich mit einem entsagungsvollen Seufzer der Fischplatte zu. Hannes aber kämpfte noch mit der Versuchung, dann fand er die Lösung seines Problems: „Gret'", sagte er entschlossen, „iäck go bichten!" und schob sich eine gehörige Portion von dem Braten auf seinen Teller.

Vielleicht fasten strenge Vegetarier dadurch, daß sie am Freitag aufs Grün verzichten und statt dessen Fleisch essen? Es soll auch schon öfter vorgekommen sein, daß jemand beichtet, er habe „unmäßig gefastet", weil er sich am leckeren Hummer den Magen verdorben hatte. Ein anderer guter Christ hat sich mit ruhigem Gewissen dem Fleischgenuß am Freitag hingegeben,

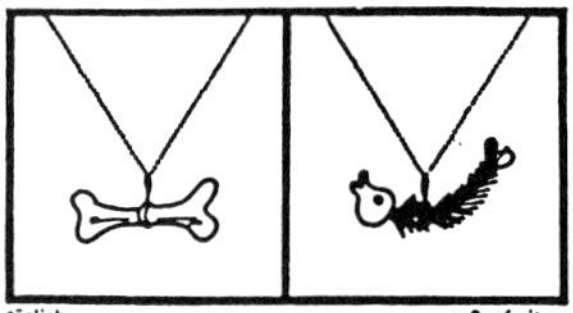

AMULETT EINES KATHOLISCHEN ROCKERS

nachdem er im Hotel so sonderbare Gerichte wie „gekochten Hai", „Walfisch in weißer Soße" oder „Seekuh als Sauerbraten" verlangt und nicht erhalten hatte. Er meinte: „Gott ist mein Zeuge, daß ich alles versucht habe!" und ließ sich das Steak mit Eiern schmecken.

Auch für die Umgehung des Sonntagsgebotes findet man bei einigem Nachdenken hinreichende Gründe. In einer Diskussion über die Sonntagsheiligung meinte ein Teilnehmer, an den Pastor gewandt: Man müsse aber doch am Sonntag unaufschiebbare Arbeiten tun können. Christus selber habe doch vor den Pharisäern den Mann in Schutz genommen, der am Sonntag seinen Ochsen aus dem Brunnen gezogen habe. - „Gewiß, gewiß", erwiderte der Pastor, „Wenn aber Ihr Ochse jeden Sonntag in den Brunnen fällt, dann sollten Sie ihn entweder verkaufen oder einen Deckel auf den Brunnen legen!" (Er kannte seine Pappenheimer).

Als das Konzil statt Fleischverzicht am Freitag ein persönliches Opfer in beliebiger Form einführte, veranlaßte das die Normandie-Fischer zu einem geharnischten Protest: „Die Kirche zerstört unsere Lebensgrundlage!" Dabei wollte sie nur eine moderne Form der „Solidaritäts-Kundgebung" für den gekreuzigten Herrn. Obwohl sich heute immerzu alle möglichen Menschen, Gruppen und Parteien für irgendwen oder irgendetwas „solidarisch" erklären und sogar Terroristen edelmütige „Bekenner-Briefe" schreiben, ist es mit der christlichen „Solidarität" nicht weit her.

Sie sehen also, wie schwierig es ist, sein Gewissen in Hochform und sich selbst als guten Christen zu erhalten. Schon der große Blaise Pascal war der Meinung: „Es gibt nur zwei Sorten von Menschen: Gerechte, - das sind die, die sich für Sünder halten. Und Sünder, - das sind die, die sich für gerecht halten!" Halten Sie sich für ein(e)n Sünder(in)?

Eine amerikanische Sekte warb für ihre Versammlungen auf einem Plakat mit der Frage: „Haben Sie heute schon gesündigt?" - Aber unter die Frage hatte jemand mit Lippenstift geschrieben: „Wenn nicht, - dann ruf die Nr. 46 38 16 an!"

Viele Christen haben nur noch eine stark gekürzte Ausgabe der zehn Gebote im Kopf. Das erfuhr ein katholischer Divisionspfarrer, der sich Sorgen machte, weil mitten im Krieg kaum einer zur Beichte kam. Ein Landser klärte ihn auf: „Wozu soll das gut sein, Herr Pfarrer? - Schaun S', - mir ham doch keine Sünden: Stehlen, dös is jetzt im Krieg erlaubt, - zu Saufen gibt's eh nix, - und Madeln hat's hier draußen auch keine!"

Die „aufgeklärten" Zeitgenossen haben die Sünde samt Gewissen längst abgeschafft, - was sie nicht hindert, andere als „böse", „schlecht" und „Sünder" zu bezeichnen: „Sünde? das ist doch alles bloß Bla-Bla! - aber meine Nachbarin, - die ist wirklich schlecht!" Das Paradies freilich ist trotz „Sündenlosigkeit" keineswegs zurückgekehrt. Einer der „Intellektuellen" hat unlängst behauptet, die Dummheit sei die größte (und einzige) Sünde. Aber die Erfahrung beweist eher das Gegenteil: Die Sünde ist die größte Dummheit!

Wilhelm Busch gibt freimütig seine eigenen Erfahrungen wieder, wenn er sagt: „Ach, der Tugend schöne Werke, / gerne möcht' ich sie erwischen! / Doch ich merke, doch ich merke: / immer kommt mir was dazwischen!" Seine Bildergeschichten sind eine Art „Gewissensspiegel" und sollen es auch wohl sein: wir lachen drüber und merken zu spät, daß wir über uns selbst gelacht haben.

Heute haben in den Medien die „Umweltschützer" und die „Sexologen" das Wort, - die einen erklären die Welt für schmutzig, die andern den „Sex" für „rein". Es soll aber noch immer Menschen geben, die sich an jene Zeiten erinnern, als der „Sex" noch schmutzig und die Umwelt noch rein war.

In jener Zeit verabreichte der Landarzt der schwerkranken Bäuerin eine Penizillinspritze ins Gesäß. Da rief sie entrüstet: „Du Säumensch! - das muscht jetzt aber DU beichten!"

Die Frage, was Sex ist, kann heute jedes Schulkind beantworten: 5 + 1 = 6. Nehmen Sie den Kalauer mit Nachsicht auf, - in Wirklichkeit ist es bei all der „Aufklärung" auch für Schulkinder nicht leicht, im seelischen Gleichgewicht zu bleiben.

Der Stern-Chefredakteur Henri Nannen beantwortete eine gerichtliche Anzeige der bekannten und beliebten Schauspielerin Inge Meysel wegen Pornografie in seinem Magazin mit der Feststellung: „Dem Reinen ist alles rein, den Schweinen ist alles Schwein!" - Nun reimt sich das zwar vortrefflich, erweist sich aber auch als Bumerang. Denn er hat ja recht damit: die Schweine wälzen sich mit Vergnügen in jedem Dreck, - nur Menschen bezeichnen die Brühe als Unrat, - Schweine nicht! Womit denn auch hinlänglich erwiesen ist, an wem das „Schwein" letzten Endes hängenbleibt!

Die heutigen Intellektuellen, die - nach 80 Jahren! - endlich den Professor Freud für sich entdeckt haben, fühlen sich seitdem von allen „moralischen Zwängen“ befreit. Manche lesen ihn sogar, - einer von diesen erlitt kürzlich einen schweren seelischen Schock, als er bei seinem geliebten Professor den Satz las: „Der Verlust der Scham ist das erste Zeichen von Schwachsinn!“ - Das darf doch nicht wahr sein! (Ist es trotzdem!).

Eine wahrhaft verblüffende Aussage habe ich unlängst in der Fernsehdiskussion „Neue Sexualität“ gehört, als ein Teilnehmer sich äußerte: „In unserer Zeit ist doch alles erlaubt!“ - „Da muß ich widersprechen“, meldete sich darauf der eingeladene „Sexologe“, „das ist keineswegs der Fall! Es gibt immer noch Grenzen! Sie dürfen zwar nackt über den Zebrastreifen gehen, - aber niemals bei Rot!“ (Anmerkung: Der Professor meinte dieses Eintreten für „Gesetz und Ordnung“ ernst! - Es würde ihm weh tun, wenn Sie darüber lachen!)

„Wie es scheint, ist die Moral / nicht so leicht beleidigt, / während Schlauheit allemal / wütend sich verteidigt. / Nenn den Schlingel liederlich, - / leicht wird er's verdauen! / Nenn ihn dumm, so wird er dich, / wenn er kann, verhauen!“ (Wilh. Busch)

Vom Bekenntnis der Sünden

Trotz aller gegenteiligen Versicherungen tragen alle Menschen das Beichten sozusagen im Herzen, - wenn sie nicht einem Priester beichten, dann einem Arzt, dem Advokaten, einem Freund oder der Nachbarin. Die „Selbstkritik“ in kommunistischen Staaten ist nichts anderes als eine erzwungene Beichte, - die Kirche, die man so gern „intolerant“ nennt, holt niemanden zwischen zwei Polizisten zum Beichten. Dorthin kommt, wer will. Und wessen er sich auch anklagt, - er erfährt Vergebung, und sein Geheimnis bleibt bewahrt. Selbst ein ungläubiger Arzt hat die Abnahme der Beichte beklagt, - obwohl er sie nur für eine Art „seelischer Hygiene“ hielt, eine Mög-

lichkeit, sich von seinen Ängsten zu befreien, einem Menschen sein Herz öffnen, der Zeit hat, ihn anzuhören.

Beim Psychoanalytiker geht es bequemer zu als auf harten Beichstuhl-Kniebänken, - aber die Beichte ist gratis, der Medizinmann teuer. Und wenn man nicht an Gott glaubt, ist es schwierig, an sich selbst zu glauben und an die anderen. „Viele greifen zum Alkohol, weil sie versuchen, ihr Gewissen chemisch zu reinigen, statt moralisch!“ erklärte der dänische Geistliche Niels Holgersen, als er sich gegen den Mißbrauch des Alkohols wandte. Aber weder die Droge noch der „Seelendoktor“ kann einen Menschen wirklich befreien, „los-sprechen“ von seinen Sünden.

Ein Dorfarzt meinte zu dem befreundeten Pfarrer: „Glauben Sie mir! Die Leute kommen zu Ihnen und zu mir. Aber der eigentliche Beichtvater sind nicht Sie, der bin ich.“ - „Mag ja sein“, murmelte der Priester vor sich hin, - „aber ich kann vergeben!“

Vergeben, - das ist der Kern der Beichte. Diese souveräne Handlung macht nichts so deutlich wie jene kleine

Geschichte von dem Mann, der aus Eifersucht zum Mörder geworden war. Nach der Tat plagt ihn das Gewissen, und es drängt ihn, sein Herz zu erleichtern. In der Hoffnung auf Verständnis und Teilnahme sucht er einen Rabbiner auf. Der aber hält ihm die Talmudgesetze vor: Wer tötet, soll getötet werden! und droht ihm sogar mit einer Anzeige. Tief erschüttert und verzweifelt sucht der Mann einen protestantischen Pastor auf, in der Hoffnung, als verheirateter Mann werde er seine Eifersucht besser verstehen und ihn nicht verdammen. Doch der Pastor nannte ihn einen Mörder und Unmenschen und wandte sich angewidert ab. Ganz entmutigt und fast ohne Hoffnung ging der Verbrecher schließlich in den Beichtstuhl eines katholischen Priesters und bekannte: „Mein Vater! ich habe gemordet!" - Da kommt aus dem Dunkel hinter dem Gitter eine ruhige Stimme: „Wie oft, mein Sohn!"

Diese souveräne Vollmacht und Verfügungsgewalt über die Göttliche Vergebung im Bußsakrament kennzeichnet den katholischen Priester. Der bekannte Abt Dom Marmion OSB sagte darüber: „Der Liebe Gott ist ein Gentleman. Wenn Er sagt: Es ist vergessen, dann ist es wirklich vergessen. Wir, - wenn wir uns ausgesprochen und versöhnt haben, - sagen auch: es ist vergessen! - Aber es ist nicht vergessen!"

Vor diesem Hintergrund kann man getrost auch das Bekenntnis der Sünden in den Humor einbeziehen, - werden doch die Menschlichkeiten nirgendwo so sichtbar, wie gerade in der Beichte.

Das Bekenntnis einer Dame, sie habe sich häufig und mit großem Wohlgefallen im Spiegel betrachtet und für schön befunden, wird zwar immer wieder nacherzählt. Passiert sein (soll) es aber zuerst dem beliebten Prediger an Notre-Dame in Paris Monsabré. Der warf nur einen kurzen Blick auf die nichts weniger als schöne Dame und sagte: „Da können Sie ganz beruhigt sein: Das ist keine Sünde, sondern ein Irrtum! - Gehen Sie in Frieden. Amen!"

Natürlich kommt es auch vor, daß jemand seine Sünden zu „beschönigen" versucht. Eine solche „ausgeglichene Beichte" könnte sich etwa so anhören:

„Mein Vater! - ich war ungeduldig mit meiner Frau, - aber wenn Sie wüßten, wie sie ist . . . !

. . . „Besserungsanstalt"

. . . Ich habe meinem Arbeitgeber Geld gestohlen, - aber er bezahlt nicht genug . . . !

. . . Ich habe mich zu einem großen Zorn hinreißen lassen, - aber wenn Sie wüßten, was man mir alles vorgeworfen hat . . .!

. . . Ich habe im Bus nicht bezahlt, - aber es war doch auch Aufgabe des Schaffners, darauf zu achten . . . !

. . . Manchmal habe ich Böses über meinen Nächsten gesagt, - aber wenn Sie wüßten, was die alles von mir sagen . . .!

. . . Ich habe ein Bordell aufgesucht, - aber es war mein Kamerad, der mich dazu verführt hat . . . !

. . . Ich habe im Büro nur die Zeit abgesessen und nichts getan, - aber das machen doch alle so . . . !

. . . Ich habe die Erziehung meiner Kinder vernachlässigt, - aber sie sind wirklich unmöglich!"

Der alte Einlieger Toni war nun schon über achtzig und ging zur Osterbeichte: „Sünden hob i eigentlich koane, aber etwas geht mir halt manchmal im Kopf herum. Wissen S', wia i so um die 3o war, da bin i Überfahrer g'west aufm See. Da hob i amal an fremd'n Herrn überg'fahren, dem is's Fahrgeld z'hoch g'west, und i ho eahm mit'n Ruada auf'n Kopf aufituscht, daß a in'n See einig'falln ist. Und weil's nun bald scho finfzig Jahr her is, daß i von eahm nix g'sehn und g'hört hab, do hob i a bißl Angst, es kunnt eahm am End doch was passiert sein!"

Zu einem Kapuziner in Wien kam ein Mann und beichtete: „Ich habe oft geflucht, - dafür habe ich täglich gebetet, das gleicht sich also aus. Dann habe ich mich manchmal betrunken, - dafür habe ich aber jeden Freitag gefastet, das gleicht sich wieder aus. Dann habe ich manchmal gestohlen, - dafür habe ich aber genausoviel Almosen gegeben, das gleicht sich wieder aus..." Und das ging so weiter. Der Kapuziner versuchte vergeblich, ihn zur Einsicht und Reue zu bewegen. Schließlich sagte er: „Weißt du was? Gott hat dich erschaffen, - und der Teufel wird dich holen, wenn du nicht bereust. Das gleicht sich dann auch aus!" (Offenbar hat sich der „Ausgeglichene" dann doch noch bekehrt, sonst hätte er die Geschichte nicht später weitererzählt. (Sp)

„Ich weiß gar nicht, was ich beichten soll!" sagte der Mann, „Ich gehe jeden Abend pünktlich um neun ins Bett, ich trinke nicht, ich gehe nicht aus, ich habe nichts mit Frauen, ich stehle nicht, ich tue keiner Fliege was zuleide, und jeden Sonntag gehe ich zur Messe... " - „Das wird sich leider alles ändern, sobald Sie entlassen sind!" sagte der Gefängnispfarrer.

Die Geschichte von dem kleinen Bernhard, der in der Kirche erlebte, wie seine Mutter zum Beichten ging, kann man nur im heimischen Platt von „Jupp" am Möhnesee wiedergeben. „Bennätzken" erzählt also zu Hause: „Och - Omma - inner Kiärke, wat hewwick mi dao schiämet! - dao kam de Pastäoer imme Nachtpolter (die weiße Albe) un mochte säo druck oppet Häuseken, - un uese Mamma, - nai, wat hewwick mi schiämet füör uese Mamma! - Dao goiht de Pastäoer oppet Häuseken, - un uese Mamma faots ächterhiär un hiät düört Fiester kieken, wo de Pastäoer op me Häuseken satt! - Nai, - wat hewwick mi dao füör uese Mamma schiämet!"

„Ich geh jetzt zum Beichten", sagte die Fleischersfrau zu ihrem Mann. „Aber sei vorsichtig", sagt der, „sag nichts vom Geschäft, - der Pastor gehört zu unserer Kundschaft!"

Beim Pastor der Kleinstadt beichtet ein Mann, er habe am letzten Freitag eine ganze Leberwurst gegessen. - „Bei welchem Metzger hast du sie gekauft?" fragt der Pastor. - „Bei Bornemanns:" -„Dann ist es keine Sünde, der macht nur Mehlwürste!"

Zu Don Bosco kam ein Mann und sagte: „Meine letzte Beichte war vor zehn Jahren." - „Das macht dann zweihundert Lire!" sagte Don Bosco. - „Wie? - ich dachte, das Beichten sei gebührenfrei!" - Das haben Sie also gewußt? und sind trotzdem so lange nicht gekommen?"

Ein Mann in Salamanca erklärte sich für rettungslos verloren. Man brachte ihn zu einem hochgelehrten Mönch, der den Fall in Ruhe zu betrachten versprach. Als man am nächsten Tag ihm den Verzweifelten wieder vorführte, sagte er: „Ja, es ist so. Der Mann ist auf ewig verdammt!" - Da rief der Ärmste unter Tränen: „Aber Pater, wozu hat dann Gott sein Blut vergossen?" - „Na also, du Schlingel," sagte da der Mönch, „wenn du das weißt, was redest du dann von deiner ewigen Verdammnis?" (Lope de Vega)

Die Iren sind bekannt wegen ihrer Treue zum katholischen Glauben. Der Pastor war darum entsetzt, als Paddy in der Beichte bekannte: „Ich habe meinen Glauben verleugnet!" - „Aber Paddy! wie ist das möglich, wo doch dein Großvater für den Glauben von den Engländern aufgehängt wurde und deine Großmutter im Gefängnis gewesen ist! Wie hast du das tun können?" - „Ich tat es um des Glaubens willen", sagte Paddy, „und das kam so: ich war mal wieder betrunken und lag im Straßengraben. Da kam der anglikanische Reverend mit seinem Kantor vorbei und sagte: „Da liegt wieder so ein betrunkenes katholisches Schwein im Graben!" - und da habe ich um des Glaubens willen meinen Glauben verleugnet und habe ihm nachgerufen: „Hier liegt kein katholisches, hier liegt ein protestantisches Schwein!"

Während der Sommerferien beichtet ein preußischer Feriengast bei einem oberbayerischen Dorfpfarrer und erwähnt dabei seine Herkunft. „Dös is ka Sünd", sagt der darauf, „aber a Schand!"

In der Nazi-Zeit sieht der Tünnes den Schääl mit einem „Volksempfänger" unter dem Arm die Domtreppe hinaufgehen. „Wat willste denn mit dem Radio im Dom?" fragt er verwundert. - Schääl antwortet: „Dat Biest muß erst mal beichten gehn! Et is de janze Dag am Lügen!"

Eine junge Dame beichtet: „Ferner klage ich mich an, einen jungen Mann sehr geschätzt zu haben." - „Wie oft?" fragt der Beichtvater.

„Mein Vater, ich habe gesündigt!" bekennt ein Mädchen. „Auf welchem Gebiet?" fragt der Beichtvater. - „Auf dem Gebiet des Stadtparks."

Eine junge Bauersfrau aus einem Eifeldörfchen hat sich mit einem Sommerfrischler eingelassen und beichtet zerknirscht ihr Erlebnis einem Domherrn in Köln. Der fragt am Ende erstaunt, warum sie deswegen extra nach Köln gekommen ist. „Uns Pfarr hät mech net absolviere wolle, Hochwürden, wie ech em dat verzällt han", sagt die Frau. -„Ja, ja", sagt da der Domherr und nickt verständnisvoll, „wat versteht su'ne Burepastor ooch von su'ne Saache - -?"

Eine junge Frau vertraut sich mit ihren Nöten einem Priester an: „Hochwürden, es gibt da doch jetzt so eine Pille . . ." - „Die darf ich Ihnen nicht empfehlen", sagt der Priester streng. - „Ach, Sie wissen doch Bescheid. Sagen Sie mir doch wenigstens, ob man sie vorher oder nachher nimmt!" - Wollen Sie ganz sicher sein, daß sie hilft?" fragt der Priester grimmig. - „Natürlich, das ist es ja gerade!" - „Dann nehmen Sie das Zeug STATT DESSEN!"

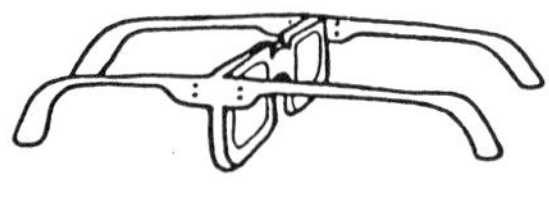

Spezialbrille für ein Beichtgespräch unter vier Augen.

Eine ältere französische Dame faßte ihre Beichte in einem einzigen Satz zusammen: „Hochwürden, ich war jung, ich war hübsch, man hat es mir gesagt, ich habe es geglaubt: den Rest können Sie sich denken!"

Eine junge Frau klagte in der Beichte über ihre Ehestreitigkeiten: „Wenn es nicht anders geht, dann lasse ich mich scheiden!" - „Was?" empörte sich der Pfarrer, „scheiden lassen, weil Ihr Mann Sie prügelt? Prügeln Sie ihn in Gottes Namen wieder, aber kommen Sie mir nicht mit sowas!"

Ein Bauer und Ehemann erleichtert zögernd sein Herz: „Herr Pfarrer, Sie kennet ja mei Weib und ihr wüschte Gosch. Gestern hot sie mir wieder emols Maul ang'hängt, - no han i sie dundersmäßig verdrosche." - Da unterbricht ihn der Beichtvater, „Was soll das? Sünde will i höre, - keine guete Werk!"

Tünnes kann es bei aller Bußfertigkeit nicht lassen, dem Schääl einen Streich zu spielen, - er hatte mit ihm gewettet, daß er heute nicht absolviert würde. Als Tünnes gebeichtet und der Pfarrer das Kläppchen zugemacht hat, zieht er schnell ein Schnapsfläschchen heraus und bespritzt damit das Gitter. Danach geht Schäl in den Beichtstuhl. Der Pfarrer macht das Kläppchen auf, riecht den Schnaps und sagt streng: „Gehen Sie erst mal nach Hause und schlafen Ihren Rausch aus!" - und knallt das Kläppchen wieder zu. - „Na, biste nu absolveert?" fragt Tünnes den ganz verdutzten Schääl. „Enä", sagt der, „äwwer vun dämm will ich och nit absolveet wääde, dä stunk jo richtig noh Schabau!"

Einmal hatte ich als junger Vikar auch eine sehr seltsame Beichte zu hören: In der schon leeren, dämmrigen Kirche kam im letzten Augenblick noch jemand in den Beichtstuhl, - und sagte kein Wort. Ich hörte nur ein schweres Atmen. „Bitte fangen Sie doch an!" sagte ich ein paarmal. - Keine Antwort, - nichts, - nur dieses unheimliche Atmen! - War das ein Kranker, ein Sterbender, - - beunruhigt stand ich auf, um nachzusehen: da kam mir der große Schäferhund vom Nachbarhaus schweifwedelnd entgegen!

Bei der Wallfahrt hat Frau Wesemann einen besonders entgegenkommenden Beichtvater gefunden: „Der Pater hat nicht geschimpft und auch gar nichts gefragt", erzählt sie ihrer Freundin, „ und die Buße habe ich auch nicht verstanden, weil gesungen wurde. Da habe ich einfach ein Vaterunser gebetet. Da gehe ich nächstes Jahr wieder hin!" - „Wie hieß denn der Beichtvater?" fragte die Freundin neugierig. - „Auf dem Schild stand: Pater Abwesend!"

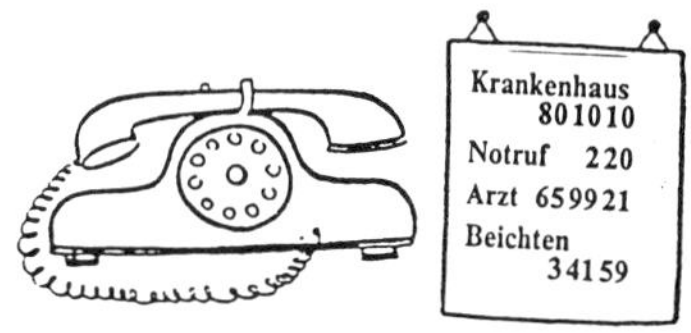

A. D. 2000 Telefonbeichte?

In der Kapuzinerkirche gab es einen ziemlich schwerhörigen Beichtvater. So etwas spricht sich bald herum. Besonders die Männer belagerten förmlich seinen Beichtstuhl. Dort gedachte ein Mann mal wieder seine Sünden auf angenehme Weise loszuwerden. Er sagte einfach vor sich hin: „Taramtata, Taramtata, Herr Pater, ich bin wieder da!" - Doch zu seiner Überraschung erwiderte der Pater: „Tirimtiti,Tirimtiti, - der Taube sitz heut vis-à-vis!"

Beide sind sie schon alt und schwerhörig, die Lehner-Lies und der Pfarrer. Seit einem halben Jahrhundert geht sie schon bei ihm zur Beichte. Jetzt bekennt sie nur noch: „Dieselben, Herr Pfarrer." - Und er antwortet jeweils gütig: „Dieselbe, meine Tochter!"

Gute Besserung!

Mia sagt bei der Beichte: „Ich habe nach der letzten Beichte vergessen, die Buße zu beten.“ - „Was hattest du denn auf?“ - „Das grüne Hütchen, Herr Pastor!“

Eine Frau kommt in den Beichtstuhl und sagt kein Wort. Der Pastor räuspert sich, - nichts! „Also, bitte, fangen Sie an!“ - Nichts. „Wenn Sie beichten wollen, dann fangen Sie endlich an, - oder gehen Sie!“ Da ertönt die zaghafte Stimme einer Frau: „Ach Herr Pastor, ich will doch nur meine Buße beten!“ - „Wieso denn, können Sie das nicht in der Kirche tun?“ - „Nein, das geht nicht!“ - Ja, zum Kuckuck, - was haben Sie denn als Buße aufbekommen? - „Der Kaplan hat mir aufgegeben: „zehn Minuten geistliche Betrachtung!“

Der Kölner Domherr Schnütgen (Stifter des Kölner Museums) hatte sein Leben dem Sammeln kirchlicher Kunst gewidmet. Als er einmal Beichte hörte, bekannte ein reumütiger Sünder: „Ich habe Brokat gestohlen!“ - Schnütgen dachte gleich an seine kostbaren Meßgewänder und brauste auf: „Das wird dich teuer zu stehen kommen! Das Zeug muß wieder her! Wo hast du das geklaut?“ - „Ach Herr“, flüsterte der Dieb, „beim Kaufhaus Peters, einen ganzen Ballen!“ - „Ach so“, erklärte Schnütgen beruhigt, „das ist was anderes: drei Vaterunser!“

Im Beichtstuhl bekannte eine Frau zuerst recht kurz und allgemein ihre eigenen Sünden, dann aber verbreitete sie sich sehr ausführlich über die mannigfachen Untugenden ihres Mannes, die sie in allen Einzelheiten schilderte. Der Beichtvater hörte geduldig zu. Am Ende sagte er: „Also zur Buße für ihre Sünden beten Sie ein Vaterunser, und für die Sünden Ihres Mannes drei Rosenkränze!“

„Die Beichte könnte ungeheuer belebend werden, wenn man die Sünden der Nachbarn beichten dürfte!“ Armin Rinetto.

Die Düsseldorfer Jungen verdienten sich früher gern mit Radschlagen ein bißchen Taschengeld. Die Bettelei war aber verboten. Also beichtete ein Junge auch das „Radschlagen“, geriet aber an einen fremden Pater, der sich damit nicht auskannte. „Passen Sie auf, ich werde es zeigen!“ sagte der Junge bereitwillig, ging aus dem Beichtstuhl und schlug im Gang ein paar Räder. Ein paar ältere Jungfrauen, die noch in der Bank knieten, sahen das und hielten es für die auferlegte Buße, - sie standen hastig auf und schlichen sich auf die andere Seite.

Nach einer eindringlichen Predigt über das siebte Gebot kommt ein westfälischer Landmann zur Beichte und sagt: „Herr Pastor, ich hab’n S-wein chestohlen!“ - „Das müssen Sie dem Eigentümer zurückgeben!“ - „Das cheht aber nich mehr, das haben wir s-chon chechessen!“ - „Dann müssen Sie soviel Geld geben, wie das Schwein gekostet hat.“ - „Ja, was soll das chekostet haben?“ - „War’s denn ’n großes Schwein?“ - „Och, so chanz chroß nich, ’s war so’n Läufers-Swein, nich?“ - „Ja, was war das denn wohl wert?“ - „Ja, was soll das wert chewesen sein?“ - „Na, sagen wir mal: 25 Mark.“ - „25 Mark?... Ja, ja, das kann’s wohl wert chewesen sein. 25 Mark? Ja, Herr Pastor, das is’s wert chewesen.“ - „Nun, dann ist die Sache ja ganz einfach: Sie bringen mir nächste Woche nach dem Hochamt die 25 Mark und sagen mir die Adresse von dem Eigentümer, dann schicke ich ihm ohne Absender von einem anderen Ort aus das Geld.“ - „Besten Dank, Herr

Pastor!" - Am nächsten Sonntag kommt der Landmann wieder, legt 5o Mark auf den Tisch und sagt: „Für das S-wein!" - „Aber das sind ja 5o Mark! Sie brauchen doch nur 25 Mark zu bringen!" - „Naja, Herr Pastor", sagt darauf der Mann etwas verlegen, „ich hab mir das so überlegt und hab mir noch ein S-wein dabei-chenommen und chedacht: ‚So billig komm'ich der nich wieder an!'"

„Es hat keinen Zweck, den Diebstahl eines Seiles einzugestehen, wenn man dabei zu erwähnen vergißt, daß am anderen Ende ein Pferd angebunden war!" Bruce Marshall.

Der Moselbauer erhält nach seiner Osterbeichte als Buße: zwei Litaneien. Eine Stunde später läuft er dem Pfarrer betrunken über den Weg. „Schämst du dich denn gar nicht, dich gleich nach der Beichte so zu betrinken?" sagt der Pfarrer streng. - „Aber ich hab doch nur meine Buße . . ." murmelt der Moselbauer schwerfällig. - „Waas? - Buße?" ereifert sich der Pfarrer, „ich hab dir doch als Buße . . ." - „Zwei Liter Neuen, Herr Pfarrer! aber das war zuviel! Der neue Wein ist halt ein bißchen stark!"

Der Pfarrer hatte einem Säufer ernstlich zugeredet, er solle endlich den alten Adam ausziehen. Er versprach hoch und heilig Besserung, - war aber nach drei Tagen wieder betrunken. Auf die Vorwürfe des Pfarrers erwiderte er: „Was will ich machen, der neue Adam hat leider auch wieder Durst!"

Einem andern hielt der Pfarrer das Schnapstrinken vor: der Alkohol sei sein ärgster Feind. „Aber in der Bibel steht doch, man muß seine Feinde lieben!" verteidigt sich der Trinker." „Das ist auch richtig, - versetzte der Pfarrer unwirsch, - „aber da steht kein Wort davon, daß man seine Feinde auch verschlucken soll!"

Der Missionar bemüht sich, den Eingeborenen die Ewige Verdammnis klarzumachen: „In der Hölle wird Heulen und Zähneknirschen sein!" ruft er aus. Doch ein Mann sagt unbeeindruckt: „Ich hab schon lange keine Zähne mehr!" - „Verlaß dich drauf!" donnert ihn der Pater an, „für Zähne wird gesorgt!" - Ein anderer wendet ungläubig ein: „Und womit wird in der Hölle geheizt?" - „Mit dem Brett, das du vor deinem Kopf hast!" ruft der Pater.

Auch eine Buße: Ein Jahr lang muß eine junge Amerikanerin nach dem Beschluß eines Gerichts in Cleveland wöchentlich zwei Stunden in der Kirche für das Seelenheil des Fußgängers beten, den sie mit ihrem Auto überfuhr.

Auch die Mohammedaner tun Buße im Fastenmonat Ramadan, indem sie den ganzen Tag nichts essen. „Das kann ich auch!" behauptete ein Christ, „ich gehe sogar jede Wette ein, daß ich es fertig bringe, 4oTage lang nichts zu essen und gleichzeitig 40 Nächte lang nicht zu schlafen!" - Er gewann die Wette mühelos, weil er das tat, was auch die reichen Mohammedaner im Fastenmonat Ramadan tun: Er aß und trank und feierte nämlich die ganze Nacht hindurch und verschlief den ganzen Tag.

Alle reden von der Liebe

Unsere Zeit, besessen von Erotismus, hat die Freundschaft entwertet. Sie kennt sie nur noch in der Form der körperlichen „Liebe". „Zwar will alle Welt Freunde haben, aber niemand bemüht sich, einer zu sein!“ (so der Franzose Alphonse Karr). Junge Leute sind oft entsetzlich nüchtern, sachlich und direkt. Sie reißen die Rose vom Strauch, bevor sich ihre Blüte öffnet, entblättern sie und werfen sie achtlos fort. Sie können nicht warten, darum haben sie keine Zeit zum Blühen, zur Freude.

In einer christlichen Gesellschaft müßte die Freundschaft die gleiche Bedeutung haben wie die Liebe. CARITAS nennt sie Thomas von Aquin: „Sie ist eine Freundschaft zwischen Gott und uns“: eine Freundschaft mit Gott, die durch unser Herz hindurchgeht, um die Menschen als Brüder zu vereinen. - In jedem echten Verliebt-Sein ist auch Freundschaft, ja der Wunsch, allen Menschen Freund zu sein.

Die ideale Frau, der ideale Mann sind wohl so bald nicht zu finden. Und meint man einen gefunden zu haben . . . - Im Eisenbahnabteil saßen zwei junge Männer und ein älterer Herr mit Tochter. Der eine junge Mann zog bald ein Kartenspiel heraus und fragte den anderen, ob er mitmachen wolle. „Ich spiele niemals“, antwortete der. Nach einer Weile holte der Kartenspieler eine Flasche Likör aus dem Koffer und bot auch dem andern jungen Mann davon an. „Ich trinke niemals“, bekam er wieder zur Antwort. Da erhob sich der ältere Herr und sagte: „Es ist wirklich eine Freude, einen jungen Mann zu treffen, der weder trinkt noch spielt! Gestatten Sie mir, daß ich Ihnen meine Tochter vorstelle!“ - „Ich heirate niemals!“ antwortete der nette junge Mann.

Der Bertes dagegen galt als großer „Schürzenjäger“, sogar dem Pfarrer kam das zu Ohren. Als er den Bertes einmal traf, stellte er ihn zur Rede: „Von dir hört man ja schöne Geschichten, junger Mann! Du treibst es doch zu arg: in jedem Dorf ein Mädchen! Wie kannst du das nur machen?“ - Darauf erwiderte der Bertes arglos: „Och, dat jeht janz jut, Herr Pastor, ich han doch e Motorrad!“

„Vor den Hunden sind nicht sicher die Katzen. / Vor den Katzen sind nicht sicher die Ratzen. / Vor den Geiern sind nicht sicher die Spatzen. / Vor den Junggesellen in grünen Auen / sind’s noch weniger die Frauen!“ - Das wußte schon Abraham a Sancta Clara.

„Helene!“ - sprach der Onkel Nolte, - / „Was ich schon immer sagen wollte! / Ich warne dich als Mensch und Christ: / Oh, hüte dich vor allem Bösen: / Es macht Pläsier, wenn man es ist, / es macht Verdruß, wenn man’s gewesen!“ (Wilhelm Busch)

Man sollte nicht immer gleich Schlechtes von Verliebten denken, das tun nur Neider und Klatschbasen: Zwei verliebte junge Menschen schweben eng umschlungen die Straße hinunter. Ein Mann kommt daher, sieht sie und stellt sich in einen Hauseingang, das Gesicht zur Wand. Als sie vorbei sind, tritt er lächelnd hervor und geht weiter. - Seitdem gehört er zu den sympathischsten Menschen, die ich kenne: es war der Vater des jungen Mannes.

Ein solcher sympathischer Vater war sicher auch der sauerländische Dichter Friedrich Wilhelm Grimme, der in seinem Gedicht „Geheimnis“ das echte Verliebt-Sein beschreibt:

Es ist nicht für die Basen, / Es ist nicht für die Mütter, / Was Neues sich begeben hat / An einem Brückengitter. / Der Mond erglänzt' im Wasser, / Der Mond erglänzt' in Lüften, / Doch Schatten bot die Linde mir / Samt linden Blütendüften. / So stand ich still geborgen - - / Die letzten Wandrer gingen / Da drauß' im Mondenschein: / Der schweigend, - der mit Singen. / Des Stromes Wasser rauschten / So heimlich süße Kunde - / Gesprochen hab auch ich ein Wort / In dieser süßen Stunde. / Und nicht nur für die Winde / auch nicht für mich alleine - / Doch wer mit mir beisammen war, / weiß in der Welt nur eine. / Und niemand hat's vernommen, / Als nur der Sternenreigen / Und Sankt Johannes Nepomuk -/ Und der versteht zu schweigen.

Wo ist die Poesie der Liebe von damals geblieben? Oder blüht sie doch noch irgendwo im Verborgenen? Wir wollen es hoffen! Der bekannte Schriftsteller und Pschychologe Theodor Bovet sagt jedenfalls sehr nüchtern: „Das Mädchen von heute möchte ich mit einer Dompteuse vergleichen: Solange sie Haltung bewahrt, machen die Löwen „Männchen“, - verliert sie die Haltung, wird sie gefressen!“

Für manchen jungen Mann wäre auch so ein kleines „Erlebnis“ gut, wie Eugen Roth es unübertrefflich beschreibt:

„Ein Mensch erblickt ein Weib von fern / Und säh es aus der Nähe gern. / Er eilt herbei zu diesem Zweck, / Doch zwischen beiden liegt ein Dreck. / Der Mensch, ganz Auge, anzubeten, / Ist blindlings da hineingetreten. / Nicht angenehm für seine Schuhe - / Doch gut für seine Seelenruhe!“

Ein Mädchen, das mit einem Studenten verlobt ist, holt sich Rat beim Pastor: „Ich glaube, ich kann den Wilhelm doch nicht heiraten. Er kennt so viele unanständige Lieder!“ - „Singt er sie dir vor?“ fragt der Pastor. „Das wohl nicht, - er pfeift sie immer!“

Patricia hat einen Freund, einen sympathischen jungen Mann, aber er ist evangelisch. Da sie selbst aus einer gut katholischen Familie stammt, legt sie diesen Gewissensfall ihrer Mutter vor. „Dein Freund ist wirklich ein netter Junge“, sagt sie, „es wäre schön, wenn er auch katholisch würde! - Wenn ihr spazieren geht, dann sprich doch mit ihm über die katholische Kirche, ihre Heiligen und Märtyrer, über den Gottesdienst und die Sakramente!“ Patricia verspricht es gern. - Dann aber kommt sie eines Abends tränenüberströmt nach Hause. „Was ist denn los?“ fragt die Mutter erschrocken. „Habt ihr euch gestritten?“ - Patricia schüttelt den Kopf und weint in ihr Taschentuch. - „Hast du ihn nicht bekehren können?“ - „Doch, doch, Mama!“ schluchzt Patricia. - „Will er denn nicht katholisch werden?“ - Viel schlimmer, Mama!“ schluchzt Patricia herzzerreißend, -„viel schlimmer: jetzt will er Priester werden!“

„Das größte Kompliment, das ein Mann einer Frau machen kann, ist es doch, sie zu heiraten!“ behauptete Grete Weiser, die in ihren Äußerungen über die Männer kein Blatt vor den Mund zu nehmen pflegt. Einschränkend fügte sie aber hinzu: „In den meisten Fällen ist es leider auch das letzte!“

Und Wilhelm Busch meint: „Ein Irrtum, welcher sehr verbreitet / und manchen Jüngling irreleitet, / ist der, daß Liebe eine Sache, / die immer viel Vergnügen mache."

Auch die Spruchweisheit drückt eher Vorsicht bei der Eheschließung aus: „Wer tanzen will, der sehe wohl zu, welche er bei der Hand nehme!" - „Erst

wiegs, dann wags!" (Womit nicht das Gewicht der Zukünftigen gemeint ist!). - „Suche deines Gleichen, so überweibst du dich nicht!" - „Kalbfleisch und Rindfleisch schicken sich nimmer zusammen, so wenig als ein junger und ein alter Ochs gleich in einem Seil zusammengekoppelt ziehen!" - „Grünes und dürres Holz brennen nit gleich in *einem* Feuer: das grüne siedet, das dürre verfladert, ehe das grüne nur die Hitze empfindet!" - „Man muß einmal beten, bevor man in den Krieg zieht, zweimal, bevor man auf das Meer hinausfährt, und dreimal, bevor man heiratet!" (Chinesisches Sprichwort).

Zur Vorbereitung gibt es heute den Ehekurs: ein junger Mann beteiligte sich dabei so eifrig an der Diskussion, daß der Pastor sagte: „Man sollte fast meinen, Sie wären schon wer weiß wie lange verheiratet!" - „Ich nicht, aber meine Eltern!" antwortete der junge Mann.

Eines Tages kommt Hännes, der schon zweimal Opa geworden ist, zum Pastor, um das Aufgebot zu bestellen, - zum dritten Mal will er heiraten, nachdem seine zweite Ehefrau nun auch gestorben ist. Der Pastor schüttelt den Kopf und sagt ziemlich ungnädig: „Dat diu olle Iesel näo't Friggen imme Koppe hiärst . . .!" - Doch Hännes antwortet treuherzig: „Och, Hiär Pastäoer, - et is mei nit ümmet Friggen, - iäck wull bläoß säo giärn näo maol dat Sakramente empfangen!"

Vor dem Aufgebot muß ein Fragebogen, das „Brautexamen", ausgefüllt werden. Darin beantwortete ein Witwer ganz konsequent und wahrheitsgemäß die Frage: „Jetzige Wohnung des früheren Ehegatten" mit dem Satz: „Auf dem Friedhof".

Ein junger Bauernbursche hatte es besonders eilig: Er kam am Samstagabend mit seinem Mädchen zum Pastor und wollte am nächsten Tag bereits getraut werden. Da müsse er aber mindestens bis eine Woche nach dem Aufgebot warten, belehrte ihn der Pastor. „Nun ja," sagte darauf der Bursche, „ich verstehe schon, daß es Ihnen nicht eilt, - aber wir zwei, wir fangen jedenfalls morgen abend an!"

Jetzt hat man übrigens auch den Grund herausgefunden, weshalb es immer noch solche gibt, die unbedingt am Samstag heiraten wollen: Damit sie die Hochzeitsreise auf Sonntagsfahrkarten machen können!

Die Hochzeit sollte eigentlich am 24. Mai sein, aber der künftige Ehemann befragte seinen Computer und erklärte dann: „Das geht auf keinen Fall!" - „Aber warum denn nicht?" will der künftige Schwiegervater wissen. - „Das ist doch ganz einfach: wenn wir am 24. Mai heiraten, dann fällt die Silberhochzeit auf einen Donnerstag. Da habe ich aber immer meinen Kegelabend, und den möchte ich auf keinen Fall versäumen!"

Am Abend vor der Hochzeit geht das Brautpaar noch zur Beichte. Der Bräutigam bekennt seine Sünden und erhält mit einigen guten Ermahnungen die Lossprechung. „Geben Sie mir denn keine Buße auf, Herr Pastor?“ fragt der junge Mann überrascht. „Wozu noch eine Buße?“ antwortet der Pfarrer, „ich denke, ihr wollt morgen heiraten!“

Das Sakrament und die Hochzeit

Auf die Frage, was das Sakrament der Ehe bewirke, gab ein 9jähriges Mädchen mir einmal die verblüffende Antwort: „Daß se sich mögen!“ Jedenfalls finde ich diese Erklärung viel besser

und zutreffender als die Vorstellung, daß man bei der kirchlichen Eheschließung „den Ochsen ins Joch spannt“, - wie mal jemand gesagt hat. Vielleicht hatte er unter seiner Frau besonders zu leiden, - vielleicht war es auch späte Selbsterkenntnis. Vermutlich hätte der aber auch schon als Junge die Frage: „Mit welchen Worten hat Gott im Paradies die Ehe eingesetzt?“ - so beantwortet: „Ich will Feindschaft setzen zwischen dir und dem Weibe!“

In einer alten Barockkirche ist über dem Altar ein Bild der Kreuzigung zu sehen. Den unteren Teil pflegte der Küster bei Trauungen stets mit Blumen zu verhüllen. Dort stand nämlich die Inschrift: „Vater verzeih ihnen, denn sie wissen nicht, was sie tun!“

Der evangelische Pfarrer hatte für die Trauung das Lied ausgewählt: „Habet, Kinder, Angst vor Gottes Zorn.“ Der Kantor schrieb darauf an die Liedertafel: „Habet Kinder, vor der Trauung 1-2, nach der Trauung 3-6.“

Die Braut konnte nur unzureichend verbergen, daß bald eine „Frühgeburt“ in Aussicht stand. (Beliebte Umschreibung für einen „anderen Umstand“). Gleichwohl erschien sie zur Trauung ganz in Weiß. Den Pastor verdroß dies natürlich sehr. Darum begann er seine Ansprache mit den Worten: „Es ist Hochzeit heute, - Hohe Zeit, - HÖCHSTE ZEIT!!!“

In der Zeit der Stöckelabsätze passierte es in einem Sauerland-Dorf, daß die Braut beim Verlassen des Hauses in

Extra-Service: Kollekte für's Brautpaar!

den Trittrost geriet und sich dabei den Knöchel brach. Unterdessen wartete der Bräutigam samt Anhang schwitzend vor Aufregung in der Kirche auf die Braut. Doch die kam und kam nicht! Nach einer guten Viertelstunde endlich kam ein Bote eilig in die Kirche und teilte dem Pfarrer und dem Bräutigam mit unterdrückter Stimme das Unglück mit: Die Braut habe das Bein gebrochen und sei ins Krankenhaus gebracht worden. Bei dem panikartigen Aufbruch der Hochzeitsgäste hatte man aber die Ursache nur halb verstanden. Und so war es bereits nach 1o Minuten im Dorf bekannt: „Die Braut hat

‚Nein!' gesprochen!" Die Klatschbasen, die es „schon immer wußten", hatten ihre große Stunde, - bis die Wahrheit durchsickerte. Die Trauung fand nachmittags im Krankenhaus statt.

Ein sehr „moderner" Bräutigam, der offensichtlich die Fragen bei der Trauung noch nicht gelesen hatte, wurde bei der zweiten Frage plötzlich ganz blaß und rief: „Moment! Moment! - Wie lange, sagten sie?"

Vor der Kirche warten die Kinder auf die üblichen Bonbons. Diesmal warten sie vergebens. „Der olle Geizkragen!" murren die Kinder enttäuscht. „Die werde ich jetzt mal richtig erschrecken, paßt auf!" sagt einer der Jungen und drängt sich nach vorn, wo gerade das Brautpaar in den Wagen steigen will. Da winkt er und schreit aus Leibeskräften: „Hallo! - Papa!"

„Die Braut sah in der Kirche aber sehr abgespannt und müde aus!" meinte ein Zuschauer zum andern. „Kein Wunder," sagte der, „die ist doch drei Jahre hinter ihm hergerannt!"

Als schlagfertig erwies sich ein hübsches Mädchen, bei dem unbedingt ein Schürzenjäger anbändeln wollte. Schließlich fragte er sogar sehr direkt: „Können Sie mir sagen, meine Schöne, wie man am besten in Ihr Schlafzimmer kommt?" - „Durch die Kirche!" antwortete sie und ließ ihn stehen.

Man sagt ja gern, daß die Ehen im Himmel geschlossen werden, - vielleicht fallen deshalb so viele Verheiratete aus allen Wolken. Wenn beim Spaziergang die Frau stolpert, faßt sie der junge Ehemann sofort beim Arm und sagt besorgt: „Hoppla, Herzchen, fall nicht!" - Zehn Jahre später brummt er nur: „Dumme Kau, kaßte de Fäute nit opböern?" (Dumme Kuh, kannst du die Füße nicht aufheben?) So ändern sich die Zeiten, - und die Menschen.

Ist es so verwunderlich, wenn Mia, die holde Braut, mitten im Hochzeitstrubel auf einmal anfängt zu weinen? „Was hast du denn, Mia? „fragt der besorgte Bräutigam, „hat dir einer was getan? Oder tut dir was weh? auch nicht? - Dann komm her und sag's mir ins Ohr, die andern brauchen's nicht zu hören!" - Und die Braut flüstert unter Tränen: „Ach Franz, es tut mir so leid. Aber kuck mal, nun ist unsere ganze schöne Friggerei zu Ende!"

Die Ungläubigen machen ihren Vertrag auf dem Standesamt, - einen „Vertrag auf Zeit" mit dem Recht gegenseitiger Kündigung, - falls sie nicht gleich als „Lebensgefährten" zusammenziehen. (Das ist die Mehrzahl von „Lebensgefahr". - Antwort eines Schülers)

Ehe in der Wegwerf-Gesellschaft

Vor dem Standesbeamten stehen zwei langhaarige „Twens" in zeitgemäßen unisex-jeans. Der Beamte schaut zweifelnd von einem zum andern und fragt schließlich: „Wer von Ihnen will denn wen zur Frau nehmen?"

„Reich ist sie nicht, - das wissen wir. Schön ist sie nicht, - das sehen wir. Also ist es die reine Liebe!" (Aus der Ansprache eines Schwiegervaters in vorgerückter Stunde.)

Was macht denn die Hochzeitsgäste so lustig? - Die Schadenfreude!

In Alliance/Nebrasca, USA fand eine bemerkenswerte Hochzeit statt: Die 59-jährige Witwe Rosy Colerick heiratete den 70jährigen Charles Sisley, gleichzeitig heirateten ihre vier Söhne seine vier Töchter. Anschließend baten sie einen Universitätsprofessor, er möge doch eine Doktorarbeit veranlassen, welche die durch diese Heiraten entstandenen Verwandtschaftsgrade erforscht.

„Eine Ehe ohne Trauschein kommt mir vor wie allianzversichertes Gottvertrauen!" (Peter Horton)

„Liebe, - auch so ein Problem, das Marx nicht gelöst hat!" (Jean Anouilh)

Die lieben Kinder

„Früher, da hatten die Blagen Rotznasen, - heute haben die Rotznasen Blagen (Kinder)!" ließ sich ein älterer Mann über „die Jugend von heute" aus. Der Pastor grinste sich eins, wußte er doch aus dem alten Taufbuch, daß dessen Mutter bereits mit 17 geheiratet hat und die Großmutter ein Kind mit in die Ehe brachte. In der Beziehung hat sich nicht viel geändert. Ein wortkarger Münsterländer sagt es mit zwei kurzen Sätzen: „Unser Mia, - fünf Jahre verheiratet: nicks! - Unser Änne, - einmal auf'm Schützenfest: dä!"

Eines freilich war früher anders: Da wurden die Kinder angenommen und aufgenommen, wie sie kamen, - heute sind sie ihres Lebens nicht mehr sicher, bevor sie geboren werden.

Doch gibt es immer noch Eltern, die Kinder haben wollen und auch bekommen. Das junge Paar hatte sich mit Sondererlaubnis in der Klosterkapelle trauen lassen. Drei Monate später kam

der Bräutigam wieder, um einen Tauftermin festzulegen. Bruder Sakristan, der ein bißchen sehr naiv war, empfing den jungen Vater. „Schon ein Kind?" rief er aus und strahlte vor Freude, - „Welch ein Segen des Himmels!" - Das Gesicht des jungen Vaters!

Als die Gnädige ein Kind erwartet, sagt das Dienstmädchen zu ihrer Kollegin: „Das wird bestimmt ein Junge!" - „Woher willst du das denn jetzt schon wissen?" - „Das ist doch ganz klar: Ein Mädchen hat es bei der noch nie neun Monate ausgehalten!"

„Warum wird eigentlich immer soviel von Kinderlosigkeit geredet", sagte der Professor, - „ich habe mich bei meinen Studenten umgehört: da kommt kein einziger aus einer kinderlosen Familie!"

Der junge Vikar hatte eine sehr schöne Predigt über die Freuden und die Ehre der Mutterschaft gehalten. „Was hältst du davon?" wurde eine Mutter von acht Kindern vor der Kirche von ihrer Freundin gefragt. „Es war eine sehr schöne Predigt", antwortete diese. Aber um die Wahrheit zu sagen: ich wäre froh, wenn ich über die Mutterschaft nicht mehr wüßte als der Herr Vikar!"

Zwei Damen treffen sich in der Oper. „Gratulieren Sie mir, ich bin heute

Zum Trost: Es gibt Lieferbedingungen, die unbedingt eingehalten werden müssen . . ."

Großmutter geworden!" sagt die eine. - „Das ist wirklich erstaunlich!" verwundert sich darauf die andere: „- und abends schon wieder in der Oper!"

„Wie kommt es, daß der eine von

Ihren Zwillingen viel dunkler ist als der andere?" wird die junge Mutter gefragt. - „Der Pastor meint, das käme von der Mischehe."

Eine mit einer reichen Kinderschar gesegnete evangelische Pfarrersfrau gesteht ihrem Mann, daß sie schon wieder ein Kind erwarte. - „Wie schön!" sagt der Pfarrer gerührt, „und wie wollen wir es nennen?" - „Amen!" sagt energisch seine Frau.

Ein Ehepaar hatte alles Erdenkliche versucht, aber Kinder wollten und wollten sich nicht einstellen. Endlich fragen sie den Vikar um Rat. Der schlägt ihnen vor, eine Wallfahrt nach Lourdes zu machen und dort eine Votivkerze anzuzünden. Kurz danach wird der Vikar versetzt. Erst nach etlichen Jahren kommt er wieder einmal an seinen alten Wirkungsort. Da er gern wissen möchte, was aus der Sache damals geworden ist, besucht er auch das Ehepaar. Als er klingelt, öffnet ihm ein etwa 10jähriger Junge, hinter dem sich noch fünf andere Kinder drängen. - „Sind Eure Eltern nicht zu Hause?" fragt der Vikar. - „Nein", antwortet der Junge, „die sind auf einer Wallfahrt nach Lourdes!" - „Nach Lourdes?" wundert sich der Vikar angesichts der Kinderschar, „weswegen sind sie denn dahin?" - „Sie haben gesagt, sie wollen dort eine Kerze ausblasen." erwidert der Junge.

Nicht alle Wissenschaftler erkennen ihre Grenzen. Aber es gibt - Gott sei Dank! - noch immer die stille Mehrheit derer, die daran festhalten, daß nicht alles getan werden darf, was „machbar" ist. Ein solcher trug seinen Medizinstudenten einen Fall vor. Es geht um die Frage: Abtreibung, - ja oder nein? -„Ein tuberkulöses und syphilitisches Ehepaar hat bereits vier Kinder. Sie sind entweder früh verstorben oder schwer behindert. Jetzt wird das fünfte erwartet. Würden Sie", fragt der Professor, „diesem Ehepaar zu einer Abtreibung raten und sie auch selbst vornehmen?" - Die Mehrzahl der Studenten ist dazu sofort bereit. - „Meine Damen und Herren!" - sagt darauf der Professor in einem ungewohnt ernsten Ton, „Sie haben soeben - Beethoven umgebracht!"

E-rrare H-umanum E-st

Ob es nun ein boshafter Pastor oder ein enttäuschter Ehemann war, weiß man nicht. Jedenfalls hat ein Lateinkundiger diese lateinische Deutung der EHE als Abkürzung erfunden, die nichts anderes bedeutet als: „Irren ist menschlich!" Und es menschelt manches im Ehealltag. Von Flitterwochen sprechen alle, - von Honigmonden schon weniger, - aber von Zuckerjahren hört man kaum etwas. Der Dichter Matthias Claudius hat einem jungen Ehemann diesen Brief geschrieben:

„Das Heiraten kommt mir vor wie'n Zuckerboltje: es schmeckt anfangs süßlich, und die Leute meinen dann: es wird ewig so fortgehen. Aber das bißchen Zucker ist bald abgeleckt, sieht Er, und dann kommt inwendig bei den meisten 'n Stück Asa foetida oder Rhabarber, und dann lassen sie's Maul hängen. - Bei Dir nun soll's nicht so sein! Du sollst, wenn Du mit dem Zucker fertig bist, eine wohlschmeckende, kräftige Wurzel finden, die Dir Dein Lebelang wohltut!"

Verdrossen und einsilbig sitzt der junge Ehemann beim Abendessen. „Warum so verstimmt, Liebling?" fragt sie, „hast du schon vergessen, was der Pastor bei der Hochzeit gesagt hat: Die Liebe erträgt alles, hofft alles, duldet alles?" - - „Ja, das weiß ich wohl," entgegnet der Mann, „aber er hat nicht gesagt: Die Liebe ißt alles!"

Der Volksmund hat viele Weisheiten und Erfahrungen auch über die Ehe, von denen ich Ihnen einige nicht vorenthalten möchte:

„Nach den Flitterwochen: Sie wirft ihm das Saufen vor, - er wirft ihr das Essen nach!"

„Die Liebe ist Most, die Ehe der Wein! / Ruft mancher unablässig. / Doch ehe ein Jahr ins Land hinein, / Ist oft die Sache schon Essig."

„Merkwürdig, daß man seine Braut stets „Mein Alles", - und seine Frau nur „Meine bessere Hälfte" nennt!"

„Man würde den Frauen gern das letzte Wort lassen, - wenn man nur wüßte, daß es das letzte wäre!"

„Was dem einen recht ist, ist dem andern billig, - doch nicht immer: Denn was der Frau recht ist, ist dem Mann oft zu teuer!"

„Ein Junggeselle ist ein Mann, dem zum Glück die Frau fehlt!" (Das kann man so und so auslegen!)

„Was ist die Strafe für Bigamie? - Zwei Schwiegermütter!"

„Von einem Unverheirateten erwartet man nicht, daß er glücklich ist, - wenn er aber heiratet, sind die Menschen aufs höchste erstaunt, wenn er es nicht ist!" (Rainer Maria Rilke)

„Es gibt zwei Tragödien im Leben: die eine ist, seinen Herzenswunsch unerfüllt zu sehen, - die andere, ihn erfüllt zu sehen!" (Georg Bernard Shaw)

Zwei Dinge sind auf die Dauer unerträglich: das Alleinsein und das Nichtalleinsein

„Frauen sind ja so raffiniert! - Vor der Ehe küssen sie uns aus Liebe, - aber in der Ehe, da küssen sie uns nur, um festzustellen, ob wir gesoffen haben!" (Ein erfahrener Ehemann)

Ein raffinierter Ehemann dagegen wußte der Gardinenpredigt vorzubeugen, wenn er spät nachts nach Hause kam: Vor der Haustür verabschiedete er sich jedesmal mit einem lauten: „Ja, denn Gute Nacht, Herr Pastor!" - Der Schwindel flog erst auf, als die Frau einmal aus dem Fenster schaute und statt „Hochwürden" nur eine einsame Laterne erblickte.

Man sagt zwar, für manche Männer sei die Ehe die einzige Möglichkeit, eine Hausangestellte zu finden, die nicht kündigen kann. Für den Professor hat es sich aber kaum gelohnt. Der stand eines Tages vor seiner Tür und putzte seine Schuhe, als ein Student zu ihm kam. „Nanu, Sie putzen sich die Schuhe selber, Herr Professor? Haben Sie denn keine Wirtschafterin mehr?" - „Doch, doch", erwidert der kleinlaut, - aber inzwischen habe ich sie geheiratet!"

Gemeinsames Fernsehen macht noch keine eheliche Gemeinschaft. Doch meinte Herr Flatow: „Das einzige, was die Ehen heutzutage erträglich macht, ist das Fernsehen. Denn was sehen die Leute im Fernsehen? - Ehen vor Gericht!"

In einem entlegenen Winkel Südtirols führte der Pfarrer noch eine Gastwirtschaft. Einmal kam ein Pärchen und wünschte zu übernachten. Der Wirschafterin erschien es zweifelhaft, ob die Beiden ein Ehepaar wären. Sie fragte den Pfarrer, ob man ihnen denn ein Zimmer geben dürfe. -" Was haben sie zum Essen bestellt?" erkundigte sich der Pfarrer. - „Fisch halt." - „Wenn du ihn auftischen tust, holst mich!" - Als es soweit war, erschien auch der Pfarrer im Gastraum und sah, wie der Mann sich als erster den größeren Fisch auf seinen Teller lud. - „Kannst ihnen das Zimmer geben", sagte er zur Wirtschafterin, „die sind verheiratet, - schon eine ganze Weil'!"

Der französische Außenminister Robert Schumann wurde einmal gefragt, warum er nicht geheiratet habe. Er erzählte darauf: „Vor langer Zeit fuhr ich einmal in der Metro, da trat ich zufällig einer Dame auf den Fuß. Bevor ich mich überhaupt entschuldigen konnte, kreischte sie los: „Du verdammter Trottel! Kannst du nicht aufpassen, wo du hintrampelst!" - Dann sah sie mich an, wurde rot und rief: „Oh, entschuldigen Sie bitte, mein Herr, - ich dachte, es wäre mein Mann!"

Als der Maler Healy den Papst Pius IX. malte, kam bei einer der Sitzungen die Rede auf einen Mönch, dessen Austritt und Heirat damals gerade in aller Munde war. „Werden Sie den Mann bestrafen, Heiligkeit?" fragte der Maler."- „O nein!" erwiderte der Papst, „er hat seine Bestrafung schon selbst in die Hand genommen!"

„Alle glücklichen Familien gleichen einander. Jede unglückliche Familie ist auf ihre eigene Art unglücklich!" (Leo Tolstoi)

„In Familien, in denen gelacht wird, streitet man nicht!" (Volksmund)

Ist Unverträglichkeit ein Scheidungsgrund? Chesterton sagt: Nein. „Mann und Frau sind von Natur aus unverträglich. Ich habe viele glückliche Ehen gesehen, - aber noch keine verträgliche!"

Von dem Kölner Pastor Wollersheim von St. Severin werden mancherlei Anekdoten erzählt. Einst beklagten sich Tünn und Plünn, ein Kölner Ehepaar, (natürlich jeder getrennt) bei ihm: sie hielten das nicht mehr aus und wollten sich scheiden lassen. Der Pastor bestellte beide für den nächsten Morgen, ohne daß einer vom andern wußte, im Abstand von zehn Minuten. Als Tünn zum Pastor kam, fand er zu seiner Überraschung schon seine Ehefrau im Gespräch vor. „Aha, da sin mer jo!" begrüßte der Pastor die beiden verdutzten Streithähne. Da gerade der Kaffee gebracht wurde, bat er Plünn, ihm einzuschenken, und Tünn, Milch und Zucker hineinzugießen. Nach längerem Umrühren schob Pastor Wollersheim die Tasse den beiden zu und sagte: „No paßt ens op! Tünn, do deis mer nettches der Zucker us der Taß! Und do, Plünn, mähs mer de Milch widder drus!" - Da sahen die beiden sich an und riefen lachend wie aus einem Munde: „Ävver Här Pastur! Dat eß doch nit mieh mügelich!" - „Aha! Ehr zwei Strickstöchere, - merkt ehr jitzt jet?" Wollersheim brauchte nichts mehr hinzuzufügen, sie tranken zusammen Kaffee, dann ging das Paar versöhnt nach Hause.

Als in Hollywood bekannt wurde, daß Clark Gable wieder einmal geheiratet hatte, meinte ein Regisseur: „Ich habe einen Freund, einen Organisten, der eine Lebens-Stellung sucht. Ich werde ihm vorschlagen, sich als Organist bei den Trauungen Clark Gables zu bewerben!"

„Ich habe heute eine Einladung zum silbernen Hochzeitsjubiläum eines Freundes bekommen." - „Aha, dann ist er also 25 Jahre verheiratet?" - „Nein, - zum fünfundzwanzigsten Male!"

„In diesen Tagen sind es 3o Jahre, daß ich den gleichen Vorgesetzten habe!" vertraut Herr Meier einem Kollegen an. „Das ist bei mir nicht anders", antwortet sein Kollege, „auch ich habe vor 5 Jahren Silberhochzeit gefeiert."

Bei der Silberhochzeit fragt ein Gratulant: „Ist es wahr, daß Sie damals Ihre künftige Ehefrau dadurch kennenlernten, daß Sie sie vor dem Ertrinken gerettet haben?" - „Ja, das stimmt wohl." - Und haben Sie dafür auch das Verdienstkreuz bekommen?" - „Nein, das habe ich nicht bekommen", sagt der Ehemann mit einem Seufzer, „aber ein Hauskreuz!"

Zur Goldenen Hochzeit wollte die Zeitung auch einen Bericht bringen. Der Reporter nahm sich den goldenen Ehemann beiseite und fragte unter anderem: „Sagen Sie mir, - wie ist das nun in Ihrer Ehe gewesen in all den Jahren: wer hatte das Sagen, - Ihre Frau oder Sie?" - „Tja", meinte der Jubilar, „also das war bei uns immer so: was die wichtigen Sachen sind, - die habe immer ich entschieden. Und die kleineren Entscheidungen, die habe ich immer meiner Frau überlassen." - „Was gab es denn in ihrem Leben für wichtige Entscheidungen?" - „Och, - wissen Sie, - so richtig wichtige Entscheidungen, - die sind in unserer Ehe eigentlich gar nicht vorgekommen!"

Der wegen seiner derben Predigten berühmte Abraham a Sancta Clara (1642-1709) hat über den Ehestand geschrieben:

„Die Eheleute müssen gute Zähne haben, - denn sie müssen gar oft etwas verbeißen! / Die Eheleute müssen einen

guten Rücken haben, - denn sie müssen gar viel ertragen können! / Die Eheleute müssen einen guten Magen haben, - denn sie müssen gar viele harte Brocken schlucken! / Die Eheleute müssen gute Finger haben, - denn sie müssen oft durch dieselben schauen (nachsichtig sein)! / Die Eheleute müssen eine gute Leber haben, - denn es kriecht ihnen gar oft etwas darüber! / Die Eheleute müssen gute Füße haben, - denn es drückt sie der Schuh gar vielfältig!"

Die getrennten Brüder

Die getrennten Brüder und Schwestern wohnen heute im Nachbarhaus oder gehören zur Familie. Und die evangelische Oma ist bei den Kindern deshalb beliebter als der katholische Opa, weil sie bei ihren Besuchen immer etwas mitbringt: Das sind die „Konfessionsunterschiede" für Kinder. Ansonsten können sie sich unter diesem Fremdwort nichts vorstellen, - oder etwa doch?

Der Glaubensunterschied.
Das war im Sommer: Da spielten Jens aus Hamburg und Maria aus Bayern den ganzen Morgen friedlich am Strand und bauten Burgen, - im Adams- und Eva-Kostüm natürlich, denn es war sehr

heiß, und sie lebten mit ihren 5 Jahren noch im Paradies. Als der kleine Jens mittags mit Mama zum Essen geht und erzählt, wie schön sie zusammen gespielt haben, fällt es ihm wieder ein: „Du, Mama, die Maria, die kommt aus Bayern und die is kathalogisch!" - „Du meinst wohl katholisch", berichtigt die Mutter, „in Bayern sind sie alle katholisch." - „Und wir - wir sind doch evi - evigelisch, nich?" - „Ja, aber das heißt evangelisch!" - „Warum sind die denn katholisch, Mama?" - „Die sind eben anders!" sagt Mama kurz. Eine Weile ist nachdenkliches Schweigen. Dann fängt Jens wieder an: „Mamaaa! - weißt du was?" - „Ja, was denn nun noch?" sagt die Mutter ungeduldig. - „Mamma, - ich hab gaanich gewußt, daß das so'n Unterschied is zwischen kathalogisch und evigelisch!"

Durch den Krieg und die Vertreibung sind wir uns eigentlich alle näher gekommen, haben uns nicht nur respektieren gelernt und fühlen uns heute sozusagen als Kinder gemeinsamer Eltern, die sich im Krach getrennt haben, - eben als getrennte Brüder und Schwestern. Das war nicht immer so.

Als seinerzeit im katholischen Münster der ökumenische Gedanke noch nicht sonderlich verbreitet war, schob eine alte „Kindsmagd" den Kinderwagen mit dem Kleinen an der „luttersken Kiärke" vorbei. Als das Kind im Wagen vergnügt die Händchen nach dem Kirchturm ausstreckte, klopfte ihm die Magd auf die Finger und sagte streng: „Muß nich! - Is Bäbä!"

Im katholischen Bayern kannte man die „Evangelischen" früher nur von fern und sah sie gewöhnlich einfach für „Preußen" an. Damals traf der Oberrieder den Wiesbauern und drückte ihm sein Mitgefühl aus: „Wie kunnt dös passiera, daß du den Prozeß verloren hast gegen den Preußen, den damischen!" - „Ja, woast", antwortet der Wiesbauer, „i hätt'n ja goar net o'gfangt mit dem evangelischen Bazi, wann i nur g'wußt hätt', daß so a lutherischear Eid grad so vui gilt wi a katholischer!"

Seit die Bayern sich mehr von Fremden als von Almkühen ernähren, wird ihnen sogar von der Kanzel „Toleranz" gegen die „Preußen" empfohlen. „Woas is dös eigentli: Toleranz?" fragt der Sepp den Brandner Franz nach der Messe. „Jao mei", erwidert der, „dös is fei so: Balst du dir von an Lutherschen a Maß zaohl'n laßt, - sixt: dös is Toleranz!"

„Wir sitzen alle in einem Boot!"

Es soll niemand behaupten, die evangelischen Christen hätten keinen Sinn für Humor! Sofern einige das Lachen verlernt haben, ist ihnen wahrscheinlich schon vorher der Glaube abhanden gekommen, - das gilt aber auch für katholische Christen. Nur Ungläubige haben „nichts zu lachen!"

Es gibt da manche deftige Schnurre, vor allem von den handfesten evangelischen Pastoren aus den baltischen Ländern der Jahrhundertwende, - die sind viel zu schade zum Vergessenwerden! Die Landpastoren im „Gottesländchen" Kurland galten immer als besonders urwüchsig und den Freuden dieser

Welt keineswegs abgeneigt. Da wurde in einem Pfarrhof einmal Kindtaufe gefeiert. Die ganze Nachbarschaft und Verwandtschaft war dazu eingeladen. Es wurde mit Hingabe gegessen und nicht weniger getrunken. Ein älterer Pastor, der erst gegen Abend zum Fest des Amtsbruders kommen konnte, fand die Gesellschaft schon in sehr vorgerückter Stimmung vor, - die Damen hatten sich schon zurückgezogen. Der Pastor bemühte sich, alsbald seine Amtsbrüder im Zechen einzuholen, - nicht ohne Erfolg!

Als man sich aber endlich zur Ruhe begeben will, ist guter Rat teuer: Alle Schlafgelegenheiten sind schon vergeben, und die Hausfrau kann man jetzt auch nicht mehr wecken. Da hat einer der Zecher die rettende Idee: Im Schuppen des Pfarrhofes hat der Sargmacher seine fertigen Särge untergestellt. Also geleitet man den nicht mehr ganz standfesten alten Herrn in den Schuppen und bettet ihn mit einigen Kissen und Decken sanft und behutsam in einen leeren Sarg. Über sein Erwachen am nächsten Morgen hat der Pastor später seinen Mitbrüdern berichtet: „Am Morjen werd'ich also wach, - mit so einem Brummschädel! - Ich seh mich um, und will meinen Augen nicht trauen! - Ich betaste mein Lager, - es ist ein Sarg! - Kein Zweifel! - ich liege in einem Sarg! - Ich seh nach rechts: ein leerer Sarg! - ich seh nach links: ein leerer Sarg! - Ich gucke weiter umher: lauter leere Särge! - - - Da überkommt mich eine fürchterliche Ahnung: Erbarmen, Lieberchen! - sage ich zu mir, - jetzt hast du doch die ganze Auferstehung versoffen!"

Einem Dorfpfarrer in Masuren war plötzlich die Frau gestorben. Er fühlte sich außerstande, eine Sonntagspredigt zu halten. Damit seine Gemeinde den geistlichen Zuspruch nicht entbehren mußte, schickte er ein Telegramm an den Superintendenten: „Meine Frau gestern verstorben. Bitte um Ersatz zum Wochenende!"

Der Dorfpater Professor Wilhelm Volk war ein dankbarer Genießer der guten Gaben des Daseins. Beim Anblick einer herrlich angerichteten Festtafel konnte er sich nicht enthalten, zu seinem Nachbarn zu sagen: „Bei solchem Anblick möchte man am liebsten beten: „Unser heutiges Brot gib uns täglich!"

Als in Riga eine Synode der evangelischen Kirchen des Baltikums stattfand, kam der Bischof von Reval erst am dritten Tag an: „Die Straßen waren so schlecht, und ich hatte einen Achsenbruch!" entschuldigte er sich. - „Aber wer wird denn auch in dieser Jahreszeit über Land fahren?" tadelte ihn ein Mitbruder, „mit dem Schiff wären Sie noch am gleichen Tag hier gewesen!" - „Ach, wissen Sie", antwortete der Revaler Bischof darauf, „auf dem Schiff, - da fühlt man sich doch allzusehr in Gottes Hand!"

Um 1835 gab es einmal viel Aufregung um ein Buch von David Friedrich Strauß, der darin bestritt, daß Jesus wirklich gelebt habe. Nun wollte man auf der Konferenz über das Buch diskutieren, ein jeder sollte es vorher lesen. Ein biederer Landpastor, ein fleißiger Arbeiter im Weinberg des Herrn, aber kein Mann von großer Gelehrsamkeit, nahm sich das Buch vor, stieß gleich am Anfang auf den Satz, daß die Auferstehungsberichte haltlose Fabeln seien, und schlug das Buch ehrlich entrüstet wieder zu.

Bei der Konferenz nahm ein Redner in wohlabgewogener Weise Stellung und befand das Buch als Ganzes gut.

Da meldete sich der Landpastor und lehnte das Buch radikal ab. Der Redner geriet darauf mit dem „hinterwäldlerischen Pastor“ in einen heftigen Disput: „Hänt Se denn dees Buch überhaupt g'lesa?“ fragte er entrüstet.“ - „Jawoll! jawoll!“ - „So? - ganz g'lesa?“ - „Nei!“ - „Ja, - wieviel hänt Se denn g'lesa?“ - „Zwei Seite!“ - „Ja, wenn Sie nur zwei Seite g'lesa hätt, no hänt Sie auch kei Recht mit z'reda!“ - „Waas, - i soll net mitreda dürfa?“ - - Wann i in da Keller nontergeh ond zapf a Fäßle a ond merk, es ischt Essig, - meinet Se, i mueß dees ganze Fäßle aussaufa?“

Im Livländischen Arrasch gab es einmal einen kinderreichen Pastor mit Namen Berndt. Der wollte gern seinen Kindern eine bessere Ausbildung zukommen lassen und beantragte beim Oberkonsistorialrat seine Versetzung in einen Stadtbezirk. Zweimal schon war sein Gesuch abgelehnt worden. Da schrieb er einen dritten und letzten Antrag: „Wenn das hochlöbliche Livländische Konsistorium meinem Wunsche nach Versetzung nicht glaubt stattgeben zu können, - dann in Gottes Namen: L.M.I.A.“ - Berndt, Pastor in Arrasch. Über diesen Brief nun geriet das ganze Konstistorium in große Empörung. Götz von Berlichingen bei der höchsten Kirchenbehörde! Das war unerhört! - Der Mann war verrückt! - Man mußte ihn seines Amtes entheben! - - - Nach der ersten Erregung beschloß man aber, keinen übereilten Schritt zu tun und entsandte den Baron Donath nach Arrasch, um den so peinlichen Fall an Ort und Stelle zu prüfen. - Pastor Berndt zeigte sich sehr erstaunt, inwiefern denn sein Gesuch habe Anstoß erregen können. - „Aber, - lieber Herr Pastor -“ stotterte der Baron verlegen. „Das sieht doch sehr, - sehr nach - nach Götz von Berlichingen aus!“ - „Aber pfui doch! - welch ein Unsinn!“ rief der Pastor mit Unschuldsmiene entrüstet aus, - „aber lieber Baron! - das kann und soll doch nur bedeuten: Dann laßt mich in Arrasch! - Verstehen Sie? ein demutsvoller Verzicht! Sonst nichts!“ Der Baron konnte ihm nicht das Gegenteil beweisen und entfernte sich mit vielen Entschuldigungen. - Der Pastor Berndt aber wurde dann doch noch versetzt.

Das Kreuz der evangelischen Christen sind die vielen Einzelkirchen. Ein Spötter meinte im Hinblick darauf: „Unsere Kirche hält sich an die Gesetze der Natur: sie vermehrt sich durch Teilung!“ Immerhin gibt es mehr oder weniger erfolgreiche Versuche zur Wiedervereinigung oder doch zum organisatorischen Zusammenschluß der Teilkirchen.

Ein englischer Pastor erzählte seinem Kollegen voll Stolz: „Auch bei uns weht jetzt der Wind der Einheit! Es gab bei uns im Dorf eine methodistische Kirche und eine Baptistenkirche, - letzten Monat haben sie sich endlich vereinigt!“ - „Gratuliere, lieber Mitbruder!“ sagte der andere darauf, „das ist ein gewaltiger Schritt vorwärts! Dann gibt es bei Ihnen also nur noch *eine* Kirche, - wie schön!“ - „Aber keineswegs!“ versetzte der Erste, “jetzt gibt es drei bei uns: die Vereinigte Kirche - und die beiden anderen!“

Die Schweden sind in Sachen Glaube besonders großzügig. Sie gehen nur noch dreimal im Leben in die Kirche, und dann jedesmal im Wagen: zur Taufe, zur Trauung und zur Beerdigung.

England ist wegen der Vielzahl seiner Sekten und Religionsgemeinschaften bekannt, - ebenso bekannt ist auch die ziemlich eintönige englische Küche. Dies veranlaßte einen französischen

Witzbold zu der Bemerkung: „Die Engländer haben hundert verschiedene Religionen, aber nur *eine* Soße, - bei uns ist es umgekehrt!"

In England war es auch, wo ein Lehrer im Geschichtsunterricht fragte: „Wer kann mir sagen, warum die Puritaner aus England ausgewandert sind?" - Ein Schüler gab die Antwort: „Weil sie in dem neuen Land Gott nach ihrer Weise verehren und andere zwingen wollten, das Gleiche zu tun!"

Die verschiedenen, nach Amerika ausgewanderten, englischen Sekten haben in der neuen Welt überaus zahlreiche weitere Kirchen und Gemeinschaften hervorgebracht, so daß niemand mehr weiß, wieviele es eigentlich dort gibt. Mehrere protestantische Sekten wollten dort einmal eine gemeinsame Versammlung veranstalten. Als sich bei der Vorstellung der einzelnen Gruppen die Heilsarmee vorstellte, riefen sofort alle andern im Chor: „Wir haben schon gegeben!"

General Booth, der Gründer der „Heilsarmee", zog die Organisation sehr militärisch auf. Die Mitglieder nannten sich „Soldaten des Himmels" und wurden wegen ihrer Uniform oft genug mit richtigem Militär verwechselt. Im Juli 1914, kurz vor Ausbruch des ersten Weltkrieges, als die Mitglieder des Militärvereins „Artillerie" zu Pirna in Sachsen mit der Bahn zu einem der damals so beliebten „Kriegerfeste" nach Bautzen fuhren, stieg in den Waggon auch ein solcher „Soldat" der Heilsarmee ein. Ein biederer Lausitzer hielt ihn für einen Soldaten und rückte gleich ein Stück weiter: „Komm, Kamerad, hier ist noch Platz!" - Der aber erwiderte streng: „Ich bin nicht Ihr Kamerad! Ich bin ein Soldat des Himmels!" - Der Lausitzer, zuerst sehr verdutzt, erkannte seinen Irrtum und meinte schlagfertig: „O jemersch! - da haben Se's aber höllsch weit bis in die Kaserne!"

Nach dem ersten Weltkrieg tauchten überall neue Heilsverkünder und Sektenprediger auf. Im „Ortelsburger Tagblatt" (Ostpreußen) erschien 1920 eine Anzeige: „Auch Sie können gewinnen! - So Gott Gnade schenkt, wird Johann Kuschmierz aus Erle, Westfalen, am Sonnabend, den 17. Juli 1920, um 7 Uhr abends bei Kaufmann Herrn Thalmann in Ortelsburg einen Vortrag halten über die Weissagung Daniels, Kapitel 11, Vers 2-27. - Am 18. Juli, um 9 Uhr vormittags, wird daselbst ein Vortrag stattfinden über das Thema: Wo ist der liebe Gott? Zugleich wird bewiesen, daß Gott allwissend ist. Wer diesen zweiten Vortrag binnen 14 Tagen schriftlich widerlegt, bekommt das Haus, Buer-Erle, Bahnstraße 6, Westfalen, im Werte von 25.ooo.-Mark geschenkt. Eintritt 1 Mark. Freie Aussprache.

Bei der Vielzahl der Sekten ist nicht alles Gold, was glänzt. So sah sich Reverend Jon Henderson veranlaßt, am Eingang seiner Kirche einen Hinweis auszuhängen: „Bitte achten Sie auf ihre Handtaschen! Nicht alle Besucher des Gottesdienstes sind bereits bekehrt!"

Den Diebstahl von mehr als 5o Gesang- und Gebetbüchern aus seiner Kirche nannte er dagegen „recht erfreulich": „Schon der Umstand, daß sie überhaupt des Diebstahls wert befunden wurden, ist erstaunlich. Gottes Wort wird manchmal eben auf wunderlichen Wegen verbreitet. Dafür laßt uns danken!"

In manchen Sekten in Amerika ist es üblich, daß die Gläubigen eigene Gebete laut vortragen. Als eines Tages seine Gläubigen, - vor allem die Frauen, -

schon über eine Stunde lang immer neue Gebete vortrugen, wurde es dem Prediger doch zu bunt. Ungeduldig stand er auf, faltete die Hände und rief laut: „Und nun, Herr, wollen wir Dich nicht länger aufhalten!" - und schloß den Gottesdienst.

In einem Aufsatz über die Quäker in Amerika beschrieb ein 12jähriges Mädchen die Entstehung dieser Sekte und ihre Auswanderung nach Amerika und stellte am Ende fest: „Die Quäker sind sehr sanftmütige Leute. Sie hassen den Krieg und streiten sich nie. Mein Vater ist ein Quäker, - meine Mutter nicht."

In New York gibt es eine sehr exklusive Kirche, die nur von reichen und (ein)gebildeten Leuten besucht wird. Eines Tages kommt ein Farbiger zu dem Prediger und fragt, ob er auch einen Kirchenplatz haben könne. Der sichtlich unangenehm berührte Prediger meinte zögernd: „Hm, - wissen Sie, -ich bin nicht sicher, ob - äh - ob unsere Gemeinde - äh - einen farbigen - äh -Herrn aufnehmen möchte. Wollen Sie nicht nach Hause gehen und zum Allmächtigen um Licht in dieser Sache beten?" Der Farbige bedankte sich und ging, - und kaum war eine Woche vorbei, da war er schon wieder da. Dem Prediger wurde es unbehaglich, und er fragte den Hartnäckigen etwas gereizt: „Nun, mein Sohn, - haben Sie zum Allmächtigen gebetet?" - „Freilich", antwortete der Farbige. „Und der Allmächtige hat mir geantwortet: Mister Owen, nehmen Sie sich in acht vor dieser sehr exklusiven Kirche. Wahrscheinlich kommen Sie nicht hinein. Ich selbst habe seit zwanzig Jahren versucht, hineinzukommen, - und es ist mir nicht gelungen!"

Den Anhängern mancher Sekten in Amerika sagt man nach, daß sie zwar großen Wert auf den Besuch der Versammlungen legen, aber sich im übrigen kaum eines frommen Lebenswandels befleißigen. Das zeigt das folgende, - vielleicht doch nicht ganz erfundene? - Gespräch zwischen dem ehrenwerten Mister Colman und seinem Stift: „Hast du Gips in den Zucker gemischt?" - „Jawohl, Sir!" - „Wasser in die Marmelade gerührt?" - „Jawohl, Sir!" - „Gebrannte Eicheln in den Kaffee getan?" - „Jawohl, Sir!" - „Den Whisky mit Spiritus verlängert?" - „Jawohl, Sir!" - „Gut, dann sperr die Ladentür zu und komm mit zur Abendandacht!"

Im alten Texas lebte ein Prediger mit einem besonders strengen Prädestinationsglauben („Alles ist vorherbestimmt!"). Eines Tages wollte er eine längere Reise antreten, die durch das Gebiet noch nicht unterworfener Indianerstämme führen würde. Ein Nachbar sah, wie der Alte seine Büchse reinigte und lud. - „Na, Onkel Billy", meinte er neugierig, „warum denn soviel Umstände mit dem Schießgewehr? Wenn du einem Indianer in die Hände fällst und es dir vorherbestimmt ist, zu sterben, dann kannst du ja doch nichts daran ändern!" - Onkel Billy sah von seiner Arbeit auf und fragte zurück: „Aber was ist, - wenn nun gerade die Zeit für einen Indianer gekommen sein sollte?"

Die „moralische Aufrüstung", eine in Amerika weit verbreitete Sekte, begann anfangs ihre Zusammenkünfte immer mit einem öffentlichen Sündenbekenntnis vor allen Mitgliedern. Von Reue getrieben begann eines Tages ein Arzt, der von der Idee besonders begeistert war, sein ganzes Leben zu erzählen, - mit unzähligen, pikanten Einzelheiten, - vor einer Zuhörerschaft, die mehr an diesen Einzelheiten als an seiner Reue interessiert war. Er hatte seine öffentliche Generalbeichte noch nicht vollendet, als seine Frau zornentbrannt die Versammlung verließ und geradewegs zum Rechtsanwalt ging, um die Scheidung zu beantragen.

Während der großen Trockenheit in Texas hat ein schwarzer Prediger seine Gemeinde zu einem Bittgottesdienst um Regen eingeladen. Alle sind sie gekommen. Der schwarze Reverend tritt auf, mustert schweigend, aber mit rollenden Augen seine Schäflein, - dann donnert er los: „Euer Unglaube ist ein Skandal! Da sind wir hier versammelt, um Gott zu bitten, daß er Regen schickt, - und nicht *einer* von euch hat einen Regenschirm mitgebracht für den Heimweg!" - Als der Bittgottesdienst zu Ende war, hörte man draußen vor der Tür die Stimme eines rasch entschlossenen Händlers, der laut und überzeugend seine Ware anpries: „Leute, hört auf euren Reverend, zeigt euch fest im Glauben! Vertraut auf die Kraft eurer Gebete - und kauft für den Heimweg einen Regenschirm!"

Father Brown war Prediger eines kleinen Landstädtchens in Ohio. Eines Tages bot ihm eine andere Gemeinde das doppelte Gehalt. Father Brown antwortete, daß er sich im Gebet mit Gott darüber beraten wolle. - Bald darauf fragte jemand den kleinen Sohn des Predigers: „Nun, was ist? - hat sich dein Vater schon zum Umzug entschieden?" - Der Kleine antwortete: „Vater berät sich noch immer mit dem Lieben Gott, - aber Mutter hat schon gepackt!"

Da wir immerhin schon gemeinsam über manche „ökumenische" Schnurre lachen, - und außerdem ja auch sozusagen „in einem Boot" sitzen und viele gemeinsame Ziele haben, bleibt zu hoffen, daß diese Gemeinsamkeiten weiterhin zunehmen!

Die „Erstgeborenen"

Papst Johannes XXIII. hat sie so genannt und eine jüdische Delegation mit den freundlichen Worten begrüßt: „Schließlich seid ihr Gottes erste Liebe!" Es ist wahr: die Juden haben trotz zweitausendjähriger Unterdrückung, Verfolgung und Leben unter Fremden sich etwas von diesem „Nationalstolz" bewahrt. Das wird sogar noch in einem auf den ersten Blick rein „weltlichen" Witz deutlich:

Da sitzt ein Jude neben einem ihm völlig Unbekannten im Varieté. Ein Vortragskünstler tritt auf. Der Jude dreht sich zu seinem Nachbarn und sagt stolz: „Einer von unsere Leut!" - Eine Sängerin tritt auf: „Auch von unsere Leut!" sagt der Jude. - Ein Tänzer kommt auf die Bühne: „Auch von unsere Leut!" erklärt der Jude. - „O Jesus!" stöhnt der Nachbar angewidert. - „Auch von unsere Leut!" bestätigt der Jude.

Die Juden müßten eigentlich „Israeliten" heißen, weil sie Nachkommen Jakob-Israels sind. Da ihre Hauptstadt Jerusalem bis zum Untergang aber im Gebiet des Stammes Juda lag, hat man ihnen den Namen „Judäer" oder „Juden" angehangen. Die Kinder Israels haben auch in der Fremde durch viele Jahrhunderte ihre Kultur, ihre Sitten und Gebräuche, ihre Sprache und ihren Glauben bewahrt, obwohl der Letztere am meisten gelitten hat, weil die alte messianische Hoffnung sich nicht erfüllt hat: Die Befreiung und Wiederherstellung des Reiches Israel durch den „Messias".

Die Menschen, - auch die Christen! - sind nicht eben sanft mit ihnen umgegangen. Zu Beginn der Neuzeit mußten alle Juden zwangsweise einen Familiennamen annehmen, der ihnen gewöhnlich von den Behörden diktiert wurde. Kein Mensch heißt freiwillig „Treppengeländer" oder „Pulverbestandteil" oder Schlimmeres!

In der damaligen Donaumonarchie konnten sich nur reiche und angesehene Juden durch Bestechung gegen solche boshaften Scherze der Namensämter zur Wehr setzen.

Naftali, der bisher einen wohlklingenden Namen geführt hat, kommt bedrückt vom Namensamt nach Hause. „Wie heißen wir denn jetzt?" fragt seine Frau neugierig. - „Schweißloch!" sagt der Ehemann verbittert. - „Gewalt geschrieen! - Konntest du dir nichts Anständigeres aussuchen?" - Der Mann winkt müde ab: „Was heißt denn „Aussuchen?" - bei dieser Räuberbande von Beamten! - Das „W" allein kostet mich schon zwanzig Gulden extra!"

„Wissen Sie, was ich erfahren habe?" sagt ein Jude zum andern, „der reiche Maurice Lafontaine hat früher Moritz Wasserstrahl geheißen!" - „Das ist doch keine Neuigkeit! - Ich habe ihn sogar schon gekannt, als er noch Moische Pischer hieß!"

Zwei treffen sich: „Gestatten, Krohn!" sagt der eine. - „Angenehm! - Asch. - Auch a Jüd?" - „Nein, ich bin Kathole! („Katholisch)." - „Nu, wissen möcht ich doch, Herr Krohn, woher habense das R?" - „Ihnen im Vertrauen gesagt, Herr Asch, - aus Ihrem Namen!" Weil Juden von allen Ämtern und Handwerkern ausgeschlossen waren, blieb ihnen als Einziges der Handel, das Geschäft. Dieses blieb dann oft der ganze Lebensinhalt. Ein polnisch-jüdisches Sprichwort sagt: „Wenn man arbeitet, hat man keine Zeit, Geld zu verdienen!" Das kann man nur aus diesem Zusammenhang richtig verstehen.

Da liegt der alte Menazbach, Inhaber eines Ladens, im Sterben. Die Familie umsteht ehrfürchtig sein Lager. Mit letzter Kraft beginnt er noch einmal zu sprechen: „Rifke, mein Weib, bist du da?" - „Ja, Kroinele!" - „Jakob, mein Sohn, bist du da?" - „Ja, Vater!" - „Lea, meine Tochter, bist du da?" - „Ja, Vater!" - Da richtet sich der Alte mit letzter Kraft zornig auf und schreit: „Und wer ist im Geschäft?"

Im ersten Weltkrieg gibt es strenge Vorschriften für Höchstpreise bei Lebensmitteln. Trotzdem verkauft Mendel Gänse à 200 Kronen und macht gute Geschäfte. Sein Nachbar versucht es auch und setzt eine Annonce in die Zeitung, - anderntags kommt die Polizei und beschlagnahmt die Gänse. - „Mendel", fragt der Nachbar, „wieso kommt die Polizei nicht zu dir?" - „Was hast du denn annonciert?" - „Gänse à 200 Kronen zu verkaufen!" - „No, - wenn du es so dumm anstellst! ich annonciere immer: „Am Sonntag 200 Kronen am Kirchenplatz verloren. Der ehrliche Finder erhält eine Gans. Am nächsten Tag hat dann die halbe Stadt meine 200 Kronen gefunden!"

Stettiner ist besorgt um seine Aktien und schickt einen Angestellten zur Generalversammlung, die von zwölf bis zwei dauern soll. Schon fünf nach zwölf telefoniert der Angestellte: „Sofort verkaufen!" Stettiner tut's und ist vor einem schweren Verlust bewahrt. „Wie konnten Sie das so schnell wissen?" fragt er später den Angestellten. „Der Präsident eröffnete die Generalversammlung mit dem Wort „Leider . . ." - da wußte ich gleich Bescheid!"

Schlesinger sagt zu seinem Prokuristen: „Ich gehe jetzt in die Synagoge und will dort unter keinen Umständen gestört werden!" Kaum ist er weg, kommt ein Anruf der Börse: „Skoda-Aktien sind auf vierhundertzehn gestiegen!"

Der Prokurist wird unruhig. - Eine Viertelstunde später erneuter Anruf: „Skoda-Aktien auf vierhundertddreißig!" - der Prokurist hält es kaum noch aus. - Beim dritten Anruf: „Skoda-Aktien auf vierhundertfünfzig!" stürzt der Prokurist zur Synagoge, Schlesinger zu verständigen. Der sagt in tadelndem Tone: „Sie haben drei schwere Fehler gemacht: Erstens haben Sie mich gestört in meiner Andacht. Zweitens haben Sie meine Glaubensbrüder gestört in ihrer Andacht. Und drittens notieren Skoda-Aktien *hier* bereits vierhundertfünfundachtzig!"

Schloime Feigenstock sitzt im Zug Krakau-Tarnow und ißt marinierte Heringe. Die Köpfe legt er beiseite. Ihm gegenüber sitzt ein polnischer Angestellter. Sie kommen ins Gespräch und der Pole will wissen: „Wie kommt es, daß ihr Juden so schlau seid?" - „Das kommt vom Heringessen", erklärt Feigenstock. „Besonders klug wird man vom Essen der Köpfe!" - Der Pole denkt nach. Dann bittet er: „Verkauf mir doch etwas von deinen Heringsköpfen!" - „Gut", sagt Feigenstock gnädig. „Aber sie kosten das Stück einen Zloty." - Der Pole zahlt für fünf Köpfe fünf Zloty, würgt sie hinunter, sitzt lange mißmutig da und meint schließlich: „Eine Gemeinheit von dir! Für fünf Zloty hätte ich doch auf der nächsten Station fünf ganze Heringe kaufen können!" - „Ganz richtig!" bestätigt Schloime, „du siehst: die Köpfe beginnen bereits bei dir zu wirken!"

„Aaron, du bist doch ein feiner und gebildeter Mann", fragt ihn ein Freund, „wieso erniedrigst du dich so vor jedem reichen Grobian?" - Der antwortet: „Das ist schon seit Adams Zeiten so: will man eine Kuh melken, so muß man sich vor ihr bücken!"

Litauische Juden stehen bei ihren Glaubensgenossen im Ruf, besonders geschäftstüchtig zu sein. Auf ein Zeitungsinserat in Israel: „Amme gesucht. Persönliche Vorstellung!" - schellt es an der Tür, ein bärtiger Litauer steht vor der Tür. Die Hausfrau ist entsetzt: „Sie wollen eine Amme sein?" - Der Litauer darauf: „Nu - warum nicht? Einmal zeigt man mir eine Sache, - und schon kann ich sie!"

Drei fromme Juden rühmen sich ihrer guten Taten: „Letzten Winter sehe ich eine Frau im Fluß ertrinken. Ich fürchte mich vor kaltem Wasser. Na - ich spucke auf die Kälte, springe ins Wasser und rette die Frau!" - so erzählt der erste. Der zweite sagt: „Das Nachbarhaus stand in Flammen. Ich fürchte mich vor dem Feuer. Na - ich spucke auf das Feuer, springe hinein und rette die Frau!" - Da erzählt der dritte: „Ich bekam plötzlich ein Telegrammn, daß mein Vermögen in Paris in Gefahr ist. Und dabei ist Sabbat! Na - ich spucke auf den Sabbat, springe in den Zug und rette meine Vermögen!" (Am Sabbat ist Fahren verboten).

Konjugation in Tel Aviv: Drei Juden stehen vor der Auslage eines Uhrengeschäftes: „So eine Uhr werde ich einmal haben!" sagt der „Vatik" (Palestinenser). - „So eine Uhr habe ich längst!" sagt der eingewanderte Pole. - „So eine Uhr hast du gehabt!" sagt der rumänische Jude.

Der Rabbi sitzt in der Bahn einem Viehhändler gegenüber: „Ich habe mit behemes (hebr: Rindvieh) zu tun", erzählt dieser, „ die Geschäfte sind miserabel!" - „Ich habe auch mit Rindviechern zu tun", erwidert der Rabbi, „aber mir geht es dabei sehr gut!"

Selbst ohne Geld kommt man noch durch die Welt: Der völlig mittellose

Nachtblau probiert, sich ohne Fahrkarte nach Hause durchzuschlagen. Sooft der Schaffner ihn erwischt, schmeißt er ihn mit kräftigem Fußtritt an der nächsten Haltestelle aus dem Zug, - was ihn nicht hindert, im letzten Wagen wieder einzusteigen. „Wie weit wollen Sie fahren?" fragt ein Mitreisender. - „Wenn mein Toches (hebr. Hintern) es aushält: bis Warschau!"

Auf dem Petersplatz in Rom beobachten zwei Juden den prunkvollen Aufzug der Bischöfe. „Weit haben se's gebracht! Und mit einem kleinen Esel ham's angefangen!" sagt der eine nachdenklich. Darauf der andere: „Wär schon was zu machen aus der römischen Kirche, - aber a Jud müßt's in die Hand nehmen!"

Vielleicht ist hier die Bemerkung notwendig (?), daß alle diese Witze von Juden stammen und keineswegs „antisemitisch" sind. Der Haß auf Juden und ihre Verfolgung beruhte häufig auf dem Geschäftsneid von Christen, den man gern mit „religiösen" Gründen bemäntelte. So gab es im Mittelalter die fast unausrottbare Verleumdung, die Juden würden Kinder schlachten und in das Brot zum Passahmahl hineintun. In einer ungarischen Stadt ging das Gerücht, ein ermordetes Kind sei gefunden worden, und schon begannen alle Juden zur Flucht zu packen aus Angst vor einer neuen Verfolgung. Da kommt im letzten Augenblick der „Schammes" (Vorsteher, Rabbiner) und schreit aufgeregt vor Freude: „Juden! Gute Nachrichten! - das ermordete Kind ist ein jüdisches!"

„Alles Unglück kommt von den Juden!" behauptet der Antisemit. - „Nein, es kommt von den Radfahrern!" sagt ein Jude. - „Wieso von den Radfahrern?" fragt der Antisemit. - „Wieso von den Juden?" sagt der Jude.

Angesichts so häufiger Verfolgungen und Anfeindungen kann sich manchmal dieses Gefühl zu einem richtigen „Tick" entwickeln: Da sitzen im Wiener Stadtpark zwei Juden und klagen über den Antisemitismus. Ein Vogel kommt vorbeigeflogen und läßt etwas auf Itzigs Hut fallen. - „Siehst du", sagt darauf Itzig verbittert: „was ich dir gesagt habe! - Selbst diese Vögel, - für die Goim (Christen) singen sie!"

Die vorwiegend in Galizien ansässigen Ostjuden haben durch Jahrhunderte ihre Sprache, das Jiddisch, eine Mischung aus Hebräisch, Deutsch und Slavisch und ihre alten Traditionen bewahrt. Oft in bitterer Armut lebend und fast immer unterdrückt, haben sie sich mit angeborenem Mutterwitz behauptet. Dabei geriet freilich ihr Glaube mehr und mehr zu einer oft kuriosen Sammlung von Gebräuchen und Vorschriften.

Die Erlösung, auch die Erwartung des Messias, bezog sich für die Juden schon zur Zeit Christi auf die diesseitige Welt. Auch das Prophetentum verweltlichte immer mehr. Ein Jude blieb darum nur solange ein Jude, wie er sich seiner Herkunft und Vergangenheit erinnerte. Darum die genaue Beachtung oft sinnlos gewordener Vorschriften in der Ostjuden-Diaspora. So wird denn auch das Kommen des Messias nicht unbedingt bezweifelt, aber auch nicht erhofft, sondern eher befürchtet: „Er wird doch wohl nicht in unseren Zeiten kommen?" - Eine Frau kommt mit einer großen Neuigkeit nach Hause: „Der Messias ist gekommen!" - Ihr Mann: „Das ist doch Unsinn!" - Die Frau: „Gar kein Unsinn! Du kennst doch den christlichen Metzger an der Ecke? ein anständiger Mann, nicht wahr? Und du gibst zu, daß er noch nie gelogen hat? - Nun also: er hat es gesagt!"

„Die Leute reden alle davon, der Messias werde bald kommen", sagt ein Jude zu seiner Frau. „Weißt du, Rifke, ich freue mich gar nicht darüber. Da werden wir doch alles im Stich lassen und nach Israel ziehen müssen. Jetzt, wo wir endlich so ein hübsches Haus haben!" - „Ach sorg dich doch nicht so, Moische, Gott hat uns vor Pharao und vor Haman (persischer Minister, der die Juden ausrotten wollte) geschützt, - er wird uns auch vor dem Messias bewahren!"

Ein Jude mußte aus seiner bisherigen Heimat flüchten. Nun betritt er in Israel nach langer Irrfahrt das Land und seufzt: „Zweitausend Jahre haben wir umsonst um Rückkehr gebetet, - und ausgerechnet mich muß es treffen!"

Wie zwiespältig Juden selbst über die „Heimkehr" denken, zeigt ein kleiner jüdischer Witz: Da begegnen sich zwei Dampfer auf dem Mittelmeer, der eine mit jüdischen Einwanderern, der andere mit jüdischen Rückwanderern. Als sie in Sichtweite an der Reling stehen, machen sie sich gegenseitig das international verständliche Zeichen, indem sie mit dem Finger an die Stirn tippen.

Natürlich gab es unter den Ostjuden auch die Chassidim, berühmte und heilige Männer und Lehrer, denen man oft Wunderkräfte nachsagte. Aber der kritische und zweifelnde Geist schlägt doch immer wieder durch. Und mit dem Glauben hält man es so, daß man sich nach alter Talmud-Gewohnheit auf irgend eine menschliche Autorität beruft, womit man eigentlich alles oder nichts beweisen kann.

Von einem Rabbi, der als Wundertäter galt, erzählte ein Anhänger: „Ein Wunder habe ich selbst erlebt: ich ging mit dem Rabbi über die Dorfstraße, da sah er in einem Haustor gegenüber einen jüdischen Knaben Schweinespeck kauen (Nach dem Gesetz verboten). Da rief er in heiligem Zorn: „Das Haus soll über diesem Sünder zusammenstürzen!" - Dann aber besann er sich und sagte: „Halt! - am Ende würden dabei auch Unschuldige umkommen, - das Haus soll stehen bleiben!" - - Und was sagt ihr dazu: Das Haus blieb stehen!"

In einer großen Trockenheit kamen alle zum Rabbi gelaufen, er solle um Regen beten. Der Rabbi betet, - und in der Tat: es hilft! - Aber nun hört der Regen gar nicht mehr auf. Die Leute verzweifeln abermals. Der Rabbi soll jetzt um Trockenheit beten! Der Rabbi betet - vergeblich! - „Ihr müßt verstehen, erklärt der Diener des Rabbi den Enttäuschten, der Rabbi ist noch sehr jung. Regen machen, - das kann er schon. Aber wie man den Regen stoppt, - das hat er noch nicht gelernt."

Ein Chassid erzählt: „Einmal rutschte unser Rabbi ins Wasser. Schwimmen konnte er nicht, und das Wasser war tief. Zum Glück hatte er zwei Heringe in der Tasche. Die zog er heraus, da wurden sie lebendig, er hielt sich an ihnen fest, und sie zogen ihn ans Land!" - Sein Schüler sagt: „Das glaube ich nicht. Wie kannst du das beweisen?" - Der Chassid: „Du siehst doch selber: der Rabbi lebt!"

Ein Lehrer erzählt: „Die meisten Wundertaten von Rabbis weiß man nur vom Hörensagen. Ich aber will euch erzählen, was ich selbst erlebt habe. Eine Mutter brachte weinend ihr totes Kind zum Rabbi und bat: „Macht mir mein Kind lebendig!" - Der Rabbi sprach: „Das Kind soll auferstehen!" - „Und", fragen seine Schüler aufgeregt, „ist das Kind aufgestanden?" - „Ach wo", sagt der Lehrer, „es ist tot liegen geblieben. - „Das ist doch kein Wunder!" - „Wunder ist es keines, aber dabei bin ich gewesen!"

Das sparsame Wunder: Der Rabbi erzählt: „Eines Tages fand ein armer Holzhacker einen Säugling mitten im Wald. Wie sollte er ihn ernähren? Er betete zu Gott, und da geschah ein Wunder: dem Holzhacker wuchsen Brüste, und er konnte das Kind säugen." - „Rabbi", wandte ein Jünger ein, „die Geschichte gefällt mir nicht. Wozu so eine ausgefallene Sache? Gott ist allmächtig, er konnte einen Beutel Gold neben das Kind legen, dann hätte der Holzhacker eine Amme bezahlen können. - Der Rabbi klärt (überlegt) lange, dann entscheidet er: „Falsch! Warum soll Gott ausgeben bar Geld, wenn er kann auskommen mit einem Wunder?"

„Die Leute glauben doch alles!" denkt Joschko, als er gelangweilt am Fenster sitzt. Da ruft er zum Spaß einem vorübergehenden Bekannten zu: „Auf dem Markplatz tanzt ein Lachs!" - Der Bekannte wendet sich sofort und rennt zum Markt. Unterwegs erzählt er die wunderbare Neuigkeit allen Vorübergehenden, und bald wälzt sich das ganze Städtchen dem Marktplatz zu. Da kommen dem Joschko doch ernsthafte Zweifel. Er sagt zu seiner Frau: „Ich gehe auch zum Markt! Wer weiß, vielleicht tanzt dort wirklich ein Lachs!"

„Klären" bedeutet soviel wie: scharfes Durchdenken eines komplizierten, vor allem eines talmudischen Problems. Die Haarspalterei und Spitzfindigkeit der Schriftgelehrten findet sich im Talmud, einer Vorschriften- und Beispielsammlung des Mittelalters, noch ausgeprägter wieder. Da wird oft das „um die Ecke Denken" auf die Spitze getrieben.

Da sitzen zwei Juden im Bethaus und klären: „Schloime, es steht doch geschrieben: Am siebten Tage sollst du ruhen, du und dein Sohn und deine Tochter, dein Knecht und deine Magd, dein Vieh und der Fremde, - bloß von der Frau steht da keine Silbe." - „Du Dummkopf, warum verstehst du nicht? Von der Frau weiß doch jeder, daß sie auch am Sabbat keine Ruhe gibt!"

Moische wird gefragt: „Lebt der Mensch von innen heraus, oder von außen herein?" - Moische klärt sehr lange und entscheidet schließlich: „Wenn du mich so fragst, kann ich dir nur antworten: Ja!"

Eine Gemeinde wollte ihren Rabbiner loswerden, - der ging aber nicht und erklärte: „Nach der Thora (Gesetzbuch) habe ich nicht das Recht, hier wegzugehen. Denn die Mehrheit entscheidet, und sämtliche Gemeinden der Welt mit Ausnahme meiner eigenen wünschen, daß ich lieber hierbleiben soll!"

„Ich lese hier in so einem modernen Buch, daß in Wirklichkeit die Sonne steht und die Erde sich dreht, - wozu brauchte Josua dann der Sonne zu befehlen, daß sie stehenbleiben soll, wenn sie ohnehin schon stand?" - „Schafskopf! damals stand sie nicht! Er hat sie zum Stehen gebracht, und hat vergessen, den Befehl aufzuheben. Seither steht sie!"

Der Rabbi sitzt untätig, den Blick ins Weite gerichtet. Man fragt respektvoll, was er klärt. Darauf der Rabbi, sehr feierlich: „Ich habe soeben geklärt: As men möcht nehmen alle Bäum, was sennen in der Welt, und machen daraus einen einzigen Baum. Und as men möcht nehmen alle Wasser, was sennen in der Welt, und machen ein einziges Wasser. Und as men möcht nehmen alle Äxte, was sennen in der Welt, und machen daraus eine einzige Axt. Und as men möcht schlagen den Baum, was gemacht ist aus alle Bäum, mit der Axt, was gemacht aus alle Äxt, so daß er fallt in das Wasser, was ist gemacht aus alle Wasser, - oi! gibt das a Platsch!"

Zwei Talmud-Schüler klären: Eines verstehe ich nicht, Berel: ein frommer Jude darf nicht ohne Kopfbedeckung herumlaufen. Aber in der Tora (Gesetzbuch der Bibel) steht kein Wort davon!" - „Das ist wahr, Schmerel, wörtlich nicht. Aber es gibt doch viele Hinweise: Da steht zum Beispiel: „Jakob kam von Beerschewa und ging nach Haran . . ." - glaubst du im Ernst, daß ein frommer Jude wie Jakob eine solch lange Strecke ohne Kopfbedeckung marschiert ist?"

Brief eines (im Denken geschulten) Ehemannes an seine Frau: „Teure Riwke! Sei so gut und schick mir deine Pantoffeln! Natürlich meine ich meine und nicht deine Pantoffeln. Aber wenn du liest „meine Pantoffeln", dann meinst du, ich möchte deine Pantoffeln. Wenn ich aber schreibe: „Schick mir deine Pantoffeln, dann liest du „deine Pantoffeln" und verstehst richtig, daß ich meine: „meine Pantoffeln" und schickst mir meine Pantoffeln. Schick mir also deine Pantoffeln!"

Fromme Juden haben die Gewohnheit, in Notlagen Psalmen herunterzubeten. Dieses Beten heißt „Tephillim sagen", und ihm wird magische Wirkung zugesprochen. Wobei es weder auf den Inhalt noch auf die Andacht ankommt.

Eine besorgte Mutter kommt zum Rabbi: „Mein Kind leidet an unstillbarem Durchfall! - was soll ich tun?" - „Sag Tephillim!" empfiehlt der Rabbi. Zwei Tage später ist die Mutter wieder da. „Nun, hat es geholfen?" fragt der Rabbi. - „Ja, ja", bestätigt die Mutter, - aber jetzt hat das Kind das Gegenteil, - es kommt gar nichts mehr!" - „Sag Tephillim!" befiehlt der Rabbi wieder. - „Aber Rabbi!" ruft die Mutter entsetzt, „Tephillim stopft doch!"

Am Jom-Kippur, dem Versöhnungstag, sieht Kalman seinen Feind im Betsaal und streckt ihm versöhnlich die Hand entgegen: „Ich wünsche dir alles, was du mir wünschest!" - „Fängst du schon wieder an?" erwidert der andere bitterböse.

„Welche Buße würdet Ihr mir auflegen?" - fragt jemand den Rabbi, „ich habe kürzlich vor dem Essen die Hände nicht gewaschen." - Rabbi: „Ja, - warum habt Ihr sie nicht gewaschen?" - „Ich habe mich geniert, es war ein christliches Lokal." - „Wie kommt ihr denn dazu, in einem solchen überhaupt zu essen?" - „Was hätte ich tun sollen? Es war Jom Kippur (strengster Fasttag), und da waren alle jüdischen Restaurants geschlossen."

Ein Jude führt beim Rabbi Klage gegen einen Lieferanten. Der Rabbi hört aufmerksam zu und sagt: „Du hast recht" - Bald darauf kommt der beschuldigte Lieferant und klagt über den Ankläger. Der Rabbi hört wieder sehr aufmerksam zu und sagt: „Du hast recht!" - Seine Frau hat beides mit angehört und sagt vorwurfsvoll zu ihrem Mann: „Es können doch niemals beide recht haben!" - Da gibt der Rabbi zu: „Du hast auch recht!"

Juda Eisendraht liest im Talmud die merkwürdige Stelle, wonach Männer mit dickem Bart dumm sind. Er ärgert sich darüber, denn sein Bart ist der reinste Heidebesen. Aber das kann man ja ändern. Das Abschneiden ist dem frommen Juden verboten, aber nirgends steht geschrieben, daß man nicht etwas absengen dürfe. Also zündet Eisendraht seinen Bart an. Als er von den Brandwunden wieder genesen ist, läßt er sich den Talmud heranbringen und schreibt an die Stelle über die Dummheit der Dickbärtigen: „Geprüft und bestätigt gefunden!"

„Gott schützt die Dummen" liest der Cholmer Joine Kupferblech im Talmud. Er ist von der Stelle begeistert. Sagen nicht alle Leute, daß er ein dummer Esel ist? Jetzt kann er gleich feststellen, ob das wahr ist. Und er springt aus dem Fenster. Draußen liegt er mit gebrochenem Bein am Boden und brüllt vor Schmerzen. Die Leute laufen zusammen und fragen erschrocken: „Was ist los?" -„Oh!" - stöhnt Joine, „ich wußte ja, daß ich nicht dumm bin. Aber daß ich so gescheit bin, das habe ich nicht gewußt!"

Zweifel und Unglaube sind weit verbreitet. „Chaim, du bist ja heute beim Gottesdienst? Du hast doch gesagt, du glaubst gar nicht an Gott!" - „Das ist wahr, ich glaube nicht an ihn. Aber weiß ich denn, ob ich recht habe?"

Am Sabbat treffen sich zwei Juden auf der Kurpromenade in Karlsbad: „Glaubst du noch an Gott?" fragt der eine. „Nu, - laß uns reden von was anderem!" sagt der andere unwillig. Am nächsten Tag sehen sie sich wieder: „Es hat mir keine Ruhe gelassen, sagt der erste wieder: „Glaubst du noch an Gott?" - „Nein!" - „Nu, das hättest du mir ja auch gestern antworten können!" - „Bist du meschugge? - am Sabbat?"

„Moses war der Sohn einer ägyptischen Prinzessin!" sagt Lea im Thora-Unterricht. „Du hast wieder nicht aufgepaßt! Die Prinzessin hat ihn doch bloß in einem Körbchen am Nil gefunden!" - „Sagt SIE!"

„Die Leute nennen Salomon einen weisen Mann, weil er die Mutter eines Kindes ausfindig gemacht hat. Auch ein Kunststück! - Den Vater des Kindes hätte er ausfindig machen sollen, das wäre die wahre Weisheit gewesen!"

Der Schadchen (Heiratswerber) spielte bei den Ostjuden eine wichtige Rolle. Er mußte dem künftigen Bräutigam die Braut anpreisen und tat das auch mit allen möglichen Übertreibungen.

„Ein reiches Mädchen wollen Sie? Ich habe Ihnen sogar eines, das außerdem noch eine Schönheit ist und aus gutem Hause! Sie hat nur einen winzigen Fehler: Sie ist ein ganz klein wenig schwanger!"

Der Heiratskandidat beschwert sich beim Schadchen: „Sie, das geht zu weit! Das Mädchen, das sie mir da anpreisen, hat ja ein Kind!" - „Sie müssen das vom richtigen Standpunkt aus betrachten. Haben Sie eine Ahnung, was eine Geburt für Umtriebe, Unkosten und Aufregungen verursacht! Und sehen Sie: hier haben Sie doch eine fertige Sache!"

Der junge Ehemann entrüstet zum Schadchen: „Sie Lump haben mich reingelegt! Sie haben gesagt, die Braut hinkt und hat einen schlechten Ruf, und der Vater hat gesessen, - dafür hat sie zweitausend Rubel. Sie hat aber nur zweihundert!" - „Na, was wollen Sie, - Das mit den Rubeln, da haben Sie recht. Aber in allem Anderen habe ich Ihnen doch genau die Wahrheit gesagt!"

Bei anderer Gelegenheit hat der Schadchen die Braut gleich mitgebracht: Der Bräutigam flüstert ihm ärgerlich zu: „Warum bringst du die daher, - Sie ist häßlich und alt, - sie schielt und hat schlechte Zähne und Triefaugen!" - Darauf sagt der Schadchen: „Du kannst ruhig lauter sprechen, - taub ist sie auch!"

„Ich habe für Sie eine glänzende Partie“ sagt der Schadchen. Nur einen Fehler hat sie: sie schielt ein wenig.“ - „Das macht mir nichts aus.“ - „und hinken tut sie auch ein bißchen.“ - „Was schadet das?“ - „Ja, - und Jungfer soll sie auch nicht mehr sein.“ - „Das ist doch ganz egal.“ - „Wieso ist Ihnen eigentlich alles egal?“ - „Wie soll es mir nicht egal sein? Ich nehme sie ja nicht!“

„Wie geht es denn in der jungen Ehe, wie kommst du mit deiner Frau aus?“ erkundigt sich ein Freund. „Großartig, - wir streiten uns nur über die Agrarfrage.“ - „Über die Agrarfrage?“ - „Ja, sie sagt, ich soll in der Erde liegen. Und ich sage, sie soll in der Erde liegen!“

Das Verhältnis zwischen Juden und Christen war vor dem Rassenwahn des „Dritten Reiches“ eigentlich recht gut. Ein jüdischer Berliner Rechtsanwalt meinte damals: „Zionismus ist eine schöne Sache. Was mich persönlich betrifft, so möchte ich, sobald ein jüdischer Staat besteht, Konsul in Berlin werden.“

Ein Jude ist nach Spanien ausgewandert, wo er sich sicherer fühlt. Da er aber nicht arbeiten will, erklärt er, er leide an Lähmungen. „Bist du meschugge?“ - sagt sein Freund. „Wenn du nicht als ein Betrüger dastehen willst, mußt du dein ganzes Leben ein Lahmer sein!“ - „Ach wo!“ antwortet er ungerührt, - wenn es mir nicht mehr wird gefallen, werde ich nach Lourdes reisen!“

Christliche Einflüsse machen sich auch bemerkbar: „Feiern Sie auch Weihnachten?“ fragt Herr Kohn seinen Prokuristen. „Ach nein! - meine Frau und ich, wir sind schon zu alt dazu. Und die Kinder, die sind schon getauft!“

Die kleine Ilse Rosenzweig fragt unterm Weihnachtsbaum: „Mama, feiern eigentlich die Christen auch Weihnachten?“

Beim Besuch einer Schulklasse fragt der Bischof: „Wen sollen wir am meisten auf der ganzen Welt lieben? - wer es weiß, bekommt eine Mark von mir!“ - Die Klasse rät: die Eltern, die Geschwister, den Lehrer, - schließlich meldet sich ein jüdischer Junge, der auch in der Klasse ist: „Am meisten sollen wir Jesus Christus lieben!“ - „Du bekommst die Mark“, sagt der Bischof erfreut. Aber wie kommt es, daß du als Jude die Frage allein richtig beantwortet hast? - „Nu, Exzellenz: für eine Mark!“

Am Missionszelt einer amerikanischen Sekte kommen zwei Juden vorbei. Steht da ein großes Schild: „Wer sich taufen läßt, bekommt 10 Dollar!“ Sagt der eine zum andern: „Geh rein, und du kriegst die 10 Dollar. Bei mir ist die Idee, das macht die Hälfte, dann haben wir beide gewonnen 5 Dollar!“ - Der andere geht hinein und kommt nach einer Weile wieder. - „Nu“ fragt der andere, „bist du jetzt getauft?“ - „Natürlich, jetzt bin ich ein Christ!“ - „Na, - und?“ - „Was: na und?“ - „Kein Geld gekriegt?“ - „Doch, 10 Dollar, wie es war geschrieben auf dem Schild.“ - „Dann gib her meinen Teil.“ - Da blickt der Getaufte den anderen traurig an und sagt: „Siehst du, das ist genau, was uns Christen an euch Juden nicht gefällt!“

Ein junges Paar möchte eine Wohnung mieten. „Wie heißen Sie?“ fragt der Hausbesitzer. - „Ich heiße Levi.“ - „Dann habe ich keine Wohnung zu vermieten!“ - „Und weshalb nicht?“ - „Ich vermiete nicht an Juden!“ - „Aber ich bin ja gar kein Jude, ich bin Katholik!“ - „Sie sind mir ein schöner Katholik! Echte Katholiken gehen am Sonntag in die Messe, - wie ich!“ - „Eben, - ich gehe auch jeden Sonntag in die Heilige Messe!" - „Tatsächlich? - und was ist zum Beispiel vorn in der Kirche?" - „Der Altar mit Jesus Christus am Kreuz." - „In Ordnung. Und wo ist Jesus Christus geboren?" - „In Bethlehem, in einem Stall!" - „Warum in einem Stall?" - „Weil es schon damals solche Dreckskerle gab, die nicht an Juden vermieten wollten!"

„Heute nacht habe ich geträumt", - sagt der Pastor zum Rabbiner, - „ich sei ins jüdische Paradies gekommen. Einfach scheußlich dort! Dieses Schreien und Gestikulieren, dabei ein Gedränge, alles überfüllt bis in den hintersten Winkel!" - „Wie sich das trifft", antwortet der Rabiner, „Ich bin heute nacht im Traum durch das christliche Paradies gegangen: Eine himmlische Ruhe! - Köstlicher Duft nach Lilien und Rosen, - und weit und breit kein Mensch!"

Für eine wachsende Verständigung und Versöhnungsbereitschaft zwischen Christen und Juden spricht die Tatsache, daß während der Kämpfe zwischen Israel und Arabern 1948 der israelische Botschafter bei den Vereinten Nationen einen Antrag stellte, „es möchten die Schwierigkeiten zwischen Juden und Moslem in einem CHRISTLICHEN GEISTE geregelt werden."

Daß die „Erstgeborenen" immer noch Gottes erste Liebe sind, zeigt sich in jener hübschen Parabel, in der ein katholischer und ein evangelischer Pastor müde und erschöpft zu Fuß am Himmelstor ankommen und bei Petrus um Einlaß bitten, - in diesem Augenblick kommt ein Rabbiner im Auto vorbei und prescht lässig winkend durchs Tor. „Eine unverschämte Frechheit!" empört sich der evangelische, und der katholische Pfarrer wendet sich an Petrus: „Was für eine Ungerechtigkeit! - und wir als Diener des Herrn, müssen zu Fuß gehen!" - „Pst!" - flüstert Petrus darauf und legt den Finger auf den Mund, - „schließlich ist das ja ein Verwandter vom Chef!"

„Bei Gott! Ich bin eine Atheistin!"

In der hitzigen Diskussion, in der diese Beteuerung fiel, hat sicher niemand darauf geachtet. Merkwürdig genug klingt es trotzdem, wenn jemand Gott zum Zeugen anruft, daß er nicht an Gott glaube. Die Atheisten tun sich überhaupt schwer, wenn sie ihren „Glauben" bekennen wollen. Schon das griechische Wort (aus THEOS - Gott und der Verneinung A) ist eigentlich nur im Munde eines Gläubigen und aus seiner Sicht sinnvoll: „Atheist" ist einer, der nicht an Gott glaubt. Wie aber kann einer behaupten, nicht an einen Gott zu glauben, der angeblich gar nicht existiert? Das Problem besteht darin, daß es den Un-Gläubigen und den Gott-losen nur als Verneinung gibt, aber nicht als Angehörigen einer wie auch immer gearteten „Religion". Sogar die Millionen von Kommunisten in aller Welt müssen seit mehr als fünfzig Jahren die „Internationale" singen: „Uns hilft kein Gott, kein höh'res Wesen . . ." Und in

der „atheistischen" Sowjetunion kann auch heute noch keiner seinen Ausflug ins Grüne planen oder den arbeitsfreien Tag bestimmen, der nicht auf seinem

Kalender „Waskresjennije“ stehen hat, - den russischen Namen für den Sonntag, der nichts anderes bedeutet als „Tag der Auferstehung“.

Habt also Verständnis für die Ungläubigen, Gottlosen und Atheisten, sie haben es nicht leicht! Und sie sind auch nicht frei von „Glaubenszweifeln“, - über einen Gott zu streiten, den es doch gar nicht gibt, muß ihnen manchmal wohl auch merkwürdig vorkommen.

Sie werden ihre Vergangenheit nicht los. Da geht es ihnen ähnlich wie den Parteigenossen in der Nazizeit mit ihrer „arischen Großmutter“, - wenn einer die nicht nachweisen konnte, war seine Karriere gleich zu Ende! Die „Vergangenheit“ aber schlummert vor 1890 ausschließlich in den Kirchenbüchern. Dort stehen „arische“ wie jüdisch-christliche Großmütter verzeichnet, die Kirche sieht da keinen Unterschied. Und (er mag es bedauern) es gibt auch für den „Atheisten“ nur eine christliche Vergangenheit oder gar keine.

Hören wir einen solchen in einem Gespräch auf der Straße, er sagt gerade: „. . . ich bin, Gott sei Dank, Atheist! - „Ach, Herrje! es ist schon sechs! Da muß ich gehen. Tschüß“!

Eigentlich ein frommer Mensch, nicht wahr? Er dankt Gott in aller Öffentlichkeit, er ruft laut den Namen des Herrn Je(sus) an, und er sagt zum Abschied: Gott befohlen! (Aus dem französischen „A Dieu“ ist nämlich das „Tschüß!“ abgeleitet).

Obwohl ihnen doch keiner was tut, fühlen sich die Ungläubigen immerzu angegriffen und müssen sich verteidigen. Ein Priester, - sofern er als solcher erkennbar ist, - muß damit rechnen: Da sitzt ihm in der Eisenbahn eine Dame gegenüber, die ihn beunruhigt mustert, - richtig, schon platzt sie heraus: „Ich bin aber eine Ungläubige!“ - Was soll einer dazu sagen? Freundlich fragt der Priester: „Haben Sie denn schon einmal die Bibel durchgelesen?“ - „Warum sollte ich das, - das sind doch alles Märchengeschichten für Kinder!“ - „Haben Sie die Kirchengeschichte studiert? ein Werk über Theologie?“ - „Nein, nichts von alledem, wozu auch?“ - „Ja, Sie sagten doch eben, daß Sie eine Ungläubige seien, - entschuldigen Sie, wenn ich Ihnen sage, daß ich Sie eher für eine Unwissende halte!“

„Ich mag nicht mehr in die Kirche gehen!“ antwortete ein Mann auf die Frage des Pfarrers. „Beim erstenmal, am Tag meiner Taufe, da haben Sie mir Wasser ins Gesicht gespritzt. Das zweitemal, bei meiner Firmung, habe ich eine Ohrfeige bekommen. Und das drittemal, am Tage meiner Hochzeit, haben Sie mir eine Frau angedreht. Jetzt ist Schluß!“ - „Da kann ich Sie nur bedauern, denn beim viertenmal werde ich sogar noch Erde auf Sie schütten!“

„Das Christentum hat nichts erreicht, M'sieur L'Abbé“, sagte ein französischer Seifenfabrikant schon nach der ersten Begrüßung, als der neuernannte Pfarrer ihm einen Antrittsbesuch machte. „Zweitausend Jahre Evangelium haben nichts geändert, die Menschen sind nach wie vor böse und gemein. Nein, ich gehe nicht mehr zur Kirche!“ - Der Pfarrer hatte ihn gar nicht danach gefragt, erwiderte aber mit einem kleinen

„Immer um Ausgewogenheit bemüht, lassen wir heute zwei unterschiedliche Meinungen zu Wort kommen . . .“

Lächeln: „Es gibt doch auch schon mehr als zweitausend Jahre Seife, - und trotzdem noch immer diese schmutzigen Straßenkinder!“ - „O, das liegt aber nicht an mir!“ parierte der Fabrikant lachend, „wir stellen eine erstklassige Seife her, - aber die wirkt natürlich nur, wenn sie gebraucht wird!“ - „Das Christentum auch!“ bemerkte der Pfarrer.

„Religion ist was für Weiber und Kinder!“ sagte der „Liberale“, sehen Sie nur in eine Kirche hinein, - da kommen zehn Frauen auf einen Mann!“ - „Das mag ja so sein“, antwortete ihm eine Frau, „aber sehen Sie mal in ein Gefängnis hinein, - da ist es umgekehrt, da kommen zehn Männer auf eine Frau, -vielleicht deswegen?“

Lieselotte von der Pfalz schrieb über ihre Erfahrungen in Frankreich 1690 einen Brief nach Hause: „Es ist gewiß, daß man die Religion und Gottesfurcht jetzt hier im Lande auf eine wunderliche Manier drehet. Mir ist das gar zuwider und werde es schier bald machen als wie ein Engländer, so man Filding heißt: den fragte Wendt zu Fontainebleau vor etlichen Jahren: „Seid Ihr Hugenotte, mein Herr?“ - „Nein“, sagte er. - „Ihr seid also Katholik“, sagte Wendt. - „Noch weniger“, antwortete der Engländer. - „Ah“, sagte Wendt, „Ihr seid Lutheraner.“ - „Keineswegs“, sagte Filding. - „Aber was seid Ihr denn?“ fragte Wendt. - „Ich will es euch sagen“, erwiderte der Engländer, „ich habe so eine kleine Religion, für mich besonders.“

„Der Glaube der Engländer ist, daß es keinen Gott gibt, - und daß es klug ist, ab und zu mal zu ihm zu beten.“ (Ein boshafter Franzose)

Praktischer Glaube: Ein halbwüchsiges Berliner Mädchen spricht im Pfarramt vor und bittet um eine Unterstützung für ihre Angehörigen. „Ich kenne dich doch gar nicht“ sagt der Pfarrer zweifelnd, „kommt ihr denn nie in die Kirche?“ - „Nee“, sagt das Mädchen in entwaffnender Aufrichtigkeit, „fromm sin wa bloß, wenn wa nischt mehr zu Fressen ham!“

„Ich brauche Gott nicht und glaube an gar nichts!“ sagte der Atheist, „ich brauche nur eine Frau, die an mich glaubt!“ (Hoffentlich ist die nicht auch ungläubig!)

Religiöse Unwissenheit ist nicht nur unter Christen weit verbreitet. Beim Archiv von KNA (Katholische Nachrichtenagentur in Bonn) erhielt man eine Anfrage einer großen deutschen Illustrierten: „Können Sie uns mitteilen, wer den Päpstlichen Segen erfunden hat?“

Zwei Gammler und eine Nonne ganz in Weiß saßen zusammen in der Straßenbahn. Auch der rechte Fuß der Nonne ist weiß, eingegipst. Der eine Gammler fragt sie: „Wie haben Sie denn das gemacht, Schwester?“ - „Ich bin in der Badewanne ausgerutscht und habe mir dabei den Fuß gebrochen.“

- „Aha!“ nicken die Beiden und versinken in nachdenkliches Schweigen. Als die Nonne an der nächsten Station den Wagen verläßt, helfen sie ihr höflich beim Aussteigen. Dann sagt der eine Gammler: „Weißt du, was eine Badewanne ist?“ - „Keine Ahnung, ich bin auch nicht katholisch!“
(Von Monika Barkhoff, Essen)

Wir hatten in der Nazizeit in meiner Heimatstadt einen, der zwar ziemlich dumm aber alsbald in die „Partei" eingetreten war. Eines Tages kam er zum Pastor, um „aus der Kirche auszutreten". - „Und warum?" fragte der Pastor. - „Das ist von oben gekommen" - versicherte er. Der Pastor, der die Gründe natürlich kannte, fragte schließlich: „Säo, Hännes, - und wat gläuweste dann niu?" - „Och, Herr Pastäoer", versicherte Hännes treuherzig, „daorüwwer häww wi näo koin Besch-cheid!"

Von dem Gottesleugner Rousseau, der seine Kinder ohne jedes Wissen von Gott, Himmel und Glaube großziehen wollte, wird ziemlich glaubwürdig berichtet, daß er eines Tages seinen siebenjähren Sohn dabei erwischte, wie er im Hausgarten kniete und die Sonne anbetete. - Und die russischen Kommunisten haben noch größere Probleme mit ihren Kindern trotz areligiöser Erziehung. Da fragt der Fünfjährige unvermutet und ganz arglos: „Papa, - weiß denn der Liebe Gott überhaupt, daß es ihn nicht gibt?"

„Man glaubt gar nicht, wieviel man glauben muß, um ungläubig zu sein!" (Kardinal Faulhaber)

Der Verleger Rudolf Augstein brachte vor etlichen Jahren ausgerechnet in der Weihnachtsnummer des „Spiegel" einen Aufsatz über Jesus. Daraufhin erhielt er folgenden Leserbrief: „Vielen Dank, Herr Augstein, für Ihre überzeugenden Beweise gegen die historische Existenz Jesu. Jetzt weiß ich endlich genau:

1. daß Jesus nie gelebt hat!
2. daß Jesus Brüder hatte!"

Der französische Senator Renault aus den Pyrenäen mietete in Paris für einige Wochen ein Hotelzimmer und bezahlte im voraus. „Quittung?" fragte der Hotelbesitzer geschäftsmäßig. „Wozu?" meinte der Senator, „Gott weiß es ja!" - „Glauben Sie denn an Gott?" fragte der Hotelier. - „Na, selbstverständlich, - und Sie?" - „Nein, Herr Senator, - ich glaube nicht an Gott!" - „Ach so!" sagte der Senator da nachdenklich, - „dann stellen Sie mir doch auf jeden Fall eine Quittung aus!"

„Wenn es keinen Gott gibt, - warum soll ich dann gut sein?" (Max Horkheimer, bekannter Professor und Atheist)

Natürlich fehlt es nicht an ungläubigen Spöttern, die gern die Gelegenheit

nützen. In der Warteschlange am Fahrkartenschalter stand auch ein Geistlicher. „Das geht hier ja zu wie am Beichtstuhl!" sagte hinter ihm einer laut zu seinem Nachbarn. „Nicht ganz so!" wandte sich der Geistliche zu ihm, „im Beichtstuhl haben Sie's umsonst!" - Die Umstehenden lachten, aber der Spötter wollte das letzte Wort haben und sagte ziemlich laut: „Sie werden sich wundern: ich mußte schon mal zahlen!" - „Ach ja?" wunderte sich der Geistliche, „dann hatten Sie wohl geklaut?"

Im Sauerland verehrt man vielerorts den Heiligen Antonius, - nicht den von Padua, sondern den „Fickel-Tünnes", den Patron der Schweinezüchter (Fickel „Ferkel"). Das Schwein zu Füßen des Heiligen darf deshalb bei keiner Antoniusfigur fehlen. Vor dem letzten Krieg fuhr der Pastor eines solchen Antonius-Dorfes mit der Bahn in die Kreisstadt. Im letzten Augenblick riß noch ein SA-Mann die Tür auf, zwängte sich ins Abteil und sah den Pastor und eine junge Frau vor sich. „Oho!" lachte er spöttisch, „die Versuchung des Heiligen Antonius!" - „Ja, - kommen Sie nur rein, junger Mann!" erwiderte der Pastor, „Wir sind noch nicht komplett, uns fehlte noch das Schwein!"

Bei einem Kapuzinerpater stiegen zwei aufgeklärte junge Damen ins Zugabteil zu und fingen gleich an zu spötteln: „Wenn ich mal sterben sollte, dann laß ich mich verbrennen, - und wenn die Geistlichen noch so viel dagegen wettern!" sagte die eine laut genug. Und der

Kapuziner gab ungefragt gleich zur Antwort: „Recht habt ihr ja! Dem Teufel schmecken gebratene Gänse allemal besser als verfaulte!" - Auf der nächsten Station stiegen die Beiden aus.

„Katholiken erkennt man doch schon von weitem, die sehen alle mehr oder weniger dumm aus!" - witzelte eine Frau während einer Gesellschaft. Da sagte ein Mann neben ihr trocken: „Mich haben Sie wohl nicht als Katholiken erkannt, - aber ich sehe, Sie sind auch katholisch!"

Dem Schweizer Dichter Gottfried Keller stellte bei einem Abendessen eine Frau die boshafte Frage: „Was halten Sie von dem Dichter Heinrich Heine, - ist er wohl in den Himmel gekommen?" - „Ja. Er muß dort die Schweine hüten!" antwortete Keller.

In Tirol fragten ausgelassene Touristen einen des Wegs kommenden Bauern, warum dort eine Statue stehe. Der Bauer merkte gleich, daß die sich nur lustig machen wollten, aber er antwortete ganz ernsthaft: „Ja, sehen'S dort bei dieser Statue ist vor Jahren ein großes Wunder geschehn! Wenn Sie sich dort hinknien und beten, wird Ihnen vielleicht auch geholfen!" - Die Touristen lachten. „Und was für ein Wunder ist dort geschehen?" fragte einer von ihnen. - „Ja, das war ein Mann, der hat akkurat so ausgeschaut wie Sie, - der hat dort seinen Verstand wiedergefunden!"

„Ach, Herr Pater", frozzelte ein junger Mann einen Kapuziner, „ich wollte, ich hätte Ihr Geld!" - „Und ich Ihren Verstand!" gab der Pater zurück. - „Wieso denn das?" - „Ja, dann hätten wir beide nichts!"

Ein Anwalt stellt in einer amerikanischen Zeitung fest, daß zwei Prozent der amerikanischen Geistlichen schon einmal straffällig geworden seien. In der nächsten Ausgabe erschien dazu der Leserbrief eines Pfarrers: „Ich möchte Ihnen für das wertvolle Kompliment über die Geistlichen herzlich danken und gleichzeitig Ihnen mein Bedauern darüber ausdrücken, daß bei den Anwälten der Anteil der Straffälligen zwanzig Prozent beträgt!"

Für Ungläubige ist die letzte Zuflucht der „Zufall", aus dem alles enstanden sein soll. Der Biologe Edwin Canklin schüttelte allerdings über eine solche Behauptung den Kopf und meinte: „Da wäre es ja eher wahrscheinlich, daß aus der Explosion einer Druckerei ein komplettes Wörterbuch entsteht!"

Dem gläubigen Dichter und Arzt Friedrich Wilhelm Weber (1813-1894) („Dreizehnlinden“) erzählte ein Patient im Lauf seiner Krankengeschichte: „Ein glücklicher Zufall hat mir das Leben gerettet!“ - „Zufall?“ unterbrach ihn Weber, „das ist doch nur ein Pseudonym (Tarnname) für den Herrgott!“

Als Graf Pecci, der spätere Papst Leo XIII. 1843 als Nuntius in Brüssel war, leistete sich ein französischer Diplomat einen billigen Spaß. Er reichte dem Nuntius eine Schnupftabaksdose, angeblich eine Kostbarkeit, zum Betrachten, auf deren Deckel eine nackte Frau in schamloser Haltung dargestellt war. Man wollte sehen, wie der Nuntius darauf reagieren würde. Der betrachtete das Bild, sagte dann im Tone freundlicher Bewunderung: „Ah, - Ihre Frau Gemahlin!“- und reichte die Dose lächelnd zurück.

Als Voltaire mit einem Freund in Paris spazieren ging, begegnete ihnen ein

Kürzer geht's nicht:
"GOTT IST TOT!" NIETZSCHE
"NIETZSCHE IST TOT!" GOTT

Priester auf Versehgang. Voltaire blieb stehen und zog den Hut. Da fragte der Freund spöttisch-erstaunt: „Nanu, haben Sie sich mit dem lieben Gott ausgesöhnt?“ - „Wir sprechen nicht miteinander“, erwiderte Voltaire, „aber wir grüßen uns!“

Im Hause Moltkes, des „großen Schweigers“, wurde in einer Runde über den Darwinismus diskutiert: die Abstammung des Menschen und über die Unterschiede von Mensch und Tier, schließlich fragte einer auch den schweigsam an seiner Pfeife ziehenden Moltke um seine Meinung: „Kein Tier raucht!“ war die kurze und verblüffende Antwort.

Der berühmte französische Astronom und Freidenker La Place (1749 - 1827), der damals von vielen als Gewährsmann für ihren Unglauben genannt wurde, ist als katholischer Christ in den Armen eines Priesters gestorben. Eine französische Zeitung von 1866 berichtete als erste über die Entdeckung eines Dokumentes, das auch die letzten Worte des Wissenschaftlers enthielt: „Was wir wissen, ist nicht viel, - was wir nicht wissen, ist unermeßlich!“

Toi, toi, toi! - Aberglaube verbindet

„Ungläubige Menschen sind die gläubigsten. Wer keinen Boden unter den Füßen hat, greift nach dem albernsten Halt!“ (Pascal)

Da wird das geheimnisvolle „Glückskreuz“ angepriesen, als Beweis der dankbare Brief: „Ich hatte es kaum fünf Minuten, da hat es mich bereits beschützt: ich kam zu Fall und stand unverletzt wieder auf!“ - Wen das nicht überzeugt! - Ein anderer berichtet voller Freude, daß er einen Haupttreffer in der Lotterie gewonnen hatte: Schon in der ersten Nacht hörte ich im Traum jemand sagen: 5x7, 5x7. Sofort schrieb ich mir meine Glückszahl auf: 5x7 ist 38, - und tatsächlich, ich habe gewonnen!“!

Der Schornsteinfeger und das Hufeisen, die schwarze Katze, der Freitag und der Dreizehnte, - sie alle sorgen dafür, daß die Abergläubischen „auf ihre Kosten kommen." Der Volksmund sagt nicht ohne Grund: „Glaube, dem die Tür versagt, / steigt als Aberglaub' ins Fenster. / Wenn ihr Gott vom Haus verjagt, / kommen die Gespenster!"

Für die, die dran glauben, gibt es im Kurgarten von Bad Reiboldsbrunn (Vogtland) den sogenannten Wunderstein mit der Inschrift: „Wer dreimal diesen Stein umwallt, / wird über hundert Jahre alt!" Immer wieder sieht man Besucher den Wunderstein umwallen. Manche entdecken dann auf der Rückseite die Fortsetzung: "Doch nur, falls er nicht vorher stirbt / und so sich selbst den Spaß verdirbt!"

Aberglaube befällt mit Vorliebe Leute, die sich für intelligent halten, und deshalb „an nichts glauben", - aber auch wirklich Intelligente: Ein Besucher des bekannten dänischen Atomforschers und Nobelpreisträgers Niels Bohr war sehr erstaunt und verwundert, als er über der Tür ein Hufeisen entdeckte: „Sie als nüchterner Wissenschaftler!" sagte er, - „glauben Sie wirklich an diesen Quatsch mit dem Hufeisen?" - „Nein, natürlich glaube ich nicht daran!" erwiderte Niels Bohr etwas verstimmt, „aber ich habe gehört, daß es Glück bringen soll, auch wenn man nicht daran glaubt!"

Da keiner die Zukunft durchschauen kann, verdienen die Wahrsager und Orakel damit ihr Geld. „Das Orakel von Delphi war eine Frau, die auf einem Stuhle saß und zweideutige Antworten gab!" (Aus einem Geschichtsaufsatz). Wir wissen dank dieser prophetischen Gabe jetzt auch, daß am 17. 9. 2001 der Weltuntergang, - der schon häufig ver-

schoben werden mußte, - endgültig stattfindet. Sogar die Uhrzeit steht fest: 23 Uhr! Die „Pythia", die das prophezeit, gehört zu einer amerikanischen Sekte, die jetzt eine „Erweckungskampagne" vorbereitet. Und dafür braucht sie natürlich sehr viel Geld. Es war eben schon immer etwas teurer, eine gute Prophezeiung zu haben! (Voraussichtlich wird der Untergang aber wieder verschoben, da ja auch kommende Generationen daran verdienen wollen, - da können Sie ganz unbesorgt sein!)

„In Ihrem Garten liegt ein Schatz", sagte die Zigeunerin, „Graben Sie in der nächsten Neumondnacht zwischen 0 und 1 Uhr. Aber hüten Sie sich, während des Grabens an Nilpferde zu denken!" Der Mann glaubte ihr und fing voller Hoffnung an zu graben. Aber nach einer Viertelstunde warf er wütend die Schaufel hin: „Zwecklos! - im Leben habe ich noch kein Nilpferd gesehen, - und ausgerechnet jetzt muß ich immerzu daran denken!"

In Amsterdam verlangte die Frau eines Schlossermeisters die Scheidung, weil ihr Mann immer unter dem Bett schlafe. Vor dem Scheidungsgericht erklärte dieser: „Das stimmt. Aber mir hat eine Kartenlegerin prophezeit, daß eine einstürzende Zimmerdecke mich nachts töten würde. Ich glaube zwar nicht an den Unsinn, - aber sicher ist sicher!"

„Bis zu Ihrem 50. Lebensjahr werden Sie unter Armut und Entbehrung zu leiden haben." So las es die Frau aus den Karten. „Und dann?" fragte der Kunde voller Spannung. „Dann haben Sie sich daran gewöhnt!"

„Die Karten sagen, daß Sie im Laufe eines Jahres sterben werden!" sagte die Kartenlegerin. - „Das ist ja furchtbar!" - „Sie mißverstehen mich! Die Karten verraten nur, daß Sie im Laufe eines Jahres sterben werden, - aber nicht, in welchem Jahr! - So, und nun zahlen Sie bitte!" - „Bezahlen? Aber ich habe doch gar kein Geld! Haben Sie das nicht in den Karten gelesen?"

Die Wahrsagerin betrachtet prüfend den Kaffeesatz: „Sie verdienen an den

Fehlern anderer Leute, stimmt's?" - „Genau!" - „Und Sie sind von Beruf Rechtsanwalt!" - „Aber nein, - Radiergummifabrikant!"

Frau Kulicke ist begeistert: „Die Kartenleserin hat mir gesagt, daß ich alt werde!" erzählt sie ihrem Mann. - „Na siehst du, - die hat es auch schon gemerkt!"

„Ihre Zukunft? Sie werden totgestochen, zerschnitten, gekocht und verspeist werden!" flüstert die Wahrsagerin voller Grauen. - „Ach Gott!" ruft da die Kundin, „ich habe ja den schweinsledernen Handschuh nicht ausgezogen!"

Wie die Pythia von Delphi wage ich auch ein todsicheres Orakel: „Ist's im November kühl und klar, wird's im Januar bestimmt Neujahr!" Des weiteren sage ich jetzt schon voraus, daß die Tage bald wieder länger werden, daß der Schnee besser wird, wenn es kalt bleibt, und der nächste Frühling kommt bestimmt!"

„Die Sterne lügen nicht!" wird häufig und durchaus zu Recht behauptet, denn die Sterne können ja nichts dafür, daß soviel verlogener Unfug in ihrem Namen betrieben wird.

Seit die Astrologie in die Zeitungsspalten eingezogen ist, kann man sogar

„Hurra, Christa, endlich stimmt mal mein Horoskop!"

in der Schule verblüffende Gespräche hören. Da sagt die „Neue" in der Klasse zur Mitschülerin: „Ich bin katholisch, - und du?" - „Ich bin Jungfrau!"

Der Prokurist reicht ein Schreiben an die Firmenleitung ein: „Unter Bezugnahme auf mein heutiges Horoskop bitte ich um Bestätigung der darin angekündigten Gehaltserhöhung!"

„An die Astrologie kann ich nicht mehr so recht glauben, vor allem, seit ich von Elizabeth Teissier ein Horoskop von Breschnew († 19..) für 1983 gelesen habe." (H.P.Heinzl, Exmoderator „Astro-Show")

Bedeutende Astrologen haben jetzt beschlossen, die Tierkreiszeichen um drei bisher wenig erfaßte Typen zu erweitern: Nilpferd: Leute mit großer Klappe, blöden Augen, und dicker Haut, die dauernd untertauchen. - Känguruh: Leute, die große Sprünge mit leerem Beutel machen. - Papagei: Zeitgenossen, die von früh bis spät quatschen und nicht wissen, was sie sagen.

Man kann sich die Zukunft natürlich auch von Geistern und Gespenstern sagen lassen. Bei Friedrich dem Großen hatte man einen Prediger angeschwärzt, er verkehre mit den Geistern. Neugierig ließ er den Mann kommen und empfing ihn gleich mit der Frage: „Er kann also die Geister beschwören?“ - „Zu Befehl, Majestät“, antwortete der Prediger unerschrocken. „Ja, ich kann die Geister beschwören, - aber sie kommen nicht!“ - „In diesem Falle“, sagte lachend der König, „kann ich Sie zwar Ihres Amtes entheben, - aber ich tue es nicht!“

In dem spiritistischen Zirkel möchte ein Mann seine verstorbene Frau sprechen. Tatsächlich, nach einer Weile murmelt das Medium: „Ich sehe den Geist ihrer Frau!“ - „Und?“ fragt der Mann ganz aufgeregt, „was sagt sie?“ - „Sie ist ganz ruhig und schweigt.“ - Da wischt sich der Mann erleichtert den Schweiß von der Stirn und sagt: „Dann ist sie es nicht!“

„Wissen Sie schon, daß der Mann von der Frau Hofer Spiritist geworden ist?“ vertraute Frau Quatschke ihrer Nachbarin an. - „Ne, was Sie nich sagen!“ erwiderte die, „ich hatte doch schon immer den Verdacht, daß der säuft, - sowas riecht man doch!“

Eine Frau, die neuerdings für den Buddhismus schwärmt, fragt abends ihren Mann: „Glaubst du an die Seelenwanderung?“ - „O ja“, - ich weiß noch gut, daß ich ein Esel war!“ - „Was?“ ruft sie aufgeregt, „wann war denn das?“ - „Das war damals, als ich dich geheiratet habe!“

„Du jloobst an Seelenwanderung?“ fragt Orje den Lehmann, „na, Mensch, weeßte denn ieberhaupt, wat Seelenwanderung is? - Also paß uff, det is so: wennste jestorben bist, dann lösen sich deine irdischen Säfte uff, und aus deinen Säften, da sprießt nu wat Jrünes, - sagen wir eene Butterblume, - empor. Und denn kommt een Ochse und frißt diese Butterblume, und die gefressene Butterblume wird verdaut, und der Ochse macht denn een' jroßen Klax, - een'jrünen Pfannekuchen, weeßte, - und dieser Klax . . .“ - „War die Butterblume!“ - „Nee, warst du! - siehste, det is die Seelenwanderung!“

Böse Welt

Natürlich hat kein Politiker was gegen die Religion, - sofern sie seiner Meinung ist. Manchmal gibt es eben Mißverständnisse.

Das war schon damals bei Napoleon so. Bei ihm stellte sich ein frommer Mensch vor: „Ich möchte eine neue Religion gründen, Sire!“ - „Eine ausgezeichnete Idee, mein Lieber!“ - sagt Napoleon. -„Zu einem neuen Reich gehört eine neue Religion!“ - „Da haben Sie Recht! - Gut, wir haben heute Donnerstag, - machen Sie alles klar, damit Sie morgen, am Freitag, getötet werden, dann sehen Sie zu, daß Sie Sonntag morgen auferstehen! Melden Sie sich dann bei mir, und wir werden alles Weitere besprechen!“

Besonders vor den Wahlen erinnern Politiker gern daran, daß sie auch gute Christen sind, - das gab es schon vor tausend Jahren, als man auf einem Wahlplakat einen gewissen A. H. aus einer Kirche kommen sah. Die wunderschöne Karikatur erschien in den fünfziger Jahren vor einer Bundestagswahl.

Überraschung vor der Kirchentür. — Wer meint es ehrlich

Nach den Wahlen werden die Plakate entfernt. Dann überlegt man, gegen was die nächste Demo gehen soll, - aber Vorsicht! Schauen Sie sich das Schild erst an, bevor Sie hinterher marschieren!

Wie aus gutinformierten Kreisen der FDP verlautet, will man demnächst die Abschaffung des Weihnachtsfestes fordern, weil dieses schöne Familienfest immer mehr in unerträglicher Weise mit christlichen Elementen durchsetzt werde. Von Verfolgung kann aber keine Rede sein, - davon redet man in östlichen Ländern auch nicht. Ein richtiger Marxismus soll das ja auch nicht mehr dort sein.

Da fragte doch der Genosse Kommissar einen Bauern, wie die Kartoffelernte diesmal gelaufen sei. „Unter der glorreichen Führung der Partei konnte sie doch nur wunderbar werden!" erwidert der Bauer, „wenn wir die Kartoffeln alle in Körben aufeinander setzen würden, dann gäbe das einen Berg, der bis zu den Füßen des Lieben Gottes reichte!" - „Aber was sagst du da, Genosse" fiel ihm der Kommissar ins Wort, „weißt du denn nicht, daß es keinen Lieben Gott gibt?" - „Natürlich weiß ich daß, - aber es gibt auch keine Kartoffeln!"

„Gott sei Dank!" sagte die Bäuerin, „es kommt endlich Regen!" - „Aber Genossin", rügt der Leiter der Kolchose streng, „du weißt doch wohl: einen Gott gibt es Gott sei Dank nicht mehr!" - „Sicher, Genosse, aber wenn es nun, was Gott verhüten möge, doch einen gibt?" (Original russischer Witz)

Einem vom Kommunismus überzeugten Arbeiter im Kohlenpott hat man die Werke von Karl Marx geschenkt. Ein paar Tage später erzählt er

„Mein Gott, mischen Sie sich doch nicht in die Politik ein!
Aus: „Münchener Merkur"

es seinem Kollegen: „Du, ich habe die Werke von Karl May geschenkt bekommen!" - „Wie?" fragt der andere, „vertust du dich da nicht? Das waren doch sicher die Werke von Karl Marx!" - „Mann, da kannst du recht haben! Ich habe schon zwanzig Seiten gelesen und mich gewundert, daß immer noch kein Indianer auftaucht!"

Die Prager Regierung erhält eine Anfrage aus Moskau: „Die Moskauer Regierung würde es begrüßen, wenn der Prager Sankt-Veits-Dom zu Ehren der tschechisch-sowjetischen Freundschaft in „Sankt-Leonids-Kathedrale" umbenannt würde." - In Prag erfolgt eine erschreckte Beratung, dann geht ein Telegramm nach Moskau: „Fühlen uns durch Vorschlag sehr geehrt, aber Heiliger Leonid hier nicht bekannt. Wer war das?" - Antwort aus Moskau: „Wie? ihr kennt unsern Leonid Breschnew nicht?" - Die Antwort aus Prag kommt schnell: „Fühlen uns durch Antrag, Leonid Breschnew als Patron des Prager Domes zu benennen, sehr geehrt. Bitte, schickt uns umgehend seine Gebeine!" (Damals lebte er noch!)

Russische Dolmetscher haben es bei Begegnungen mit westlichen Politikern nicht eben leicht. So blickte der Dolmetscher Leonid Breschnews zunächst verständnislos, als ihm gesagt wurde, am 4. Mai seien wegen des Festes Christi Himmelfahrt keine Besprechungen. Er fragte noch einmal nach, glaubte verstanden zu haben und übersetzte seinem Chef: „Morgen müssen die Besprechungen ausfallen, es ist der Tag der Luftfahrt!"

Zwei russische Astronauten drängen sich durch die Menge vor dem Himmelstor. Sankt Peter bemerkt sie und fährt sie gleich an: „Glaubt ja nicht, daß ihr hier hereinkommt, ihr Ausgeburten des Atheismus!" - „Aber wir wollen doch gar nicht rein" antworten die Astronauten, „wir suchen bloß die verlorene Brennstufe unserer Rakete, damit wir wieder runterkönnen!"

Im kommunistischen Polen hatte die Partei ein Fest organisiert. Das Komitee

„Das läutet doch ganz deutlich CDU ... CSU ... CDU ... CSU ...!" Aus: „Die Welt"

schickte zum Pfarrer, um dort noch fehlende Sitzgelegenheiten auszuleihen. „Bedaure", antwortete der Pfarrer, „ich würde euch gern den Gefallen tun, - aber zur gleichen Zeit habe ich Religionsunterricht für die Kinder und brauche sämtliche Stühle." - Darauf erwiderte einer patzig: „Wenn das so ist, dann tragen wir auch nicht mehr die Fahnen in der Prozession!" - Darauf der Pfarrer: „In diesem Falle werde ich auch nicht mehr die Schreibfehler in eurem nächsten Bericht an den Parteikongreß berichtigen!"

Ein westlicher Diplomat nahm an einem Staatsbesuch in Polen teil. Beim Besuch der Sonntagsmesse entdeckte er zu seinem Erstaunen neben sich einen seiner polnischen Verhandlungspartner. „Sie sind katholisch?" fragte er überrascht. - „Gläubig", gab der zur Antwort, aber nicht praktizierend." - „Ah, ich verstehe, - Sie sind in Wirklichkeit Kommunist?" - „Praktizierend", sagte der andere, „aber nicht gläubig!"

Der Vatikan soll ja angeblich einen „direkten Draht" zum Himmel, eine Art „Rotes Telefon", haben. Das erzählen sich jedenfalls einige Elektriker, die die Telefonanschlüsse für die Sicherheitskonferenz in Genf verlegen. Da erzählt ein Franzose: das ist noch gar nichts! Bei uns in Frankreich ist es den Elektronikern jetzt sogar gelungen, eine direkte telefonische Verbindung zur Hölle zu schalten, die Gespräche sollen aber furchtbar teuer sein, - wegen der weiten Entfernungen. Da meldet sich Grigori, der schweigsame russische Kollege, und sagt: „In Moskau kostet sich Telefon mit Hölle nur 4o Kopeken!" - „Wieso ist denn das in Moskau so billig?" „Ortsgespräch!" sagt Grigori.

In Reisebereitschaft

Eigentlich heißt I.R. „im Ruhestand".

Aber „in Reisebereitschaft" ist eine sinnige und beherzigenswerte Deutung, die eher den Kern der (Tat)Sache trifft, die Viele einfach nicht zur Kenntnis nehmen möchten: einmal muß jeder die

letzte Reise antreten. König Ludwig XIV. von Frankreich wollte von Krankheit und Tod nichts hören. Einmal sprach der Schriftsteller Boilyeu unbedacht davon, daß alle Menschen sterben müßten. Da blickte ihn der König mit grimmigem Stirnrunzeln an. - „FAST alle, Majestät", verbesserte er sich hastig, „fast alle Menschen müssen sterben!"

Die alte Riederin war schon ihre lieben und guten 90 Jahre alt und hatte es auch noch gar nicht eilig mit dem Sterben. Als der Pastor sie einmal besuchte und fragte: „Warum sieht man euch denn gar nimmer im Gotteshaus?" - antwortete sie: „I trau mi halt nimmer hin!" - „Ihr traut Euch nicht?" - „Ja, weißt, Hochwürden", sagte sie und lächelte zufrieden vor sich hin, „nach neunzig Jahren hat vielleicht der liebe Gott drauf vergessen, mich von dieser schönen Erde abzuholen. Und wenn ich jetzt in die Kirchen geh, - nachher sieht er mich, - und dann fallt's ihm wieder ein und er ruft mich ab von dieser Welt!"

Ein armer Jude aus Galizien bettelte in Wien bei seinen reichen Glaubensbrüdern. Der erste ließ ihn gleich hinauswerfen. Bei dem zweiten aber sagte er: Bester Herr, gebt mir etwas, - ich werde ihnen auch ein Mittel gegen den Tod sagen!" - Das half. Der Reiche gab ihm einen Geldschein und war begierig auf das Mittel gegen den Tod. „Das Mittel ist recht einfach, Gnädiger Herr!" sagte der Arme, - „ziehen Sie in mein Heimatdorf Masepewka, - da ist noch nie ein Reicher gestorben!"

Am Friedhof trifft der Pfarrer auf einen alten Mann, der erschöpft an der Mauer lehnt und furchtbar hustet. Mitleidig sagt er: „Sie Ärmster! das ist ja ein böser Husten!" - „Oh!" keuchte der Alte, „glauben Sie mir, Herr Pastor! Da hinter der Mauer, da liegt Mancher, der froh wäre, wenn er ihn hätte!"

Papst Johannes XXIII. sagte dagegen am 25. 11. 62, kurz vor seinem 81. Geburtstag: „Jeder Tag ist gut, um geboren zu werden, - und jeder Tag ist gut zum Sterben!" Und auf seinem Sterbelager: „Ich bin bereit, die große Reise anzutreten. Meine Koffer sind gepackt. Ich kann jederzeit abfahren!"

Wer „in Reisebereitschaft" ist, tut sich nicht allzu schwer mit dem Sterben. Man braucht dazu ja auch weder eine Prüfung noch einen Führerschein, nicht einmal eine amtliche Erlaubnis. Wer bereit ist, kann auch mit Humor den Rest dieses Lebens ertragen. Der Propst und Dichter Josef Bergmann von Maria Kulm wußte für einen 70jährigen den guten Alterstrost:

„Wer hier in dieser schönen Welt / erst einmal siebzig Jahre zählt, - / egal ob Frau, - ob Mann, / der hat den großen Trost, daß er / als Sechziger nun nimmermehr / vom Tod betroffen werden kann."

Der alte Bornemann erklärte dem Pastor bei einem Besuch: „Ich bin ja ein so glücklicher Mensch! Ich bin nun schon 95 Jahre alt und habe im Ort keinen einzigen Feind!" - „Respekt, Re-

spekt!“ konnte der Pastor da nur bewundernd sagen, „das ist eine große Ehre für Sie, mein lieber Freund!“ - „Das will ich meinen,“ sagte der alte Bornemann stolz, „der olle Bornemann, der hat keinen Feind, - ich habe sie alle überlebt und begraben!“

Als Bernhard Shaw schon weit über Achtzig war, lehnte er die Teilnahme an einem historischen Umzug mit der Begründung ab: „Ich bin zu alt dafür, - der einzige historische Umzug, an dem ich noch teilnehmen werde, wird meine Beerdigung sein!“

An Bord des Dampfers sprach ein Geistlicher mit einem Mitreisenden über die Gefahren einer Seereise: „Wenn doch alle bedenken würden, wie leicht man auf dem Meer den Tod finden kann!“ - „Sie sprechen mir aus der Seele“, sagte der andere Herr. „Das ist es ja, was auch ich immer und immer wieder predige, aber die Verblendeten achten wenig darauf!“ - „Oh!“ - sind Sie ein Amtsbruder“ fragte der Geistliche erfreut. - „O nein“, wehrte der Herr ab, - „ich bin nur Versicherungsvertreter!“

Der Tod will auch wohl bedacht sein. Der Dichter Mark Twain geriet einmal mit seinem Verleger in solchen Streit, daß der ihn zum Duell aufforderte, - natürlich auf amerikanisch: da wird gelost, und der Verlierer muß sich selbst erschießen. Mark Twain verlor, nahm ernsten Abschied und ging mit der geladenen Pistole ins Nebenzimmer. Stumm und bedrückt warteten die andern vor der Tür. Endlich fiel ein Schuß. Alle sprangen auf und rannten zur Tür, - im Nebenzimmer stand Mark Twain, die rauchende Waffe in der Hand und rief den Verdutzten traurig zu: „Welch ein Pech! - ich habe daneben geschossen!“ (Es hat ihn danach nie wieder einer zum Duell aufgefordert).

„Hier wurde das Leben von James Watkinson auf wunderbare Weise gerettet“; - so verkündete eine Tafel an einem Bahnübergang bei Newmark/Ohio, „Er stoppte seinen Wagen und wartete, bis der Zug vorüber war!“

Eine wunderbare Errettung aus Todesnot ist einmal in Bayern passiert. Da wurde der Pfarrer nachts zu einem Bauern gerufen, der offenbar einen Blutsturz erlitten hatte. Er fand den sonst so gesunden und kräftigen Bauern voll von Blut, Angstschweiß auf der Stirn und offenbar ohne Besinnung. Er betete nach der Krankensalbung die Sterbegebete, - bis der Arzt kam und nach kurzer Untersuchung lakonisch feststellte: „Der Kerl hat nichts als einen Mordsrausch, schon mehr eine Alkoholvergiftung!“ - „Aber das viele Blut . . . !“ stammelte der Pfarrer, äußerst verwirrt. Darüber konnte die Magd Auskunft geben. Sie hatte nämlich eine Schüssel mit frischem Ochsenblut in die Speisekammer gestellt. Der heimkehrende Bauer griff im Dunkel nach der Schüssel, glaubte sie voll Buttermilch und trank sie leer. Kaum im Bett, mußte er sich erbrechen und setzte damit seine Frau in Todesschrecken. Der also blamierte Bauer konnte sich in keiner Wirtschaft mehr sehen lassen, ohne daß man ihn als „Blutbrecher“ verspottete, - so blieb er schließlich lieber zu Hause und solide.

In die Buchhandlung kommt eine Dame und verlangt ein Buch für einen Kranken. „Soll's was Religiöses sein?“ fragt der Buchhändler. „O nein!“ sagt die Dame hastig, „es geht ihm schon

besser!“

Daß der Tod ein besonderes Erlebnis sei, meinte offenbar der Politiker Willy Brandt bei einer Ansprache in Berlin im Herbst 1985. Er sagte wörtlich: „Das unsinnige Wettrüsten führt dazu, daß in anderen Teilen der Welt viele Menschen den Tod erleben!“

Wann ist ein Mensch in Lebensgefahr und wann in Todesgefahr? - Wer schwer krank ist, der ist in Lebensgefahr. Sobald er dann den Arzt zu sich ruft, ist er in Todesgefahr.

Als der Doktor aus dem Krankenzimmer kommt, sagt er mit ernster Miene: „Frau Meyer, ihr Mann gefällt mir aber gar nicht!“ - „Nun ja, mir eigentlich auch nicht“, stimmt ihm Frau Meyer zu, „aber er ist halt doch gut zu unsern sechs Kindern!“

Der Vertreter einer Sterbekasse versucht den Mühlenbauer zum Beitritt zu bewegen. Er zieht alle Register: „Stellt Euch vor, Ihr send tot, - und no ischt vielleicht noch a schlechte Ernt, - net amol's Geld em Haus, daß mr'n Sarg kaufa und Euch vergrabe ka!“ - Doch der Mühlenbauer antwortet seelenruhig: „Ha no, - I verlaß mi uff da Gestank!“

Die Pietätvolle: Im Kleidergeschäft wünscht eine Dame Trauerkleidung zu sehen. Sie sucht lange hin und her und kann sich nicht recht entschließen. Endlich meint sie: „Ich kann ja auch übermorgen noch mal kommen, - mein Mann wird nämlich erst morgen operiert!“

Luxusausführung

Über die Kalifornische Wüste braust ein Düsenjäger, plötzlich klemmt die Steuerung, die Abwurfvorrichtung funktioniert auch nicht. „Was soll ich tun?“ fragt der Pilot die Bodenstation, die in solchen Fällen am besten raten kann. Die Bodenstation antwortet: „Sprechen Sie nach. Vater unser im Himmel . . .“

Mit dem Über-Überschallflugzeug kommt man zweifellos enorm schnell voran. Der Testpilot ist eben von London gestartet und ruft die Bodenstation: „Ici Paris!“ kommt die Antwort, „je vous écoute!“ - Der Pilot erschrickt, - kann das sein? so schnell? Er fragt zurück: „Hören Sie mich?“ - „Sdjes Moskwa, ja slyschu, Towarischtsch“! tönt es aus dem Kopfhörer. „Oh mein Gott!“ stöhnt der Pilot ins Mikrofon. Und eine Stimme antwortet sanft von oben: „Ich höre dich, mein Sohn!“

König Louis Philipp von Orleans besuchte den Fürsten Tayllerand während seiner letzten Krankheit: „Nun, wie geht es Ihnen?“ fragte er. „Ach Majestät“, stöhnte der Kranke, „ich erdulde Höllenqualen!“ - „Wie, - jetzt schon?“ fragte der König verwundert.

Der alte Schuster Jens hatte alles wohl bedacht, er ließ den Notar holen und diktierte sein Testament: „. . . und dann soll mein Neffe tausend Mark haben, und meine beiden Nichten jeder dreitausend, meine Hausbesorgerin aber fünftausend!" - „Nun sag mir doch bloß", fragte der Advokat erstaunt, hast du denn soviel zurücklegen können?" - „Nä, dat woll nich!" - sagte Jens darauf, „iäck hewwe koinen Penning, - owwer dai leiwen Verwandten süllt doch wenigstens diän guedden Willen saihn!"

Sparsarg für einbeinigen Schotten

Moses Grünbaum lag auf dem Sterbebett. Seine betrübte Gattin glaubte immer wieder, der letzte Augenblick sei gekommen, - schon dreimal hatte sie versucht, ihm die Augen zuzudrücken. Beim vierten mal sprach Grünbaum: „Sterben werde ich ja, Sarah, - aber drängen laß ich mich nicht!"

Der Millionär auf dem Sterbebett fragte den Priester: „Glauben Sie, daß ich meine Seele retten kann, wenn ich den Armen 25.000 Dollar vermache?" „Garantieren kann ich es ihnen nicht", erwiderte der Priester. „Aber den Versuch ist es wohl wert!"

Leopold stirbt langsam. Emma, sein getreues Eheweib, sitzt nebenan und schreibt vorsorglich schon Trauerbriefe an die Verwandtschaft. Auf einmal ruft sie ins Nebenzimmer hinüber: „Du Leopold, - schreibt man Krematorium eigentlich mit C oder mit K?"

Die trostlose Witwe (oberbayrisch): Beim Michel geht's aufs letzte End, / Sei Weib steht da und woant und flennt / Und jammert halt, was's jammern kann, / Denn der Michel war a guater Mann. / Gel, Weiberl!", schnakelt er so hin, / „Gel", sagt er, „wann i g'storben bin, / An Mann, den brauchst ja schließli - und - / Na heirat'st - halt - an - Sepp von Gmund!" / „O mei", heult's, daß sie's ganz zersprengt, / „An den, da hab i aa scho denkt!"

Kienagel liegt im Sterben. Seine Frau fragt: „Otto, soll ich noch einmal den Pastor rufen?" - „Unsinn!" ächzt Otto, - „den brauch ich nicht mehr, - in zehn Minuten kann ich selber mit seinem Chef sprechen!"

Manche mögen dieses Lächeln am Sterbebett für ungehörig halten, aber es ist soviel tröstliche Zuversicht, soviel ruhige Gewißheit darin, - um es noch deutlicher zu sagen: soviel Glaube, der uns von denen unterscheidet, die „keine Hoffnung haben!"

Einen alten Mann habe ich gekannt, der lächelte, als der Pastor kam, und sagte mit einem Augenzwinkern: „Na, Pastäoer, - Eisen afreiten?" (Dazu muß man wissen, daß man einem alten Gaul, bevor er zum Schlachten gegeben wird, die Hufeisen abreißt, - also auf gut Deutsch: „Soll die Reise losgehen?")

Von dem Professor Bartmann stammt die Beschreibung eines christlichen Sterbens, wie er es sich wünscht und vorstellt: Da betet man die Sterbegebete: „Dann, in jenem schrecklichen Augenblick, wenn sich die ganze Hölle ..." - und dann knurrt der Sterbende: „... die Hölle? die soll mir den Buckel runter rutschen!"

Ähnlich dachte der Bischof Poggenburg von Münster. Als er im Sterben lag, kam ein Domherr nach dem andern, und jeder wollte mit ihm Reu und Leid erwecken. Als nun schon der sechste kommt und wieder anfängt: „Wollen wir Reue und Leid erwecken?" - da reißt ihm der Geduldsfaden und er brummt: „Laot mi tofreden! - Nu latt ich's dropp ankummen!"

Im Hochsauerland war eine schon sehr alte Frau so krank, daß man die Sterbegebete anfing. Als man aber betete: „Fahre hin, christliche Seele!" - da richtete sie sich empört auf und rief: „Fäuert men! fäuert men! - Iäck fäuere nit met!" - Und sie wurde tatsächlich noch einmal gesund.

Mein eindrucksvollstes Erlebnis als Vikar in Medebach hatte ich mit dem alten Opa N., dem ich die Krankenkommunion bringen wollte. Als ich aber ankam, waren die Angehörigen mit der Krankenschwester um sein Bett versammelt und beteten die Sterbegebete, es ging sichtlich zu Ende. Wir beteten gemeinsam noch eine Weile. Dann war diese besondere Stille des Todes im Zimmer, und die Schwester bestätigte: Er atmet nicht mehr, und drückte dem Toten die Augen zu. Man überlegte, wann die Beerdigung sein solle. Wir waren alle sehr erschrocken, als der „Tote" plötzlich mit der selbstverständlichsten Stimme dieser Welt sagte: „Lies! - giäf dem Vikarjes doch erst moal'n Schnaps!" - Den hatte ich wirklich nötig!

Der Tod trifft nur die Lebenden

Der Vertreter einer Sterbeversicherung wollte eine alte Frau überreden, sich nach dem Tode doch verbrennen zu lassen. Die Alte schüttelte den Kopf: „Nein, nein, ich lasse mich begraben, wie ich es von Jugend auf gewöhnt bin!"

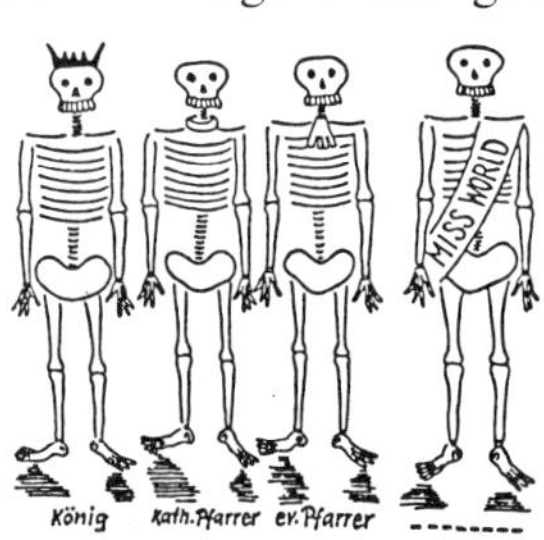

„Am Schluß meines Testamentes, Herr Notar, möchte ich noch vermerkt haben, daß an meinem Grabe ein Streichquartett spielen soll" diktierte der Direktor seinen letzten Willen. - „Das geht in Ordnung, Herr Direktor", erwiderte der Notar, - „und was möchten Sie hören?"

Ein zur Altersweisheit gelangter Mann hat einmal gesagt: „Eigentlich bin ich ganz froh, daß ich nichts mit ins Grab nehmen kann, - das ist die einzige Möglichkeit, all den angesammelten Krempel loszuwerden!"

Mit „all dem Krempel" haben es immer die Lebenden zu tun, denn es ist weder billig noch einfach, einen Toten unter die Erde zu bringen. Das beweist diese wahre Begebenheit von 1913:

Da reiste eine Dame von Berlin nach Wien. Aus dem Hotel mußte sie schwerkrank ins Spital gebracht werden und starb dort. Auf Verlangen des Neffen wurde die Leiche nach Deutschland überführt. Doch im Sarg fand der Neffe statt der Tante einen toten russischen General in voller Uniform. Er telegrafierte nach Wien: „Im Sarg liegt statt Tante General!" - Die Antwort lautete: „Wenn Tante nicht in Berlin, dann in Petersburg!" - Als der Neffe daraufhin nach Petersburg telegrafierte, erhielt er die Antwort: „Begrabt General, wie ihr wollt, - Tante bereits mit allen militärischen Ehren begraben!"

In einer amerikanischen Zeitung von 1925 wurde der Fall zweier Schwestern aus Nordamerika berichtet, die zusammen nach Indien gereist waren. Sie hatten mit dem Bruder vereinbart, nur im Notfall (wegen der Kosten) ein Telegramm zu schicken. Nach zwei Monaten erhielt der Bruder die kurze Nachricht: „Schwester tot!" Tief erschüttert telegrafierte er zurück: „Leiche sofort nach hier überführen!" - Vier Wochen später kam ein schwerer Zinksarg, - aber nicht mit der Leiche seiner Schwester, sondern mit der eines Tigers. Erneuter Telegrammwechsel: „Irrtum! statt Schwester Tiger angekommen!" - Alsbald kam die Rückantwort: „Kein Irrtum! - Schwester inwendig!"

Schonend brachte es der Verwalter seinem Herrn, einem ungarischen Großgrundbesitzer, bei, den er bei der Rückkehr von einer Reise vom Bahnhof abholte. Unterwegs fragte der Herr den Kutscher: „Na, Stefan, ist zu Hause alles in Ordnung?" - Der entgegnete nur: „Alles in Ordnung, gnädiger Herr Baron!" Sie fuhren eine Weile schweigend über die Landstraße. Dann sagte Stefan: „Der Karo ist krepiert". - „Was, - der Karo, mein bester Jagdhund krepiert? wie war denn das möglich?" - „Weil er zuviel Pferdefleisch gefressen hat." - „Ja, wie kommt denn der Hund an Pferdefleisch?" - „Es sind doch sechs Pferde verbrannt." - „Sechs Pferde verbrannt? Aber wieso denn?" - „Weil doch im Schloß das Feuer ausgebrochen ist." - „Was? - Feuer im Schloß? Um Himmelswillen, wie konnte denn das passieren?" - „Wie die Leiche der Frau Schwiegermutter aufgebahrt gewesen ist, da sind die brennenden Kerzen umgefallen." -„Was, meine Schwiegermutter ist gestorben? - Aber was hat ihr denn gefehlt, daß sie so plötzlich gestorben ist? -„Ach, die gnädige Frau Schwiegermutter ist vom Schlag getroffen, weil doch die gnädige Frau Baronin mit dem Husaren-Rittmeister durchgegangen ist!"

Trotz des traurigen Anlasses mußte ein Pfarrer lachen, als ein Mann den Totenschein seiner verstorbenen Frau gebracht hatte. Bei der Eintragung ins Totenbuch fand er auf dem Totenschein unter der Rubrik „Todesursache" den Namen des behandelnden Arztes eingetragen. - Überhaupt kann man in den alten Totenbüchern häufiger lesen, daß NN. „gantz ohne Hülffe eines Artzten" gestorben sei. Das soll natürlich nicht heißen, daß die Ärzte immer schuld sind.

Der chinesische Kaiser suchte einen guten Leibarzt und befahl, alle Ärzte sollten soviel Lichter ins Fenster stellen, wie ihnen Patienten gestorben seien. Abends stellte er fest, daß nur ein einziges Fenster dunkel war. Er ließ den Arzt kommen und fragte ihn: „Wie lange übst du deinen Beruf schon aus?" - „Ich bin heute angefangen!"

Ein messerscharf und logisch denkender Philosoph sinnierte schon um 1900: „Zweifellos haben die Tageszeitungen , wie die Totenlisten durch Jahrzehnte bekunden, Einfluß auf den Tod und die Geburt des Menschen!"

Todesanzeigen sind nicht immer ohne unfreiwilligen Humor:

„Dem Herrn hat es gefallen, unsere zweijährige Louise an den Zähnen zu sich zu nehmen" - „Friedlich ist sie eingeschlafen, - während der Tagesschau, - bis zum letzten Atemzug geistig wach und mitfühlend" (Todesanzeige in der Frankfurter Allgemeinen). - „Dem Allmächtigen hat es gefallen, meine seit 32 Jahren besessene Frau in ein besseres Jenseits abzuberufen" - „Berichtigung: In der Danksagung von H. Peters Wwe. und Kinder zu Husum in Nr. 156 d. Bl. heißt es infolge eines Druckfehlers „meinem lieben Manne", - nach dem Original sollte es aber „meinem Manne" heißen, was wir auf Verlangen berichtigen. Die Red."

„Ich, der Vater fordere hiermit meinen ehemaligen Sohn Friedrich Gottlieb, welcher anno 1812 in Rußland erfroren sein soll, auf, mir seinen jetzigen Aufenthaltsort anzuzeigen.“ (aus einer alten Zeitung) - „Wir haben gestern als erste den Tod von Mister Bayley gemeldet. Heute können wir als erste melden, daß diese Nachricht verfrüht war, und sich Mr. Bayley im Gegenteil bester Gesundheit erfreut. Sie können daraus ersehen, daß wir immer als erste die neuesten Nachrichten bringen.“ (aus einer amerik. Ztg.)

Aus einem Städtchen in Galizien erhielt eine Wiener Zeitung das Blatt zurück mit dem Vermerk: „Adressat verstorben!“ - Irrtümlich ging aber die nächste Nummer noch hinaus und kam zurück mit dem Vermerk: „Adressat noch immer verstorben!“

Jemand schrieb an seinen alten Pfarrer im Rheinland. Weil er nicht genau wußte, ob dieser noch im Dienst war,

schrieb er unter die Anschrift: „Eventuel nachsenden!“ - Der Brief kam zurück mit dem postamtlichen Vermerk: „Empfänger verstorben! - Wohin nachsenden!“ (Was für eine Frage!)

Todesanzeige in Milwaukee: „Gestern starb Mr. John Brown, Hutfabrikant, dessen Qualitätshüte, das Stück zu 2 Dollar, allgemein anerkannt sind. Der Verblichene hinterläßt eine trostlose Witwe, sowie einen großen Vorrat an Winterhüten. Frau Brown, von tiefem Schmerz erfüllt, wird das Geschäft unter derselben Firma weiterführen und alle neuen Kunden reel und kulant bedienen!“

Die trauernde Witwe bat den Pastor: „Ich hätte doch gerne, daß mein verstorbener Mann nicht schon am Freitag, sondern erst am Montag beerdigt wird“ - „Das ist aber sehr lange“, - erwidert der Pastor - „warum wollen Sie denn die Beerdigung auf Montag verschieben?“ - „Ach wissen sie, Herr Pastor, ich war ja mit meinem Mann 3o Jahre lang verheiratet. Und 3o Jahre war ich Sonntag für Sonntag allein, immer war er beim Fußball oder in der Wirtschaft. Und jetzt möchte ich doch so gerne, daß er wenigstens einen einzigen Sonntag mal zu Hause ist!“

Als man den Kranz für die Schwiegermutter bestellte, ging alles ein bißchen hektisch zu: „Der Kranz soll groß sein, - sehr groß!“ - rief Frau Wulike ins Telefon, - „Und drucken Sie auf die Schleife: „Ruhe sanft!“ - auf beiden Seiten! - und wenn noch Platz frei ist: „Auf Wiedersehen im Himmel!“ - Der Kranz war eine echte Sensation für alle Beerdigungsteilnehmer. Auf der großen Schleife stand für jedermann deutlich zu lesen: „Ruhe sanft auf beiden Seiten! Und wenn noch Platz frei ist: Auf Wiedersehen im Himmel!“

Zur Eröffnung der neuen Bank hatten die Angestellten ein Gebinde beim Blumenhändler bestellt. Es kam richtig

an, aber auf dem Kärtchen stand: Herzliches Beileid! - Der Direktor war empört, die Angestellten stürzten wütend zum Blumenhändler, - der blieb merkwürdig ruhig: „Ich muß meine Kräfte sammeln für die Trauergäste, die auch noch kommen werden: bei dem Kranz liegt ihre Glückwunschkarte: „Alles Gute im neuen Haus!"

Nur auf Gegenseitigkeit: „Warum willst du nicht zum Begräbnis von Meyer gehen?" fragt Theo seinen Freund, „er hat doch lange in unserer Mannschaft gespielt." - „Warum sollte ich? wird er vielleicht zu meinem Begräbnis kommen?"

Früher gab es noch verschiedene Klassen der Beerdigung. Das war auch in Venedig so, wo die Friedhöfe auf der Toteninsel mitten in der Lagune liegen. Man fährt auf schwarzen Gondeln dorthin. Ein geiziger Witwer sagte bei der Bestellung: „Ich möchte aber nicht so viel Geld ausgeben für die Beerdigung meiner Frau, - auch die dritte Klasse ist mir zu teuer, - wie sähe es denn mit einer Beerdigung vierter Klasse aus?" - „Nun, das geht selbstverständlich auch, lautet die Auskunft des Begräbnisamtes: „Da kommt der Sarg auf eine Gondel, und die Angehörigen schwimmen hinterher!"

In Köln traf der Tünnes eines Tages seinen Freund Schäl, wie der über die Straße ging: in ein langes Nachthemd gekleidet, auf dem Buckel trug er einen leeren Sarg, in der Hand eine Kerze. Verwundert rief er: „Schäl, wat mähste dann do?" - Keine Antwort. Es wird ihm ganz unheimlich, er geht hin, zupft den Schäl am Ärmel: „Schäl, Menschenskind, so red doch! Biste verrückt geworden?" - Da legt Schäl beschwörend den Finger an die Lippen und sagt: „Bist still, Tünn! - Ich bin jetzt tot und werde fünfter Klasse begraben, - da muß jeder selbst mit dem Sarg zum Friedhof gehen!

Bei einem langen Leichenzug mit vielen Kränzen und vornehmen Karossen fragt ein Fremder eine Jungen: „Weißt du, wer da begraben wird?" - Der nickt und sagt: „Der vorne im ersten Wagen!"

„Der Leichenzug war fast einen Kilometer lang", berichtete die Evening-Post in Bridge/Texas über die Beerdigung eines Arztes, - „ebenso lang war die Predigt des Geistlichen."

Bei den kleinen jüdischen Gemeinden, deren Rabbiner nur wenig Geld haben, wird natürlich auch die Trauerrede extra bezahlt. Der Rabbiner sagt: „Ich habe da eine besonders schöne Rede, die kostet achtzig Gulden. Ich habe eine zweite, auch noch ganz schöne Rede, die kostet fünfzig Gulden. Dann habe ich noch eine für zwanzig Gulden, - aber offen gestanden: die kann ich Ihnen selber nicht empfehlen!"

In Schottland kommt man nicht so leicht zu seinem Geld. Der Pastor sagt in der Leichenrede: „. . . der Verstorbene war ein ehrenwerter Mann. Aber er hat mir letzte Woche noch eine Summe versprochen, die er mir leider nicht mehr übergeben konnte. Damit nun sein Andenken ohne Makel bleibt, schlage ich vor, durch eine Kollekte das Geld aufzubringen und danke Ihnen dafür im voraus!"

In der bei protestantischen Beerdigungen üblichen Erwähnung des Lebenslaufes predigt der Pastor am Grab der Frau Schmitz in Köln: „. . . und so

„. . . und sie kommt doch in die Hölle!"

nehmen wir denn Abschied von einer Frau, deren Güte, Liebe und Geduld ebenso in aller Munde war, wie ihre Bescheidenheit, ihr stilles, sanftes Wesen . . ." Der trauernde Witwer hört mit offenem Mund und wachsendem Erstaunen zu. Dann dreht er sich zu seinem Freund um und flüstert: „Du Neres, laß mer widder jonn, - ech gläuv, mer sinn am verkehrte Jraw!"

Einmal sollte der Nachbarpfarrer in Vertretung eine Beerdigung vornehmen und kam in der letzten Minute, die Frau des abwesenden Pfarrers informierte ihn in aller Eile: „Ach ja, die arme Frau hat genug durchgemacht: Der Mann hat sie oft mißhandelt. Anfangs war er ja ein braver Mensch, aber als er vom Feldzug 1870 heimkehrte, ließ er vom Trinken nicht mehr ab. Immerhin war er ein tüchtiger Geschäftsmann, hat auch die Kinder gut erzogen und zur Renovierung der Kirche beigetragen . . ." - „Gut, gut! das genügt schon!" rief der Vertreter, eilte zur Friedhofskapelle und begann sogleich: „Liebwerte Trauergemeinde! Der Verstorbene wurde von seinen Mitbürgern hoch geschätzt, weil er tüchtig in seinem Berufe war. Auch als tapferer Krieger hat er sich mit Ruhm bedeckt, allerdings hat er sich wohl auch vom Feinde besiegen lassen. Doch der Herr wird ihm gnädig sein, denn er war ein guter Vater. Auch für das Gotteshaus hat er eine ansehnliche Summe gespendet, - eine edle Tat, die der Allmächtige nicht unbelohnt lassen wird . . ." - Nach dem Begräbnis trat ein älterer, kränklicher Mann auf den Geistlichen zu, drückte ihm die Hand und sagte bewegt: „Ach, Herr Pastor, ich danke ihnen ja so vielmals für die schöne Grabrede, die mich zu Tränen gerührt hat! Nur der Verstorbene, das war nicht ich, sondern meine Frau!"

Eine ältere Dame wurde gefragt, warum sie bei jeder Beerdigung mit dabei sei: „Ach", sagte sie, „zu einem Begräbnis zu gehen, das ist mein einziges Vergnügen! Da kann ich mich jedesmal so richtig schön ausweinen!"

Beim Begräbnis des reichen Bankiers Rothschild in Wien schluchzte ein armer Jude ganz jämmerlich. „Warum weinen Sie denn so?" fragte man ihn, „Sie sind doch gar nicht mit ihm verwandt?" -„Deswegen weine ich ja, - *weil* ich mit ihm nicht verwandt bin!"

Der 80jährige Dichter Wilhelm Raabe sagte nach der Beerdigung eines Bekannten und einer jämmerlichen Grabrede zu seinem Freunde: „Wenn man bedenkt, daß einem eine ähnliche Predigt bevorsteht, dann möchte man am liebsten gar nicht sterben!"

Es war eine schöne Beerdigung, der Gesangverein brachte dem verstorbenen Mitglied noch ein Ständchen, dann hielt ein alter Freund eine kurze Ansprache, legte den Kranz nieder, neigte sich über das Grab und sprach tief bewegt hinunter: „Lieber Wilhelm! Bleib gesund!" (selbst erlebt)

Im März 1904 ist einmal eine grausliche Geschichte passiert: Da wurde zu Stanitza Michailowka eine alte Frau zu Grabe getragen. Viele folgten der Leiche. Als der Trauerzug beim Grab anlangte, ertönte plötzlich aus der offenen Grube ein fürchterliches Gebrüll, dann erschien ein schwarzer, gehörnter Kopf.

Entsetzt ließen die Träger den Sarg fallen und schrieen: „Der Teufel ist im Grab!" - und alles rannte Hals über Kopf davon. Endlich faßte sich der

Pfarrer ein Herz und ging mit den zitternden Trägern zum Grab zurück. Der Teufel brüllte immer noch, erwies sich dann aber als ein junger schwarzer Bulle. Der hatte sich von der Herde getrennt, durch ein Loch im Zaun den Weg zum üppigen Gras im Friedhof gefunden und war dabei in die offene Grube gefallen.

Der Pastor spricht dem Witwer sein Beileid aus: „Der Tod ihrer Gemahlin war doch ein harter Schlag für Sie!" - Der Witwer entgegnete ziemlich ungerührt: „Ich danke vielmals, Herr Pfarrer, aber zu Lebzeiten meiner Frau habe ich noch härtere Schläge hinnehmen müssen!"

Nach dem Beerdigen kommt das Erben: „Hat der alte Brückner denn etwas hinterlassen?" fragt einer. „Ich glaube nicht", antwortet ein anderer, „die Hinterbliebenen begrüßten sich alle so herzlich bei der Beerdigung!"

„Den Papagei haben wir von unserer alten Tante auch geerbt. Aber er hing so furchtbar an ihr. Sie war kaum 24 Stunden tot, da starb auch er." - „Gewiß aus Kummer!" - „Nein, wir haben ihn vergiftet!"

„Alles, was Frischbier hatte, hinterließ er dem städtischen Kinderheim." - Das ist aber nobel von dem Mann! Wieviel hatte er denn?" - „Sieben Kinder!"

„Du solltest nicht immer so angeben mit deinem enormen Fleiß und Können, wenn von deinem Geld die Rede ist, - jeder weiß doch, daß du das ganze Vermögen von deiner reichen Tante geerbt hast!" sagte der Freund vorwurfsvoll. - „Das mag ja sein", erwiderte der, „aber fünfzehn Jahre lang jeden Abend drei Stunden Sechsundsechzig spielen, - ist das vielleicht nichts?"!

Die blonde Annemarie kommt eines Morgens mit einem blitzenden Diamantring ins Büro. „Wie bist du denn an das kostbare Stück gekommen?" fragen die Kolleginnen neugierig. „Ganz einfach", lächelte Annemarie, „ich sagte euch doch neulich, daß meine Großmutter gestorben ist. Sie hinterließ mir 5.000 Mark für einen schönen Gedenkstein, - nun, - das ist er!"

Der Vater bestimmte in seinem Testament: „Nach meinem Tode soll der älteste Sohn meinen ganzen Besitz in zwei Hälften teilen, wie es ihm gut scheint. Danach soll der Jüngere sich davon zuerst die Hälfte wählen, die er möchte. Dann müßten beide zufrieden sein!" - Er war ein guter Vater und kannte seine Söhne.

Ein reicher Jude war auf einer Geschäftsreise gestorben und hatte nur noch mündlich dem Bruder seinen letzten Willen mitteilen können: „Gib von

„Nun sagen Sie schon endlich, was in dem Testament steht!"

meinem Vermögen meiner Witwe soviel du willst, den Rest behalte für dich. Bei

Streitigkeiten soll der Rabbiner entscheiden!" - Mit dieser letzten Botschaft kam der Bruder nach Hause und wollte die Witwe mit 1000 Rubeln abfinden, für sich aber die restlichen 49.000 Rubel behalten. Die Witwe wandte sich mit ihrer Klage an den Rabbiner. Der ließ beide kommen und fragte den Bruder: „Wie war der letzte Wille des Verstorbenen?" - Er antwortete: „Gib der Witwe, soviel du willst, und den Rest behalte für dich" - „Gut", sagte der Rabbiner, „Du willst also von der Hinterlassenschaft 49.000 Rubel?" - „Jawohl" bestätigte der Bruder. „Nun war doch der letzte Wille deines Bruders, du sollst seiner Witwe geben, soviel du willst, - du willst 49.000 Rubel, also mußt du ihr 49.000 Rubel geben. Den Rest kannst du behalten."

Nach Adenauers Tod kam es zu einer langen Debatte im Parlament, wo man ihn begraben solle. Es wurde der Antrag gestellt, man solle ihn wegen seiner Verbundenheit mit Israel in Jerusalem begraben. Darauf stürmischer Protest der SPD: „Dort ist schon einmal einer begraben worden und nach drei Tagen wieder auferstanden!" - Darauf die erstaunte Anfrage der CDU: „Wer ist denn das gewesen?

Nach dem Tod eines Pfarrers in Wien wurde dessen Bibliothek versteigert. Ein kleines Buch mit dem Titel: „Amores Josphini, Vienne 1692" erzielte einen unglaublichen Preis. Der Käufer, - so stellte sich später heraus, - war Reporter eines Skandalblattes. Er hatte eine pikante Lektüre vermutet, und sah schon die Überschrift seines Artikels: „Scheinheilige Pfaffen!" Schon beim ersten Durchblättern mußte er erkennen, daß er ein "Gebetbuch zu Ehren des Heiligen Joseph erworben hatte.

Die Prämien für seine Lebensversicherung hatte Friedrich Engelbrecht seit Jahren immer pünktlich bezahlt, - plötzlich blieben sie aus. Auf eine Mahnung der Gesellschaft kam die Antwort: „Geehrte Herren! Bitte entschuldigen Sie, daß ich nicht in der Lage bin, die Lebensversicherung meines Mannes weiter zu bezahlen. Er ist letztes Jahr im Mai gestorben. Ergebenst: Frau Engelbrecht, Witwe."

Auf dem Friedhof ist keineswegs nur Friedhofsstille. Der Friedhofswärter kam eines Tages dazu, wie eine Frau auf dem frischen Grab Rasen säte. Er meinte, das sei doch wohl überflüssige Mühe, das Grab werde von selbst grün werden. Die Frau erwiderte: „Ich habe meinem seligen Mann versprochen, nicht eher zu heiraten, als bis Gras über seinem Grab gewachsen ist. Jetzt habe ich aber schon einen passenden Mann gefunden!"

Am Eingang des Friedhofs hing ein Anschlag: „Ab 15. November ist der St.-Josef-Friedhof geschlossen während des ganzen Winters. Interessenten werden gebeten, sich danach einzurichten!"

Ein biederer Steinmetz im südwestlichen Böhmen mußte seine Werkstatt unmittelbar neben dem Friedhof für kurze Zeit verlassen. Er schrieb mit Kreide an die Tür der Werkstatt: „Bin auf dem Friedhof!" - Als er zurückkam, stand darunter: „Ruhe in Frieden!"

Ein Pastor wunderte sich, warum das Weihwasser in seiner Kirche immer so rasch zur Neige ging. Er legte sich auf die Lauer und sah bald eine ältere, schon etwas kindische Frau eine große Kanne voll Weihwasser aus der Kirche schleppen. Das goß sie auf die Gräber und sagte dabei: „Trinkt nur, ihr Armen Seelen, trinkt!"

Unter den Lokalnachrichten der Badischen Presse fand sich die Notiz: „In der Nacht zum 31. des vorigen Monats wurde auf dem alten Friedhof ein Grabstein von einem Verstorbenen aus Berlin mutwillig umgeworfen!“

Mitteilung des Friedhofsamtes: „Die Grabstätte neben Ihrem im Jahre 1911 verstorbenen Ehemann wird anderweitig besetzt. Wir bitten Sie höflich, Ihren Gatten hiervon in Kenntnis zu setzen.“ (Wiedenbrück)

Professor Fixius, tief in methaphysische Probleme versunken, wird unterwegs von einem Bekannten angesprochen und schreckt auf: „Ah, sieh da! Herr . . . Ahemm! - Müller, sehr erfreut, Sie wieder mal zu sehen. Wie geht’s, wie steht’s? Was macht die Frau Gemahlin . . . ? „- da fällt ihm ein, daß die Frau schon mehr als 10 Jahre tot ist, und er fährt hastig fort: „. . . äh! immer noch auf demselben Friedhof?“

Am Sonntagvormittag geht der Vater mit seinem Jungen über den Friedhof. Der liest aufmerksam all die Inschriften, die von den „lieben“ und „gütigen“ Verstorbenen sprechen. „Papa“, fragt er schließlich, „wo werden eigentlich die bösen Menschen begraben?“

Ein Sommergast, der sich über die zahlreichen Lobsprüche auf den Grabsteinen geärgert hatte, heftete am Anschlagbrett des Friedhofs einen Zettel an und schrieb darauf: „Hier liegen die Toten und lügen die Lebenden!“

Ein Betrunkener verirrt sich mitten in der Nacht auf den Friedhof. Er fällt in ein offenes Grab und ruft laut um Hilfe. Ein anderer Betrunkener schwankt herbei und ruft: „Was ist denn los?“ - „Helfen Sie mir!“ schreit der in der Grube, „mir ist gräßlich kalt hier unten!“ - „Die Zeiten werden auch immer schlechter“, murmelt der andere, „jetzt begraben sie die Leute schon ohne Sarg!“

Beim Ausheben eines Grabes in Woodchester kamen Reste eines antiken Mosaiks zum Vorschein. Der herbeigerufene Pfarrer erkannte sogleich den Wert. Eine Ausgrabung mitten auf dem Friedhof könnte aber leicht Ärgernis erregen. Doch der Pfarrer wußte Rat. Er kannte die Gespensterfurcht der Leute, bestellte für die Nacht auswärtige Arbeiter und verkleidete sie mit Bettlaken als Gespenster, - kein Mensch ließ sich blicken! (Das Mosaik „Orpheus in der Unterwelt“ befindet sich jetzt im Britischen Museum)

In Berlin wollte jemand einen Platz für das Revue-Theater bestellen. Er wählte die Nummer der Theaterkasse und fragte: “Kann ich einen schönen Platz bekommen? - „Oh gewiß“, kam es aus der Muschel. - „Und wie teuer?“ - „80 DM“ - „Das ist aber viel! welche Reihe denn?“ - „Vorn rechts, dicht bei der Kapelle.“ - „Kann man da auch gut sehen?“ - „Was? Sehen wollen Sie auch noch?“ - „Na, das ist doch wohl die Hauptsache!“ - „Sagen Sie mal, mit wem wollten Sie eigentlich sprechen? - „Mit der Revue-Theaterkasse natürlich!“ - „Bedaure, da sind Sie falsch verbunden: Hier ist die Friedhofsverwaltung Pankow.“

Hier ruht in Gott . . .

Heute werden ganze Friedhöfe mit protzigen Marmorblöcken zugepflastert, - als habe man jetzt schon Angst, einer könnte wider Erwarten doch mal auferstehen. Doch macht es „wenig Sinn, der reichste Mann auf dem Friedhof zu sein“ - wie der Volksmund sagt.

Den schönsten Grabstein entdeckte Thomas Spurgeon auf einem kleinen englischen Friedhof. Drauf standen nur drei Worte:

„Freddy!" - als ob jemand gerufen hätte, und: „Ja, Vater!" - als ob jemand geantwortet hätte!"

Aber es gibt viele alte Grabsteine mit frommen und weniger frommen, oft unterhaltsamen und unfreiwillig komischen Sprüchen, die gleichwohl alle den ungebrochenen Glauben an das Ewige Leben verkünden.

Benjamin Franklin, der schon als junger Mann eine eigene Druckerei gründete und später sich als Naturforscher und Schriftsteller einen Namen machte, verfaßte, - angesichts der oft so verlogenen Nachrufe, - seine Grabinschrift im voraus selbst:

„Der Körper Benjamin Franklins, eines Druckers, liegt hier gleich dem Einband eines alten Buches, dessen Seiten zerrissen, dessen Titel und Vergoldung verblaßt sind, den Würmern zur Speise. Das Werk selbst soll aber nicht verlorengehen, sondern, - so hofft er, - noch einmal erscheinen in einer neuen, schöneren Ausgabe, verbessert vom Verfasser."

Mit den „Nachrufen" war man früher keineswegs so zimperlich wie heute. Da schreibt man einem Totengräber auf den Grabstein: „Er hat wohl 90 Jahr gelebt, / und scharrte Manchen ein. / Wer andern eine Grube gräbt, - / fällt endlich selbst hinein."

Auf einem Grab in Nürnberg: „Hier ruht der Bäcker Knicker, / Er selber war ein Dicker, / Seine Semmeln desto kleiner. / o Herr! erbarm dich seiner!"

Auf einem Wiener Friedhof: „Hier unter diesem Leichenstein / ruht eine Jungfrau: Rosa Klein. / Sie suchte lang vergeblich einen Mann. / Zuletzt nahm sie der Totengräber an."

Auf einem Grabkreuz in Tirol: „Hier ruhet Anna Lentner, / sie wog mehr als dritthalb Zentner. / Gott geb ihr in der Ewigkeit / nach ihrem Gewicht die Seligkeit!"

Einem Württemberger Gemeinderat schrieb man auf den Grabstein: „Hier liegt ein Gemeinderat, / der Gutes und viel Böses tat. / Das Gute hat er schlecht gemacht, / Das Schlechte hat er gut vollbracht!"

Auf einem Grab in Langensalza: „Es liegt hier unter diesem Stein / ein mageres, dürres Schneiderlein. / Und stehen einst die Toten auf, / so hilf ihm, lieber Gott, herauf, / und reich ihm deine starke Hand, / denn er allein ist's nicht imstand!"

Auf dem Grab eines Organisten zu Kitzbühel in Tirol: „Hier ruht der Kantor Johann Pflug, / der Orgel, Weib und Kinder schlug!"

Der 1923 in Italien verstorbene Professor C. Seine wollte offenbar solche Grabinschriften vermeiden: er ließ sich verbrennen und seine Asche ins Meer streuen. Die Zeitungen sorgten trotzdem für eine „Grabinschrift". Sie berichteten davon unter der Schlagzeile: „Der zerstreute Professor".

Im Inseratenteil einer mährischen Zeitung fand sich der Nachruf: „Herz und Hand unseres guten Meisters haben aufgehört zu schlagen. Die Schustergesellen und Lehrjungen."

Zu Bingen am Rhein hat der Baumeister Wendel Dahlinger seiner am 3. März 1826 verstorbenen „geliebten Gattin" Regina Dahlinger ein Denkmal gesetzt mit folgenden Versen darauf: „WOHL auch die stille Häuslichkeit / IST eines Denkmals wert. / IHR sei es hier von mir geweiht. / UND wer die Tugend ehrt / AUCH in dem einfachen Gewand, / MIR, meinem Schmerz ist er verwandt!" (Die Versanfänge, für sich gelesen, verraten etwas ganz anderes!"

Auf einem Friedhof in Kärnten: „Hier ruht sie, die im Ehestand / Mir Lieb und Treu gewährt. / Jetzt hat ihr Herz und ihre Hand, / zu schlagen aufgehört."

Auf einem Friedhof in Salzburg: „In diesem Grab ruht Anichs Peter. / Seine Frau begrub man sehr viel später. / Man hat sie neben ihm begraben. / Wird er die ewige Ruh nun haben?"

Auf dem Grab eines Advokaten in Brünn: „Was er im Leben nie vollbracht, / der Tod hat es mit ihm gemacht: / Kurzen Prozeß!"

Auf dem Friedhof zu Lenggries, einem Fuhrmann, der unterwegs verunglückte: „Der Weg zur Ewigkeit / ist gar nicht weit: / Um sieben Uhr fuhr er fort, - / um zehn Uhr war er dort!"

Auf einen Jodler und Sänger: „Erst hab ich g'sungen weit und breit: / „Zillertal, du bist mei Freid" / Dann tat ich einen Stolperer / Und fiel herab vom Olperer. / Jetzt sing ich in der Englein Chor. / Bahnbeamter Thomas Moor."

Auf einen Dorfschullehrer: „Einst führte er die Jugend / zu Gottesfurcht und Tugend, / Versohlte auch den Hintern / den ungezognen Kindern / und zog daraus mit Not / sein kärglich Stückchen Brot!"

Auf einen Gastwirt: „Hier ruht der Gastwirt Gottlieb Fisch, / an dessen Tisch man schlecht gegessen. / Nun ist er selbst der Gästetisch, an dem die Würmer fressen."

Im Pitztal, Tirol: „Hier liegen begraben, / vom Blitze erschlagen, / Drei Schaf, a Kalb und a Bua, - / Herr! gib ihnen die ewige Ruah!"

Auf einem Grabstein im Lavant-Tal: „Hier ruht der ehrsame Johann Missegger, / auf der Hirschjagd durch einen unvorsichtigen Schuß / erschossen aus aufrichtiger Freundschaft / von seinem Schwager Anton Steger."

Tirol 1788: Hier liegt mein Weib, Gott sei's gedankt! / Bis in das Grab at sie gezankt. / Lauf, lieber Leser, schnell von hier, / sonst steht sie auf und zankt mit dir!"

Auf der Herreninsel im Chiemsee: „Hier ruht in Gott Tobias Kunz. / 26 Jahr lebte er als Mensch / und 37 Jahr als Ehemann!"

Auf einem Friedhof in Schwaben: „Hier liegt in süßer Ruh, / zerdrückt von seiner Kuh, / Franz Xaver Maier. / Hier ersiehet jedermann, / wie kurios man sterben kann!"

Eschlkam im Bayerischen Wald: „Hier ruht das junge Öchselein, / des Schreiners Ochsen Söhnelein. / Der liebe Gott hat nicht gewollt, / daß er ein Ochse werden sollt."

Chiemsee: Hier in dieser Grub'n /liegen zwei Mutterbub'n, / geboren am Chiemsee, / gestorben an Bauchweh."

Kreuzinschrift in Bayern: „Dieses Kreuz ist aufgericht' / Zu Ehren des Herrn Jesus Christ, / der für uns gekreuzigt ist / von den Bauern dieser Gemeinde."

Grabinschrift in Brünn: „Hier liegt der brave Arzt Franz Grimm, / Und die er heilte, liegen neben ihm." (Eine Nachdichtung ist vermutlich der Spruch unbekannter Herkunft „Hier liegt in Frieden Doktor Born, / die er kuriert hat, liegen weiter vorn")

Eine Witwe in Budweis hat ihrem Mann auf den Grabstein schreiben lassen: „Ruhe in Frieden, - bis wir uns wiedersehen!“

Aus einer Grabsteinsammlung in

Brixlegg/Nordtirol: „Es ruhet hier die ehr- und tugendsame Jungfrau Genovefa Voggenhuberin, betrauert von ihrem einzigen Sohn“.

„Hier liegt unter diesem Stein Johanna Dubois. Am 29.Mai 1950 hörte sie auf zu sprechen.“ (Aus Frankreich)

Grabschrift: „Hinter dieses Grabes Gittern / ruht der Lehrer Johann Klaus. / Ach, er leerte manchen Bittern / Kelch des Lebens aus.“ (mißverständlich)

Ein Leichenstein am Chiemsee: „Wand’rer, stehe still und weine / vor diesem Leichensteine! / Hier liegen meine Gebeine, / Ich wollte, es wären deine!“

Wer zuletzt lacht, lacht am besten!

Die kleine Begebenheit, die diesem Heft den Namen gegeben hat, habe ich selbst erlebt: der alte Bigger Pastor, Josef Schröder, hielt am Neujahrstag im Hochamt die Predigt. Er erinnerte darin an die Vergänglichkeit dieses Lebens mit einigen ziemlich drastischen Vergleichen, - worauf einige Männer unter und auf der Orgelbühne grinsten. Das brachte den alten Herrn mit seinem hochgradigen Zucker in Rage, und er rief mit lauter Stimme: „Ja, - lacht nur, ihr da hinten, lacht nur! - Wer zuletzt lacht, lacht am besten, und das bin ICH!“ - Er wollte damit sagen: Demnächst bei der Auferstehung, - da werden wir es ja sehen!“ - Das soll dieses letzte Kapitel von Auferstehung, Himmel und Hölle verdeutlichen.

Ein BBC-Produzent bereitete eine Sendung über Himmel und Hölle vor und fragte deshalb bei dem katholischen Berater des Hauses an: „Was muß ich tun, um den offiziellen Standpunkt der katholischen Kirche kennen zu lernen?“ - „Sterben!“ lautete die kurze Antwort.

„Im Durchschnitt leben nach meiner Erfahrung die Sünder länger als die Gerechten“, wandte sich ein besorgter Christ an den Pfarrer, „was sagen Sie dazu?“ - „Nun, das ist doch leicht zu erklären“ antwortete der, „In den Himmel kommen sie nicht, - in die Hölle wollen sie nicht. Bleibt ihnen doch nur die Erde!“

Die Gräfin Nußbaum wurde von der treuen Zofe schon über 25 Jahre bedient und bis zum Tode gepflegt. Kurz vorher teilte ihr die Gräfin noch mit, daß sie in ihrem Testament bestimmt habe, sie solle einmal neben ihr beerdigt werden. Geld bekam sie keines. „Vielen Dank für die große Gnade!“ sagte die Zofe darauf, „da kann ich ja bei der Auferstehung der Toten Frau Gräfin gleich behilflich sein!“

Gespräch aus dem Jenseits: Der Komponist Paul Durant las in der Pariser Zeitung die traurige Nachricht von seinem allzufrühen Tod. Er war natürlich das Opfer einer Verwechslung gewesen. Geschockt und sehr aufgebracht rief er seinen Verleger Beuscher an: „Hast du das gelesen? das ist doch unerhört, was die da von mir schreiben!" - „Ja, natürlich habe ich es gelesen", antwortete Beuscher, - dann fragte er plötzlich sehr mißtrauisch: „Aber sag mal, - von wo aus rufst du eigentlich an?"

In der Zeitung einer amerikanischen Sekte stand die Todesanzeige: „Unser geliebter Reverend Henry Patterson hat gestern in den frühen Abendstunden diese Erde verlassen, um gen Himmel zu fahren." - Ein Unbekannter ließ am nächsten Tag die Anzeige einrücken: Patterson hier nicht eingetroffen. Äußerst beunruhigt. Petrus!"

Ein Offizier fragt einen anderen: „Sagen Sie, Herr Kamerad, - glauben Sie an ein Fortleben nach dem Tode?" - „Aber natürlich! - Wozu würde man denn sonst in Uniform begraben?"

Der Pastor sucht den Vater des verstorbenen 14jährigen Sohnes zu trösten: „Er war ein braver Junge und starb als gläubiger Christ, jetzt ist er bei den Engeln im Himmel!" - „Schön und gut, Herr Pastor", erwiderte der Vater, „- aber sagen Sie selbst: ist das ein Aufenthalt für einen Jungen in seinem Alter?"

In der böhmischen Lausitz trifft der Pfarrer eine Witwe und fragt, ob sie das Jahresamt für ihren Mann bestellen wolle. „Dos es ni notwendisch, Herr Pforr!" sagt diese darauf. „Wenn er ei'n Himmel is, braucht er'snee, wenn er ei d'r Helle is, nitzt's 'm nischt, - und dos Fegefeier, Herr Pforr, - wie mei Sepp gebaut war, dos hält der scho aus!"

Der Pastor predigt eindrucksvoll über das Jüngste Gericht. Selbst ganz hingerissen, beschreibt er der Gemeinde seine Ankunft im Himmel: „. . . und dann fahre ich hinauf, - von Himmel zu Himmel, - und dann stehe ich da, - ganz nackt, - - vor dem Ewigen! - Mein Gott! welch ein Schauspiel!"

Gebet für die Toten: „So laßt uns denn all unserer Lieben gedenken, die uns bereits in die Ewigkeit vorausgegangen sind. Mögen sie den Ewigen Frieden genießen, im Fegefeuer für ihre Sünden leiden oder auf ewig in der Hölle verdammt sein, wie wir zuversichtlich hoffen dürfen!" (Von Pater Stottok, Philippinen, mitgeteilt)

Berechtigte Sorge: Ein Engländer mußte sich in einem Krankenhaus in London einer nicht ungefährlichen Operation unterziehen. - Er war erstaunt, als er sich nach dem Erwachen in Dunkelheit fand. „Ist es schon so spät am Abend?" fragte er die Krankenschwester verwirrt. - „Nein", antwortete diese, „es ist erst zwei Uhr nachmittags. Aber nebenan steht ein Haus in Flammen. Darum habe ich die Vorhänge zugezogen. Ich dachte, wenn sie beim Aufwachen das Feuer sehen, könnten Sie vielleicht annehmen, die Operation sei mißlungen."

Ein anderer Kranker, der operiert werden muß, ist sehr unruhig. „Haben Sie keine Angst, mein Lieber!" sagt der Chirurg beruhigend, „ich verstehe mein Handwerk. Sehen Sie auf meinen Bart, bevor Sie einschlafen. Sie werden ihn beim Aufwachen wiedersehen!" - Nach der Operation erwacht der Mann langsam, und das erste, was er sieht, ist der Bart. „Oh, Danke, Herr Professor!" ruft er erfreut: „ich habe gar nichts gespürt! und ich fühle mich völlig gesund!" - „Professor? Professor?" hört er da eine erzürnte Stimme, „ich bin nicht Professor, - ich bin der heilige Petrus!"

Der alte Geizhals liegt im Sterben. „Ach könnte ich mein Geld doch dorthin mitnehmen, wohin ich jetzt gehe!" stöhnte er. - Der Pastor an seinem Bett knurrt kopfschüttelnd: „Das hat doch keinen Zweck, - es würde schmelzen!"

Ein Kölner fuhr mit der Bahn nach Aachen, fand aber unterwegs seine Fahrkarte nicht. Ärgerlich fluchend durchsuchte er seine Taschen: „Der Düwel weiß, wo ich ming Billjett han, - den Düwel ooch! - ich han doch en Billjett gehatt . . ." - Ein Geistlicher im Abteil sagte: Wenn Sie so weiter fluchen, kommen sie nicht nach Aachen, sondern in die Hölle!" - „Dat eß mer ejaal!" - sagte der Kölner, - „ich han en Retourbilljett!"

Aus Südamerika schickte ein Handelsvertreter ein Telegramm an seine Frau in Wien. Das Telegramm wurde aber versehentlich bei einer Frau gleichen Namens abgegeben, deren Mann tags zuvor gestorben war. Sie glaubte, es sei ein Beileidstelegramm, öffnete es und las mit großer Verwunderung: „Gestern heil angekommen. Hitze fürchterlich!"

Die amerikanische Touristengruppe steht am Rand des Ätna-Kraters und schaut in die brodelnde Tiefe. „O boy!" meint einer schaudernd, „das sieht ja aus wie in der Hölle!" - Da murmelt der Führer kopfschüttelnd vor sich hin: „Diese Amerikaner! - die waren aber wirklich schon überall!"

Bei Radio Eriwan fragt ein altes Mütterchen besorgt an: „Wenn Petrus mich abweisen würde, und ich, was Gott verhüten möge, in die Hölle käme, ist es dann besser, in die kommunistische Hölle zu gehen oder in die kapitalistische?" - Radio Eriwan antwortete: „Im Prinzip gibt es keine Hölle. Und schon gar nicht eine kommunistische. Sollte es dennoch eine Hölle geben, dann möchten wir ihnen dringend empfehlen, die kommunistische zu wählen, - dort funktioniert die meiste Zeit die Heizung nicht!"

Im Rotunda - Theater in Dublin ist die Geschichte im Juni 1905 passiert, - wenn sie auch immer wieder nacherzählt wird. Da sollte während eines Stückes ein Schauspieler, der den Teufel darstellte, in die Erde verschwinden. Vielleicht hatte man nicht genügend vorher geprobt, - vielleicht war das Kostüm zu dick, - jedenfalls blieb der Teufel in der Falltür stecken und konnte trotz verzweifelter Anstrengung aus seiner peinlichen Lage nicht loskommen. Während des Publikum atemlos zuschaute, ertönte oben von der Galerie auf einmal eine laute Stimme: „Hurrah! - die Hölle ist schon voll!" - Der Zwischenrufer erntete für seinen einmaligen Auftritt stürmischen Beifall und Gelächter.

Nach seinem Tode wird ein Astrologe in die Hölle geschickt. Er kommt, beladen mit Astrolabien und Himmelsgloben herein und schreit wütend, man habe sich geirrt, - an diesem Tage könne sein Tod nicht geschehen sein, Saturn habe seine Kreise noch nicht vollendet, auch sei sein eigener Verstand noch in Trepidation begriffen! - Der Pförtnerteufel sah den hoch mit Holz, Papier und Akten Beladenen verständnislos an und rief seinem Kollegen zu: „Hier kommt einer, der hat sein Brennholz gleich mitgebracht!"

Der Mann fühlte sich äußerst behaglich in dem herrlichen Raum, und er konnte sich kaum vorstellen, daß er nun

Erst fünf nach elf — und noch eine ganze Ewigkeit vor uns

gestorben sei. Kaum hatte er gerufen, kam schon ein Diener und fragte nach seinen Wünschen, - sie wurden alle erfüllt. Dies mußte zweifellos der Himmel sein! - dachte er und war höchst zufrieden. Nach einer Zeit aber kam ihn die Langeweile an. Er rief den Diener, der sofort erschien. „Es ist langweilig! ich möchte endlich mal selber etwas tun!" sagte der Mann. „Bedaure!" erwiderte der Diener höflich, „diesen Wunsch kann ich leider nicht erfüllen!" - „Ja, zum Kuckuck!" rief der Mann wütend, hier ist doch überhaupt nichts los in diesem Saftladen! - Da möchte ich doch noch lieber in der Hölle sein!" - „Der Diener antwortete höflich wie immer: „Was dachtest du denn, wo du sonst wärest?"

Auch Chruschtschow, so erzählt man sich in östlichen Ländern, ist gestorben und kommt in die Hölle. Als prominenter Neuzugang darf er sich seine Qualen selber aussuchen. Er geht mit dem Teufel durch verschiedene Räume, in denen die Sünder gegrillt oder gekocht werden oder auf glühenden Kohlen sitzen müssen. Das alles sagt Chruschtschow begreiflicherweise wenig zu. Schließlich kommen sie in einen Raum, in dem die Sünder bis zum Hals in Jauche stehen, jedoch eine Zigarette rauchen dürfen. Chruschtschow entscheidet sich schnell, steigt hinein und zündet sich erleichtert eine Zigarette an. Nach drei Zügen ertönt eine Stimme aus dem Lautsprecher: „Ruhepause beendet! - Alles setzen!"

Auch Tünnes und Schäl müssen mal sterben. Der eine kommt in den Himmel, der andere wird in die Hölle geschickt. Eines Tages haben beide Urlaub und treffen sich auf einer Wolke. Der Schäl, der aus der Hölle kommt, erzählt: „Och, mir arbeide am Dag nur zwei Stund, et Quartier is anständig und et Esse manierlich!" - Da berichtet der Tünnes aus dem Himmel: „Mer müsse der Dag zwölf Stund arbeide!" - „Wie" säht der Schäll, „im Himmel? - wie kütt dat dann?" - Drauf Tünnes: „Ja, mer han do esu wenig Lück!"

Der Rieder Toni kommt nach seinem Tod als guter Christ in den Himmel, ist aber enttäuscht. Er muß in der großen Halle auf der Wartebank sitzen, bis er an der Reihe ist. Keine Engel? kein Alleluja? keine sanften Harfenweisen? - Gelangweilt tritt er an ein Fenster und schaut hinaus. Da sieht er tief unten fröhliche, tanzende Menschen, die anscheinend ein herrliches Leben führen. - „Ach, wäre ich doch noch da unten auf der Erde", sagt er seufzend. Da tritt Petrus neben ihn und sagt: „Das ist nicht die Erde, mein Lieber, - das ist die Hölle!" - „Waas?" ruft der Toni und kann es nicht fassen, - „das ist die Hölle? - Ja, wenn das so ist, dann will ich sofort dahin!" Petrus runzelt die Stirn: „Du kannst zwar immer noch wählen. Aber ich muß dich darauf aufmerksam machen, daß du dann nie mehr in den Himmel zurückkehren kannst!" - „Ach was!" winkt der Toni verächtlich ab, „hier ist doch gar nichts los!" - Er wird also hinausgelassen und steht wenig später schon am Höllentor. Ein rußgeschwärzter, schmieriger und schlechtge-

launter Teufel öffnet und drückt ihm gleich eine Kohlenschaufel in die Hand: „Ofen 96!" knurrt er mürrisch. - Aber nein" - protestiert der Rieder Toni, „ich habe doch eben noch von da oben . . ." - „Ach das?" - lacht der Teufel geringschätzig, „das ist unsere Propaganda-Abteilung!"

Den Himmel können wir uns ebensowenig vorstellen, wie die Hölle. Aber es ist doch bisweilen amüsant, sich vorzustellen, wie das sein könnte, wenn man dort ankommt.

Ein Handwerksmeister, der in der Vollkraft seiner Jahre gestorben ist, beschwert sich darüber am Himmelstor. „Was?" fragt Petrus erstaunt, „du willst erst 45 Jahre alt sein? Nach den Arbeitsstunden, die du deinen Kunden berechnet hast, bist du 98! Das ist doch ein gesegnetes Alter! - Also beschwer dich nicht länger!"

Am Eingang des Himmels kontrolliert Petrus die Reihe der Neuankömmlinge und weist sie ein. Einen wohlgenährten Mann fragt er: „Dein Beruf im irdischen Leben?" - „Arzt!" - „Gut: zweite Tür rechts: der Lieferanteneingang!"

Ein Schwarzer kommt in den Himmel, stellt sich Petrus vor und sagt selbstbewußt: „Ich habe mit Sicherheit den Himmel verdient. Ich heiße John Smith, wohnte im Staate Alabama und habe eine Tat vollbracht, die sehr viel Mut erforderte: ich liebte eine weiße Frau und habe sie geheiratet!" - Der Heilige Petrus pfiff bewundernd: „Und das hast du in Alabama fertiggebracht?" - „Jawohl!" antwortete der Mann. - „Und wie lange warst du mit ihr verheiratet?" - Der Schwarze schaute auf seine Uhr: „Jetzt sind es gerade 10 Minuten."

Da halten auch zwei fromme Schwestern ihren verdienten Einzug ins Paradies, - sie sind allerdings sehr erstaunt, als sie Maria Magdalena dort zur Seite Jesu sitzen sehen. Ziemlich unmutig sagt die eine zur anderen: „Na, - wenn wir DAS gewußt hätten!"

Ein alter Pastor kommt nach seinem Tod in den Himmel. Zu seinem Befremden empfängt ihn Petrus ohne große Begeisterung und läßt ihn warten. Ein junges, sportliches Mädchen dagegen empfängt er mit großer Herzlichkeit und führt sie gleich hinein. - „Wie das?" ruft da der Pfarrer empört: „Ich habe doch mein Leben lang meinen Pfarrkindern die Furcht Gottes gepredigt und muß hier warten, - während du dieses junge Ding da ohne Umstände aufnimmst!" - „Ich verstehe dich ja, lieber Bruder", besänftigt ihn Petrus. „Du hast natürlich dein Leben lang die Furcht Gottes gepredigt, - aber du hast sie niemandem beibringen können. - Dieses junge Mädchen dagegen hat einer ganzen Stadt die Furcht Gottes beigebracht, - in den drei Monaten, in denen sie den Führerschein besaß!"

„Viele könnten in den Himmel kommen mit der Hälfte der Mühe, die sie sich geben, um in die Hölle zu kommen. (Ralph Emerson)

Ein sehr frommer und ehrenwerter Universitätsprofessor befahl Gott seine Seele, als er hochbetagt starb. Einige Jahre später starb auch sein treuester Schüler. Im Himmel angekommen, machte er sich gleich auf die Suche nach seinem Professor. Er fand ihn bald: auf seinen Knieen saß ein hübsches junges Mädchen. - „Oh, lieber Meister", rief der Neuling begeistert, „ich sehe, Sie haben den Lohn für ihre Verdienste erhalten!" - „Den Lohn?" antwortete der Professor, - „da täuschen Sie sich, mein Lieber. Das Mädchen ist nicht meine Belohnung, - ich bin ihre Buße!"

Der Himmel ist groß. Manchmal führt ein Engel eine größere Gruppe durch die Stadt der Seligen. Einmal kommt man auch an einem dichten Bretterzaun vorbei, hinter dem lautes Stimmengemurmel zu hören ist. Der Engel legt den Finger auf den Mund und geht mit der Gruppe auf Zehenspitzen vorbei. Später fragt einer, was sich hinter dem Zaun befinde. „Ach, wissen Sie", sagt der Engel, „dort wohnen die Adventisten und die Zeugen Jehovas, - wir lassen sie in dem Glauben, daß sie allein im Himmel sind."

Auch ein Werbefachmann kam zu Petrus: „Was für eine Art Werbung hast du betrieben, „fragt Petrus streng. „O, ganz harmlos, keine Bilder, keine Sexfiguren, keine unterschwelligen Reizlockungen, - ich bin nur Inhaber einer Firma, die Himmelsschreiber vermietet. „Dann bist du also dieser Schmierfink, der uns mit seinen dummen Sprüchen seit dreißig Jahren die Wände beschmiert hat? - Raus mit dir!"

Zwei Theologen hatten viel über die letzten Dinge nachgedacht, geschrieben und referiert. Sie verabredeten sich für den Fall, daß einer von ihnen zuerst sterben würde. Er solle dann dem noch Lebenden erscheinen und ihm melden, ob ihre Mutmaßungen über das Jenseits zuträfen. - So geschah es denn auch: Eines Tages erschien dem Lebenden sein inzwischen verstorbener Mitbruder

und Kollege. Und er fragte ihn voller Spannung: „Taliter qualiter?" - (Ist es so, wie wir es uns vorstellten?). Die Antwort war ebenso kurz wie klar: „Totaliter aliter" (Alles ganz anders)!"

Trost und Hoffnung für alle, die noch nicht im Himmel sind, weil sie noch hier unten herumkrabbeln: Im Himmel ist noch Platz genug für alle! Und: „Es gibt viele, die zur Gemeinschaft der Heiligen gehören, aber nicht in unserer Karthotek stehen." (Erasmus von Rotterdam 1469-1536)

„Auferstehung ist keine Rückkehr in das irdische Leben, sondern ein Sprung nach vorne, über Erde, Tod und Grab hinaus in das himmlische Leben!" (R. Bruckberger)

„Ich denke mir das Leben im Jenseits voller Kraft, voller Tätigkeit! Du darfst dich regen in Ewigkeit!" (Professor Bartmann)

Der „risus catholicus", - das laute Gelächter, das früher in der Auferstehungsmesse angestimmt wurde wie ein Choral, gehört untrennbar zu unserem Glauben. „Wer zuletzt lacht, lacht am besten!" das heißt auch, daß wir die „lachenden Erben" des Himmels sein werden. Der Name „Ewige Ruhe" scheint mir das Gegenteil dessen, was in Wirklichkeit sein wird. Es ist doch erstaunlich, wie schwer sich Christen von der hebräischen Idee der „Sche'ol" lösen können, eines Ortes der Schatten. Da fragt man sich doch, wie können da

Schatten sein, wo kein Licht ist? - Nach meiner kleinen Meinung, (nicht vom Heiligen Stuhl bestätigt) ist die „Ewige Ruhe“ eine wunderbare Tätigkeit des Geistes, der endlich zum wahren Leben erweckt ist, - sie ist die wahre Gemeinschaft zwischen Gott und den Menschen und der Menschen unter einander. Und es ist auch ungemein tröstlich zu denken, daß man, - vor allem mit Erreichen eines gewissen Alters, - schließlich mehr Freunde im Himmel als auf der Erde hat. Mir ist, als hörte ich die Verheißung des Herrn:

„IHR WERDET LACHEN!“

Furchte dich nicht,
denn ich habe dich erlöst, ich habe
dich bei deinem Namen gerufen,
du bist mein!

Jesaja 43/1

Natürlich gibt es KEINE Teufel!
GALLON

Sehr geehrter Herr Pastor!

Die vielen Aufrufe der Kirche an die Laien, sich doch als Mitarbeiter zur Verfügung zu stellen, haben mich als Statistiker gereizt, einmal die diesbezüglichen Verhältnisse in unserer Pfarre zu untersuchen. Ich bin zu folgendem Ergebnis gekommen:

	Pfarrangehörige:	11 191
abzüglich:	**Personen über 75 Jahre und unter 18 Jahren:**	2 601
bleiben als mögliche Mitarbieter:		8 590
abzüglich:	**Hausfrauen mit mehr als 3 Kindern:**	190
bleiben als mögliche Mitarbeiter:		8 400
abzüglich:	**Kranke, Gehbehinderte, Müde:**	210
bleiben als mögliche Mitarbeiter:		8 190
abzüglich:	**Die außerhalb unserer Pfarrgemeinde Beschäftigen, Monteure, Vertreter, Reisende usw.:**	121
bleiben als mögliche Mitarbeiter:		8 069
abzüglich:	**Studenten in auswärtigen Studienorten, Abendgymnasiasten, Volkshochschulbesucher usw.:**	89
bleiben als mögliche Mitarbeiter:		7 980
abzüglich:	**Nachtwächter, Kellner, Bardamen, Hotelangestellte, sonstige Nachtarbeiter:**	200
bleiben als mögliche Mitarbeiter:		7 780
abzüglich:	**Analphabeten, Irre, Gammler, Hippies:**	279
bleiben als mögliche Mitarbeiter:		7 501
abzüglich:	**Die sowieso schon als Mitarbeiter Tätigen (Caritas, Organisationen, Kirchenvorstand, Gemeinderat, Kirchenangestellte, Kapläne):**	274
bleiben als mögliche Mitarbeiter:		7 227
abzüglich:	**Angehörige der innerkirchlichen Opposition, die den 2. Kirchen-Bildungsweg einschlagen:**	16
bleiben als mögliche Mitarbeiter:		7 211
abzüglich:	**Mit der Kirche Zerstrittene, Enttäuschte, Verärgerte:**	5 278
bleiben als mögliche Mitarbeiter:		1 933
abzüglich:	**Zu keiner vernünftigen Arbeit fähige Schwätzer:**	621
bleiben als mögliche Mitarbeiter:		1 312
abzüglich:	**Menschen guten Willens, die aber ihre Fähigkeiten unterschätzen:**	1 310
bleiben als mögliche Mitarbeiter:		2
Das sind:		**Sie und ich**

Mein Lebens-Lauf.

Wenn man, — schon ein bißchen kurzatmig — jenseits der siebzig angekommen ist, kommt es einem ja wirklich so vor, als habe man die Jahre im Laufschritt durchmessen.

Mein Leben hat im Dezember 1920 im Sauerland-Städtchen Warstein begonnen, — das heißt, eigentlich schon im März, — neun Monate vorher. Und im Mai war ich bereits in Lebensgefahr, als ein „wohlmeinender Arzt" meiner Mutter sagte, das Kind „bedrohe ihr Leben" und müsse „beseitigt" werden. Meine Mutter freilich war da anderer Meinung: „Ich habe statt dessen eine Wallfahrt zur Gottesmutter nach Werl gemacht, — und so leben wir Beide noch heute!" — hat sie mir viel später erzählt.

Ob mein Geburts-Tag der 3. oder 4. Dezember war, konnte nie ganz geklärt werden. Es war nämlich nicht Tag, sondern um Mitternacht. Auch habe ich nicht „das Licht der Welt erblickt", sondern den sanften Dämmerschein einer Petroleum-Lampe. Eigentlich war es noch vor Mitternacht, aber da unser alter Wecker immer ein bißchen vorging, hat mich mein Vater für den 4. Dezember angemeldet.

Weil das Schuster-Handwerk seines Vaters die große Familie (12 Kinder!) nicht ernähren konnte, arbeitete mein Vater als Eisendreher in der Fabrik. Doch erbte er den Hang zum Träumen und zur Poesie, — seine Feldpostkarten schrieb er im ersten Weltkrieg häufig in Versen an seine „geliebte Elisabeth". Die kam aus dem Eichsfeld und brachte Temperament und Lebenslust mit in die Ehe. Bei drei Kindern war Geld in der Arbeiterfamilie stets Mangelware, — nicht aber Frohsinn und Humor. Selbst an langen Winterabenden gab es nie Langeweile bei Schatten-Theater und Spielen: bei Korten war immer was los!

Meinen ersten Lacherfolg erzielte ich als Fünfjähriger, als mein Vater den „Erbförster" spielte. Zwei Bösewichte hatten gerade eine Fallgrube angelegt, als mein Vater auftrat. Da rief ich laut in die gespannte Stille: „Papa, Papa! paß auf, da is'n Loch!", — und der ganze Saal lachte.

Zum Entsetzen meiner Eltern meldete ich mich als Zehnjähriger für die „Rektoratschule", — sie hätten die 15.— RM Schulgeld niemals aufbringen können. Aber ich bekam dann eine „Freistelle für begabte Kinder" und so den Zugang zur „Höheren Bildung", die am 1. April 1938 mit dem Abitur endete.

Danach unfreiwilliger „Arbeitsdienst", ein halbes Jahr als Eisengießer auf der Warsteiner Hütte, Beginn des Theologiestudiums in Paderborn, — und Oktober 1940 ebenso unfreiwilliger „Wehrdienst", „Auszeichnung" mit dem Prädikat „Politisch unzuverlässig", und endlich, — nach der Entlassung aus dem Gefangenenlager Rheinberg 1945, — Fortführung des Studiums bis zur Priesterweihe 1949.

Die folgenden 36 Jahre der Seelsorge ließen keine Zeit und Möglichkeit für literarische Pläne. Erst 1985 konnte das Ordnen und Aufräumen beginnen, — der Anlaß für das Erscheinen der fünf Bändchen, die damals völlig überraschend solchen Wirbel auslösten.

Daß ich trotz der düsteren Zukunftsvisionen auf allen Rundfunk-, Fernseh- und sonstigen Kanälen und trotz mancher Erfahrungen beim „Bodenpersonal" immer noch lachen kann, verdanke ich dem unbedingten Vertrauen auf meinen „himmlischen Personalchef", — aber auch dieser Einsicht: sogar Riesen verlieren erheblich an Größe und Bedeutung, wenn man sie durch ein umgekehrtes Fernrohr betrachtet, — sozusagen vom Himmel her. Und für einen, der das „1000jährige Reich" überlebt hat, erscheinen die Weltuntergangs-Prediger von heute eher harmlos.

Vom Heiligen Philipp Neri, den ich wegen seines Humors verehre, habe ich das Gebet gelernt: „Lieber Gott! Paß auf mich auf, — wer weiß, was ich sonst noch alles anstelle!"

Werbe-Spot:
„Und die blendend weißen Zähne?" — „Die verdanke ich dem Zahnlabor . . . !"

NB: Der Claudius Verlag, München, bringt außerdem noch ein ganzes Dutzend Taschenbücher mit Witzen aus dem weltlichen Bereich meiner Sammelkiste heraus. Erschienen sind bisher:

Liebe macht blind . . . aber glücklich!
Kleine Gemeinheiten zum großen Gefühl.

Unsere täglich Pillen gib uns heute
Humor ist doch die beste Medizin.

Mama, ich find deine Kinder doof!
Große Worte kleiner Leute.

Arbeit und anderer Zeitvertreib
Neue Einsichten zu einem alten Thema.